作者简介

朱伟一　中国政法大学教授、北京仲裁委员会仲裁员、人民大学重阳金融研究院高级研究员，南京大学本科、哥伦比亚大学法学院J.D.，曾在外交部条约法律司和中国证监会法律部工作，著有《法学院》《美国经典案例解析》《听风听雨》。

证券法

朱伟一 著

中国政法大学出版社
2018·北京

声　　明　　1. 版权所有，侵权必究。

2. 如有缺页、倒装问题，由出版社负责退换。

图书在版编目（CIP）数据

证券法/朱伟一著. —北京：中国政法大学出版社，2017.7
ISBN 978-7-5620-7620-9

Ⅰ.①证… Ⅱ.①朱… Ⅲ.①证券法—中国 Ⅳ.①D922.287

中国版本图书馆CIP数据核字(2017)第184343号

出 版 者	中国政法大学出版社	
地　　址	北京市海淀区西土城路25号	
邮寄地址	北京100088 信箱8034 分箱　邮编100088	
网　　址	http://www.cuplpress.com （网络实名：中国政法大学出版社）	
电　　话	010-58908437(编辑室)　58908334(邮购部)	
承　　印	北京华联印刷有限公司	
开　　本	720mm×960mm　1/16	
印　　张	38.25	
字　　数	700千字	
版　　次	2018年1月第1版	
印　　次	2018年1月第1次印刷	
定　　价	99.00元	

PREFACE
— 前 言 —

在中国证监会工作十年之后，又在中国政法大学讲授证券法六年多，日积月累，有所感知。法官和律师惯于用冠冕堂皇的措辞掩盖其真实意图，法律法规很少如实直言，证券法尤为如此。本书介绍和分析中国的证券法及其实践，注重法条分析，力求方便证券法的研究和工作。

证券法细则为王，经常以细则否定原则，有时甚至难以自圆其说。如果将证券法比作一条河流，这就是一条不断泛滥、左右改道、堤坝越建越高的河。如果将证券法比作一件衣服，这就是件打满补丁的衣服。缺乏系统性也是证券法的一大特点，所以证券法的内容分类就比较困难。本书章节的框架参考了我国的《证券法》、中国证券监督管理委员会编写的《现行证券期货法规汇编》以及美国的证券法教材，同时也参考了中国证监会的内部机构设置（证监会的内部机构设置也反映出证监会的工作重点）。全书二十一章可以分为六大部分：证券的界定；发行和并购；资产管理；证券的交易；中介机构；监管和索赔。

本书也讨论了美国证券法的相关部分。原因是：第一，证券法源于美国，正本清源就不能不谈美国证券法。第二，就证券法和资本市场而言，中国的许多做法就是美国经验的移植或翻版，评论美国证券法，有助于对中国证券法的理解。第三，批评美国证券法可以直言不讳，不必担心误伤自己的同行和同事。

虽然本书言及证券市场和证券法的诸多负面，但本书的目的并非是要批判证券市场或证券法。评判性思维有助于理解证券法的相关规定。律师遇事先从坏处考虑，动机也先从坏处推断。法律学者也应如此，研究证券法也应如此。证券法的实践也大致如此。

目录提纲

前　言 …………………………………………………………………… 001

第一部分　证券的界定

第一章　概　论 ………………………………………………………… 003

第二章　什么是证券? …………………………………………………… 024

第二部分　发行和并购

第三章　证券的公开发行 ……………………………………………… 067

第四章　证券的非公开发行 …………………………………………… 114

第五章　资产证券化 …………………………………………………… 127

第六章　并购重组 ……………………………………………………… 150

第三部分　资产管理

第七章　证券投资基金 ………………………………………………… 181

第八章　资产管理 ……………………………………………………… 223

第四部分　证券的交易

第九章　证券交易 ……………………………………………………… 239

第十章　做市商交易 …………………………………………………… 284

第十一章	期货交易	293
第十二章	证券交易所和证券交易场所	321
第十三章	内幕交易	343
第十四章	操纵证券交易、期货交易	368

第五部分 中介机构

第十五章	证券公司	391
第十六章	信托公司：类证券公司金融机构	432
第十七章	适当性规则	446
第十八章	证券服务机构	467

第六部分 监管与索赔

第十九章	证券监管机构	485
第二十章	公司治理	518
第二十一章	民事索赔	557

后　记 …… 574

详细目录

前　言 ·· 001

第一部分　证券的界定

第一章　概　论 ·· 003
一、证券市场简介 ··· 003
（一）证券市场的构成 ··· 003
（二）证券市场的功能 ··· 004
（三）证券市场的成本 ··· 006
（四）证券市场的投机性和赌博性 ·· 007
二、证券市场的法律 ··· 009
（一）我国证券法 ··· 009
（二）美国证券法 ··· 010
（三）披露：贯穿证券法的主线 ··· 012
（四）证券法：侵权法的延伸 ·· 012
（五）细则为王 ·· 014
（六）似是而非 ·· 015
三、证券市场的主要问题 ·· 016
（一）去监管化 ·· 016
（二）货币宽松政策 ··· 016
（三）估值 ·· 017
（四）杠杆化 ··· 018

（五）分业与混业 ·· 019
　　（六）内幕交易和操纵 ·· 019
　　（七）利害冲突 ·· 019
　四、证券市场是一种文化 ··· 020
　五、本书的结构 ··· 022

第二章　什么是证券？ ·· 024
　一、概要 ··· 024
　二、法律法规 ··· 025
　三、证券的法律属性 ··· 025
　　（一）股票和公司债券 ·· 026
　　（二）非法集资 ·· 027
　　（三）美国《1933年证券法》的定义 ··························· 027
　　（四）投资合同 ·· 028
　　（五）欺诈行为 ·· 029
　　（六）非标准化债权资产 ··· 029
　　（七）特殊机构产品 ··· 030
　　（八）作为或应当作为证券的金融产品 ························· 030
　四、非法吸收公众存款 ·· 031
　　（一）非法集资的一种形式 ······································ 031
　　（二）非法吸收公众存款的定义 ································ 031
　　（三）非法集资的认定 ·· 033
　五、投资合同 ··· 033
　　（一）风险资本检验标准和传销 ································ 034
　　（二）人寿保险产品 ··· 035
　　（三）合伙企业有限合伙人的权益 ····························· 036
　　（四）住房售后返租 ··· 036
　　（五）票据 ··· 036
　　（六）P2P ··· 037

六、作为证券接受证监会监管的金融产品 ···················· 039
（一）公开募集基金份额 ···························· 039
（二）有限合伙人的财产份额 ························ 039
（三）私募资产管理业务 ···························· 040
（四）股权众筹 ·································· 040

七、作为证券接受证监会和其他证券监管部门共同监管的金融产品 ······ 042
（一）资产证券化产品 ······························ 043
（二）衍生产品 ·································· 043
（三）资产管理计划产品 ···························· 045
（四）各类交易场所的金融产品 ······················ 045

八、类似证券的金融产品——由银监会监管 ···················· 045
（一）融资租赁 ·································· 045
（二）P2P ······································ 049
（三）理财产品 ·································· 051
（四）信托产品 ·································· 055

九、类似证券的金融产品——由证监会和银监会之外的证券监管部门监管 ···································· 057
（一）各类债券 ·································· 057
（二）典当行融资产品 ······························ 060
（三）地下钱庄产品 ································ 060

十、由地方政府部门监管的类似证券的金融产品 ················ 061
（一）融资性担保 ································ 061
（二）金融传销 ·································· 062

十一、豁免证券和排除在外的证券 ···························· 063
（一）豁免证券 ·································· 063
（二）排除在外的金融产品 ·························· 063
（三）我国《证券法》下的安排 ······················ 064

第二部分 发行和并购

第三章 证券的公开发行 067
- 一、概要 067
- 二、法律法规 067
- 三、公开发行 068
  - （一）公开发行的界定 068
  - （二）核准制 069
  - （三）发行证券的主体 069
  - （四）首次公开发行并上市 069
  - （五）配股和增发 070
  - （六）股票的种类 070
  - （七）公司债券 073
- 四、公司为什么要上市 073
  - （一）促进创新 073
  - （二）宏观效应 074
  - （三）个体公司上市的动因 075
  - （四）对赌协议 075
- 五、承销商 077
  - （一）承销商 077
  - （二）保荐人 079
- 六、境内上市条件和主要问题 081
  - （一）首次公开发行申请被否的主要原因 081
  - （二）主体资格 081
  - （三）独立性 082
  - （四）规范运行 082
  - （五）财务会计 083
  - （六）募集资金的用途 085
  - （七）发行程序 086
  - （八）"老股转让" 086

（九）借壳上市 ··· 087
　（十）法律意见书 ··· 088
七、证券发行与承销 ·· 090
　（一）定价与配售 ··· 090
　（二）商业预测 ··· 093
　（三）证券承销 ··· 095
八、核准制与注册制 ·· 098
　（一）核准程序 ··· 098
　（二）核准制与注册制的区别 ·· 100
　（三）取消核准制的目的何在？ ··· 103
　（四）退市 ··· 104
　（五）"暂时"保留核准制度 ·· 105
九、上市公司发行证券 ·· 105
　（一）发行证券的一般条件 ·· 105
　（二）配股 ··· 106
　（三）增发 ··· 106
　（四）可转换公司债券 ··· 106
　（五）发行程序 ··· 107
　（六）摊薄 ··· 107
十、公司债券 ·· 107
　（一）公司债券的定义 ··· 108
　（二）公开发行 ··· 108
　（三）合格投资者 ··· 109
　（四）发行与承销 ··· 110
　（五）债券受托管理人 ··· 110
　（六）美国《信托契约法》 ·· 111
　（七）可交换公司债券 ··· 112
十一、我国公司境外上市 ··· 113
第四章　证券的非公开发行 ··· 114
一、概要 ··· 114

二、法律法规 ··· 114
三、"非公开发行"的界定 ·· 115
（一）美国证券法的界定 ·· 115
（二）《证券法》的界定 ·· 115
（三）"非公开发行"与"私募" ·· 116
（四）特定对象 ·· 117
（五）锁定期 ·· 119
（六）非公开发行的条件 ·· 119
（七）上市公司非公开发行的动因 ······································ 120
四、非公开发行证券的种类 ·· 121
（一）上市公司非公开发行股票 ·· 121
（二）非公开发行公司债券 ·· 121
（三）资产证券化 ·· 122
（四）国际开发机构人民币债券 ·· 123
五、非公开发行与投资合同 ·· 123
（一）事由 ·· 123
（二）法律问题 ·· 124
（三）禁止令 ·· 126

第五章　资产证券化 ··· 127
一、概要 ·· 127
二、法律法规 ·· 128
（一）适用于信贷资产证券化的部门规章 ·························· 128
（二）适用于证券公司及基金管理公司子公司资产证券化业务的部门规章 ······ 128
三、资产证券化是什么 ·· 129
（一）资产证券化是发行证券 ·· 129
（二）资产证券化是表外资产 ·· 129
（三）真实出售：资产证券化定义中缺乏的要件 ·············· 130
（四）资产证券化产品的权属 ·· 131
四、资产证券化流程 ·· 132

（一）美国资产证券化流程 ······· 132
　　（二）我国资产证券化流程 ······· 135
　五、真实出售 ······· 139
　　（一）真实出售的重要性 ······· 139
　　（二）我国的标准 ······· 139
　　（三）美国的实践 ······· 141
　六、基础资产 ······· 142
　　（一）什么是基础资产 ······· 142
　　（二）债券和登记 ······· 145
　　（三）资产证券化评级 ······· 145
　七、资产证券化仍然存疑 ······· 146
　　（一）资产证券化产品的估值存疑 ······· 146
　　（二）"真实出售"存疑 ······· 148
　　（三）基础资产的质量存疑 ······· 148
　　（四）交易成本存疑 ······· 148
　　（五）宏观效益存疑 ······· 149

第六章　并购重组 ······· 150
　一、概要 ······· 150
　二、法律法规 ······· 150
　三、收购和重组 ······· 151
　　（一）收购与资产重组 ······· 151
　　（二）并购与收购 ······· 153
　　（三）交易失败 ······· 153
　四、重大资产重组 ······· 154
　　（一）《重组办法》的规制重点 ······· 154
　　（二）重大资产重组的定义 ······· 154
　　（三）重组上市 ······· 156
　　（四）发行股份购买资产 ······· 156
　五、借壳上市 ······· 158

  （一）借壳上市的目的 ……………………………………………… 158
  （二）净壳与实壳 …………………………………………………… 158
  （三）创业板 ………………………………………………………… 158
  （四）逆向收购 ……………………………………………………… 159
 六、上市公司收购 ………………………………………………………… 160
  （一）上市公司控制权 ……………………………………………… 161
  （二）行动一致人 …………………………………………………… 161
  （三）披露 …………………………………………………………… 162
  （四）收购要约 ……………………………………………………… 162
  （五）财务顾问 ……………………………………………………… 164
  （六）被收购公司的董事、监事、高级管理人员的义务 ………… 165
 七、重组审核 ……………………………………………………………… 166
  （一）分道制 ………………………………………………………… 166
  （二）并购重组审核 ………………………………………………… 167
  （三）不予核准的理由 ……………………………………………… 168
 八、投标收购要约 ………………………………………………………… 169
  （一）定义 …………………………………………………………… 169
  （二）韦尔曼标准 …………………………………………………… 170
  （三）汉森标准 ……………………………………………………… 171
  （四）竞争收购要约的使用有限 …………………………………… 171
 九、综合审批 ……………………………………………………………… 172
  （一）国有资产 ……………………………………………………… 172
  （二）反垄断审查 …………………………………………………… 175
  （三）外商并购审查 ………………………………………………… 175
  （四）安全审查 ……………………………………………………… 176

第三部分　资产管理

第七章　证券投资基金 …………………………………………………… 181
 一、概要 …………………………………………………………………… 181

二、法律法规 182
三、证券投资基金的界定 183
　（一）《基金法》的定义 183
　（二）公募基金 183
　（三）契约型基金 184
　（四）投资公司和投资顾问 184
　（五）私募基金 185
　（六）基金管理人和受信义务 186
　（七）基金托管人 186
　（八）公允价值 187
四、基金管理公司 188
　（一）基金管理公司的定义 188
　（二）审慎监管原则 189
　（三）基金管理公司的主要股东 190
　（四）基金管理公司的外资股东 191
　（五）基金管理公司的收费 191
　（六）受信义务 192
　（七）基金管理公司以自有资金进行投资 192
　（八）挑选基金管理人 193
　（九）内幕交易 193
　（十）其他问题 194
五、基金的公开募集 194
　（一）注册制 194
　（二）发起式基金 195
　（三）滥发公募基金 195
六、公募基金的销售 195
　（一）基金销售机构 196
　（二）费用繁多 196
　（三）增值服务 196
　（四）"直销代办" 197

  （五）保护机构重于保护投资者 ································· 197
七、公募基金的收费 ······································· 197
  （一）客户维护费 ····································· 197
  （二）受信义务 ······································ 198
八、公募基金的种类 ······································· 200
  （一）基金种类 ······································ 200
  （二）交易型开放式基金 ································· 200
  （三）基金中基金 ····································· 208
  （四）市场货币基金 ··································· 208
  （五）房地产投资信托（REIT） ··························· 210
  （六）避险基金 ······································ 211
九、非公开募集基金 ······································· 212
  （一）法律属性 ······································ 212
  （二）登记与备案 ····································· 216
  （三）常见问题 ······································ 218
  （四）资金托管 ······································ 218
  （五）费用 ··· 219
  （六）私募股权基金 ··································· 219
  （七）对冲基金 ······································ 220
  （八）分级基金：公募基金与私募基金混为一体 ················· 221

第八章　资产管理 ·· 223
一、概要 ·· 223
二、法律法规 ··· 223
三、资产管理的各种形式 ···································· 224
  （一）资产管理的形式和问题 ····························· 224
  （二）资产管理人与投资顾问 ····························· 225
  （三）基金管理人的受信义务 ····························· 226
四、证券公司的资产管理 ···································· 227
  （一）证券公司的资产管理 ······························ 227

（二）单一客户定向资产管理业务 ·· 228
（三）集合资产管理计划的设立 ·· 228
（四）集合资产计划：变相的公募基金 ·· 228
五、基金管理公司的资产管理 ·· 229
（一）资产管理计划 ·· 229
（二）基金子公司的业务 ·· 229
（三）银行背景的基金子公司 ··· 230
六、从事资产管理业务的金融机构 ·· 230
七、私募基金资产管理业务 ·· 231
（一）证券期货经营机构 ·· 231
（二）不得公开招揽 ·· 232
（三）杠杆率 ··· 232
（四）"新老划断" ·· 232
八、"现金管理"：上市公司理财 ·· 233
九、主权财富基金 ··· 234
（一）主权财富基金的定性 ·· 234
（二）《圣地亚哥原则》 ·· 235

第四部分　证券的交易

第九章　证券交易 ··· 239
一、概要 ··· 239
二、法律法规 ··· 240
三、交易的作用、特点和问题 ·· 241
（一）交易的作用 ··· 241
（二）变数与互动 ··· 242
（三）法律问题 ··· 244
四、融资融券 ··· 244
（一）融资融券是杠杆交易 ·· 245
（二）融资融券的内在风险 ·· 246

（三）防范风险措施 247
（四）融资融券：做空或恶意做空 249
五、转融通业务 252
（一）转融通业务的界定 253
（二）证金公司 253
（三）证金公司难担重任 254
（四）证金公司有利益冲突 256
六、场外配资：灰色的融资融券 256
（一）伞形信托 256
（二）HOMS 257
（三）P2P 258
（四）融资收益互换业务 258
（五）证券公司场外股票质押 263
（六）金融期货和衍生产品 263
（七）历史重演 264
七、程序化交易 264
（一）申报查核 264
（二）指令审核机制 265
（三）接入管理 265
（四）规范境外服务器的使用 266
八、熔断机制 266
九、买入返售（卖出回购） 267
（一）买入返售（卖出回购）的界定 268
（二）名为买卖，实为借贷 268
（三）"实质重于形式" 268
（四）特定目的载体 268
十、质押 269
（一）质押品的种类 269
（二）证券质押回购 270
（三）地方债券的抵押 271

（四）质押回购风险 …… 271
　十一、结算 …… 272
　　（一）中国证券登记公司 …… 272
　　（二）中国金融期货交易所 …… 273
　　（三）上海清算所 …… 273
　　（四）中央国债登记结算有限责任公司 …… 273
　　（五）掉期结算 …… 274
　十二、沪港通 …… 274
　　（一）沪港通的引入 …… 274
　　（二）沪港通的限制 …… 275
　十三、合格机构投资者 …… 276
　　（一）合格境外机构投资者 …… 276
　　（二）合格境内机构投资者 …… 276
　　（三）RQFII …… 277
　十四、流动性与估值 …… 278
　　（一）流动性是游资和流寇 …… 278
　　（二）增加流动性的其他措施 …… 279
　　（三）流动性是一种恶性循环 …… 281
　　（四）国家为金融机构提供隐性担保 …… 281
　　（五）最终是通货膨胀 …… 281

第十章　做市商交易 …… 284
　一、概要 …… 284
　二、法律法规 …… 284
　三、做市商的界定 …… 285
　　（一）做市和做市商 …… 285
　　（二）我国的做市商业务和做市商 …… 286
　四、最佳执行与加价 …… 287
　　（一）代理与佣金和最佳执行 …… 287
　　（二）主体与加价 …… 288

五、做市商是变局者 …………………………………………… 290
　　　（一）做市与自营交易 ………………………………………… 290
　　　（二）操纵与内幕交易 ………………………………………… 290
　　　（三）做市由金融传销演变而来 ……………………………… 291
　　　（四）证券市场的"百慕大" ………………………………… 292

第十一章　期货交易 ………………………………………………… 293
　　一、概要 ……………………………………………………… 293
　　二、法律法规 ………………………………………………… 294
　　三、期货的定义 ……………………………………………… 294
　　　（一）远期合约、期货合约和期权合约 ……………………… 295
　　　（二）金融衍生产品 …………………………………………… 297
　　　（三）期货交易是变局者 ……………………………………… 298
　　　（四）期货与证券之分 ………………………………………… 298
　　四、适用法律与监管机构 …………………………………… 299
　　　（一）《期货交易管理条例》 ………………………………… 299
　　　（二）期货立法 ………………………………………………… 299
　　　（三）部门规章 ………………………………………………… 300
　　　（四）监管部门：银监会与证监会博弈 ……………………… 300
　　　（五）监管部门：地方政府与证监会博弈 …………………… 300
　　五、期货交易的主体 ………………………………………… 301
　　　（一）期货公司 ………………………………………………… 301
　　　（二）证券公司 ………………………………………………… 302
　　　（三）公开募集的证券投资基金 ……………………………… 302
　　　（四）银行类机构 ……………………………………………… 302
　　　（五）保险机构 ………………………………………………… 303
　　　（六）自然人 …………………………………………………… 303
　　　（七）期货交易所 ……………………………………………… 304
　　　（八）期货交易的结算 ………………………………………… 305
　　六、金融期货 ………………………………………………… 306

- （一）国债期货 ··································· 306
- （二）股指期货 ··································· 307
- （三）期权 ······································· 308
- （四）期权合约挂牌上市 ··························· 309
- （五）认股权证 ··································· 310
- （六）金融衍生产品 ······························· 311
- （七）外汇期货 ··································· 311
- （八）互换（掉期） ······························· 311

七、金融期货的风险 ································· 312
- （一）大规模杀伤性武器 ··························· 312
- （二）风险有增无减 ······························· 312
- （三）现货与期货的结合 ··························· 313
- （四）保证金与杠杆交易 ··························· 314
- （五）基金加期权 ································· 314
- （六）内幕交易与市场操纵 ························· 314

八、套期保值 ······································· 314
- （一）套期保值的定义 ····························· 314
- （二）套期保值与非套期保值 ······················· 315
- （三）套期保值与对冲 ····························· 315
- （四）套期保值业务会计处理 ······················· 316
- （五）套期保值与投机 ····························· 316

九、信贷违约掉期 ··································· 317
- （一）示范合约 ··································· 317
- （二）变相提供金融保险 ··························· 318
- （三）赌博合同是否有效 ··························· 318
- （四）CDS是否为证券 ····························· 319

第十二章　证券交易所和证券交易场所 ················· 321
- 一、概要 ··· 321
- 二、法律法规 ····································· 321
- 三、证券交易场所 ································· 322

（一）证券交易所：证券交易场所的特殊形式 ················ 322
　　（二）证券交易所：挂牌交易金融期货产品 ················ 323
　　（三）多层次市场的形式 ································ 323
　　（四）多层次市场的挑战 ································ 325
四、主板：证券交易所 ·· 327
　　（一）自律组织 ·· 327
　　（二）"直接管理"与"监督管理" ························ 327
　　（三）证券交易所是政府机构 ···························· 328
　　（四）商业实体 ·· 330
　　（五）证券登记结算机构 ································ 331
　　（六）上市公司 ·· 332
　　（七）中欧国际交易所 ·································· 332
　　（八）沪港股票交易互联互通机制 ························ 333
五、二板：创业板 ·· 333
六、新三板：全国中小企业股份转让系统 ························ 334
　　（一）非上市公众公司 ·································· 335
　　（二）无需不盈利 ······································ 335
　　（三）做市商制度 ······································ 335
　　（四）成熟市场的不成熟 ································ 336
　　（五）创建难，取消更难 ································ 336
七、四板：证券交易场所 ······································ 337
　　（一）变相开设证券交易所 ······························ 338
　　（二）各证券监管机构与地方政府之间的协调 ·············· 339
　　（三）各证券监管机构之间的协调 ························ 340
八、五板：证券公司的柜台交易 ································ 341
　　（一）柜台交易市场 ···································· 341
　　（二）美国的私人交易场所 ······························ 341

第十三章　内幕交易 ·· 343
一、概要 ·· 343
二、法律法规 ·· 343

三、内幕交易的定义 344
(一) 内幕交易的要件 344
(二) 内幕交易与操纵同属欺诈行为 344

四、内幕信息知情人的认定 345
(一) 《证券法》的界定 345
(二) 《期货交易管理条例》的界定 345
(三) 内幕信息知情人包括法人 346
(四) 证监会规定的内幕信息知情人 346
(五) 最高人民法院界定的内幕信息知情人员 346
(六) 相关交易行为明显异常 347

五、内幕信息的认定 347
(一) 《证券法》的界定 347
(二) 《期货交易管理条例》的界定 348
(三) 兜底条款 348
(四) 对证券交易价格有显著影响 349
(五) 信息敏感期 349
(六) 默示内幕信息 350

六、内幕交易行为的认定 350
(一) 内幕交易的具体情形 350
(二) 单位 350
(三) 个人的内幕交易行为 351
(四) 抢先交易 351
(五) 管理人或受托人 352
(六) 《认定函》 352
(七) 举证责任倒置 352
(八) 内幕交易得利 353

七、不构成内幕交易的情形 353
(一) 《内幕交易应用法律的解释》的规定 353
(二) 《内幕交易行为认定指引》: 上市公司回购股份 355
(三) 二手以上人员 355

（四）德克斯规则：信息传递中的个人获益 ················ 356
　　（五）纽曼规则：个人获益的界定 ·············· 357
八、法律责任 ·············· 358
九、短线交易：内幕交易的特殊形式 ·············· 359
　　（一）短线交易的起始点 ·············· 359
　　（二）短线交易的属性 ·············· 360
　　（三）短线交易的处罚和救济 ·············· 360
　　（四）美国诉讼中的争议点 ·············· 361
　　（五）对短线交易的质疑 ·············· 362
十、内幕交易是证券市场的常态 ·············· 363
　　（一）交易的多重性 ·············· 363
　　（二）有选择披露 ·············· 363
　　（三）研究所得 ·············· 364
　　（四）高频交易 ·············· 364
　　（五）中国墙虚设 ·············· 365
　　（六）立法滞后 ·············· 365
　　（七）监管机构的纵容 ·············· 365
　　（八）内幕交易与操纵相结合 ·············· 367

第十四章　操纵证券交易、期货交易 ·············· 368
一、概要 ·············· 368
二、法律法规 ·············· 368
三、操纵的认定 ·············· 369
　　（一）操纵的定义 ·············· 369
　　（二）操纵行为的认定 ·············· 370
　　（三）操纵的具体方式 ·············· 371
　　（四）操纵的处罚 ·············· 375
四、另类操纵 ·············· 375
　　（一）上市公司回购股份 ·············· 375
　　（二）异常交易行为 ·············· 375

（三）价值管理 ·························· 377
　五、美国认定操纵的标准 ···················· 378
　　（一）制定法 ·························· 378
　　（二）证交会的规则 ···················· 380
　　（三）美国法院的标准 ·················· 380
　六、美国法院不愿意认定操纵 ················ 382
　　（一）操纵不足为虑 ···················· 383
　　（二）禁止操纵无以为计 ················ 383
　　（三）证券市场离不开操纵 ·············· 384
　七、垄断与操纵 ···························· 385
　　（一）托市活动 ························ 385
　　（二）反垄断法与证券法"格格不入" ······ 385
　　（三）美国自由派大法官、保守派大法官换位 ··· 386

第五部分　中介机构

第十五章　证券公司 ·························· 391
　一、概要 ·································· 391
　二、法律法规 ······························ 391
　三、证券公司 ······························ 392
　　（一）证券公司的名称 ·················· 392
　　（二）证券公司的法律定性 ·············· 393
　　（三）外资参股证券公司 ················ 401
　　（四）组织形式 ························ 401
　　（五）投资银行家 ······················ 402
　　（六）混业与分业 ······················ 402
　四、证券公司的业务 ························ 403
　　（一）投资银行业务 ···················· 405
　　（二）证券交易 ························ 405
　　（三）投资顾问业务 ···················· 407

（四）销售业务 ····· 411
（五）直接投资 ····· 412
（六）其他证券业务 ····· 413

五、证券公司的监管与内控 ····· 413
（一）合规、内控与风控 ····· 414
（二）风险控制指标体系 ····· 416
（三）严禁挪用客户保证金 ····· 418
（四）证券公司的分类监管 ····· 419
（五）营业网点 ····· 419
（六）股票质押与代持 ····· 420
（七）信息隔离墙制度 ····· 420
（八）融资融券 ····· 420
（九）技术风险控制 ····· 421
（十）证券公司的撤销、关闭 ····· 421
（十一）组织结构 ····· 423

六、商业银行代销 ····· 423
（一）金融产品代销 ····· 424
（二）相关机构 ····· 424
（三）注意义务 ····· 425
（四）受信义务 ····· 425
（五）金融监督管理机构 ····· 425
（六）从业人员资格 ····· 426

七、类证券公司金融机构 ····· 427
（一）金融租赁公司 ····· 427
（二）金融资产管理公司 ····· 428
（三）商业银行 ····· 430
（四）担保公司 ····· 431
（五）期货公司 ····· 431
（六）证券投资基金管理公司 ····· 431
（七）信托公司 ····· 431

（八）证券业内的相互蚕食 ⋯⋯⋯⋯⋯⋯⋯⋯⋯⋯⋯⋯⋯⋯⋯⋯⋯ 431

第十六章　信托公司：类证券公司金融机构 ⋯⋯⋯⋯⋯⋯⋯⋯⋯ 432

　一、概要 ⋯⋯⋯⋯⋯⋯⋯⋯⋯⋯⋯⋯⋯⋯⋯⋯⋯⋯⋯⋯⋯⋯⋯⋯ 432
　二、法律法规 ⋯⋯⋯⋯⋯⋯⋯⋯⋯⋯⋯⋯⋯⋯⋯⋯⋯⋯⋯⋯⋯⋯ 432
　三、信托公司的法律属性 ⋯⋯⋯⋯⋯⋯⋯⋯⋯⋯⋯⋯⋯⋯⋯⋯⋯ 432
　　（一）中外信托差异 ⋯⋯⋯⋯⋯⋯⋯⋯⋯⋯⋯⋯⋯⋯⋯⋯⋯⋯ 432
　　（二）信托关系 ⋯⋯⋯⋯⋯⋯⋯⋯⋯⋯⋯⋯⋯⋯⋯⋯⋯⋯⋯⋯ 433
　　（三）信托与基金 ⋯⋯⋯⋯⋯⋯⋯⋯⋯⋯⋯⋯⋯⋯⋯⋯⋯⋯⋯ 434
　　（四）信托与委托 ⋯⋯⋯⋯⋯⋯⋯⋯⋯⋯⋯⋯⋯⋯⋯⋯⋯⋯⋯ 434
　　（五）受信义务 ⋯⋯⋯⋯⋯⋯⋯⋯⋯⋯⋯⋯⋯⋯⋯⋯⋯⋯⋯⋯ 434
　　（六）类证券公司金融机构 ⋯⋯⋯⋯⋯⋯⋯⋯⋯⋯⋯⋯⋯⋯⋯ 435
　　（七）私募基金管理人 ⋯⋯⋯⋯⋯⋯⋯⋯⋯⋯⋯⋯⋯⋯⋯⋯⋯ 435
　　（八）信托公司与商业银行 ⋯⋯⋯⋯⋯⋯⋯⋯⋯⋯⋯⋯⋯⋯⋯ 435
　　（九）信托公司与保险公司 ⋯⋯⋯⋯⋯⋯⋯⋯⋯⋯⋯⋯⋯⋯⋯ 436
　　（十）外商入股信托公司 ⋯⋯⋯⋯⋯⋯⋯⋯⋯⋯⋯⋯⋯⋯⋯⋯ 436
　四、信托公司的业务 ⋯⋯⋯⋯⋯⋯⋯⋯⋯⋯⋯⋯⋯⋯⋯⋯⋯⋯⋯ 436
　　（一）信托公司是"金融游牧族" ⋯⋯⋯⋯⋯⋯⋯⋯⋯⋯⋯⋯ 436
　　（二）变相发行证券 ⋯⋯⋯⋯⋯⋯⋯⋯⋯⋯⋯⋯⋯⋯⋯⋯⋯⋯ 437
　　（三）证券业务 ⋯⋯⋯⋯⋯⋯⋯⋯⋯⋯⋯⋯⋯⋯⋯⋯⋯⋯⋯⋯ 438
　　（四）票据业务 ⋯⋯⋯⋯⋯⋯⋯⋯⋯⋯⋯⋯⋯⋯⋯⋯⋯⋯⋯⋯ 438
　　（五）伞形信托 ⋯⋯⋯⋯⋯⋯⋯⋯⋯⋯⋯⋯⋯⋯⋯⋯⋯⋯⋯⋯ 438
　　（六）股指期货 ⋯⋯⋯⋯⋯⋯⋯⋯⋯⋯⋯⋯⋯⋯⋯⋯⋯⋯⋯⋯ 439
　　（七）信托产品 ⋯⋯⋯⋯⋯⋯⋯⋯⋯⋯⋯⋯⋯⋯⋯⋯⋯⋯⋯⋯ 439
　　（八）私募基金管理人 ⋯⋯⋯⋯⋯⋯⋯⋯⋯⋯⋯⋯⋯⋯⋯⋯⋯ 440
　　（九）资产管理计划 ⋯⋯⋯⋯⋯⋯⋯⋯⋯⋯⋯⋯⋯⋯⋯⋯⋯⋯ 440
　　（十）资产证券化 ⋯⋯⋯⋯⋯⋯⋯⋯⋯⋯⋯⋯⋯⋯⋯⋯⋯⋯⋯ 440
　　（十一）投资房地产 ⋯⋯⋯⋯⋯⋯⋯⋯⋯⋯⋯⋯⋯⋯⋯⋯⋯⋯ 440
　五、信托公司的监管 ⋯⋯⋯⋯⋯⋯⋯⋯⋯⋯⋯⋯⋯⋯⋯⋯⋯⋯⋯ 441
　　（一）问题不断，清理整顿不断 ⋯⋯⋯⋯⋯⋯⋯⋯⋯⋯⋯⋯⋯ 441
　　（二）净资本 ⋯⋯⋯⋯⋯⋯⋯⋯⋯⋯⋯⋯⋯⋯⋯⋯⋯⋯⋯⋯⋯ 442

（三）《关于信托公司风险监管的指导意见》……………………… 442
（四）银监会与证监会 ……………………………………………… 443
（五）中国基金业协会 ……………………………………………… 443
（六）中国信托业协会 ……………………………………………… 444
（七）中国信托登记有限责任公司 ………………………………… 444

第十七章 适当性规则 …………………………………………………… 446
一、概要 ………………………………………………………………… 446
二、法律法规 …………………………………………………………… 446
三、适当性制度的属性、目的及实质 ………………………………… 447
（一）将适当的产品销售给适当的投资者 ………………………… 447
（二）适当性制度的实质 …………………………………………… 448
（三）适当性规则与受信义务 ……………………………………… 451
（四）适当性规则与市场欺诈理论 ………………………………… 451
（五）形式重于实质 ………………………………………………… 451
四、普通投资者与专业投资者 ………………………………………… 452
五、合格投资者 ………………………………………………………… 453
（一）机构投资者 …………………………………………………… 453
（二）单位法人 ……………………………………………………… 454
（三）合格个人投资者 ……………………………………………… 454
（四）金融产品 ……………………………………………………… 457
（五）兜底条款 ……………………………………………………… 458
六、美国的适当性规则 ………………………………………………… 458
（一）适当性规则 …………………………………………………… 458
（二）克雷米银行诉亚历克斯、布朗和儿子案判决意见 ………… 459
七、结论 ………………………………………………………………… 466

第十八章 证券服务机构 ………………………………………………… 467
一、概要 ………………………………………………………………… 467
二、法律法规 …………………………………………………………… 468
三、证券服务机构的法定义务 ………………………………………… 468

四、会计师事务所 ··· 468
  (一) 业务范围 ·· 468
  (二) 会计师义务 ··· 469
  (三) 审计业务的独立性 ····································· 470
  (四) 监管 ·· 471
  (五) 交叉请求 ·· 474

五、资信评价机构 ··· 474
  (一) 资信评级的功用 ······································· 474
  (二) 国际评级机构 ·· 476
  (三) 我国的评级机构监管 ································· 476
  (四) 我国的资信评级机构 ································· 477

六、律师事务所 ·· 477
  (一) 证券法律业务 ·· 478
  (二) 工作底稿 ·· 478
  (三) 注意责任 ·· 479
  (四) 英美法系的证券业务法律意见书 ················ 480

第六部分 | 监管与索赔

第十九章 证券监管机构 ······································· 485

一、概要 ··· 485

二、法律法规 ··· 485

三、监管框架 ··· 486
  (一) 党中央、国务院 ······································· 486
  (二) 统一监管与监管碎片化 ····························· 486
  (三) 国务院证券监管机构 ································· 487
  (四) "一行三会" ··· 488
  (五) 国务院其他部委 ······································· 490
  (六) 司法部门 ·· 491
  (七) 省级人民政府 ·· 493

（八）自律组织 ……………………………………………… 496
　四、中国证券监督管理委员会 ………………………………… 496
　　（一）证监会的职能 ……………………………………… 497
　　（二）证监会的组织结构 ………………………………… 497
　五、理念和政策 ………………………………………………… 499
　　（一）事后监管 …………………………………………… 500
　　（二）"创新" …………………………………………… 500
　　（三）宏观政策 …………………………………………… 502
　六、监管措施和方法 …………………………………………… 502
　　（一）监管措施 …………………………………………… 502
　　（二）牌照和批复 ………………………………………… 503
　　（三）行政执法 …………………………………………… 504
　　（四）网络与信息安全 …………………………………… 507
　　（五）信息管理和新闻导向 ……………………………… 508
　　（六）举报 ………………………………………………… 508
　　（七）行政和解 …………………………………………… 510
　　（八）投资者维权 ………………………………………… 510
　　（九）投资者教育 ………………………………………… 511
　　（十）国际合作 …………………………………………… 511
　七、美国监管执法 ……………………………………………… 512
　　（一）证券执法框架 ……………………………………… 512
　　（二）证券交易委员会 …………………………………… 513
　　（三）美国行政和解的失败 ……………………………… 514
　　（四）监管执法不严的危害 ……………………………… 517

第二十章　公司治理 ……………………………………………… 518
　一、概要 ………………………………………………………… 518
　二、法律法规 …………………………………………………… 519
　三、公司治理的目的、性质、范畴和国别性 ………………… 519
　　（一）公司治理的目的 …………………………………… 519

（二）公司治理的形式 ……………………………………………… 520
　　（三）股权斗争 …………………………………………………… 522
　　（四）证券法蚕食公司法 ………………………………………… 522
　　（五）公司治理的范围 …………………………………………… 523
　　（六）公司治理的效果 …………………………………………… 523
　　（七）公司治理的国别性 ………………………………………… 524
四、股权治理 …………………………………………………………… 526
　　（一）股东大会 …………………………………………………… 526
　　（二）一股独大 …………………………………………………… 527
　　（三）混合所有制 ………………………………………………… 528
　　（四）双重股权结构 ……………………………………………… 528
　　（五）机构投资者 ………………………………………………… 530
　　（六）董事会 ……………………………………………………… 532
　　（七）董事会秘书 ………………………………………………… 532
　　（八）股利 ………………………………………………………… 533
五、独立董事 …………………………………………………………… 534
　　（一）独立董事缺席 ……………………………………………… 535
　　（二）利益输送 …………………………………………………… 535
　　（三）《上市公司独立董事履职指引》…………………………… 536
　　（四）独立董事的正当性 ………………………………………… 536
六、高管薪酬 …………………………………………………………… 537
　　（一）股权激励机制 ……………………………………………… 538
　　（二）公司高管期权 ……………………………………………… 539
　　（三）公司股票回购 ……………………………………………… 539
　　（四）浪费原则 …………………………………………………… 541
　　（五）员工持股计划 ……………………………………………… 542
　　（六）限薪 ………………………………………………………… 544
　　（七）薪酬与公司业绩并无因果关系 …………………………… 544
七、上市公司现金分红 ………………………………………………… 545
　　（一）《上市公司监管指引第3号——上市公司现金分红》…… 545

（二）美国现金分红理论 ·················· 545
　　（三）美国现金分红实践 ·················· 546
　　（四）股票派息 ······················· 546
八、公司内部控制 ························ 546
　　（一）审计和标准 ····················· 546
　　（二）内部控制标准 ···················· 547
　　（三）商业银行 ······················ 547
　　（四）存在的问题 ····················· 549
九、企业社会责任 ······················· 550
　　（一）企业社会责任的属性 ················· 550
　　（二）企业社会责任的广告效应 ··············· 551
　　（三）企业社会责任指数 ·················· 551
　　（四）行业协会借助企业社会责任 ·············· 552
十、诚信建设 ························· 552
十一、国有公司治理 ······················ 553
　　（一）国有企业的定义 ··················· 554
　　（二）中共中央 ······················ 554
　　（三）独立董事、职工董事和监事并举 ············ 555
　　（四）国家资产管理委员会 ················· 555
　　（五）公司治理体系 ···················· 557

第二十一章　民事索赔 ······················ 557
　一、概要 ·························· 557
　二、法律法规 ························ 556
　三、我国法院设立前置条件 ··················· 558
　　（一）前置条件 ······················ 558
　　（二）拒绝受理 ······················ 559
　　（三）我国法院做法的动因 ················· 559
　四、美国法院偏向被告 ····················· 560
　　（一）默示私人诉讼权利 ·················· 560

（二）重大信息 …………………………………………… 560
（三）因果关系和"依赖" …………………………………… 561
（四）合理"依赖" …………………………………………… 562
（五）市场欺诈理论 ………………………………………… 563
（六）损失因果关系 ………………………………………… 555
（七）不容否认 ……………………………………………… 567
（八）谨慎提示 ……………………………………………… 567
（九）反垄断法不适用证券市场 …………………………… 568
（十）仲裁限制诉讼 ………………………………………… 568
（十一）不经过陪审团 ……………………………………… 569
（十二）美国法院偏向被告的动因 ………………………… 569

五、仲裁 ………………………………………………………… 570
（一）金融监管局仲裁 ……………………………………… 570
（二）仲裁裁决书 …………………………………………… 571
（三）仲裁是一种产业 ……………………………………… 571

六、调解 ………………………………………………………… 572

七、证券法需要诉讼 …………………………………………… 573

后　记 …………………………………………………………… 574

PART 1 第一部分
证券的界定

第一章

概 论

证券市场变幻莫测,各种问题层出不穷。证券市场的若干根本性固有问题虽反复出现,却万变不离其宗。证券法的根本性原则贯穿于整个证券法和证券法实践中,理清证券市场和证券法的主线,有助于理解和分析市场中出现的具体问题。

一、证券市场简介

披露是贯穿证券法的主线,企业披露不实就有可能因此而承担赔偿责任。证券市场的很多专有名词似是而非,人们对证券市场的职能也有误解和误读。

(一)证券市场的构成

"证券市场""资本市场"和"金融市场"三词为近义词,而且经常通用。"资本市场"侧重融资的动态活动,指股权和债务等资本资金交易的市场;[1]"证券市场"则是"股市"的代名词,尽管证券不止限于股票;"金融市场"所强调的是整个金融格局和结构。三词有很多重叠之处,业内人士、监管机构和学者经常将三词混用。美国最高法院肯定了混用的合理之处,在其判例中,"金融市场"和"证券市场"就是两词混用。[2]

证券市场发展到一定阶段后,又渗透到金融市场的各个领域之中,资本市场又成为一个常用词;资本市场就是证券市场与金融市场的结合。确实,资产证券化已经将金融市场与证券市场融为一体,例如,中国的商业银行发行理财产品,

---

[1] 英文"capital market"。参见[美] R.J.舒克:《华尔街词典》,陈启清译,中国商业出版社2002年版,第105页。
[2] Credit Suisse v. Billing, 551 U.S. 264 (2007).

而证券投资基金又购买这些理财产品。[1]再如，商业银行内还有保险公司的员工在销售保险，而这种保险有年化利率，可以被定性为证券产品。根据中国保险监督管理委员会（下称"保监会"）的最新规定，[2]保险资金可以投资高风险的上市公司股票。中国资本市场发展到今天，各种金融机构及其业务错综复杂，犬牙交错，你中有我，我中有你。

相较于"证券市场"一词而言，"资本市场"听上去充满活力，似有主观能动性。资本市场充满这种动听却又似是而非的名词。比如，负债交易被称作"杠杆交易"，给人的印象便比较正面。垃圾债券又被称作"高收益债券"。固定收入（fixed income）包括信贷、大宗产品和汇率方面的交易收入——明明是充满风险的交易，却被称为"固定"收入。银行开发的金融产品也有很好听的名字。比如，信托产品的名称是"诚至金开"，由"精诚所至，金石为开"演变而来。[3]总之，名称很重要，不同的名称有不同的含义，甚至有不同的定性，如"落草为寇"是贬义，而"逼上梁山"就有正面的意思了。

"证券市场"的另一同义词是"股票市场"。证券市场似乎比股票市场更为正面。确切地说，证券包括但不限于股票，所以证券市场的范围要大于股票市场。受1929年美国股票市场崩盘影响，股票市场一词一直无法完全摆脱投机的色彩。但2008年金融危机证明，股票市场相对规范，而股票市场之外的证券交易具有更大的隐蔽性和危害性，信贷违约掉期这种对赌金融产品的风险远大于股票的风险。

近年来我国又开始使用"互联网金融"一词。我国监管机构的立场是，互联网金融是传统金融机构与互联网企业利用互联网技术和信息通信技术实现资金融通、支付、投资和信息中介服务的新型金融业务模式。但互联网金融本质仍属于金融，并没有改变金融风险隐蔽性、传染性和突发性的特点。[4]

（二）证券市场的功能

证券市场有三种功能：优化配置资源、合理配置风险和重新分配财富。[5]其

---

[1]《中银理财7天债券型证券投资基金更新招募说明书摘要》。

[2]《中国保监会关于保险资金投资创业板上市公司股票等有关问题的通知》，保监发（2014）1号。

[3] 吕雅琼："诚至金开2号投资者讨说法，工行人士称下周答复"，载《第一财经日报》2014年第40期。

[4]《关于促进互联网金融健康发展的指导意见》（银发〔2005〕221号）第1条、第2条。

[5] 朱伟一：《证券法的两种实践》，中国法制出版社2003年版，第3页。

中，优化配置资源是证券市场存在和发展的根本理由。[1]但证券市场能否优化配置资源目前尚无定论。证券市场发展没有解决中国中、小企业融资难的问题，也没有解决美国中、小企业融资难的问题。可以说，中、小企业融资难是一个永恒的问题。美国许多基础设施需要翻新，但相关资金就是无法到位。显然，美国的资本市场并没有实现优化配置资源。谷歌、脸谱等企业筹资成功，也并不一定是优化配置资源的表现。谷歌、脸谱上市前就不缺乏资金，而此类企业上市融得巨资后，其他新兴企业就无法获得急需的资金。谷歌、脸谱融得巨款后，又进入许多并非其所长的非主营业务领域，很难说是资源的最佳配置。

合理配置风险就是通过证券市场将风险转移给最有能力承担、也最愿意承担风险的机构或个人。资产证券化便是一个例证：住房抵押贷款被制作成证券后出售，贷款违约风险就被转移给更有能力承担该风险的机构和个人。当然，2008年的金融危机证明，证券市场并未能成功地配置风险。金融危机爆发后，信贷严重短缺，各种金融机构纷纷破产，最后是政府的救助才稳住了市场。

证券市场具有重新分配财富的功能。[2]美国经济学家、诺贝尔经济学奖获得者保罗·克鲁曼（Paul Krugman）指出：

"并非偶然的是，金融行业突飞猛进的时代，也正是收入和财富不平等日益扩大的时代。华尔街直接促成了经济多极化，金融业收入飞涨，百分之一人口中的财富增加……促成金融去监管化的政治势力以各种方式加剧了全面不平等，削弱了有组织劳工，取消了过去对高管薪酬的限制。"[3]

在美国金融危机发生之前，2007年美国家庭的平均收入为51 100美元，而到2012年仅为51 017美元。自2008年到2012年，美国中产阶级家庭的收入连续五年持续下降。从1980年到2008年，美国资本市场突飞猛进，但与1989年相比，2012年美国中产阶级家庭的实际收入下降了。[4]到2014年，美国1%的人收入占

---

[1]《国务院关于进一步促进资本市场健康发展的若干意见》（国发[2014]17号）开宗明义，第一句便指出："进一步促进资本市场健康发展，对于加快完善现代市场体系、拓宽企业和居民融资渠道、优化资源配置、促进经济转型升级具有重要意义。"

[2] 股市波动是现代转移财富的四大模式之一，另外三种模式为通货膨胀、房地产炒作和IT产业。彭光治：《股戏》，早安财经文化有限公司2003年版，第275~276页。

[3] Paul Krugman, "Losing their immunity", *The Global Edition of the New York Times*, October 18, 2011, p. 7.

[4] Richard McGregor, "Inequality climbs US political agenda", *Financial Times*, November 21, 2013, p. 2.

到全社会总收入的20%~30%，其拥有的财富则占到社会总财富的30%~40%。而与此同时，美国仍有1/4的儿童生活在贫困之中。[1]2012年的美国共和党总统候选人米特·罗姆尼表示，量化宽松政策压低利息，抬高股价，扩大了贫富差距。英国中央银行英格兰银行的分析人员则认为，"量化宽松政策抬高了资产价格并增加了家庭的金融财富，而金融财富却集中在5%的最富有家庭，他们掌握了40%的资产"。[2]

证券市场加剧了贫富不均，而贫富不均反过来又引发了金融危机和经济危机。《1929年大崩溃》是分析金融危机和经济危机的经典之作，该书作者约翰·加尔布雷斯认为，1929年美国股市崩盘并引发经济危机，其首要原因是贫富不均。另外三大原因是公司结构不合理、银行结构不合理和外贸收支不平衡。[3]1929年，美国股票市场崩溃之前，美国收入前5%的人获得了全国人所有收入的2/3。加尔布雷斯指出：

"收入分配高度不平等，就意味着经济依赖高投资或奢侈品消费者的高消费，或同时依赖两者。富人不可能购买大量面包。如果富人要花掉他们的收入，必须是购买奢侈品或投资新工厂和新项目。工人每周收入25美元，与他们用于面包和房租的支出相比，投资和奢侈品支出都更容易受制于错误的影响和距离的波动。"[4]

美国的经验显示，财富主要是由中产阶级和穷人流向富人，这无疑扩大了贫富差距。每当证券市场出现间歇性股灾，大多需要政府以各种形式救市，而政府的资金最终是来自纳税人的，即便没有可支配收入用于证券市场的投资，实质上仍然为证券市场输送了财富。而贫富差别扩大加剧了证券市场的风险。正因为如此，即便证券市场运行完美，没有内幕交易，没有操纵，也没有虚假陈述，仍然注定是一个危机接着另一个危机。

（三）证券市场的成本

主流经济学家们大多认为，优化配置资源是证券市场存在的理由之一。但从法律分析角度看，证券市场能够优化配置只是一个假设说法，没有任何成本效益

---

[1] Joseph Stiglitz, *The Global Exchange*, BBC, World Service, 9：00 a.m., January 1, 2014.

[2] Chris Giles, "Debate rages over QE's effect on inequality", *Financial Times*, October 24, 2014, p. 6.

[3] John Kenneth Galbraith, *The Great Crash*, Penguin Books, 1992, pp. 194~197.

[4] John Kenneth Galbraith, *The Great Crash*, Penguin Books, 1992, p. 195.

分析证明这点理论。证券市场的成本包括外部成本和社会成本。外部成本（external costs）指产品的生产成本由生产者和消费者之外的第三方承担。[1]政府救市的成本就是证券市场中由第三方承担的外部成本。外部成本最终有可能是由整个社会承担的。美国学者 R. H. 科斯指出：

"我们必须考虑到各类社会安排运行所涉及的成本（不论是市场还是政府部门发挥职能）以及转向一种新制度的成本。在设计和选择各种社会安排时，我们必须考虑到总成本。"[2]

外部成本或社会成本也是机遇成本（opportunity costs），即从事任何交易便放弃了最佳替代交易。[3]用于救市的资金本来可以用于其他投资机遇。机遇成本也包括从事证券业务的精英人才本来可以从事其他行业造福社会。证券行业是一个人才拥挤、人才过剩的行业，而在一个精英拥挤的行业，精英们势必要为自己谋求超值回报，而且往往可以得逞，结果此行业成为由全社会补贴的行业。

美国有众多为证券市场叫好的"一流"经济学家，尽管他们并不否认证券市场存在外部成本和社会成本，但是他们从未提起证券市场的外部成本或社会成本。在美国，大力发展资本市场不仅被尊为坚定而正确的政治方向，而且近乎宗教信仰信念，甚至可以说是国教的地位。而直接或间接受雇于证券行业的经济学家出于个人利益考虑，不会越雷池说出真相。很遗憾，我国的很多"海归"经济学家受华尔街、国际货币基金组织和世界银行的影响，只谈发展证券市场，却不谈证券市场的各种成本。

此外，资本市场在人才配置方面造成了极大的浪费，其通过超值高薪吸引了过多的人才。美国一些非主流的观点也承认，华尔街仅仅是整个经济的一部分，其他行业也应当有杰出的人才。[4]

（四）证券市场的投机性和赌博性

证券市场也具有投机性、冒险性和赌博性。[5]就证券市场而言，"投机"似

---

[1] Nancy Wall, *AZ Economics*, Oxfordhshore: Philip Allan, 2009, p. 111.

[2] R. H. Coase, *The Firm, The Market and the Law*, Chicago: University of Chicago Press, 1988, p. 156.

[3] Nancy Wall, *AZ Economics*, Oxfordhshore: Philip Allan, 2009, p. 222.

[4] Kevin Roose, *Yong Money*, New York: Grand Central Publishing, 2014, p. 247.

[5] 斯蒂夫·弗雷泽关于华尔街史的专著书名就是《人人都是投机者》。Steve Fraser, *Every Man A Speculator*, Harper Collins Publishers, 2005, p. cover.

乎可以被视为"赌博"的同义词。转移风险就具有投机性或赌博性,"赌博与投资之间仅一步之遥,两者之间的区别是人造的。即使最正常的投资也有下注的明显特点(希望多赢一些而结果输掉了所有钱),而最疯狂的投机又有投资的显著特点"。[1]在大多数国家,除非获得政府特许,任何个人或实体都不得开设赌场或赌局,否则就会受到重罚,甚至可能被追究刑事责任。但有三种例外:一是政府批准的特许经营,如在中国澳门特别行政区、美国拉斯维加斯和大西洋城开设赌场;二是各种彩票;三是证券市场。赌博会有不同的名称,例如在澳门被称作博彩业。证券市场尽管名称不同,但性质并不会因此而改变。很少有学者或金融机构公开承认证券市场具有赌博的性质,但也很少有人否认赌博是证券市场的一大特点。[2]

明确证券市场的性质非常重要。如果承认证券市场或证券投资具有赌博性质或赌博成分,就应当限制其规模以及其所涉及的领域,以便控制证券市场对整个金融体系和经济所造成的威胁和危害。但从另一方面说,监管并不能完全消除和克服证券市场的风险,监管改变不了一个行业的性质——青楼严加监管也还是青楼,赌场严加监管也还是赌场。如果承认证券市场或证券投资具有赌博性质或赌博成分,则证券监管也应当做出相应调整。比如,证监会设有投资者保护局,其职能之一是投资者教育。许多部门也时而发文强调投资者教育。如果承认证券市场或证券投资具有赌博性质或赌博成分,就应当向投资者宣讲赌博的一些基本规律,如"多次下注庄家赢"以及"小赌怡情"是不能自拔的陷阱。[3]

贪婪和恐惧与赌博结伴而行。归根结底地说,恐惧也因贪婪而起,因为贪婪,所以才怕输。贪婪和恐惧市场也是驱动证券市场股价的两大动力:因为贪婪而投机,因为贪婪而怕输,所以很多投资者以及职业经理人才追涨杀跌。证券交易的赌博性或投机性也决定股票市场的价格具有波动性。长期投资者甚少,而且这些少数长期投资者的资金很大一部分也被职业经理人用于短线投机。

美国贤哲本杰明·富兰克林(Benjamin Franklin)指出:

"人类有两大激情的影响不可等闲视之。两大激情是野心和贪心,即,爱权和爱财。若是两者分开,其中任何一种激情都能够成为一种巨大的鞭策力量,催人奋发有为。但是两种激情合二为一,用在同一目标之上,那么在很多人的心中

---

[1] Michael Lewis, *The Big Short*, New York: W. W. Norton & Company, 2010, p. 256.
[2] "Betting Against All of Us", www.infiniteunknow.not/200-/12-30.
[3] 曹红蕾:"小赌怡什么情",载《财经国家周刊》2014年第9期。

会有最狂暴的结果……他们不会是智者或温良者，不会是爱好和谐者，也不会是值得信任者。那是些胆大妄为者，为了利润最大化，可以不择手段，无所不用其极，互损阴招，没有任何信义可言。"[1]

2008年金融危机之前，华尔街的银行大到不败，2008年之后，华尔街的银行仍然大到不败。2008年金融危机之后，要求分拆花旗集团的呼声也很高，但终因其权钱结合后的势力过大而无法实现。[2] 美国华尔街的银行通过向政客提供政治捐款和讲演费的方式，牢牢控制了美国的相关立法和执法。

我国的上海证券交易所（以下简称"上交所"）是《证券法》规定的自律组织，又有雄厚的财力，可以大力宣传自己的主张。可以说，上交所是集权力和资金于一处的组织，时有超常之举，如上交所高管曾提出"良性违法"（见本书第十九章）。上交所身为自律组织，其高管却高调宣传"良性违法"，背后原因不言自明。

二、证券市场的法律

证券法的主线是披露和反欺诈，但资本市场的许多重要交易并不在证券法的制约范围之内。比如，美国的信贷违约掉期是一种对赌，金额曾经高达600万亿美元。对赌涉及许多证券资产，而且证券公司经常是对赌一方，但基本上不受证券法的制约。

中文法律法规和学术文章中常有"我国法律"和"国内法律"两词。"我国法律"指中华人民共和国的法律。我国法律大部分并不适用于台湾、香港或澳门地区，所以便出现了以示区别的"国内法律"一词。就本书而言，"我国法律"与"国内法律"为同义词，都指在我国内地适用的法律。

（一）我国证券法

我国的证券法主要涉及三部法律和一部行政规章：《证券法》《基金法》《信托法》和《期货交易条例》。

我国《证券法》主要涉及公司的股票发行和交易，具体禁止了内幕交易和市场操纵等交易行为。我国金融期货交易应当由证监会监管。

《基金法》规制公开和非公开发行的证券投资基金。

---

[1] Walker Isscson, *Benjamin Franklin*, New York：Simon & Schuster, 2003, p. 456.
[2] See Ron Suskind, *Confidence Men*, New York：Happer, 2011.

《信托法》规定了受信责任，适用于证券投资基金管理人。受信责任是很高的要求，但法院很少以此作为判决依据。自《信托法》2001年生效以来，从未做过任何修订。但这并不意味着该法制定得十分完善，而且再完善的法律也需要不断修订。《信托法》之所以没有做过任何修订，是因为这部法律的实际作用很小。

证券法的特点是细则为王，很多问题由监管部门的规则制约。但与美国的证券法相比，我国的证券法更为原则，很多内容由政府的部门规章制约，很多时候是令出多门。

(二) 美国证券法

美国证券法主要由以下几部法律组成：

- 《1933年证券法》(Securities Exchange Act of 1933)[1]
- 《1934年证券交易法》(Securities Exchange Act of 1934)[2]
- 《1939年信托契约法》(Trust Indenture Act of 1939)[3]
- 《1940年投资公司法》(Investment Company Act of 1940)[4]
- 《1940年投资顾问法》(Investment Advisers Act of 1940)[5]
- 《2002年萨班斯-奥克斯利法》(Sarbanes-Oxley Act of 2002)[6]
- 《2010年多德-弗兰克华尔街改革和消费者保护法》(Dodd-Frank Wall Street Reform and Consumer Protection Act of 2010)[7]
- 《2012年创造就业法》(Jumpstart Our Business Sartups Act of 2012)[8]

美国证交会将上述法律所涉及的主要内容归纳如下：

《1933年证券法》

该法涉及公司发行证券的要求。公司发行证券必须注册，说明以下内容：公司的财产和业务；拟发行的证券；有关公司管理层的信息；由独立会计师审计通过的报表。该法规定了注册豁免，其中包括：向人数有限的投资者出售证券；州际证券发行以及市政府、州政府和联邦政府发行的债券。

---

[1] 全文见 http://www.sec.gov/about/laws/sea33.pdf。
[2] 全文见 http://www.sec.gov/about/laws/sea34.pdf。
[3] 全文见 http://www.sec.gov/about/laws/tia39.pdf。
[4] 全文见 http://www.sec.gov/about/laws/ica40.pdf。
[5] 全文见 http://www.sec.gov/about/laws/iaa40.pdf。
[6] 全文见 http://www.sec.gov/about/laws/soa2002.pdf。
[7] 全文见 http://www.sec.gov/about/laws/wallstreetreform.cpa.pdf。
[8] 全文见 http://www.gpo.gov/fdsys/pkg/BILLS-112hr3606enr/pdf/BILLS-112hr3606enr.pdf。

《1934 年证券交易法》

该法授权成立证交会，监管证券行业的各个方面，包括监管证券交易所和金融行业监管局等自我监管组织。该法监管的重点领域包括：

公司披露。资产超过 1000 万美元，而且股东在 500 人以上的公司必须提交年度报告和其他定期报告，证交会通过 Edgar 数据库向公众公布这些报告。

投票授权书征集。就公司股东大会年会或特别股东大会而言，公司和股东征集投票授权委托书，必须披露有关表决事项的重大信息。

收购要约。无论是直接购买或是发出收购要约，任何人获得上市公司 5% 以上的股份，都必须进行披露。获得上市公司 5% 以上的股份，通常是为了取得公司的控股权，披露相关信息有助于投资者了解情况后就公司的重大问题做出决策。

内幕交易和操纵。《1934 年证券交易法》第 10b 节禁止证券买卖中任何形式的欺诈行为，而美国最高法院将内幕交易和市场操纵界定为证券欺诈行为。

《1939 年信托契约法》

该法适用于向公众出售的债券、无担保债券和票据等债券证券。即便此类证券已经按照《1933 年证券法》进行了披露，但向公众出售之前，债券发行人和债券持有人必须按照《1939 年信托债权合同法》的要求，签订信托债权合同。

《1940 年投资公司法》

该法将证券投资基金界定为投资公司，此类公司的主要目的是进行证券投资和再投资以及证券交易，而且投资公司的证券也向投资者出售。该法旨在预防和规制投资公司的利益冲突，要求投资公司出售其股份和出售之后，必须向投资者披露公司的财务状况和投资策略。

《1940 年投资顾问法》

根据该法的规定，除少数例外情况，任何机构或个人，若有偿就证券投资提供咨询，而且管理的资产在 1 亿美元以上或是为投资公司提供咨询的，就必须在证交会登记。

《2002 年萨班斯-奥克斯利法》

该法涉及公司治理，旨在预防会计欺诈，并为此设立了"公共公司会计监督委员会"（Public Company Accounting Oversight Board），由其监管审计行业的工作。

《2010 年多德-弗兰克华尔街改革和消费者保护法》

该法旨在改革美国资本市场制度，其内容包括：投资者保护、交易限制、信用评级、金融产品监管、公司治理以及披露和公开。

《2012年创造就业法》

该法旨在方便中小企业融资，并为此目的减少监管要求。

（三）披露：贯穿证券法的主线

披露是贯穿证券法的红线，通过填表披露是证券法合规的重要内容。[1]我国《证券法》甚至强调，"证券的发行、交易活动，必须实行公开、公平、公正的原则"。但法律实践与法律目的正好完全相反。比如，可变权益实体（英文"variable interest entity"，下称"V. I. E."）就是为规避中国法律而定制的，V. I. E. 安排大多离不开设在离岸避税地的公司。[2]事实上，很多上市公司的股东就是在离岸避税地设立的公司，其目的是避税和减少披露。[3]如果监管机构真心促成披露，完全可以以法规明文规定上市公司股东中不得有设在离岸避税地的公司。

监管机构并没有认真实施证券法的披露原则，而且监管机构作为投资者时也并不披露重大情况。金融危机之后，美联储不惜血本购买长期债券和住房抵押贷款等资产证券化产品，其资产额已达4.5万亿美元。[4]美联储为自己设计了所谓专门的"监管账户"（regulatory account），该账户下美联储无需公布自己所购资产的亏损情况。[5]

（四）证券法：侵权法的延伸

从本源上说，证券法是由合同法和侵权法合成的。资本市场的主要法律关系是合同关系和侵权关系。从法律关系上说，公司章程就是一份合同。如果是上市公司，面对广大投资者，要素不相识的人投资公司，这时发生的纠纷经常涉及合同关系。投资者索赔时，经常涉及侵权关系。我国最高人民法院就要求："人民法院在处理期货交易中的侵权纠纷时，应当认真审查侵权行为和损失之间是否具有因果关系，行为人是否有过错，并应当按照过错大小准确确定当事人的民事责任。"[6]

---

[1] 朱伟一：《美国证券法判例解析》，中国法制出版社2002年版，第1~5页。

[2] Lex in depth, "Alibaba", *Financial Times*, September 10, 2014, p. 7.

[3] Special Report, "Tax havens", *The Economist*, www.economist.com/news/2014-09-10.

[4] David Malpass, "The Fed Is Looking Like a Sovereign Wealth Fund", *The Wall Street Journal*, September 8, 2014, p. 13.

[5] Akex H, Pollock, "Our Financial Crisis Amnesia", *The Wall Street Journal*, July 11~13, 2014, p. 10.

[6] 《最高人民法院关于审理期货纠纷案件座谈会纪要》（法［1995］40号）。

在我国国家司法考试中，《证券法》被划入商法的范围。民商法的定义似是而非，其范围包括《民法通则》《合同法》《婚姻法》《物权法》和《侵权责任法》等，商法又包括《公司法》《证券法》《基金法》和《保险法》等。[1]但就其精要而言，民商法主要是合同法和侵权法。颜料有红、黄、蓝三种原色，按不同比例混合，再调出许多不同的颜色。侵权法和合同法是证券法的原色，其中又以侵权法为主。因为证券市场的很多活动是面对众多的未知第三方，所以需要借助法定责任来调整关系，而这类法定责任主要是侵权责任。

《侵权责任法》于2009年12月26日公布，2010年7月1日实施；而《证券法》是1998年公布，1999年实施，有抢跑之嫌。《侵权责任法》明确了过错责任（negligence），其第6条规定："行为人因过错侵害他人民事权益，应当承担侵权责任。"《侵权责任法》也规定了无过错责任："行为人损害他人民事权益，不论行为人有无过错，法律规定应当承认侵权责任的，依照其规定。"[2]而在此之前，《证券法》第69条已经规定了发行人和上市公司的无过错责任："发行人、上市公司……信息披露资料，有虚假记载、误导性陈述或者重大遗漏，致使投资者在证券交易中遭受损失的，发行人、上市公司应当承担赔偿责任；发行人、上市公司的董事、监事、高级管理人员和其他直接责任人员以及保荐人、承销的证券公司，应当与发行人、上市公司承担连带赔偿责任，但是能够证明自己没有过错的除外……"

在大多数国家，都是先有侵权法，再有证券法。证券法是伴随美国《1933年证券法》的问世而产生的，而在19世纪时，侵权法在美国就已成体系。[3]事实上，从法理上说，证券法并不是主要的法律。在《美国法律史》这部经典之作中，作者劳伦斯·弗里德曼教授一次也没有提到证券法，[4]只是在讨论罗斯福总统的新政时，简单提到证交会是新政产物之一。[5]而在中国，证券法先于侵权法问世，这是一种急功近利的表现，是对法律很不严肃的态度。当然，这也符合中国的国民性：中国文化推崇实用，在法律和法律实践方面也是如此。

披露是证券法规定的责任，但合同也可以规定披露义务。标准合同文本中有

---

[1] 国家司法考试辅导用书编辑委员会：《2010年国家司法考试法律法规汇编》，中国政法大学出版社2010年版，第21~25页。

[2] 《侵权责任法》第7条。

[3] Lawrence M. Friedman, *A History of American Law*, Simon & Schuster, 1985, pp. 299~302.

[4] Lawrence M. Friedman, *A History of American Law*, Simon & Schuster, 1985, pp. 1~781.

[5] Lawrence M. Friedman, *A History of American Law*, Simon & Schuster, 1985, p. 658.

一条为陈述和担保（statements and warranties）。如果陈述内容有重大错误或重大遗漏，并因此给另一方造成损失的，则必须给予赔偿。同样，上市公司、证券投资基金以及证券公司等各类金融机构也有披露责任，如果披露陈述有重大错误或重大遗漏，并因此而给另一方造成损失的，则必须给予赔偿。但就民事索赔而言，违反证券法的披露责任规定就有可能承担侵权责任。比如，证券投资基金的投资向基金管理公司交纳管理费，管理费由合同约定。但美国法律又规定，基金管理公司对基金负有受信责任。所以发生有关基金费用诉讼时，法律规定责任就取代了合同义务，适用侵权法原则。

通过资产证券化，抵押贷款变为证券，贷款的合同关系就变成了证券的侵权关系。证券法的特点之一就是侵权关系与合同关系相互转化，变幻不定。

（五）细则为王

与证券相关的中国法律主要是《中华人民共和国证券法》《中华人民共和国证券投资基金法》和《中华人民共和国信托法》，但具体法规和部门规章散见各处。由中国证券监督管理委员会汇编的《中华人民共和国证券期货法规汇编》是一部较全的汇编，分类收入了有关法律、部门规章及规范性文件，其中部门规章及规范性文件部分主要收入证监会发布的部门规章及规范性文件，同时也收入其他部门部委发布的相关部门规章及规范性文件。此外，证监会汇编出版每年上下两册的《中华人民共和国证券期货法规汇编》，收入了最新公布的法律法规。但该汇编的缺憾是没有收入一些重要的司法解释和由其他监管部门发布的部门规章。〔1〕

证券法的一大特点就是细则为王，各个监管机构分别发布大量的部门规章。美国《多德-弗兰克法》原则上限制了银行以自有资金进行证券交易。证交会依

---

〔1〕《中华人民共和国证券期货法规汇编（2013·上）》（法律出版社2013年版）"其他部委发布的相关部门规章及规范性文件"部分仅收入了《国家外汇管理局关于修订〈银行间外汇市场做市商指引〉的通知》（汇发〔2013〕13号，下称《做市商指引》），没有收入银监会同期发布的《中国银监会关于规范银行理财业务投资运作有关问题的通知》（下称《理财规范通知》）。《理财规范通知》的重要性不亚于《做市商指引》，证监会应当知道这点，未将其收入法规汇编应当不是出于偶然：或许是不希望《理财规范通知》引起人们的注意。如果非标准资产被认定为证券，就应当由证监会监管。《证券法》并没有明确规定证券市场由证监会监管；《证券法》第178条只规定，不仅涉及是否需要监管的问题，也涉及由谁监管的问题。银监会似乎也不希望引起人们的注意。2010年发布的《最高人民法院关于审理非法集资刑事案件具体应用法律若干问题的解释》（法释〔2010〕18号）涉及证券的定义以及发行形式，《中华人民共和国证券期货法规汇编（2010·下）》（法律出版社2010年版）并没有收入该解释，但却收入了最高人民法院同期发布的《关于充分发挥审判职能作用为深化科技体制改革和加快国家创新体系建设提供司法保障的意见》（法发〔2012〕15号，下称《保障意见》）和《关于审理上市公司破产重整案件工作座谈会纪要》（下称《座谈纪要》）。

据该法制定细则,该细则多达 700 页。但细则为王并不是福音,正如哲人所说,"蝇营之法滋生滔天罪行"。[1]

令出多门难免就有自相矛盾之处:规则与法律原则之间有矛盾,规则与规则之间有矛盾。2013 年 3 月 25 日,银监会发布《中国银监会关于规范商业银行理财业务投资运作有关问题的通知》,将"非标准化债权资产"(简称"非标资产")界定为:"未在银行间市场及证券交易所市场交易的债权性资产,包括但不限于信贷资产、信托贷款、委托债权承兑汇票、信用证、应收账款、各类(收)益权、带回购条款的股权性融资。"[2]该定义十分宽泛,在中国遍地开花的理财产品和信托产品也包括在内。

当然,细则多对律师有益,可以为律师带来许多业务。而在律师的帮助下,证券市场的各方对法律可以各取所需。此外,细则为王提升了证券监管机构的地位。一方面,中国法院不愿意依据部门规章判金融机构败诉。另一方面,证券监管机构在证券法实施中发挥关键作用,证券监管机构也随之坐大。许多证券业务,需要证券监管机构许可才能进行。证券监管机构可以通过取消、威胁取消或暂时中止资格的方式,对违规金融机构或个人进行处罚。证监会还给证券公司评级分类,进行精细管理。[3]

(六)似是而非

法律条文与法律实践经常截然相反,如果只看证券法条文,难免不得要领,甚至可能以讹传讹。比如,披露是贯穿证券法的主线,我国《证券法》甚至强调,"证券的发行、交易活动,必须实行公开、公平、公正的原则"。但实践中监管机构经常反其道而行之。美国监管机构查处违法金融机构时,大多是与被查处对象达成和解:被查对象缴纳罚款,但这些违法企业既不否认也不承认过错,相关事实也永远封存,更谈不上什么披露可言。再比如,证券定义是证券法的重要内容,但中国银监会发布部门规章,便推出了"非标准债务资产"一词,为许多本应被界定为证券的金融产品披上了新装,限制或排除了证券法的适用,有夺淮入海的意思。证券法及其实践可以说是明修栈道,暗度陈仓,也可以说是前门拒虎,后门进狼。本书着重揭示这点,以利于读者对证券法的理解。

---

[1] Lewis C. Henry, *Best Quotations For All Occasions*, Fawcett Premier, 1986, p.250.

[2] 《中国银监会关于规范商业银行理财业务投资运作有关问题的通知》(银监发[2013]8号)第 2 条。

[3] 《证券公司分类监管规定》,证监会公告[2009]12 号;《关于修改〈证券公司分类监管规定〉的决定》,证监会公告[2010]17 号。

三、证券市场的主要问题

（一）去监管化

就政府与市场的关系而言，可能是政府左右市场，也有可能是银行左右政府，两者实际上是异曲同工。美国大银行效率低下，但却没有出现收购拆卖大银行的并购，原因在于大银行获得了政府的无形担保，所以融资成本很低。倘若大银行被拆为小银行，就不会有政府的无形担保，银行就会损失一大笔财富。克鲁格曼（Paul Krugman）指出："美国的金融化并不是由市场无形之手所决定的。自20世纪80年代以来，金融银行的增长远高于其他经济行业的增长，其原因是一系列的政策选择，尤其是不断去监管化，其过程一直持续到2008年金融危机爆发。"[1]克鲁曼还指出："美国政治中金钱是会说话的。而金融行业的金钱近来一直在表示，任何政客胆敢批判金融银行的行为，哪怕是温言细语的批评，金融银行对其都要严惩不贷。"

（二）货币宽松政策

金融危机之后，美联储救灾的方法就是将利息降至零，并通过量化宽松推行货币宽松政策。[2]2008年11月，美联储开始对债券进行第一轮收购。到2014年10月29日美联储宣布将停止量化宽松政策时，其已经持有4.5万亿美元债券。2007年9月，美元的利率为5.25%，但从2008年12月至2014年底，美元的利率一直在零水准。美国经济学家西蒙·约翰逊（Simon Johonson）的说法是："遇到问题，只要肯砸钱，无条件地提供各种担保，挽救一个金融制度并非难事。"[3]的确，货币宽松政策与股票价格有直接关系。美联储实行量化宽松政策6年后，标准普尔股票指数（The Standard & Poor's 500-stock index）上涨了131%。而同期，

---

[1] Paul Krugman, "Losing their immunity", *The Global Edition of the New York Times*, October 18, 2011, p. 7.

[2] 美国经济史学教授尼尔·弗根森（Niall Ferguson）认为，货币宽松政策不再是各国单独的行为，美元的量化宽松是全球性的，日本版的货币宽松也是全球性的。Niall Ferguson, "USA + PRC: The New Adventure of Chimerica", 2014 China Conference, Reforming the Future, Beijing, November 6, 2014. 美联储动用了大约4万亿美元收购债。新兴市场国家的经济短期内有了增长，但债务也随之增长，其中17个国家和辖区私营部门的债务迅速上升。私营部门的债务已经达到国内生产总值的250%。Reuters Breaking Views, "Gains to vanish as quantitative easing does", *The International New York Times*, October 31, 2014, p. 17.

[3] Simon Johnson, "Inside Man", *The New Republic*, March 10, 2010. 详见www.newrepulbic.com/book/review/inside.man，访问日期：2014年9月14。

美国财政部10年债券的收益率由2.96%下降到2.32%。[1]

货币宽松政策的后果之一是通货膨胀。十多年前,英文"trillion"(万亿)是一个生僻的单词,但金融危机之后,"trillion"已经成为一个常用词。货币天量增加有两个原因:一是经济总体增加;二是通货膨胀。通货膨胀总是与证券市场的发展结伴而行。低利息是证券高价格的前提,而通货膨胀则是政府最终化解金融危机的法宝。通货膨胀之后,债务便相对减少。通货膨胀还放大了经济整体的总量,原先问题的严重性便相对变小。确实,除金融领域的债务之外,2013年发达国家的债务与其国内生产总值之比平均达到250%。2013年,新兴市场国家的债务与其国内生产总值之比平均达到150%,全球各国债务与其国内生产总值之比平均达到200%,中国债务与我国国内市场总值的比例增加至220%,略高于平均比例,但仍低于发达国家的比例。从2007年到2013年,中国债务与国内市场总值的比例增加了72%,2007年仅为140%左右。[2]

(三)估值

Cynk技术公司(Cynk Technology)便是典型一例。这是一家挂牌的交易场所,是柜台交易市场集团有限公司(OTC Markets Group Inc.)拥有的平台。该平台类似于我们所称的"三板"或"四板"。Cynk的资产为零,收入为零,雇员只有一人,但估值却高达60亿美元。[3]

证券市场的中外倡导者们经常强调证券市场的市场性,但证券市场的市场很小,或者说根本就没有市场。CDO是英文collateralized debt obligation的缩写,是"一种金融凭证,其购买者有权获得资产组合所产生的现金流的一部分。资产组合可以包括债券、贷款、住房抵押担保的证券或其他CDO"。为了高估CDO的价值,"美林和其他投资银行创造需求……制造新的CDO,以便购买已有CDO中无人购买的那部分"。"华尔街圈内有君子协定:你买我的BBB段(资产证券化产

---

[1] Binyamin Appelbaum, "Federal Reserve ends bond buys", *International New York Times*, October 31, 2014, p. 13. 股票价格与政府债券价格通常是反方向而行,股票价格高则债券价格低,反之亦然。2014年11月1日,日本推出了日本版的量化宽松政策,日本央行宣布,通过收购日本政府长期债券,日本银行每年货币基数扩大至80万亿日元,而此前每年的货币基数大约为60万亿至70万亿日元(合5350亿美元至6240亿美元)。全球股票市场当日普遍上扬,日本的Nikkei指数上涨近5%。Michael Mackenzie, "Bank of Japan stuns markets with its move to expand QE", *Financial Times*, November 2, 2014, p. 1.

[2] Martin Wolf, "We are trapped in a cycle of credit booms", *Financial Times*, October 8, 2014, p. 9.

[3] Jean Eaglesham and Jeff Elder, "Penny Stock Defies Gravity, Rouses SEC", *The Wall Street Journal*, July 14, 2014, p. 19.

品中的最次部分），我买你的 BBB 段。"美联储购入了许多 CDO 产品，但不愿披露相关信息，也是因为此类产品难以估值，而且美联储很可能是高价购入了此类产品。

（四）杠杆化

资本市场的一项重要内容就是杠杆化，证券法的许多规定也涉及该问题。简单说，杠杆作用（leverage）就是举债经营，《华尔街词典》解释为："用仅占小部分的资金控制全部资金的投资，例如保证金购买。在财务管理中，这是公司资产负债表上债券和股本的关系，即负债股本率。杠杆化的实质就是负债经营。"[1] 融资融券就是借款、借证券进行证券交易。经营举债，交易举债，收购举债和行业举债。而银行客户的杠杆化对信贷也有反向效应，比如，银行进行杠杆经营，同时其房地产开发商客户也进行杠杆经营，则银行存在双重杠杆，所以房地产的崩盘会使银行雪上加霜。[2] 证券市场就是全面举债。美联储长期推行低息政策，降低了负债成本，加剧了整个证券市场的杠杆效应。可以说，美联储是推高杠杆率的总后台。

在通货膨胀盛行，货币持续贬值的时代，低息借款多多益善。当然，高杠杆率也有其负面影响：如果金融机构负债过高，那么市场流通性忽然降低时，公司资金周转便会出现短缺，公司甚至可能会因此而倒闭。金融危机爆发之后，美国的一些金融机构就是因此而倒闭的。监管工作的重要内容之一就是限制杠杆率。从美国的经验看，去杠杆化的过程经常是无序的，这会给整个金融系统带来很大的危机。克鲁格曼对去杠杆化有一段经典阐述：

"此类融资安排中不乏保守管理货币基金的，一旦投资者从市场撤出或威胁撤出，整个系统就会受制于自行发生的强迫性出售资产，进而加剧波动，降低了各种类别资产的价格。结果保证金条件更加严格或是完全取消向某些客户提供融资，造成更多的去杠杠化。在低迷的市场出售资产，减少了资本的缓冲点。"[3]

---

[1] [美] R. J. 舒克：《华尔街词典》，陈启清译，中国商业出版社 2002 年版，第 422 页。

[2] [美] 迪米特里斯·肖拉法（Dimitris N. Chorafas）：《巴塞尔协议Ⅲ》（Basel Ⅲ, The Devil and Global Banking），游春译，中国金融出版社 2014 年版，第 130~132 页。

[3] Paul Krugman, *The Return of Depression Economics and the Crisis of* 2008, New York: W. W. Norton & Company, pp. 170~171.

去杠杆化造成资金短缺，术语称为"缺乏流通性"，俗语为"资金链断裂"和"钱荒"。资金链断裂主要指企业个体缺乏资金，而钱荒则指整个金融体系缺乏资金。与此相连的是挤兑现象，而"由于大量挤兑，影子银行也分崩离析"。[1]传统金融危机爆发后，人们主要是挤兑商业银行，而2008年金融危机爆发后，包括金融机构在内的各类投资者主要是挤兑缺乏监管的各类金融机构。

（五）分业与混业

1929年美国股市崩溃并因此产生了经济大萧条。美国国会制定了《格拉斯-斯蒂格尔法案》（Glass-Steagall）（下称《格拉斯法》），隔离商业银行与投资银行及其相关业务，以免投资银行拖累商业银行。银行家们可以利用储户的资金，通过杠杆交易无限放大利润和问题。出了问题之后，美国政府不得不用纳税人的钱救助银行，因为储蓄银行与投资银行不分，银行倒闭势必殃及千家万户和众多企业，后果不堪设想。

但到1999年，《金融服务现代化法》（The Financial Services Modernization Act）生效，废除了《格拉斯法》，商业银行与投资银行不再相互设防，资本市场一马平川，商业银行和投资银行可以纵横驰骋，来往自如。这明明是一种倒退，却被说成是"现代化"。但很多人认为，资本市场的混业经营是一大祸害，很大程度上造成了现在的金融危机。

（六）内幕交易和操纵

国际大银行长期操纵伦敦银行同业拆借汇率，操纵外汇兑换价格以及操纵黄金价格。证券市场惯于声东击西，操纵国际货币利率，而不是操纵公司股票的价格，这是在全球范围内进行操纵，并不限于哪一个国家。闪电交易或高频交易（high frequency trade）是另一种形式的操纵。闪电交易在毫秒之内便能完成，高频交易专业户借此抢占先机，抢先买卖股票或其他类证券，在各交易场所之间套利。

（七）利害冲突

证券市场利害关系无处不在。供应商是上市公司的子公司，售货价格就可能由母公司决定。当证券公司同时为收购方和目标公司提供咨询时，就可能牺牲其中一方的利益。通常监管机构并不禁止有利害关系的关联交易，而是要求关联方披露相关信息，以便投资者判断相关交易是否为正常交易。例如，"使用募集资

---

[1] Paul Krugman, *The Return of Depression Economics and the Crisis of* 2008, New York: W. W. Norton & Company, p. 171.

金资产或股权的",必须事先披露"公司股东或其他关联人的利害关系"。[1]从理论上说,正常交易(arm's length transaction)的当事方相互独立,任何一方不受对方控制。交易是否正常,可以参照同样的交易价格是否可被无利益关系的第三方接受而判断。[2]

证券市场的相关法律法规很多,但大多是形同虚设的,包括证券监管机构在内的利益相关各方经常是靠默契行事。监管机构本身也有利害冲突:美联储既是资本市场的监管机构,又大量买卖各种债券,成为资本市场最大的投资者。在美国,证券监管机构查处金融机构时,经常与被查处对象达成和解,外界根本无法知道其中的情况。证券法和证券监管机构都强调披露,但关键时刻就不讲披露。抽象肯定、具体否定是一种文化,也是证券市场的一个基本特征。

四、证券市场是一种文化

2007年,中国工商银行的市值超过花旗集团,一跃成为全球市值最大的银行。2013年7月,美国的Well Fargo & Co银行在市值方面又赶超中国工商银行,成为全球市值最大的公司。[3]经过20多年的发展,中国证券市场已经与美国证券市场并驾齐驱,[4]中美两国在资本市场方面也变得十分相像。美国经济史学教授尼尔·弗根森教授在论文中专门使用了"Chimerica"一词,这是由"China"与"America"组合成的一个名词。[5]

中美两国证券市场如此相似,说明两国在深层次有相同的地方。证券市场投资有风险,美国人有冒险精神,而"华人在追求风险方面的表现与传统的中庸和谦逊形象大相径庭……中国人比美国人更爱冒风险。来自集体主义文化传统的个

---

[1] 《上市公司证券发行管理办法》(证监会令第30号)第53条。

[2] 薛波:《元照英美法词典》,法律出版社2003年版,第94页。

[3] Alex Frangos, "ICBC Loses Bank Crown to U. S.", *The Wall Street Journal*, July 24, 2013, p. 1.

[4] 在香港举行的"亚洲金融论坛2013"上,时任证监会主席的郭树清先生宣布,目前中国股票市场总值、债券余额、商品期货成交量都位居世界前列。郭主席的结论是:"据此而言,可以说我们用20年的时间走过了欧洲和北美200年走过的路程。"朱宝琛:"郭树清:正在研究QFII、RQFII向个人投资者开放",载《证券日报》2013年1月15日,第1版。

[5] 美国经济史学教授尼尔·弗根森认为,中国与美国变得十分相似:中国影子银行的问题也是十分严重,资产价格居高不下。按照弗根森的理论,夫妻共同生活多年之后,双方会变得十分相似,双边关系密切的国家也会出现这种现象。Niall Ferguson, "USA + PRC: The New Adventure of Chimerica", 2014 China Conference, Reforming the Future, Beijing, November 6, 2014.

体如果到了陌生环境，会变得更加以自我为中心"。[1]

证券市场涉及价值取向，涉及文化。[2]证券市场在美国和中国很兴旺，但在德国和奥地利就没有这样的兴旺。巴菲特是美国证券市场的活图腾，他在中国也是备受欢迎。[3]资本市场在中国已经深入人心，各地政府也把资本市场当作一件重要工作来抓。不仅是上海这样的一线城市要把自己建成金融中心，宁夏回族自治区这样的偏远地区也在"加快资本市场建设"。[4]

最擅于推销的是美国人：任何金融产品都能推销出去。推销是美国人的国民情节，阿瑟·米勒的（Arthur Miller）《推销员之死》（*The Death of a Salesman*）之所以打动美国人，就是因为该剧触动了美国人的神经。美国人擅长做介绍：英语浅显易懂，图标一目了然。美国投资银行所做的背景材料，是其他国家投资银行无法比拟的。

美国人中的犹太人又在金融和银行方面长袖善舞。高盛就是犹太人创立的证券公司，它现在的第一把手也是犹太人。金融危机前后的两任美联储主席格林斯潘和伯南克都是犹太人。历史上犹太人就长于经商，《威尼斯商人》中的夏洛克便是犹太人。在拿破仑主导欧洲大陆之前，"欧洲犹太人的职业选择仅限于商业和金融业"。由于犹太人经常遭到迫害，所以随时准备亡命跑路，而金钱是比较容易携带的财产。美国传教士阿瑟·布朗（Arthur J. Brown）在其《辛亥革命》（*The Chinese Revolution*）一书中是这样赞扬犹太人的："西方人都知道犹太人的毅力，他们曾独立面对整个西方世界的绞杀，他们在与希腊人、斯拉夫人和日耳曼

---

[1] 曹红蓓："小赌怡什么情"，载《财经国家周刊》2014年第9期。

[2] 其实，不仅证券市场和资本市场在很大程度上受到文化的影响，整个经济活动都在很大程度上受到文化的影响。比如，到2010年，在华投资的外商企业中，很大一部分资金来自使用汉语的司法辖区，而司法辖区在华投资的金额与当地的华人居民人数也有一定的关系，华人文化发挥了极大的作用。2010年，按司法辖区划分，在华外商直接投资的金额、比率和当地华人居民的数据分别为：香港675亿美元，占外商投资总额的63.8%；新加坡57亿美元，占外商投资总额的5.5%，境内华人居民279万；日本42亿美元，占外商投资总额的4%，境内华人居民52万；美国41亿美元，占外商投资总额的3.8%，境内华人居民346万；韩国27亿美元，占外商投资总额的2.5%，境内华人居民70万；英国16亿美元，占外商投资总额的1.6%，境内华人居民30万；法国12亿美元，占外商投资总额的1.2%，境内华人居民23万；荷兰10亿美元，占外商投资总额的0.9%，境内华人居民15万；德国9亿美元，占外商投资总额的9%，境内华人居民7万。"Briefing: Weaving the world together", *The Economist*, November 19, 2011, p. 69.

[3] 2009年，中国有人支付290万美元，争得机会与股神巴菲特共进午餐。Paul J. Davies, "Hedge fund chief dances to the Chinese market revival", *Financial Times*, December 3, 2013, p. 18.

[4] 《宁夏回族自治区人民政府关于加快资本市场建设的若干意见》，宁政发〔2014〕59号。

人的历史对抗中充分证明了自己民族的优秀。"[1]

但布朗认为中国人又比犹太人优秀。他认为："格兰特将军发现，在计谋、坚忍和耐力上，中国人都远远超过犹太人。"格兰特为美国南北战争期间的北军总司令，曾任两届总统。格兰特卸任后环游世界，其感慨之一是："他在旅途中发现最令他震惊的事，是无论在任何地方，中国人与犹太人竞争，中国人都会把犹太人挤走"。[2]这是什么原因呢？《辛亥革命》一书引用了德国学者李希霍芬（von Richthofen）的论断："在人类的所有民族中，中国是唯一能够在所有气候条件下——从最严冷的极寒地到最热的赤道——进行伟大而持久行动的民族。"[3]

不仅如此，中国人还善于走捷径，有时甚至偷工减料、投机取巧。但这恰恰符合资本市场的特点：就是要化腐朽为神奇，资本市场就是鼓足干劲，力争上游，多、快、好、省地盘活资金。比如，股票和债券等证券原先是由企业这样的实体法人发行的，但过渡到资产证券化阶段之后，住房抵押贷款就可以转化为证券，发行证券的不再是实体法人，没有高管或董事对证券负责了。100多年前布朗就看好我们，他在《辛亥革命》一书中人是这样赞扬我们的："上海的一家华人店铺的古怪招牌无意间透露出中国人的雄心：'从火炉到雨伞都能修，只要凡人能做的都能做到'。"[4]是的，"从火炉到雨伞都能修"，证券市场就是这个意思。

五、本书的结构

证券法内容繁杂，为提纲挈领起见，本书将其分为六大部分：证券的界定、发行和并购、资产管理、证券的交易、中介机构和监管与索赔。

1. 证券定义是门槛问题，金融产品只有被界定为证券，才适用证券法；除非获得豁免，否则发行人必须履行披露责任。

证券交易是金融机构获得利润的重要业务。证券现货与期货互动，境内与境外活动，交易错综复杂，扑朔迷离。

2. 发行和并购。
3. 资产管理。
4. 证券的交易。

---

[1] [美]阿瑟·布朗：《辛亥革命》，康狄等译，解放军出版社2011年版，第57页。
[2] 同上，第57页。
[3] 同上，第59页。
[4] 同上，第59页。

5. 中介机构。从广义上说，证券公司服务机构包括律师事务所和会计师事务所等，但证券公司有别于律师事务所和会计师事务所等其他证券服务机构。证券公司不仅为客户提供专业服务，而且还为客户管理资产，并向其客户提供贷款。证券公司非常重要，我国《证券法》关于证券公司专门设有一章。

6. 监管与索赔。证券交易所既是自律组织，又是盈利的商业机构，存在诸多的利害冲突。

公司治理事关风险控制或内部控制，很多内容是由监管机构的部门规章具体规定的。很大程度上，公司治理就是遵守监管机构的规定，也称合规。

通过发布各种关于公司治理的规定，证券监管机构蚕食了本来由公司法规制的领域。比如，董事、监事和高管的义务是由我国《公司法》规制的内容，但证监会发布的部门规章在董事中硬性增加了独立董事的义务。

投资者索赔与证券监管密切相关。首先，如果监管工作成功有效，就不会有过多的证券期货违法行为，也不会有很多索赔诉讼。而投资者能否通过诉讼索赔，很大程度上取决于证监会的监管活动。我国最高人民法院规定，证券投资者就证券违法行为要求索赔，必须满足的先决条件是证券监管机构已就相应的违法行为对被告作过行政处罚，或是被告已因相关行为被定为有罪。监管对刑事起诉也至关重要，证券刑事案中，相当一部分案件是由证监会完成调查后移交给司法部门的。反过来，法院又以监管机构的自由裁量结果限制或剥夺了投资者的法定诉权。这种情况在我国和美国都有。

第二章

什么是证券?

一、概要

证券是特殊形式的金融凭证(或称金融产品)。我国《证券法》仅确定,公司股票和公司债券为证券,其他形式的证券留待国务院规定,但国务院并未明确其他形式的证券。只要金融凭证或金融产品被界定为"证券",就适用《证券法》。除非有法定豁免权,否则发行人必须向交易方披露,但有时仅向证券监管机构披露也可。但大多数情形下,发起人既向监管机构披露,也向投资者披露。

披露信息增加了融资成本,而且发行人还必须承担披露重大不实信息的法律责任。因此,发行人融资方经常巧立名目,千方百计地将其出售的融资凭证定性为非证券金融产品。比如,银行发行的理财产品和信托公司发行的信托产品应当被界定为证券,但却被定性为"非标准债权资产",并以此为理由不适用《证券法》,规避证监会的监管。

美国没有类似非标准化债权资产的规定,相关的融资行为被美国最高法院界定为投资合同形式的证券。投资合同包括:合伙企业有限合伙人的权益、融资租赁中的权益、P2P平台、众筹和票据等。如果适用投资合同的概念,我国的理财产品和信托产品也可以被界定为投资形式的证券。而违法发行证券的融资行为在美国也可以被界定为欺诈,甚至可以被追究刑事责任。

证券的定义之争其实也是各监管机构的监管权之争。银监会将理财产品和信托产品界定为非标准化债权资产,就将证监会排除在此类金融产品的监管机构之外。同样,金融期货与金融衍生产品的区分,也涉及监管机构的监管权之争。金融期货与金融衍生产品并没有区别,但若是被界定为金融期货,就由证监会监管,若是被界定为金融衍生产品,则由银监会监管。相对应的,金融产品在美国若是被界定为证券,就由美国证交会监管,若是被界定为金融期货,则由美国期交会监管。

证券可以因其种类而得到豁免,无论是美国财政部债券,还是由州政府或地方政府发行的债券,都享受豁免权,发行时无需披露,但证券法有关反欺诈的条款仍然对其适用。我国政府发行债券也无须披露。

二、法律法规

1. 《证券法》
2. 《刑法》
3. 《合同法》
4. 《合伙企业法》
5. 《关于审理非法集资刑事案件具体应用法律若干问题的解释》(法释〔2010〕18号)
6. 《关于促进互联网金融健康发展的指导意见》(银发〔2015〕221号)
7. 《中国银监会关于规范商业银行理财业务投资运作有关问题的通知》(银监法〔2013〕8号)
8. 《国务院关于清理整顿各类交易场所切实防范金融风险的决定》(国发〔2011〕38号)
9. 《财政部关于印发〈地方政府一般债券发行管理暂行办法〉的通知》(财库〔2015〕64号)
10. 2015年财政部、人民银行和银监会三部委发布的《关于2015年采用定向承销方式发行地方政府债券有关事宜的通知》(财库〔2015〕102号)

三、证券的法律属性

股票是证券的常见形式,"股票"可以是"证券"的同义词,但证券却不限于股票。[1]公司债券也是证券的常见形式。但从国际实践看,证券的范围十分广泛。

---

〔1〕 "上海证券交易所"和"深圳证券交易所"的英文分别是"Shanghai Stock Exchange"和"Shenzhen Stock Exchange",其中的"证券"便被译为"股票"。中国监督管理委员会:《2013中国证券监督管理委员会年报》,中国财政经济出版社2014年版,第3页。

(一) 股票和公司债券

股权与债权是证券。我国《证券法》[1]第2条规定：

"在中华人民共和国境内，股票、公司债券和国务院依法认定的其他证券的发行和交易，适用本法；本法未规定的，适用《中华人民共和国公司法》和其他法律、行政法规的规定。

政府债券、证券投资基金份额的上市交易，适用本法；其他法律、行政法规另有规定的，适用其规定。

证券衍生品种发行、交易的管理办法，由国务院依照本法的原则制定。"

《证券法》授权国务院依法认定其他证券，但《证券法》生效十几年来，国务院以及其下属机构从来没有界定除股票和公司债券外的任何证券。国际性文件的证券定义也是含糊其辞，避重就轻。海牙国际私法会议[2]制定的《关于由中间人持有证券的若干权利的法律适用公约》[3]第1条第（1）款第（a）项的定义是："'证券'是指任何股票、债券或其他金融凭证或（现金）之外的金融资产或任何有关权益。"

证券定义含混不清，是由证券的复杂性所决定的，但更是监管之争的结果。比如，若是将理财产品界定为证券，从监管业务角度说，理当由证监会监管，但理财产品大多由商业银行发行，而监管银行金融机构的银监会不愿意放权。监管机构和其被监管对象是一个利益共同体，一荣俱荣，一损俱损。我国资本市场的众多监管机构中，银监会是强势方，[4]风头不输人民银行，[5]更不会轻易地向证监会让步。当然，金融产品没有被界定为证券，并不意味着对其没有监管，只

---

[1] 1998年12月29日第九届全国人民代表大会常务委员会第六次会议通过，根据2004年8月28日第十届全国人民代表大会常务委员会第十一次会议《关于修订〈中华人民共和国证券法〉的决定》修正，2005年10月27日第十届全国人民代表大会常务委员会第十八次会议修订。

[2] 设在海牙的政府间组织，有78个成员，包括77个国家和欧盟。载www.hcch.net，访问日期：2015年3月20日。

[3] Convention on the Law Applicable to Certain Rights in Respect of Securities Held with an Intermediary. This Convention, including related materials, is accessible on the website of the Hague Conference on Private International Law (www.hcch.net), under "Conventions". For the full history of the Convention, see Hague Conference on Private International Law, Proceedings of the Nineteenth Session (2002). Tome II, Securities (ISBB 9789004148500, Brill, 2006).

[4] 见本书第十九章。

[5] 中国人民银行行长周小川是全国政治协商会议副主席，属国家领导人。

是没有被作为证券加以监管。此外，国务院和其下属监管机构也从来没有表明，理财产品或证券产品不属于证券，因为这种定性过于牵强，恐难自圆其说。

（二）非法集资

非法集资是一个宽泛的概念，包括《刑法》[1]中的"破坏金融管理秩序罪""金融诈骗罪""扰乱市场秩序罪"和"侵犯财产罪"。[2]"破坏金融管理秩序罪"包括："非法吸收公众存款或者变相吸收公众存款，扰乱金融秩序"[3]，"未经国家有关主管部门批准，擅自发行股票或者公司、企业债券，数额巨大、后果严重或者有其他严重情节的……"[4]"金融诈骗罪"包括"以非法占有为目的，使用诈骗方法非法集资，数额较大的……"[5]"扰乱市场秩序罪"包括"未经国家有关主管部门批准非法经营证券、期货、保险业务的，或者非法从事资金支付结算业务的"。[6]侵犯财产罪被界定为"盗窃公私财物，数额较大的"。[7]但就发行证券融资而言，非法吸收公众存款是其最常见的形式。

《最高人民法院关于审理非法集资刑事案件具体应用法律若干问题的解释》[8]（下称《非法集资解释》）界定了"非法吸收公众存款"罪，其要件为：①未经有关部门依法批准；②公开宣传；③承诺回报；④向社会不特定对象吸收资金。[9]

（三）美国《1933年证券法》的定义

美国《1933年证券法》第2条第（a）款第（1）项规定：

---

[1] 中华人民共和国主席令第四十一号。
[2] 《刑法》第192条。
[3] 《刑法》第176条。
[4] 《刑法》第179条。
[5] 《刑法》第192条。
[6] 《刑法》第255条第3款。
[7] 《刑法》第264条。
[8] 法释〔2010〕18号。《中华人民共和国证券期货法规汇编》由中国证监会编，收入有关证券的中国法律、部门规章及规范性文件，"部门规章及规范性文件部分"主要收入证监会发布的部门规章及规范性文件，同时也收入其他部门部委发布的相关部门规章及规范性文件。2010年最高人民法院发布的《非法集资解释》涉及证券的定义以及发行形式，但《中华人民共和国证券期货法规汇编（2010·下）》（中国证券监督管理委员会：《中华人民共和国证券期货法规汇编》，法律出版社2010年版）并没有收入《非法集资解释》，却收入了最高人民法院同期发布的《关于审理外商投资企业纠纷案件若干问题的规定》（一）（法释〔2010〕9号，下称《外企纠纷案规定》）。但就资本市场来说，《非法集资解释》的重要性应当不亚于《外企纠纷案规定》。
[9] 《非法集资解释》第1条。

"'证券'是指任何票据、股票、库存股票、证券期货、以证券为基础的互换协议、债券、公司（信用）债券、债务凭证、利润分享协议下之权益或参与证书、由其他证券提供担保信托证书、代表公司筹建之证书或认购权证书、可转让股份证书、投资合同证书、有表决权之信托证书、证券存托凭证、石油、天然气或其他矿产权之小额未分割权益，与证券、证券存托凭证、一组证券或证券指数有关的任何卖出权、买入权、跨式套利、期权或优先权（包括其中或以其价值为基础的任何权益），或在全国性证券交易所中交易的、与外币有关的任何卖出权、买入权、跨式套利、期权或优先权，或被普遍视为'证券'的任何权益或票据，或与上述任何一项相关的权益或参与证书、暂时或临时证书、凭证、担保证书、认购权证或认购权、购买权。"[1]

美国《1934年证券交易法》和《投资公司法》中也有类似规定。[2]

（四）投资合同

《1933年证券法》规定，投资合同（investment contract）为证券，但该法并没有界定投资合同。美国联邦最高法院以及若干州的最高法院通过其判例界定了投资合同的定义，其中豪伊判例是最为重要的规则。1946年，在证交会诉豪伊案[3]（下称"豪伊案"）判决书中，美国最高法院将投资合同界定为："投资者将钱投资于一共同业务，并且仅仅依赖他人努力即可获取利润。"[4]

美国最高法院制定了许多关于证券法的检验标准或规则，大多似是而非，主观因素多于客观因素。但豪伊案判例是一个例外，其标准准确地概述了众多融资性交易的主要特点，具有广泛的适用性。

美国的投资合同、我国的非标准化债权资产以及非法吸收公众存款所涉及的融资交易或金融凭证相同或相似，但定性不同。实践中非法吸收公众存款交易与投资合同交易具有相同的特点，都是：①众多投资者；②投资共同业务；③合理期待利润；④依赖他人的努力获利。很多投资合同涉及合伙企业从事融资租赁业务（见本章第五部分）。非标准化债权资产经过有关部门批准，否则大多被认定为非法吸收公众存款，可以被追究刑事责任。类似非法吸收公众存款的融资活动在美国也是屡见不鲜，只不过美国法官化腐朽为神奇，将其转换成投资合同，使

---

[1] Securities Act of 1933 §2 (a) (1).
[2] Securities Exchange Act of 1934, §3 (a) (10), Investment Company Act §2 (2) (36).
[3] SEC v. W. J. Howey Co., 328 U.S. 293 (1946).
[4] SEC v. W. J. Howey Co., 328 U.S. 293 (1946).

之成为证券，对相关违法公开发行通常仅追究民事责任，同时也纵容了证券市场的很多坏人坏事。

（五）欺诈行为

在美国仍有一部分违法发行证券的融资活动被界定为欺诈，可以被追究刑事责任。美国《1934年证券交易法》第10（b）节适用于所有欺诈行为。第10（b）节是美国证券法中反欺诈的利器，可以"一网打尽"各种欺诈行为，包括违法发行证券和证券交易中的欺诈行为。[1]第10（b）节将欺诈行为界定为：

"任何人直接或间接地使用州际商务或邮件的方式方法，或直接或间接地使用任何全国证券交易所的设施……在购买或出售任何证券方面……有任何操纵或欺骗做法，违反证交会为保护公共利益或保护投资者而必须或适宜制定的规则或规定，属于违法。"[2]

（六）非标准化债权资产

银监会界定了"非标准化债权资产"的定义，将银行发行的理财产品和信托公司发行的信托产品以及其他众多金融产品包括在内，将其排除在证券的定义之外，也排除在证监会的监管范围之外。2013年，银监会发布《关于规范商业银行理财业务投资运作有关问题的通知》[3]，将"非标准化债权资产"界定为：

"未在银行间市场及证券交易所市场交易的债权性资产，包括但不限于信贷资产、信托贷款、委托债权承兑汇票、信用证、应收账款、各类受（收）益权、带回购条款的股权性融资。"

非标准化债权资产包括商业银行发行的理财产品和信托公司发行的信托产品。如果理财产品和信托产品被定性为证券，则适用《证券法》，就需要按照《证券法》的要求进行披露，而金融机构就要想方设法地不披露或少披露。因此，银行发行理财产品后，便闪身在银监会之后，不愿接受证监会的监管，也不愿承认其发行的理财产品为证券。

---

[1] David L. Ratner and Thomas Lee Hazen, *Securities Regulation-Cases and Materials*, 5th ed., West Group, 1991, p.471.

[2] The Securities Act, Section 10（b）.

[3] 银监发［2013］8号。

(七) 特殊机构产品

借助"非标准化债权资产",银监会跑马圈地,扩大其监管范围。无独有偶,证监会领导之下的中国证券登记结算有限责任公司于 2015 年发布《中国证券登记结算有限责任公司特殊机构及产品证券账户业务指南》,将包括"非标准化债权资产"在内的许多金融产品界定为特殊机构产品:信托产品、保险产品、银行理财产品、企业年金计划、养老金产品、全国社保基金投资组合、地方社保基金、私募基金、合格境外机构投资者(QFII)、人民币合格境外机构投资者(RQFII)等依法设立的证券投资产品。[1]而发行这些产品的金融机构则被统称为"特殊机构",其中包括:证券公司、基金公司及子公司、保险公司、信托公司、银行(含商业银行)、农业合作银行、城市信用社、农村信用社等其他银行类金融机构及外国战略投资者等特殊市场参与主体。

证券的法律规定就是这样,格局错综复杂,犬牙交错,你中有我,我中有你。律师也因此有了用武之地,只要认真研究,总可以找到有利于自己客户的理由。

(八) 作为或应当作为证券的金融产品

国务院监管没有明确界定股票和债券之外的其他形式的证券,但实践中很多金融产品(或称"金融凭证")已经作为、应当作为或可以被作为证券由证监会监管或由证监会与其他部门共同监管。

第一类金融产品没有被明确界定为证券,但在实践中已经作为证券由证监会监管。此类金融产品包括:政府债券、公募基金的基金份额、合伙企业的有限合伙人份额、全国中小企业股份转让系统挂牌的股票、资产管理计划和股权众筹。

第二类金融产品没有被界定为证券,但实践中作为证券由证监会与银监会或其他国务院机构共同监管。此类金融产品包括:资产证券化产品、特殊机构产品和金融期货产品(或称"金融衍生产品"或"衍生产品")。

第三类金融产品没有被界定为证券,在实践中由银监会监管,但应当作为证券由证监会监管或共同监管。此类金融产品包括:P2P 借贷、两方融资租赁、理财产品和信托产品。

第四类金融产品没有被界定为证券,在实践中由证监会和银监会之外的国务院其他部门监管,但可以作为证券由证监会监管或证监会与国务院其他部门共同监管。此类金融产品包括:各类债券、典当行融资和地下钱庄。

第五类金融产品没有被界定为证券,在实践中由地方政府监管,但应当作为

---

[1]《中国证券登记结算有限责任公司特殊机构及产品证券账户业务指南》第 1、2 条。

证券由证监会监管或由证监会与国务院其他部门共同监管。此类金融产品包括：地方政府设立或批准设立的各类交易的场所中发行的产品、融资性担保和金融传销。

四、非法吸收公众存款

非法吸收公众存款是最常见的非法集资形式，也是证券市场中最常见的违法行为。

（一）非法集资的一种形式

我国的非法集资现象存在已久。1995年，《全国人民代表大会常务委员会关于惩治破坏金融秩序犯罪的决定》[1]第8条就要求严惩"非法集资诈骗等破坏金融秩序的犯罪"。

2006年《国务院办公厅关于严厉打击非法发行股票和非法经营证券业务有关问题的通知》[2]（下称《打非通知》）指出："非法证券活动具有隐蔽、欺骗性强、蔓延速度快、易反复等特点，涉及人数众多，投资者多为退休人员、下岗职工等困难群众，容易引发群体事件。"[3]《打非通知》还指出："非法证券活动的主要形式为：一是非法中介机构以'投资咨询机构''产权经纪公司''外国资本公司或投资公司驻华代表处'的名义，未经法定机关批准，向社会公众非法买卖或代理买卖未上市公司股票；二是不法分子以证券投资为名，以高额回报为诱饵，欺骗群众钱财。"[4]

各类非法集资中，非法吸收公众存款最为常见。早在1998年，国务院便发布《非法金融机构和非法金融业务活动取缔办法》[5]，专门规定："本办法所称非法金融业务活动，是指未经中国人民银行批准，擅自从事……非法吸收公众存款或者变相吸收公众存款……"2010年最高人民法院专门就非法吸收公众存款制定了《非法集资解释》。

（二）非法吸收公众存款的定义

《非法集资解释》第1条规定：

---

[1] 1995年6月30日第八届全国人民代表大会常务委员会第十四次会议通过，1995年6月30日中华人民共和国主席令第52号公布。
[2] 国办发〔2006〕99号。
[3] 《打非通知》第1条。
[4] 《打非通知》第1条。
[5] 国务院令第247号。

"同时具备以下四个条件的……应当认定为刑法第一百七十六条规定的'非法吸收公众存款或者变相吸收公众存款':

(一) 未经有关部门依法批准或者借用合法经营的形式吸收资金;
(二) 通过媒体、推介会、传单、手机短信等途径向社会公开宣称;
(三) 承诺在一定期限内以货币、实物、股权等方式还本付息或者给付回报;
(四) 向社会公众即社会不特定对象吸收资金。

未向社会公开宣传,在亲友或者单位内部针对特定对象吸收资金的,不属于非法吸收或者变相吸收公众存款。"

第1条第1项是安全港条款,只要经过有关部门的批准,即便存在该条第2、3、4项所提的行为,即公开宣传、承诺回报、向公众吸收资金,也不构成非法吸收公众存款罪。不仅如此,只要经过有关部门的批准,即便采取第2条第1项至第11项所列的方式非法吸收资金,也不构成非法吸收公众存款罪。

《非法集资解释》并未说明"有关部门"是否为政府部门,也未说明是哪一级政府部门,更未说明是由政府的哪一个部门批准。显然,这并不是最高人民法院的疏忽,而是确有其用意。一些地方政府"批准设立了一些从事产权交易、文化艺术品交易和大宗产品中远期交易等各种类型的交易场所",[1]其许多融资活动符合非法吸收公众存款的除第一项要件外的其他三项要件。但批准此类交易场所的各级政府甚多,最高人民法院难以在司法解释中穷尽列举这些政府机构。同样,非典型债权资产的许多融资活动符合非法吸收公众存款的除第一项要件外的其他三项要件。最高人民法院难以在司法解释中穷尽列举批准非典型债权资产融资活动的有关部门。更确切地说,最高人民法院不清楚,也不愿意弄清楚此类政府部门和有关部门。很遗憾,非法吸收公众存款是刑事犯罪,构成要件如此不清楚,是《非法集资解释》的一大问题,也是我国证券监管的一大问题。

《非法集资解释》第2条第1项至第11项所列的行为是:①不具有房产销售的真实内容或者不以房产销售为主要目的,以返本销售、售后包租、约定回购、销售房产份额等方式非法吸收资金的;②以转让林权并代为管护等方式非法吸收资金的;③以代种植(养殖)、租种植(养殖)、联合种植(养殖)等方式非法吸收资金的;④不具有销售商品、提供服务的真实内容或者不以销售商品、提供服务为主要目的,以商品回购、寄存代售等方式非法吸收资金的;⑤不具有发行股

---

[1] 《国务院关于清理整顿各类交易场所切实防范金融风险的决定》(国发 [2011] 38号)。

票、债券的真实内容,以虚假转让股权、发售虚假债券等方式非法吸收资金的;⑥不具有募集基金的真实内容,以假借境外基金、发售虚假基金等方式非法吸收资金的;⑦不具有销售保险的真实内容,以假冒保险公司、伪造保险单据等方式非法吸收资金的;⑧以投资入股等方式非法吸收资金的;⑨以委托理财等方式非法吸收资金的;⑩利用民间"会""社"等组织非法吸收资金的;⑪其他方式非法吸收资金的。

《非法集资解释》第3条第4款规定:"非法吸收或者变相吸收公众存款,主要用于正常的生产经营活动,能够及时清退所吸资金,可以免予刑事处罚;情节显著轻微的,不作为犯罪处理。"

(三)非法集资的认定

《最高人民法院关于非法集资刑事案件性质认定问题的通知》[1]规定:"行政部门对于非法集资的性质认定,不是非法集资案件进入刑法程序的必须程序。行政部门对非法集资作出性质认定的,不影响非法集资刑事案件的审判。"[2]"人民法院应当依刑法和《最高人民法院关于审理非法集资刑事案件具体应用法律若干问题的解释》等有关规定认定案件事实性质,并认定相关行为是否构成犯罪。"[3]"非法集资刑事案件的审判工作涉及领域广、专业性强,人民法院审理案件中要注意加强与有关行政主(监)管部门以及公安机关、人民检察院的配合。审判工作中遇到重大问题难以解决的,请及时报告最高人民法院。"[4]

五、投资合同

非法吸收公众存款的融资交易在美国通常被界定为投资合同,作为证券加以监管。在豪伊案[5]判决书中,美国最高法院将投资合同界定为:"投资者将钱投资于一共同业务,并且仅仅依赖他人努力即可获取利润。"[6]该规则的四要素为:①投资于②共同业务,③期待获利且④完全凭借他人努力。2004年,美国最高法院又在证交会诉爱德华兹案[7](下称"爱德华兹案")判决意见中重申豪伊规则。

---

[1] 法[2011] 262号。
[2] 《最高人民法院关于非法集资刑事案件性质认定问题的通知》第1条。
[3] 《最高人民法院关于非法集资刑事案件性质认定问题的通知》第2条。
[4] 《最高人民法院关于非法集资刑事案件性质认定问题的通知》第4条。
[5] SEC v. W. J. Howey Co., 328 U. S. 293 (1946).
[6] SEC v. W. J. Howey Co., 328 U. S. 293 (1946).
[7] SEC v. Edwards, 540 U. S. 389 (2004).

(一) 风险资本检验标准和传销

投资合同标准有广泛的适用性，可以涵盖许多变相发行证券的交易活动。适用投资合同标准不断受到挑战，常见的两个问题是：①固定回报是否构成例外；②"仅凭他人努力"中的"仅凭"如何界定。在 2004 年的爱德华兹案判决意见中，美国最高法院明确，固定回报不影响证券的认定。与固定回报相比，"仅凭他人努力"的界定似乎争议更大。

在夏威夷州诉夏威夷市场中心案[1]（下称"夏威夷市场中心案"）判决书中，夏威夷州最高法院提出了风险资本检验标准，交易是否构成证券，取决于其"经济现实"。其要件为：①投资或投资贡献的初始价值是否有风险；②投资人对企业的管理是否有实际控制，有限的努力不足以影响认定证券成立。[2]

风险资本标准也存在无法自圆其说的问题。在夏威夷市场中心案中，商家发展的创始成员以高价购买商家的商品；作为对价或交换条件，创始成员发展的下家向商家购买商品，创始成员可以按固定比例提成。夏威夷州最高法院认定，创始成员并未对企业决策有实际控制，所做努力有限。但创始成员发展下家并非易事，需要做出相当大的努力。风险资本标准引入了"对企业管理无实际控制"的要件，但这一要件并不等同于"仅凭他人努力"的要件，下级法院所提出的"对企业管理无实际影响"的要件也无法等同于美国最高法院规定的"仅凭他人努力"要素。

其实，夏威夷市场中心与创始成员之间的交易更像"金字塔销售伎俩"。[3]

---

[1] State of Hawaii v. Hawaii Market Center, 485 P. 2d 105 (1971).

[2] 具体检验标准为：只要存在以下情况，就产生了投资合同，即①发行对象向发行人提供了最初价值；②部分最初价值置于企业的风险之下；③提供最初价值是受发行人的承诺和陈述诱惑，所以合理认为，企业运营所产生的价值会多出或高于最初价值，归发行对象所有；④发行对象无权就企业的管理决策行使切实控制。State of Hawaii v. Hawaii Market Center, 485 P. 2d 105 (1971).

[3] 成为创始成员中的销售人的条件是，以 320 美元的价格（批发价为 70 美元）向中心购买一台缝纫机或一套厨具。购买人与公司签订一份"创始成员购物合同协议"。销售人获得收入的方式包括：①售出 50 份授权购物卡，可就此提取佣金，使用此卡在中心商店购物一次，销售人提取 10% 的佣金；②销售人所介绍的人每有一位成为创始成员销售人，销售人可以收费 50 美元；③每使一位新成员成为督导人或使现有销售人成为督导人，可以收取 300 美元作为报酬。第四种和第五种收入来源涉及积分收入：销售人若想升级，必须向其督导人支付 900 美元。要成为督导人，需要签订一份创始成员合同，以总价 820 美元购买一台缝纫机和一套厨具。督导人的收费和佣金都高于销售人的收费和佣金。此外，如果督导人的销售人发展一位新成员，他可以得到一笔额外佣金。如果购物授权卡是由督导人发展的创始成员所销售的，持卡人每次购物，督导人也可以收取额外佣金。State of Hawaii v. Hawaii Market Center, 485 P. 2d 105 (1971).

金字塔销售伎俩（pyramid sales scheme）是"向购物者承诺，由其发展一位购物者，就可以多获得一份报酬"，[1]在美国许多州属于违法行为。金字塔销售伎俩类似于我国所禁止的传销行为。国务院 2005 年颁布的《禁止传销条例》规定[2]，传销"是指组织者或经营者发展人员，通过对被发展人员以其直接或间接发展的人员数量或者传销业绩为依据计算和给付报酬，或者要求被发展人员以交纳一定费用为条件取得加入资格等方式牟取非法利益，扰乱经济秩序，影响社会稳定的行为"。《禁止传销条例》所界定的传销行为，与夏威夷市场中心案中的融资行为极其相似。可见，证券融资活动和证券违法活动很普遍。

（二）人寿保险产品

在证交会诉人寿合伙有限公司案[3]（下称"人寿合伙有限公司案"）判决书中，美国哥伦比亚特区巡回上诉法院认定，人寿保险权益减值转让合同（viatical contract）的推销活动"微不足道"（de minims），所以并不构成投资合同（下称"转让合同"），因此也无需作为证券而接受监管。

该案中，保险公司推销人寿保险权益减值转让合同，而原投保者已经患有不治之症。投资者购买此类合同后，即可获得保险受益权，但所获得的保额要比原先的保额少 20%~40%。被告安排购买此类合同的交易并提供售后服务。证交会认为此类合同所销售的权益属于证券，在证交会注册后才能销售。

多数法官认为，被告的售前和售后服务主要是服务性的，并非企业管理性的，不符合豪伊标准中"依赖他人努力"的要求，所以人寿保险权益减值转让合同并不构成投资合同形式的证券。持反对意见的法官认为，是否存在"依赖他人努力"的要件，取决于投资者是否依赖发起者的活动。而本案中利润能否最终实现取决于被告的售前活动，所以存在"依赖他人努力"的要件。此外，多数法官也并没有排除保险合同被认定为投资合同形式的证券的可能。如果被告提供更为主动的售前服务，则相关合同有可能被认定为投资合同形式的证券。同样是涉及人寿保险合同，美国第十一巡回上诉法院则认定，如果存在促销活动，足以认定为证券。[4]

人寿合伙有限公司案中，法院拒绝认定转让合同为投资合同，其实很大程度

---

[1] Henry Campell Black, *Black's Law Dictionary*, St. Paul: Publishing Co., 1990, p.1237.
[2] 《禁止传销条例》（中华人民共和国国务院令第 444 号）第 2 条。
[3] SEC v. Life Partners, Inc., 87 Fed 536 (D. C. Cir. 1996)。
[4] SEC v. Mutual Benefits Corp., 408 F.3 737 (11th Cir 2005)。

上是出于政策考虑。该案中，患者大多感染了艾滋病，需要很多医疗费。人寿保险权益减值转让合同吸引了大量投资者，患者可以立即获取保额的大部分现金，无需等到自己死后再获取。患者获得现金后可以支付医疗费用。诚然，证交会只是要求被告注册后再推销人寿保险权益减值转让合同，并没有完全禁止此类交易。但披露会增加成本，影响转让合同的销售。此外，如同大多数金融产品一样，转让合同及其相关交易势必有很多不宜向外人道的内容，披露滞后不利于销售。

（三）合伙企业有限合伙人的权益

在古德曼·爱泼斯坦案[1]中，美国第七巡回法院认定，合伙企业中有限合伙人的权益可以被认定为投资合同形式的证券。这是因为众多投资者投资于一个共同业务，完全依赖于普通合伙人的努力，以期实现希望得到的回报，符合豪伊案判例的四要件。

（四）住房售后返租

住房售后返租在美国可能被界定为投资合同，作为证券接受监管。美国证交会在其一份公告中明确规定：

"如果公寓楼有出租安排或其他类似服务，要约和出售时又强调，购买者可以从出租公寓单元获得经济利益，而这些经济利益来自发起人的管理努力或是来自发起人指定或安排的为发起工作的第三方的努力。"[2]

（五）票据

在里夫斯诉安永案[3]（下称"里夫斯案"）判决意见中，美国最高法院明确了非证券票据的范围，其中包括：为消费者融资所交付的票据、由住房抵押作为担保的票据、由小企业或其资产留置作为担保的短期债券、应收账款和正常业务中所发生的记账交易债务。如果任何票据不在非证券票据清单上的，则适用"家庭相似"规则。如果该票据与清单上的任何非证券票据有"家庭相似"，则不属于票据。

里夫斯案确立了"家庭相似"（strong family resemblance）标准，其四要件为：①借贷双方的动机；②票据是用于"投机还是投资的共同交易"；③投资者是否是为了获利；④是否已经接受政府机构监管。

---

[1] Goodman v. Epstein, 582 F. 2d 3887 (7th Cir. 1978).

[2] Sec. Act Rel. No. 5347 (Jan. 4. 1974).

[3] Reves v. Ernest & Young, 494 U. S. 56 (1990).

（六）P2P

证交会行政法官的一份判决书明确将 P2P 界定为证券。在致富市场有限责任公司案[1]中，证交会的立场是，依据豪伊判例规则，可以将票价定性为投资合同。证交会发出禁止令（cease- and-desist order），[2]禁止致富市场有限责任公司（下称"致富公司"）继续从事 P2P 业务。

致富公司专门从事 P2P 业务，号称利用最先进的技术直接撮合借贷双方。但即便 P2P 平台仅仅是撮合贷款人和借贷人之间的借贷，其也适用豪伊标准。豪伊标准的要件为：①投资者投资②共同业务，[3]③期待获得利润，[4]④而且完全依赖他人努力。证交会认定，贷款方贷款，自己承担百分之百的风险，应当被视为投资金钱；致富公司是连接借贷双方的网上借款平台，所以存在共同业务；[5]因

---

〔1〕 In the Matter of Prosper Marketplace, Inc., Release No. 8984/November 24, 2008.

〔2〕 行政机关或法院禁止个人或企业继续某一特定行为的命令。薛波：《元照英美法词典》，法律出版社 2003 年版，第 204 页。

〔3〕 基于若干原因，存在共同业务。例如，贷款人与借款人之间存在共同业务，因为双方都必须依赖致富公司，才能发放新的贷款或是按期偿还已经提供的贷款。存在共同业务的另一个原因是，大多数贷款人不止为一项贷款提供资金。如果致富公司不能运营平台，所有贷款人都会受到不利影响。此外，之所以存在共同业务，也是因为贷款人向致富公司支付发起费，其金额为贷款额的 1%～3%，而且每位贷款人向致富公司支付年度服务费，其金额为尚未偿付的票据本金的 1%。In the Matter of Prosper Marketplace, Inc., Release No. 8984/November 24, 2008.

〔4〕 "就买方卖方的动机而言，如同上文所述，致富公司的贷款方的动机是希望其货币的回报比放在其他地方高。或许致富公司的某些贷款方的部分动机是无私的，但无私的动机和图利的动机并不相互排斥。"In the Matter of Prosper Marketplace, Inc., Release No. 8984/November 24, 2008.

〔5〕 借贷双方在网站上登记，建立他们的致富公司身份。借贷双方都不得在致富公司的网站上披露其真实身份。借款方的借款金额必须在 1 万美元至 25 000 美元之间，借款期三年，固定利息，不用担保。借款可以在平台上发"帖"，说明他们需要借款的金额以及他们愿意支付的最高利率。致富公司根据从信用局获得的商业信用分数，给每位借款人评定一个信用级别，但致富公司并不核实诸如就业和收入这样的个人信息。潜在贷款人就提供确定利率的部分或全部贷款额竞标，利率通常高于金融机构储蓄账户的利率。每笔贷款通常由中标的数位贷款人提供资金。拍卖结束后，竞标完成，借款人收到所要求的贷款，利率由致富公司决定，是所有中标人都可以接受的最低利率。贷款人不直接向借款人提供资金，而是由借款人从致富公司通过合同关系约定的一家银行获得贷款。每位贷款人都拿到一份无追索权本票。自 2006 年 1 月设立起平台以来，致富公司发起了大约 1.74 亿美元的贷款。致富公司向每位借款人收取贷款额 1%～3%的发起费，并向每位贷款人收取票据未偿本金的年费率为 1%的收款服务费。致富公司管理向借款人收取还款并向贷款人支付该款项的工作。致富公司也向贷款人收取逾期贷款，并将逾期贷款的账户转让给收债机构。禁止贷款人和借款人直接交易，借贷双方也无法知道对方的真实身份。In the Matter of Prosper Marketplace, Inc., Release No. 8984/November 24, 2008.

为致富公司的贷款方都必须依赖致富公司平台的"努力"[1]才能获得利润,满足了"完全依赖他人努力"这一要件。

证交会还适用里夫斯案的"家族相似"规则,认定致富公司的P2P平台贷款属于证券,因为①致富公司贷款人的动机是期待其资金获得回报;②向广大公众发售了致富贷款;③遵循常理的投资者可能认为致富贷款为投资;而且④没有其他规制安排可以减少平台给投资者带来的风险。致富公司的P2P平台贷款与不属于证券的凭证的家族并没有相似之处,无法反驳其为证券的假定。

尽管P2P被视为证券进行监管,美国仍然有人担心某些P2P公司借P2P之名,行违规违法之实,"利用其非银行的自由,为机构生产高收益"。[2]贷款俱乐部(Lending Club)[3]是美国P2P行业中的大企业,2014年12月11日在纽约股票交易所(下称"纽交所")上市。[4]贷款俱乐部不是银行却从事银行业务,无须承担信贷业务的风险,也无须像银行一样留出准备金。因此,P2P仅有证交会监督仍然是不够的,它应当由证券监管部门和银行监管部门共同监管。另外,完全禁止P2P也不失为一种选择。

很多金融业务以金融创新的名义问世,但问世本身不应当是其永久存续的理由。金融创新受到过多的推崇,在美国和我国都有神圣的地位,是愚人乐园的标志。很多金融创新都是故伎重演。有一种观点是,"美国的P2P贷款模式与次贷危机有异曲同工之处",其理由如下:第一,只要不自留相关产品,P2P平台与包装资产证券化产品的金融机构一样,都不在乎基础资产的质量;第二,相关披

---

〔1〕 "此外,贷款方必须依赖致富公司的努力,其投资才能获得任何回报。正如上文所讨论的那样,贷款方和借贷方不得直接交易,贷款产生的每一要素和还贷过程都必须依赖致富公司。"In the Matter of Prosper Marketplace, Inc., Release No. 8984/November 24, 2008.

〔2〕 Tracy Alloway, "Lending Club IP rides wave of easy money", *Financial Times*, December 10, 2014, p. 16.

〔3〕 贷款俱乐部成立于2006年,专门从事P2P业务,号称利用最先进的技术直接撮合借贷双方,绕过传统银行,以降低借方的融资成本,同时提高贷方的回报。Tracy Alloway, "Lending Club IP rides wave of easy money", *Financial Times*, December 10, 2014, p. 16. 贷款俱乐部的借款方中60%借款是为了债务再融资,22%是为偿还信用卡,2%是为了开展业务,而80%的贷款方是机构投资者。Lex, "Join the club", *Financial Times*, December 12, 2014, p. 14. 贷款俱乐部的平台上已经贷出62亿美元,最安全的贷款的回报率为7.6%,而两年期美国财政部债券的回报率仅为0.65%。Tracy Alloway, "Lending Club IP rides wave of easy money", *Financial Times*, December 10, 2014, p. 16. Finance and economics, "Lending Club", *The Economist*, December 13, 2014, p. 65.

〔4〕 2014年12月10日,贷款俱乐部的发行价格为每股15美元,11日交易首日股价便飙升到24.75美元,升幅65%。Tracy Alloway and Eric Platt, "Start of the peer-to-peer show as Lending Club leaps 65% on debut", *Financial Times*, December 12, 2016, p. 1.

露甚少。第三，银行借钱给对冲基金，再由对冲基金购买由银行发放的贷款，有关抵押品的信息甚少。[1]

六、作为证券接受证监会监管的金融产品

某些金融产品的证券属性昭然若揭，实践中也被视为证券，由证监会监管。

（一）公开募集基金份额

《基金法》第 2 条规定："在中华人民共和国境内，公开或者非公开募集资金设立投资基金……由基金管理人管理，基金托管人托管，为基金份额人持有人的利益，进行证券投资活动，适用本法……"公开募集基金（"公募基金"）的基金份额也是一种证券，而且与上市公司的股票有很多相似之处，有如孪生兄弟。在美国，共同基金（即我国的"公募基金"）的基金份额也被视为股票。在我国，公募基金由证监会监管。

（二）有限合伙人的财产份额

按照美国的判例，合伙企业有限合伙人的权益也可以被认定为证券。有限合伙人[2]是典型的被动投资者，完全依赖他人的努力，从合伙企业的共同业务中获取利润，[3]适用豪伊标准。这种假定也是可以被推翻的，视个案情况而定。如果有限合伙人广泛地参与了合伙企业的管理，法院可以将其份额认定为非证券，理由是有限合伙人在很大程度上控制了合伙企业。[4]基于同样的原因，普通合伙人[5]的权益并不是证券，因为合伙企业就是由普通合伙人管理的。[6]

我国《合伙企业法》将合伙人的权益称为"财产份额"。[7]我国法律并没有规定投资合同，也没有将合伙人财产份额界定为证券，但从事投资的合伙企业被界定为基金管理人，接受证监会的监管。《基金法》第 90 条规定："担任非公开

---

[1] Patrick Jenkins, "US peer-to-peer loan model has parallels with suprime crisis", *The Irish Times* May 31, 2016, p. 12.

[2] 有限合伙人的英语是"limited partner"，简称"LP"。中外业内人士广泛使用"LP"，以区别于他人。

[3] Goodman v. Epstein, 582 F. 2d 388, 406-08 (7th Cir. 1978).

[4] Steinhardt Group v. Citicorp, 126 F. 3d 144 (3rd Cir. 1997).

[5] 《合伙企业法》第 42 条、第 48 条。有限合伙人的英语是"general partner"，简称"GP"。

[6] Rivanna Travwlers v. Thompson Trawlers, 840 F. 2d 236 (4th Cir. 1988).

[7] 合伙人"财富份额"的概念应当是从英文"interest"而来。"interest"译作"权益"似乎更确切。但按照我国文化习惯，总是喜欢转换概念，并就此创造一个新名词，一个典型例子是"bicycle"的英文原意是"双轮车"，但被译成"自行车"。

募集基金的基金管理人，应当按照规定向基金业协会履行登记手续，报送基本情况。"《基金法》第95条则规定："非公开募集基金完毕，基金管理人应当向基金业协会备案。"

2015年，中国基金业协会公布《私募投资基金管理人登记和基金备案办法（试行）》[1]，将私募投资基金（私募基金）界定为"以非公开方式向合格投资者募集资金设立的投资基金，包括资产由基金管理人或者普通合伙人管理的以投资活动为目的设立的公司或者合伙企业"。[2]根据以上规定，以投资活动为目的设立的合伙企业应当在中基协备案。[3]

合伙企业已经发生了变异，其最初是要约束合伙人的冒险行为，尤其是约束普通合伙人的冒险行为：普通合伙人对合伙企业承担无限责任，必须以其个人和家庭的全部财产偿还合伙企业的债务或其他欠款，所以普通合伙人决策时自然谨慎小心。但因为合伙企业的普通合伙人也可以是法人，包括有限责任公司形式的金融机构，实际控制合伙企业的自然人不会因为合伙企业违约、违法而承担无限责任。华尔街著名投资银行的前身都是合伙制企业，[4]但现在已经变为有限责任公司。合伙企业对实际管理合伙企业的自然人的约束名存实亡，反而成为不法之徒募集资金的有效方式。

（三）私募资产管理业务

证券公司、基金管理公司子公司和期货公司从事私募资产管理业务，实质上是从事私募基金管理业务。信托公司和保险公司也从事类似业务（见第十四章）。如上文所述，私募投资基金份额应当是证券。

（四）股权众筹

众筹（crowd funding）（"众筹"）源自美国，最初是奖励型众筹（rewad-based crowdfunding），即向公众筹资，为电影和音乐等艺术项目提供资金，出资人获得某种形式的奖励。2012年，美国国会制定《创造就业法》，[5]为发行证券的股权众筹（equity crowdfunding）提供豁免，实际上是降低了其发行标准，但融资

---

[1] 中基协发〔2014〕1号。

[2] 《私募投资基金管理人登记和基金备案办法（试行）》第2条。

[3] 严格说，《基金法》第90条的含义不清，并没有将以投资活动为目的设立的合伙企业包括在私募基金内，至少是留下了争议的空间，好在《私募投资基金管理人登记和基金备案办法（试行）》及时弥补了这一空白。

[4] Charles R. Geisst, *The Last Partners*, New York: McGraw-Hill, 2001.

[5] JOBS Act, Pub. L. No. 302, 126 Stat. at 315–321.

金额较小,理论上是为小微企业提供融资服务。

2014年,我国国务院常务会议提出,"建立资本市场小额再融资快速机制,开展股权众筹融资试点"。[1]2015年8月,十部委发布《关于促进互联网金融健康发展的指导意见》[2](下称《互联网金融指导意见》),将众筹作为互联网金融活动加以规制。

1. 公开小额股权融资

按照《互联网金融指导意见》的定义,"股权众筹融资主要是通过互联网形式进行公开小额股权融资的活动。股权众筹融资必须通过股权众筹融资中介机构平台(互联网网站或其他类似的电子媒介)进行"。"股权众筹融资方为小微企业,应通过股权众筹融资中介机构向投资人如实披露企业的……关键信息。"[3]

2015年,证监会发布《关于对通过互联网开展股权融资活动的机构进行专项检查的通知》[4](下称《互联网股权融资检查通知》)。根据该通知的定义,"股权众筹融资主要是指通过互联网形式进行公开小额股权融资的活动……是指创新创业者或小微企业通过股权众筹融资中介机构互联网平台(互联网网站或其他类似的电子媒介)公开募集股本的活动"。

《互联网股权融资检查通知》明确表示,股权众筹需要经过国务院监管机构的批准,[5]但并没有明确具体监管部门。[6]尽管如此,该通知明确表示,股权众筹适用的法律包括:《证券法》《国务院办公厅关于严厉打击非法发行股票和非法经营证券业务有关问题的通知》[7]《中国证券监督管理委员会关于贯彻〈国务院办公厅关于严厉打击非法发行股票和非法经营证券业务有关问题的通知〉有关

---

[1] 曹文姣、陈慧颖:"众筹监管缘何起步私募",载《新世纪》2014年第50期。

[2] 银发〔2015〕221号。

[3] 《互联网金融指导意见》第(9)条。

[4] 证监办发〔2015〕44号。此次专项检查活动主要是针对股权众筹融资活动,但相关通知的正式名称为《关于对通过互联网开展股权融资活动的机构进行专项检查的通知》,只字未提"股权众筹"。究其原因,一是股权众筹活动主要是借助互联网平台进行,二是股权众筹活动并不一定使用"股权众筹"一词,而且可能与其他互联网融资活动重叠。

[5] "未经国务院证券监督管理机构批准,任何单位和个人不得开展股权众筹融资活动。"

[6] 证监会在证券监管中表现出一种礼让精神,有助于诸多监管机构之间的相互合作,但负面影响是监管机构不明确,很多时候是一事一议。但一事一议也是证券监管的重要特点。

[7] 国办发〔2006〕99号。

事项的通知》〔1〕《基金法》和《私募投资基金监督管理暂行办法》。〔2〕既然适用《证券法》以及由证监会发布的部门规章,而且相关检查工作由证监会开展进行,股权众筹显然是由证监会监管。

2. 股权众筹为非公开发行

《互联网金融指导意见》并没有说明股权众筹为公开发行还是非公开发行(或称"私募")。《互联网股权融资检查通知》则明确将股权众筹界定为非公开发行。证监会对股权众筹进行专项检查时,主要是看股权众筹"是否进行公开宣传,是否向不特定对象发行证券,股东人数是否累计超过 200 人……"〔3〕

3. 私募股权基金

股权众筹的主要违法行为涉及以股权众筹名义募集私募股权投资基金。《互联网股权融资检查通知》第二段指出:"一些市场机构开展的冠以'股权众筹'名义的活动,是通过互联网形式进行的非公开股权融资或私募股权投资基金募集行为,不属于……众筹融资范围……未经国务院证券监督管理机构批准,任何单位和个人不得开展股权众筹融资活动。"〔4〕

4. 合格投资者

美国就股权纠纷众筹适用合格投资者的概念,并引入了融资门户概念。"募资对象是否是合格投资者,是划分公募和私募的一个标准",〔5〕而划分合格投资者的主要标准是财产。美国众筹的合格投资者规定为,投资者年收入或资产净值低于 10 万美元,对其 12 个月内的筹资限额为 2000 美元或者该投资者年收入或净值的5%。投资者年收入或者资产净值超过 10 万美元,则其一年内的投资限额为其年收入或净值的10%,但在 12 个月内不得超过 10 万美元。众筹豁免的最大融资限额一年内不得超过 100 万美元。〔6〕

七、作为证券接受证监会和其他证券监管部门共同监管的金融产品

某些金融产品的证券属性昭然若揭,实践中也被视为证券接受监管,但由于监管机构部门的权限划分之争,此类产品也成为由证监会和其他部门共同监管的

---

〔1〕 证监发〔2007〕40 号。
〔2〕 证监会令第 105 号,2014 年。
〔3〕 《互联网股权融资检查通知》第 3 条。
〔4〕 《互联网股权融资检查通知》引言部分。
〔5〕 肖凯:"论众筹融资与非法集资",载《互联网金融法律评论》第 1 期。
〔6〕 JOBS Act, Pub. L. No. 302, 126 Stat. at 315~321.

金融产品。

(一) 资产证券化产品

简单说,资产证券化就是将债券变为证券。根据证监会发布的《证券公司及基金管理公司子公司资产证券化业务管理规定》,[1]资产证券化业务是"指以基础资产所产生的现金流动偿付支持,通过结构化等方式进行信用增级,在此基础上发行资产支持证券的业务活动"。[2]"基础资产[3]可以是企业应收款、租赁债权、信贷资产、信托受益权等财产权利,基础设施、商业物业等不动产财产或不动产收益权,以及中国证监会认可的其他财产或财产权利。"[4]

中国人民银行和银监会则发布《信贷资产证券化试点管理办法》[5],将资产证券化界定为,"银行业金融机构作为发起机构,将信贷资产信托给受托机构,由受托机构以资产支持证券的形式向投资机构发行受益证券,以该财产所产生的现金支付资产支持证券收益的结构性融资活动……"[6]

我国证券市场因监管碎片化而分成若干块(见第九章),其中两大块分别由证监会、人民银行和银监会监管。由证监会监管的证券市场是正面市场,包括:上海证券交易所、深圳证券交易所、上海期货交易所、大连期货交易所、郑州期货交易所、上海金融期货交易所,以及全国中小企业股权转让系统。银监会和人民银行则统领和监管证券市场的第二市场,其交易场所为银行间债券交易市场。但第二市场的重要性不亚于正面市场。就资金规模而言,银行的规模远大于证券公司,而且除银行之外,信托公司也是第二市场的重要力量。两个市场既相对独立,又互通有无。借助各种金融产品,资金在两个市场之间来回流动,造成市场价格波动,为金融机构创造对赌或套利的机会。金融机构也在两个市场之间进行监管套利。

(二) 衍生产品

衍生产品(derivative)也称"证券衍生品"或"金融期货",是一种金融期货合约(见第八章),由基础资产(underlying asset)或基础证券衍生而来。基础资产可以是诸如股票或债券的金融资产,也可以是货币利率或指数。

---

[1] 证监会公告(2014)49号。
[2] 《证券公司及基金管理公司子公司资产证券化业务管理规定》第2条。
[3] 该词英语为"underlying asset"。
[4] 《证券公司及基金管理公司子公司资产证券化业务管理规定》第3条。
[5] 中国人民银行、银监会公告[2005]第7号。
[6] 《信贷资产证券化试点管理办法》第2条。

《证券法》第 2 条第 3 款规定:"证券衍生品种发行、交易的管理办法,由国务院依照本法的原则制定。"国务院发布的《期货交易管理条例》[1]将金融期货合约界定为,以有价证券、利率、汇率等金融产品及其相关指数产品为标的物的期货合约。[2]银监会发布的《银行业金融机构衍生产品交易业务管理暂行办法》(下称《衍生产品管理办法》)[3]将衍生产品界定为"一种金融合约,其价值取决于一种或多种基础资产或指数,合约的基本种类包括远期、期货、掉期(互换)和期权。衍生产品还包括具有远期、期货、掉期(互换)和期权中一种或多种特征的混合金融工具"。[4]保监会的部门规章也有类似定义。[5]

美国的金融期货也分为两类:期交会监管期货和期货期权,证交会监管证券和证券期权。[6]如果凭证既是证券又是期货合约,由期交会监管;如果凭证既是期货合约又是证券期权,证券回购[7]协议在美国通常被界定为证券。[8]

就证券与期货区分而言,美国法院给出的理由是:"证券通常产生于资本的形成和组合(将资金托付给企业家),而期货则是对冲、投机和价格发现的手段,并不转移资本。所以,在考虑证交会管辖权与期交会管辖权之间的区别时,不妨将其视为监管资本形成与监管对冲之间的区别。"[9]

美国之所以要区分证券与期货,是为了把证券市场分为证券与期货两大块,以便证交会和期交会可以分别有自己的管理领域。我国由证监会一家机构管理证

---

[1] 国务院令第 666 号,根据 2012 年 10 月 24 日《国务院关于修改〈期货交易管理条例〉的决定》修订。
[2] 《期货交易管理条例》第 82 条第 2 项。
[3] 银监会令 2011 年第 1 号。
[4] 《衍生产品管理办法》第 3 条。
[5] "本办法所称金融衍生产品,是指其价值取决于一种或多种基础资产、指数或特定事件的金融合约,包括远期、期货、期权及掉期(互换)。"《保险资金参与金融衍生产品交易暂行办法》(保监发〔2012〕94 号)第 3 条。
[6] Chicago Mercantile Exchange v. SEC, 883 F. 2d 537 (7th Cir. 1989).
[7] 债券为证券形似的一种。债券的"回购是交易双方进行的以债券为权利质押的一种短期资金融通业务,指资金融入方(正回购方)在将债券出质给资金融出方(逆回购方)融入资金的同时,双方约定在将来某一日期由正回购方按约定回购利率计算的金额向逆回购方返还资金,逆回购方向正回购方返还原出质债券的融资行为"。《全国银行间债券市场债券交易管理办法》第 3 条。类似的定义还有:"债券质押式协议回购交易……是指回购双方自主协商协定,由资金融入方……融入资金,并在未来返还资金和支付回购利息,同时解除债券质押登记的交易。"《上海证券交易所债券质押式协议回购交易暂行办法》(上证发〔2015〕26 号)第 2 条。
[8] Thomas Lee Hazen, *Securities Regulation*, St. Paul: West, 2009, p.81.
[9] Chicago Mercantile Exchange v. SEC, 883 F. 2d 537 (7th Cir. 1989).

券和期货的做法似乎更加合理。当然，部门之争在我国也存在。就金融期货的监管而言，我国的部门之争或地盘之争主要表现为证监会与银监会之争，保监会也要参与。[1]

（三）资产管理计划产品

信托公司和保险公司所发行的资产管理计划也具有投资合同的性质，但由于发行此类金融产品的机构分属国务院不同部门监管，相关部门分别发布部门规章，对相关金融产品进行监管。

（四）各类交易场所的金融产品

许多地方设立了从事产权交易、文化艺术品交易等各种类型的交易场所，其权益类交易包括产权、债权、林权、矿权、知识产权、文化艺术品权益及金融资产权益等交易，其中很多交易产品也可以被界定为证券。根据国务院的批复，清理整顿各类交易场所部际联席会议[2]由证监会牵头，召集人为证监会主席。这也说明各类交易场所发行的金融产品很多应当被视为证券，至少具有很强的证券特性。[3]然而各地违法违规发行证券的活动屡禁不止，越禁越多。2006年证监会便发布了《关于在打击证券期货违法犯罪中加强执法协作的通知》[4]，到2011年则由国务院发布《关于清理整顿各类交易场所切实防范金融风险的决定》[5]。

八、类似证券的金融产品——由银监会监管

某些金融产品的证券属性或昭然若揭，或呼之欲出，但由于监管机构的权限划分，此类金融产品由银监会监管。

（一）融资租赁

融资租赁业是我国发展迅猛的金融服务业，[6]其中某些融资租赁有可能构成非法集资，在美国则可能被认定为投资合同形式的证券。我国也可以将其界定为证券。

---

[1] "保险机构参与衍生产品交易，应当向中国保监会报告……"《保险资金参与金融衍生产品交易暂行办法》（保监发［2012］94号）第3条。

[2] 联席来自以下政府部门：证监会、中宣部、发展改革委员会、科技部、工业和信息化部、公安部、监察部、财政部、国土资源部、环境保护部、商务部、文化部、人民银行、国资委、工商总局、广电总局、知识产权局、法制办、银监会、保监会、最高人民法院、最高人民检察院。《国务院关于同意建立清理整顿各类交易场所部际联席会议制度的批复》（国函［2012］3号）。

[3] 《国务院办公厅关于清理整顿各类交易场所的实施意见》（国办发［2012］37号）第1条。

[4] 证监发［2006］17号。

[5] 国发［2011］38号。

[6] 王爱俭、杜强：《天津金融发展报告》，社会科学文献出版社2014年版，第151页。

1. "二方"融资租赁

融资租赁通常涉及三方，即出租方、承租方和出卖方（或称"供货方"），是"三方关系"（the triangular relationship）。[1]我国《合同法》第237条规定："融资租赁合同是出租人根据承租人对出卖人、租赁物的选择，向出卖人购买租赁物，提供给承租人使用，承租人支付租金的合同。"该定义涉及三方关系。2013年，商务部发布《融资租赁企业监督管理办法》[2]，规定："出租人根据承租人对出卖人、租赁物的选择，向出卖人购买租赁物，提供给承租人使用，承租人支付租金的交易活动。"[3]该定义仍然涉及三方关系。国际统一私法协会[4]制定的《国际统一私法协会国际融资租赁公约》[5]规定："本公约所规制的融资租赁交易……是一方（出租方）①根据另一方（承租方）的具体要求，与第三方（供货方）订立合同（供货合同），根据该合同，出租方按照承租方同意的有关其权益的条件，获得工厂、资本品[6]或其他设备（设备），并②与承租人订立租赁合同，授权承租人使用设备，以获取租金。"该定义还是涉及三方关系。

《融资租赁企业监督管理办法》又规定，"严禁融资租赁企业借融资租赁的名义开展非法集资活动"。[7]这说明，融资租赁业务中非法集资现象严重，否则监管机构不会明文强调这一问题。

正常的融资租赁涉及出租人、承租人和出卖人等三方，但融资租赁被用作非法集资时，出卖人和承租人通常为同一人，三方成为两方。可以说，融资租赁仅涉及两方是非法集资或投资合同的重要标志。如果出卖人向承租人出售物后，再向承租人租用有关物，则完全没有必要，不符合商业考虑。在正常的融资租赁交易中，之所以需要第三方购入租赁物后充当出租人，按合同支付一定价款后，再

---

[1] Ewan McKendrick, *Commercial Law*, London: Penguin Books, 2010, pp. 767~778.

[2] 商流通发〔2013〕337号。

[3] 《融资租赁企业监督管理办法》第2条。

[4] 国际统一私法协会（International Institute for the Unification of Private Law，简称 UNIDROIT）1926年在国联的体系内成立，1940年国联解散后重建，目前有63个成员国。国际统一私法协会在不同领域工作，这些领域包括：代理和销售法、移动设备的担保权益、国际租赁和相关合同以及国际商业合同。See NUIDROIT, "An Overview", available at http://www.unidroit.org/about-unidroit/overive，访问日期：2015年1月25日。

[5] UUNIDROIT Convention on International Financial Leasing, available at http://www.unidroit.rog/fr/leasign-01-2/leasing-anglai，访问日期：2015年3月15日。

[6] 资本品（capital good）是用于生产其他商品的资产，如生产螺栓的机器。[美] R.J. 舒克：《华尔街词典》，陈启清译，中国商业出版社2002年版，第592页。

[7] 《融资租赁企业监督管理办法》第10条。

将出租物的所有权转给承租方，是因为承租人没有能力或不愿一次性或很快支付价款。如果买方需要多次付款，而卖方愿意为买方提供资金便利，出卖人完全可以要求购买方分期付款，并以出售物作为抵押物。

2014年，最高人民法院发布《关于审理融资租赁合同纠纷案件适用法律问题的解释》[1]（下称《融资租赁合同解释》）。《融资租赁合同解释》规定："对名为融资租赁合同，但实际不构成融资租赁法律关系的，人民法院应按照其实际构成的法律关系处理。"[2]但最高人民法院首鼠两端，不愿否定只有两方的融资租赁交易："承租人将其自有物出卖给出租人，再通过融资租赁合同将租赁物从出租人处租回的，人民法院不应仅以承租人和出卖人系同一人为由认定不构成融资租赁法律关系。"[3]

对于如何认定租赁合同的真实性质，最高人民法院也是一筹莫展，《融资租赁合同解释》只能要求具体审理案件的法官"根据合同法第二百三十七条的规定，结合标的物的性质、价值、租金的构成以及当事人的合同权利和义务，对是否够构成融资租赁法律关系作出认定"。[4]最高人民法院要求法官求助于《合同法》第237条，但该条与《融资租赁合同解释》有矛盾之处：《合同法》第237条下的融资租赁交易为三方交易，而《融资租赁合同解释》又称"……不应仅以承租人和出卖人系同一人为由认定不构成融资租赁法律关系"。[5]

最高人民法院对《合同法》做了牵强解释。显然，民间融资或民间中小金融企业是不能左右最高人民法院的：背后必有重大利益集团的影响。这个重大利益集团应该是由银监会监管的金融租赁公司。2014年，银监会发布了《金融租赁公司管理办法》[6]，为两方融资租赁交易正名："本办法所称售后回租业务，是指承租人将自有物件出卖给出租人，同时与出租人签订融资租赁合同再将该物件从出租人处回租的融资租赁形式。售后回租业务是承租人和供货人为同一人的融资租赁方式。"[7]有理由相信，最高人民法院发布《融资租赁合同解释》，是为银监会领导的大型租赁公司量体裁衣，削足适履。

---

[1] 法释〔2014〕3号。
[2] 《融资租赁合同解释》第1条第2款。
[3] 《融资租赁合同解释》第2条。
[4] 《融资租赁合同解释》第1条。
[5] 《融资租赁合同解释》第2条。
[6] 银监会令2014年第3号。
[7] 《金融租赁公司管理办法》第5条。

2. 类似美国的投资合同

两方融资租赁如果涉及众多出租人，则恰似美国的投资合同：①出租人投资于②共同业务（承租人售出的自有物），③期待获取利润（租金），并④完全依赖他人（承租人）的努力。证交会诉爱德伍兹案[1]和证交会诉墨菲案[2]的情况类似于我国的融资租赁：前者涉及电话亭返租，后者涉及有线电视系统返租；两案的审理法院认定融资租赁为投资合同，构成违法公开发行证券。相比之下，《融资租赁合同解释》与《非法集资解释》是两个极端：或者是非法集资活动，或者是合法的融资租赁合同，没有美国的投资合同这一中间地带。[3]

按照我国最高人民法院发布的《非法集资解释》，两方融资租赁交易本来也可以被认定为非法吸收公众存款，但如果从事两方融资租赁业务的是大型融资租赁公司，那么此类公司就是《非法集资解释》第1条第1款第1项所指的"有关部门"。既然"有关部门"批准了自己的融资业务，很难设想我国法官会确定其融资租赁业务为非法吸收公众存款。可以说，《非法集资解释》中"有关部门"一词就是为大型融资租赁公司从事两方融资租赁这样的活动所设计的。证券市场是豪强称雄的地方，对于这点，从业者和投资者务必有清醒的认识，以免飞蛾扑火，自取灭亡。

3. 房产售后返租

从形式上看，房屋销售返租类似《金融租赁公司管理办法》所界定的融资租赁，通常也只涉及两方。[4]按照《非法集资解释》的规定，如果符合以下情形，房产售后返租可以被界定为非法吸收公众存款："未经有关部门依法批准或者借用合法经营的形式吸收资金"[5]；以及"不具有房产销售的真实内容或者不以房产销售为主要目的，以返本销售、售后包租、约定回购、销售房产份额等方式非法吸收资金的"。[6]

但如果套用美国投资合同的概念，房产售后返租可以被界定为证券。豪伊判例所确定的投资合同的四要件为：①投资人投资于②共同业务，③期待获取利

---

[1] SEC v. Edwards, 540 U.S. 389 (2004).

[2] SEC v. Murphy, 626 F. 2d 633 (9th Cir. 1980).

[3] 吾人乐于自称为中庸之道的传人，并尊华夏大地为中庸文化的发源之地，但现实中的许多做法和相关法律却断无中庸可言，融资租赁合同的认定便是一例。

[4] 如某些住房销售广告中提到：业主可与酒店管理公司签订房屋租赁合同，酒店经营，业主参与入股，每年分红总房款的10%作为回报。

[5] 《非法集资解释》第1条第1款第1项。

[6] 《非法集资解释》第2条第1项。

润,并④完全依赖他人努力。房产售后返租满足了四要件:①投资者购买房产后以出租的方式"投资"于②众多出租房产的"共同业务",③期待获取利润(租金)并④"完全依赖他人(作为承租人的出售方)的努力"。如上文所述,证交会已经出文,将某些售后返租的公寓界定为证券。

4. 证监会应当介入监管

两方融资租赁经常具有证券的属性,证监会应当但并没有介入监管。两方融资租赁的相关法律规则也反映出监管机构的地盘之争。商务部首先发布《融资租赁企业监督管理办法》,明文规定融资租赁企业的监管机构是商务部,省级商务主管部门负责监管本行政区域内的融资租赁企业。[1]但银监会又发布了《金融租赁公司管理办法》,适用于由其监管的银行业金融机构。

(二) P2P

1. P2P 被界定为网络借贷

P2P 在我国 P2P 也被称作"人人贷",[2]《关于促进互联网金融健康发展的指导意见》[3](下称《互联网金融指导意见》)将其界定为个体网络借贷[4]。该意见是部委发布的规范意见,法律阶位比较低,但意见开始就指出,发布该意见是"经党中央、国务院同意",所以该意见十分重要。《互联网金融指导意见》由人民银行、工业和信息化部、公安部、财政部、工商总局、国务院法制办公室、银监会、证监会、保监会和国家信息办公室联合发文。

我国 P2P 的借贷标的包括票据、银行保理业务、房地产投资信托基金(REITs)等。[5]2011 年银监会发布《关于人人贷款有关风险提示的通知》[6](下称《人人贷通知》),称 P2P 是"信用风险偏高,贷款质量远远劣于普通银行业金融机构"的贷款。[7]有人认为 P2P 平台可以成为民间资本设立银行的一种模式。[8]

---

[1]《融资租赁企业监督管理办法》第 10 条。
[2] 截至 2014 年 8 月,我国国内有 1418 家 P2P 网络借贷平台,成交量 2013 年达到 1500 亿元。
[3] 银发〔2015〕221 号。
[4]《互联网金融指导意见》第 2 条第 8 款。
[5] 郭大刚:"洞悉 P2P 网络贷款发展的阶段",载《清华金融评论》2014 年第 12 期。
[6] 银监办发〔2011〕254 号。
[7]《人人贷通知》第 1 条。
[8] 刘丽靓:"谢平:部分 P2P 平台可成为民资设银行模式",载《中国证券报》2015 年 3 月 27 日,第 A02 版。

2. P2P 可以被界定为证券

按照《人人贷通知》的界定，人人贷（Peer to Peer）是"信贷服务中介公司""收集借款人、出借人信息，评估借款人的抵押物，如房产、汽车、设备等，然后进行配对，并收取中介服务费"的活动。我国 P2P 的模式与美国 P2P 的模式相似。P2P 在美国被界定为发行投资合同形式的证券并无争议，我国监管机构则将 P2P 界定为贷款，但若将 P2P 界定为发行证券也并不违反我国《证券法》。

3. P2P 可以被认定为非法集资

P2P 有可能被界定为非法集资。《互联网金融指导意见》特别提到，从事 P2P 业务的个体网络借贷机构不得非法集资。[1]《人人贷通知》则就 P2P 指出，"民间资金可能通过人人贷公司流入限制性行业……容易演变为非法金融机构……突破资金不进账户的底线，演变为吸收存款、发放贷款的非法金融机构，甚至变成非法集资。"[2]

4. P2P 可以被认定为无效

即便不构成非法集资，P2P 融资也有可能因为利率过高而被认定为无效。《最高人民法院关于审理民间借贷案件适用法律若干问题的规定》[3]（下称《民间借贷规定》）[4]规定，贷款利率在 24% 以下的，法院予以支持；[5]贷款利率超过 36% 的，法院不予支持；[6]贷款利率在 24% 与 36% 之间的，法院不予保护，但贷款双方可以自行约定。[7]

---

[1]《互联网金融指导意见》第 2 条第 8 项。

[2] 截至 2015 年 4 月底，公安机关对 70 个 P2P 平台立案侦查，涉案金额约 60 亿元。P2P 或为集资诈骗，或为地下钱庄，或为非法集资。人民银行官员则表示，P2P 主要有三种违法形式：①网络借贷平台将借款需求设计成理财产品出售，或者先归集资金，再寻找借款对象，使放贷人资金进入平台的中间账户，并由平台实际控制和支配；②网络借贷平台没有尽到核查借贷人真实身份的义务，甚至默许借款人在平台上以多个虚假借款人名义大量发布虚假借款信息；③网络借贷平台发布虚假的高利借款标的，甚至发假标自融，采用借新还旧的"庞氏骗局"，短期内为自身资金需求募集大量资金，有的经营者甚至卷款潜逃。李玉敏："11 部委联合整治非法集资，央行警示三类 P2P"，载《21 世纪经济报道》2015 年 4 月 29 日，第 10 版。

[3] 法释〔2015〕18 号。

[4] "本规定所称的民间借贷，是指自然人、法人、其他组织之间及其相互之间进行资金融通的行为。经金融监管部门批准设立的从事贷款业务的金融机构及其分支机构，因发放贷款等相关金融业务引发纠纷的，不适用本规定。"《民间借贷规定》第 1 条。

[5]《民间借贷规定》第 29 条。

[6]《民间借贷规定》第 31 条。

[7]《民间借贷规定》第 30 条。

5. P2P 的担保责任

"借贷双方通过网络贷款平台形成贷款关系,网络贷款平台的提供者仅提供媒介服务,当事人请求其承担担保责任的,人民法院不予支持。网络贷款平台的提供者通过网页、广告或者其他媒介明示或者有其他证据证明其为借贷提供担保,出借人请求网络贷款平台的提供者承担担保责任的,人民法院应予支持。"[1]

(三) 理财产品

理财产品具有投资合同的特点,应当作为证券接受证监会监管或由证监会与银监会共同监管。

1. 理财产品的界定

根据《人民银行金融市场司关于商业银行理财产品进入银行间债券市场有关事项的通知》[2](下称《理财产品债市通知》)的界定,商业银行发行的理财产品是指"商业银行作为资产管理人……接受客户……的委托授权,按照与委托人约定的投资计划和方式开展资产和投资业务,并由托管人进行独立托管的理财产品"。[3]银行借助上述理财产品融资,将所吸收的资金用于购买债券或发放贷款。[4]理财产品大比例投向了信托和资产管理计划等非标准化债权资产,甚至参与股市的定向增发。[5]部分理财产品在上海清算所清算。[6]根据中国的现行法律,理财产品应当被界定为证券。

银行发行理财产品最初的目的之一,是规避《商业银行法》[7]所要求的①资本充足率和存贷比例限制;[8]②交存存款准备金;[9]③存款利率;以及④贷款

---

[1] 《民间借贷规定》第 22 条。

[2] 银市场 [2014] 1 号。

[3] 《理财产品债市通知》第 1 条。

[4] Ling Ling Wei, "China Investors Turn to the Police", *The Wall Street Journal*, January 22, 2014, p. 1.

[5] 张歆:"银行理财产品高收益背后的豪赌:投信托'非标'玩定增股票",载《证券日报》2014 年 7 月 29 日,第 B1 版。

[6] 2016 年 3 月 22 日,宁波银行天利鑫-A 理财产品完成上海清算所人民币利率互换集中业务备案,通过中信证券代理成为首支参与上海清算所人民币利率互换集中清算业务的银行理财产品。上海清算所《会员通讯》2016 年第 6 期(总第 47 期)。

[7] 1995 年 5 月 10 日第八届全国人民代表大会常务委员会第十三次会议通过,根据 2003 年 12 月 27 日第十届全国人民代表大会常务委员会第六次会议《关于修改〈中华人民共和国商业银行法〉的决定》修正。

[8] 《商业银行法》第 39 条。

[9] 《商业银行法》第 32 条。

利率。[1]银行发行理财产品，可以将其所筹资金投资于正常情况下银行被禁入的高风险领域。

2. 融资平台公司

商业银行经常与地方政府融资平台合作，为地方政府进行项目融资。融资方式可分为三种："第一种是地方政府融资平台或相关企业通过信托公司设立单一资金信托计划，再由银行理财产品购买该信托产品计划的受益权；第二种是银行理财资金通过信托公司为地方政府融资平台发放信托贷款；第三种是银行理财资金用'委托贷款'甚至直接的方式为地方政府融资平台发放贷款。"[2]

"地方政府融资平台"是通俗用词，其法律属性为"具有独立法人资格的经济实体"，也称"融资平台公司"。2015年国务院发布《关于妥善解决地方政府融资平台公司在建项目后续融资问题的意见》[3]。该意见第1条规定，融资平台公司是指由地方政府及其部门和机构等通过财政拨款或注入土地、股权等资产设立，承担政府投资项目融资功能，并拥有独立法人资格的经济实体。

3. 理财产品应当被界定为证券

类似的融资行为如果发生在美国，则发行理财产品可以被界定为证券，适用豪伊规则。理财产品满足了豪伊规则的四要件：银行客户作为投资者，以购买理财产品的方式①投资于理财产品②这一共同业务（理财产品所得资金经常投资于某个开发项目，而该项目也可以被视为"共同业务"），以期③获得利润，而且完全依赖④银行的努力。

如果理财产品被界定为证券，则融资平台公司可以被界定为发行人，而银行则可以被界定为承销人（见第四章第一部分）。

4. 事后"监管"

美国证交会制止违法发行证券，是执法的事先监管，而我国则是事中或事后监管。事实上，事后监管主要是收拾残局。收拾残局的一个重要途径是法院诉讼，解决各方之间的争端，法院也主持各种破产程序或重组程序。我国法院缺乏解决金融类民事纠纷的意愿，更缺乏所需要的权威。就我国的金融难题而言，事

---

[1]《商业银行法》第38条。

[2] 时淋峰："从银行理财产品看地方融资平台债务：仅为冰川一角"，载 http://m.hexun.com/boock/2013-08-07156888877.html，访问日期：2016年8月1日。

[3] 国办发〔2015〕40号。

后监管主要是上级政府给政策。如果融资平台公司的在建项目[1]出现问题，获得的政策主要是要求银行对借款展期，[2]并允许地方政府发行债券。[3]

可以说，美国遇到重大金融难题时，收拾残局也要依靠政府的政策。2008年美国金融危机发生之后，美国法院也难以善后。华尔街投资银行雷曼兄弟宣布破产，而早在法院所主持的破产程序完成之前，雷曼兄弟的破产已产生连带效果，火烧连营，美国政府只得出手救助。从这个意义上说，我国和美国的银行等大型金融机构都敢于搏杀，从事高风险的金融业务，并不担心风险及其后果，因为问题严重到一定程度，政府就会援手。

5. 理财产品与影子银行业务

"影子银行"并没有法律定义，不同利益集团及其代理人对影子银行有不同界定。美国范德堡大学法院教授摩根·里克斯提出，"从事影子银行业务的机构"包括：回购交易公司（repo-financial dealer firm）、融券机构（securities lender）、结构投资载体（structured investment vehicles）、资产支持票据通道（asset-backed commercial paper conduits）、买卖各种信贷的对冲基金（credit-oriented hedge funds）和货币市场共同基金（money market mutual fund）。[4]曾任证监会主席的肖钢则指出：

"从广义上说，影子银行可以被界定为信贷中介系统，涉及通常的银行体系之外的各类实体和活动。在发达国家，影子银行机构通常首推对冲基金、风险投资基金和私募股权基金。在中国，影子银行的主要形式是财富管理产品，或称理

---

[1] "在建项目是指在国发〔2014〕43号文件成文日期（2014年9月21日）之前，经相关投资主管部门依照规定完成审批、核准或备案手续，并已开工建设的项目。"《关于妥善解决地方政府融资平台公司在建项目后续融资问题的意见》第1条。

[2] 《关于妥善解决地方政府融资平台公司在建项目后续融资问题的意见》第2条规定："对于在2014年12月31日前已签订具有法律效力的借款合同，且合同到期的融资平台公司在建项目的贷款，如果项目自身运营收入不足以还本付息，银行业金融机构可与地方政府、融资平台公司协商……且确保借款合同金额不增加的前提下，重新修订借款合同，合理确定贷款期限，补充合格有效抵质押品。"

[3] 《关于妥善解决地方政府融资平台公司在建项目后续融资问题的意见》第2条第（4）款规定："对于已签合同贷款额不能满足建设需要，且符合国家有关规定并确实没有其他建设资金来源，但又暂时不宜转为政府和社会资本合作模式的融资平台公司在建项目，增量融资需求纳入政府预算管理，由地方政府按法律要求和有关规定发行政府债券解决。"

[4] Morgan Ricks, "Shadow Banking and Financial Regulation 3-4"，载http://ssrn.com//ssrn.com/abstract=1571290，访问日期：2014年1月2日。

财产品、地下金融和表外贷款。"[1]

"在中国,影子银行的主要形式是财富管理产品或称理财产品、地下金融和表外贷款。"肖钢先生的论断言简意明,一针见血。很可惜,肖钢先生的原文是英语,受众面相对较小,应当让更多的人知道真相。

但银行与其监管机构则不承认理财产品为影子银行,理由是:只要有监管,尽管是资产表外化,理财产品也不是影子银行。[2]但理财产品在银监会的监管范围之内,并不意味着理财产品得到了有效管理。《银监会关于规范商业银行理财业务投资运作有关问题的通知》(下称《规范理财通知》)也承认,银行在理财业务方面存在的问题包括"规避贷款管理、未及时隔离投资风险等"。[3]如果以是否存在监管作为适用标准,判断理财产品是否为影子银行,就应当考虑以下相关问题:①银监会是否对理财产品进行了有效监管;②银监会是否有能力进行有效监管;③银监会是否适合监管理财产品。

按照银监会的相关规定,银行发行某些理财产品,必须向银监会报备,即向监管机构做某种程度的披露。[4]但如果理财产品被认定为证券,银监会的监管便远远不够。如果是公开发行证券,则发行人不仅需要向公众披露,而且需要向监管部门披露。从某种意义上说,披露也是对监管机构的一种约束,以防止监管机构姑息养奸:在公众知晓有关情况的前提下,监管机构不作为会受到批评。此外,投资者知晓相关信息,事前就可以更好地决策;假如理财产品发行人没有披露或其披露有虚假陈述或重大遗漏,投资者因此蒙受损失,就可以据此通过诉讼或仲裁索赔。

银监会力争理财产品不是影子银行,这本身就说明理财产品具有很大争议。中国工商银行(下称"工行")不愿披露其理财产品的相关信息。2013年工行

---

[1] 肖钢的文章以英文发表在《中国日报》上。Xiao Gang, *Regulating Shadow Banking China Daily*, October12, 2012, p. 8. 肖钢时任中国银行董事会主席。

[2] 中国银监会的杜金富先生在接受《新世纪》杂志采访时表示,商业银行的理财业务一直受银监会的严格监管,不具备"影子银行"的特征属性,商业银行理财业务整体上不属于"影子银行"范畴。在实务操作中,部分银行理财产品成为利率市场化的替代产品,季末年末等时点理财产品收益波动颇为明显,与银行表内业务关系密切。下一步,我们将针对以上问题加强监管,引导商业银行理财业务更好地回归资产管理本质。杜金富、张宇哲:"杜金富谈银行理财监管",载《新世纪周刊》2013年第44期。

[3]《规范理财通知》第1条。

[4]《规范理财通知》第69条。

披露，截至当年 6 月，其表外信贷风险的金额为 1.17 万亿元人民币，大约相当于工行的股本金，但工行不愿意披露其表外理财产品的金额。[1]工行如此讳莫如深，只能加深人们对工行理财产品的疑虑。如果理财产品是好东西，不是影子银行，工行没有理由不愿披露相关情况。

法律的定性是一种常理。对于如何界定硬性色情作品，美国最高法院大法官波特·斯图尔登（Potter Steward）有句名言："今天我不再试图进一步界定哪些类型的材料属于［硬性］色情作品。或许，我根本就无法界定清楚。但是只要见到，我就知道是［硬性］色情作品。"[2]就影子银行而言，我们也可以说，只要见到就会知道。

6. 广义贷款

理财产品长期被作为资产负债表之外的资产，监管机构难以发现其存在，不利于金融风险的宏观控制。2016 年 10 月，人民银行发出《关于将表外理财业务纳入"广义信贷"测算的通知》[3]，要求（法人）金融机构有关部门将表外的理财产品放入表内，其目的是符合人民银行总行关于 MPA 的要求。MPA 全称 "macro prudent assessment"，汉语的大意是"宏观谨慎评估"。[4]广义贷款包括：各项贷款、债券投资、股权及其他投资和买入返售资产。

（四）信托产品

信托产品是由信托公司向投资者发行信托产品，融资后投资于特定的项目，"诚至金开 1 号"便是一例。该产品由中诚信托公司投资有限责任公司开发，中国工商银行代销，涉及约 700 位投资者，募集总规模 30.3 亿元，所筹资金对山西振富能源集团进行股权投资，预期收益率 9.5%～11%，信托计划门槛 300 万元。"[5]

1. 信托产品类似于投资合同

《信托公司集合资金信托计划管理办法》[6]第 2 条规定，信托公司集合资金

---

［1］ Aron Back, "China Bank Tale's Missing Pages", *The Wall Street Journal*, August 30~September 1, 2013, p.32.

［2］ Jacobelis v. Ohio, 378 U.S. 184 (1964).

［3］ www.mt.sohu.com20161025/n471316411.shtml，访问日期：2016 年 11 月 6 日。

［4］ 经济学家和金融监管者喜欢引入数字符号和英语字母，给人科学性的印象，但却改变不了这样一个事实：很多时候，经济学家和金融监管者都是以其昏昏，使人昭昭。

［5］ 安辉："中诚信托争议产品'拆弹'方案出炉"，载《证券时报》2014 年 1 月 28 日，第 A1 版。

［6］ 银监会令［2009］第 1 号。

信托计划被界定为："由信托公司担任受托人，按照委托人的意愿，为受益人的利益，将两个以上（含两个）委托人交付的资金进行集中管理、运用或处分的资金存托业务活动……"

如果套用豪伊规则，理财产品应当被界定为证券。按照银监会的界定，所谓信托公司集合资金信托计划，就是由①两个以上的受益人将资金委托给信托公司（"投资于"），②由信托公司集中管理（"共同业务"），③以获取利润，④而获利方式是借助信托公司的管理（"完全依赖他人努力"）。投资合同与信托公司集合资金信托计划如此相像，正因为资本市场是相通的，人性是相通的，信托产品也应当被界定为证券。

信托公司业内也承认，某些信托凭证也是证券化业务。比如，"把农村的土地集中起来，信托给一家信托公司，而信托公司颁发给每个农民一份信托凭证……这样一来，土地不仅实现了证券化，而且可以通过信托凭证证明农民对土地的所有权。"此类信托产品与投资合同极为相似："信托公司作为受托人代替农户行使土地事务管理权……再将土地委托给服务商，服务商可以按照合同的约定，对土地进行生产经营，并向提供土地的农民按期支付回报。"[1]①农民作为投资者投资于②信托这个共同业务，③以期获得利润，④完全依赖信托公司这一第三方的努力。此类信托凭证满足了豪伊规则的四要件。

有一种观点是，中国的信托产品相当于美国的垃圾债券（junk bond），[2]是一种高收益和高风险的证券。[3]。

2. 信托产品是影子银行业务

有一种观点是，有净资本约束的信托公司不同于影子银行。巴曙松指出，受到监管机构监管，特别是有净资本等机关指标约束的信托公司，以及银行正常的表外业务，都不属于"影子银行"。[4]确实，银监会对信托产品进行了某些监管。迫于银监会的压力，信托公司的某些信托贷款甚至不得不又重新放入表内。[5]但

---

[1] 蒲坚："土地流转与信托机制"，载《清华金融评论》2014年第5期。

[2] Opinion: Review & Outlook, "Distrust of China's Trusts", *The Wall Street Journal*, January 30~February 2, 2014, p. 11.

[3] 垃圾债券（junk bond）指穆迪或标准普尔评级为BB或以下的投机性债券。［美］R.J.舒克：《华尔街词典》，陈启清译，中国商业出版社2002年版，第405页。

[4] 李高阳："争议影子银行，杨凯生界定'是否游离监管'"，载《第一财经日报》2013年3月4日，第A10版。

[5] Aaron Back, "China Banks' Shadow Risk", *The Wall Street Journal*, September 23, 2013, p. 28.

问题是很多信托产品是变相的证券,却没有作为证券被监管,也并不适用《证券法》进行规制。金融产品没有受到有效监管,就应当被视为影子银行。

3. 非标准化债权资产

银监会非但没有将理财产品和信托产品作为证券产品,反而推出了一个"非标准化债权资产"名词。2013年3月25日,银监会发布的《关于规范商业银行理财业务投资运作有关问题的通知》,将"非标准化债权资产"(下称"非标资产")界定为:"未在银行间市场及证券交易所市场交易的债权性资产,包括但不限于信贷资产、信托贷款、委托债权承兑汇票、信用证、应收账款、各类受(收)益权、带回购条款的股权性融资。"该定义十分宽泛,在中国遍地开花的理财产品和信托产品也被包括在内。将理财产品等金融产品界定为"非标准化债权资产",就可以表明此类资产有法律规定约束,所以并不属于影子银行。

九、类似证券的金融产品——由证监会和银监会之外的证券监管部门监管

某些金融产品由证监会和银监会之外的国务院其他部门监管,相关部门规章或直接提及非法吸收公众存款,或提及非法集资。从中美两国的时间看,金融违法违规行为大多万变不离其宗,具有投资合同的特性。当然,符合投资合同要件的融资交易中也有欺诈活动,应当适用《非法集资解释》,在美国则适用《证券交易法》第10(b)节反欺诈条款。

(一)各类债券

1. 企业债券

公司债券与企业债券是并行的债券类证券,企业债券应当被作为证券进行监管,由证监会监管,或由证监会与发改委共同监管。

根据国务院发布的《企业债券管理条例》[1]规定,企业债券"是指企业依照法定程序发行、约定在一定期限内还本付息的有价证券"。[2]《企业债券管理条例》第2条规定,企业债券是"中华人民共和国境内具有法人资格的企业在境内发行的债券。但是金融证券和外币债券除外"。国家计划委员会、人民银行、财政部和证券委员会(今"证监会")拟订全国企业债券发行的年度规模和规模内的各项指标。[3]中央企业发行企业债券,由人民银行和发改委审批,地方企业发

---

[1] 国务院令第588号,2011年修订版。
[2] 《企业债券管理条例》第5条。
[3] 《企业债券管理条例》第10条。

行企业债券,由人民银行省、自治区、直辖市、计划单列市分行会同同级计划主管单位审批。[1]

企业债券也具有证券的特性。大部分企业都已经根据《公司法》改制为有限责任公司或有限股份公司。我国《证券法》明确承认公司股票和公司债券为证券,而企业债券与公司债券非常相似,但分别由发改委和证监会监管。公司债券是由企业债券分割出来的部分。《公司法》发布之前,我国只有企业债券,适用《企业债券管理条例》。

企业债券的规制政策性强,经常与政府的行业政策有关。发改委有关企业债券的通知包括:《〈战略性新兴产业专项债券发行指引〉的通知》[2]《〈养老产业专项债券发行指引〉的通知》[3]和《〈城市停车场建设专项债券发行指引〉的通知》[4]。上述通知中都明确指出:"……请在企业债券预审工作中认真贯彻执行"。换言之,"专项债券"是指"企业债券"。

发改委负责规制企业债券是有其积极意义和合理理由的。从西方引入公司债券,就是政府让位于市场,至少是让位于企业。但市场和企业绝非天使,时有异端(也可以说是"常有异端"),所以政府不能对其放任自流,必须留后手。我国政府部门必须有实权,必须有审批权,否则难以服众,与政府其他部门合作也难以平等对话。

2. 项目收益债券

发改委发布的《项目收益债券管理暂行办法》[5]规定,项目收益债券是与特定项目相联系的,债券募集资金用于特定项目的投资与建设,债券的本息偿还资金完全或主要来源于项目建成后运营收益的债券。[6]项目债券在银行间债券市场公开发行,或者向合格投资者非公开发行。[7]

3. 国债

对于由我国财政部发行或经财政部同意由地方政府发行的债券,财政部发布

---

[1]《企业债券管理条例》第 11 条。
[2] 发改办财金 [2015] 756 号。
[3] 发改办财金 [2015] 817 号。
[4] 发改办财金 [2015] 818 号。
[5] 发改办财金 [2015] 2010 号。
[6]《项目收益债券管理暂行办法》第 2 条。
[7]《项目收益债券管理暂行办法》第 4 条。

了《地方政权一般债券发行管理暂行办法的通知》[1]。按照其他主要司法辖区的做法，国债也是证券，只是享受披露豁免，其发行和交易仍然必须接受证券监管机构的监管。

4. 绿色金融债券

《中国人民银行关于发行绿色金融债券有关事宜的公告》[2]规定，绿色金融债券是指金融机构发行人发行的、募集资金用于支持绿色产业并按约定还本付息的有价证券。[3]金融机构法人包括：开发性银行、政策性银行、商业银行、企业集团财务公司及其他依法设立的金融机构。[4]金融机构法人申请绿色金融债券，应当向人民银行报送材料。[5]

5. 人民币债券

点心债券（dim sum），或称"境外人民币债券"，是指金融机构在我国境外发行的以人民币计价的债券。dim sum首先在香港发行，又因dim sum是粤语"点心"一词的英语音译，所以得名点心债券。按照人民银行发布的《境内金融机构赴香港特别行政区发行人民币债券管理暂行办法》第1条，点心债券应当是指"境内金融机构依法在香港特别行政区内发行的、以人民币计价的、期限在1年以上的按约定还本付息的有价证券"。

点心债券首先在香港发行，但在伦敦也发行过点心债券。发行点心债券的有中资机构，也有外资机构。[6]点心债券是人民币境外市场（也称"人民币离岸市场"）的一部分。根据《中国人民银行关于境外人民币清算行等三类机构运用人民币投资银行间债券市场试点有关事宜的通知》[7]（下称《境外人民币债券市场试点通知》）的规定，人民币清算行等三类机构是指境外中央银行或货币当局（也称"境外央行"）、香港和澳门地区人民币业务清算行，以及跨境贸易人民币结算境外参与行。[8]人民币境外市场就由这类市场组成。

熊猫债券（panda bond）是指境外机构在我国境内发行的人民币债券，人民

---

[1] 财库[2015]64号。
[2] 中国人民银行公告[2015]第39号。
[3] 《中国人民银行关于发行绿色金融债券有关事宜的公告》第2条。
[4] 《中国人民银行关于发行绿色金融债券有关事宜的公告》第3条。
[5] 《中国人民银行关于发行绿色金融债券有关事宜的公告》第4条。
[6] http://www.investopedida.com/terms/d/dim-sum-bond.asp-，访问日期：2016年2月22日。
[7] 银发[2010]217号。
[8] 《境外人民币债券市场试点通知》第1条。

银行就此发布了《中国人民银行办公厅关于境外机构在境内发行人民币债务融资工具跨境人民币结算有关事宜的通知》[1]。

(二) 典当行融资产品

商务部发布的《典当管理办法》[2]将典当行界定为"专门从事典当活动的企业法人",适用《公司法》的有关规定。[3]《典当管理办法》禁止典当行从事"集资、吸收存款或者变相吸收存款"的业务。[4]2012年,商务部发布《典当行业监管规定》[5],规定商务部负责推进全国典当行业的监管工作。[6]《典当行业监管规定》专门提到,需要重点监管"非法集资、超范围营业、吸收存款或者变相吸收存款……"[7]

如上文所述,非法集资的主要形式是非法吸收公众存款,而非法吸收公众存款理论上可以界定为违法发行证券。

(三) 地下钱庄产品

地下钱庄与民间融资为一枚硬币的正反两面。2002年,人民银行发布了《关于取缔地下钱庄及打击高利贷行为的通知》[8](下称《取缔地下钱庄》),将民间融资与地下钱庄做了以下区别:"民间个人借贷中,出借人的资金必须是属于其合法收入的自有货币资金,禁止吸收他人资金转手放款。"[9]

此处的"非法吸收他人资金"类似"非法吸收公众存款",而非法吸收公众存款理论上可以被界定为违法发行证券。

---

[1] 银办发 [2014] 221号。

[2] 商务部、公安部令2005年第8号。1995年,公安部发布《典当业治安管理办法》,为1949年后第一部规范典当行业的法规性文件。1996年,中国人民银行发布《典当行管理暂行办法》,明确了典当行为非银行金融机构,由公安部和人民银行共同管理。2003年,典当行划归商务部主管。沈志先:《金融商事审判精要》,法律出版社2012年版,第509页。

[3] 《典当管理办法》第3条。

[4] 《典当管理办法》第26条第3项。

[5] 商流通法 [2012] 423号。

[6] 《典当行业监管规定》第6条。

[7] 《典当行业监管规定》第19条。"由于相关的典当纠纷由不同辖区的法院受理,法院难以及时发现犯罪线索,导致刑事案件立案前,一些典当纠纷案件已作为民事纠纷案件审结,甚至执行完毕,造成执法不统一,容易引发群体性矛盾事件。"沈志先:《金融商事审判精要》,法律出版社2012年版,第509页。

[8] 银发 [2002] 30号。

[9] 《取缔地下钱庄》第2条。

十、由地方政府部门监管的类似证券的金融产品

某些金融产品主要由地方政府部门监管,此类产品类似于本章第九部分所讨论的金融产品,也可以被界定为证券。

(一)融资性担保

按照《融资性担保公司管理暂行办法》[1]的界定,融资性担保是指担保人与银行业金融机构等债权人约定,当被担保人不履行对债权人负有的融资性债务时,由担保人承担合同约定的担保责任的行为。[2]

实践中,融资性担保业务时常成为非法吸收存款活动。[3]《国务院办公厅转发银监会发展改革委等部门关于促进融资性担保行业规范发展意见的通知》[4]指出,"一些担保机构从事非法吸收存款……活动……"[5]银监会与国务院多家部委联合发布《融资性担保公司管理暂行办法》[6],明确禁止融资性担保公司进行吸收存款、发放贷款和受托发放贷款。[7]如上文所述,非法吸收公众存款理论上可以界定为违法发行证券。

融资担保也涉及国务院监管机构与地方政府之间的监管协调。2009年国务院就发布了《国务院办公厅关于进一步明确融资性担保业务监管职责的通知》[8],

---

[1] 中国银监会、发改委、工信部、财政部、商务部、中国人民银行、国家工商行政管理总局令2010年第3号。

[2] 《融资性担保公司管理暂行办法》第2条。

[3] 有学者认为融资性担保业务应当符合三个条件:放款人和借款人一对一对接;放贷人直接付钱给借贷人;贷款到期后,如果借款人不能偿还,由担保公司无条件代偿。但现实中三个条件难以满足。有些担保公司推出"联合理财协议",一笔贷款有多个贷款方的,属于担保公司非法吸收存款。贷款到期借款人无法偿还时,有些担保机构无力或无意履行担保义务。丁慧敏:"担保类企业发展现状及存在问题研究",载《河南广播电视大学学报》2014年第3期。

[4] 国办发〔2011〕30号。

[5] 以河南为例,2007年,河南省仅有担保机构100多家,到2010年底,经河南省工信厅审核批准的各类担保机构达1640家,注册资本总额542亿元,平均每年以超过100%的速度增长。河南担保机构占全国担保机构总数的四分之一,从业人员约4万人。丁慧敏:"担保类企业发展现状及存在问题研究",载《河南广播电视大学学报》2014年第3期。融资担保业务中的违法违规活动不断,与监管不力有很大关系。

[6] 银监会令2010年第3号。该文由银监会、发改委、工业部、财政部、商务部、人民银行、工商总局、法制办联合发布,但发文机构中没有证监会。这是我国证券监管中常见的现象,证监会经常被排除在外。

[7] 《融资性担保公司管理暂行办法》第21条。

[8] 国办发〔2009〕7号。

将担保机构的监管权下放地方，由地方政府指定机构负责。[1]

（二）金融传销

国务院发布的《禁止传销条例》第2条规定："本条例所称传销，是指组织者或者经营者发展人员，通过对被发展人员以其直接或间接发展的人员数量或者销售业绩为依据计算和给付报酬，或者要求被发展人员以交纳一定费用为条件取得加入资格等方式牟取非法利益，扰乱经济秩序，影响社会稳定的行为。"金融传销则是"以新还旧"的非法集资形式，即，以向新投资者筹集的资金归还先前投入资金的投资者。

金融传销类似"庞氏骗局"（Ponzi Scheme），得名于历史上该骗局的集大成者查尔斯·庞兹（Charles Ponzi）。当代庞氏骗局的集大成者是伯纳德·麦道夫（Bernard Madoff）。[2]庞氏骗局的特点是金融塔销售（pyramid sales scheme），即货物的购买者得到承诺，每多找一位购买者就可以得到一份报酬。金融塔销售在美国的很多州被禁止。[3]金融塔销售不同于金字塔式交易法。金字塔式交易法（pyramiding）是指投资者可以利用保证金账户中账面利润和实际利润提供的最大购买力增加证券持有量。[4]

金融传销后果严重的可以构成非法吸收公众存款罪，理论上也可以被界定为违法发行证券。在夏威夷市场中心案判决意见中，金融传销依然被界定为投资合同，属于违法发行证券。美国相关判例中的金融传销行为与我国《禁止传销条例》所界定的传销行为十分吻合，也是"以其直接或间接发展的人员数量或者销售业绩为依据计算和给付报酬，或者要求被发展人员以交纳一定费用为条件取得加入资格等方式牟取非法利益"。夏威夷市场中心案中的融资行为被认定为合资合同，构成违法发行证券。

---

[1]《国务院办公厅关于进一步明确融资性担保业务监管职责的通知》第2条："各省、自治区、直辖市人民政府按照'谁审批设立、谁负责监管'的要求，确定相应的部门根据国家有关规定和政策，负责本地区融资性担保机构的设立审批、关闭和日常监管。"各地的融资担保监管机构不统一，行业监管混乱，有的是财政厅，有的是金融办，有的则是工信厅下属的中小企业局。丁慧敏："担保类企业发展现状及存在问题研究"，载《河南广播电视大学学报》2014年第3期。

[2] 麦道夫骗局案发时，客户损失达到150亿美元。经过六年的追讨，到2015年12月，为客户追回60亿美元。Caroline Binham and Patrick Jenkins, "Madoff scandal returns to haunt Santander", *Financial Times*, December 2014, p. 12.

[3] Henry Campbell Black, *Black's Law Dictionary*, St Paul: West Publishing Co., 1990, p. 1237.

[4] [美] R.J.舒克：《华尔街词典》，陈启清译，中国商业出版社2002年版，第647页。

十一、豁免证券和排除在外的证券

证券法的两条铁律是披露和反欺诈。但铁律仍然有例外：就豁免证券和排除在外的证券而言，其发行和交易都无须披露。但反欺诈条款仍然适用。

（一）豁免证券

修订后的《1933年证券法》和《1934年证券交易法》规定，某些金融凭证可以被定性为证券，但发行和交易时可以得到豁免，无须进行披露。这些得到豁免的证券（exempt securities）包括：政府债券[1]、保险公司的某些保险产品和非公开发行的证券。[2]政府债券风险甚小，几乎不存在违约的可能。人寿保险和财产保险业务的利润大、风险小，人均生命和财产风险的概率不难测算，保险公司可以根据概率控制风险。

即便证券可以得到注册豁免，证券法的反欺诈条款仍然适用，[3]因为即便证券本身不存在重大风险，其交易或销售过程中也会出现欺诈。[4]

（二）排除在外的金融产品

信贷违约掉期是否应当属于排除在外的证券仍具有争议。[5]信贷违约掉期具有很强的赌博性，如果披露相关内容，则赌博无法进行。但信贷违约掉期是造成2008年金融危机的一个重要原因。从本质上说，信用违约掉期通过对赌提供金融保险。金融危机爆发之前，美国保险公司AIG出售了许多信贷违约掉期，为华尔

---

[1] 美国政府债券包括联邦政府发行的财政部债券（treasury bond）和地方政府发行的市政债券或市政证券（municipal security）。"市政证券所指的证券是州或其政治分部门或州的任何政治分部门的机构或职能部门或一州或数州或其政治分部门的政治公司职能单位的直接义务，或是由其发行的直接业务，或是由其就本金或利息提供担保的义务。"Proprietary Trading and Certain Interests in and relationship ps with covered funds, Supart B, Section 3 (e) (12).

[2] Thomas Lee Hazen, *Securities Regulation*, *Cases and Materials*, St. Paul: West, 2009, pp. 97~98.

[3] 美国最高法院认定，储蓄贷款协会发行的可取出资本股票获得法定豁免，无须注册披露，但反欺诈条款仍然适用。Tcherepnin v. Knight, 389 U.S. 332 (1967).

[4] 比如，内地投资者在香港购买的"101保险计划"便是一例：很多计划仅有1%的保费用于保额。101保险计划一般分为A账户和B账户，A账户是一款定投产品，购买后的前N（根据产品设定）年必须缴费，N年后可以选择是否继续缴费，进入B类账户，享有不同的权益。但在销售过程中，一些销售员称"只需要交N年"。不少投资者在交完N年保费后，发现产品实际收益和此前演示的差异很大，纷纷要求退保或投诉。不少销售人员一次性收取保险产品20年的佣金后便离职，出现了大量孤儿保单。潘玉蓉："内地客投诉多，香港'101保险计划'停售"，载《证券时报》2015年3月19日，第A2版。

[5] 排除在外的证券的英语为"excluded security"。

街的金融衍生产品提供对赌金融保险。但风险与人寿险或一般财产险不同,金融产品的风险很难预测:AIG无法刚性兑付,由美国政府救助后才免于破产。

(三)我国《证券法》下的安排

我国关于证券的法律并没有类似美国证券法的规定,但《证券法》第2条规定:"证券债券、证券投资基金份额的上市交易,适用本法;其他行政法规另有规定的,适用其规定。"我国中央政府和地方政府发债,由财政部、人民银行和银监会监管并制定相关规则,证监会并不参与其中。[1]

---

[1] 财政部、人民银行和银监会三部委2015年发布的《关于2015年采用定向承销方式发行地方政权债券有关事宜的通知》,明确规定地方债可以纳入中央国库现金管理和试点地区的地方国库现金管理的抵押品范围,纳入人民银行短期借款便利(SML)、中期借款便利(MLF)和抵押补充贷款(PLS)的抵押品范围,并开展回购交易。人民银行可以地方债作为质押释放长期劳动性。高翔:"央行释放中长期流动性,首次开展6个月期MLF操作",载《上海证券报》2015年7月2日,第1版。

发行和并购

PART 2
第二部分

第三章

证券的公开发行

一、概要

发行指公司或其他实体发行证券的行为,分为公开发行和非公开发行。公开发行是向不特定对象发行证券或向特定对象发行证券累计超过两百人的。非公开发行不得公开劝诱和变相公开。

"首次公开发行"指公司首次公开发行股票并将其所发行的股票在证券交易所挂牌上市。上市公司也得名于此。《首次公开发行股票并上市管理办法》和《首次公开发行股票并在创业板上市管理办法》是规制首次公开发行的主要规定:前者规范公司首次公开发行的条件和申请程序,后者规范证券承销。

发行的技术问题是公司财务造假,而宏观政策争议的是:应当坚持审核制,还是代之以注册制。证券公司担任承销商,是证券发行业务的关键。保荐人制度是证券承销业务的中国特色,而保荐人由证券公司担任。

上市公司发行股票和公司债券为再融资。公司债券也分为非公开发行和公开发行。资产证券化是证券的特殊发行形式。公司债券和资产证券化产品都可以作为证券在证券交易所挂牌上市。

二、法律法规

1.《首次公开发行股票并上市管理办法》(证监会令第 32 号,2006 年发布,2015 年修订)

2.《首次公开发行股票并在创业板上市管理办法》(证监会令第 99 号,2014 年发布,2015 年修订)

3. 《证券发行与承销管理办法》（证监会令第 95 号，2013 年发布，2014 年、2015 年、2017 年修订）

4. 财政部、中国人民银行、中国证券监督管理委员会《关于开展国债预发行试点的通知》（财库〔2013〕28 号）

5. 《优先股试点管理办法》（证监会令第 97 号，2014 年）

6. 中国证券监督管理委员会《关于首发及再融资、重大资产重组摊薄即期回报有关事项的指导意见》（证监会公告〔2015〕31 号）

7. 《首次公开发行股票时公司股东公开发售股份暂行规定》（证监会公告〔2013〕44 号，2014 年修订）

8. 《上市公司证券发行管理办法》（证监会令第 30 号，2006 年发布，2009 年修订）

9. 《证券发行上市保荐业务管理办法》（证监会令第 63 号，2009 年）

10. 《公司债券发行与交易管理办法》（证监会令第 113 号，2015 年）

11. 《上市公司股东发行可交换公司债券试行规定》（证监会公告〔2008〕41 号）

三、公开发行

（一）公开发行的界定

发行是指单位或个人出售证券。发行证券的单位或个人，也称"发行人"（issuer），可以发行股票和公司债券，也可以发行其他形式的证券。我国《证券法》第 10 条规定：

"公开发行证券，必须符合法律、行政法规规定的条件，并依法报经国务院证券监督管理机构或者国务院授权的部门核准；未经依法核准，任何单位和个人不得公开发行证券。

有下列情形之一的，为公开发行：

（一）向不特定对象发行证券的；

（二）向特定对象发行证券累计超过二百人的；

（三）法律、行政法规规定的其他发行行为。

非公开发行证券，不得采用广告、公开劝诱和变相公开方式。"

如果被认定为公开发行证券，但未经过批准，则构成违法发行证券，也可以构成非法吸收公众存款或其他形式的非法集资行为（见第二章。）

（二）核准制

《证券法》第 10 条规定，公开发行证券，必须"报经国务院证券监督管理机构或者国务院授权的部门核准"。这就是核准制的由来和法律依据。核准机构可以是证监会，也可以是国务院其他证券管理机构或国务院授权的部门。公司股票和公司债券等被明示为证券的金融凭证由证监会核准发行；而资产证券化产品、信托产品和理财产品等诸多隐形证券（见本书第一章）则由银监会和国务院其他证券管理机构或国务院授权的部门核准发行。公开发行法律规定纵横交错，似是而非，各方利益难以平衡，各路豪强游戏法律，甚至割据一方。

核准制不仅适用于公司的股票首次公开发行，也适用于公司发行股票或其他证券；不仅适用于我国境内企业在我国境内上市，也适用于我国境内企业在国外上市。[1]

（三）发行证券的主体

我国《证券法》第 10 条规定："未经依法核准，任何单位和个人不得公开发行证券"。按字面理解，发行证券的主体是单位或个人。实践中，单位可以是公司，可以是其他法人，也可能是"特殊目的载体"（见第五章），很少有个人发行证券。美国《1933 年证券法》第 2 条第（4）款规定："发行人是指发行或拟发行任何证券的人。"[2] 该法第 2 条第（11）款又规定："在本款中，'发行人'除指发行人外，还应包括直接或间接控制发行人或被发行人控制的任何人，或与发行人一起直接或间接接受共同控制的任何人。"[3]

（四）首次公开发行并上市

首次公开发行（Initial Public Offering 或 "IPO"）是指公司首次发行股票。公司上市（listing）是指公司首次公开发行股票后，该股票在证券交易所挂牌交易。严格来说，首次公开发行只是公开发行股票，不同于上市，但"首次公开发行"与"上市"两词已经通用。

首次公开发行的门槛问题也依然是区分公开发行和非公开发行的标准。首次公开发行股票适用《首次公开发行股票并上市管理办法》[4] 和《首次公开发行

---

[1] 国务院《关于股份有限公司境外募集股份及上市的特别规定》（国务院令第 160 号，1994 年）。

[2] 1933 Securities Act sec. 2 (4).

[3] 1933 Securities Act sec. 2 (4).

[4] 证监会令第 121 号，2015 年。

股票并在创业板上市管理办法》[1]（见本章第九部分）。股票在证券交易所挂牌上市适用证券交易所规则，如《深圳证券交易所股票上市规则》和《上海证券交易所股票上市规则》。

《首次公开发行股票时公司股东公开发售股份暂行规定》[2]第3条规定："首次公开发行股票，既包括公开发行新股，也包括公司股东公开发售股份。"发行人首次发行新股时，公司原有股东将其持有的股份以公开发行方式一并向投资者发售，也称"老股转让"。[3]

（五）配股和增发

公司上市后可以向原股东配售股份（简称"配股"），也可以向不特定对象公开募集股份（简称"增发"）。《上市公司证券发行管理办法》[4]规定，配股的前提条件是：①最近3个会计年度加权平均净资产收益率平均不低于6%；②除金融类企业外，最近一期不存在持有金额较大的交易性金融资产和可供出售的金融资产、借与他人款项、委托理财等财物性投资的情形；③发行价格应不低于公告招股意向书前20个交易日公司股票均价或前1个交易日的均价。[5]

按照《上市公司证券发行管理办法》规定，对配股的限制是：①拟配售股份数量不得超过本次配售股份前股本总额的30%；②控股股东在股东大会前公开承诺认配股份的数量；③采用代销方式发行。[6]

（六）股票的种类

按照股票挂牌交易所在的证券交易所而言，我国境内设立的股份有限公司发行的股票分为境内股和境外股。就公司发行的权益而言，股票可以分为普通股和优先股。

1. 境内发行的A股和B股

在中国境内设立的中国公司可以发行A股和B股。A股（A-shares）在上海证券交易所或深圳证券交易所挂牌交易，以人民币标明面值。B股（B-shares）是在中国境内设立的中国公司的股票，可以由外国人拥有，在上海证券交易所挂牌交易，以美元标明面值，或在深圳证券交易所挂牌交易，以港币标明面

---

〔1〕 证监会令第123号，2015年。
〔2〕 证监会公告〔2013〕44号，2014年修订。
〔3〕《首次公开发行股票时公司股东公开发售股份暂行规定》第2条。
〔4〕 证监会令第30号，2006年发布，2009年修订。
〔5〕《上市公司证券发行管理办法》第13条。
〔6〕《上市公司证券发行管理办法》第12条。

值。[1]我国的股票市场以A股市场为主，A股市场等同于我国境内的股票市场。B股市场规模很小，交易欠活跃，就我国境内股票市场而言，B股市场可以忽略不计。

MSCI新兴市场指数（MSCI Emerging Market Index，简称"EM指数"）由美国MSCI公司（Morgan Stanley Capital International）编制。我国希望沪深交易所挂牌交易的公司股票能够纳入EM指数。EM之所以有吸引力，是因为有很多基金跟踪该指数。2015年，这些基金管理的资产金额达到1.7万亿美元。[2]EM指数由MSCI编制和维护。MSCI是一家数据服务商，也是在纽约证券交易所挂牌的上市公司之一，为机构投资者提供数据、模型和系统，也创设并维持指数。MSCI于1968年推出第一个全球股权指数，1987年推出新兴市场指数。MSCI自称，估计全球有100万亿美元的资产以MSCI的各类指数为基准。[3]

2017年7月21日，MSCI宣布，MSCI新兴市场指数将包括A股市场3000多家公司中222家上市公司的股票价格。全球很多基金需要跟踪该指数，需要投资大约200亿美元买入220家上市公司的部分股票。[4]

2. 全国股份转让系统挂牌的股票

《全国中小企业股份转让系统有限责任公司管理暂行办法》[5]规定："股票在全国股份转让系统挂牌的公司为非上市公众公司，股东人数可以超过200人，接受中国证券监督管理委员会的统一监督管理。"[6]《非上市公众公司监督管理办法》[7]规定：非上市公众公司是其股票未在证券交易所上市交易的股份有限公司，但其股票向特定对象发行或者转让导致股东累计超过200人，或者其股票公开转让。[8]

---

[1] 1993年，青岛啤酒成为在香港上市的第一家内地企业。到2014年，大约有6000家内地公司在香港挂牌上市。Daniel Inman, "China's H-Shares Offer A Long-Term Letdown", *The Wall Street Journal*, July 5~7, 2013, p. 1.

[2] Carolyn Cui, "Beijing's Moves Dim Hopes to Join Index", 2015, July 13, p. 23.

[3] https://ww.msc.com，访问日期：2016年7月1日。

[4] Jennifer Hughes, "MSCI puts the maintand on every Investor's map", *Financial Times*, 22 June, 2017, p. 13.

[5] 证监会令第89号，2013年。

[6] 《全国中小企业股份转让系统有限责任公司暂行管理办法》第3条。

[7] 2012年9月28日中国证券监督管理委员会第17次主席办公会议审议通过，根据2013年12月26日中国证券监督管理委员会《关于修改〈非上市公众公司监督管理办法〉的决定》修订。

[8] 《非上市公众公司监督管理办法》第2条。

3. 境外发行股票

中国企业在境外所发行的股票主要有：[1]①H股（H-shares），在内地设立的中国公司的股票，在香港联合交易所挂牌交易；②红筹股（Red chips），在境外注册的中国企业在香港联合交易所挂牌交易的股票；③N股（N-shares），在中国境外设立的中国公司的股票，在纽约股票交易所或纳斯达克挂牌交易。

美国存托凭证（American Depository Receipt，简称ADR）。存托凭证（Depository Receipt）是发行人向位于另一个国家的存托银行发行的证券，由该银行以信托方式为最终投资者持有这些证券。存托银行向投资者发行信托证券的凭证。[2]美国存托凭证是由美国银行发行的一种有价证券，可以作为美国国内的证券进行交易，代表了美国银行持有的、国外发行的证券数量。美国存托凭证便于在美国进行国外证券的交易，消除了货币兑换、法律障碍、国外所有权转让和外汇交易的麻烦。[3]

我国股份有限公司境外募集股份及上市，需要经过证监会核准。[4]2012年12月，证监会发布《关于股份有限公司境外发行股票和上市申报文件及审核程序的监管指引》[5]。

4. 普通股和优先股

普通股（common share）的特点是同股同价，同股同权。[6]持有普通股的股东有权参加股东大会并行使其投票权，[7]以此对公司重大事项施加影响。特殊情况下股东还可以召集股东大会。[8]

2014年，优先股（preference share）引入我国，证监会为此发布了《优先股试点管理办法》[9]。按照《优先股试点管理办法》的定义，优先股是指"在一般规定的普通种类股份之外，另行规定的其他种类股份，其股份持有人优先于普

---

[1] "White Paper"，www.etf.com/sections/white-papers.html，访问日期：2015年10月27日。

[2] ［英］菲利普·伍德：《国际金融的法律与实务》，姜丽勇、许懿达译，法律出版社2011年版，第392~393页。

[3] 薛波主编：《元照英美法词典》，法律出版社2003年版，第24页。

[4] 依据为国务院1994年发布的《关于股份有限公司境外募集股份及上市的特别规定》（国务院令第160号）。

[5] 证监会公告［2012］45号。

[6] 《公司法》第126条："同种类的每一股份应当具有同等权利。"

[7] 《公司法》第103条："股东出席股东大会会议，所持每一股份有一表决权。但是，公司持有的本公司股份没有表决权。"

[8] 《公司法》第102条。

[9] 证监会令第97号，2014年。

通股股东分配公司利润和剩余资产,但参与公司决策管理等权利受到限制"。[1]上市公司已发行的优先股不得超过公司普通股股份总数的50%,且筹资金额不得超过发行前净资产的50%,已回购、转换的优先股不纳入计算。[2]

上市公司可以公开发行优先股作为支付手段收购或吸收合并其他上市公司。[3]优先股不得转为普通股,但商业银行可以根据商业银行资本监管规定,非公开发行触发事件发生时强制转换为普通股的优先股。[4]商业银行可以发行优先股用于补充一级资本。[5]可见,我国引入优先股的政策导向是服务于并购,服务于商业银行的。[6]证券发行和交易的相关政策通常都是有利于银行等大型金融机构的,美国和我国都是如此。

(七) 公司债券

公司债券是指公司依照法定程序发行、约定在一定期限还本付息的有价证券。[7]发行公司债券的申请经国务院授权的部门核准后,应当公告募集办法。[8]

债券市场的流动性要小于证券的流动性。但债权类证券的种类远多于股权类证券。[9]上市公司经股东大会决议,可以发行可转换为股票的公司债券。[10]

就证券法和证券监管而言,债券发行主要是指公司债的发行。国债发行也属于证券发行,但发行国债的政府,违约可能性较小,所以国债发行并没有严格的披露要求。国债发行仍然属于证券监管的重要内容,但主要是对国债交易的监管。

四、公司为什么要上市

(一) 促进创新

按照美国盛行的理论,公司上市机制促进美国的创新经济。其背后美好的设

---

[1] 《优先股试点管理办法》第2条。
[2] 《优先股试点管理办法》第23条。
[3] 《优先股试点管理办法》第26条第1款第2项。
[4] 《优先股试点管理办法》第33条。
[5] 中国银监会、中国证监会《关于商业银行发行优先股补充一级资本的指导意见》(银监发 [2014] 12号)。
[6] 苗燕:"农行接踵浦发推出优先股",载《上海证券报》2014年5月9日,第1版。
[7] 《公司法》第153条。
[8] 《公司法》第154条。
[9] 通用电气发行了5种类型的股权类证券,但发行了1014种类型的证券。据统计,投资者持有最多的50种债券中,仅有3只债券的金额超过10亿美元,远低于S&P500中任何一只股票的市值。Finance and economics, "Assets or liabilities?", The Economist, August 2, 2014, pp. 54~56.
[10] 《公司法》第161条。

想是：包括风险基金在内的私募股权基金投资于新兴创业的初创公司（start-up company）。由于此类投资风险比较大，所以投资初创公司的私募股权基金又称"风险基金"或"风投"（venture capital）。初创公司发展到一定规模，在证券交易所上市，向公众出售股票筹集资金，以便扩大生产和市场份额。私募股权基金则通过出售股票全身而退，并获得骄人的回报。私募股权基金又将回收的资金投资于其他的新兴创业的初创公司。如此周而复始，良性循环，科学技术不断发展，创新企业层出不穷，经济不断发展，全体公民的生活质量得以提高。美国因此而推行去监管化，降低监管要求，不惜放弃盈利这一公司上市应具备的条件。理想状况下，此类初创公司很多是类似谷歌这样的技术公司。[1]此类公司可以改变人们的生活方式，为公司创造赢利机会，而公司上市时也以金融业和互联网业的公司融资最多。[2]

（二）宏观效应

现实中，上市公司并非都是创新公司，妓院也有上市的。2003年，澳大利亚的一家叫"每日星球"（Daily Planet）的妓院在澳大利亚股票市场上市。[3]当然，妓院上市是一种极端情况，但无良企业到证券市场圈钱却是一种常见的现象。

一些国际著名跨国公司是通过垄断或滥用市场支配地位获得高利润的。比如，微软公司在美国、欧洲和中国都成为反垄断监管当局的调查对象。[4]2011年，谷歌在美国境外的子公司的纳税率仅为3.2%。[5]谷歌是技术公司通过上市获得巨大成功的经典范例，但法国经济部长将谷歌比作当年的东印度公司，德国

---

〔1〕 美国风险基金投资于技术公司的金额2012年是168亿美元，2013年是142亿美元。Richard Waters, "Facebook IPO flop forgotten as Twitter success spurs tech groups to join the party", *Financial Times*, November 9~10, 2013, p. 10.

〔2〕 2010年制造业的通用汽车公司上市时的市值为181亿美元；2010年金融业的中国农业银行上市时的市值为221亿美元；2012年社交网络业的脸谱公司上市时的市值为160亿美元。Meng Jing, "Alibaba aiming high with landmark IPO", *China Daily*, September 20~21, 2014, p. 1. 2014年网上零售业的阿里巴巴公司上市第一天的市值就接近230亿美元。Nicole Bullock, "Alibaba valued at nearly 230 bn as stock surges on NY opening", *Financial Times*, September 20, 2014, p. 1. 公司上市的传奇故事主要集中在金融业、社交媒体和网上购物，而能源和医药业并没有公司上市的成功故事，尽管能源和医药业需要真正的技术创新，因为能源方面的技术突破可以减轻环境污染并减缓全球变暖的速度，而医药业的重大技术突破可以延长人们的寿命、减少疾病带来的痛苦。

〔3〕 www.alnet.org/csis/news/word_200/age-001127.html，访问日期：2014年1月5日。

〔4〕 Laurie Burkitt and Colum Murphy, "China Increases Pricing Scrutiny", *The Wall Street Journal*, August 5, 2014, p. 1.

〔5〕 Q&A, "How group can profit from a double Irish tax base", *Financial Times*, October 10, 2014, p. 4.

经济部长则指出,谷歌有"专制"倾向,所以应当将其业务拆分。[1]

证券市场造假成风,屡禁不止,定期酿成股灾。1929年美国股市崩溃,2008年美国金融危机,其间还有20世纪和21世纪之交的网络公司泡沫破灭和财务造假。这些需要一代人、甚至是几代人的时间才能消化其恶果。

(三) 个体公司上市的动因

个体公司上市的动因包括:①为早期投资者提供退出机制;②获得发展所需要的资金;③通过透明化的竞争优势来提高公司的"知名度";[2]④通过财务发现和创造价值。[3]但现实与理想是有很大差别的。

私募股权基金的退出机制包括:交易出售（trade sale）、在私募股权基金的二级市场收购（secondary buyout）、创始人回购（buyback）以及首次公开发行并上市（initial public offering）。[4]但首次公开发行并上市仍然是私募股权基金获利的最佳途径。公司创始人和原有股东转让老股,获得丰厚回报。[5]公司募集资金被用于理财业务或为实现垄断而举行的并购业务。所谓通过财务发现和创造价值,公司上市沦为利润造假和避税的途径。

(四) 对赌协议

公司上市是私募股权基金或其他投资者的最佳退出方式。由于上市的不确定性,私募股权基金和其他投资者就另辟蹊径,通过对赌协议、境外上市或在其他交易场所上市的方式退出。

按照我国的许多文章介绍,对赌协议来源于英美国家,原意为"估值调整机制"（valuation adjustment mechanism）,[6]但这些文章都没有进一步介绍"估值调整机制"。根据美国、英国、加拿大、法国和日本等32个国家的执业律师的介绍,

---

[1] James Fontanella-Khan, Alex Barker and Jeevan Vasagar, "Google has fight on its hands in Europe", *Financial Times*, May 22, 2014, p. 3.

[2] 戴尔公司的创始人米歇尔·S. 戴尔（Michael S. Dell）表示:"1988年我们上市,是因为我们当时需要资金,我们需要知名度。我们上市了,我们过了这个阶段。"2013年,戴尔公司退市,并为此花费了249亿美元。Quentin Hardy, "Dell's life after getting away from Wall St.", *International New York Times*, November 4, 2014, p. 13.

[3] Scott E. Bartel, "IPO in the United States", Training for Companies Interested in US IPO, Zhongguancun, June 4, 2014.

[4] Stefan Povaly, *Private Equity Exits*, Berlin: Springer, 2007, pp. 151~153.

[5] Eva Dou, "China's Richest: Jack Ma", *The Wall Street Journal*, September 24, 2014, p. 17.

[6] 见杨明宇:"私募股权投资中对赌协议性质与合法性探索",载《证券市场导报》2014年2月10日。该文就只有英语名词,没有英语原文出处或相关的英文文献。

私募股权基金的退出方式包括：在私募股权基金的二级市场出售；交易出售；首次公开发行；再融资；资不抵债时重组。[1]私募股权基金在加拿大的退出实践中，有被投资企业管理层收购私募股权基金投资股权的。但管理层用于收购的资金由私募股权基金提供，是所谓的出售方融资（vendor sale）。[2]出售方融资是指出售方向收购方提供贷款，以便贷款方收购其产品或资产。私募股权基金只不过是将股权转换为债券。

英国私募股权基金有要求企业管理层提供保证的，即承诺企业未来有一定的业绩。就起步企业而言，管理层与股东往往是两位一体的，股东协议中会包括以下内容："管理层对于目标企业未来业绩的预测（很可能载于所商定的目标企业的业务计划中）是认真拟定的，管理层合理相信，这些预测是可以实现的"。[3]

"与出售和购买协议中目标企业出售方所做出的任何保证不同，管理层向私募股权基金提供保证背后的考虑，并不是如果事后证明目标企业存在重大问题，私募股权基金可以就其损失获得退赔，而是要使管理层押上足够的个人财富，所以他们有很强的动力，充分、准确披露有关目标企业和他们个人的任何信息，只要对投资者来说，这些信息有可能是重大信息。正是因为这一原因，除非管理人员也是出售方或本来就很富有，管理人员的保证的法律责任通常有封顶，是其年收入的数倍。每项交易的情况不同，但通常是年薪的一倍或两倍，视管理人员的资历和实际薪酬而定。"[4]

关于对赌协议，我国有两种观点：一种观点是，对赌协议导致发行人股权不稳定，所以不符合《首次公开发行股票并在创业板上市管理办法》第15条关于股权清晰的要求。[5]实践中也有拟上市公司因报送材料中有对赌协议内容而被驳

---

[1] 参见 Emily Kynacou, *Private Equity-Jurisdictions comparisons*, London: Thomason Reuters, second edition, 2014。

[2] Emily Kynacou, *Private Equity-Jurisdictions comparisons*, London: Thomason Reuters, second edition, 2014, p. 95.

[3] Emily Kynacou, *Private Equity-Jurisdictions comparisons*, London: Thomason Reuters, second edition, 2014, pp. 484~485.

[4] Emily Kynacou, *Private Equity-Jurisdictions comparisons*, London: Thomason Reuters, second edition, 2014, pp. 484~485.

[5] 《首次公开发行股票并在创业板上市管理办法》第15条规定："发行人的股权清晰，控股股东和受控股股东、实际控制人支配的股东所持发行人的股份不存在重大权属纠纷。"

回法定上市的。[1]执业律师也有质疑对赌协议的,其理由是:"投资人不喜欢双向的对赌,更喜欢单向的权利义务……被投资企业的业绩未能达到设定的目标,投资机构……可能倾向于让公司以约定的价格,回购投资人所持有的部分股权,实际上等于是投资人减少对企业的持股,降低其投资成本。"[2]当然,也有人认为,对赌协议并不影响权属,也可以说并不是权属问题。但无论是哪一种情况,律师的主要技能就是证明看似存在的因果关系并不存在,或是证明看似没有因果关系的事情之间存在因果关系。

私募股权基金大量投资拟上市企业,企业短期扩张迅速,但其并非真正的有机增长。企业上市之后,私募股权基金通常迅速退出,由公众投资者接盘,承担相关风险。

在海富投资与甘肃世恒案再审[3]中,最高人民法院决定,支持对股东之间就企业的利润对赌提出的诉讼请求,但并不支持就股东与企业之间就企业的利润对赌提出的诉讼请求。其法律依据为《最高人民法院关于审理联营合同纠纷案件若干问题的解答》,最高人民法院依据该解答认定,海富投资属于"名为联营实为借款,违反金融法规,合同无效"。

最高人民法院对受理证券投资者索赔的起诉极为消极,设置了所谓的诉讼前置程序。[4]但对于受理有关境外私募股权基金的诉讼却如此积极,令人十分费解。最高人民法院无须积极表态,如果确有需要表态,应当通过司法解释表明态度。最高人民法院做出此判决之后,并没有发布相关司法解释。再有,对赌协议有赌博的特点,法院不宜受理主张对赌权益的诉讼。赌场在我国澳门特别行政区和美国的一些地方是合法的,但赌场并不到法院主张自己的债权。支持赌债显然不利于公共利益,不应当浪费司法资源。此类协议似宜通过仲裁或调解解决。

五、承销商

(一) 承销商

在股票首次公开发行业务中,由证券公司担任的承销商是最为关键的商业机

---

[1] 俞秋玮、夏青:"以上市为条件的'对赌'协议的效力评价",载 http://shfy.chinacourt.org/artilce/deail/2015/03/id/1573242,访问日期:2015年3月25日。
[2] 杨杨:"成长的代价",载《财经国家周刊》2014年第3期。
[3] [2012] 民庭字第11号。
[4] 见本书第二十一章。

构。会计师事务所和律师事务是重要服务机构，但只提供专业服务（见本书第十八章），而承销商既提供资金，又提供专业服务。

1. 承销商的作用

承销商的保荐人负责培训发行人的高管。承销商凭借其资金和掌握客户情况的优势，通常负责包销发行人的股票。承销商可以帮助寻找基石投资者。基石投资者（cornerstone investor）通常为机构投资者。首次公开发行之前，基石投资者认购拟上市公司的股份之后，通常可以得到一定的配额，而基石投资者则承诺，购买股票之后不会立即售出。信达公司首次公开发行之前，认购其股票的基石投资者承诺，持股期将不短于6个月。[1]证券公司之所以要大力发展资产管理业务和理财业务，原因也在于此：证券公司从事承销业务时，可以有更多的资金和客户。

2. 谁是承销商

承销商通常是证券公司，但遇到违法公开发行证券的情形，美国证交会试图将交易的主要参与人界定为承销商［见本书第四章第五（二）之4］。

发行人选择承销商时有各种考虑，有时会照顾业务上有来往的投资银行。比如，黑石上市时，德意志银行的零售业务较弱，但黑石还是将部分业务给了德意志银行，就是因为德意志银行过去一直为黑石提供服务。[2]

3. 承销团

阿里巴巴在美国上市，共有六家投资银行共同担任主承销商，另外还雇用罗斯柴尔德（Rothschild）为顾问。摩根大通和德意志银行安排银行与投资者见面，瑞士信贷和摩根士丹利负责"锁定"投资者，高盛负责"稳定"市场。花旗银行收取的费用较少，[3]高盛是托市代理，而巴克莱银行则是做市商。[4]

4. 直投业务

券商直接投资业务有利有弊。从理论上说，承销商直接投资于发行人，双方便成为一个利益共同体，承销商为首次公开发行定价时，便会更加公正实际，有利于保护发行人的利益。但证券公司既是承销商，又是发行人的股东，就存在利

---

［1］ Prudence Ho, "Cinda IPO Appears Likely To Price at Top of Range", *The Wall Street Journal*, December 5, 2013, p. 26.

［2］ David Carey and John E. Morris, *King of Capital*, New York: Crown Business, 2010, pp. 264 ~ 265.

［3］ Tells Demos, "Alibaba Success May Be A Mixed Blessing to Street?", *The Wall Street Journal*, September 23, 2014.

［4］ Nicole Bullock, "Alibaba valued at nearly $230 bn as stock surges on NY opening", *Financial Times*, September 20, 2014, p. 1.

害冲突。发行人是严格责任,而承销商是过错责任。

5. 成本

美国证券公司为公司上市提供承销服务,费率通常为融资金额的 2.5%。[1] 会计师费和律师费另计。以 2013 年为例,中国企业在美国通过上市融资 2000 万美元,其中 7.8% 的金额归承销商;会计师事务所收取的费用大约在 100 万至 150 万人民币之间;中国律师收取大约 6 万多美元的律师费,美国律师收取大约 30 万至 40 万美元。各项费用总额大约 200 万美元,占首次公开发行融资额的 10%。[2]

公开发行上市的公司大多不是真正的中、小企业,因为只有具有一定的规模,才能支付昂贵的费用,证券公司才愿意承销。不仅如此,公司之所以要公开发行上市,就是为了做大、做强,这也是公司公开发行上市的主要理由。

(二)保荐人

保荐人制度为《证券法》规定的发行要求,是核准制不可缺少的组成部分,除非对《证券法》做相应修改,否则不可能取消保荐人制度。但鉴于保荐人制度在实践中存在的诸多难以克服的问题,似无必要就此制定更多的规定。说到底,核准制只是对上市申请做形式审查,并非对发行人的良莠做实质审查。保荐人制度要求过多,势必增加公司上市成本,最终还是转嫁到投资者身上。

1. 适用法律、行政法规和部门规章

《证券法》规定,申请股票或其他证券上市,法律、行政法规若有规定,"应当聘请具有保荐资格的机构担任保荐人"[3]。证监会据此制定了相应的规定,其

---

[1] 2010 年 7 月,中国农业银行,融资 221 亿美元,承销商高盛、摩根士丹利、德意志银行、摩根大通等 10 家银行,费率 2.5%;2006 年 10 月,中国工商银行,融资 219 亿美元,承销商美国银行美林、瑞士信贷、德意志银行等 8 家银行,费率 2.5%;2006 年 5 月,中国银行,融资 112 亿美元,承销商高盛、UBS 等 3 家银行,费率 2.5%;2005 年 10 月,中国建设银行,融资 92 亿美元,承销商摩根士丹利、瑞士信贷等 3 家银行,费率 2.5%;2007 年 4 月,中国中信银行,融资 59 亿美元,承销商花旗集团、汇丰银行和野村等 5 家银行,费率 2.5%;2009 年 11 月,中国民生银行,融资 40 亿美元,承销商麦格理集团和 UBS 等 5 家银行,费率 2.5%;2013 年 12 月,光大银行,融资 30 亿美元,承销商 UBS、摩根士丹利、BNP 和大和证券等 10 家银行,费率 1.5%;2013 年 11 月,徽商银行,融资 14 亿美元,承销商 UBS、摩根大通、野村、摩根士丹利、汇丰和中信等 19 家银行,费率 1.5%;2013 年 10 月,重庆银行,融资 6 亿美元,承销商高盛、摩根士丹利等 7 家银行,费率 3.3%。Enda Curran, "China Banks Keep Fees Flowing", *The Wall Street Journal*, December 27~29, 2013, p. 15.

[2] Scott Bartel, "Overseas Capital Market In Light of Past Experiences", Training Course for Overseas Listing Organized by Zhongguancun Listed Companies Association, June 4, 2014.

[3] 《证券法》第 49 条。

中包括：《证券发行上市保荐业务管理办法》[1]《保荐人尽职调查工作准则》[2]《证券发行上市保荐业务工作底稿指引》[3]《关于创业板发行申请受理工作有关事项的公告》[4]《关于进一步做好创业板推荐工作的指引》[5]

2. 保荐人代表

作为保荐人的保荐机构，必须指定取得保荐代表人资格的个人具体负责保荐工作。[6]保荐代表人推荐发行人证券发行上市，持续督导发行人履行规范运作、信守承诺、信息披露等义务。[7]截至2014年11月，注册的保荐人代表共计2590人。随着市场的变化，有些证券公司取消了保荐代表人的每月津贴，签字费由鼎盛期的100万元到150万元减少到60万元左右。[8]

由此看来，保荐代表人制度似乎完全失败，徒增公司上市成本。尽管该制度早已露出败相，但证监会一直不愿承认。直到2012年3月，保荐代表人制度实行八年之后，证监会官员公开承认，部分保荐代表人尽职调查中的核查流于表面，核查要点把握不全，过分依赖发行人会计师、资产评估师和律师……信息披露不完备，过于格式化。[9]2009年，修订后的《证券发行上市保荐业务管理办法》规定，证监会依法对保荐机构、保荐代表人进行注册登记管理。

2012年10月，国务院发布《关于第六批取消和调整行政审批项目的决定》，保荐代表人注册行政许可取消。保荐代表人的注册和变更执业机构登记由中国证券业协会自律管理。2014年11月，国务院发布《关于取消和调整一批行政审批项目等事项的决定》，取消证监会保荐代表人行政审批资格，由中国证券业协会对保荐代表人资格和行为监管实施自律管理。

出现保荐制并不是偶然的。证券市场的很多规则经常是徒有其名，不过是为资本市场多披几件迷彩服而已。证券市场监管的一大特点就是，要害问题上无法取得进展，于是便在枝节问题上绕弯子，描眉画眼，做表面文章。

---

[1] 证监会令58号，2008年发布，2009年修订。
[2] 证监发行字[2006]15号。
[3] 证监会公告[2009]5号。
[4] 证监会公告[2009]19号。
[5] 证监会公告[2010]8号。
[6] 《证券发行上市保荐业务管理办法》第3条第2款。
[7] 《证券发行上市保荐业务管理办法》第4条。
[8] 张欣然："保代迈入自律管理时代，'金领'光环难再"，载《证券时报》2014年11月25日，第A6版。
[9] 石丽晖："证监会修订保荐制度"，载《上海证券报》2012年3月21日，第2版。

六、境内上市条件和主要问题

我国股份有限公司境外募集股份及上市,需要经过证监会核准。

《证券法》《公司法》《首次公开发行股票并上市管理办法》《公开发行证券公司信息披露的编报规则第 12 号——公开发行证券的法律意见书和律师工作报告》等有关法律、法规以及证监会的有关规定。

(一) 首次公开发行申请被否的主要原因

首次公开发行申请被否的三大原因为:持续盈利能力、独立性和募集资金运用问题,共占被否原因的 64%。2010 年至 2015 年,首发申请被否的各种原因所占的比例为:持续盈利能力 41%;独立性 19%;募集资金 14%;规范运营 9%;财务会计 7%;信息披露 4%;主体资格 3%;其他 2%。[1]

(二) 主体资格

发行人应当是依法设立且合法续存的股份有限公司。经国务院批准,有限责任公司在依法变更为股份有限公司时,可以采取募集设立方式公开发行股票。[2]发行人自股份有限公司成立后,持续经营 3 年以上,国务院批准点除外;有限责任公司按账面净资产值折股整体变更为股份公司的,持续经营时间可以从有限公司成立之日起计算。[3]

发行人的注册资本已足额缴纳,发行人或者股东用作出资的资产的财产权转移手续办理完毕,发行的主要资产不存在重大权属纠纷。[4]发行人的股权清晰,控股股东、实际控制人支配的股东持有的发行人股份不存在重大股权纠纷。[5]

发行人的生产经营符合法律、行政法规和公司章程的规定,符合国家产业政策。[6]

发行人最近 3 年内主营业务和董事、高级管理人员没有发生重大变化,实际控制人没有发生变更。[7]

---

[1] 薛胜男、李阳阳:"首次公开发行审核要点",中欧法院证券法报告,2015 年 3 月 30 日。
[2] 《首次公开发行股票并上市管理办法》第 8 条。
[3] 《首次公开发行股票并上市管理办法》第 9 条。
[4] 《首次公开发行股票并上市管理办法》第 10 条。
[5] 《首次公开发行股票并上市管理办法》第 13 条。
[6] 《首次公开发行股票并上市管理办法》第 11 条。
[7] 《首次公开发行股票并上市管理办法》第 12 条。

(三) 独立性

2015 年之前，公司申请首次公开发行并上市，证监会对公司的独立性有严格要求。[1]《首次公开发行股票并上市管理办法》修订说明[2]表示："为解决历史上国有企业部分改制上市带来的大股东通过关联交易和同业竞争损害上市公司的利益问题……不允许存在较多关联交易和同业竞争问题的企业发行上市。经过多年的实践，独立性带来的问题和矛盾已经基本解决，不需要再作为发行上市的门槛、拟采用披露方式对同业竞争和关联交易进行监管。"[3]证监会 2015 年修改《首次公开发行股票并上市管理办法》，删除有关独立性的第二节。

2015 年修改后的《首次公开发行股票并上市管理办法》第 42 条只要求，"发行人应当在招股说明书中披露已达到发行监管对公司独立性的基本要求"。2015 年修改后的《首次公开发行股票并在创业板上市管理办法》第 34 条做了内容完全相同的规定。两个管理办法对公司独立性只有"基本要求"，证监会审理申请时应当从宽掌握。证监会实际上是允许上市公司有更小的独立性。公司独立性与关联交易互为正反，关联交易增加意味着公司独立性减少。现实中，上市的关联交易仍然很多，上市公司业务多元化已经成为新常态。上市公司募集巨资，经常超出了上市主营业务的投资需要。很多投资者也相信公司上市前创造奇迹的公司领导团队，相信他们可以在其他领域获得新的成功。但公司通过上市融资，传统上是为扩大其主要业务而筹集资金。今天很多公司申请上市时，仍然表示融资是为了扩大其主营业务。新的故事还没有编好，监管机构无法直接说明变换游戏规则的真实原因。

(四) 规范运行

规范分为两类：一是形式上的规范；二是申请上市的公司及其董事、监事和高管人员没有严重的违法行为。

形式上的要求包括：发行人已经建立健全的股东大会、董事会、监事会、独立董事、董事会秘书制度，相关机构和人员能够依法履行职责。[4]发行人的内部

---

〔1〕 我国证券市场创始之初，企业大部分是剥离上市，即从母公司剥离出一块资产上市，企业上市后仍然与其母体有千丝万缕的联系，业务上可能存在供货关系或代理关系。母体经常是上市公司的大股东，有可能为自身利益而牺牲上市公司的利益，有损上市公司普通股东的利益。

〔2〕 Financeufebgcin/a/20140322119541420_0.shtml，访问日期：2016 年 7 月 18 日。

〔3〕 《〈首次公开发行股票并上市管理办法〉修订说明》第二 (一) 部分。关联交易可以涉及以下内容：关联交易协议、商标许可使用协议、物业租赁框架协议、设备维修框架协议、服务框架协议、委托运行框架协议、销售框架协议、金融服务框架协议、物资采购框架协议。

〔4〕 《首次公开发行股票并上市管理办法》第 14 条。

控制健全。

有关严重违法的要求包括：最近36个月内没有违反工商、税收、土地、环保、海关以及其他法律、行政法规，受到行政处罚，且情节严重。[1]"情节严重"的界定并无定规，证监会无法确定，需要政府其他部门出文。

在有些问题上，规范的形式要求和实质要求不能分开。《首次公开发行股票并上市管理办法》对担保的要求是，发行人的公司章程已经明确对外担保的审批权限和审议程序，不存在为控股股东、实际控制人及其控制的其他企业进行违规担保的情况。[2]发行人有严格的资金管理制度，不得有资金被控股股东、实际控制人及其控制的其他企业借款、代偿债务、代垫款项或者其他方式占用的情形。[3]

（五）财务会计

我国证券市场是以美国证券市场的模板设立的，但两者仍然有不同之处，盈利要求便是一例。企业盈利是在我国A股市场上市的条件之一，美国的证券交易所并无这一要求。

1. 持续盈利能力

《证券法》仅规定，公司公开发行新股，应当"具有持续盈利能力"，[4]证监会将其细化为持续经营3年以上[5]，即①最近3个会计年度净利润均为正数且累计超过人民币3000万元；②最近3个会计年度经营活动产生的现金流量净额累计超过人民币5000万元；或者最近3个会计年度营业收入累计超过人民币3亿元；③发行前股本总额不少于人民币3000万元；④无形资产占净资产（扣除土地使用权、水面养殖权和采矿权后）的比例不高于20%；⑤最近一期末不存在未弥补亏损。[6]

《首次公开发行股票并在创业板上市管理办法》的要求较低：①发行人为持续经营3年以上的股份有限公司；②最近两年净利润累计不少于1000万元，或者最近一年盈利，最近一年营业收入不少于5000万元，且不存在未弥补亏损；③发

---

[1]《首次公开发行股票并上市管理办法》第18条。
[2]《首次公开发行股票并上市管理办法》第19条。
[3]《首次公开发行股票并上市管理办法》第20条。
[4]《证券法》第13条第1款第2项。
[5]《首次公开发行股票并上市管理办法》第9条。
[6]《首次公开发行股票并上市管理办法》第8条。

行后股本总额不少于 3000 万元。[1]

2. 盈利预测

发行人披露盈利预测的,利润实现数如未达到盈利预测的 80%,除因不可抗力外,其法定代表人、盈利预测审核报告签字注册会计师应当在股东大会及中国证监会指定报刊上公开作出解释并道歉;中国证监会可以对法定代表人处以警告。利润实现数如未达到盈利预测的 50%,除因不可抗力外,证监会在 36 个月内不受理该公司的公开发行证券申请。[2]

3. 利润造假

营业收入、营业成本和利润。万福生科(湖南)农业开发股份有限公司(下称"万福生科")上市造假,2013 年证监会做出行政处罚决定。[3]长沙市中级人民法院判决书[4]认定:"万福生科大肆虚构了 2008 年至 2011 年 6 月期间的营业收入、营业成本和利润等财务数据,并据此在万福生科的发行、上市申报材料和《首次公开发行股票并在创业板上市招股说明书》中隐瞒重要财务事实和编造重大财务虚假内容,于 2011 年 9 月 6 日骗取了中国证监会的股票发行核准,随后万福生科公开发行人民币普通股 1700 万股,每股发行价 25 元,共计募集资金 4.25 亿元。"

2013 年,创业板上市公司万福生科利润造假,案发后该公司保荐人平安证券出资设立补偿基金,资金总额约为 3 亿元,用于补偿投资者因万福生科造假而承担的损失。该资金续存期为两个月,由中国投资者保护基金有限责任公司担任基金的管理人。[5]

要求企业赢利是上市的必要条件,就将许多企业挡在了门外,引起一些利益相关方的不满,证券交易所也表示不满。[6]但证券交易所的考虑与国务院证券监管机构的考虑并不一致。对证券交易所来说,上市公司多多益善,可以增加交易所的收益。但包括证监会在内的国务院证券监管机构必须考虑整改证券市场的正

---

[1] 《首次公开发行股票并在创业板上市管理办法》第 11 条。

[2] 《首次公开发行股票并在创业版上市管理办法》第 55 条;《首次公开发行股票并上市管理办法》第 56 条。

[3] 《行政处罚决定书》(2013) 47 号。

[4] (2014) 长中刑二初字第 00050 号。

[5] "平安证券设 3 亿元专项基金补偿万福生科股民",载 finance.jrj.com.cn/2013/05/10161415292972.shtml,访问日期:2013 年 5 月 10 日。

[6] 深圳证券交易所总经理宋丽萍表示,深交所创业板将探索服务未赢利科技企业的办法。胡学文:"创业板将探索服务未盈利科技企业",载《证券时报》2014 年 5 月 26 日。

常运行。在我国,现有法规要求发行人有三年利润,但即便如此,上市公司利润造假仍频繁发生。如果公司上市无需利润,则游戏市场的问题势必更加严重。

4. 审计

许多问题出在法律规定的内容之外。四大审计会计事务所审计一家公司的周期一般为一周,但忙时只有 2~3 天,抽取凭证草率,风险评估也因此受到了影响,[1]如①交易的真实性和合理性;②资产负债表日前后的交易量;③大量现金交易;④关联交易非关联化;⑤在建工程的真实性和计量准确性。证监会相关负责人称,与个人或个体交易金额较大的,现金交易比例较大的,内控不健全的,都需要重点关注。若收入确认在资产负债表日前后若干天内,需要详细查出库单、买方签收单、验收报告、进账单、运输单等单据的跨期情况,重点关注是否存在上述日期与收入确认日期会计年度不一致的情况,是否存在提前或推后确认。关联交易可以是拟上市公司职工另成立一家公司,发出大量订单。[2]

会计师事务所还发出询证函,核对客户账面数字是否正确。询证函是审计人员以被审计公司的名义向与其有往来的对象发出,用来获得被询证人对被审计公司相关信息或现存状况声明的手段。企业甚至提供伪造询证函。

(六) 募集资金的用途

我国《证券法》对上市公司发行股票募集资金的使用有严格的限制。《证券法》第 15 条专门规定:

"公司对公开发行股票所募集资金,必须按照招股说明书所列资金用途使用。改变招股说明书所列资金用途,必须经股东大会作出决议。擅自改变用途而未作纠正的,或者未经股东大会认可的,不得公开发行新股。"

2015 年修改前的《首次公开发行股票并上市管理办法》第 38 条第 2 款明文规定:

"除金融类企业外,募集资金使用项目不得为持有交易性金融资产和可供出售的金融资产、借予他人、委托理财等财务性投资,不得直接或者间接投资于以买卖有价证券为主要业务的公司。"

---

[1] 秦伟:"中概股企业造假技术升级,香港审计、投行吐槽'也很无奈'",载《21 世纪经济报道》2012 年 4 月 30 日,第 19 版。

[2] 杨倩雯:"'规定动作'瞄准六大重点",载《第一财经日报》2013 年 4 月 24 日,第 A9 版。

2015 年修改前的《首次公开发行股票并在创业板上市管理办法》第 22 条也有相应规定。[1]

2015 年修改的《首次公开发行股票并上市管理办法》删除了第 38 条。2015 年修改的《首次公开发行股票并在创业板上市管理办法》删除了第 22 条。《〈首次公开发行股票并上市管理办法〉修订说明》[2] 给出的理由是,"募集资金使用是企业的财务安排,事前只需要进行充分的信息披露……"[3]

2012 年,证监会发布《上市公司监管指引第 2 号——上市公司募集资金管理和使用的监管要求》,允许上市公司将募集资金用于理财产品。2013 年上半年,共有 166 家公司购买理财产品,累计投入 615.13 亿元。[4]

按照《首次公开发行股票并上市管理办法》的规定,募集资金应当有明确的使用方向,原则上应当用于主营业务。截至 2011 年 8 月,沪深两市有 733 家上市公司披露半年报,非经常性收益占净利润的比重为 8.85%。[5]

(七)发行程序

2015 年修改后的《首次公开发行股票并上市管理办法》将第 49 条改为第 36 条,删去"并就发行人的募集资金投资项目是否符合国家产业政策和投资管理的规定征求国家发展和改革委员会的意见",但保留了"中国证监会在初审过程中,将征求发行人注册地省级人民政府是否同意发行人发行股票的意见"。

另见本章第七部分。

(八)"老股转让"

《首次公开发行股票时公司股东公开发售股份暂行规定》规定:"本规定所称公司股东公开发售股份是指发行人首次公开发行新股时,公司股东将其持有的股份以公开发行方式一并向投资者发售的行为(即老股转让)。"[6] 首次公开发行新股,既包括公开发行新股,也包括公司股东公开发售股份,[7] 适用《证券发行

---

[1] "发行人募集资金应当主要用于主营业务,并有明确的用途。募集资金数额和投资方向应当与发行人现有生产经营规模、财务状况、技术水平、管理能力及未来资本支出规划相适应。"

[2] Financeufebgcin/a/20140322119541420_0.shtml,访问日期:2016 年 7 月 18 日。

[3] 《〈首次公开发行股票并上市管理办法〉修订说明》第二(二)部分。

[4] 杨萌:"上半年 242 家上市公司耗资超千亿元扎堆理财,公布收益仅 1.55 亿元",载《证券日报》2014 年 7 月 3 日,第 C1 版。

[5] 于萍:"733 家公司上半年非经常性收益增长 118%",载《中国证券报》2011 年 8 月 15 日,第 A03 版。

[6] 《首次公开发行股票时公司股东公开发售股份暂行规定》第 2 条。

[7] 《首次公开发行股票时公司股东公开发售股份暂行规定》第 3 条第 1 款。

与承销管理办法》，发行价格应当与新发行股票的价格相同[1]。

公司首次公开发行时，公司股东公开发售的股份，其已持有时间应当在 36 个月以上。[2] 公司股东公开发售股份后，公司的股权结构不得发生重大变化，实际控制人不得发生变更。[3] 公司股东拟公开发售股份的，应当向发行人董事会提出申请；需要相关主管部门批准的，应当事先取得相关部门的批准文件。发行人董事会应当就股票发行方案作出决议，并提请股东大会批准。[4] 发行人与拟公开发售股份的公司股东应当就发行承销费用的分摊原则进行约定，并在招股说明书等文件中披露相关信息。[5]

（九）借壳上市

我国排队等待上市的企业很多，[6] 而且证监会审核严格，所以一些企业试图"借壳上市"，即通过收购上市公司上市（另见本书第十二章第七部分）。"壳费"可以达到人民币 4 亿元。[7]

证监会《关于在借壳上市审核中严格执行首次公开发行股票上市标准的通知》[8]（下称《借壳上市标准》）承认："借壳上市条件低于 IPO 标准，投资者对绩差公司被借壳预期强烈，市场对绩差公司的炒作成风，内幕交易时有发生，绩差公司通过卖壳成为股市'不死鸟'，难以形成有效的退市制度。"[9]

借壳上市条件与 IPO 标准"等同"。证监会称，借壳上市公司标准由"趋同"过渡到"等同"：上市公司重大资产重组方案达到《上市公司重大资产重组管理办法》第 12 条规定借壳上市的，应当符合《首次公开发行股票并上市管理办法》规定的发行条件。[10] 但"等同"仍然不是"相同"，所以监管套利者仍然有空间操作。

---

[1]《首次公开发行股票时公司股东公开发售股份暂行规定》第 3 条第 2 款。
[2]《首次公开发行股票时公司股东公开发售股份暂行规定》第 5 条第 1 款。
[3]《首次公开发行股票时公司股东公开发售股份暂行规定》第 5 条第 2 款。
[4]《首次公开发行股票时公司股东公开发售股份暂行规定》第 7 条。
[5]《首次公开发行股票时公司股东公开发售股份暂行规定》第 8 条。
[6] 2014 年全年首次公开发行的公司总数不超过 100 家。但市场原本预期，2014 年将有 300 到 400 家公司上市，已经提交上市申报资料的公司有 595 家。Shen Hong, "Beijing Backtracks on IPOs", *The Wall Street Journal*, May 21, 2014, p. 17.
[7] 张奇："借壳盛宴再启，'净壳'市价超 4 亿"，载《证券时报》2014 年 5 月 26 日，第 A10 版。
[8] 证监法 [2013] 61 号。
[9]《借壳上市标准》第 1 条。
[10]《借壳上市标准》第 3 条。

借壳上市的一大优势是无需排队等待审批。但实际上,申请借壳上市的公司有限,因为借壳上市需要很多资金,而大部分公司没有这样的实力。

(十) 法律意见书

发行人申请非公开发行,向证监会提交的申报材料中包括律师事务所出具的法律意见书。法律意见书反映出证监会所关心的主要问题,至少是表面上所关心的问题。律师事务所出具的法律意见书是尽职调查的结果。法律意见中不乏重复之处,而且大多是描述性和结论性的内容。就其性质和目的而言,法律意见书相当于为公司出具的"健康证明书"。审计报告是说明公司财务不存在重大财务问题的"健康证明",法律意见书则是说明公司不存在重大法律问题和财务问题(归根到底,重大财务问题也是法律问题)的"健康证明"。简单说,法律意见书是说明企业不存在问题,而不是要说明和分析企业存在哪些问题。

以为申请公开发行 A 股股票(深交所中小企业板上市)而出具的法律意见书[1]为例,其主要内容如下:

本次发行上市的批准和授权:股东大会授权董事会办理相关事宜。

本次发行上市的主体资格:合法设立;通过年检、会计所验资报告、经营范围;主营业务未发生重大变化;无重大股权纠纷。

本次发行上市的实质条件[2]:符合《公司法》第 126 条规定,同股同价,同股同权;符合《公司法》第 127 条规定,股票发行价格不低于票面金额;参加证券公司上市辅导班并通过监管局的辅导验收,符合《首次公开发行股票并上市管理办法》第 22 条规定;不存在《首次公开发行股票并上市管理办法》第 23 条的任职资格限制;发行人不存在《首次公开发行股票并上市管理办法》第 25 条的任何情形;担保情形符合《首次公开发行股票并上市管理办法》第 26 条;资金管理符合《首次公开发行股票并上市管理办法》第 27 条;会计师事务所出具的审计报告表明并经律师核查,资产质量良好,资产负债结构合理,盈利能力较强,现金流量正常,符合《首次公开发行股票并上市管理办法》第 28 条;内部控制有效,符合《首次公开发行股票并上市管理办法》第 29 条;会计师事务所审计了公司财务报表并出具标准无保留意见审计报告,符合《首次公开发行股票并上市管理办法》第 30 条;公司财务报表以实际发生的交易或者事项为依据,

---

[1] 中国证券监督管理委员会:《中国资本市场法制发展报告——2014》,法律出版社 2015 年版,第 992~1004 页。

[2] 此处所说《首次公开发行股票并上市管理办法》条文为 2015 年修订之前的条文。2015 年修订后,原第 22~37 条改为第 15~30 条。

保持应有的谨慎；选用一致的会计政策，符合《首次公开发行股票并上市管理办法》第 31 条；关联交易情形符合《首次公开发行股票并上市管理办法》第 32 条；符合《首次公开发行股票并上市管理办法》第 33 条规定的条件；对税收优惠不存在严重依赖，符合《首次公开发行股票并上市管理办法》第 34 条；不存在影响持续经营的担保、诉讼以及仲裁等重大事项，符合《首次公开发行股票并上市管理办法》第 35 条；符合《首次公开发行股票并上市管理办法》第 36 条的规定；不存在可能对持续盈利能力构成重大不利影响之情形，符合《首次公开发行股票并上市管理办法》第 37 条；近三年经营业务、管理层未发生较大变化，实际控制人未发生变化，连续经营超过三年；三年内财务会计资料无虚假记载；纳税相关材料一致；发行人与证券公司签订承销协议和辅导协议；证监局评估调查并通过。

公司的设立：工商登记正常；所签合同合法；审计验资正常；创立大会程序正常。

公司的独立性：公司独立于股东及其关联方；资产完整独立；人员独立；机构独立；财务独立。

公司的发起人和股东：发起人和股东情况；发起人人数、住所、出资比例符合当时法律、法规和规范性文件的规定；各发起人投入公司的资产产权关系明晰，不存在法律障碍或风险；公司继承了发起人的各项资产权利。

公司的股本及演变：股本总额；历次股权变动均合法、合规、真实、有效；股东所持股份未向他人进行质押。

公司的业务：经营范围和经营方式合法；主营业务突出；不存在持续经营的法律障碍。

关联交易及同业竞争：实际控制人；关联交易；关联交易的公允性；避免关联交易的承诺；同业竞争。

公司的主要财产：分公司、子公司；不动产；土地使用权；[1] 商标；特许专营权；生产经营设备；未设定抵押、质押或存在其他债务关系。

公司的重大债权债务：合同合法有效；无重大侵权之债；没有为发起人或其他关联方担保；应付款、应收款在正常生产经营过程中发生。

公司的重大资产变化和收购兼并：未发生合并、分立、减少注册资本等行

---

[1] 其他公司上市的法律意见中涉及的土地还有可能包括：自有土地、租赁土地、国有租赁土地、租赁土地承包经营权、在建工程占用地。

为；增资扩股；收购行为；股权转让。

公司章程的制定与修改：获股东大会批准并办理工商登记；章程内容合法。

公司的股东大会、董事会、监事会议事规则及规范运作：制定相关议事规则；大会、董事会、监事会的召开和决议和股东大会授权合法，董事会重大决策合法。

公司的董事、监事和高级管理人员及其变化：人员介绍。

公司的税务：享受政府补贴合法、合规、真实、有效；依法纳税。

公司的环境保护和产品质量、技术等标准：环保方面合法，质量符合要求。

公司的募集资金的运作：募集资金投资的项目已经得到相关有权部门的批准。

公司的业务发展目标：业务发展目标合法，与主营业务一致。

诉讼、仲裁和行政处罚：公司和高管不存在未了结或可预见的重大诉讼、仲裁或行政处罚案件。

公司的旅游招股说明书发现的评价：不存在虚假记载、误导性陈述及重大遗漏引致的法律风险。

本次发行上市的总体结论性意见：公司符合《公司法》《证券法》《首次公开发行股票并上市管理办法》等法律、法规和规范性文件的要求，证监会核准后即具备发行并上市的法定条件。

七、证券发行与承销

证券发行与承销适用《证券发行与承销管理办法》。该办法主要涉及两大内容：定价和配售以及证券承销。

（一）定价与配售

首次公开发行中的股票定价是一大难题：如果定价过高，就会影响需求，发行就有可能失败；而如果定价过低，发行人以及发行人股东就会遭受损失。

1. 直接定价

《证券发行与承销管理办法》第4条规定："首次公开发行股票……可以通过发行人与主承销商自主协商直接定价等合法可行的方式确定价格。公开发行股票数量在2000万股（含）以下且无老股转让计划的，应当通过直接定价的方式确定发行价格。"

《证券发行与承销管理办法》第9条规定："首次公开发行股票采用直接定

方式的，全部向网上投资者发行，不进行网下询价和配售。"

2. 询价

定价受制于多种变数，其中询价是一个重要环节。

《证券发行与承销管理办法》第4条规定："首次公开发行股票，可以通过向网下投资者询价的方式确定股票发行价格……"

(1) 询价方式和对象

《证券发行与承销管理办法》第8条规定："首次公开发行股票时，发行人和主承销商可以自主协商确定参与网下询价投资者的条件、有效报价条件、配售原则和配售方式……"

2014年修改后的《证券发行与承销管理办法》，废止了2012年修改的《证券发行与承销管理办法》。该办法第5条规定的询价对象为：证券投资基金管理公司、信托投资公司、财务公司、保险机构投资者、合格境外机构投资者、主承销商自主推荐的具有较高定价能力和长期投资取向的机构投资者，以及证监会认定的其他投资者。

(2) 自主报价

《证券发行与承销管理办法》第6条规定："首次公开发行股票采用询价方式定价的，符合条件的网下机构和个人投资者可以自主决定是否报价，主承销商无正当理由不得拒绝。"

(3) 证监会抽查

证监会抽查新股发行定价过程，抽查对象为主承销商和机构询价对象，其中询价对象包括券商、公募基金、私募基金、保险公司和信托公司。[1]询价中出现的问题包括：①未按事先披露原则配售股票，向禁止配售的关联方配售；②询价敏感阶段与投资者电话联系，该投资者参与报价并获得配售；③向不符合优先股配售条件的投资者配售，事后倒签协议。证监会出具警示函或暂停受理业务文件，受罚对象包括券商、发行人和个人。[2]

(4) 美国的询价机制

美国询价的难题。在瑞士信贷诉比林案判决书中，[3]美国最高法院对询价有

---

〔1〕 郭玉志："证监会抽查新股发行定价过程"，载《上海证券报》2014年1月16日，第1版。

〔2〕 马婧妤："证监会严打新股发行承销违规问题"，载《上海证券报》2014年5月24日，第1版。

〔3〕 Credit Suisse v. Billing, 551 U.S. 264 (2007).

一段描述：

"承销团开展促售活动，重中之重是确定股份的适当价格和数量。首先，承销团做出初步估计，写入注册陈述后，呈报给证券交易委员会（下称'证交会'）。然后，承销团进行'路演'，承销团成员公司以及发行人的代表与潜在投资者会面，行业内称此做法为'需求建档'。其间，承销团和发行人向投资者陈述有关公司及其股票的信息，同时估测投资者购买股票的意向。承销团很可能就此询问投资者，他们购买股票的意向是否会因股票的发行价格和数量变化而异。承销团所了解的情况包括：哪些投资者会购买股票，所购数量、价格以及转售股票前的持股期。

根据此类信息，承销团成员与发行人商定最后的安排，确定每股的价格，落实承销商共同负责承销的股份数目。如前所述，承销团购入打折的股票，然后再以固定价格转售给投资者，借此赚取佣金。"

美国的证券市场是我国证券市场的榜样，但也存在着同样的问题。就是因为询价制度不灵，所以才出现了比林案：该案中投资者指称，瑞士信贷等华尔街证券公司通过垄断操纵公司上市的发行价格。

3. 投资者申购时无需缴纳申购资金

2015年修改前的《证券发行与承销管理办法》第12条第（1）款规定："网下和网上投资者应当全额缴付申购资金。"《证券发行与承销管理办法》2015年修改后明确改变为："网下和网上投资者在申购时无需缴付申购资金。"

2015年修改后的《证券发行与承销管理办法》新增一条作为第13条："网下和网上投资者获得配售后，应当按时足额缴付认购资金。网上投资者连续12个月内累计出现3次中签后未足额缴款的情形时，6个月内不得参与新股申购。网下和网上投资者缴款认购的股份数量合计不足本次公开发行数量的70%时，可以中止发行。"

4. 机构投资者配股

采用询价方式的，公开发行股票后总股本超过4亿股的，网下初始发行比例不低于本次公开发行股票数量的70%。应当安排不低于本次网下发行股票数量的40%优先向公募基金和社保基金管理人管理的社保基金配售，安排一定比例的股票向根据《企业年金基金管理办法》设立的企业年金基金和符合《保险资金运用管理暂行办法》等相关规定的保险资金配售。

首次公开发行股票定价普遍较低，承销商包销股票是一个很重要的原因。如果发行失败，没有足够的需求，则承销商必须承担重大损失。股票发行分为一级市场和二级市场。首次公开发行股票在证券交易所挂牌之后，能否有投资者购买股票以及需求是否强劲，关系到股票交易的活跃程度以及售出价，也决定了首次公开发行是否成功。承销商持有一部分股票需要出售，承销商的部分客户也持有一部分在一级市场购买的股票需要出售（反过来说，为客户提供在二级市场出售股票获利的机会，也是证券公司获得财富管理客户的重要方式）。一级市场的价格不能过高，否则在二级市场难以售出股票，如同水坝拦截河水，人工制造水位落差。

因此，一级市场股票价格较低，以保证在一级市场购买股票的投资者可以在二级市场售出股票并获得利润。很多投资者在一级市场踊跃购买首次公开发行的股票，对于零售投资者（汉语也称"散户"）来说，经常是"一票难求"。2014年1月，中国证券业协会发布《首次公开发行股票承销业务规范》，明确规定，债券型证券投资基金或集合信托计划以及在招股说明书中明确以博取一、二级市场差价为目的申购新股的理财产品等证券投资产品不得参与网下新股申购。

（二）商业预测

1. 市盈率

市盈率［Price/Earnings Ratio（P/E）］有袖珍估价模式的美称，由股票市场价格除以公司每股盈利而得。市盈率超过20倍为高市盈率，通常被视为风险较高，而低市盈率则意味着盈利潜能较高。[1]利润率（profit margin）为公司的净收入除以净销售量得到的百分比，用以衡量公司盈利能力。[2]但市盈率和利润率的指向经常相反，让投资者无所适从。比如，2009年，标准普尔500指数的公司的市盈率是20倍，为5年内最高，而边际利润为10年最低。到2012年4月，情况正好相反，标准普尔500指数的公司的市盈率是14倍，而且有可能降至12倍，但边际利润已在2011年第三季度增至5年内最高，2011年第二季度的公司的销售额增长速度放慢。[3]

2. 估值

公司首次公开发行也有估值的难题。一家高频交易公司上市时，因为"无法准确制作其财务报表"，被迫推迟了公司的首次公开发行。

增长型公司的估值比较困难，社交媒体的个人账户也可以被视为资产。脸谱

---

[1]［美］R. J. Shook：《华尔街词典》，陈启清等译，中国商业出版社2002年版，第613页。
[2]［美］R. J. Shook：《华尔街词典》，陈启清等译，中国商业出版社2002年版，第624页。
[3] The Lex Column, "Price/earnings ratios", *The Financial Times*, April 10, 2012, p. 14.

上市时，使用者就被视为其资产。[1]

理财型公司的估值也比较困难。信达公司上市之前，中信、UBS 都是信达的股东，对信达的估值是 103 亿美元。但按照信达承销商的估值，信达的价值为 204 亿美元。[2]信达的承销商称，2012 年信达处理贬值资产的回报为 112.5%。现金回收率（cash recovery rate）是衡量一家公司业绩的一个重要指标，但投资者并不知道信达的现金回收率是多少。信达 72% 的业务是管理贬值资产。这样就给了投资者许多悬念。信达高价发行股票，每股 3.58 港币，融资 25 亿美元。认购资金多达 650 亿美元，其中 450 亿美元来自机构投资者。[3]如果没有政府作为后盾，投资者是不会如此钟情信达股票的。

公司利润。阿里巴巴在其上市招股说明书中称，其利润率达到 45%。就中国大陆的网上零售业务而言，阿里巴巴所占的份额高达 80%；就中国大陆的搜索引擎业务而言，百度的市场份额不低于 70%；腾讯在短讯市场中占绝对支配地位。[4]

3. 预测价格

公司上市的发行价格如何确定，需要预测估值，但估值本身也是一门艺术。预测价格是艺术，也有很大的主观性，因人而异，因金融机构而异。2013 年 11 月 7 日，推特（Twitter）的发行价是每股 26 美元，当日股价上涨 73%，12 月 3 日股价涨到每股 40.83 美元。五大国际银行对未来 12~18 个月内推特的每股股价有不同预测：德意志银行预测 50 美元；高盛预测 46 美元；摩根大通预测 40 美元；美国银行预测 36 美元；摩根士丹利预测 33 美元。[5]定价是艺术，而不是技术，有时近于占卜，私募股权基金黑石首发定价便是这样。[6]

---

[1] Tracy Alloway, "Ever more complex finance parts ways with economic reality", *Financial Times*, May 3/May 4, 2014, p. 12.

[2] Prudence Ho, "Cinda's IPO Challenge", *The Wall Street Journal*, November 22~24, 2013, p. 15.

[3] The Wall Street Journal, http://blogswsj.com, accessed September 6, 2013.

[4] Cathy Holcombe, "The Alibaba Investment Risk", *The Wall Street Journal*, May 8, 2014, p. 13.

[5] Alexandra Scaggs and Tells Demos, "Twitter Backers Sound a Cautious Note", *The Wall Street Journal*, December 4, 2013, p. 22.

[6] 黑石在纽交所挂牌的前夜，黑石与承销商讨合适的发行价。"几家银行早些时候预测，发行价可以卖出每股 29 美元至 31 美元。在黑石董事会办公室内，（黑石的二号人物）詹姆斯让摩根士丹利和花旗的银行家们分别在一张纸上写下他们建议的股价，然后说出他们的数字，解释他们的想法。花旗的几位银行家都说是 30 美元；摩根士丹利的几位银行家写的是 31 美元。（黑石的一号人物）施瓦尔斯曼问，价格定在 30 美元是否较妥？施瓦尔斯曼说，若是事后股票跌破发行价的话，他不想被指责为要榨取最后 10 美分。" David Carey and John E. Morris, *King of Capital*, New York：Crown Business, 2010, 275~276.

4. 定价中的迷信

公司上市的股票价格也受数字影响。比如，阿里巴巴在纽约交易所上市，首日交易的发行价格定为每股 68 美元。汉语中有 "66 顺" 的说法，而 "8" 在广东话中与 "发" 同音，可以被理解为含有 "恭喜发财" 的美好祝愿。在香港证券交易所上市的公司，交 50 万港币就可以获得吉祥牌号，通常是带有 6 或 8 的数字；如果公司要自选号码，则需要交纳 100 万港币。[1]

5. 私下市场上交易的股票

私下市场上交易的股票通常仅占拟上市股票的一小部分，价格由买卖双方私下商定，并不能准确显示股票挂牌后交易的走向。推特首次公开发行定价时，价格高于私下市场上股票的交易价格，股票挂牌交易第一天，股价上升 73%。脸谱首次公开发行定价时，价格低于私下市场上股票的交易价格，股票挂牌交易之后，股价跌破发行价。[2]

6. 诉讼

发行价也可能会受到诉讼的影响。比如，2014 年 7 月，阿里巴巴在纽约证券交易所上市之前，古驰（Gucci）等多家品牌商在美国起诉阿里巴巴，诉称阿里巴巴在明知的情况下，允许许多假冒产品生产者借助阿里巴巴的销售、促销和支付平台，在全球销售其非法产品，包括在美国销售此类产品。[3]但这些品牌商迅速与阿里巴巴达成了庭外和解并撤诉，理由是双方进行了 "建设性对话"。[4]该和解内容并不公布，所以外界并不知道其中的是非曲直。如果阿里巴巴上诉之前和上诉之后，古驰的诉讼仍然继续，则势必影响到阿里巴巴的发行股价。这些品牌商选择在阿里巴巴临近上市时对其起诉，就有要挟之意。

（三）证券承销

1. 报送承销方案

承销业务存在各种实施违法活动的机会，证监会对其不敢完全放任自流，要求承销计划先行备案。《证券发行与承销管理办法》第 25 条规定："证券公司实

---

〔1〕 Jennifer Hughes, "How many Alibabas will HKEx lose for the sake of listing rules", *The Financial Times*, September 24, 2014, p. 14.

〔2〕 Telis Demos, "Trading Values Alibaba at 150 Billion", *The Wall Street Journal*, July 17, 2014, p. 20.

〔3〕 Kathy Chu, "Alibaba Suit Offers Detail on Counterfeits", *The Wall Street Journal*, August 12, 2014, p. 16.

〔4〕 Kathy Chu, "Alibaba Suit Offers Details on Counterfeits", *The Wall Street Journal*, August 12, 2014, p. 16.

施承销前,应当向中国证监会报送发行与承销方案。"

2. 发行上市后交易

为了维持股票挂牌后的交易量,承销商必须设法调动需求,机构投资者认购的股票额必须达到发行额的四倍,才能维持证券交易的活跃性。[1]。1999~2000年期间,美国新股首日平均涨幅为64.50%,持有3年的平均收益为53.30%。[2]

《上海证券交易所交易规则》第3.4.13条规定:"本所对股票、基金交易实行价格涨跌幅限制,涨跌幅比例为10%。但属于下列情形之一的,首个交易日无价格涨跌幅限制:(一)首次公开发行上市的股票和封闭式基金;(二)增发上市的股票;(三)暂停上市后恢复上市的股票;(四)退市后重新上市的股票;(五)本所认定的其他情形。"《深圳证券交易所交易规则》[3]第3.4.13条也有相应规定。涨停板限制不适用于首次公开发行的股票挂牌的第一天。换言之,公司首次公开发行,挂牌第一天是狂欢之日(古代有清军"扬州屠城三日"和"嘉庆屠城三日",今天上市公司又有狂欢日。尽管两类活动的性质不同,但都表现了人性的放纵)。

从理论上说,首次公开发行股票挂牌首日,交易价格也可能直线下跌,甚至是跌破发行价。但大多数情况下,首次公开发行股票挂牌交易第一日,股票价格会上涨;如同前文所述,证券公司在定价时,已经为股票价格留下了足够的上行空间。

"绿鞋"(greenshoe)是指通过合同约定,允许首次公开发行的公司增加发行股票的数量,由承销商购得这些股票后转售给投资者。股票挂牌上市后,如果交易特别活跃,需求很强劲,可以根据事先签订的协议,增加发行股票。2014年9月19日,阿里巴巴在纽约挂牌上市出售3.201亿股股票,每股价格为68美元。"绿鞋"30天内,承销商有权再购买4800亿股。[4]阿里巴巴首次公开发行过程中向投资者出售的股票为每股68美元,2014年9月19日在纽约交易所挂牌交易几分钟后便涨到每股99美元,当天收盘时的价格为每股93.89美元,股价上升了

---

[1] Telis Demos and Matt Jarzemsky, "Alibaba IPO Isn't an Easy Sell", *The Wall Street Journal*, August 12, 2014, p. 13.

[2] 钟华、解静:"成熟市场的新股发行制度",载《第一财经日报》2012年2月23日,第A13版。

[3] 深证会〔2016〕291号。

[4] Nicole Bullock, "Alibaba valued at nearly $230 bn as stock surges on NY opening", *Financial Times*, September 20, 2014, p. 1.

三分之一。鉴于投资者的强劲需求，承销商愿意行使购买更多股票的权利。[1]

3. 托市与反托拉斯

《证券发行与承销管理办法》规定，证券发行依照法律、行政法规的规定应由承销团承销的，组成承销团的承销商应当签订承销团协议，由主承销商负责组织承销工作。[2]

证券首次公开发行在美国通常是由数家证券公司组成承销团承销。证监会以部门规章的形式加以说明，表面上是为了监管，实际上是肯定了这种做法。华尔街投资银行因为联合承销首次公开发行的证券而在美国成为民事索赔诉讼的被告。美国投资者依据反垄断法提起诉讼，但2007年美国最高法院判定，反垄断法不适用于证券市场，理由是证券市场已有证交会的有效监管，而且若要证券市场有效运行，投资银行之间的一致行动是必不可少的。[3]或许是无心之过，或许是别有用心，大法官们似乎忽视了两个重要方面：薪酬和并购。如果反垄断法适用于证券市场，证券市场就无法有效运行，那么美国公司高管就应当是低收入，但事实上他们都是天价收入。这就是在业务方面不适用反垄断法，但在薪酬方面却要求竞争。

美国最高法院的论断不够确切。大法官们应当说，反垄断法并不适用于公司的首次公开发行业务，而不能说反垄断法不适用于证券市场，因为反垄断法一直都适用于证券市场，适用于上市公司。[4]涉及并购业务时，美国监管机构一直在进行反垄断审查，原告仍然依据反垄断法起诉私募股权基金。[5]一些上市公司是通过垄断或滥用市场支配地位获得高利润的。微软公司在美国、欧洲和中国都成为反垄断监管当局调查的对象。[6]

---

[1] Josh Noble, "Alibaba notches up biggest IPO", *Financial Times*, September 23, 2014, p. 17.

[2] 《证券发行与承销管理办法》第22条第2款。

[3] Credit Suisse v. Billing, 551 U. S. 2641 (2007).

[4] 反托拉斯法仍然适用于公司上市的并购，联邦证券法并没有将其排除在外。Dahl v. Bain Capital Partners, LLC, 589 F. Supp. Wd 112 (D. Mass. 2008).

[5] 2004年至2008年期间，TPG、KKR和黑石等大型私募股权基金争相进行杠杆收购，动用资金常在50亿美元至500亿美元之间。但被收购公司的股东则在美国法院起诉，指称大型私募股权基金之间有默契，有意不竞价收购公司。TPG、KKR和黑石三家私募股权基金最终与原告达成庭外和解，前者向后者支付3.25亿美元，但并不承认自己有过错。The Lex Column, "Private equity", *Financial Times*, August 11, 2014, p. 1.

[6] Laurie Burkitt and Colum Murphy, "China Increases Pricing Scrutiny", *The Wall Street Journal*, August 5, 2014, p. 1. 欧盟成员高官联名致函欧盟反垄断机构，强烈要求该机构起诉谷歌。James Fontanella-Khan, Alex Barker and Jeevan Vasagar, "Google has fight on its hands in Europe", *Financial Times*, May 22, 2014, p. 3.

4. 不得"抢跑"

《证券发行与承销管理办法》第29条规定：

"首次公开发行股票申请文件受理后至发行人发行申请经中国证监会核准、依法刊登招股意向书前，发行人及与本次发行有关的当事人不得采取任何公开方式或变相公开方式进行股票发行相关的推介活动，也不得通过其他利益关联方或委托他人等方式进行相关活动。"

美国《1933年证券法》第5（c）条[1]也有类似规定，禁止发行人在呈交注册陈述之前有任何促销行为。其目的是保护交易商，以免他们受到压力，在获得可靠信息之前设法认购股票。

八、核准制与注册制

《证券法》第10条明确规定了核准制，我国上市公司的很多问题也被归咎于核准，主张以美国的注册制代替核准制的呼声很高。以注册制取代核准制至少有两个假定前提：第一，注册制与核准制有根本的不同；第二，注册制优于核准制，可以从根本上改变上市公司的质量。上市公司的质量取决于诸多因素：很多企业通过并购"借壳"，避开首次公开发行核准程序上市；公司上市后一落千丈，但仍然拒不退市；公司增发股票的要求也低于公司上市的标准。

（一）核准程序

1. 发行程序

《首次公开发行股票并上市管理办法》第三章规定了发行程序：①董事会提出方案并由股东大会批准；②股东大会相关决议必须包括募集资金用途等内容；③发行人制作申请文件，并由保荐人向证监会申报；④证监会5日内决定是否受理；⑤相关职能部门初审申请文件，并由发行审核委员会审核；⑥征求发行人注册地省级人民政府是否同意发行人发行股票的意见，并就发行人募集资金投资项目是否符合国家产业政策和投资管理规定征求国家发展改革委员会的意见；⑦作出核准或不核准的文件，并出具相关文件，核准决定有效期6个月；⑧股票发行结束前，发行人发生重大事项的，应当暂缓或者暂停发行，并报告证监会，同时履行信息披露义务，影响发行条件的，应当重新履行核准程序；⑨不予核准决定做

---

[1] The Securities Exchange Act, §5 (c).

出 6 个月后，发行人可以再次提出股票发行申请。

2. 核审工作流程

2015 年 3 月 20 日，证监会公布了首次公开发行股票审核工作流程，[1]其步骤为：受理、反馈会、见面会、初审会、发审会、封卷、核准发行等主要环节。适用的部门规章为《中国证券监督管理委员会行政许可实施程序规定》[2]《首次公开发行股票并上市管理办法》和《首次公开发行股票并在创业板上市管理办法》。

美国公司首次公开上市，从准备到发行完毕，大约需要 4 至 6 个月的时间。[3]

3. 发行审核委员会

证监会受理申请文件后，先进行初审，并由发行审核委员会审核。[4]证监会就此发布了《中国证券监督管理委员会发行审核委员会办法》[5]（下称《发审委办法》）及《关于加强对通过发审会的拟发行证券的公司会后事项监管的通知》[6]《中国证券监督管理委员会发行审核委员会工作细则》[7]。2017 年修改的《发审委办法》将主板发审委、创业板发审委合并。此外，《发审委办法》的变动还包括：发审委专职委员由 60 名增加到 66 名；[8]强化发审委选聘工作，设立遴选委员会；[9]设立发行审核检察委员会，对发行审核工作进行检察；[10]完善

---

[1] 载 http://www.csrc.gov.cn/pub/zjhpublic/G00306202/201503/t20150320_273821.html，访问日期：2015 年 3 月 26 日。

[2] 证监会令第 66 号，2009 年。

[3] 尽职调查阶段：4~8 周。第 1 周：初步组织会议；第 2 周：第一次全体会议起草工作会议；第 3 周：修改发布的证券注册书；第 4 周：第二次全体人员起草会议；第 5 周：第三次全体人员起草会议；第 6 周：最后的全体人员起草会议；第 7 周：向证交会提交注册书；第 8 周：提交上市申请文件；第 11 周：收到 SEC 的意见；第 12 周：回复 SEC 的意见及提交修正版本；第 13 周：开始"路演"意见；第 14 周：收到 SEC 意见；第 15 周：回复 SEC 意见及提交修正版本；第 16 周：完成路演；第 17 周：公司与承销商讨价格，股票开始在交易所交易；第 18 周：首次公开发行结束，公司收到首次公开发行的资金。Scott E. Bartel, "IPO in the United States", Training for Companies Interested in US IPO, Zhongguancun, June 4, 2014.

[4] 《首次公开发行股票并上市管理办法》第 48 条。

[5] 证监会令第 31 号，2009 年证监会令第 62 号修正，2017 年证监会令第 134 号修正。

[6] 证监发行字〔2002〕15 号。

[7] 证监发〔2006〕51 号。

[8] 《发审委办法》第 6 条。

[9] 《发审委办法》第 8 条。

[10] 《发审委办法》第 39 条。

限制发审委委员买卖股票制度;[1]委员会任职期限由最多连任三届改为两届;[2]完善发审委委员的任职条件;[3]发审委委员因违法违规被解聘的,取消其所在单位5年内再次推荐发审委委员的资格;[4]对未违法违规委员公开谴责。[5]

尽管有发审委,但公司上市审核主要由证监会把握。工作流程是先由发行部预审人员"对发行人的申请文件进行初审",[6]并向发审委说明情况,再由发审委审核。[7]证监会之所以设立发审委,是因为证监会因上市公司质量不过关而不断受到批评。证监会一再声明,不做实际审核[8],但仍然受到批评。往好的方面说,证监会设立发审委,是力求通过专业人士把关,提高审核质量;往坏的方面说,则是证监会要让名流贤达分担审核上市申请的责任。外界也并没有因为证监会设立发审委而减少对证监会的批评。而另一方面,发审委委员中有害群之马:主板发审委和创业板发审委仍然有成员违反规定持有或买卖股票的问题。[9]

(二) 核准制与注册制的区别

1. 审核制与注册制

《证券法》第10条规定:"公开发行证券,必须……报经国务院证券监督管理机构或者国务院授权的部门核准;未经依法核准,任何单位和个人不得公开发行证券。"证监会又制定了《首次公开发行股票并上市管理办法》,规定了具体的核准要求。这就是所谓的审核制。

美国《1933年证券法》第5节规定,除非在证交会注册,否则任何人不得发行证券。据此类推,"证交会无权决定是否能够公开发行某一个证券;证交会只能要求发行人就所有重大事实做充分披露"[10]。这就是所谓的注册制。国内曾经

---

[1] 《发审委办法》第14条。
[2] 《发审委办法》第7条。
[3] 《发审委办法》第9条。
[4] 《发审委办法》第10条。
[5] 《发审委办法》第41条。
[6] 《首次公开发行股票并上市管理办法》第35条。
[7] 《中国证券监督管理委员会发行审核委员会工作细则》第2条。
[8] 《首次公开发行股票并上市管理办法》第7条。
[9] 蒋飞、刘彩萍:"证监会发行部女处长落马",载《财新周刊》2015年第28期。
[10] David L. Ratner, *Securities Regulation*, St. Paul, Minnesota: West Group, 1999, p. 32.

一度提出要向美国学习,由核准制过渡到注册制[1],以便减少证券市场的行政干预。

我国的核准制与美国的注册制确有不同:美国是由证交会一家审核企业的上市申请,而证监会则是和多家国家机关及地方政府一同会审企业的上市申请。比如,发行审核涉及环保问题,环境保护部对此也有发言权,而且专门发文做出规定。[2]此外,首次公开发行股票,必须得到发行人注册地省级人民政府的同意。[3]2006年5月起实施的《首次公开发行股票并上市管理办法》第9条规定,发行人自股份有限公司成立后,持续经营时间应当在3年以上,但经国务院批准的除外。[4]但审批机构并非证监会。《首次公开发行股票并上市管理办法》第11条规定:"发行人的生产经营符合法律、行政法规和公司章程的规定,符合国家产业政策。"而审批发行人生产是否符合国家产业政策的大多是行业主管部门,并非证监会。上市公司非公开发行股票,发行对象为境外战略投资者的,应当经国务院相关部门事先批准,[5]而该部门也并非证监会。说到底,证监会审理上市申请材料,很大程度上是审理批文,不仅是审理证监会自己的批文,而且也审理其他政府部门出具的批文。

核准制由审批制过渡而来。1992年12月17日,国务院发布《关于进一步加强证券市场宏观管理的通知》[6],规定中央企业上市,由其主管部门所在地省级或计划单列市人民政府在国家下达给该部门的规模内审批,然后再由证监会审批。1993年4月23日颁布的《股票发行与交易管理暂行条例》[7]则规定,公司申请上市,由地方审批,证监会进行资格复审。[8]1993年12月29日通过的《中华人民共和国公司法》第139条也规定,公司向社会公开发行或者募集股份,"股东大会作出发行新股的决议后,董事会必须向国务院授权的部门或者省级人

---

[1] 《国务院关于进一步促进资本市场健康发展的若干意见》(国发〔2014〕17号)第(四)条。
[2] 《国家环境保护总局关于对申请上市的企业和申请再融资的上市企业进行环境保护核查的通知》(环发2003〔101号〕)。
[3] 《首次公开发行股票并上市管理办法》第36条。
[4] 2009~2011年期间,一大批国有中央企业依据该条,经过国务院特批上市。这些企业包括:中国建筑、中国中冶、中国国旅和中国水电。刘宏刚:"上市'非常道'",载《财经国家周刊》2013年第43期。
[5] 《上市公司证券发行管理办法》(证监会令第30号,2006年)第37条。
[6] 国发〔1992〕68号。
[7] 国务院令第112号,1993年。
[8] 《股票发行与交易管理暂行条例》第12条。

民政府申请批准"。凯立公司案便涉及上述的相关规定。[1]

2. 形式审与实质审

美国的注册制实际上是一种变相的核准制。美国证交会没有核准的法律授权，但可以通过不断向申请方提问，索取各种材料，拖延挫败上市公司的申请。美国的法律注重程序，程序可以有利于保护个人或企业的权利，但也可以有利于政府。美国企业要上市，也必须经过证券监管部门的同意，中、美两国的做法并没有实质区别。

根据美国一些州的州证券法，公司申请发行证券，必须对其申报文件的完整性（completeness）和准确性（accuracy）进行审查。[2]在涉及州证券法的判例中，美国法官称证券方面的投机性骗局不着边际，如同"几英尺的蓝天"。州证券法因此而得名"蓝天法"（blue sky laws）。但美国联邦法优于州法，联邦证券法生效之后，州证券法可以规制的范围极其有限，可以忽略不计。[3]

完整性和准确性审查也称作"价值审查"（merit review）或"实质性审查"（substantive review）。

《首次公开发行股票并上市管理办法》规定，证监会核准企业首次公开发行股票，"不表明其对该股票的投资价值或者投资者的收益作出实质性判断或保证"。[4]换言之，审核只是形式审核，所以"股票依法发行后，因发行人经营与收益的变化引致的投资风险，由投资者自行负责"。[5]

---

[1] 凯立股份有限公司（下称"凯立公司"）1998年向证监会报送了A股发行材料。2000年4月28日，证监会以办公厅名义发出《关于退回海南证券凯立中部开发建设股份有限公司A股发行预选材料的函》（证监办函［2000］50号），认定凯立公司"发行预选材料前三年会计材料不实，不符合上市的有关规定。经研究决定退回其A股发行预选申报材料"。2000年7月，凯立公司针对财务资料不实、退回其A股发行预审材料的行为，向北京市第一中级人民法院提起行政诉讼。2003年，北京市第一中级人民法院做出判决，证监会败诉，法院的理由是，证监会对发行申请不予核准的，出具书面意见，说明不予核准的理由。法院责令证监会恢复对凯立公司股票发行核准程序。凯立股份有限公司不服中国证监会退回股票发行申请材料行政诉讼案：北京市中级人民法院（2000）一中行初字第118号。证监会不服，向北京市高级人民法院提起上诉。二审法院驳回上诉、维持一审判决。凯立股份有限公司不服中国证监会退回股票发行申请材料行政诉讼案：北京市高级人民法院（2001）高行终字第7号行政判决书。证监会的观点是："对于地方企业申请公开发行股票的，仍然必须先经省级地方政府批准，然后才能向中国证监会提出正式发行申请；否则，中国证监会不予受理。"高西庆、陈大纲：《证券法学案例教程》，知识产权出版社2004年版，第23页。

[2] Henry Campbell Black, *Black's Law Dictionary*, St Paul: West Publishing Co., 1990, p. 173.

[3] State v. Cushing, 137 Me. 112, 15 A. 2d 740.

[4] 《首次公开发行股票并上市管理办法》第7条。

[5] 《首次公开发行股票并上市管理办法》第7条。

3. 实质审有其正当性

美国也有不同声音存在，有学者认为，监管机构进行价值性审查或实质性审查，就是努力为投资者代言，所以价值审查有其正当性和不可替代的积极意义：

"或许可以公平地说，新股发行惯例上是卖给公众投资者，而不是公众投资者买。这是因为有市场压力，再考虑到各种相互竞争的证券产品、缺乏了解情况后对新股做出的评判性分析、大多数注册代表向其客户提供的信息甚少、很多尽职审查不如人意，所以很需要保护投资者。行政人员进行价值审查，所履行的职能是，提问并探寻相关信息，而本来应当是由承销商提出这些问题并探寻信息的。但这只是程序的一部分。监管机构适用价值标准，就发挥了市场、承销商和经纪公司都无法始终如一履行的职能：确保投资者受到公平对待。价值监管机构发挥这些相互有关的职能，寻求重大披露，规制发行的实质性股票，价值监管机构就是努力为投资者代言。"[1]

(三) 取消核准制的目的何在？

我国政府对公司上市的监管和控制不限于核准制。核准制只是政府监管证券市场的方式之一，其力度远不及其他很多方式。国务院还时而发文支持某一行业的企业上市。[2] 国务院下属部委也发文支持某一行业的企业上市。[3] 就连证券交易所也公开表示支持某一类企业上市。[4] 股票市场仍然是一只各方取卵的鸡，根本无市场化可言。证监会还控制上市节奏，有时甚至完全中止任何公司上市。[5]

如果是为了减少或取消政府审核，由核准制过渡到注册制并没有实际意义，

---

〔1〕 Hough H. Makens, "Who Speaks for the Investor? An Evaluation of the Assault on Merit Regulation", 13 *U. Balt. L. Rev.* 435 (1984).

〔2〕 2014年1月，中共中央、国务院发布《关于全面深化农村改革加快推进农业现代化的若干意见》，支持符合条件的农业企业上市。中国人民银行、财政部、银监会、证监会、扶贫办和共青团中央下发《关于全面做好扶贫开发金融服务工作的指导意见》，要求支持符合条件的贫困地区企业首次公开发行股票并上市，支持已上市企业利用资本市场进行并购重组，实行整体上市。

〔3〕 2012年3月，银监会、证监会表示支持城市银行、农业银行等地方银行上市，因为此类银行贴近中、小企业，可以更好地满足此类企业融资的需求。吕东："城商行、农行IPO将加力放行"，载《证券日报》2012年3月22日，第1版。

〔4〕 上海证券交易所公开表态，"积极推动金融、能源、军工、文化、网络等行业的重点企业发行上市"。朱宝琛："第十届中国公司治理论坛昨日召开"，载《证券日报》2011年12月20日，第1版。

〔5〕 2005年5月25日至2006年5月4日，因改革非流通股，证监会暂停发行新股；2008年9月1日至2009年6月29日，因为全球性金融危机，证监会暂停发行新股。蒋飞："IPO'市场化'能否坚定进行"，载《第一财经日报》2012年2月7日，第A1版。

因为美国的注册制也是由政府批准上市,只不过是批准方式和批准标准与我们的核准制不同而已。如果是为了排除其他政府部门核准公司上市,则并非证监会能够决定的事项,而必须由国务院直接出面推动,否则难以协调其他单位。否定审核制远非证监会可以做到的,但宣扬注册制的观点对证监会有利。从逻辑上说,否定审核制就为证监会的工作做了辩解:因为审核制并不适合证券发行,存在无法克服的固有问题,所以以往审核工作中的缺点和错误都是难免的。

我国证券市场涉及国计民生,需要服从国家大的方针政策。在股票市场融资,是获得一种稀缺资源,政府对此进行监督和控制在所难免。政府监管有其积极意义。福建诺奇股份有限公司在香港上市后不久便宣布,公司董事会主席失踪,而且卷走公司2.3205亿元现金。[1]而在此之前,诺奇在内地申请上市未获批准。就该公司而言,内地的审核制并不一定是件坏事。

(四) 退市

假设注册制能够成功推行,我国必须有成功有效的退市制度。如果公司只上市不退市,证券交易所难以承担重负。我国尚无行之有效的退市制度。2009年我国就推出创业板,但直到2011年深交所才表示要推出创业板退出制度。[2]深交所前总经理表示,上市公司的退市不仅涉及职工和债权人事项,也涉及地方政府和部门之间的复杂利益关系。[3]

《上海证券交易所股票上市规则》[4]增加了主动退市和重大违法强制退市。2016年3月,ST博元成为首例违法退市的企业。[5]但《上海证券交易所股票上市规则》又规定,公司只要在最近一个会计年度净利润为正值,营业收入不低于1000万元,净资产为正值,就可以申请重新上市。[6]但公司申请首次公开发行,则需要满足更加严格的条件。[7]

---

〔1〕 "Editorial Due diligence on IPOs paramount", *South China Morning Post*, September 2, 2014, p. A12.

〔2〕 王浩娇:"创业板直接退市制度将尽快推出",载《京华时报》2011年3月1日,第B46版。

〔3〕 朱宝琛:宋丽萍:利益关系复杂造成退市制度执行难",载《证券日报》2012年2月27日,第1版。

〔4〕《上海证券交易所股票上市规则》2012年修订。

〔5〕 赵一蕙:"'不死鸟'现象追问",载《上海证券报》2016年3月24日,第1版。

〔6〕《上海证券交易所股票上市规则》14.2.1条(二)、(三)、(四)款。

〔7〕 "2012年退市制度改革中,按照高于借壳上市但低于首次公开发行的标准,为退市公司重新回到交易场所提供了相对宽松的途径……但部分市场意见表示,重新上市条件低于首次公开发行条件,可能滋生恶意或随意退市、形成监管套利等现象,实际不利于资本市场的发展和中小投资者利益的保护"。赵一蕙:"沪深交易所'股票上市规则'",载《上海证券报》2014年10月20日,第2版。

退市难与我国的监管文化有关。我国监管文化的一大特点是，如果可以行使审批权力，政府机构一哄而上，需要解决收拾残局时又一哄而散。如果监管部门能够拿出支持创新业务的热情来攻坚退市，退市问题就可以迎刃而解。

（五）"暂时"保留核准制度

2014年8月1日，全国人民代表大会修改《证券法》，并没有修改规定核准制的第10条。[1]《关于修改〈首次公开发行股票并上市管理办法〉的决定》将第49条改为第36条，删去"并就发行人的募集资金投资项目是否符合国家产业政策和投资管理的规定"，但保留了"中国证监会在初审过程中，将征求发行人注册地省级人民政府是否同意发行人发行股票的意见"。从某种意义上说，证监会的审核是政府部门之间的会签。既然公司发行股票仍然需要获得地方政府批准，就意味审核制仍然将继续存在，核准制与注册制之争可以暂时告一段落。

2015年12月30日，证监会主席办公会通过《关于修改〈首次公开发行股票并上市管理办法〉的决定》[2]。同日，深交所理事会召开会议，还表示要"确保注册审核工作平稳对接、顺利启动"[3]显然，深交所与证监会不在一个波长上沟通。深交所缺乏领悟大局的能力。这也间接显示，证券交易所难以负担注册制改革的大任。但另一方面也说明，证监会无法很好地指导证券交易所的工作，至少两者之间的协调不够通畅。也可以说，证券交易所为了自己的利益而一意孤行。

九、上市公司发行证券

上市公司申请在境内发行股票、可转换债券，适用《上市公司证券发行管理办法》[4]。

（一）发行证券的一般条件

发行人有良好的公司内控机制，最近12个月内不存在违规对外提供担保的行为。[5]上市公司的盈利能力有可持续性：最近3个会计年度连续盈利，最近24个月内曾公开发行证券的，不存在发行当年盈利比上年下降50%以上的情形；[6]发行

---

[1] 新华社电："证券法保险法修改获全国人大通过"，载《证券时报》2014年9月1日，第A2版。
[2] 证监会令122号，2015年。
[3] 刘伟："深交所：确保注册审核工作顺利启动"，载《上海证券报》2015年12月31日，第2版。
[4] 证监会公告［2009］16号。
[5] 《上市公司证券发行管理办法》第6条。
[6] 《上市公司证券发行管理办法》第7条。

人无重大违法行为[1]。

募集资金的数额不得超过项目需要量;募集资金用途符合国家产业政策和环境保护、土地管理的法律法规;除金融类企业外,不得用于金融投资;项目实施后,不会与控股股东或实际控制人产生同业竞争或影响公司生产经营的独立性。[2]

(二) 配股

《上市公司证券发行管理办法》第12条规定,除满足上市公司发行证券的一般条件外,向原股东配售股份("配股"),应当符合以下条件:

"(一) 拟配售股份数量不超过本次配售股份前股本总额的百分之三十;

(二) 控股股东应当在股东大会召开前公开承诺认配股份的数量;

(三) 采用证券法规定的代销方式发行。"

控股股东不履行认配股份的承诺,或者代销期限届满,原股东认股股票的数量未达到拟配售数量70%的,发行人应当按照发行价并加算银行同期存款利息返还已经认购的股东。

(三) 增发

《上市公司证券发行管理办法》第13条规定,向不特定对象公开募集股份("增发"),除满足上市公司发行证券的一般条件外,应当符合以下条件:

"(一) 最近3个会计年度加权平均净资产收益率平均不低于百分之六;

(二) 除金融类企业外,最近一期末不存在持有金额较大的交易性金融资产和可供出售的金融资产、借予他人款项、委托理财等财务性投资的情形;

(三) 发行价格应不低于公告招股意向书前二十个交易日公司股票均价或前一个交易日的均价。"

(四) 可转换公司债券

上市公司可以公开发行认股权和债券分离交易的可转换公司债券("分离交易的可转换公司债券")。[3]认股权证上市交易的,认股权证约定的要素应当包

---

[1] 《上市公司证券发行管理办法》第9条。
[2] 《上市公司证券发行管理办法》第10条。
[3] 《上市公司证券发行管理办法》第27条。

括行权价格、存续期间、行权期间或行权日、行权比例。[1]

（五）发行程序

上市公司申请发行证券，需要经过股东大会同意并就重要事项做出决定。[2]上市公司申请发行证券，应当由保荐人保荐，并向证监会申报。[3]

（六）摊薄

摊薄（dilution 或 water-down）是指每股普通股盈利的减少，发行更多的普通股或公司可转换债券转换为普通股都会造成摊薄。[4]证监会就此发布《关于首发及再融资、重大资产重组摊薄即期回报有关事项的指导意见》[5]。该意见规定的内容如下：

公司首次公开发行股票、上市公司发行股票（含优先股）和可转换债（"再融资"），上市公司重大资产购买、出售、置换及上市公司发行股份购买资产（"重大资产重组"），应当披露本次融资募集资金到位或重大资产重组完成当年公司每股收益相对去年每股收益的变动趋势。[6]

计算每股收益应按照《公开发行证券的公司信息披露编报规则第9号——净资产收益率和每股收益的计算及披露》的规定分别计算基本每股收益和稀释每股收益，同时扣除非经常性损益的影响。[7]

如果预计融资募集资金到位或重大资产重组完成当年基本每股收益或稀释每股收益率低于上年度，导致公司即期回报被摊薄的，公司应当披露有关信息。[8]董事会应将有关分析提交股东大会表决。[9]保荐机构和财务顾问应当对公司所预计的回报摊薄发表意见。[10]

十、公司债券

公司债券属于"债权证券"（debt security），也被称作"固定收入证券"（fixed

---

[1]《上市公司证券发行管理办法》第31条。
[2]《上市公司证券发行管理办法》第40条、第41条、第42条、第43条、第44条。
[3]《上市公司证券发行管理办法》第45条。
[4] Benjamin Graham, *Security Analysis*, New York: McGraw Hill, 2009, p. 313.
[5] 证监会公告［2015］31号。
[6]《关于首发及再融资、重大资产重组摊薄即期回报有关事项的指导意见》第1条。
[7]《关于首发及再融资、重大资产重组摊薄即期回报有关事项的指导意见》第1条。
[8]《关于首发及再融资、重大资产重组摊薄即期回报有关事项的指导意见》第2条。
[9]《关于首发及再融资、重大资产重组摊薄即期回报有关事项的指导意见》第5条。
[10]《关于首发及再融资、重大资产重组摊薄即期回报有关事项的指导意见》第6条。

income security），因为同债券一样，公司债券有票面价值（par value），提供定期定额的收益，并会在到期时偿付本金。但"固定"一词有误导：公司债券作为证券在证券交易所或柜台交易时，交易价格也是上下波动，甚至有可能发生巨大波动，而且如果发行人破产，固定收入难以实现。

公司债券是证券的主要形式，也是企业融资的重要手段。公司债券在我国适用《公司债券发行与交易管理办法》。本章讨论的是证券的公开发行，包括公司债券的公开发行，而公司债券的非公开发行见第四章。

（一）公司债券的定义

公司债券是指公司按照发行程序发行、约定在一定期限内还本付息的有价证券。[1]《公司债券发行与交易管理办法》之后，公司债券发行人不再限于上市公司。[2]2013年、2014年期间，公司债券月均发行量达80亿元，2015年《公司债券发行与交易管理办法》发布之后，月均发行量超过700亿元。[3]

公开发行的公司债券在证券交易所、全国中小企业股份转让系统交易或转让。非公开发行的公司债券自行销售，或在证券交易所、全国中小企业股份转让系统、机构间私募产品报价与服务系统和证券公司柜台转让。[4]

证券公司和其他金融机构次级债券的发行、交易或转让，适用《公司债券发行与交易管理办法》。境外注册公司在证监会监管的债券交易场所进行的债券发行、交易或转让，参照适用《公司债券发行与交易管理办法》。[5]上市公司发行附认股权、可转换成股票条款的公司债券，应当符合《上市公司证券发行管理办法》和《创业板上市公司证券发行管理暂行办法》的相关规定。[6]

（二）公开发行

公开发行的条件为：

"（一）发行人最近三年无债务违约或者延迟支付本息的事实；

（二）发行人最近三个会计年度实现的年均可分配利润不少于债券一年利息

---

〔1〕《公司债券发行与交易管理办法》第2条。

〔2〕《公司债券发行与交易管理办法》第73条废除了《关于实施〈公司债券发行试点办法〉有关事项的通知》（证监发［2007］112号）。该通知将"试点公司限于沪深证券交易所上市公司的公司及发行境外上市外资股的境内股份有限公司"。

〔3〕曲艳丽："逐利交易所债市"，载《财新周刊》2015年第29期。

〔4〕《公司债券发行与交易管理办法》第2条。

〔5〕《公司债券发行与交易管理办法》第70条。

〔6〕《公司债券发行与交易管理办法》第12条。

的1.5倍；

（三）债券信用评级达到AAA级；

（四）中国证监会根据投资者保护的需要规定的其他条件；

未达到前款规定标准的公司债券公开发行应当面向合格投资者；仅面向合格投资者公开发行的，中国证监会简化核准程序。"[1]

公开发行公司债券，应当委托具有从事证券服务业务资格的资信机构进行信用评级。[2]

公开发行公司债券，适用核准制，发行人应当向证监会报送申请文件。[3]

（三）合格投资者

《公司债券发行与交易管理办法》第14条规定，合格投资者应当具备相应的风险识别和承受能力，知悉并自行承担公司债券的投资风险，并符合下列资质条件：

"（一）经有关金融监管部门批准设立的金融机构，包括证券公司、基金管理公司及其子公司、期货公司、商业银行、保险公司和信托公司等，以及经中国证券投资基金业协会（以下简称基金业协会）登记的私募基金管理人；

（二）上述金融机构面向投资者发行的理财产品，包括但不限于证券公司资产管理产品、基金及基金子公司产品、期货公司资产管理产品、银行理财产品、保险产品、信托产品以及经基金业协会备案的私募基金；

（三）净资产不低于人民币一千万元的事业单位法人、合伙企业；

（四）合格境外机构投资者（QFII）、人民币合格境外机构投资者（RQFII）；

（五）社会保障基金、企业年金等养老基金，慈善基金等社会公益基金；

（六）名下金融资产不低于人民币三百万元的个人投资者；

（七）经中国证监会认可的其他合格投资者。

前款所称金融资产包括银行存款、股票、债券、基金份额、资产管理计划、银行理财产品、信托计划、保险产品、期货权益等；理财产品、合伙企业拟将主要资产投资单一债券，需要穿透核查最终投资者是否为合格投资者并计算投资者数，具体标准由基金业协会规定。"

---

[1]《公司债券发行与交易管理办法》第18条。

[2]《公司债券发行与交易管理办法》第19条。

[3]《公司债券发行与交易管理办法》第20条。

（四）发行与承销

发行公司债券由具有证券承销业务资格的证券公司承销。[1]公司债券募集资金的用途应当在债券募集说明书中披露。[2]公开发行的价格或利率以询价或公开招标等市场化方式确定。[3]

（五）债券受托管理人

发行人应当为债券持有人聘请债券受托管理人（"受托管理人"），并订立债券受托管理协议，在债券存续期限内，由债券受托管理人维护债券持有人的利益。[4]受托管理人应当为中国证券业协会会员。[5]此外，受托管理人负责召集债券持有人大会[6]、对发行人的偿债能力和增信措施的有效性进行全面调查和程序关注[7]、处理担保事宜[8]、提起民事诉讼、参与重组或破产的法律程序[9]。

《公司债券发行与交易管理办法》第四章"债券持有人权益保护"分为两部分：受托管理人和信用增级。该节给人的印象是，受托管理人是债券持有人的保护人。但实际上并非如此。受托管理人由公司债券发行人指定，情理上应当站在发行人一边，事实上也经常站在发行人一边。《公司债券发行与交易管理办法》第50条第8项规定：发行人不能偿还债务时，受托管理人可以接受全部或部分债券持有人的委托，以自己名义代表债券持有人提起民事诉讼、参与重组或破产的法律程序。但从美国的经验看，有些受托管理人拒绝代表债券持有人起诉债券发行人。发行人与债券持有人的协议中甚至还有"不起诉"（no action）条款，限制债券持有人起诉发行人。在拉宾奥维茨诉凯塞尔·福拉兹尔公司案判决意见[10]中，债券持有人可以为自己并代表与其处境相同的债券持有人直接起诉，不问是否有不起诉条款，也不必寻找替代受托管理人。[11]

---

[1]《公司债券发行与交易管理办法》第33条。
[2]《公司债券发行与交易管理办法》第44条。
[3]《公司债券发行与交易管理办法》第37条。
[4]《公司债券发行与交易管理办法》第48条。
[5]《公司债券发行与交易管理办法》第49条。
[6]《公司债券发行与交易管理办法》第55条。
[7]《公司债券发行与交易管理办法》第50条第3项。
[8]《公司债券发行与交易管理办法》第50条第5项。
[9]《公司债券发行与交易管理办法》第50条第8项。
[10] Rabinowitz v. Kaisev Frazer Corp., 111 N.Y.S. 2d 539 (N.Y. Sup. Ct. 1952).
[11] 法官援引的理由是："如果债券协议所规定的这类受托管理人没有诚信或是摒弃了其在有关问题上应发挥的作用，拒绝采取任何行动，则债券持有人可以为自己以及处境类似的其他债券持有人行使受托管理人的权利，代为起诉。"

第四章"债券持有人权益保护"表示，发行人可以提供外部增信。外部增信机制、偿债保障措施包括：①第三方担保；②商业保险；③资产抵押、质押担保；④限制发行人债务及对外担保规模；⑤限制发行人对外投资规模；⑥限制发行人向第三方出售或抵押主要资产；⑦设置债券回售条款。[1]

以上增信措施更像是银行发放贷款时的条件，发行人发行公司债券就是为了避免此类限制。公司债券在美国又称"无担保债券"（debenture）。关于公司债券，美国专门设有《信托契约法》，规制受托管理人是该法的重要内容。所以，《公司债券发行与交易管理办法》第四章作为规制受托管理人的专章，似乎更加合适。

（六）美国《信托契约法》

《信托契约法》主要适用于公开发行的公司债券。按照《信托契约法》，对公司债券实行重叠监管：即便公司债券已经根据《1933年证券法》注册，仍然必须符合《信托契约法》的要求。《信托契约法》规定了债券契约中必须包括保护投资人的法定条款，同时该法也排除了一些对发行人免责的条款。

《信托契约法》中的原文是"indenture"，意为"多方债券"，也译作"多方契据"，是指两方或两方以上当事人签订的契约，内容可包括：到期日、抵押资产、利率、[2]可否转换（如可转换，转换的价格及比率），以及偿还资金的金额。[3]

受托管理人是由发行人通过格式合同指定的。《信托契约法》就受托人规定了两类责任：如果发行人没有违约，受托人是按照多方债券合同履行其责任[4]；如果发行人违约（default），受托人则需要履行"审慎人"（prudent man）的义务[5]。我国《公司债券发行与交易管理办法》所用的"债券受托管理人"一词更加准确。《信托契约法》题为"信托契约"（trust indenture），但并没有规定受托人有受信义务（fiduciary）。

受托管理人违反《信托契约法》的规定或债券合同所约定的条款，按照美国

---

[1]《公司债券发行与交易管理办法》第56条。

[2] 薛波：《元照英美法词典》，法律出版社2003年版，第682页。

[3] 载 www.docin.com/p-972376969.html。

[4] Elliott Assoc. v. J. Henry Schroder Bank & Trust CO., 838 F. 2d 66 (2d Cir. 1988), AG Capital Funding Partners, L. P. v. State St. Bank & Trust Co., 896 N. E. 2d 61 (N. Y. 2008).

[5] Section 315 of the Trust Indenture Act.

法院的判例，[1]债券持有人有私人诉讼权利，可以起诉受托管理人。受托管理人也会因过错而给债券持有人造成损失。在丹佛中央银行诉丹佛第一州际银行案[2]判决意见中，美国最高法院认定，公司债券受托管理人因疏忽而没有及时对发行人的资产进行评估，结果发行人行骗得逞，造成了债券持有人的损失。

我国的《公司债券发行与交易管理办法》只是部门规章，法律位阶太低，不能作为法官做出判决的直接依据，因此发行人或受托管理人违约时，公司债券持有人提起诉讼就比较困难。但证监会只能规制公司债券，企业债券仍然由发改委规制［见第二章第九（一）部分］。若单独就公司债券立法，又似乎过于夸张，全国人民代表大会几乎不会同意。这也是我国《证券法》难以修改的原因。无论是制定一部规制发行债券的单行法，还是将其纳入《证券法》，都必须界定部门权力和部门利益。这些部门都公开表示支持法治和市场化，但落实到具体问题，就不愿意放权，即使是向兄弟单位让权也不愿意。

（七）可交换公司债券

上市公司大股东可以发行上市公司可交换债券，证监会就此发布了《上市公司股东发行可交换公司债券试行规定》[3]。

可交换债券是指上市公司股东依法发行的、在一定期限内依据一定条件可以交换该股东所持有的上市公司股份的公司债券。[4]可交换公司债券是担保贷款，大股东以其上市公司的股票作为担保物，向债券持有人借款。[5]但与普通担保贷款不同的是，可交换公司债券可以作为证券在证券交易所上市交易。[6]

持有上市公司股份的股东，可以经保荐人保荐，向证监会申请发行可交换公司债券。[7]可交换公司债券的发行程序，按照《公司债券发行试点办法》第三章的规定办理。[8]《公司债券发行与交易管理办法》已经废除并替代了《公司债券发行试点办法》，发行上市公司可交换债券，理当适用《公司债券发行与交易管理办法》。

---

〔1〕 Bluebird Partners, L. P. v. First Fid. Bank, N. A., New Jersey, 85 F. 3d 970 (2d Cir. 1996); Zeffiro v. First Penn. Banking & Trust Co., 623 F. 2d 290 (3rd Cir. 1980).

〔2〕 Central Bank of Denver, N. A. v. First Interstate Bank of Denver, N. A., 511 U. S. 164 (1994).

〔3〕 证监会公告［2008］41号。

〔4〕 《上市公司股东发行可交换公司债券试行规定》第1条第2款。

〔5〕 《上市公司股东发行可交换公司债券试行规定》第7条、第8条。

〔6〕 《上市公司股东发行可交换公司债券试行规定》第11条。

〔7〕 《上市公司股东发行可交换公司债券试行规定》第1条第1款。

〔8〕 《上市公司股东发行可交换公司债券试行规定》第6条。

十一、我国公司境外上市

国务院《关于股份有限公司境外募集股份及上市的特别规定》[1]《关于股份有限公司境外发行股票和上市申报文件及审核程序的监管指引》[2]《关于进一步促进境外上市公司规范运作和深化改革的意见》是我国公司境外上市文件。[3]

《关于股份有限公司境外发行股票和上市申报文件及审核程序的监管指引》规定，股份有限公司可自主向证监会提出境外发行股票和上市申请。申请报告的内容包括：公司演变及业务概括、股本结构、公司治理结构、财务状况与经营业绩、经营风险分析、发展战略、筹资用途、符合境外上市地上市条件的说明、发行上市方案。除此之外，还应当提交招股说明书（草稿）；特殊许可行业的业务许可证明（如使用）；国有资产管理部门关于国有股权设置以及国有股减（转）持的相关批复文件（如使用）；募集资金投资项目的审批、核准或备案文件（如使用）；环保证明书文件等。[4]证监会对申请文件进行受理审查，做出行政许可决定。[5]

律师事务所出具关于首次公开发行境外上市外资股票并上市的法律意见书，所涉及的内容包括：上市的批准和授权；发行人本次发行上市的主体资格；上市的实体条件；发行人的历史沿革及主要股本演变；发行人的独立性；发行人的发起人和股东（实际控制人）；发行人的控股及参股子公司；发行人的业务；关联交易及同业竞争；发起人的主要财产；发行人的重大资产变化；发行人的章程制定与修改；发行人股东大会、董事会、监事会议事规则及规范运作；发行人董事、监事和高级管理人员及其变化；发行人的外汇、环境保护、产品质量和技术等标准；发行人募股资金的运用；发行人业务发展目标；诉讼、仲裁或行政处罚；发行招股说明书法律风险的评价。[6]

---

[1] 国务院第 160 号令，1994 年。
[2] 证监会公告［2012］45 号。
[3] 国经贸企改［1999］230 号。
[4] 《关于股份有限公司境外发行股票和上市申报文件及审核程序的监管指引》第 1 条。
[5] 《关于股份有限公司境外发行股票和上市申报文件及审核程序的监管指引》第 2 条第 2 项。
[6] 中国证券监督管理委员会：《中国资本市场法制发展报告——2014》，法律出版社 2015 年版，第 1103~1166 页。

第四章

证券的非公开发行

一、概要

公开发行证券需要披露,增加发行人的融资成本。非公开发行无需披露,但不得公开招揽投资者。非公开发行的难题是画线:是非公开发行,还是公开发行。画线主要涉及两大类发行人:一类发行人既非上市公司,也非公众公司,在美国主要涉及投资合同,在我国则主要涉及非法吸收公众存款;另一类发行人已经接受某种监管,通常是上市公司,主要涉及包括合格投资者在内的适当性要求。

二、法律法规

1. 《证券法》
2. 《上市公司证券发行管理办法》(证监会令第30号,2006年发布,2009年修订)
3. 《公司债券发行与交易管理办法》(证监会令第113号,2015年)
4. 《非上市公众公司监督管理办法》(证监会令第85号,2012年发布,2013年修订)
5. 《上市公司非公开发行股票实施细则》(证监发行字〔2007〕302号,2011年、2017年修订)
6. 最高人民法院《关于审理非法集资刑事案件具体应用法律若干问题的解释》(法释〔2010〕18号)

三、"非公开发行"的界定

有关非公开发行的规定越来越多,也越来越复杂。公开发行与非公开发行之间并没有明确的界线,也可以说,两者之间的界线不断移动,经常取决于证券发行人的实力。

(一)美国证券法的界定

按照美国《1933年证券法》第(4)2节[1]的规定,如果是非公开发行证券,就可以获得豁免,无需进行证券法所要求的披露。如何区分公开发行与非公开发行,在美国也是难题。在证交会诉罗尔斯顿公司案判决意见[2]中,美国最高法院确立的标准是,是否存在公开发行,"取决于具体类别的人是否需要证券法的保护。如果事实已经表明,发行对象可以自我防范,交易'就不涉及任何公开发行'"。

(二)《证券法》的界定

我国《证券法》只界定了证券的公开发行:向不特定对象发行证券,或向特定对象发行证券累计超过200人。[3]公开发行与非公开发行是一枚硬币的两面,不构成公开发行,就是非公开发行。反过说,向特定对象发行证券累计不超过200人的,就可以被界定为证券的非公开发行。

公开发行与非公开发行之间的界限模糊,有时两者还相互转换。比如,全国中小企业股份转让系统挂牌的公司被视为非公开发行证券,作为非上市公司接受监管,但其股东有可能已经超过了200人。[4]上交所和深交所挂牌的股票发生交易,由中登公司结算并登记,因此该公司清楚掌握上市公司的股东人数。但"三板"并没有如此精准的结算登记系统。

非公开发行可转换公司债券,也会产生200人股东限制方面的问题。2017年,上交所、全国中小企业股份转让系统有限责任公司和中登公司联合发布《创新创业公司非公开发行可转换公司债券业务实施细则(试行)》[5](下称《创新公司非公开发行可转换公司债券细则》)。可转换公司债券是指创新创业公司非

---

[1] 5U.S.C.§77d(2)1971.

[2] SEC v. Ralston Purina Co., 346 U.S.119(1953).

[3] 《证券法》第10条。

[4] 东北证券研究部门的高管表示:"部分企业……采取做市股权转让方式,股权分散程度普遍较高,股东人数很可能已经超过200人。"左永刚:"新三板逾1000家企业可发行私募可转换债,200人股东上限降低适用性",载《证券日报》2017年9月25日,第1版。

[5] 上证发〔2017〕58号。

公开发行，在一定期间内依照约定的条件可以转换成公司股份的公司债券。[1]按照《创新公司非公开发行可转换公司债券细则》的规定，"可转换债券发行前，发行股东人数不超过200人"，[2]但该细则并没有规定债券持有人的人数。证券包括公司债券，所以"三板"挂牌的公司的债券持有人也不应当超过200人。

按照《创新公司非公开发行可转换公司债券细则》的规定，"可转换债券转股后股东人数不得超过200人。申报转股时，发行人股东人数超过200人的，债券持有人均不得申报转股"。[3]必须就此对债券持有人有利益补偿安排。[4]但这并不足以补偿转换债券持有人。发行公司债券的公司实际上是以其股权作为抵押。如果不能实现债转股，投资者的利益就受到了损害，而《证券法》之所以规定股东不超过200人的限制，就是为了防止类似的情形发生。非公开发行债券有可能模糊了公开发行和非公开发行之间的界限。

非公开的推介受到限制。《证券法》明文规定，"非公开发行证券，不得采用广告、公开劝诱和变相公开方式"。[5]如果是上市公司进行非公开发行，发行之前大多已经引进落实了投资人，没有必要公开招揽投资者。如果是非上市的企业非公开发行，不得公开推介则是一个紧箍咒，有可能因此而无法吸引投资者。如果是企图通过非公开发行骗取资金者，不允许公开招揽必然是一个限制，也是确定其从事非法吸收公众存款或非法集资的要件之一。最高人民法院《关于审理非法集资刑事案件具体应用法律若干问题的解释》（下称《非法集资解释》）第1条规定了"非法吸收公众存款"的四个条件，其中的第二个条件就是"通过媒体、推介会、传单、手机短信等途径向社会公开宣传"。

（三）"非公开发行"与"私募"

"非公开发行"（non-public offering）在美国也称"私募"（private placement）。就发行而言，美国的法律并不区分"股票"与"基金份额"，两者都是股份。我国《证券法》规定，向特定对象发行证券累计超过200人的为公开发行。[6]《基金法》则规定，非公开募集基金的合格投资者累计不得超过200人。[7]除了200

---

[1]《创新公司非公开发行可转换公司债券细则》第2条第2款。
[2]《创新公司非公开发行可转换公司债券细则》第7条第3项。
[3]《创新公司非公开发行可转换公司债券细则》第14条。
[4]《创新公司非公开发行可转换公司债券细则》第9条第7项。
[5]《证券法》第10条。
[6]《证券法》第10条第2款第2项。
[7]《基金法》第87条。

人的人数限制之外,"非公开发行"和"非公开募集"其他方面的法律规制也大致相同。

(四) 特定对象

如上所述,根据我国《证券法》,如果是非公开发行("non-public offering"或"private placement"),投资者为特定对象,发行证券累计不超过200人。[1]从理论上说,如果是向非特定对象发行证券,即便只有一位要约对象,也构成公开发行证券。因此,"特定对象"一词的界定便极为重要。

《上市公司证券发行管理办法》第37条规定,特定对象符合股东大会决议规定的条件;发行对象不超过10名;发行对象为境外战略投资者的,应当经国务院相关部门事先批准。证监会发布的《非上市公众公司监督管理办法》规定,就非上市公众公司而言,特定对象的范围包括:①公司股东;②公司的董事、监事、高级管理人员、核心员工;③符合投资者适当性管理规定的自然人投资者、法人投资者及其他经济组织。[2]

1. 特定对象的人数

《上市公司证券发行管理办法》规定,上市公司非公开发行股票,特定对象不得超过10名。[3]但人数上的限制经常是一种形式而已,现实中经常被"合法"突破。《上市公司非公开发行股票实施细则》第8条规定:"证券投资基金管理公司以其管理的2只以上基金认购的,视为一个发行对象。"

美国则有相反的例子,虽然发行对象仅有一位,但也有可能被认定为是公开发行。[4]

《非上市公众公司监督管理办法》规定,公司股东、董事、监事、高级管理人员和核心员工合计不得超过35名。[5]核心员工的认定,应当由公司董事会提名,并向全体员工公示和征求意见,由监事会发表明确意见后,经股东大会审议批准。[6]

---

[1]《证券法》第10条。
[2]《非上市公众公司监督管理办法》第39条第2款。
[3]《上市公司证券发行管理办法》第37条。
[4] "'公开'……当然是一个广义名词。没有规定特别的数字。从二到无限大都可以;甚至可能是一个也可以,如果有意将其作为一连串认购者中的第一个,只要他认购了全部股票即可,无需再往下走"([1929] A. C. 158, 169)。SEC v. Ralston Purina Co., 346 U. S. 119 (1953), Note 11. See Viscount Summer's frequently quoted dictum in Nash v. Lynde.
[5]《非上市公众公司监督管理办法》第39条第3款。
[6]《非上市公众公司监督管理办法》第36条第4款。

2. "核心员工"和"关键雇员"

普里纳公司案判决意见[1]是区别公开发行与非公开发行的美国经典判例，也是因员工的界定而起。普里纳公司案中，普里纳公司允许其任何"关键雇员"购买公司未注册的股票。公司对"关键雇员"的界定十分宽泛，包括任何"有条件晋升"者或"对他人特别有影响"者，其中有：搬运工领班、文员助理、生产实习生和速记员。公司称，因为发行对象是"关键雇员"，所以应当享受非公开发行的豁免。[2]美国最高法院则认定，"核心员工"非特定对象，因为他们并不能够了解发行人的相关情况；如果是公司发行股票，通常只有公司高管可以了解公司的相关情况。

美国的"关键雇员"（key employee）类似于我国的"核心员工"（core employee）。"核心员工"极有可能源自"关键雇员"。从概念到用词，各国的证券法无不打上美国证券法的烙印，至少形式上如此。但就"关键雇员"或"核心员工"的界定而言，我国的法律规定似乎更加明确，优于美国的相应规定。

3. 特定对象："亲友或单位内部"

非上市企业中的非公众公司公开发行证券，有可能构成《非法集资解释》所界定的"非法吸收公众存款"。《非法集资解释》既适用于股权融资，也适用于债权融资；既适用于证券发行，也适用于基金募集。

《非法集资解释》第1条规定："未向社会公开宣传，在亲友或者单位内部针对特定对象吸收资金的，不属于非法吸收或者变相吸收公众存款。"按字面解释，"单位内部特定对象"可以是"核心员工"，也可以是普通员工。《非法集资解释》应当主要适用于非上市公司中的小型企业吸收资金。此类企业规模较小，企业员工较少，而且各类员工之间以及员工与企业所有人之间的关系密切，相互之间比较了解，近似于"亲友关系"，属于一个利益共同体，相互欺骗的可能性较小。

上市公司或公众公司可以通过各种合法方式融资，没有必要借助非法吸收公众存款的方式。《非法集资解释》还设有安全港：只要经"有关部门依法批准"，就不构成非法吸收公众存款。[3]上市公司是众多企业中的胜出者[4]，获得"有关部门的批准"并非难事。而商业银行这类大型上市公司本身就可以是"有关部门"。

---

[1] SEC v. Ralston Purina Co., 346 U.S. 119 (1953).

[2] SEC v. Ralston Purina Co., 346 U.S. 119 (1953).

[3] 《非法集资解释》第1条第1款。

[4] 公司上市必须获得地方政府的强力支持，首次公开发行股票，必须得到发行人注册地省级人民政府的同意。《首次公开发行股票并上市管理办法》第36条。

4. 特定对象：合格投资者

按照《证券法》的规定，非公开发行是向特定对象发行证券。非特定对象又被界定为合格投资者。合格投资者主要分为两类：机构投资者和高净值或高收入的个人投资者。两类投资者通常都被视为成熟投资者，可以理解并承担非公开发行证券产品的风险。向合格投资者出售证券产品的做法被称作适当性制度。但机构投资者和高净值投资者投资亏损之后，都主张自己并不是成熟投资者（见第十七章和第十四章）。

（五）锁定期

我国上市公司非公开发行股票有锁定期，其间特定发行对象不得转让其所购股票。《上市公司证券发行管理办法》第38条第2项规定，非公开发行的股份"自发行结束之日起，12个月内不得转让；控股股东、实际控制人及其控制的企业认购的股份，36个月内不得转让"。发行对象如果是①控股股东、实际控制人或其控制的关联人，②通过认购本次发行股份取得上市公司控制权的投资者，③拟引入的境内外战略投资者，则认购的股份自发行结束之日起，36个月内不得转让。〔1〕

但此类股东可以通过质押的方式套现。《上市公司大股东、董监高减持股份的若干规定》〔2〕规定，上市公司大股东股权被质押的，该股东应当在该事实发生之日起2日内通知上市公司，并予公告。〔3〕

（六）非公开发行的条件

《上市公司证券发行管理办法》适用于上市公司非公开发行证券。上市公司发行证券的条件是：①特定对象符合股东大会决议规定的条件；②发行对象不超过10名；③发行对象为境外战略投资者的，应当经国务院相关部门事先批准。〔4〕发行价格不低于定价基准日前20个交易日公司股票均价的90%。〔5〕

盈利是较为硬性的要求。上市公司非公开发行证券，必须满足的条件是：最近三个会计年度连续盈利；业务和盈利来源相对稳定，不存在严重依赖控股股东、实际控制人的情形，〔6〕以及最近24个月内曾公开发行证券的，不存在发行

---

〔1〕《上市公司非公开发行股票细则》第9条。
〔2〕 证监会公告〔2016〕1号。
〔3〕《上市公司大股东、董监高减持股份的若干规定》第11条。
〔4〕《上市公司证券发行管理办法》第37条。
〔5〕《上市公司证券发行管理办法》第38条。
〔6〕《上市公司证券发行管理办法》第7条第1、2项。

当年营业利润比上年下降50%以上的情形〔1〕。但以上要求仍然低于对申请首次公开发行的拟上市公司的盈利要求。

（七）上市公司非公开发行的动因

1. 规避披露，减少成本

上市公司发行股票必须履行披露责任，需要支付各种费用，而且可能因披露不实而必须承担法律责任。虽然上市公司非公开发行可以减少披露，但并不是完全不需要披露。《上市公司证券发行管理办法》第45条规定："上市公司申请公开发行证券或者非公开发行新股，应当由保荐人保荐，并向中国证监会申报。"

上市公司发行证券，必须由证券公司承销，所付承销费是不菲的开支，但如果非公开发行对象均属前十名股东的，可以由上市公司自行销售。〔2〕

2. 国有股减持

首次公开发行股票和增发股票涉及国有股的，会构成国有股减持，须"按融资额的10%出售国有股……国有股存量出售收入，全部上缴全国社会保障基金"。〔3〕但非公开发行证券，就不适用这一要求。〔4〕2013年，中国石油化工公司在香港证券市场通过非公开发行募集31亿美元。2015年初，我国股市癫狂之时，中信证券和海通证券申请在香港非公开发行证券，两家公司计划融资共94亿美元。〔5〕无论上述三家公司非公开发行的动机如何，三家公司发行股票，都无须向全国社保基金上缴部分融资金额。

3. 退出机制

非公开发行可以成为私募股权基金的退出机制，例如将其财产出售给上市公司。上市公司可以动用公司现金收购该资产，也可以通过非公开发行募集资金，用于收购该资产。例如，私募股权基金在中国境外成为上市公司甲的控股股东。公司甲在境外收购资产，并将此资产出售给中国境外上市的公司乙。公司乙通过

---

〔1〕《上市公司证券发行管理办法》第7条第7项。

〔2〕《上市公司证券发行管理办法》第49条。

〔3〕见本书第三章。

〔4〕就非公开发行而言，律师会出具法律意见，大致意思是，非公开发行不属于《减持国有股筹集社会保障资金管理暂行办法》（国发〔2001〕22号）中所规定的向公共投资者首次发行和增发股票的情形，无须提供国有资产管理部门关于国有股减（转）持的相关批复文件。

〔5〕Prudence Ho, "China Pension Fund Loses as Brokers Raise Cash", *The Wall Street Journal*, January 15, 2015, p. 22.

非公开发行募集资金,用于收购该资产。

私募股权基金可以在境外的 A 国设立,公司甲可以是境外 B 国的上市公司,公司甲所购买的资产在境外 C 国。私募股权基金的最终控股股东(ultimate controlling shareholder)是境内或境外的华人。我国上市公司的一些跨国交易可能涉及数个司法辖区的不同实体,但交易各方都是境内或境外的华人。

四、非公开发行证券的种类

(一)上市公司非公开发行股票

我国上市公司通过非公开发行进行再融资,相关部门规章和规范性文件为《上市公司证券发行管理办法》和《上市公司非公开发行股票实施细则》。按照律师事务所出具的法律意见书[1],非公开发行 A 股股票所涉及的主要问题包括:发行的批准和授权;发行人本次发行主体资格;发行人的独立性;发起人和股东;发行人的股本及其演变;发行人的业务;关联交易和同业竞争;发行人的主要财产;发行人的重大债权债务;发行人重大资产变化及收购兼并;发行人章程的制定与修改;发行人股东大会、董事会、监事会议事规则及规范运作;发行人董事、监事和高级管理人员及其变化;发行人的税务;发行人的环境保护和产品质量、技术等标准;发行人募集资金的运用;发行人业务发展目标;发行人涉及的诉讼、仲裁或行政处罚;结论意见。

(二)非公开发行公司债券

1. 发行及转让

非公开发行的公司债券仅限于在合格投资者范围内转让。转让后,持有同次发行债券的合格投资者合计不得超过 200 人。[2]从其特性上看,非公开发行的公司债券与股票或其他股权类证券之间的差别甚小。

非公开发行的公司债券可以在证券交易所、全国中小企业股份转让系统、机构间私募产品报价服务系统、证券公司柜台转让。[3]只要非公开发行的公司债券在证券交易所挂牌交易,就获得了证券交易所某种形式的背书。

---

[1] 中国证券监督管理委员会:《中国资本市场法制发展报告——2014》,法律出版社 2015 年版,第 992~1004 页。

[2] 《公司债券发行与交易管理办法》第 31 条。

[3] 《公司债券发行与交易管理办法》第 30 条。

2. 信用评级

非公开发行的公司债券是否进行信用评级，由发行人决定，并在债券募集说明书中披露。[1]贷款与公司债券之间的一大区别是，贷款方通常需要借款方提供抵押或担保，而发行公司债券无需抵押或担保，代之以评级机构对公司资信所做的评价。非公开发行公司债券可以无需信用评级，大大方便了公司融资，但也增加了投资者的风险。

3. 公开推介

非公开发行的公司债券应当向公司合格投资者发行，不得采用广告、公开劝诱等方式。[2]但非公开发行债券却可以在各类证券交易所挂牌交易，这本身就是一种公开推介，而且胜于许多其他形式的公开推介。

4. 事后备案

非公开发行公司债券无须经过证监会获准，只需向中国证券业协会备案即可。[3]非公开发行公司债券的发行人、承销机构按照证监会、证券自律组织规定的投资者适当性制度，了解和评估投资者的风险识别和承担能力，确定参与认购的投资者为合格投资者。[4]

(三) 资产证券化

资产证券化的相关规定为《上海证券交易所资产证券化业务指引》[5]和《深圳证券交易所资产证券化业务指引》[6]。按照两份指引，管理人申请资产支持证券化在本所挂牌转让的，每期资产支持证券的投资者合计不得超过200人。[7]资产证券化产品的投资者不超过200人，故该产品挂牌上市，应当属于非公开发行。

《深圳证券交易所资产证券化业务指引》第24条要求，只有合格投资者才能参与资产支持证券认购、转让。合格投资者是经有关金融监管部门批准或设立的金融机构及其金融产品、经有关金融监管部门认可的境外金融机构及其发行的金

---

[1]《公司债券发行与交易管理办法》第28条。
[2]《公司债券发行与交易管理办法》第26条。
[3]《公司债券发行与交易管理办法》第29条第2款。
[4]《公司债券发行与交易管理办法》第27条。
[5] 上证发[2014]80号。
[6] 深证会[2014]130号。
[7]《上海证券交易所资产证券化业务指引》第6条，《深圳证券交易所资产证券化业务指引》第5条。

融产品、社会公益基金、在行业自律组织备案或者登记的私募基金及私募基金管理人、净资产不低于1000万元的非金融机构。《上海证券交易所资产证券化业务指引》第14条也有类似的规定，而且该指引对该条所在的第四章直接冠以"投资者适当性管理"的标题。

证券交易所是盈利机构，对资产支持证券的转让收费，为成交金额的百万分之一，双向收取，最高不超过100元/笔。[1]

（四）国际开发机构人民币债券

《国际开发机构人民币债券发行管理暂行办法》[2]规定，进行开发性贷款和投资的多边、双边以及地区国际开发机构可以在中国境内发行以人民币计价的债券，约定在一定期限内还本付息。国际开发机构人民币债券也是非公开发行。

五、非公开发行与投资合同

如果发行人是非上市公司，主要违法违规问题是，名为非公开发行，实为公开发行。发行人通常是合伙企业，涉及融资租赁项目[3]或为房地产开发融资，在中国构成非法吸收公众存款[4]，在美国则构成非法公开发行股票。美国的证交会诉墨菲案[5]（"墨菲案"）是典型判例，涉及合伙企业从事融资租赁业务。

（一）事由

斯蒂芬·墨菲（Stephen Murphy）设立了一家名为 Intertie 的有线电视公司，其主要业务是为有线电视系统提供融资、建设和管理服务，墨菲担任 Intertie 的总裁和董事。Intertie 向30多家合伙企业共出售38套有线电视系统。Intertie 购买有线电视系统，以现金付首付，余款通过融资解决，然后将有线电视系统卖给合伙企业，合伙企业以现金首付，并出具收益人为 Intertie 的无追索权本票（non-recourse promissory note）。合伙企业再将有线电视系统返租给 Intertie。墨菲设计了整个融资计划。

Intertie 从400名投资者处获得近750万美元。Intertie 聘用证券经纪公司 ISC，

---

[1]《上海证券交易所资产证券化业务指引》第48条。
[2] 人民银行、财政部、发改委、证监会公告［2010］第10号。
[3] 此类融资租赁通常为两方，而不是三方。另见第二章。
[4] 2014年，邯郸市就有32家房地产企业涉嫌非法集资，涉案金额达93亿元。非法集资往往假借民间借贷的名义。陈文瑞："问诊房地产企业非法集资现象"，载《检察日报》2014年10月25日，第3版。
[5] SEC v. Murph, 2262 F. 2d 633 (9th Cir. 1980).

由其出售合伙企业的大部分权益，ISC 获取佣金，墨菲也分享佣金。销售代表联系潜在投资者，向其推销购买有线电视系统的有限合伙企业权益。ISC 销售代表通常是合资企业中的普通合伙人。ISC 并没有将有限合伙企业权益注册为证券，而是依据《证券法》第（4）2节[1]关于私募的豁免，同时也依据证交会规则，[2]要求非公开发行的注册豁免。

Intertie 并未采取任何保障措施，发行和销售合伙企业权益仅直接面向少数成熟且获悉信息的投资者。[3] Intertie 完全依赖 ISC 负责证券法的合规工作。有些代表是 ISC 的销售人员，有些代表既是销售人员，又是合伙企业的普通合伙人。

（二）法律问题

1. 合伙企业是否构成投资合同

首先是门槛问题，即墨菲案中的交易是否构成证券发行。如果不构成证券发行，则不适用《证券法》，也就不存在违法公开发行的行为。

墨菲案判决意见中，法院适用证交会诉豪伊案判决意见[4]有关投资合同的标准，认定存在投资合同，因为①众多有限合伙人，②在共同企业中投资，③以图获利润，且④仅凭来自于他人的努力（有限合伙人并不发挥任何管理作用）。《1933 年证券法》规定，"投资合同是证券"。[5]有限合伙企业中的有限合伙人权益通常也是证券。[6]《1933 年证券法》所界定的证券包括投资合同，发行投资合同就是发行证券（见第二章）。

2. 公开发行的标准

认定售后返租的融资租赁为投资合同之后，还必须认定该投资合同是公开发行，才能认定墨菲违法。墨菲案判决意见中，法院首先适用罗尔斯顿公司案[7]判决意见的标准，即是否存在公开发行，取决于具体类别的人是否需要证券法

---

[1] 5U. S. C. §77d (2) 1971.

[2] 14617 C. F. R. §230.146 (1979).

[3] 事实上，公司的备忘录甚至没有编号，无法统计发行的总量。此外，墨菲在其书面证词中表示，他也觉得有关投资者资格的信息常常不够充分。

[4] SEC v. W. J. Howey Co , 301, 66 S. Ct. 1100, 1104, 90 L. Ed. 1244 (1946).

[5] §2 (1), Securities Act of 1933, 15 U. S. C. section 77b (1) (1971); §3 (a) (10), 15 U. S. C. §78c (a) (10) (1971).

[6] Goodman v. Epstein, 582 F. 2, 388, 408-09 (7th Cir. 1978), cert. denied, 440 U. S. 939, 99 S. Ct. 1289, 59 L. Ed. 2d 499 (1979); McGreghar Land Co. v. Meguiar, 521 F. 2d 822, 824 (9th Cir. 1975); 1 A. Bromberg, Securities Law: Fraud section 4.6 (332) (1969).

[7] SEC v. Ralston Purina Co., 346 U. S. 119 (1953).

的保护。墨菲案中，法院又进一步指出："为判断证券是否符合非公开发行的条件，我们必须确定，发行对象获得或有途径获得对其投资决定有重大影响的信息[1]。一个遵循常理的人决定是否投资时，很可能认为重要的信息就是重大信息[2]。"

墨菲案判决意见中，法院又具体规定，证券发行是公开发行还是非公开发行，取决于四个要件：①投资者人数；②投资者的成熟程度；③发行的规模和方式；④发行人与投资者之间的关系。法院适用四个因素的分析结果是：①没有具体规定投资者的人数，但本案中的400人肯定过多；②墨菲案中投资者不成熟，投资者的投资顾问也不成熟；③发行规模应当累计计算，而不是分别计算合伙企业的融资金额；④发行人与投资者之间的关系取决于两点，即发行人是否进行了充分披露，发行人和为发行人发行或销售证券的任何其他人是否"有合理根据地认为"，投资者能够评估未来投资或能够承担经济损失的风险，[3]而本案不符合这样的条件。因此，融资租赁构成公开发行证券。

3. 发行人的界定

合伙企业发行证券，其当然是发行人。但在墨菲案中增加了变数。墨菲设立了Intertie，由其控制合伙企业。按照墨菲判例的规则，区别非公开发行与公开发行的检验标准事关发行人与投资者之间的关系。

法院认定Intertie为发行人，理由是："Intertie显然掌握有关合伙企业成败的关键，Intertie是投资者需要了解相关信息的实体。因此，就确定是否可以有非公开发行的例外而言，将Intertie视为发行人是恰当的。"但法院随即又指出："任何人只有组织或发起有限合伙企业组织，而且就设立合伙企业所从事风险业务的成败负主要责任时，才可将其视为发行人。"

4. 承销商

墨菲的法律责任取决于其在交易中作用的法律定性。法院在墨菲案判决意见中指出，《1933年证券法》第2（11）节[4]所指的承销商不仅限于证券交易商，而且还包括以下三类人：①直接或间接参与销售者；[5]②为分销而从发行人或控

---

[1] See Doran v. Petroleum Management Corp., supra, 545 F. 2d at 903).
[2] TSC Industries v. Northway, Inc., 426 U.S. 438 (1976).
[3] 17 C. F. R. § 230 146 (d) (1).
[4] § 2 (11).
[5] SEC v. Chinese Consol. Benev. Ass'n, 120 F. 2d 738 (2d Cir. 1941).

制人处购买证券者;[1]③为发行人或控制人销售者。[2]

根据前三项标准,墨菲有可能被认定为承销商,因此其必须承担法律责任。

5. 参与人

法院认定,即便墨菲不是承销商,也可以将墨菲视为参与人追究其责任。[3] 参与人(participant)是"在交易中发挥必须作用者"。[4]

(三) 禁止令

法院认定墨菲违法发行证券,支持发出禁令,要求墨菲①今后不得再违反证券法的注册规定和反欺诈规定;②向现在与将来的业务伙伴和投资者邮寄禁令。

除非构成严重欺诈,对于不注册公开发行证券,美国监管当局不会追究发行人的刑事责任。但墨菲案若是发生在我国,势必认定墨菲非法吸收公众存款。美国对违法公开发行证券的行为处罚较轻,或许是因为美国不愿过于限制为实业融资的活动,而墨菲的公司确实是在经营有线电视系统。此外,美国是陪审团审判,如果追究墨菲的刑事责任,美国政府缺乏胜算。

---

[1] United States v. Sherwood, 175 F. Supp. 480 (S. D. N. Y. 1959).

[2] Ira Haupt & Co., 23 S. E. C. 589 (1946), United States v. Wolfson, 405 F. 2d 779 (2d Cir. 1968).

[3] 法院判决的原话为:"证交会关于 ISC 是承销商的主张(墨菲也同意该主张)还是正确的。但我们无须追究该问题,因为作为交易中的参与人,墨菲显然必须承担责任。"

[4] 法院判决的原话为:"那些在交易中发挥必要作用者,作为参与人被认定有违反责任。"

第五章

资产证券化

一、概要

资产证券化（securitization）是将贷款或其他资产变成证券向众多投资者出售，是特殊形式的证券发行，将未来收益转换为证券，当即出售套现。不同于传统的证券发行，资产证券化中发行人不再是公司，而是特殊目的载体，给证券市场的监管和索赔带来了很大变数。

如果是企业发行股票或债券形式的传统证券，企业以其信誉为自己的证券背书，如有违法违规问题，投资人可以向企业和企业高管索赔。而资产证券化所产生的证券并无这样的效果，如住房贷款产生的证券由很多单独的住房抵押贷款演变而来，发行人是虚拟的特殊目的载体。投资者可以向资产证券化的发起人和承销人索赔，但相关法律关系复杂，现实中难以操作。

基础资产的质量和真实出售是资产证券化的两大问题。许多情况下相关资产证券化产品从发起人的资产负债表上消失，但并非真实出售（true sale），遇索赔时发起人仍然需要承担法律责任，为资产证券化掩盖并增加了系统性风险。

住房抵押支持证券是美国金融危机前大量发行的资产证券化产品，其基础资产（underlying asset）为住房抵押贷款。不良基础资产必然影响到证券化产品的质量。基础资产由信用评级机构评级，但迫于发起人和承销商的压力，信用评级机构经常牺牲客观标准。

资产证券化产品的估值也是一大难题。许多资产证券化产品是柜台交易，金融危机发生后便有价无市，华尔街银行仍然高估自己所持的资产证券化产品，监管机构也难以估测和控制风险。估值难的另一原因是在证券市场游资过多。游资有如流寇，飘忽不定，驻无常所。

我国资产证券化业务被分为两部分：信贷资产证券化和企业资产证券化，分别由银监会与证监会监管。我国的制定法对资产证券化没有任何规定，也没有国务院制定的条例，只有国务院相关部门制定的部门规章。

二、法律法规

（一）适用于信贷资产证券化的部门规章

1.《信贷资产证券化试点管理办法》（人民银行、银监会公告［2005］第7号）

2.《金融机构信贷资产证券化试点监督管理办法》（银监会令2005年第3号）

3.《关于进一步扩大信贷资产证券化试点有关事项的通知》（银发［2012］127号）

4.《资产支持证券信息披露规则》（人民银行公告［2005］第14号）

5.《关于信贷资产证券化有关税收政策问题的通知》（财税［2006］5号）

6.《关于信贷资产证券化基础资产池信息披露有关事项的公告》（人民银行公告［2007］第16号）

7.《关于规范信贷资产转让及信贷资产类理财业务有关事项的通知》（银监发［2009］113号）

8.《关于进一步规范信贷资产证券化发起机构风险自留行为的公告》（人民银行、银监会公告［2013］21号）

9.《关于信贷资产证券化备案登记工作流程的通知》（银监办便函［2014］1092号）

（二）适用于证券公司及基金管理公司子公司资产证券化业务的部门规章

1.《证券公司及基金管理公司子公司资产证券化业务管理规定》（证监会公告［2014］49号）

2.《证券公司及基金管理公司子公司资产证券化业务信息披露指引》（证监会公告［2014］49号）

3.《证券公司及基金管理公司子公司资产证券化业务尽职调查工作指引》（证监会公告［2014］49号）

4.《资产支持专项计划备案管理办法》（中基协函［2014］459号附件1）

5. 《资产证券化业务基础资产负面清单指引》（中基协函〔2014〕459 号附件 2）

6. 《资产证券化业务风险控制指引》（中基协函〔2014〕459 号附件 3）

7. 《资产证券化业务自律规则的起草说明》（中基协函〔2014〕459 号附件 4）

三、资产证券化是什么

证券由国外传入我国，清末民初就已经生根开花。资产证券化则是 2005 年由美国传入我国的胡人新曲。

（一）资产证券化是发行证券

证券市场的经典寓言是，中小企业和创新企业需要资金，所以公开发行股票，需要通过上市融资，以便做大做强。但资产证券化并不是为了中小企业和创新企业融资而发行股票，发行证券的也不是中小企业，而是所谓的特殊主体，由其将贷款或其他现金流变为证券出售。

资产证券化不仅是证券发行，而且还是证券上市，可以在证券交易所挂牌交易。上海证券交易所和深圳证券交易所分别发布了《上海证券交易所资产证券化业务指引》和《深圳证券交易所资产证券化业务指引》。在证券交易所挂牌的资产证券化产品为非公开发行证券，单只资产支持证券的投资者合计不得超过 200 人，[1] 参与资产证券化产品的必须是合格投资者，[2] 管理人应当向具备相应风险识别和承担能力的合格投资者发行资产支持证券。[3] 2014 年 6 月，资产证券化产品首次在证券交易所挂牌。平安银行作为发起机构，华能贵诚信托作为发行人和受托机构，国泰君安作为主承销商，在上海证券交易所正式启动总额为 26.31 亿元的信贷资产支持证券的发行，基础资产为平安银行向境内居民发放的小额消费贷款。[4]

（二）资产证券化是表外资产

资产证券化的要害是，资产证券化产品的基础资产可以从发起人的资产负债表上消失，如住房抵押贷款从贷款银行资产负债表上消失。发起人可以自行决定

---

〔1〕《深圳证券交易所资产证券化业务指引》第 5 条。

〔2〕《上海证券交易所资产证券化业务指引》第 14 条。

〔3〕《深圳证券交易所资产证券化业务指引》第 5 条。

〔4〕徐婧婧："信贷资产化证券产品首次登陆交易所"，载《证券时报》2014 年 6 月 16 日，第 A2 版。

负债表是否需要反映特殊目的实体所发行的资产证券化产品以及负债。[1]遇到投资者索赔，发起人仍然需要承担法律责任，但资产证券化掩盖并增加了风险。

资产证券化是美国 2008 年金融危机的重要成因。许多银行向低收入者发放贷款购买豪宅，低收入者甚至一人购买数处豪宅。一方面就贷款人收入造假，另一方面允许借款人还款时先少后多。但这种做法终究不能长久，借贷的业主终于大规模违约，住宅价格开始下跌，导致更多的贷款人违约。当房产价格低于房款金额，而首付金额很小时，借款的业主仍选择违约。由住房抵押贷款产生的资产证券化产品的价格随之直线下跌。杠杆交易加剧了金融机构的风险。危机爆发后由政府救助。2008 年的金融危机证明，资产证券化加剧了风险，因为"证券化将贷款者与违约风险分离，减少了贷款者仔细检查贷款信用状况……的动机。这种永动金融机器的车轮越转越快，整个证券化次级债业务完全成了欺诈"。[2]

（三）真实出售：资产证券化定义中缺乏的要件

2014 年证监会发布了《证券公司及基金管理公司子公司资产证券化业务管理规定》[3]，将资产证券化业务界定为：

"指以基础资产所产生的现金流动偿付支持，通过结构化等方式进行信用增级，在此基础上发行资产支持证券的业务活动。"[4]

2005 年，银监会发布《信贷资产证券化试点管理办法》[5]，将资产证券化界定为：

"银行业金融机构作为发起机构，将信贷资产信托给受托机构，由受托机构以资产支持证券的形式向投资机构发行受益证券，以该财产所产生的现金支付资产支持证券收益的结构性融资活动……"[6]

《多德-法兰克法》修正了《1993 年证券交易法》，将资产支持证券界定为：

---

[1] "集团应当设立评估流程，根据特殊目的实体与集团关系的性质，确定是否全部或部分纳入并表监管。"《金融资产管理公司监管办法》（银监发［2014］41 号）第 86 条第 1 项。

[2] [美]迪米特里斯·肖拉法（Dimitris N. Chorafas）：《巴塞尔协议Ⅲ》（Basel Ⅲ, The Devil and Global Banking），游春译，中国金融出版社 2014 年版，第 85 页。

[3] 证监会公告（2014）49 号。

[4] 《证券公司及基金管理公司子公司资产证券化业务管理规定》第 2 条。

[5] 人民银行、银监会公告［2005］7 号。

[6] 《信贷资产证券化试点管理办法》第 2 条。

"固定收入或其他任何形式的可以自我兑现的金融资产（包括贷款、租赁、住房抵押或有担保的应收账款）作为支持的证券，此类证券持有人可以收到支付，而支付主要取决于来自资产的现金流，资产包括债务抵押证券以及债务抵押证券的债务抵押证券。"[1]

债务抵押证券（collateralized debt obligation 或 CDO）是一种金融凭证，其购买者有权获得资产组合所产生的现金流的一部分。资产组合可以包括债券、贷款、住房抵押担保的证券或其他 CDO。[2]

如果适用乔纳森·C. 里普森教授[3]的观点，无论是美国《多德-法兰克法》，还是我国的相关部门规章，都没能给资产证券化做出确切的定义，因为这些定义都没有界定真实出售。里普森教授认为，"真实出售"应当是指，发生破产时特殊目的载体应当远离破产。里普森教授自己提出了一个资产证券化的定义：

"[1] 购买主要支付权利，[2] 购买方为特殊目的载体，(i)[3] 可以从法律上将支付权利与原始权益人的破产（或类似的资不抵债）财产分离开来，而且(ii) 其直接或间接的结果是，[4] 发行证券，[5] 证券价值由所购买的支付权利决定。"[4]

里普森教授的定义切中要害，也正是因为如此，才不会被纳入法定定义之中，因为证券市场的许多创新活动就是移花接木、偷梁换柱，以达到规避法律的约束。证券市场的许多金融交易有如变戏法，如果强求魔术师摘掉高礼帽，脱去长衫，很多魔术就变不出来了。在美国，资产证券化并没有统一适用的定义，定义多达二十余种。乔纳森·C. 里普森教授指出："各种定义层出不穷，其中许多定义缺少内容或含混不清，结果导致了这样的情况，即便是成熟投资者和监管者也上当受骗。"

（四）资产证券化产品的权属

里普森教授认为，资产证券化产品并不代表所有权，因为证券本就不代表所有权：

---

[1] 15 U.S.C. § 78c (a) (9) (A) (1).
[2] Jonathan Lipson, "Defining Securitization", 85 *S. Cal. L. Rev.* 1229 (2012), 1264.
[3] 乔纳森·C. 里普森（Jonathan Lipson）是美国天普大学法学院教授。
[4] 括号内的数字原文便有。作者在脚注中的解释是"为方便说明，我在括号内标出若干重要名词的序号。" Jonathan C. Lipson, "RE: Refining Securitization", 85 *S. Cal. L. Rev.* 1229 (2012), 1271.

"成熟的观察者早已知道,由实体发行的债券无论是债权证券,还是股权证券,既不代表对该实体的'所有权'权益,也不代表对该实体资产的'所有权'权益。恰恰相反,证券仅代表对实体的某种权利主张,而该权利主张是否能够得到实现,取决于各种因素,其中包括证券投资者的合同权利以及各种制定法和普通法所可能适用的有利方面和不利方面。"[1]

四、资产证券化流程

了解资产证券化的业务流程有助于我们了解资产证券化的相关法律。我国资产证券化行业起步较晚,很多问题尚处于潜伏期,很多内情也不为外人所知。相反,资产证券化的问题在美国暴露得比较充分。资产证券化是导致2008年美国金融危机的重要原因,而金融危机爆发后很多问题水落石出,或由媒体揭露,或通过诉讼曝光。

（一）美国资产证券化流程

诉讼中当事双方根据法定程序,就争执不下的问题反复辩论,逐渐还原当时的真相。2015年,在野村诉联邦住房金融机构案（下称"野村案"）判决意见[2]中,纽约南区美国联邦地区法院法官,根据当事双方陈述的意见,并结合自己的理解和判断,对资产证券化流程有精准的表述。

法官具体介绍了"住房抵押支持证券"（residential mortgage-backed securities 或 RMBS）的资产证券化流程。推而广之,其他资产证券化产品的流程也大同小异。[3]RMBS通常由成千上万的住房抵押作为担保,借款人为购买其住房分别获得抵押贷款。而我国开展RMBS业务比较困难,因为很多地方要求办理抵押权变更时借款人到场,抵押权人不能自行办理。[4]借款人成千上万,办理抵押权变更或多次变更,要求他们到场比较困难。

---

[1] Jonathan Lipson, "Defining Securitization", 85 *S. Cal. L. Rev.* 1229 (2012), 1264.

[2] Federal Housing Finance Agency v. Nomura Holding America, Inc., No. 11 CV 6201 (DLC).

[3] 2013年,全球房产抵押担保证券的发行总金额为4100亿美元,2007年鼎盛期间发行的总金额为12 000多亿美元。房地产抵押担保证券中包括商用房地产担保债券（commercial mortgage-backed securities 或 CMBS）和住房房产抵押担保证券（mortgage-backed securities 或 MBS）。房地产作为抵押的证券是由一组房地产抵押而生成的投资工具,其房地产抵押的本金及利息用于支付该投资工具的利息。Finance and economics, "Earthbound", *The Economist*, March 27, 2010.

[4] 张宇哲:"下一个雷区:ABS?",载《财新周刊》2016年第21期。

1. 住房抵押贷款（originating residential mortgage loan）的发起

发起人（originator）是发放次级贷款的实体，负责评估和批准要求抵押贷款的借款人申请。审批贷款需要判断，但发债人的承销指引至为关键。承销指引旨在统一发债人的发债标准，帮助发债人评估借款人的偿债能力以及贷款的担保是否充分。承销指引也帮助发债人决定审批贷款的条件。如果发债人要出售贷款，指引方便发债人描述一组贷款的特点，以便据此商谈出售。

（1）信贷和能力（credit and capacity）

借款人申请借款时通常需要填写《统一住房贷款申请表》，披露贷款人的收入、就业、住房历史、资产、负债、购房目的以及还款资金来源。发债人也借助一些客观标准，如借款人的债务收入比例和信用历史。

（2）担保（collateral）

在承销过程中，发债人还必须确定，如果出现违约，抵押财产的价值是否足以偿还债务。抵押率（loan to value ratio 或 LTV）是指一项资产的评估价值与抵押贷款的比率。[1]房产估值是指评估房产在某一特定日期的市场价格。评估房产价值时，必须有准确的参照房产，其关键因素包括：地段、面积以及维修费等。迫于发债人的压力，外聘估值师一般高估房产价值。

由外聘机构估值，是为了确保估值的客观性。但迫于发债人的压力，估值师不得不屈从于发债人的质疑。发债人对评估师施压不择手段：或同时向多家评估机构发话，声明谁让发债人满意就能得到业务；或直接威胁，对估值结果不满意就不付钱。

2. 资产化过程（securitization process）

（1）主办人（sponsor）

每一个 RMBS 都需要发起人，由其从发债人或债务组合人处购买贷款。[2]购买交易主要由抵押贷款购买协议约束，协议中包括陈述和担保。贷款转给 RMBS 存托人之前，发起人持有贷款的产权。资产证券化过程中，发起人掌握每笔贷款的信息，包括发放贷款时获得的资料以及发债人的指引。发起人账上的贷款到期时，发起人还可以从贷款服务商处了解贷款表现的情况，由此可以知道贷款拖欠或违约的情况。

---

[1]〔美〕R. J. 舒克：《华尔街词典》，陈启清译，中国商业出版社 2002 年版，第 433 页。
[2] 发起人（originator）也称"发起公司"（originating company），见下文。

(2) 存托人 (depositor)

存托人为特殊目的载体 (special purpose vehicles 或 SPV),本质上是壳公司,其存在只有一个目的:从发起人处购买债券,将其存放于信托中。这一步是将资产作为信托出售,保护凭证持有人:发起人破产时,凭证持有人在存托人处的资产不受影响。存托人创立一个信托,将贷款存入信托,换取相关证书。存托人也提供注册陈述、招股说明补充材料以及资产证券化的其他发行文件。除董事和高管之外,特殊公司载体并没有自己的雇员或其他业务。

RMBS 信托通常是由存托人根据《资产汇集和提供服务协议》(Pooling and Servicing Agreement 或 PSA)设立的。每个信托的受托人通常负责保管抵押贷款的文件,每月从贷款服务商处收取现金流,并根据《资产汇集和提供服务协议》的约定,将现金流再行分配给证书持有人以及其他人。

(3) 承销商 (underwriter)

承销商从存托人处购得证券,再向市场出售。主承销商通常涉及资产证券化机构,并与评级机构联系,获得对资产化产品的信贷评级。主承销商通常也负责尽职调查,确保发行文件准确完整。尽职过程中如果发现拟用于 RMBS 的贷款与发行文件的描述之间有不符之处,承销商可以将不符合的贷款从贷款池中去除,或是修改发行文件。

(4) 服务商 (servicer)

服务商代表信托与各贷款方联系。服务商收取抵押贷款还款,转给主服务商或托管人。如果还款发生拖欠,服务商设法解决问题,可以执行抵押权,由信托获得有关财产的所有权。此类财产被称为"所持房地产"(Real Estate Owned 或 REO),由服务商负责出售,并将出售所得转给主服务商或托管人。

3. RMBS 结构和增信 (structure and credit enhancement)

RMBS 证书由一项贷款或一组贷款作为担保。投资者支付证书的本金和利息。增信旨在保护持有优先证书的投资者。外部增信包括债券保险或金融担保。内部增信包括次级化和超额抵押。

(1) 次级化 (subordination)

次级化是指证书分为不同类别或分层[1],在获得付款和分摊损失方面各有不同的权利。因此,证书持有人并不是平均分担资产池中的信贷风险,而通常是

---

[1] 原文为法语中的"tranche"一词,专指用于满足发行人需要和投资者目标的债券、股票或资产证券化产品的类别。

牺牲次级证书，保护优先证书持有人。这被称为"瀑布"，付款时以固定的顺序由优先级落到次级流淌。因为优先级证书的风险较小，信贷评级较高，所以其所获利息也较低。2005年至2007年期间，按照资产证券化产品的设计，基础担保物出现亏损时，20%到30%的亏损完全由次级部分吸收。

（2）超额抵押（over-collateralization）

超额抵押是指资产证券化中的所有抵押贷款总资产负债超过了所发行证书的基础抵押贷款。超出的抵押是为了避免证书受损失。

4. 获得信贷评级（securing a credit rating）

信用级别是信用评级机构对持有相关证券的风险的判断。RMBS需要信用增级和次级分类。美国金融危机前的资产证券化产品主要是由标准普尔、穆迪和惠名这三家评级机构评定的。

LTV是终止回赎权概率的关键指数，80%是重要的门槛：贷款的LTV在80%~90%，终止回赎权的可能性多出1.5倍，LTV在95%~100%之间，终止回赎权的可能性多出4.5倍。

评级机构的分析师也核查发行文件，核实其中的陈述与担保是否符合发债人的承销指引。评级机构见不到原始档案，也不做尽职调查。RMBS的质量取决于基础资产。

5. 瑕疵贷款（scratch-and-dent loan）

瑕疵贷款是指贷款证券化时，已经知道贷款不符合发债人的指引、缺少文件或是已经出现拖欠。虽然此类资产能够获得AAA评级，但评级公司会要求更多的信用增级或是结构性的担保，如更多的超额担保和次级部分。如果任何RMBS包括瑕疵贷款，则交易时的价格通常低于票面价值。出售此类资产证券化产品时，发行文件会对有瑕疵贷款有所披露，如有必要会明确指出，有关贷款违反了发起人的指引。

6. RMBS市场动态（Market Dynamics）

只有所有参与实体一同合作，RMBS市场才能正常运作。发起人与发债人之间的合作尤为重要。从事资产证券化的金融机构经常有纵向联系，发起人、存托人和承销商经常是关联机构，高层负责各项业务的是同一人。

（二）我国资产证券化流程

我国法院判决书对资产证券化业务流程并无详尽说明，相关内容载于证监会和银监会发布的部门规章内。我国法院因为证券监管机构不同，资产证券化业务可分为二类：受证监会监管的证券化业务，通过资产支持专项计划展开，在证券交易所市场挂牌交易；受银监会监管的业务，由银行系统进行的资产证券化和不良资产证券化，在银行间债券市场进行交易。证监会发布了《证券公司及基金管理公司子公司资产证券化业务管理规定》[1]，银监会则发布了《信贷资产证券化试点管理办法》[2]和《金融机构信贷资产证券化试点监督管理办法》[3]。

此外，还有在银行间市场交易商协会备案发行的资产支持票据和项目收益票据。按照美国法院的判例，票据有可能被界定为证券（见第二章），但我国并没有相关法律，所以资产支持的票据在我国并没有被作为证据。

1. 证监会监管

按照证监会的界定，资产证券化业务是指"以基础资产所产生的现金流为偿付支持，通过结构化等方式进行信用增级，在此基础上发行资产支持证券的业务活动"。[4]

（1）原始权益人

原始权益人是向专项计划转移其合法拥有的基础资产以获得资金的主体。[5]原始权益人类似于美国法官提及的"发起人"或"发起公司"，也类似于《信贷资产证券化试点管理办法》中的"发起机构"[6]。尽管同样是涉及资产支持产品，尽管涉及相同的概念，但证监会与银监会刻意使用不同的名词，以示两者的区别。就资产证券化业务而言，是银监会蚕食证监会的监管范围，因为既然是银行业金融机构从事制作和发行证券的业务，就应当由证监会监管，至少应该是由证监会与银监会共同监管。

（2）特殊目的载体

特殊目的载体是指证券公司、基金管理公司子公司为开展资产证券化业务专门设立的资产支持专项计划或者证监会认可的其他特殊目的载体。但资产证券化发行证券产品时，发行证券的机构成为证券公司设立的特殊目的载体（在中国也是"专项资产理财计划"）或银监会认可的金融机构[7]。

---

[1] 证监会公告［2014］49 号。
[2] 人民银行、银监会公告 2005 年第 7 号。
[3] 银监会令 2005 年第 3 号。
[4] 《证券公司及基金管理公司子公司资产证券化业务管理规定》第 2 条。
[5] 《证券公司及基金管理公司子公司资产证券化业务管理规定》第 6 条第 1 款。
[6] 《信贷资产证券化试点管理办法》第 11 条。
[7] 《证券公司及基金管理公司子公司资产证券化业务管理规定》第 4 条。

（3）管理人

管理人是指为资产支持证券持有人之利益，管理专项计划的证券公司、基金管理公司子公司。[1]

（4）评级

对资产支持证券进行评级，应当由取得证监会核准的证券市场资信评级业务资格的资信评级机构进行初始评级和跟踪评级。[2]

（5）发行

资产支持证券应当面向合格投资者发行，发行对象不得超过200人，单笔认购不少于100万元人民币发行面值或等额份值。合格投资者应当符合《私募投资基金监督管理暂行办法》规定的条件。[3]

2. 银监会监管

按照银监会的规定，资产支持证券的制作过程是："银行业金融机构作为发起机构，将资产信托给受托机构，由受托机构以资产支持证券的形式向投资机构发行受益债券，以该财产所生产的现金支付资产支持证券收益的结构性融资活动。"[4]资产支持证券由特定目的信托受托机构发行，代表特定目的信托的信托受益权份额。资产支持证券在全国银行间债券市场上发行和交易。[5]

（1）发起机构

发起机构是指通过设立特定目的信托转让信贷资产的金融机构。[6]在信托合同有效期内，受托机构若发现作为信托财产的信贷资产在入库起算日不符合信托合同的，应当要求发起机构赎回或置换。[7]

（2）银行业金融机构

发起机构为银行业金融机构，是指在我国境内设立的商业银行、政策性银行、信托投资公司、财务公司、城市信用社、农村信用社以及银监会监管的其他金融机构。2014年，银监会修订《金融租赁公司管理办法》，首次允许金融租赁公司经批准后开展资产证券化业务。

---

[1]《证券公司及基金管理公司子公司资产证券化业务管理规定》第6条第2款。
[2]《证券公司及基金管理公司子公司资产证券化业务管理规定》第32条。
[3]《证券公司及基金管理公司子公司资产证券化业务管理规定》第29条。
[4]《信贷资产证券化试点管理办法》第2条。
[5]《信贷资产证券化试点管理办法》第3条。
[6]《信贷资产证券化试点管理办法》第11条。
[7]《信贷资产证券化试点管理办法》第14条。

(3) 特定目的受托机构

特定目的受托机构由信托投资公司或银监会批准的其他机构担任。[1]受托机构发行、管理资产支持证券，分配信托利益。[2]

(4) 贷款服务机构

贷款服务机构接受受托机构委托，负责管理贷款。贷款服务机构可以是信贷资产证券化发起机构。[3]

(5) 增级

资产支持证券可以通过内部或外部信用增级方式提升信用等级。[4]信用增级可以采用内部信用增级和/或外部信用增级的方式提供。内部信用增级包括但不限于超额抵押、资产支持证券分层结构、现金抵押账户和利差账户等方式。外部信用增级包括但不限于备用信用证、担保和保险等方式。[5]

(6) 超额抵押

按照我国银监会的规定，"超额抵押"是指在信贷资产证券化交易中，将资产池价值超过资产支持证券票面价值的差额作为信用保护的一种内部信用增级方式，该差额用于弥补信贷资产证券化业务活动中可能产生的损失。[6]

(7) 资信评级

资产支持证券在全国银行间债券市场发行与交易，应聘请具有评级资质的资信评级机构，对资产支持证券进行持续信用评级。[7]

(8) 发行

受托机构在全国银行间债券市场发行资产支持证券，由人民银行受理。[8]

---

[1]《信贷资产证券化试点管理办法》第16条。

[2]《信贷资产证券化试点管理办法》第17条。

[3]《信贷资产证券化试点管理办法》第21条。

[4]《信贷资产证券化试点管理办法》第34条。①租赁包现金流不足以覆盖投资收益或本金时，融资方安排资金补足差额；②到期溢价回购标的资产租金的收益权；③提供连带责任担保；④应收融资租赁款质押；⑤标的资产在信托续存期内产生的全部收入进入监管账户。冀欣："信托联姻融资租赁提速：五大运作模式详解"，载《21世纪经济导报》2014年10月20日，第32版。

[5]《金融机构信贷资产证券化试点监督管理办法》第30条。

[6]《金融机构信贷资产证券化试点监督管理办法》第86条。

[7]《信贷资产证券化试点管理办法》第35条。

[8]《信贷资产证券化试点管理办法》第32、33条。

五、真实出售

(一) 真实出售的重要性

如果资产证券化交易被认定为非真实出售，随之会产生两个主要问题：一是发起公司进入破产程序之后，特殊目的载体有可能被视为是发起公司的债权人；二是发起公司的财务状况不能在资产负债表上得到真实体现。

如果不存在真实出售，美国破产法院通常会认定，资产证券化融资是由特殊目的实体向发起公司（与野村案判决意见中所用"发起人"一词相同）提供的贷款或其他形式的资金预付，由产生收益的资产作为担保，特殊目的实体被视为担保债权人，而不是相关资产的所有人。[1]发起公司仍然可以成为投资者索赔的对象。尽管不是真实出售，但相关资产仍然不在资产债务表上，商业银行就可以规避法律对贷款的限制。[2]人民银行和银监会发布部门规章，就能改变国家立法机构全国人民代表大会所制定的法律，似乎过于随意，但这也是证券法的一大特点。

(二) 我国的标准

1. 资产是否独立

证监会在其发布的《证券公司及基金管理公司子公司资产证券化业务管理规定》中规定："原始权益人、管理人、托管人及其他业务参与人因依法解散，被依法撤销或者被宣告破产等原因进行清算的，专项计划资产不属于其清算财产。"[3]人民银行和银监会发布的《信贷资产证券化试点管理办法》中也有类似规定。[4]有学者认为，这只是"准真实销售"，因为"专项计划实际上不能独立于发起计划的证券公司，其独立性安排只能是资产证券化各项参与方之间基于合同产生的义务或承诺，不具有排他性，不能对抗当事人的第三人……"[5]

---

[1] Jeffrey J. Haas, *Corporate Finance In A Nutshell*, St. Paul: West, 2011, p. 403.

[2] 我国《商业银行法》对商业银行贷款的一些限制。《商业银行法》第39条规定，商业银行贷款，"（一）资本充足率不得低于百分之八；（二）流动性资产余额与流动性负债余额的比例不得低于百分之二十五；（三）对同一借款人的贷款余额与商业银行资本余额的比例不得超过百分之十……"

[3] 原为《证券公司资产证券化业务管理规定》第3条第3款内容，现为《证券公司及基金管理公司子公司资产证券化业务管理规定》第5条第3款内容。

[4] 《信贷资产证券化试点管理办法》第6条："发起机构、受托机构、贷款服务机构、资金保管机构、证券登记托管机构及其他为证券化交易提供服务的机构因依法解散、被依法撤销或者被依法宣告破产等原因进行清算的，信托财产不属于其清算财产。"

[5] 丁丁、侯凤坤："资产证券化法律制度：问题与完善建议"，载黄红元、徐明主编：《证券法苑》（第13卷），法律出版社2014年版，第241页。

2. 特殊目的载体

特殊目的载体是指证券公司、基金管理公司子公司为开展资产证券化业务专门设立的资产支持专项计划或者证监会认可的其他特殊目的载体。但资产证券化发行证券产品时，发行证券的机构成为证券公司设立的特殊目的载体（在中国也是"专项资产理财计划"）或银监会认可的金融机构。[1]

3. 民事行为能力

特殊目的载体不同于特殊目的实体。特殊目的实体是为特殊目的而设立的法人和其他经济组织。[2]美国《示范商业公司法》规定："'实体'包括公司、外国公司、非营利公司、非公司性的营利或非营利性协会、商业信托、遗产、合伙企业、信托、两人或两个以上的人所共同享有的经济权益、州、美国和外国政府。"[3]

按照上述定义，实体相当于我国《民法通则》所规定的法人，能够独立承担民事责任。[4]

相反，特殊目的载体是指证券公司、基金管理公司子公司为开展资产证券化业务专门设立的资产支持专项计划或证监会认可的其他特殊目的载体。[5]专项资产管理计划并非具有民事行为能力的法人，因此，投资者索赔时便会遇到困难。

4. 刚性兑付

刚性兑付是指当理财产品或是信托产品到期时，由于投资项目亏损，本来没有资金兑付，但出于商业考虑或维护社会稳定的需要，发行或销售相关产品的金融机构，无论是否有法律责任，都会选择向投资者兑付，至少是兑付本金部分。既然有理财产品或信托产品的刚性兑付，资产证券化产品也有可能出现类似的问题。具有中国特色的刚性兑付也削弱了真实出售。某些特殊情况下，即使基础资产已经在会计和法律意义上实现了真实销售和破产隔离，发起人仍然保留相当大的风险，形成资产证券化风险敞口。[6]

---

[1] 《证券公司及基金管理公司子公司资产证券化业务管理规定》第4条。

[2] 《金融资产管理公司监管办法》（银监法〔2014〕41号）第82条。

[3] "'Entity' includes corporation and foreign corporation, not-for-profit corporation; profit and not-for-profit unincorporated association; business trust, estate, partnership, trust, and two or more persons having a joint or common economic interest; and state, United State, and foreign governments." Rev. Model Bus. Corp. Act, §1.40

[4] 《民法总则》第三章。

[5] 《证券公司及基金管理公司子公司资产证券化业务规定》第4条第2款。

[6] 李瑞红："金融危机背景下重新审视资产证券化的法律问题"，载《华北金融》2009年第8期。

(三) 美国的实践

美国的实践显示，法官考虑是否存在真实出售时，会考虑以下若干因素：追索权、定价机制、账户的管理和收益收取等因素。

1. 追索权

追索权（recourse）是指资产证券化资产的现金流不足以支付投资者所持有的债务证券时，特殊目的实体就此向发起公司追索补偿资金的能力。"特殊目的实体对发起公司的追索权性质和范围是最重要的真实出售要件。"追索权越强，美国法院便越有可能认定相关交易并非真实出售。[1]

在梅杰家具市场有限公司诉城堡信贷公司案[2]中，家具公司向发起公司售出其应收账款。在相关合同中，家具公司就相关交易做出以下陈述和保证：①家具公司的客户符合发起公司所定下的信用标准；②家具公司审查了其客户，以核实他们是否符合发起公司所定的信用标准；③家具公司保证应收账款在法律上不存在问题。此外，根据合同条款，如果家具公司的客户未能付款而给发起公司造成了损失，家具公司有义务补偿发起公司的损失，并在客户违约后的60日内回购有关应收账款。法院认定，不存在真实出售，其理由是，"发起公司试图将所有风险转嫁给家具公司，自己不承担所有权的任何风险和义务"。[3]"发起公司"便是野村案法律意见中所称"发起人"。美国法律对资产证券化没有统一的定义，法律界对基本术语也未统一，可见该领域概念之混乱。

2. 定价机制

如果资产证券化产品的定价机制与伦敦银行同业拆放利率这样的浮动利率挂钩，则交易更像是贷款，更加可能被界定为非真实出售。如果购买价是事后调整，反映的是实际收入，而不是当时定下的资产预期收入，则有关交易不是真实出售。[4]

3. 账户的管理和收益收取

如果由特殊目的实体控制收取收益，则法院更有可能认定存在真实出售。但现实中大部分是由发起公司或其关联方作为特殊目的实体代理收取的。美国允许这种安排，但必须满足两个条件：一是特殊目的实体向收账代理支付一定的费

---

[1] Jeffrey J. Haas, *Corporate Finance In A Nutshell*, St. Paul: West, 2011, p. 405.
[2] Major's Furniture Mart, Inc. v. Castle Credit Corp., 602 F. 2d 538 (3d Cir. 1979).
[3] Major's Furniture Mart, Inc. v. Castle Credit Corp., 602 F. 2d 538 (3d Cir. 1979).
[4] Jeffrey J. Haas, *Corporate Finance In A Nutshell*, St. Paul: West, 2011, p. 407.

用，而且必须是经过正常谈判后商定的费用；二是特殊目的实体保留替换发起公司的权利。[1]

4. 其他因素

法院判断是否存在真实出售，所考虑的因素还包括：发起公司向特殊目的实体支付后，特殊目的实体便丧失了其对相关资产的权利；特殊目的实体收取拖欠债务或应售账款，发起公司是否需要特殊目的实体支付相关律师费。如果答案是肯定的，则更有可能被认定为不存在真实出售。[2]

六、基础资产

资产证券化产品的风险大小，很大程度上取决于其基础资产的质量。从美国的经验看，如果上游发放贷款时就弄虚作假，刻意隐瞒违法违规行为，[3]下游的机构就难以发现其中的问题。

（一）什么是基础资产

1. 基础资产的种类

按照证监会的规定，基础资产（underlying asset）是指符合相关法律法规的规定、权属明确，可以产生独立、可预测的现金流且可特定化的财产权利或财产。基础资产可以是单项财产权利或者财产，也可以是多项财产权利或者财产构成的资产组合，其交易基础真实，交易对价公允，现金流持续、稳定。基础资产可以是企业应收款、租赁债券、信贷资产、信托受益权等财产权利，基础设施、商业物等不动产或不动产受益权，以及证监会认可的其他财产或财产权利。[4]

现实中，我国各类资产证券化产品的基础资产包括：①租赁费债权；②高速公路收费收益权；③融资租赁合同租金债权；④电力收费收益权；⑤污水处理收

---

[1] Jeffrey J. Haas, *Corporate Finance In A Nutshell*, St. Paul: West, 2011, p. 407.

[2] Jeffrey J. Haas, *Corporate Finance In A Nutshell*, St. Paul: West, 2011, p. 408.

[3] 摩根大通的管理人员审议第三类贷款，决定是否排除那些无法补救的贷款。但 2006 年至 2007 年期间，摩根大通放弃了对很多第三类贷款的审查，成批放行问题严重的贷款。这些问题贷款由摩根大通制作成证券产品后出售给投资者，但摩根大通并没有向投资者披露贷款的相关问题。当时摩根大通内有雇员质疑第三类债券，但摩根大通的管理层仍然放行问题贷款。摩根大通欺骗了投资者，受到美国司法部的调查，最后被迫缴纳 130 亿美元。"J. P Morgan Haunted by Loans", *The Wall Street Journal*, November 21, 2013, p. 23.

[4] 《证券公司及基金管理公司子公司资产证券化业务管理规定》第 3 条。

费收益权；⑥主体公园未来 5 年入园凭证；⑦小额贷款资产；⑧房地产贷款；⑨金融租赁资产证券[1]；⑩军工资产[2]；⑪企业贷款；⑫企业债券；⑬汽车贷款；⑭不良贷款；⑮个人住房抵押贷款。[3]有的外国投资银行还致力于在中国推广公租房收益权的资产证券。[4]国外的基础资产还包括彩票、机场费、政府税收，甚至包括欧盟未来支付的金钱。[5]

中医百草皆可入药，资产证券化也有这个意思，凡有现金流的资产都可以成为资产证券化的基础资产。但按基础资产划分，我国资产证券化业务大致分为四类：信贷资产证券化、企业资产证券化、资产支持票据和保险资产管理公司项目资产支持计划。[6]后两类规模很小，可以忽略不计。此外，根据我国《证券法》，票据和保险项目资产支持计划并没有被界定为证券，讨论资产证券化的法律问题，通常并不涉及后两者。2015 年，我国各类资产证券化产品发行规模占总规模比重为：信贷资产支持证券 68%，企业资产支持证券 31%，资产支持票据 1%。[7]

2. 资产证券化业务基础资产负面清单指引

为保证基础资产的质量，监管部门借助两类措施：一是要求限制制作资产产品的基础资产，二是要求发行资产证券产品的机构风险自留。中国证券基金业协会 2014 年发布《资产证券化业务基础资产负面清单指引》，适用于从事资产证券化业务的证券公司和基金管理公司子公司。负面清单列明不适宜采用资产证券化

---

[1] 2014 年 9 月 16 日，交通银行正式招标发行资产支持证券。张玉："金融租赁资产证券化首单落地"，载《上海证券报》2014 年 9 月 11 日，第 5 版。2014 年 7 月 22 日，中国邮政储蓄银行发行了 68 亿元人民币的资产证券化产品，是以房地产抵押作担保的证券，收益效率大多在 5.3%至 5.8%之间，基础资产是 10 省的 12 座城市的住房抵押贷款。Esther Fung, "China Securitizes Home Mortgages", *The Wall Street Journal*, July 24, 2014, p. 21.

[2] 王璐："上交所牵手中航工业，力推军工资产证券化"，载《上海证券报》2015 年 4 月 24 日，第 7 版。

[3] 黄斌："图解 108 单 ABS，3400 亿市场的春天刚刚来临"，载《21 世纪经济导报》2014 年 10 月 20 日，第 32 版。2015 年 3 月 6 日，招商银行在银行间市场发行我国第一个人住房抵押贷款支持证券，融资大约 31.5 亿元人民币。陈莹莹："备案制首单发行 RMBS，万亿市场谁主沉浮"，载《中国证券报》2015 年 3 月 6 日，第 A06 版。

[4] 蒋飞："企业资产证券化等待政策"，载《新世纪周刊》2014 年 3 月 31 日，第 48 版。

[5] Kerin Hope, Megan Murphy and Gillian Tett, "Athenian arrangers", *Financial Times*, February 17, 2010, p. 17.

[6] 张宇哲："下一个雷区：ABS?"，载《财新周刊》2016 年 5 月 30 日，第 58 版。

[7] 张宇哲："下一个雷区：ABS?"，载《财新周刊》2016 年 5 月 30 日，第 60 版。

业务形式或者不符合资产证券化业务监管要求的基础资产。[1]《资产证券化业务风险控制指引》首先强调的仍然是基础资产的风险控制,涉及基础资产的合法性、有效转让、估价值、基础资产现金流的预测、转付、账户监管和混同风险的控制。

3. 资产证券化发起机构自留风险比例

银监会 2014 年发布《关于进一步规范信贷资产证券化发起机构风险自留行为的公告》[2],规定资产证券化发起机构自留风险比例如下:①需要保留不低于 5% 的基础资产信用风险;[3]②持有由其发起资产证券化产品的比例不低于该单证券化产品全部发行规模的 5%;[4]③持有最低档次资产支持证券的比例不得低于该档次资产证券发行规模的 5%;[5]④若持有除最低档次之外的资产支持证券,各档次证券均应持有,且应以占各档次证券发行规模的相同比例持有;[6]⑤持有期限不低于各档次资产支持证券存续期限。[7]

银监会提出风险自留比例的要求,但同时将审批制改为备案制。2014 年银监会发布《关于信贷资产证券化备案登记工作流程的通知》[8],规定信贷业务由审批制改为业务备案制度,银行业金融机构从事资产证券化业务需要申请业务资格,但发行证券化产品只需备案登记,银监会仅对发起机构进行合规性考察,不再打开产品"资产包"对检查资产等具体发行方案进行审查。

---

[1] 负面清单上的资产包括:①以地方政府为直接或间接债务人的基础资产。但地方政府按照事先公开的收益约定规则,在政府与社会资本合作模式下应当支付或承担的财政补贴除外。②以地方融资平台公司为债务人的基础资产,此类公司由地方政府及其部门和机构等通过财政拨款或注入土地、股权等资产设立,承担政府投资项目融资功能,并拥有独立法人资格的经济实体。③矿产资源开采收益权、土地出让收益权等产生现金流的能力具有较大不确定性的资产。④不能直接产生现金流、仅依托处置资产才能产生现金流的基础资产,如提单、仓单、产权证书等具有物权属性的权利凭证。⑤法律界定及业务形态属于不同类型且缺乏相关性的资产组合,如基础资产中包括企业应收账款、高速公路收费权等两种或两种以上不同类型资产。⑥违反相关法律法规或政策规定的资产。⑦最终投资标的为上述资产的信托计划受益权等基础资产。中国证券基金业协会 2014 年发布的《资产证券化业务基础资产负面清单指引》(中基协函 [2014] 459 号)。

[2] 人民银行、银监会公告 [2013] 21 号。

[3] 《关于进一步规范信贷资产证券化发起机构风险自留行为的公告》第 1 条。

[4] 《关于进一步规范信贷资产证券化发起机构风险自留行为的公告》第 2 条第 1 款。

[5] 《关于进一步规范信贷资产证券化发起机构风险自留行为的公告》第 2 条第 2 款。

[6] 《关于进一步规范信贷资产证券化发起机构风险自留行为的公告》第 2 条第 3 款。

[7] 《关于进一步规范信贷资产证券化发起机构风险自留行为的公告》第 2 条第 4 款。

[8] 银监办便函 [2014] 1092 号。

(二) 债券和登记

我国有些学者提出了未来债券的概念。他们认为,基础资产中的受益权、收益权是未来债权,不同于实实在在的应收账款,基于物权又不是物权。[1]《民法通则》和《合同法》中没有关于未来债权的规定,但最高人民法院的司法解释实质上承认了未来债权。[2]

我国也有学者认为,基础资产是需要登记的物权,我国法律有不明确之处。具体说,《物权法》第192条规定:"债权转让的,担保该债权的抵押权一并转让……"但主债权转让之后,一并转让的抵押权是否需要登记,法律却并无明文规定。[3]债权的转让公示有通知、登记和公告三种方式。这些学者认为,考虑到收益权等未来债权模式下债务人是不确定的,较之通知和登记,通过公告更有利于债权受让人对抗第三人的优先权。[4]

学者的用意好,建议也好,但正如前文所述,证券市场水至清则无鱼,资产证券化业务也是如此。

(三) 资产证券化评级

资产证券化评级可以有较为合理客观的标准,[5]2008年美国金融危机暴露的情况表明,信用评级机构并不是无标准可循,而是故意掩盖了资产证券化产品中基础资产的问题。但难以追究信用评级机构的责任,因为美国《宪法》保护言论自由,而信用评级机构的信用评级可以被界定为观点,作为商业言论受宪法保护。

---

[1] 许多奇:"资产证券化中的债权让与法律问题",载《武汉大学学报》(哲学社会科学版)2004年第1期。

[2] 根据为2012年发布的《最高人民法院关于审理买卖合同纠纷案件适用法律问题的解释》第3条第1款。该款规定"当事人一方以出卖人在缔约时对标的物没有所有权或者处分权为由主张合同无效的,人民法院不予支持"。丁丁、侯凤坤:"资产证券化法律制度:问题与完善建议",载黄红元、徐明主编:《证券法苑》(第13卷),法律出版社2014年版,第240页。

[3] 杨凯生:"美国信贷资产证券化的几点启示",载《第一财经日报》2015年6月16日,第A13版。

[4] 丁丁、侯凤坤:"资产证券化法律制度:问题与完善建议",载黄红元、徐明主编:《证券法苑》(第13卷),法律出版社2014年版,第248页。

[5] 某些住房销售交易中,购房者的首付资金也是向银行借款筹得。此类贷款称为二次借款,也称"骑肩贷款"。骑肩一词来自英语"piggyback",指骑在别人肩上。美国金融危机之前,一家全球著名的评价机构宣布,如果次贷资产池中的骑肩贷款超过贷款总额的20%,对评级就会有负面影响。Vickie Tillman, "Don't Blame Rating Agencies", *The Wall Street Journal*, September 3, 2007, p.17.

上交所对某些资产证券化产品提出了跟踪评级的要求。[1]

七、资产证券化仍然存疑

2005年,我国国家开发银行开风气之先,发行了以贷款作为基础资产的证券化产品。[2]之后,我国的资产证券化业务一直反复,[3]监管层犹豫是否开展其业务。美国金融危机之后,我国暂停资产支持证券发行。2011年资产证券化业务重启,一路迅跑,2014年发行量与规模超过往年总和,[4]但该业务仍然存疑。

（一）资产证券化产品的估值存疑

如同大多数产品一样,资产证券化产品的价值取决于需求。但从美国的经验看,机构的需求助长了资产证券化产品的增长,尽管此类产品"流动性低已经是恶名在外"。[5]美国资产证券化产品的一个特点是循环出售,[6]"投资银行交叉出售CDO,以制造需求的假象"。[7]

---

[1] 受托机构应当与信用评级机构就信贷资产支持证券跟踪评级的有关安排做出约定,并于信贷资产支持证券续存期内每年7月31日前披露跟踪评级报告。《关于平安银行1号小额消费贷款资产支持证券交易有关事项的通知》（上证法〔2014〕38号）第8条第（3）款。

[2] Gao Changxin, "Easer securitization process coming soon", *China Daily*, August 1, 2014, p.17.

[3] 2004年1月,"国九条"提出"积极探索并开发资产证券化产品种类";2005年4月,中国人民银行、中国银监会发布《信贷资产证券化试点管理办法》；2005年5月,证监会开始证券公司企业资产证券化业务试点。2007年8月21日,中国人民银行发布《关于信贷资产证券化基础资产池信息披露有关事项公告》,对受托机构、发起机构、信用评级机构或其他证券化服务机构在信贷资产证券化中对基础资产池的信息披露提出了具体要求。2008年,国际金融危机全面爆发,我国资产证券业务停滞；2009年5月,证监会以部函形式发布《证券公司企业资产证券化业务试点工作指引（试行）》；2009年,资产证券化试点暂停,因为当时形成了一种共识,将资产证券化视为造成金融危机的主要原因。2011年5月,国务院批复同意继续开展资产证券化试点；2012年5月,人民银行、证监会和财政部发布《关于进一步扩大信贷资产证券化试点有关工作的通知》；2013年3月,证监会发布《证券公司资产证券化业务管理规定》；2013年8月,国务院召开常委会议,决定进一步扩大信贷资产证券化试点。2012年10月8日,证监会发布《证券公司客户资产管理业务管理办法》。2013年7月4日和8月8日,国务院办公厅分别发布《关于金融支持经济结构调整和转型升级的指导意见》和《关于金融支持小微企业发展的实施意见》,明确要逐步推进信贷资产证券化常规发展,引导金融机构盘活资金,用于小微企业贷款。2013年8月27日,保监会发布《关于金融支持经济结构调整和转型升级的指导意见》,支持保险参与信贷资产证券化。

[4] 黄斌：“图解108单ABS,3400亿市场的春天刚刚来临”,载《21世纪经济导报》2014年10月20日,第32版。

[5] Andrew Barry, "Capital Markets: Trading Points", *Barron's*, Nov. 23, 1992, at 48.

[6] Jonathan C. Lipson, "RE: Refining Securitization", 85 *S. Cal. L. Rev.* 1229 (2012), p.1066.

[7] Fin. Crisis Inquiry Comm'n, The Financial Crisis Iiquiry Report 142 (2011), available at http://www.gpogov/fdsys/pkg/GDP-FCTC/pdf/GPO-FCIC/pdf, at 23.

为了抬高 CDO 的价格，美林等华尔街银行施展各种诡计："美林和其他投资银行创造需求的办法很简单，就是制造新的 CDO，以便购买已有 CDO 中无人购买的那部分。"[1]"华尔街圈内有君子协定：你买我的 BBB 段（资产证券化产品中的最次部分），我买你的 BBB 段。购买自己产品的所有买家中，购买最多的首推美林及其 CDO 的产品经理。"[2]一种普遍观点是，机构投资者比个人投资更为理性，通常会长期持有股票或其他形式的证券，有利于证券市场的稳定和健康发展。但从美国资产证券化产品的市场看，投资银行这样的机构投资者并不能够发挥正面作用。

金融危机爆发时，华尔街的大银行手中积压了许多 CDO，根本无法出手。华尔街的大银行对其资产证券化产品一再减记。减记与于注销不同：减记（write-down）是指减低资产的账面价值，因为相对市场价值估值过高，[3]而注销（write-off）则是将一项资产的价值金额计入开支或损失项下，以降低资产或有关盈利的价值。[4]注销后资产便完全消失，而减记则是暂时消减资产价值，资产的价格和价值有可能重新回升。2008 年金融危机发生之后，美国和西方银行和保险业四次减记，[5]但拒不注销，等待、游说救助。

---

[1] Jonathan C. Lipson, "RE：Refining Securitization", 85 *S. Cal. L. Rev.* 1229（2012），p. 1066.

[2] Jonathan C. Lipson, "RE：Refining Securitization", 85 *S. Cal. L. Rev.* 1229（2012），p. 1066.

[3] www.docin.com/p72376969.html.

[4] www.docin.com/p72376969.html.

[5] 第一阶段：次贷危机演变为信贷紧缩。2007 年 8 月，发现华尔街大银行的账面有巨额住房抵押贷款支持的资产证券化产品，其中很多产品是价格虚高的伪劣产品。银行和保险业资产的总市值为 8.54 万亿美元，但减记 670 亿美元。2007 年 8 月 10 日，美联储向市场注资 430 亿美元，欧洲央行向市场注资 1560 亿欧元，日本央行向市场注资 1 万亿日元。2007 年 9 月 14 日，英国央行救助北岩（Northern Rock）银行，发放短期信贷，导致顾客挤兑。2008 年 2 月 17 日，北岩银行被国有化。第二阶段：投资银行深陷其中。2008 年 3 月，银行和保险业资产的总市值为 7.32 万亿美元，但减记 5040 亿美元。2007 年 9 月 30 日，UBS 宣布第三季度亏损 6900 亿美元。2007 年 10 月 24 日，美林因次贷危机而亏损 84 亿美元。2008 年 3 月 13 日，美联储和摩根大通宣布，向贝尔斯登紧急提供资金，向市场注资 430 亿美元。2008 年 3 月 16 日，摩根大通以每股 2 美元的价格收购贝尔斯登。第三阶段：政府进行干预。2008 年 9 月，银行和保险业资产的总市值为 5.888 万亿美元，但减记 9190 亿美元。2008 年 9 月 7 日，房地美和房利美股票崩盘，美联储收购两房，承担其 12 万亿美元的债务。2008 年 9 月 14 日，美国银行以 500 亿美元收购美林。2008 年 9 月 15 日，雷曼兄弟申请破产。2008 年 9 月 17 日，美联储以 850 亿美元救助 AIG。2008 年 9 月 25 日，财政部长提出以 7000 亿美元购买减值的资产。2008 年 10 月 6 日，美联储宣布向银行提供 9000 亿美元的短期贷款。2008 年 10 月 8 日，英国政府宣布特别流通性计划，提供 2000 亿英镑的资金，其中 500 亿英镑用于修复银行资产负债表，2500 亿英镑用于为银行再融资担保。第四阶段：余波不断。2009 年 1 月，银行和保险业资产的总市值为 3.586 万亿美元，但减记 1.038 万亿美元。2009 年 1 月 8 日，德国政府向德国商业银行注入 100 亿欧元，换取其四分之一的股份。2009 年 1 月 14 日，德意志银行宣布亏损 39 亿美元。2015 年 1 月 15 日，安格鲁-爱尔兰银行

2009年之后，美联储购买了1.25万亿美元的以房地产作为抵押的证券，以压低抵押贷款的利率。[1]之后，美联储不计成本，买入4万亿美元的长期债券和住房抵押贷款资产证券化产品，其中包括很多CDO。美联储没有对CDO进行认真估值，便按卖方的要求买入这些有毒资产。美联储出现亏损在所难免，只能借助监管账户隐瞒真相。美联储专门为自己设计了所谓的"监管账户"（regulatory account），该账户下美联储无须公布自己所购资产的亏损。[2]

（二）"真实出售"存疑

有些信贷资产证券化仍然成为表内转表外的工具，银行并没有真实出售，更像是资产抵押或质押。大型商业银行的信贷资产证券化的收益率大多在3%～4%，而银行综合放贷成本在8%以上。所以，有一种观点是，投资者购买信贷资产证券化产品，将其视为贷款，而并非投资，否则不愿意接受如此之低的收益率。[3]

（三）基础资产的质量存疑

很多从事公路、电力、水务等公用设施的公司，已经向银行借款或发债，若再以其现金流作为资产证券化的基础资产，无异于多重抵押，提高了杠杆率，"完全是过度融资"。[4]

（四）交易成本存疑

即便不出现华尔街那样的大规模造假和欺诈，资产证券化业务仍然存在其固有问题。首先，资产证券化的交易成本很高，需要由会计师、投资银行和律师提供收费服务。[5]发起机构、受托机构、贷款服务机构、资金保管机构，乃至证券

（接上页）国有化。2009年1月16日，美国银行亏损24亿美元，美国政府同意向其注资200亿美元，提供1180亿美元的亏损担保。花旗集团宣布亏损83亿美元，证实其将一分为二。"Four stages of global meltdown", *Financial Times*, January 17~18, 2009, p.2.

[1] Finance and Economics, "Earthbound", *The Economist*, March 27, 2010, p.40.

[2] Akex H. Pollock, "Our Financial Crisis Amnesia", *The Wall Street Journal*, July 11~13, 2014, p.10.

[3] 张宇哲：" 下一个雷区：ABS?"，载《财新周刊》2016年第21期。

[4] 张宇哲：" 下一个雷区：ABS?"，载《财新周刊》2016年第21期。

[5] 美国2008年金融危机爆发时，资产证券化业内收费的情况大致为：①经纪人获得0.5%～3%的佣金，视房贷的金额、类型和期限而定；②放贷金融机构获得0.5%～2.5%的利润；③投资银行或其他金融机构从放贷金融机构处购得贷款，将其重新组合后作为证券出售，获得0.25%～1.5%的利润。此外，信用评级机构还要收费。Liam Pleven and Susanne Craig, "Deal fees for brokers, lenders are under fire amid U.S. mortgage crisis", *The Wall Street Journal*, January 18~20, 2008, p.15.

交易所〔1〕都要从中获利。参与的机构越多，成本也就越高，而且多一家机构参与，就多一个变数。

2016年5月19日，中国银行发布中誉2016年第一期不良资产支持证券。发行规模为3.01亿元，优先档和次级档分层比例为78%和22%，优先档评级为AAA。中国银行拿出12亿元的贷款资产包做基础资产，总共卖了12亿元不良贷款，只回收3亿元的资金，相当于打2.5折。直接打包卖给金融资产管理公司，同样是打两三折，但对商业银行要方便得多。〔2〕如果商业银行被界定为国有企业，则这些银行的不良资产也是国有资产，向同为国有企业的资产管理公司转让不良资产，就不涉及国有资产流失的问题。

（五）宏观效益存疑

此外，资产证券化业务的宏观效益仍然受到质疑。对此，里普森教授有如下表述：

"如果只从交易各方的角度考虑，只要资产证券化的结构恰当，似乎优于有担保的贷款，可以创造财富，因为贷款成本高于资产证券化的成本。但若是放大视野，考虑到第三方——包括发起人的'非自愿'贷款方或设计或投资于资产证券化产品的公司股东，结果似乎并不明朗。某些情况下，法律上的隔离可以给各方带来经济效益，但其他情况下做不到这点。考虑法律规则是否可取，经济效益是重大价值取向，但并非需要考量的唯一价值取向。无论美元如何分配，机制的健全性（比如，破产法院和破产法典的机制健全性）也有其价值。"〔3〕

如果适用经济学理论，里普森教授上述论断讨论的是社会责任或外部责任。很遗憾，经济学家很少讨论证券市场的社会成本。

---

〔1〕 "对资产支持证券的转让收取费，收费标准为：按成交金额的百万之一，双向收取，最高不超过100元/笔。"《上海证券交易所资产证券化业务指引》第48条。

〔2〕 张宇哲："下一个雷区：ABS？"，载《财新周刊》2016年第21期。

〔3〕 Jonathan C. Lipson, "RE: Refining Securitization", 85 *S. Cal. L. Rev.* 1229（2012）, pp. 1272 ~ 1273.

第六章

并购重组

一、概要

并购是"合并"和"收购"两词的组合。合并是指两家公司合并为一家公司,收购则指一家公司收购另一家公司。《证券法》和其他法律法规规制的问题焦点是披露。公司并购主要通过股权收购和资产收购进行。股权收购的焦点问题是收购要约及相关披露。资产收购的焦点问题是界定何时发生重大资产重组,需要进行披露并由监管部门进行审批。

二、法律法规

1. 《上市公司收购管理办法》(证监会令第 35 号,2006 年发布,2008 年、2012 年、2014 年修订)

2. 《上市公司重大资产重组管理办法》(证监会令第 109 号,2014 年发布,2016 年修订)

3. 《非上市公众公司收购管理办法》(证监会令第 102 号,2014 年)

4. 《非上市公众公司重大资产重组管理办法》(证监会令第 103 号,2014 年)

5. 《中国证券监督管理委员会上市公司并购重组审核委员会工作规程》(证监会公告〔2014〕15 号)

6. 最高人民法院《关于人民法院为企业兼并重组提供司法保障的指导意见》(法发〔2014〕7 号)

7. 《上市公司并购重组财务顾问业务管理办法》(证监会令第 54 号,2008 年)

8.《金融企业国有资产评估监督管理暂行办法》(财政部令第 47 号,2007年)

9.《中华人民共和国企业国有资产法》(中华人民共和国主席令第 5 号,2008年)

10. 国有资产监督管理委员会《关于企业国有产权转让有关问题的通知》(发产权〔2004〕268 号,2004 年)

11.《国有股东转让所持上市公司股份管理暂行办法》(国资委、证监会令第 19 号,2007 年)

12.《国有单位受让上市公司股份管理暂行规定》(国资发产权〔2007〕109 号,2007 年)

13.《国务院办公厅关于建立外国投资者并购境内企业安全审查制度的通知》(国办发〔2011〕6 号,2011 年)

14.《商务部实施外国投资者并购境内企业安全审查制度有关事项的暂行规定》(商务部公告 2011 年第 8 号)

三、收购和重组

理论上,上市公司的存在是为了优化资源的配置,而上市公司的并购也是为了优化资源配置。[1]但在并购业务实践中,国家、上市公司、股东以及高管各有其目的和动机,各种利益交织在一起,错综复杂。规制并购业务的法律法规也反映了这种乱局。美国有学者称,并购是危机四伏的"法律和规制雷区"。[2]

我国国内法律法规中并没有关于并购的专门定义。我国常用"兼并重组"[3]一词,法律法规中则使用"收购"和"重大资产重组"两词。"重大资产重组"是指通过购买资产收购公司。

(一)收购与资产重组

上市公司重大资产重组是指上市公司及其控股或者控制的公司在日常经营活动之外购买、出售资产或者通过其他方式经营资产交易达到规定的比例,导致公司的主营业务、资产、收入发生重大变化的资产交易行为。[4]

---

[1]《上市公司收购管理办法》第 1 条。
[2] Jeffrey J. Hass, *Corporate Finance in nutshell*, St Paul: West, 2011, p. 569.
[3]《国务院关于进一步优化企业兼并重组市场环境的意见》(国发〔2014〕14 号)。
[4]《上市公司重大资产重组管理办法》第 2 条。

上市公司收购主要是指上市公司的收购及相关股份权益变动的活动，适用《上市公司收购管理办法》（简称《收购办法》）。[1]"收购人可以通过取得股份的方式成为一个上市公司的控股股东，可以通过投资关系、协议、其他安排的途径成为一个上市公司的实际控制人，也可以同时采取上述方式和途径取得上市公司的控制权。收购人包括投资者及与其一致行动的他人。"[2]

可以说，《上市公司重大资产重组管理办法》（简称《重组办法》）比《收购办法》更为重要，因为无论是资产收购还是股份或股权收购，只要上市公司购买或出售资产达到一定比例，或上市公司的控制权发生变化，就构成重大重组，适用《重组办法》。除直接收购资产外，资产重大重组方式也包括购买资产，包括股权收购[3]、资产置换[4]。《重组办法》是对《收购办法》的重要补充。比如，《收购办法》发布在先（2006年），而《重组办法》发布在后（2014年）。

《重组办法》旨在保护上市公司的中小投资者，关注的重点是借壳上市和上市公司收购资产，前者是上市公司为被注资方，而后者是上市公司为收购方。《重组办法》规制的问题本来由股东根据《公司法》通过诉讼来解决，但我国对股东的限制诸多，股东难以通过诉讼主张权利，所以必须依靠证监会的帮助，证监会也乐于通过审核加以监管，尽管结果并不理想。所以《重组办法》需要不断被修改。

《收购办法》适用于上市公司收购其他上市公司的股份，而《重组办法》既适用于上市公司收购其他上市公司的股份或资产，也适用于上市公司或非上市公司收购上市公司的资产。《收购办法》规制收购的股权活动，而《重组办法》既规制股权收购，也规制资产收购，只要公司控制权发生变化。《收购办法》侧重披露的规制，是典型的证券法的规制，而《重组办法》则方便证监会代表公司股东审查公司董事和高管的并购决策，传统上属于公司法的范畴。

在全国中小企业股份转让系统（下称"股份转让系统"）成立之后，证监会2014年又发布了《非上市公众公司收购管理办法》和《非上市公众公司重大资产重组管理办法》，适用于在全国股份转让系统公开转让的公众公司。两个办法的作用有限：第一，两个办法分别参照《收购办法》和《重组办法》制定，主要原

---

[1]《收购办法》第2条。

[2]《收购办法》第5条。

[3]《重组办法》第14条第1款。

[4]《关于上市公司重大购买、出售置换资产若干问题的通知》（证监公司字[2001]105号）。

则和主要内容相同或相似；第二，股份转让系统本身的活力仍然处在考验之中。[1]

(二) 并购与收购

《重组办法》第 9 条规定："鼓励依法设立的并购基金、股权投资基金、创业投资基金、产业投资基金等投资机构参与上市公司并购重组。"

并购由合并和收购两词组合而成。合并（merger）是两家平等公司之间的组合，经常是通过两家公司交换股票实现。合并是目的，但若结果是资产重组，则适用《重组办法》。合并和资产重组可以是并列的目的或结果。但并购业务中合并较少，主要还是收购业务。收购（acquisition）是由收购公司以现金或股票或部分现金和部分股票收购目标公司。[2] 收购公司也称买方，被收购公司也称卖方或目标公司。并购和收购在财务、避税和公司文化方面有不同后果。[3]

除借壳上市和私募股权基金退出之外，收购方的动机还包括：①增加收益；②减低成本；③通过纵向或横向运营实现合力或规模经济；④通过收购获得增长[与公司的自然增长（organic growth）相反]；⑤资源使用不充分；⑥减少竞争对手（增加市场份额，减低价格竞争）；⑦需要进入新的地域市场中（尤其是如果现有市场已经饱和）；⑧产品或服务多元化；[4] 以及⑨收购品牌，企业进行重新定位。[5]

出售方的动机则包括：①企业无法竞争，需要通过规模经济降低成本；②需要获得收购公司的资源；③失去关键员工或关键客户；④所有人之间不可调和的矛盾。[6]

(三) 交易失败

交易失败率（deal failure rate）是指已宣布的跨境交易被撤回、拒绝或听任其

---

[1] 吴柳雯："新三板定增遭遇'四难'"，载《上海证券报》2016 年 8 月 19 日，第 7 版。

[2] Andrew J. Sherman and Milledge A. Hart, *Mergers & Acquisitions—From A to Z*, Second Edition, New York: Amacom, 2006, p. 11.

[3] Andrew J. Sherman and Milledge A. Hart, *Mergers & Acquisitions—From A to Z*, Second Edition, New York: Amacom, 2006, p. 11.

[4] Andrew J. Sherman and Milledge A. Hart, *Mergers & Acquisitions—From A to Z*, Second Edition, New York: Amacom, 2006, p. 18.

[5] Andrew J. Sherman and Milledge A. Hart, *Mergers & Acquisitions—From A to Z*, Second Edition, New York: Amacom, 2006, p. 13.

[6] Andrew J. Sherman and Milledge A. Hart, *Mergers & Acquisitions—From A to Z*, Second Edition, New York: Amacom, 2006, p. 18.

过期失效的比例。2009年中国跨境收购失败率全球最高，达到12%，2010年为11%。而2010年美国或英国的跨境收购失败率分别为2%或1%。[1]

即便并购交易顺利完成，也并非大功告成。在宏观层面，从资本大国美国的经验看，并购也是负面结果大于正面结果。哈佛大学肯尼迪学院的罗伯特·赖克（Robert Reich）教授指出，从宏观层面看，美国的并购活动是"通过纸面企业家主义"对工业资产和经理人无休止的重新排列。[2] "大到不倒"更是并购运动失败的证明。银行成为巨兽，正是不断并购的结果。而银行成为巨兽之后，对国民经济的影响如此之大，即便银行经营不善，负债累累，政府也不敢让银行破产，只能无限制地救助这些大银行，最后由纳税人承担损失。不仅如此，并购也是政府救助大银行和金融业的主要手段。大到不倒是一种恶性循环，无良并购也是一种恶性循环。

四、重大资产重组

（一）《重组办法》的规制重点

《重组办法》的重点是规制重组被用于借壳上市和私募股权基金退出的情形。非上市公司之所以热衷于借壳上市，上市公司之所以热衷于购买私募股权基金在其投资项目中的股份，就是因为公司可以就此发行新股或债券。上市公司借用投资者的资金收购资产，扩大公司的规模，成本也相对较小。如果上市公司的任何股东持有相关私募股权基金的股份，则为收购项目而发行新股和债券，他们就可以立刻套利。证监会拟修改《重组办法》，不再允许为借壳上市而发行新股和债券，但为其他目的收购资产，仍然可以发行新股和债券。

（二）重大资产重组的定义

通过收购资产收购公司是一个由量变到质变的过程，随之产生的难题是：公司出售多少资产需要股东批准。

1. 购买、出售资产

只要上市公司购买或出售资产达到一定比例，就构成重大资产重组。具体比

---

[1] Lex, "Chinese bid whispers", *Financial Times*, January 30, 2011.

[2] 早在1988年，哈佛大学肯尼迪政治学院的罗伯特·赖克（Robert Reich）教授便撰文指出："美国面临选择。我们可以继续忍受痛苦和缓慢的经济过渡，通过纸面企业家主义对工业资产和经理人无休止的重新排列，政治联盟寻求并得到庇护，外国竞争者，越来越多的美国工人陷入死路一条的就业。这种过渡的结果只能是降低很多美国人的生活水准。同时政治和分歧，因为经济馅饼不断减小……" Sidney Blumenthal, *Pledging Allegiance*, New York: Harper Collins Publishers, 1990, p.119.

例为：购买、出售的资产总额占①上市公司资产总额的50%；②占营业收入的50%；或③占净资产额的50%且超过5000万元。[1]

2. 美国标准："所有或大致所有"资产

如果所售资产所产生的收入占公司收入的很大一部分，特拉华州《公司法》规定，出售需要股东批准，即便所售资产在数量上占公司总资产比例有限。[2]按照特拉华州法院的判例，拟出售资产占公司总资产的51%，产生公司净资产的45%，则构成出售"公司全部或大部分资产"，需要公司股东批准。[3]如果所售资产占到公司净资产的60%，并且产生了近6个月的所有收入，特拉华州法院也要求公司股东批准此类资产出售。[4]

3. 控制权发生变更

《重组办法》第13条规定，上市公司自控制权发生变更之日起60个月内，向收购人及其关联人购买资产，购买的资产总额与上市公司资产总额、营业收入、净利润、资产净额或股份之比例，只要其中任何一项比例达到100%，即构成重大资产重组，应当报经证监会核准。构成重大资产重组的情形还包括：上市公司主营业务根本变化，以及证监会认定的可能导致上市公司发生根本变化的其他情形。

上述规定也有例外："上市公司自控制权发生变更之日起，向收购人及其关联人购买的资产属于金融、创业投资等特定行业的，由中国证监会另行规定。"[5]

4. 上市控制权

《收购办法》第84条规定，拥有上市公司控制权的情形包括："（一）投资者为上市公司持股50%以上的控股股东；（二）投资者可以实际支配上市公司股份表决权超过30%；（三）投资者通过实际支配上市公司股份表决权能够决定公司董事会半数以上成员选任；（四）投资者依其可实际支配的上市公司股份表决权

---

[1] 上市公司购买、出售资产，达到下列标准之一，便构成上市公司重大重组："（一）购买、出售的资产总额占上市公司最近一个会计年度经审计的合并财务会计报告期末资产总额的比例达到50%以上；（二）购买、出售的资产在最近一个会计年度所产生的营业收入占上市公司同期经审计的合并财务会计报告营业收入的比例达到50%以上；（三）购买、出售的资产净额占上市公司最近一个会计年度经审计的合并财务会计报告期末净资产额的比例达到50以上，且超过5000万元人民币。"《重组办法》第12条。

[2] Delaware General Corporation Law, Section 271 (a).

[3] Katz v. Bregman, 431 A. 2d 1274 (Del. Ch. 1981).

[4] Winston v. Mandor, 710 A. 2d 835 (Del. Ch. 1997).

[5] 《重组办法》第13条第6款。

足以对公司股东大会的决议产生重大影响；(五)中国证监会认定的其他情形。"

上市公司股权分散，董事、高级管理人员可以支配公司重大的财务和经营决策的，视为具有上市公司控制权。[1]

(三) 重组上市

我国时有企业借道资产重组首次公开发行股票并上市，试图绕过首次公开发行的监管规定。为防止此类情形，《重组办法》第11条第2项要求上市公司说明本次交易不会导致上市公司不符合股票上市条件。

1. 证监会并不反对重组上市

《重组办法》第8条规定："中国证监会审核上市公司重大资产重组或者发行股份购买资产的申请，可以根据上市公司的规范运作和诚信状况、财务顾问的执业能力和执业质量，结合国家产业政策和重组交易类型，作出差异化的、公开透明的监管制度安排，有条件地减少审核内容和环节。"该条的要害是"有条件地减少审核内容和环节"，而前置条件并无硬性规定，属于可以灵活掌握的内容。

2. 限制重组上市套现

为限制通过重组套现，《重组办法》第46条第2款规定："上市公司原控股股东、原实际控制人及其控制的关联人，以及在交易过程中从该等主体直接或间接受让该上市公司股份的特定对象应当公开承诺，在本次交易完成后36个月内不转让其在该上市公司中拥有权益的股份；除收购人及其关联人以外的特定对象应当公开承诺，其以资产认购而取得的上市公司股份自股份发行结束之日起24个月内不得转让"。

《重组办法》第44条第1款规定："上市公司发行股份购买资产的，除属于本办法第十三条第一款规定的交易情形外，可以同时募集部分配套资金……"简言之，上市公司不得通过发行新股为第13条第1款规定的收购进行融资。

(四) 发行股份购买资产

重大资产重组成为私募基金收回其投资的退出机制。私募股权基金投资企业或收购企业，然后再将该企业转让给上市公司。这种做法在业内被称为"PE+上市公司"模式。

1. 私募股权基金退出机制

在"PE+上市公司"模式的基础上，某些股权投资基金又有所创新，使活动更加隐秘。私募股权基金成为境外一家上市公司的控股股东，通过该上市公司在

---

[1]《重组办法》第13条第4款。

境外收购资产，再由该公司转让给国内的上市公司。

按照《重组办法》相关条款的文义解释，"PE+上市公司模式"似乎并未受到证监会反对，甚至可以说是受到证监会的某种鼓励。《重组办法》第9条规定："鼓励依法设立的并购基金、股权投资基金、创业投资基金、产业投资基金等投资机构参与上市公司并购重组。"

2. 募集配套资金

上市公司通过非公开发行融资，用于收购资产。《重组办法》第44条规定："上市公司发行股份购买资产的，除属于办法第十三条第一款规定的交易情形外，可以同时募集部分配套资金……"

3. 业绩补偿协议

可以要求大股东或目标公司做出业绩承诺（performance undertaking），其具体形式为业绩补偿协议。如《重组办法》第35条第1款规定："采取收益现值法、假设开发等基于未来收益预期的方法对拟购买资产进行评估或者估值并作为定价参考依据的，上市公司应当在重大资产重组实施完毕后3年内的年度报告中单独披露相关资产的实际盈利数与利润预测数的差异情况，并由会计师事务所对此出具专项审核意见；交易对方应当与上市公司就相关资产实际盈利数不足利润预测数的情况签订明确可行的补偿协议。"

审核时问及补偿协议，就是在进行实质审查。如果完全是形式审查，那么只要上市公司真实、完整披露了有关资产盈利能力的相关信息，即便该资产的持续盈利能力存在很大变数，构成很大风险，也并不构成证监会不予核准的理由。

就重大资产重组而言，证监会强调对投资者的保护，而披露和审核是保护投资者的主要手段。证监会所制定的《重组办法》提到的业绩补充，表明证监会十分关注此事。

证监会反复问一些"刁钻"的问题，有些上市公司便会知难而退。

4. 摊薄

《重组办法》第35条规定，预计重大资产重组将摊薄当年每股收益的，上市公司应当提出填补每股收益的具体措施。2015年，证监会专门发布《关于首发及再融资、重大资产重组摊薄即期回报有关事项的指导意见》[1]。

---

[1] 证监会公告［2015］31号。

五、借壳上市

2013 年 11 月，证监会发布《关于在借壳上市审核中严格执行首次公开发行股票上市标准的通知》[1]（下称《借壳上市标准》），旨在规制借壳上市的行为。

（一）借壳上市的目的

改善公司治理是指上市公司将其一部分资产注入壳公司，实现分拆上市的做法。所注入的资产与买壳方主要资产业务的关联性较小[2]，将其分离出去有利于主营业务，被视为改善公司治理的手段[3]。

利益回流型关联交易分为三个阶段：控股权收购、资产重组与利益收入型关联交易、股权融资和利益回流型关联交易，后两个阶段又被称为"输血"和"抽血"。收购陷于困境的企业，需要对公司进行输血，手段包括输入资产并加以资产重组和关联交易，改善公司结构，待上市公司达到股权融资条件后利用关系从公司"抽血"，或称"利益回流型关联交易"。完成"抽血"之后，买壳方收回了"输血"成本并获得巨大利益，壳公司已无利用价值，可以转让给下一个卖家，周而复始。[4]

（二）净壳与实壳

净壳是指那些资产、业务、债务都很少的上市公司，其主要价值是上市资格。[5]在香港，一个没有债务的"干净"空壳公司在 2011 年左右可以卖到 3 亿港币，而在 1990 年代初类似的空壳公司仅能卖 500 万港币。[6]实壳为拥有较多资产、业务和负债的上市公司。依照业绩高低，实壳又可分为"绩优公司"和"绩差公司"。[7]

（三）创业板

《借壳上市标准》不允许在创业板借壳上市，理由是：①多数借壳企业与创业板企业的特点不同，允许创业板借壳上市，便会弱化创业板市场对创新、创业

---

[1] 证监发〔2013〕61 号。

[2] 陈晋平：《买壳上市框架内的控股权转移》，中国财政经济出版社 2005 年版，第 26~28 页。

[3] 陈晋平：《买壳上市框架内的控股权转移》，中国财政经济出版社 2005 年版，第 26~23 页。

[4] 陈晋平：《买壳上市框架内的控股权转移》，中国财政经济出版社 2005 年版，第 26~27 页。

[5] 陈晋平：《买壳上市框架内的控股权转移》，中国财政经济出版社 2005 年版，第 26~29 页。

[6] Bloomberg, "Nasdaq OMX to Vet Reverse-merger Firms Before Share Listing", *South China Morning Post*, May 3, 2011, B 3.

[7] 陈晋平：《买壳上市框架内的控股权转移》，中国财政经济出版社 2005 年版，第 26~29 页。

型企业的服务功能；[1]②允许借壳上市违背既定监管政策；③创业板存在"三高"问题[2]，允许在创业板借壳上市，将加剧二级市场炒作，容易引发内幕交易、市场操纵等问题。[3]

（四）逆向收购

借壳上市在美国也称"逆向交易"（inversion），即并购之后收购方成为被收购方的子公司。[4]逆向交易的主要形式包括逆向三角并购和换股法定合并。中国在美国和加拿大上市的公司中，有许多是通过逆向三角并购上市的。[5]2011年4月底，纳斯达克OMX集团（Nasdaq OMX Group）在向证交会提交的文件中表示，要加强对通过逆向三角并购上市公司的审查，包括上市需要有6个月的等待期，[6]可监管者总是迟到一步。

1. 逆向三角并购

逆向三角并购（reverse triangular merger）是指收购方设立子公司，子公司与目标公司合并，合并之后收购方的子公司消失，目标公司是续存公司，成为收购方的全资子公司。逆向三角并购的具体做法通常是：①收购公司为收购目标公司而设立子公司；②子公司将其全部股票换为收购公司的部分股票；③根据收购公司、子公司和目标公司的三方并购协议，收购公司将其拥有的子公司股票换为目标公司的股票；④再根据收购公司、子公司和目标公司的三方并购协议，目标公司的原有股东将其所拥有的目标公司的全部股票换为收购公司的股票。[7]

2. 换股吸收合并

换股法定合并（stock swap statutory merger）这一方法已经被引入我国，更名为"换股吸收合并"。在申银万国证券股份有限公司（下称"申银万国"）吸收

---

[1]《借壳上市标准》第2条。

[2] "三高"指发行价高、市盈率高、超募比例高。参见陈建华："对我国创业板'三高'现象思考"，载《深圳大学学报》（人文社会科学版）2011年第5期。

[3]《借壳上市标准》第2条。

[4] Anousha Sakoui, "Wall St Grabs Larger Slice of Shrinking M&A", *Finacial Times*, December 20, 2013, p. 15.

[5] Finance and Economics, "Skepticism about the accounts of Chinese companies spreads", *The Economist*, June 11, 2011, p. 78. 到2011年3月22日，纳斯达克共有188家中国上市公司，其中106家是通过逆向三角并购上市的。2007年到2011年4月底，美国总共只有600家公司通过逆向三角并购上市，避免了首次公开发行程序。The Lex Column, "Chinese Stock in US", *Financial Times*, p. 14.

[6] Bloomberg, "Nasdaq OMX to Vet Reverse-merger Firms Before Share Listing", *South China Morning Post*, May 3, 2011, B 3.

[7] Steven L. Emanuel, *Corporations*, Beijing: Citic Publishing House, 2003, p. 396.

合并宏源证券股份有限公司并上市交易中的方式是:

"申银万国以换股吸收合并的方式吸收合并宏源证券。申银万国向宏源证券全体股东发行 A 股股票,以取得该等股东持有的宏源证券全部股票;本次合并完成后,申银万国将作为存续公司承继及承接宏源证券的全部资产、负债、业务、人员、合同及其他一切权利与业务,宏源证券终止上市并注销法人资格。申银万国的股票(包括为本次换股吸收合并发行的 A 股股票)将申请在深交所上市流通。"[1]

3. 法律意见书涉及的并购主要问题

《关于申银万国证券股份有限公司吸收合并宏源证券股份有限公司并上市的法律意见书》[2]的主要内容包括:合并的方案和协议;合并的批准和授权;合并双方的主体资格;本次合并的实质条件;根据《公司法》《证券法》《重组办法》《首发管理办法》《公开发行证券公司信息披露的编报规则(第 12 号)——公开发行证券的法律意见书和律师工作报告》及中国证监会制订的其他有关规定,出具法律意见书;合并双方的设立;吸收方的主要股东;吸收方的控股公司和分支机构;吸收方的业务;关联交易及同业竞争;合并双方的主要资产;吸收方的重大债权债务;吸收方重大资产变化及收购兼并;收购方章程制订与修改;吸收方大会、董事会、监事会的议事规则及规范运作;吸收方董事、监事、高级管理人员及其变化;吸收方的税务;吸收方的环境保护;吸收方本次募集资金的运用;吸收方的业务发展目标;合并双方涉及的重大诉讼、仲裁或行政处罚;对《重组报告》的法律风险评估;结论意见。

六、上市公司收购

公司并购活动主要适用《公司法》和《证券法》。根据《公司法》,目标公司的高管和董事有义务为公司谋取最高的售价,而《证券法》则要求收购方必须履行其披露义务,尤其是在发出兼并收购的投标要约时,必须履行其披露义务。

---

[1] 中国证券监督管理委员会:《中国资本市场法制发展报告——2014》,法律出版社 2015 年版,第 1043 页。

[2] 中国证券监督管理委员会:《中国资本市场法制发展报告——2014》,法律出版社 2015 年版,第 1042~1102 页。

（一）上市公司控制权

证监会可以要求业绩补偿协议或填补措施，[1]但如果控制权没有发生变化，证监会就不做此类要求。[2]

《重组办法》第35条规定，上市公司向控股股东、实际控制人或者其控制的关联人之外的特定对象购买资产且未导致控制权发生变更的，无须采取业绩补偿和每股收益填补措施。

《收购办法》第84条规定，有下列情形之一的，为拥有上市公司控制权：①持股50%以上的控股股东；②实际支配上市公司股份表决权超过30%；③通过实际支配上市公司股份表决权，能够决定公司董事会半数以上成员选任；④实际支配的上市公司股份表决权足以对公司股东大会的决议产生重大影响；⑤证监会认定的其他情形。

（二）行动一致人

证券交易所就核准申请评价上市公司时，经常问及股东一致行动关系，因为股东的一致行动会影响到上市公司的控制权。深交所问及标的公司股东之间一致行动关系。否认此种关系，以巩固上市公司目前实际控制人的控股地位。

《收购办法》第83条规定，除有相反证据外，有下列情形之一的，互为一致行动人：①投资者之间有股权控制关系；②投资者受同一主体控制；③投资者的董事、监事或者高级管理人员中的主要成员，同时在另一个投资者担任董事、监事或者高级管理人员；④投资者参股另一股东，可以对参股公司的重大决策产生重大影响；⑤银行以外的其他法人、其他组织和自然人为投资者取得相关股份提供融资安排；⑥投资者之间存在合伙、合作、联营等其他经济利益关系；⑦持有投资者30%以上股份的自然人，与投资者持有同一上市公司的股份；⑧在投资者任职的董事、监事及高级管理人员，与投资者持有同一上市公司的股份；⑨持有投资者30%以上股份的自然人和在投资者任职的董事、监事及高级管理人员，其父母、配偶、子女及其配偶、配偶的父母、兄弟姐妹及其配偶、配偶的兄弟姐妹及其配偶等亲属，与投资者持有同一上市公司股份；⑩在上市公司任职的董事、监事、高级管理人员及其前项所述亲属同时持有本公司股份的，或者与自己或者

---

[1]　见上文《重组办法》第35条第1款。

[2]　"上市公司向控股股东、实际控制人或者其控制的关联人之外的特定对象购买资产且未导致控制权发生变更的……上市公司与交易对方可以根据市场化原则，自主协商是否采取业绩补偿和每股收益填补措施及相关具体安排。"《重组办法》第35条第3款。

前项所述亲属直接或者间接控制的企业同时持有本公司股份；⑪上市公司董事、监事、高级管理人员和员工与其所控制或者委托的法人或者其他组织持有本公司股份；⑫投资者之间具有其他关联关系。

（三）披露

证券市场的规制主要体现在披露和核准这两个方面，公司并购业务也不例外。并购业务中的收购方有各种披露责任。

1. 通过证券交易所的证券交易

通过证券交易所的证券交易，通过协议转让方式，投资者及其一致行动人通过行政划转或者变更、执行法院裁定继承、赠与方式。投资者及其一致行动人拥有权益的股份达到一个上市公司已发行股份的5%时，应当在该事实发生之日起3日内编制权益变动报告书，向中国证监会、证券交易所提交书面报告，通知该上市公司所在地的中国证监会派出机构……通知该上市公司，并予公告；在上述期限内，不得再行买卖该上市公司的股票。[1]其拥有权益的股份占该上市公司已经发行股份的比例每增加或者减少5%，应当进行报告和公告。在报告期限内和作出报告、公告后2日内，不得再行买卖该上市公司的股票。[2]投资者及其一致行动人在一个上市公司中拥有的权益合并计算。[3]

2. 披露方式

中国证券监督管理委员会《关于上市公司重大购买、出售置换资产若干问题的通知》[4]规定，公司发生重大购买、出售置换资产时，以方框图或者其他形式，有效、全面披露与交易对方相关的股权及控制关系，包括交易对方的直接持有人、各层之间的股权关系结构图，以及上市公司之间的股权关系结构，直至披露到出现自然人或国有资产管理部门为止；并以文字简要介绍交易对方的主要股东及其他关联人的基本情况，以及其他控制关系（包括人员控制）。2002年9月《上市公司收购管理办法》与《上市公司股东持股变动信息披露管理办法》要求信息披露义务人在大宗股份发生变动时，详细披露股份控制人与上市公司之间的控制关系。

（四）收购要约

收购要约既可以是全面收购要约，也可以是部分收购要约。全面收购要约是

---

[1]　《收购办法》第13条。
[2]　《收购办法》第13条。
[3]　《收购办法》第12条。
[4]　证监公司字［2001］105号。

向目标公司的所有股东发出要约,收购他们的所有股票。收购要约之所以重要,是因为一旦发出收购要约,收购方就有披露责任,相关法律法规对收购方式也有具体限制。

《收购办法》第 23 条规定:投资者自愿选择以要约方式收购上市公司股份,可以向被收购公司所有股东发出收购其所持有的全部股份的要约(下称"全面要约"),也可以向被收购公司所有股东发出收购其所持有的部分股份的要约(下称"部分要约")。

1. 全面要约

(1)通过证券交易所的证券交易,持有一个上市公司的股份达到公司发行股份的 30%时,继续增持股份的,应当采取要约方式进行,发出全面要约或部分要约;[1](2)收购人拟通过协议收购的股份超过 30%的,超过 30%的部分,应当以要约方式进行;[2](3)如果是间接,收购人拥有权益的股份超过公司已发行股份的 30%,继续增持股份的,应当向该公司的所有股东发出全面要约。[3]

2. 收购要约的限制

(1)收购股份的比例。以要约方式收购公司股份的,其预定收购的股份比例不得低于该公司已发行股份的 5%。[4]

(2)收购价格。对同一类股票的要约价格,不得低于要约收购提示性公告日前 6 个月内收购人取得该种股票所支付的最高价格。[5]要约价格低于提示性公告日前 30 个交易日该种股票的每日加权平均价格的算术平均值的,收购人聘请的财务顾问应当就该种股票前 6 个月的交易情况进行分析,说明是否存在股价被操纵、收购人是否有未披露的一致行动人、收购人前 6 个月取得公司股份是否存在其他支付安排、要约价格的合理性等。[6]

(3)收购期限。收购要约约定的收购期限不得少于 30 日,并不得超过 60 日;

---

[1]《收购办法》第 24 条。
[2]《收购办法》第 47 条第 3 款。
[3]"收购人预计无法在事实发生之日起 30 日内发出全面要约的,应当在前述 30 日内促使其控制的股东将所持有的上市公司股份减持至 30%或者 30%以下,并自减持之日起 2 个工作日内予以公告;拟依据本办法第六章的规定申请豁免的,应当按照本办法第四十八条的规定办理。"《收购办法》第 56 条。
[4]《非上市公众公司收购管理办法》第 22 条。
[5]《收购办法》第 35 条。
[6]《收购办法》第 35 条。

但是出现竞争要约的除外。[1]在要约收购期间,被收购公司董事不得辞职。[2]

3. 豁免

《收购办法》第六章规定了豁免申请的条件。

(1) 免于以要约方式增持股份。①股份转让是在同一实际控制人的不同主体之间进行,实际控制人未发生变化;②上市公司面临严重财务困难,收购人提出的挽救公司的重组方案取得公司股东大会批准,且收购人承诺3年内不转让其在公司所拥有的权益;③证监会认定的其他情形。[3]

(2) 免于发出要约。有下列情形之一的,投资者可以向证监会提出免予发出要约的申请,证监会自收到申请文件之日起10个工作日未提出异议的,相关投资者可以向证券交易所和证券登记机构申请办理股份转让和过户登记手续:①经政府或者国有资产管理部门批准进行国有资产无偿划转、变更、合并,导致投资者在一个上市公司中拥有权益的股份占公司已发行股份的比例超过30%;②因上市公司按照股东大会批准的确定价格向特定股东回购股份而减少股本,导致投资者在该公司中拥有权益的股份超过公司已发行股份的30%;以及③证监会认定的其他情形。[4]

(3) 豁免。有下列情形之一的,尽管投资者拥有权益的股份超过30%,但相关投资者无需向证监会申请,直接向证券交易所和证券登记结算机构申请办理股份转让和过户登记手续:①投资者取得向其发行的新股,但承诺3年内不转让,且公司股东大会同意投资者免于发出要约;②每12个月内增持不超过该公司已发行的2%的股份;③拥有权益股份达到或者超过50%,继续增持不影响该公司的上市地位;④证券公司、银行等金融机构从事承销、贷款等业务,没有实际控制该公司的行为或者意图,并且提出在合理期限内向非关联方转让相关股份的解决方案;⑤继承所致;⑥履行约定购回式交易协议,且能够证明标的股份的表决权在协议期间未发生转移;⑦因所持优先股表决权恢复所致。[5]

(五) 财务顾问

收购人收购上市公司,必须聘请在中国注册的具有从事财务顾问资格的专业

---

[1]《收购办法》第37条。
[2]《收购办法》第34条。
[3]《收购办法》第62条。
[4]《收购办法》第63条第1款。
[5]《收购办法》第63条第2款。

机构担任财务顾问。[1]证券公司、证券投资咨询机构或者其他符合条件的财务顾问机构可以从事并购重组业务，但必须经过证监会核准具有上市公司并购重组财务顾问业务资格。[2]

财务顾问不仅需要就会计问题为客户提供服务，而且负责解决并购业务中的重大问题。证监会就此发布了《上市公司并购重组财务顾问业务管理办法》。按照该规定，财务顾问为上市公司的收购、重大资产重组、合并、分立、顾问回购等对上市公司股权结构、资产和负债、收入和利润等具有重大影响的并购重组活动提供交易估值、方案设计、出具专业意见等专业服务。《收购办法》对财务顾问在并购中的作用也有相应规定。[3]财务顾问的一个重要作用就是就被收购资产的价格是否公允发表意见。《关于填报〈上市公司并购重组财务顾问专业意见附表〉的规定》[4]规定了涉及上市公司收购资产交易定价的公允性及其相关问题。[5]

（六）被收购公司的董事、监事、高级管理人员的义务

《收购办法》中也有关于董事、监事和高管义务的要求，但内容比较笼统，与我国《公司法》中的内容大致相同。

1. 忠实义务和注意义务

公司并购，中、小股东最关心的是并购价格，尤其是目标公司的售价，这也是股东与高管之间的矛盾所在，在美国时常演变为诉讼。公司高管应当尽力谋取可以得到的最高售价。按照美国证券法判例，就公司并购中的售价而言，公司高管必须尽到忠实责任和注意责任，我国《公司法》也引进了忠实责任和注意责

---

[1]《收购办法》第9条。

[2]《上市公司并购重组财务顾问业务管理办法》（证监会令第54号，2008年）第2条。

[3]《收购办法》第65条：①对收购人的相关情况进行尽职调查；②应收购人的要求向收购人提供专业化服务，全面评估被收购公司的财务和经营状况，帮助收购人分析收购所涉及的法律、财务、经营风险，就收购方案所涉及的收购价格、收购方式、支付安排等事项提出对策建议，并指导申报文件的制作；③对收购人及其高管进法律辅导；④核查核验申报文件，对收购事项发表专业意见；⑤接受收购人委托，向证监会申报材料，并答复审核意见；⑥在收购完成后12个月内，持续督导收购人守法，派出机构可以责令收购人延长财务顾问的持续督导期。

[4] 证监会公告[2010]31号。

[5]《财务顾问意见附表第3号——发行股份购买资产》要求财务顾问就购买资产的以下相关情况出具意见：①上市公司是否符合发行股份购买资产条件；②交易对方的情况；③上市公司定向发行所购买资产的情况；④交易定价的公允性；⑤定向发行须获得的相关批准；⑥对上市公司的影响；以及⑦相关事宜。另外三项附表为：《财务顾问意见附表第1号——上市公司收购》《财务顾问意见附表第2号——重大资产重组》《财务顾问意见附表第4号——回购社会公众股份》。

任，只是将"注意责任"改名为"勤勉义务"。[1]

2. 被收购公司的董事、监事、高级管理人员的义务

《收购办法》第 8 条规定："被收购公司董事会针对收购所做出的决策及采取的措施，应当有利于维护公司及其股东的利益，不得滥用职权对收购设置不适当的障碍，不得利用公司资源向收购人提供任何形式的财务资助，不得损害公司及其股东的合法权益。"[2]

按照第 8 条的文义和精神，上市公司在美国惯用"毒丸"（poisonous）[3]、绿色邮件（greenmail）[4]等反收购措施。

3. 被收购公司的控股股东、实际控制人的义务

被收购公司的控股股东、实际控制人及其关联方有损害被收购公司及其他股东合法权益的，应当主动消除损害；未能消除损害的，应当就其出让相关股份所得收入用于消除全部损害做出安排，对不足以消除损害的部分，应当提供充分有效的履约担保或安排，并依照公司章程取得被收购公司股东大会的批准。[5]

七、重组审核

（一）分道制

2013 年 10 月 8 日起，重组审核实行"分道制"，由证券交易所和证监局、证券业协会、财务顾问分别对上市公司合规情况、中介机构执行能力、产业政策及交易类型三个分项进行评价，之后根据分项评价的汇总结果，将并购重组申请划入豁免/快速、正常、审慎三条审核通道。进入豁免/快速通道、不涉及发行股份的项目，豁免由证监会直接核准；涉及发行股份的，实行快速审核，取消预审，直接提请并购重组审核委员会审议。进入审慎通道的项目，依据《证券期货市场诚信监督管理暂行办法》，综合考虑诚信状况等相关因素，审核申请人提出的并购

---

[1]《公司法》第 148 条："董事、监事、高级管理人员……对公司有忠实义务和勤勉义务。"

[2]《收购办法》第 8 条。

[3] 毒丸（poison pill）是敌意收购中目标公司为阻止收购而制定的策略，使其股票或财务状况对敌意收购者失去吸引力。例如，发行一系列的优先股，赋予其股东在公司被接管以后溢价赎回的权利，从而增加收购成本。薛波：《元照英美法词典》，法律出版社 2003 年版，第 1062 页。

[4] 绿色邮件（greenmail）是在公司收购中目标公司以高于市场的价格购回由潜在股票收购人所持有的目标公司的股票。作为回报，该持股人同意不与对手竞价收购。薛波：《元照英美法词典》，法律出版社 2003 年版，第 614 页。

[5]《收购办法》第 7 条。

重组申请事项，必要时加大审理力度。[1]

分道制似乎并无精妙之处。快速审核是虚名，尽管取消预审，但却多出了证券交易所的评价。分道制的结果也并不理想，所以 2016 年又再次修改《重组办法》。

证监会表示，引入分道制是出于以下目的：一是贯彻国务院机构职能转变动员电视电话会议精神，加强行政审批改革力度，监管重心从事前审核向事中、事后审核转移，与行业政策挂钩，体现加快推进重点行业企业兼并重组的政策导向；二是体现分类监管，扶优限劣；三是与中介机构的执行质量挂钩；四是提升上市公司监管的标准化、合理化。[2]

但上述目的似有根本性的矛盾。分道制是"监管重心从事前审核向事中、事后审核转移"，但同时又与"行业政策挂钩"，而行业政策是由政府部门决定，并且是事先决定的。

（二）并购重组审核

1. 并购重组审核委员会

证监会在发行审核委员会中设立上市公司并购重组审核委员会（下称"并购重组委"），以投票方式对提交其审议的重大资产重组或发行股份购买资产申请进行表决，提出审核意见。[3]根据《上市公司并购重组审核委员会工作规程（2014 年修订）》[4]（下称《重组审核委规程》），并购重组委由专业人员组成，人数不多于 35 名，其中证监会人数不多于 7 名，按一定比例设置专职委员。

2. 上市公司并购重组专家咨询委员会

证监会设立由专业人员和有关专家组成的并购重组专家咨询委员会（下称"专家咨询委"），并就此发布了《上市公司并购重组专家咨询委员会工作规则》[5]（下称《重组专家委员会规则》）。[6]专家咨询委提供咨询意见，内容包括：①并购重组规则的制定、审核中的重大疑难问题、重大创新事项；②审核中的法

---

[1] 证监会新闻发布会，载 www.csrc.gov.cn/pub/newsite/zjhxwfbh/201309/t20130913_234878.html，访问日期：2013 年 9 月 13 日。

[2] 证监会新闻发布会，载 www.csrc.gov.cn/pub/newsite/zjhxwfbh/201309/t20130913_234878.html，访问日期：2013 年 9 月 13 日。

[3] 《重组办法》第 10 条。

[4] 证监会公告〔2014〕15 号。

[5] 证监会公告〔2012〕2 号。

[6] 专家咨询委由证监会内外法律、会计、资产评估等专业领域或熟悉产业政策的专家组成，人数不超过 35 人，委员每届任期 3 年，可以连任。《重组专家委员会规则》第 3 条。

律、会计、资产评估、产业政策；③审核标准；④并购重组申请人的申诉意见；⑤上市公司破产重整事项。[1]专家咨询委根据工作需要，可以开展并购重组专题调研、会同并购重组委进行回访。[2]证监会认为确有必要的，可以提请专家咨询委召开评审会议，就申诉理由是否正当进行研究判断，形成评审意见。[3]

（三）不予核准的理由

1. 产业政策

《重组办法》第11条第1项规定，上市公司实施重大资产重组，应当"符合国家产业政策和有关环境保护、土地管理、反垄断等法律和行政法规的规定"。

《关于不予核准广东威华股份有限公司重大资产重组及向赣州稀土集团有限公司发行股份资产购买并募集配套资金的决定》[4]中，不核准的一个理由就是："本次交易拟购买的那部分资产未取得环境保护设施竣工验收及工业和信息化部稀土行业准入批准。"并购重组委员会认为，该情形与《重组办法》第11条、《首次公开发行股票并上市管理办法》第10条的规定不符。

2. 环保

《关于不予核准广东威华股份有限公司重大资产重组及向赣州稀土集团有限公司发行股份购买资产并募集配套资金的决定》中，不核准的一个理由就是，"本次交易拟购买的那部分资产未取得环境保护设施竣工验收及工业和信息化部稀土行业准入批准"。

通常是获得其他部委的相关批文之后，最后获得证监会批准。

3. 关联交易

《关于不予核准广东威华股份有限公司重大资产重组及向赣州稀土集团有限公司发行股份购买资产并募集配套资金的决定》中，不核准的一个理由就是，"本次交易完成后形成上市公司关联方资金占用"。并购重组委员会认为，该情形与《重组办法》第11条、《首次公开发行股票并上市管理办法》第10条的规定不符。

关联交易是并购的焦点问题之一，《重组办法》有一系列规定，涉及董事会、独立董事、独立财务顾问和律师的职责。

---

[1]《重组专家委员会规则》第2条。
[2]《重组专家委员会规则》第6条。
[3]《重组专家委员会规则》第8条。
[4] 证监许可〔2015〕203号。

"上市公司董事会应当就重大资产重组是否构成关联交易作出明确判断,并作为董事会决议事项予以披露。"[1]

"上市公司独立董事应当在充分了解相关信息的基础上,就重大资产重组发表独立意见。重大资产重组构成关联交易的,独立董事可以另行聘请独立财务顾问就本次交易对上市公司非关联股东的影响发表意见。"[2]

"独立财务顾问和律师事务所应当审慎核查重大资产重组是否构成关联交易,并依据核查确认的相关事实发表明确意见。重大资产重组涉及关联交易的,独立财务顾问应当就本次重组对上市公司非关联股东的影响发表明确意见。"[3]

4. 业绩补偿和每股收益填补

见上文。

八、投标收购要约

部分收购要约在美国称为竞标收购要约。通过部分收购要约,可以进行敌意收购。20世纪80年代,里根任总统期间,推行去监管政策,美国的并购业务蓬勃开展,敌意收购也风行一时。这为投资银行家和律师创造了许多就业机会。敌意收购离不开竞标收购要约,但美国敌意收购已经大量减少,不再是并购业务的主要问题,也不再是证券法的重要问题。正因为如此,美国关于收购要约的法院判例,大多是上个世纪做出的。

目前美国并购的监管套利主要是避税。美国的一些大公司通过并购改变公司的纳税地,在税率更低的司法辖区纳税。[4]按照美国的《国内税收法典》,一家公司只要有另一家公司20%的股份,就可以实现公司倒置(inversion)。[5]我国的税法远没有美国的税法复杂,少了一个主要的创新源泉,很多金融创新高手也是"巧妇难为无米之炊"。

(一)定义

投标收购要约(tender offer)是在兼并收购(takeover bid)中发出的要约,由收购人发出,以特定价格收购特定数量的目标公司的股票。公开收购要约成交

---

[1]《重组办法》第21条第2款。
[2]《重组办法》第21条第3款。
[3]《重组办法》第17条第2款。
[4] Andrew Ward and Arash Massoudi, "Reform Flawed US Tax Regime, Says AbbVie as It Seals 32 Billion Pounds Shire Deal", *Financial Times*, July 19~20, 2014, p. 1.
[5] 26 U. S. Code Section 7874.

的先决条件是，收购人能够购得要约中所明确的股票数量，以便实现对目标公司的控股。[1]《布莱克法律词典》的解释是，投标收购要约是指公司或个人公开宣布，愿意以高于现市价的价格收购一家公司的"要约"股票，以收购或控制这家公司。[2] 投标收购要约是敌意收购存在的前提，因为投标收购要约具有压迫性，敌意收购通常是两步法：先以高价收购目标公司的部分股票，获得公司的控制权后再压迫其他股东出售其持有的公司股票。

投标收购要约具有胁迫性，可以用于敌意收购，绕过反对收购的目标公司管理层，直接向股东发出收购要约。为保护被收购公司的股东，美国国会和证交会都就投标收购要约制定了披露规定。国会要求披露的内容包括：收购方的身份和背景、购买股票的资金来源、收购方所拥有的股票，以及收购股票的目的。[3] 证交会要求披露的内容包括：邀约价格、价格变动、撤销权、按比例接受、竞标者身份、计划或建议、收购融资能力、要约条件有效时间。[4]

尽管法院或证交会有可能认定收购人所发出的收购要约为公开收购要约，但收购人可能并不承认自己发出了投标收购要约，甚至有可能是真心相信自己并没有发出投标收购要约。比如，公司为抵抗敌意收购而回购自己的股票，何时构成投标收购要约便会引起争议，甚至演变为诉讼。因此，投标收购要约的定义便至为重要。但美国国会制定的法律中并没有提供有关投标收购要约的定义，因为投标收购要约千变万化，国会不愿提供过严或过宽的定义，而是将此问题留由证交会和法院解决。证交会有其倾向性意见，但受到当事人的诉讼挑战，相关标准还是要取决于法院的立场。美国最高法院迟迟不表态，所以美国联邦地区法院和联邦巡回上诉法院各显神通，推出了若干标准。

（二）韦尔曼标准

在韦尔曼诉迪金森案判例[5]中，美国纽约南区法院宣布了辨别竞标收购要约的标准，反映了证交会所持的立场。韦尔曼标准包括以下八个要件：

"①广泛、积极地向发行人的公众股东征收股票；②所征收的股票在发行人

---

[1] Steven H. Gifis, *Law Dictionary*, New York：Barron's Educational Series, Inc., 1975, p.208.

[2] Henry Campbell Black, M. A., *Black's Law Dictionary*, St. Paul, Minn.：West Publishing Co., 1990, p.1468.

[3] Schedule 13D.

[4] Commission Guidance on Mini-Tender Offers and Limited Partnership Tender Offers, Release No. 34-430669 (SEC 2000).

[5] Wellman v. Dickinson, 457 F. Supp. 783 (S. D. N. Y. 1979).

的股票份额中占有很大的百分比；③要约是以高出现行市场的溢价购买股票；④要约的条件不可变更，不可商谈；⑤要约的先决条件是，可以购得要约中所提出的最低限的股票，有时要约也有可购买的股票的最高数额的上限；⑥要约仅在一定期限内有效；⑦要约对象有出售股票的压力；以及⑧迅速大量购进目标公司的股票之前或同时，公开宣布有关收购目标公司的做法。"

在证交会诉卡特·哈维莱·哈勒公司案[1]（下称"卡特案"）判决意见中，法院对威尔曼检验标准做了进一步阐述："是否构成兼并收购要约，要害问题是看是否对股东产生压力，如果没有对目标公司造成压力，也没有一定的时间表，就并没有构成收购要约。"

（三）汉森标准

汉森信托 PLC 诉 SCM 公司案[2]（下称"汉森案"）中，美国第二巡回法院推出了汉森标准。按照该标准，只有从个案的整个情形看，目标公司股东很可能缺乏决策所需要的信息，才有必要适用相关法律的披露要求。[3]

汉森案中，收购人通过六次交易收购了目标公司近三分之一的股份。五项交易是协议交易，一项是在股票交易所收购股票。第二巡回法院认为，既然是场外的协议收购，就类似于证券发行中的非公开发行：两者都是面对面的交易，投资者无需信息披露的保护。既然非公开发行获得披露豁免，协议收购股票也应当获得披露豁免，所以证券法有关公开收购要约的信息披露要求并不适用。该案中收购人已经终止了先前发出的投标收购要约。

（四）竞争收购要约的使用有限

投标收购要约通常用于敌意收购，互为对手的投标方经常两败俱伤。20世纪80年代是美国敌意收购运动的巅峰时期，其代表性交易是 RJR 公司收购。在 RJR 公司收购之战中，私募股权基金是收购方，其他许多并购中私募股权基金也是收

---

[1] SEC v. Carter Hawley Hale, 760 F. 2d 945 (9th Cir. 1985). 该案中 CCH 公司回购本公司股票，以挫败第三方发出的公开收购要约，但并未遵守公开要约的规定。证交会提出起诉，要求法院制止 CCH 公司的行为。法官套用了威尔曼检验标准，并得出以下结论：①收购要约并没有固定的时间，只是与第三方的兼并收购要约挂钩；②股东人数没有上限，而且后来增加了收购的股票数量，没有股票的特定数目；③股票溢价只是高出兼并要约公布之前的市场价格。

[2] Hanson Trust PLG v. SCM Corp., 774 F. 2d 47 (2d Cir. 1985).

[3] "简言之，9月11日的全面情形并没有显示可能出现以下情况：除非要求汉森遵守第14(d)(1)节所要求的收购前需要做申报登记，并遵守等待期的要求，否则掌握信息不充分的股东很有可能做出卖出 SCM 股票的不明智决定。" Hanson Trust PLG v. SCM Corp., 774 F. 2d 47 (2d Cir. 1985).

购方。RJR 公司收购中，私募股权基金参加竞价，水涨船高，陷自己于不利境地。RJR 公司收购之后，耗资巨多的敌意收购已经逐渐消退。[1]事实上，私募股权基金已经转入了另一个极端：私募基金之间有违反反垄断法之嫌。[2]

九、综合审批

证券法的一大特点就是很多事项都要经过政府部门批准，公司并购的相关事项也是如此，需要诸多政府部门的批准或核准。资产重大重组实质上也是政府各部委的一种会签。并购不仅适用《证券法》，而且适用《反垄断法》，监管机构则包括证监会、商务部、财政部和国资委等部门。《重组办法》第 11 条第 1 项明确规定，上市公司实施重大资产重组，应当"符合国家产业政策和有关环境保护、土地管理、反垄断等法律和行政法规的规定"。

(一) 国有资产

如果并购涉及企业国有资产，适用的法律法规包括：《中华人民共和国企业国有资产法》（下称《国有资产法》）、《企业国有产权转让管理暂行办法》[3]（下称《国有产权管理办法》）和《关于企业国有产权转让有关问题的通知》[4]（下称《国有产权转让通知》）。

1. 国有资产

企业国有资产（下称"国有资产"）是指国家对企业各种形式的出资所形成的权益。[5]国有资产属于国家所有，即全民所有，国务院和地方人民政府履行出

---

[1] "RJR Nabisco 收购后的几个月内，华尔街的大多数人感觉到收购领域出现了新的谦和，他们觉得是一种反弹，先前打得你死我活，贪婪无比，狂妄无比。'这一交易是分水岭。'" Bryan Burrough and Johns Helyar, *Barbarians at the Gate*, London: Arrow, 1990, p. 623.

[2] 贝恩资本（Bain Capital）、KKR 集团（Kolberg Kravis Roberts）、卡莱尔集团（Carlyle Group）等知名私募股权基金收购公司时，沟通压低收购价，有垄断之嫌。美国的投资者起诉这些私募股权基金。基金与原告达成庭外和解协议，基金向原告支付 1.15 亿美元的赔偿。根据集团与投资者之间签订的管理协议，支付和解的费用最终由投资者承担。但此类协议并不公开，领取或未来将领取退休金以及其他利益相关人并不知道这些管理协议的内容，不知道他们将最终承担庭外和解的费用。但基金管理公司拒绝公开这些管理协议，理由是公开这些协议会造成"很大的竞争恶果"，再就是此类协议已经向监管机构披露。Gretchen Morgenson, *Behind Private Equity's Curtain*, hadlabourkhater.wordpress.com，访问日期：2014 年 10 月 10 日。

[3] 国资委、财政部令第 3 号，2003 年。

[4] 国资发产权 [2004] 268 号。

[5] 《国有资产法》第 2 条。

资人职责，享有出资人权益。[1]国家出资企业，是指国家出资的国有独资企业、国有独资公司，以及国有资本控股公司、国有资本参股公司。[2]国务院国有资产监督管理机构和地方人民政府国有资产管理机构，代表本级人民政府对国家出资企业履行出资人职责。国务院和地方人民根据需要，可以授权其他部门、机构代表本级人民政府对国家出资企业履行出资人职责。[3]

国有资产监督管理机构决定或者批准出资企业国有产权转让事项。[4]《国有产权管理办法》第4条、第5条规定，企业国有产权转让应当在依法设立的产权交易机构中公开进行，企业国有产权转让可以采取拍卖、招投标、协议转让等方式进行。转让企业国有产权涉及上市公司国有股性质变化的，应当到国资监管机关选择确定的产权交易机构中公开披露产权转让信息，广泛征集受让方。[5]此外，国资委还可以进行国有企业清产核资，其范围包括账务清理、资产清查、价值重估、损溢认定、资金核实和完善制度。[6]

根据国资委2007年发布的《国有股东转让所持上市公司股份管理暂行办法》，国有股东协议转让上市公司股份的价格，应当以上市公司股份转让信息公告日（经批准不须公开股份转让信息的，以股份转让协议签署日为准）前30个交易日的每日加权平均价格算术平均值为基础确定；确需折价的，其最低价格不得低于该算术平均值的90%。[7]

2. 金融企业国有资产

《金融企业国有资产评估监督管理暂行办法》适用于在我国境内设立并占有国有资产的金融企业、金融控股公司、担保公司（下称"金融企业"）的资产评估。金融资产管理公司不良资产处置评估另有规定的，从其规定。[8]县级以上人民政府财政部门对本级金融企业资产评估工作进行监督管理。[9]金融企业资产评估项目实行核准制和备案制。[10]

---

[1]《国有资产法》第3条、第4条。
[2]《国有资产法》第5条。
[3]《国有资产法》第11条。
[4]《国有产权管理办法》第8条第1款第2项。
[5]《国有产权转让通知》第3条。
[6]《国有企业清产核资办法》（国资委令第1号，2003年）第4条。
[7]《国有股东转让所持上市公司股份管理暂行办法》第24条。
[8]《金融企业国有资产评估监督管理暂行办法》第2条。
[9]《金融企业国有资产评估监督管理暂行办法》第3条。
[10]《金融企业国有资产评估监督管理暂行办法》第10条。

3. 国有股东转让所持上市公司股份

根据《国有股东转让所持上市公司股份管理暂行办法》，国有股东是指持有上市公司股份的国有及国有控股企业、有关机构、部门、事业单位等。[1]中央国有及国有控股企业、有关机构、部门、事业单位转让上市公司股份对国民经济关键行业、领域和国有经济布局与结构有重大影响的，由国务院国有资产监督管理机构报国务院批准。地方国有及国有控股企业、有关机构、部门、事业单位转让上市公司股份不再拥有上市公司控股权的，由省级国有资产监督管理机构报省级人民政府批准后报国务院国有资产监督管理机构审核。[2]国有独资或控股的专门从事证券业务的证券公司及基金管理公司转让上市公司股份按照相关规定办理。尽管此类机构属于"一行三会"和财政部的监管领域，国资委不便染指。[3]

4. 国有单位受让上市公司股份

根据《国有单位受让上市公司股份管理暂行规定》[4]，国有单位是指各级国有资产监督管理机构监管范围内的国有及国有控股企业、有关机构、事业单位等。[5]国有单位受让上市公司股份必须报省级或省级以上国有资产监督管理机构备案[6]或审核批准[7]。国有独资或控股的专门从事证券业务的证券公司及基金管理公司受让上市公司股份按照相关规定办理。此类金融机构属于"一行三会"和财政部的监管领域，国资委不便染指。

5. 金融企业国有资产转让

根据《金融企业国有资产转让管理办法》（财政部令第54号），金融企业国有资产是指各级人民政府及其授权投资主体对金融企业各种形式的出资所形成的权益。金融企业包括所有获得金融业务许可证的企业和金融控股（集团）公司。[8]金融企业国有资产转让包括非上市公司和上市公司国有股份转让。[9]财政部和县级以上财政部门对本级管理的金融企业及其子公司国有资产转让实施监督管

---

[1]《国有股东转让所持上市公司股份管理暂行办法》第2条。
[2]《国有股东转让所持上市公司股份管理暂行办法》第7条。
[3]《国有股东转让所持上市公司股份管理暂行办法》第3条。
[4] 国资发产权〔2007〕109号。
[5]《国有单位受让上市公司股份管理暂行规定》第2条。
[6]《国有单位受让上市公司股份管理暂行规定》第9条。
[7]《国有单位受让上市公司股份管理暂行规定》第14条。
[8]《金融企业国有资产转让管理办法》第2条。
[9]《金融企业国有资产转让管理办法》第3条。

理。[1]

(二) 反垄断审查

反垄断法适用于并购。[2]并购业务中的反垄断审查日趋重要,律师业务将其称为"并购控制"(merger control)。[3]各大司法辖区的反垄断机构日益活跃,其中又以欧盟反垄断机构最为强势。欧盟和美国的反垄断机构都是强势集团,但美国跨国企业强于欧盟的跨国企业,在并购攻防中处于攻势,所以欧盟反垄断机构不时出手,力求御"敌"于国门之外。近年来,欧盟反垄断机构在并购的监管方面表现出三大特点:域外法权、治疗性剥离和政策性干预。域外法权是在欧盟境外对交易方适用欧盟的反垄断法,即便收购方与被收购方都在欧盟境外,只要并购对欧盟会有影响,欧盟反垄断机构就有权监管。[4]治疗性剥离(curative divesture)是指收购公司先行出售有可能构成垄断的企业后再并购。[5]美国律师认为,欧盟对德国股票交易所和纽约证券交易所的合并计划的审议,就是政策干预的结果。政策性干预是前两个的原因,也可以说前两个特点是第三个特点的具体体现。[6]

(三) 外商并购审查

视并购的具体情况,外国投资者并购境内企业需要向商务部和工商总局报告或报批。[7]"外国投资者进行上市公司的收购及相关股份权益变动活动的,应当取得国家相关部门的批准,适用中国法律,服从中国的司法、仲裁管辖。"[8]

商务部2006年发布《关于外国投资者并购境内企业的规定》,其中规定外国投资者并购境内企业,是指外国投资者购买境内非外商投资企业(下称"境内公司")股东的股权或认购境内公司增资,使该境内公司变更设立为外商投资企业

---

[1]《金融企业国有资产转让管理办法》第8条。

[2]《反垄断法》第21条:"经营者集中达到国务院规定的申报标准的,经营者应当事先向国务院反垄断执法机构申报,未申报的不得实施集中。"

[3] Shearman & Sterling LLP, "Merger Control Insights", *2015 Antitrust Annual Report*, p. 6,

[4] Bernard Amory, "Developments in Global Competition Law", *China*:*Global Competition Law*, July 9, 2015.

[5] Shearman & Sterling LLP, "The Trend Towards Upfront Byers in Curative Divestitures", *2015 Antitrust Annual Report*, pp. 8~9.

[6] Shearman & Sterling LLP, "The Trend Towards Upfront Byers in Curative Divestitures", *2015 Antitrust Annual Report*, p. 9.

[7] 商务部《关于外国投资者并购境内企业的规定》(商务部令2009年第6号)第51条、第53条和第54条。

[8]《收购办法》第4条。

（下称"股权并购"），或者外国投资者设立外商投资企业，并通过该企业协议购买境内企业资产且运营该资产，或外国投资者协议购买境内企业资产，并以该资产投资设立外商投资企业运营该资产（以下称"资产并购"）。[1]

外国投资企业中包括特殊目的公司。特殊目的公司是指中国境内公司或自然人为实现以其实际拥有的境内公司权益在境外上市而直接或间接控制的境外公司。特殊目的公司为实现在境外上市，其股东以其所持公司股权，或者特殊目的公司以其增发的股份，作为支付手段，购买境内公司股东的股权或者境内公司增发的股份的，适用《关于外国投资者并购境内企业的规定》关于特殊目的公司的特别规定。[2]

（四）安全审查

2011年，国务院办公厅发布《关于建立外国投资者并购境内企业安全审查制度的通知》[3]，商务部发布《商务部实施外国投资者并购境内企业安全审查制度有关事项的暂行规定》[4]。香港特别行政区、澳门特别行政区、台湾地区的投资者进行并购，参照国务院的上述通知的规定执行。[5]

适用范围。按照国务院的通知，外国投资并购境内军工企业及相关工业、重要农产品、重要能源和资源、重要基础设施、重要运输服务、关键技术、重大装备制造等企业，且可能取得实际控制权的，属于安全审查范围，[6]由投资者向商务部提出申请，由联席会议进行审查，国务院有关部门、全国性商业协会、同业企业及上下游企业也可以通过商务部提出安全审核的建议。[7]

实际控制权。外国投资者取得实际控制权，包括下列情形：①外国投资者及其控股母公司、控股子公司在并购后持有股份总额50%以上；②数个外国投资者在并购后持有股份总额合计在50%以上；③外国投资者在并购后所持股份总额不足50%，但依其持有的股份所享有的表决权已足以对股东会或股东大会、董事会的决议产生重大影响；或是④其他导致境内企业的经营决策、财务、人事、技

---

[1]《关于外国投资者并购境内企业的规定》第2条。
[2]《关于外国投资者并购境内企业的规定》第39条。
[3] 国办发〔2011〕6号。
[4] 商务部公告2011年第8号。
[5] 国务院办公厅《关于建立外国投资者并购境内企业安全审查制度的通知》第5条。
[6] 国务院办公厅《关于建立外国投资者并购境内企业安全审查制度的通知》第1条第1款。
[7] 国务院办公厅《关于建立外国投资者并购境内企业安全审查制度的通知》第4条。

术等实际控制权转移给外国投资者的情形。[1]

对拟在美国上市的公司的估值,美中经济安全委员会(U.S.-China Economic and Security Review Commission)也可以施加影响。该委员会向美国国会和政府监管部门提供咨询意见。阿里巴巴拟在美国上市时,该委员会便提出,由于 VIE 的存在,公司的结构复杂,目的复杂,投资者因此面临更大的风险。[2]

---

[1] 国务院办公厅《关于建立外国投资者并购境内企业安全审查制度的通知》第 1 条第 3 款。
[2] Carlos Tejada, "U.S. Report Casts Doubt on Alibaba's Structure", *The Wall Street Journal*, June 23, 2014, p. 17.

资产管理

PART 3
第三部分

第七章

证券投资基金

一、概要

我国《基金法》规制"证券投资基金"(下称"基金")。基金包括公开募集基金(下称"公募基金")和非公开募集基金(下称"私募基金")。公募基金大多是契约型基金,借助合同约定投资人与基金管理人、基金份额持有人和托管人之间的关系,私募基金大多是合伙企业制。《基金法》并没有规定基金必须以商业实体形式存在。

公募基金包括货币市场基金和交易型开放基金(下称"ETF")等多种形式。ETF是变局者,改变了证券市场的格局,改变了法律的适用。比如,ETF同时具有基金、做市商业务和金融期货的特点,使得内幕交易和市场操纵更加难以认定。市场货币基金则从事准储蓄业务,成为商业银行的竞争对手。各类资产管理计划是变相的证券投资基金,适用各类部门规章,但规避了《基金法》及其相关法律法规的规制。

私募基金分为私募股权基金(主要股权投资)和对冲基金(主要从事交易)。私募基金的管理人大多是合伙企业,也有信托公司。

基金管理是理财业务的一种形式,基金管理人对基金投资者负有受信义务。受信义务是很高的法定责任,但实践中却是形同虚设,并不能够有效地保护投资者。基金管理人收费过多的问题争议最大,公募基金和私募基金都受此困扰。公募基金和私募基金还受困于内幕交易问题。此外,私募基金管理人募集资金时,不时涉嫌违法发行证券或非法集资(其中又以非法吸收公众存款为主)。

对基金管理人的监管也是以披露为主。公募基金向证监会和公众披露有关信息。私募基金分别向中国基金业协会和投资者披露有关信息。

二、法律法规

1. 《基金法》
2. 《证券法》
3. 《信托法》
4. 证监会《关于避险策略基金的指导意见》（证监会公告〔2017〕3号）
5. 证监会《关于实施〈公开募集证券投资基金运作管理办法〉有关问题的规定》（证监会公告〔2014〕36号，2014年）
6. 《公开募集证券投资基金运作管理办法》（证监会令第104号，2014年）
7. 《私募投资基金监督管理暂行办法》（证监会令第105号，2014年）
8. 《证券投资基金管理公司管理办法》（证监会令第84号，2012年）
9. 《资产管理机构开展公募证券投资基金管理业务暂行规定》（证监会公告〔2013〕10号）
10. 证监会《关于进一步规范证券投资基金估值业务的指导意见》（证监会公告〔2008〕38号）
11. 《合格境外机构投资者督察员指导意见》（证监会公告〔2008〕40号）
12. 《关于授权各派出机构审核基金管理公司设立分支机构的决定》（证监会公告〔2008〕47号）
13. 《基金管理公司开展投资、研究活动防控内幕交易指导意见》（证监会公告〔2012〕38号）
14. 《证券投资基金销售管理办法》（证监会令第91号，2013年）
15. 证监会《关于实施〈证券投资基金销售管理办法〉的规定》（证监会公告〔2013〕19号）
16. 《人民币合格境外机构投资者境内证券投资试点办法》（证监会、中国人民银行、外管局令第90号，2013年）
17. 证监会《关于实施〈人民币合格境外机构投资者境内证券投资试点办法〉的规定》（证监会公告〔2013〕14号）
18. 《黄金交易型开放式证券投资基金暂行规定》（证监会公告〔2013〕6号）
19. 《公开募集证券投资基金运作指引第1号——商品期货交易型开放式基

金指引》（证监会公告〔2014〕51号）

20.《资产管理机构开展公募证券投资基金管理业务暂行规定》（证监会公告〔2013〕10号）

21. 人民银行《关于私募投资基金进入银行间债券市场有关事项的通知》（2015年）

22.《深圳证券交易所分级基金业务管理指引》（深证会〔2016〕360号）

23.《上海证券交易所分级基金业务管理指引》（上证发〔2016〕74号）[1]

三、证券投资基金的界定

（一）《基金法》的定义

《基金法》第2条规定：

"在中华人民共和国境内，公开或者非公开募集资金设立证券投资基金（以下简称基金），由基金管理人管理，基金托管人托管，为基金份额持有人的利益，进行证券投资活动，适用本法；本法未规定的，适用《中华人民共和国信托法》《中华人民共和国证券法》和其他有关法律、行政法规的规定。"

上述定义并没有正面说明基金的性质，只提到了基金的要件和主要特性。

（二）公募基金

公募基金是指向不特定对象募集资金、向特定对象募集资金累计超过200人，募集基金由基金管理人管理、基金托管人托管的基金。[2] 公募基金托管人由商业银行或其他金融机构担任，公募基金所募资金交由其托管。[3] 所募集的资金由基金管理人管理，资金交由基金托管人托管，用于证券投资活动。[4] 基金份额是特殊形式的股票。在公募基金中，基金份额是等额，"通过公开募集方式设立的基金……的基金份额持有人按其所持基金份额享受收益和承担风险……"[5] 公开募集基金，应当经证监会注册[6]。

---

[1] 载 www.sse.com.cn/about/us/mediacneter/hotannada/c/c_ 20161125_ 4206829.shtml，访问日期：2017年7月2日。

[2]《基金法》第50条。

[3]《基金法》第2条、第3条。

[4]《基金法》第2条。

[5]《基金法》第3条。

[6]《基金法》第51条。

(三) 契约型基金

我国的公募基金是契约型基金组织，是以合同约定的投资组合，但合同中有许多法定条款（其目的是保护作为基金份额持有人的投资者）。契约型基金组织是一个无形机构，虽然根据有关法律法规规定，基金份额持有人大会是证券投资基金组织的最高权力机构，但在契约型基金中，基金份额持有人难以集中开会，也就难以落实各项法定权利。在实践中，基金组织经常只是徒有形式而已。[1]《基金法》提到了基金份额持有人大会可设立日常机构，但并没有相关具体的规定。[2]

证券投资基金作为一种以信托关系为基础的融资组织源于英国。最初的英国证券投资基金实行契约型基金，以后逐渐选择了公司型模式。[3]我国立法者表示要借鉴国外基金发展经验，引入理事会和无限责任型基金。[4]

(四) 投资公司和投资顾问

证券投资基金以其募集的资金用于证券投资，所以在美国被界定为证券投资公司，适用美国《投资公司法》(The Investment Company Act)。根据美国《投资公司法》，投资公司是一实体，"……主要从事证券的投资、再投资或交易的业务"或者"从事"该业务而且实体资产的40%是"投资证券"[5]。投资证券指除政府证券和其控股子公司的证券之外的所有证券。[6]在美国，基金管理人被界定为投资顾问，适用《投资顾问法》(The Investment Adviser Act)。[7]美国的投资公司和投资顾问合二而一，便成为证券投资基金，同时适用《投资公司法》和《投资顾问法》。

公募基金在美国也被称为共同基金(mutual fund)。按照美国最高法院判例的解释，"共同基金是资产池，资产以证券组合为主，由持有共同基金股份的股东拥有"。

---

[1]《证券投资基金》编写组：《证券投资基金》，上海财经大学出版社2002年版，第71~72页。

[2]《基金法》第83条。

[3]《证券投资基金》编写组：《证券投资基金》，上海财经大学出版社2002年版，第71~72页。

[4] 吴晓灵："关于《中华人民共和国证券投资基金法（修订草案）》的说明"，第十一届全国人民代表大会常务委员会第二十七次会议上的发言，2012年6月26日。

[5] ICA §§ 10, 13 (a), 30 and 31.

[6] ICA §§ 10, 13 (a), 30 and 31.

[7] The Investment Advisers Act of 1940, 15 U.S.C. § 80b-2 (11).

(五) 私募基金

私募基金应当向合格投资者募集，合格投资者累计不得超过 200 人。合格投资者是指达到规定资产规模或者收入水平，并且具有相应的风险识别能力和风险承担能力、其基金份额认购不低于规定限额的单位和个人。[1]《私募投资基金监督管理暂行办法》[2]（下称《私募基金管理办法》）规定，私募投资基金（下称"私募基金"）是指以非公开方式向投资者募集资金设立的投资基金，其投资包括买卖股票、股权、债券、期权、基金份额及投资合同约定的其他投资标的。[3] 国内外私募基金大多是合伙企业。我国《合伙企业法》将合伙人的权益称为"财产份额"。[4]

私募基金管理人只需向基金业协会申请登记即可，[5] 而设立管理公募基金的证券投资基金管理公司，申请人必须向证监会申报。[6]

修订前后的《基金法》对"证券投资基金"的界定有所不同。修订前的《基金法》[7]（下称"2003 年《基金法》"）对"证券投资基金"的定义为，"通过公开发行基金份额募集证券投资基金，由基金管理人管理，基金托管人托管，为份额持有人的利益，以资产组合方式进行证券投资活动，适用本法……"[8] 换言之，2003 年《基金法》仅适用于公募基金，并没有给予私募基金任何法律地位。现实中私募基金经常是合伙企业，基金管理人是一般合伙人。从法律关系上说，基金管理人所管理的是合伙企业，而不是"资产组合"。新修订后的《基金法》既适用于公募基金，也适用于私募基金，如果再使用"资产组合"就不准确，所以新修订的《基金法》删除了 2003 年《基金法》证券投资基金中的"资产组合"。但证券投资基金仍然有资产或资产组合，由基金管理人管理。

---

[1] 《基金法》第 87 条。

[2] 证监会令第 105 号，2014 年。

[3] 《私募基金管理办法》第 2 条。

[4] 合伙人"财产份额"的概念应当是从英文的"interest"而来。"interest"译作"权益"似乎更贴切。但按照我国文化习惯，总是喜欢转换概念，并就此创造一个新名词。一个典型例子是，"bicycle"的英文原意是"双轮车"，但被译为"自行车"。

[5] 《私募基金管理办法》第 7 条。

[6] 《证券投资基金管理公司管理办法》第 12 条。

[7] 2003 年 10 月 28 日第十届全国人民代表大会常务委员会第五次会议通过。

[8] 2003 年《基金法》第 2 条。

(六)基金管理人和受信义务

就其性质而言,证券投资基金是将资产托付给他人管理,类似于信托关系,[1]适用我国《信托法》,[2]要求受托人应当"为受益人的最大利益处理信托事务"。[3]基金管理人属于《信托法》所指的受托人。

"基金管理人"的概念宽泛,私募基金的管理人可以是公司或合伙企业,公募基金的基金管理人通常为基金管理公司或者是经国务院证券监督管理机构核准的其他机构。[4]美国《投资基金法》规定,基金管理人对投资人有受信义务。[5]如上所述,按照美国法律,基金管理人也被界定为投资顾问,投资顾问对投资者负有受信义务。[6]受信义务[7]指"为他人利益而行事的责任,自己的利益必须服从他人的利益。受信责任是法律所要求的责任中最高的,适用于受托人和监护人等"。[8]这一定义已经被引入我国,《信托法》称之为"为受益人的最大利益处理信托事务"。

(七)基金托管人

我国公募基金没有实体形式,募集的资金由托管人托管[9],一些本属于基金份额持有人的权利或本属于公司董事和高管的职责由托管人行使[10]。公募基金托管人由商业银行或其他金融机构担任。[11]托管机构坐收巨额托管费,而且风险甚小。按照2003年《基金法》,基金托管业务由商业银行垄断。2012年修订后的《基金法》打破该垄断,允许商业银行之外的金融机构从事基金托管业务。[12]

---

[1] 证券投资基金作为一种以信托关系为基础的融资资金组织起源于英国。最初的英国证券投资资金实行契约型基金,以后逐渐选择了公司型模式。《证券投资基金》编写组:《证券投资基金》,上海财经大学出版社2002年版,第71~72页。

[2] 《基金法》第2条规定:"……本法未规定的,适用《中华人民共和国信托法》《中华人民共和国证券法》……"

[3] 《信托法》第25条。

[4] 《基金法》第12条。

[5] The Investment Act, § 36 (b), 15 U.S.C. §80a-35 (b).

[6] Lowe v. SEC, 472 U.S. 181.

[7] 英文"fiduciary duty"。

[8] Henry Campbelll Black, *Black's Law Dictionary*, St. Paul: West Publishing Co., 1990, p.625.

[9] 《基金法》第2条、第3条。

[10] 例如,托管人负责办理信息披露事项,召集基金份额持有人大会。《基金法》第36条第6项和第9项。

[11] 《基金法》第2条、第3条。

[12] 2012年《基金法》第33条第1款。

商业银行担任基金托管人,由证券监管机构会同银行业监管机构监管,而商业银行之外的金融机构从事基金托管业,由证券监管机构独家监管。[1]证监会专门就此发布了《非银行金融机构开展证券投资基金托管业务暂行规定》[2]。在基金托管业务的争夺中,证监会与其领导的金融机构胜出。

(八) 公允价值

证券投资基金如何估值,公允价值是一个要素。公允价值(fair value)是指资产或负债的公允价值是基于市场的现金价,或是相似的资产或负债,或基于其它客观评估的"公允"价值。并购业务中,公允价值指两家公司合并财务报表的所有资产负债的预计价值。对于期货市场而言,公允价值是一份期货合约的均衡价格,是计入相关因素的特定时期内的现货价格。[3]公允价值也称以市场计价或逐日盯市(mark to market 或 MTM)。自 20 世纪 90 年代以来,公允价值在美国为通用会计制度(Generally Accepted Accounting Principles 或 GAAP)所接受。证监会引入了公允价值(fair value),专门发布《关于进一步规范证券投资基金估值业务的指导意见》[4]。该指导意见规定了公允价值的相关内容:

"(一) 对存在活跃市场的投资品种,如估值日有市价的,应采用市价确定公允价值;估值日无市价,但最近交易日后经济环境未发生重大变化且证券发行机构未发生影响证券价格的重大事件的,应采用最近交易市价确定公允价值。(二) 对存在活跃市场的投资品种,如估值日无市价,且最近交易日后经济环境发生了重大变化或证券发行机构发生了影响证券价格的重大事件,使潜在估值调整对前一估值日的基金资产净值的影响在 0.25% 以上的,应参考类似投资品种的现行市价及重大变化等因素,调整最近交易市价,确定公允价值。(三) 当投资品种不再存在活跃市场,且其潜在估值调整对前一估值日的基金资产净值的影响在 0.25% 以上的,应采用市场参与者普遍认同,且被以往市场实际交易价格验证具有可靠性的估值技术,确定投资品种的公允价值。"[5]

上述定义似是而非,变数中又有变数,反映了金融衍生产品变数多的特性。

---

[1] 2012 年《基金法》第 33 条第 2 款。
[2] 证监会公告 [2013] 15 号。
[3] 载 www.cocin.com/p-97276969.html,访问日期:2015 年 5 月 20 日。
[4] 证监会公告 [2008] 38 号。
[5] 《关于进一步规范证券投资基金估值业务的指导意见》第 1 条。

任何规定,如果过于冗长复杂,通常是按照行业建议撰写的,其适用也是有利于行业的。但即便是顶尖专业人士,对公允价值的正确使用也无法达成一致意见,该定义的制定者也难解其一:定义的制定者引用了来自美国的概念,而关键时刻美国的专业人士和监管者也无法适用该定义。公允价值的要害问题是主观性太强。美国投资银行与会计师事务所对于如何适用盯市价值也无法达成一致意见。2007~2008年金融危机期间,对于美国国际集团(AIG)的盯市价值,高盛与普华永道便发生了严重分歧。[1]证券市场不乏似是而非的专业术语,银行家们用起来言之凿凿,理直气壮,但若是遇到认真的专业人士,双方有可能各执己见,并无定论。美国财政部官员中有来自华尔街的银行家,但这些银行家们也无法估算华尔街银行的问题资产的公允市场价值。[2]

很多时候,公允价值并不公允,甚至可以说无法做到公允。公允价值以市场价值为准,但市场变数太多,变化调整产品的价值,有时甚至是没有相关市场。2008年后,美联储买入巨量资产证券化产品,其中很多是有价无市,公允价值也无法计算。美联储拒绝公布其账面资产证券化产品的公允价值。

公允市场价值与公允价值表面相似,但却是两个不同的概念。公允市场价值(fair market value 或 FMV)是美国税法的概念。根据美国最高法院1973年的判例,公允市场价值是指"财产移手时的价格,买卖双方自愿,并没有买入或卖出的压力,买卖双方对相关事实有合理了解"。[3]

四、基金管理公司

就公募基金而言,法律法规、部门规章、规范性文件或自律组织规定所提及的"基金管理人",大多是指基金管理公司。根据《证券投资基金管理公司管理办法》[4]的规定,证券投资基金管理公司(下称"基金管理公司")是指经证监会批准,在中国境内设立,从事证券投资基金管理业务和证监会许可的其他业务的企业法人。

(一)基金管理公司的定义

《证券投资基金管理公司管理办法》规定,证券投资基金管理公司是证监会

---

[1] Andrew Ross Sorkin, *Too Big to Fail*, London: Penguin Books, 2009, p.175.

[2] "银行救助很快蜕变为注资项目,原因之一就是财政部无人知道如何给这些问题资产定价。" Daniel Fisher and David K. Randall, "In the Hot Seat", *Forbes*, February 16, 2009, p.32.

[3] US v. Cartwright, 411 U.S. 546, 93.

[4] 证监会令第84号,2012年。

批准设立、从事证券投资基金管理业务和证监会许可的其他业务的企业法人。[1]设立管理公开募集基金的基金管理公司，注册资本不低于1亿元人民币，且必须为实缴货币资本。[2]

2012年，证监会发布《证券投资基金管理公司子公司管理暂行规定》[3]，允许设立基金管理公司子公司（下称"基金子公司"）。到2016年8月，我国共有79家基金子公司，管理11万亿元资产，而公募基金公司发展近20年，资产管理规模不过7.95万亿元（见第十三章第五部分）。[4]

（二）审慎监管原则

《基金法》第14条和《证券投资基金管理公司管理办法》第4条规定，证监会对投资基金管理公司实行"审慎监管原则"。"审慎"一词通常适用于被监管对象，《基金法》中第9条也规定："基金管理人……应当遵守审慎经营规则……"

"审慎"是侵权法的概念，由美国将其引进证券法中。按照美国的法律，"审慎"指采取明智方式实现目标，谨慎行事，明智、小心。[5]"审慎"与"疏忽"相对，如果不够审慎，便构成疏忽过错。美国有些州还有"审慎人规则"（Prudent Man Rule），是法律规定的投资标准。按照这一规则，受托理财的金融机构只能投资所在州指定的证券。[6]而在另一些州，受托理财的金融机构可以自行决定投资证券的类型，但必须审慎行事。[7]美国联邦法律中也有类似的审慎人规则。[8]

证监会适用审慎原则，可以被理解为从严监管。《基金法》规定："基金管理公司持有百分之五以上股权的股东，变更公司的实际控制人，或者变更其他重大事项，应当报经国务院证券监督管理机构批准……"[9]泰达荷银管理有限公司拟向英国耆卫集团公司〔英文名称为 OM Group（UK）Limited〕转让49%的股权，证监会对其申请不予核准，理由是完成收购后收购方会很快出售其股权，不符合《基金法》《证券投资基金管理公司管理办法》等规定的审慎监管原则和关于基金

[1]《证券投资基金管理公司管理办法》第2条。
[2]《基金法》第13条。
[3] 证监会公告〔2012〕32号。
[4] 岳跃："基金子公司：膨胀之后"，载《财新周刊》2016年第31期。
[5] Tureen v. Peoples Motorbus Co., 94 S. W. 2d 847, 848.
[6] Henry Campbell Black, *Black's Law Dictionary*, St. Paul: West Publishing Co., 1990, p. 1226.
[7] Withers v. Teachers' Retirement System of City of New York, D. C. N. Y., 447 F. Supp. 1248, 1257.
[8] ERISA § 404（a）（1）1 29 U. S. C. A. § 1104（a）（1）.
[9]《基金法》第14条。

公司长期投资理念、诚实信用方面的要求。[1]

(三) 基金管理公司的主要股东

《证券投资基金管理公司管理办法》第 8 条则规定，基金管理公司的主要股东是指持有基金管理公司股权比例最高且不低于 25% 的股东。以南方基金管理公司为例，2017 年其股东包括：华泰证券、兴业证券、厦门国际信托有限责任公司和深证市投资控股有限公司，其中华泰证券是大股东。[2]

2013 年，阿里巴巴电子商务有限公司出资 11.8 亿元认购天弘基金的 51% 股权，成为天弘基金的最大股东。[3] 阿里巴巴电子商务有限公司是否满足对基金管理公司主要股东的要求，既是一个事实认定问题，也是一个判断问题：可以找出理由，支持阿里巴巴电子商务有限公司符合条件，从事"其他金融资产管理业务"。但与阿里巴巴电子商务有限公司相比，传统的基金管理公司的主要股东浸淫证券市场已久。[4]

《基金法》第 13 条和《证券投资基金管理公司管理办法》第 8 条是较高的门槛。尽管可以就这两条做出有利于阿里巴巴电子商务有限公司成为大股东的解释，但仍然有存疑的空间，证监会无法理直气壮地面对业内外的质疑。于是，证监会以获得国务院批复的形式，公布了其关于基金管理人大股东的新规定——《国务院关于管理公开募集基金的基金管理公司有关问题的批复》[5]，其第 1 条第 1 项规定："主要股东为法人或其他组织的，净资产不低于 2 亿元人民币。"该项不再要求相关法人或其他组织必须有资产管理的经验。该批文第 1 条第 2 项只要求："主要股东为自然人的，个人金融资产不低于 3000 万元人民币，在境内外资产管理行业从业 10 年以上。"如果该文发布在先，批准在后，就顺理成章，符合《证券法》所规定的"公开、公平、公正"原则。

此外，《基金法》第 13 条并没有区分自然人和法人，应当同时适用于两者。

---

[1]《关于不予核准英国耆卫集团公司受让泰达荷银基金管理公司股权的决定》(证监许可[2009] 392 号)，载《中国证券监督管理委员会公告》2009 年第 5 期，第 52 页。

[2] www.sourhternfund.con/en/struture. accessed on September21, 2017.

[3] 马薪婷："阿里巴巴给金融监管部门出难题"，载《证券时报》2013 年 10 月 11 日，第 A1 版。

[4] 2016 年 2 月 25 日，博时基金管理有限公司的大股东为招商证券股份有限公司，持有股份 49%。"上证企债 30 交易型开放式指数证券投资基金更新招募说明书"，载《上海证券报》2016 年 2 月 25 日，第 7 版。南方基金管理有限公司由南方证券有限公司、厦门国际信托投资公司、广西信托投资公司共同发起设立。《南方开元沪深 300 交易型开放式指数证券投资基金招募说明书（更新）摘要》重要提示，载《上海证券报》2016 年 3 月 25 日，第 11 版。

[5] 国函 [2013] 132 号。

若以证监会的部门规章对《基金法》进行加工,以下犯上,太过悬殊,所以采取国务院批复的方式公布了证监会的部门规章。通过国务院行政法规的程序比较复杂,无法实时制定相关规定。《国务院关于管理公开募集基金的基金管理公司有关问题的批复》位阶较高,尽管不是国务院行政法规,但由于是国务院批复的文件,所以属于法规性文件。证券市场利益错综复杂,各方费尽心机,玄机四伏、杀机四伏。

《证券投资基金管理公司管理办法》第 11 条规定:"一家机构或者受同一实际控制人控制的多家机构参股基金管理公司的数量不得超过 2 家,其中控股基金管理公司的数量不得超过 1 家。"

(四)基金管理公司的外资股东

从 2016 年开始,外资可以成为我国境内公募基金的控股股东。2016 年,恒生前海基金管理有限公司获得证监会核准设立,外资恒生银行有限公司控股 70%,为外资首次超过 49% 的界线控股。[1]

(五)基金管理公司的收费

《公开募集证券投资基金运作管理办法》规定,基金管理人的管理费可以在基金财产中列支。[2]我国基金管理公司利润的很大一部分来自于收费,收取的费用名目繁多,[3]这些收费甚至关系到基金管理公司的生死存亡。[4]收费对其他司法辖区的基金管理公司也很重要。国际通行做法是,货币市场基金和指数基金的费率为基金净资产的 0.5% 至 1%,股权基金的费率则为 2% 至 3%。[5]

---

〔1〕 李洁雪:"年内 4 家外商独资私募相继获批,外资加速入场",载《21 世纪经济报道》2017 年 9 月 20 日,第 2 版。

〔2〕《公开募集证券投资基金运作管理办法》第 36 条。证券法中证券和其他金融凭证通常被称为"资产",而此处证券投资基金的组合被称为"财产"。财产应当比资产获得更多的保护,但不清楚立法者此处是否有此意。

〔3〕《公开募集证券投资基金运作管理办法》第 36 条。

〔4〕 2013 年度,我国管理费收入超过 15 000 万元的基金公司均实现了盈利,而管理费收入在 6000 万元以下的公司均为亏损。2013 年度,管理费收入依然是我国基金管理公司最主要的营业收入来源,为 319.41 亿元,占营业收入的 86.60%,其次是手续费和利息收入,分别为 15.72 亿元和 15.15 亿元,占营业收入的比例分别为 4.26% 和 4.11%。其他几项营业收入来源为:投资收益、公允价值变动损益、汇率收益和其他业务收入,在营业收入中所占的比例分别为 1.19%、0.18%、0.00% 和 2.51%。中国证券监督管理委员会会计部、中国证券管理委员会证券投资基金机构部和中国证券投资基金业协会:《2013 年度基金管理公司财务分析报告》,第 58~59 页。

〔5〕 刘河伟:《网络金融》,电子工业出版社 2014 年版,第 283 页。

(六) 受信义务

美国的共同基金类似于我国的公募基金。美国《投资公司法》规定，受信义务适用于共同基金的基金管理公司。[1]共同基金是由基金管理公司管理的投资公司，投资公司没有自己的管理人员，公司的董事也由基金管理公司任命，所以要求基金管理公司对投资者负有受信义务。[2]

违反受信义务是一种侵权，适用侵权法原则。但金融机构经常借助其优势地位，通过合同条款约定仲裁，以规避或减少其义务。如果适用受信义务，受信人对投资者就负有特殊义务，超出一般的注意义务，投资者在很大程度上依赖受信人，索赔时不受合理依赖[3]的限制。[4]美国投资者通过诉讼索赔时，法院时常要求其证明，被告不仅有虚假陈述或其他过错，而且投资因合理依赖其过错而受损失。[5]合理依赖是美国判例为因果关系增加的一个要素，适用于证券投资诉讼，为投资者胜诉增加了一个障碍。如果被告对原告负有受信义务，则原告较容易证明对被告虚假陈述的依赖是"合理依赖"（见第十七章第六部分）。

我国《信托法》所规定的受信义务也应当适用于基金管理公司。但基金管理公司等金融机构是否对其客户负有受信义务，现实中的意义并不大。在涉及金融活动的索赔诉讼中，中国法院几乎不以受信义务作为依据判被告败诉，美国法官也很少以受信义务作为依据认定被告败诉。

(七) 基金管理公司以自有资金进行投资

基金管理公司可以利用固有资金进行投资。《基金管理公司固有资金运用管理暂行规定》[6]规定："固有资金运用，是指基金管理公司运用以本外币计价的资本金、公积金、未分配利润及其他自有资金进行投资以及用于本公司资产管理业务开展所需的资金支出行为。"[7]

固有资金运用应当避免与基金管理公司及其子公司管理的投资组合之间发生利益冲突，禁止任何利益输送行为。[8]为此应当建立防火墙制度，确保固有资金

---

[1] § 36 (b), The Investment Company Adviser Act, 15 U.S.C. §80a-35 (b).
[2] Jones v. Harris Associates L.P., 130 S. Ct. 1418, 176, L. Ed. 2d 265.
[3] 英文"reasonable reliance"。
[4] 朱伟一：《美国证券法判例和解析》，中国政法大学出版社2013年版，第455页。
[5] Richard A. Mann & Barry S. Roberts, *Business Law*, Cincinnati: West, 2000, p. 964.
[6] 证监会公告[2013] 33号。
[7] 《基金管理公司固有资金运用管理暂行规定》第3条。
[8] 《基金管理公司固有资金运用管理暂行规定》第5条。

投资与本公司及子公司的资产管理业务在人员、信息、账户、资金、会计核算上严格分离，投资决策及操作应当独立于本公司及子公司管理的投资组合的投资决策及操作，不得利用本公司及子公司管理的投资组合的未公开信息获取利益。[1]《证券投资基金管理公司公平交易制度指导意见》[2]第2条则规定，基金管理公司"在投资管理活动中公平对待不同投资组合，严禁直接或者通过与第三方的交易安排在不同投资组合之间进行利益输送"。

（八）挑选基金管理人

挑选基金管理人并非易事，业内考虑的因素可以包括：①比较目标回报与类似或替代性策略；②管理人所设定的目标是否现实，管理人是否有能力执行并同时研究其他储备项目；③管理人的拟定策略及其他策略的过往业绩；④管理人的过往业绩与竞争基金同期比较；⑤绩优表现的决定因素，绩差表现需要哪些改进；⑥管理人同时管理的其他基金或委托专户是否仍然有投资需求；⑦管理人如何在相似或重叠策略之间处理利益冲突；⑧管理人在进行关联交易前，是否寻求有限合伙人的批准；⑨基金对赎回和二级市场交易的政策是什么，这些操作是否会影响基金的流动性；⑩基金进行债务融资及市场化条款谈判的能力；⑪法律文件中对管理人是否有最低业绩表现的约束，以保护投资者的利益。[3]

（九）内幕交易

基金管理公司开展投资、研究活动，应当设立防控内幕交易机制。证监会专门就此发布了《基金管理公司开展投资、研究活动防控内幕交易指导意见》[4]。投资、研究活动被界定为"基金管理公司为受托管理的投资组合进行投资分析、决策、交易或者向客户提供投资咨询建议的活动，包括参与上市公司调研、路演和研究分析外部研究报告、撰写内部研究报告、召开投研交流会议等活动"。[5]

如同大多数有关风险控制的法律规定一样，《基金管理公司开展投资、研究活动防控内幕交易指导意见》的大部分内容只是形式上的要求，但文件保存期是硬性要求："相关资料应当妥善保存，保存期限不得少于20年。"[6]保存期如此

---

[1]《基金管理公司固有资金运用管理暂行规定》第16条。
[2] 证监会公告［2011］18号。
[3] Graham Mackie, "Indirect real estate & analyzing real estate funds", China Insurance Seminar, 2014.
[4] 证监会公告［2012］38号。
[5]《基金管理公司开展投资、研究活动防控内幕交易指导意见》第2条。
[6]《基金管理公司开展投资、研究活动防控内幕交易指导意见》第14条。

之长，远远超过很多诉讼时效，规定不可谓不严。但具体保留哪些文件，尤其是保留哪些关键文件，并无有效执法措施加以约束，基金管理公司有很大的回旋余地。

（十）其他问题

公募基金的投资者维护其权利，远比上市公司股东维护其权利要困难，基金投资者在很大程度上依靠证券监管机构所提供的保护。证监会就此发布了许多部门规章和规范性文件，其中包括：《关于证券投资基金宣传推介材料监管事项的补充规定》[1]《基金管理公司年度报告内容与格式准则》[2]《证券投资基金管理公司治理准则（试行）》[3]《基金管理公司投资管理人员管理指导意见》[4]以及《关于基金投资非公开发行股票等流通受限证券有关问题的通知》[5]。

五、基金的公开募集

基金管理人公开募集资金类似于企业发行股票，但募集的是基金份额而不是股票，所募集的资金由基金管理人管理，用于证券投资活动。此外，基金与上市公司的不同之处在于，上市公司的股票是由上市公司发行，而公募基金的基金份额则是基金管理人向投资者募集的资金份额，资金募集成功之后才设立基金。简单说，基金就是投资者将自己的资产委托给他人管理，是财富管理的一种形式，法律上适用《信托法》中所规定的受信义务。

与公司首次公开发行股票相比，公募基金募集的披露相对简单，没有权属问题，也无需证明以往的利润，没有会计和审计内容，更不存在环保和定价问题。对于基金管理人来说，设立和管理基金风险很小，是典型的用他人的钱赚钱（发起式基金除外，见下文）。正如俗话说，办实业不如办物流，办物流不如办金融，办金融又以办基金为好。

（一）注册制

基金公开募集是注册制。基金管理人申请募集基金[6]，注册后方可发售基金

---

[1] 证监会公告〔2008〕2号。
[2] 证监会公告〔2008〕4号。
[3] 证监基金字〔2006〕122号。
[4] 证监会公告〔2009〕3号。
[5] 证监基金字〔2006〕141号。
[6] 《公开募集证券投资基金运作管理办法》第8条。

份额。[1]证监会审理注册申请所关注的问题包括：有符合基金特征的投资者适当性管理制度，有明确的投资者定位、识别和评估等落实投资者适当性安排的方法。[2]

"投资者适当性"机制源自美国，被引入我国之后四处开花，频繁出现在各类法律法规、部门规章和自律组织的规定中。但中美两国的实践显示，投资者适当性机制并不能有效地保护投资者，反而成为各种高风险金融产品的挡箭牌（见本书第十七章）。不过，如能识破其本质，"投资者适当性"有警示作用：但凡提及"投资者适当性"，就存在不利于投资者的各种机关暗道。

（二）发起式基金

发起式基金是基金管理人在募集基金时，使用公司股东资金、公司固有资金、公司高级管理人员或者基金经理等人员资金认购的基金份额不少于1000万元人民币，且持有期限不少于3年。发起式基金的基金合同生效3年后，若基金资产净值低于2亿元的，基金合同自动终止。[3]

《公开募集证券投资基金运作管理办法》第12条规定，基金募集份额总额不少于2亿份，基金募集金额不少于2亿元人民币；基金份额持有人的人数不少于200。但《公开募集证券投资基金运作管理办法》又规定，发起式基金不受上述限制。这就是下位法改变上位法的一个例证，也是细则重于法律的一个例证。

（三）滥发公募基金

基金管理费是基金管理公司的一大收入，而管理费的多少视基金管理公司所管理的资金的多少而定。因此，各类基金管理公司争先募集资金设立公募基金，公募基金成泛滥之势。"发行更多的新基金，已经成为公募基金应对老基金赎回的手段。"[4]

六、公募基金的销售

尽管公募基金泛滥，但新发公募基金份额仍然能够售出，除投资者抱有侥幸心理之外，也归功于销售公募基金份额的商业银行及其销售人员。商业银行热衷于销售公募基金是因为有厚利可图，而基金管理公司则被指责为"不断向银行输送利

---

[1] 《基金法》第55条、第56条。
[2] 《公开募集证券投资基金运作管理办法》第7条第7项。
[3] 《公开募集证券投资基金运作管理办法》第12条。
[4] "'不发新基金只能坐等老基金被赎得稀里哗啦，只有不断发行新基金才能在一定程度上弥补老基金被赎回的客户流失。'上海一家小基金公司负责人向记者透露"。袁京力："客户流失潮涌，公募基金滥发应对"，载《证券市场周刊》2011年第36期。

益"。[1]为规范销售行为,证监会就此发布了《证券投资基金销售管理办法》。[2]

(一)基金销售机构

基金销售机构是指基金管理人以及经证监会及其派出机构注册的其他机构。[3]基金管理公司可以从事其募集的基金产品的销售业务。其他可以销售的机构包括:商业银行(含在华外资法人银行)、证券公司、期货公司、保险机构、证券投资咨询机构、独立基金销售机构以及证监会认定的其他机构。除基金管理人外,其他机构从事基金销售业务的,必须向工商注册登记所在地的证监会派出机构进行注册并取得相应资格。[4]

基金宣传推介材料(下称"推介材料")指为推介基金而向公众分发或公布的书面、电子或者其他介质的信息。推介材料必须在证监会派出机构备案,并符合证监会指定的诸多要求。[5]

(二)费用繁多

基金销售机构也收取名目繁多的费用,其中包括:认购费、申购费、赎回费、转换费、销售服务费、增值费和客户维护费等。[6]认购费、申购费、赎回费、转换费、销售服务费等费用必须在基金合同和招股说明书中有约定。[7]

(三)增值服务

基金销售机构为基金投资人提供增值服务的,可以向基金投资人收取增值服务费。基金管理人提供增值服务,是指基金销售机构在销售基金产品的过程中向投资人提供的除法定或者基金合同、招募说明书约定服务之外的附加服务。[8]尽管此类服务的性质非常重要,但《证券投资基金销售管理办法》并没有界定增值服务的性质。如果提供咨询,基金销售机构可以被界定为是在提供理财服务,应当承担受信义务。

---

[1] "新基金疯狂发行,是基金公司反复向银行客户经理输送利益的过程……新基金的发行,基金公司会安排一次性奖励的费用给银行,这导致银行更热衷于卖新基金……即便是证监会已经叫停了一次性奖励,此举也阴魂不散。据了解,此前不乏有一些基金为了满足最低规模的成立,支付了上千万元的一次性奖励。"袁京力:"客户流失潮涌,公募基金滥发应对",载《证券市场周刊》2011年第36期。
[2] 证监会令第91号,2013年。
[3] 《证券投资基金销售管理办法》第2条。
[4] 《证券投资基金销售管理办法》第8条。
[5] 《证券投资基金销售管理办法》第4章。
[6] 《证券投资基金销售管理办法》第48、49条。
[7] 《证券投资基金销售管理办法》第48条。
[8] 《证券投资基金销售管理办法》第49条。

（四）"直销代办"

"直销代办"是指第三方销售机构或个人为基金管理公司介绍并维护客户。客户不在第三方开户购买基金，资金直接汇入基金管理公司的账户。2017年2月，证监会叫停直销代办业务，原因是该业务模式为隐性回扣提供了机会。[1]此外，管理客户也可以被定性为从事投资顾问或投资咨询业务。证监会并没有就此发布公开文件，有关报道所依据的是业内透露的情况。直销或代销的主要收入为销售费和部分申购费、赎回费和管理费。直销代办中第三方机构可以获得管理费的30%，而在银行设立基金的管理费为0.5%。[2]

（五）保护机构重于保护投资者

基金销售机构收费如此之多，就此制定一项单独规定似乎更为妥当，至少可以引起投资者和社会各界的重视。即便不就基金销售机构的收费制定和发布做出单独规定，《证券投资基金销售管理办法》有关收费的内容也可以提前，以便引起相关方的重视。但这样做不利于基金管理公司和相关的各类基金销售机构。就证券市场而言，如果没有监管机构的精心呵护，金融机构难以发展壮大。国内外证券监管机构都强调保护投资者，尤其是强调保护中、小投资者，但在实践中证券监管机构却以保护金融机构为重。

七、公募基金的收费

我国和美国的基金管理人都巧立名目多收费，投资者偶尔通过诉讼和仲裁对其挑战，但胜出者甚少，无法改变既定格局。而且立法上倾向基金管理人，允许其多收费。

（一）客户维护费

"基金管理人与基金销售机构可以在基金销售协议中约定依据基金销售机构销售基金的保有量提取一定比例的客户维护费，用以向基金销售机构支付客户服务及销售活动中产生的相关费用。"[3]

---

[1] 徐文攀："第三方基金销售机构面临洗牌"，载《中国证券报》2017年2月17日，第A02版。Xu Wenpan, "Third Parties Selling Fund Units To Be Reshuffled", *China Securities Daily*, February 17, 2017, p. A02.

[2] 徐文攀："第三方基金销售机构面临洗牌"，载《中国证券报》2017年2月17日，第A02页。Xu Wenpan, "Third Parties Selling Fund Units To Be Reshuffled", *China Securities Daily*, February 17, 2017, p. A02.

[3] 《证券投资基金销售管理办法》第51条。

2014 年，我国五大商业银行共收取 50.37 亿元的客户维护费，占到基金管理公司所收取的全部管理费的 17.14%，占客户维护费的 79.55%。[1]中小基金管理公司发行一只 10 亿元规模的股票基金或 20 亿元或 30 亿元的债券基金，基金管理公司用于销售渠道的"灰色激励"额度可达数百万元，占到融资总额的 1% 左右。[2]

客户维护费类似美国的"12b-1 费"。12b-1 费得名于《投资公司法》第 12b-1 节，该节规定共同基金可以要求投资者缴纳一定的费用。12b-1 费用分为两大类："销售费"（distribution fees）和"股东服务费"（shareholder service fees）。销售费包括广告费、印刷和寄送招股书和促销材料的费用，也可以用来奖励经纪人和其他销售人员。股东服务费可以用于答复投资者的咨询和其他开支。[3]美国国会的本意是，通过收取这些费用，共同基金会有更多的资金，做大、做强基金业务，规模效益增加后降低资金管理成本，最终有益于投资者。但也有一种观点认为，公募基金行业资产总额超过 10 万亿美元后，就已经形成了所需要的规模效益，没有必要再允许此类费用存在。[4]

（二）受信义务

美国《投资公司法》规定，投资顾问负有受信义务。[5]侵权法是证券法的核心内容。证券法的焦点之一就是合同关系与侵权关系之间的转换。违反受信义务涉及侵权责任，因此受信义务改变了投资人与基金管理公司之间的关系，收费的合同关系转而成为一种侵权关系。[6]

---

〔1〕 张顺晓："五大行 2014 年收取尾随佣金 50.37 亿元，占基金公司管理费 17.14%"，载《证券日报》2015 年 4 月 7 日，第 B1 版。

〔2〕 Gregory Meyer and Neil Munshi, "Chicago prosecutor gets tough on spoofing", *Financial Times*, October 9, 2014, p. 1.

〔3〕 载 http://www.sec/gov/inwsmf. htninvetor/pubs，访问日期：2015 年 7 月 1 日。

〔4〕 载 www.investorpedia.com/terms/1/12b-1fee.vp，访问日期：2015 年 7 月 1 日。

〔5〕 第 36（b）节规定如下："注册的投资公司的投资顾问应当被视为负有受信义务，涉及就接收服务补偿，或是此类注册投资公司或证券持有人向此类投资顾问所做的重大支付。"84 Stat. 1429 [codified at 15 U.S.C. §80a-35（b）].

〔6〕 传统上，美国法院是适用公司法中的"公司浪费"（corporate waste）原则。股东依据该原则索赔，必须证明公司高管的行为构成浪费公司的财产。同样，共同基金投资人就收费过高提起诉讼，必须证明收费过高，构成"公司浪费"，其做法"显失公平"（unconscionable），"令人震惊"（shocking）。根据美国合同法理论，显失公平指"法院可以拒绝支持不公平或一方压迫另一方的合同，因为订立合同时存在滥用程序的情况，或者合同的条款方面存在实质性滥用，有悖当事方的合理期待，或者涉及价格方面的严重不公……" Remco Enterprises, Inc. v. Houston, 9 Kan. App. 2d 296, 677 P. 2d 567, 572. 但就基金管理公司收费而言，即便费率不公平、不合理，法院仍然有可能认定，该费率并不是显失公平或令人震惊，并不构成公司浪费。Daily Income Fund, Inc. v. Fox, 464 U.S, at 549（1984）. 1984

在2010年的琼斯诉证交会案（"琼斯案"）判决意见中[1]，美国最高法院针对基金公司收费，就"受信义务"做出了解释："基金管理公司收取费用，不能与所提供的服务严重不成比例，必须'通过正常交易达成的协议'，决策过程必须有适当程序，有独立董事参加决策，董事会必须充分了解信息后做出决定。"[2] 琼斯案判例重要的是，美国最高法院将守信义务篡改为注意义务。

由中国国际贸易促进委员会仲裁庭做出的南方基金仲裁裁决[3]也涉及基金管理公司就管理证券投资基金收费。在该案仲裁裁决书中，仲裁庭认定，基金管理公司扣留应分红利，将其转换为基金份额，违反了基金合同和《信托法》，基金份额持有人有权要求赔偿。[4] 仲裁庭裁定，基金管理公司应当退还相关基金份额的管理费。仲裁庭还裁定，应分红利转为基金份额，与基金份额价值下跌之间并无因果关系，基金管理公司无需就此赔偿。

南方基金仲裁案中，基金管理公司应向基金份额持有人偿还基金管理费人民币

（接上页）年，在 Daily Income Fund, Inc. v. Fox 案判决意见中，美国最高法院又提出了"严重滥用信任"，即，投资顾问公司的收费不能构成严重滥用信任。Income Fund, Inc. v. Fox, 464 U. S, at 549（1984）。

〔1〕Jones v. Harris Associates L. P., 130 S. Ct. 1418, 1761 L. Ed. 2d 265（2010）。

〔2〕法院评估投资顾问受信责任时，程序和实体都必须考虑［See 15 U. S. C. §80a-35（b）(2)，要求"在所有情况下视为恰当地尊重董事会"；of. Daily Income Fund, 464 U. S., at 541，"国会一方面希望证券持有人和证交会依据第36（b）条提起诉讼，但另一方面又希望将投资顾问需要董事会批准作为对过度收费的独立制衡"］。如果董事会谈判和审议投资顾问的过程充分，则对此进行审议的法院对此判决过程的结果表示相应的尊重（See Burks, 441 U. S., at 484，无关联关系的董事作为"独立看家狗"）。因此，如果无利益关系的董事考虑了相关因素，他们批准某一收费安排，其决定就应当是有分量的，即便法院对相关因素有不同考虑（Of. id., at 485）。但这并不是否认，即便董事会掌握所有相关信息后进行谈判，收费仍然有可能过高，但确定这点的基础必须是有证据表明，"收费高得不成比例，与所提供的服务之间没有关系，不可能是正常交易谈判的结果"（Gartenberg, supra, at 928）。上述论断与美国的商约判断规则相似，不仅是神似，而且是形似。按照美国的商业判断规则（business judgment rule），"如有充分理由证明公司的交易活动是在公司的权利范围内，经营管理者经营合法授权，并按诚信原则谨慎进行，则可以免除公司经营者的责任"。薛波：《元照英美法词典》，法律出版社2003年版，第182页。

〔3〕［2010］中国贸仲京裁字第0152号。

〔4〕"……《信托法》第22条规定：'受托人违反信托目的处分信托财产或者违背管理职责，处理信托事务不当致使信托财产受到损失的，委托人有权申请人民法院撤销该处分行为，并有权要求受托人恢复信托财产的原状或者予以赔偿。'从信托法的角度看，申请人是信托财产（即对应于申请人所持基金份额的基金财产）的委托人和受益人，而被申请人则是受托人。在被申请人违背管理职责多收取了管理费并因此给基金财产造成损失的情形下，依据《信托法》第22条，申请人有权直接要求被申请人将基金财产恢复原状，亦即将其……多收取的管理费退还到基金资产中……"

702.71元,而基金份额持有人作为仲裁申请人,需要交纳仲裁费人民币1002.20元。换言之,基金份额持有人所获赔偿不足以支付仲裁费。因此,就基金管理费而言,此后基金份额持有人中,鲜有人会再"以身"试裁。

八、公募基金的种类

(一)基金种类

《公开募集证券投资基金运作管理办法规定》,基金名称显示投资方向的,应当有80%以上的非现金基金资产属于投资方向确定的内容。[1]基金合同和基金招募说明书应当载明基金的类别:①80%以上的基金资产投资于股票的,为股票基金;②80%以上的基金资产投资于债券的,为债券基金;③仅投资于货币市场工具的,为货币市场基金;④80%以上的基金资产投资于其他基金份额的,为基金中基金[2];⑤投资于股票、债券、货币市场工具或其他基金份额,并且股票投资、债券投资、基金投资的比例不符合第①②④项规定的,为混合基金;⑥证监会规定的其他基金类别。[3]

(二)交易型开放式基金

"交易所交易型开放式基金"(Exchange Traded Fund 或 ETF)。ETF 同时具有封闭式基金和开放式基金的特点,既适用证券法,也适用基金法。ETF 也可以由普通的证券投资基金转换而来。[4]到2014年底,全球ETF资产总额达到2.8万亿美元。

ETF 具有多重特点,增加了交易监管的难度,是证券市场的变局者,但国内外的法律法规对其都没有准确的界定,学者的相关研究也甚少,相关概念界定也让人不得要领。[5]

---

〔1〕《公开募集证券投资基金运作管理办法》第31条。

〔2〕 2017年10月,我国首只公募南方全天候策略混合型基金中基金成立。该基金在一批同类基金中率先完成募集,总募集规模超过33亿元,募集有效认购总户超过6.8万。张焕昀:"首只公募FOF产品成立",载《中国证券报》2017年10月22日,2017年10月22日,第A05版。

〔3〕《公开募集证券投资基金运作管理办法》第30条。

〔4〕《南方开元沪深300交易型开放式指数证券投资基金招募说明书(更新)摘要》重要提示,载《上海证券报》2016年3月25日,信息披露/11版。

〔5〕 [美]托马斯·李·哈森所编《美国证券监管案例全书》第1323页,关于ETF只有很短的一段:"近年来,一种新类型的共同基金越来越受欢迎。一批封闭基金现在像股票一样在包括纽约股票交易所内的交易所交易。这些在交易所交易的基金(经常简称为ETF)让投资者有机会购买一大篮股票。ETF中股票的挑选可能是为复制受到广泛跟踪的指数,如标准普尔500指数预托证券(Standard &

1. 定义

纽约股票交易所对 ETF 的界定是：

"ETF 是投资工具，投资者可以借此买入和卖出一种证券的股份，该股份代表若干证券组合的部分所有权。从法律上说，ETF 是开放式投资基金公司或单位投资信托，根据《1940 年投资公司法》注册。"[1]

按照纽交所的定义，ETF 是开放基金。我国有关规则也有类似规定。2012 年《中国登记结算有限责任公司关于上海证券交易所交易型开放式基金登记结算业务实施细则》（下称《交易型开放式基金登记结算细则》）规定，组合证券指交易型基金所追踪的构成证券指数权重的一篮子成分证券。[2]

但严格说，ETF 是开放式基金与封闭式基金的结合。如果没有封闭式基金的平行部分，ETF 就无法在交易所交易。开放式基金（open-end fund）是指基金份额总额不固定，基金份额可以在基金合同约定的时间和场所申购或者赎回的基金。封闭式基金（closed-end fund）是指基金份额总额在基金合同期限内固定不变，基金份额持有者不得申请赎回的基金。[3]公募基金可分为封闭式基金和开放式基金。开放式基金和封闭式基金在中美两国定式相同。ETF 结合了开放式基金和封闭式基金的特点。

交易型指数基金。根据《上海证券交易所交易型开放式指数基金业务实施细则》[4]，交易指数基金为经依法募集的，投资特定指数所对应组合证券（下称"组合证券"）或基金合同约定的其他投资标的的开放式基金，基金份额用组合证券、现金或基金合同约定的其他对价进行申购、赎回，并在上海证券交易所上市交易的基金。[5]

（接上页）Poor's Depository Receipt）（下称 SPDR）。ETF 也可以是部门或行业性的，允许投资者在特定的行业、股票以及/或行业内分散投资。截至 2005 年 1 月，ETF 所持资产的交易金额在美国超过了 2222 亿美元。ETF 多种多样，不限于投资证券的基金。如果 ETF 包括掉期货等更为传统的商品远期合约这样的衍生投资，则依据《商品交易法》，也属于商品期货交易委员会的监管辖区。" Thomas Lee Hazen, *Securities Regulation, Cases and Materials*, St. Paul: West, 2009, pp. 1278~1279.

〔1〕 载 http://www.nyse.com/screener/，访问日期：2015 年 6 月 20 日。
〔2〕《交易型开放式基金登记结算细则》第 72 条。
〔3〕《基金法》第 46 条。
〔4〕 上证交字〔2012〕30 号。
〔5〕《上海证券交易所交易型开放式指数基金业务实施细则》第 2 条。

商品期货交易型开放式基金。根据《公开募集证券投资基金运作指引第1号——商品期货交易型开放式基金指引》[1]的规定，商品期货交易型开放式证券投资基金，是指以持有证监会批准设立的商品交易所挂牌交易的商品期货合约为主要策略，以跟踪商品期货价格或价格指数为目标，使用商品期货合约组合或基金合同约定的方式进行申购赎回，并在证券交易所上市交易的开放式基金。[2]

2. ETF 的运作

"产品方案应当经证券交易所、商品期货交易所、证券登记结算机构等论证通过并出具意见。"[3]由此可见，各种 ETF 并不相同，存在变数，所以需要相关机构论证。ETF 基金招募说明书[4]显示，ETF 的组成和运作有以下特点。

投资者：指个人投资者、机构投资者、合格境外投资者以及法律法规或证监会允许购买基金的其他投资者。[5]

认购：指在基金募集期内，投资者申请购买基金份额的行为，可以现金或股票方式申请认购。[6]

申购：指在基金存续期内，投资者申请购买基金份额的行为。申购将导致基金份额总额的增加。[7]

申购对价：指投资者申购基金份额时，按基金合同招股说明书规定应交付的组合证券、现金替代、现金差额和/或其他对价。[8]

赎回对价：基金管理人按基金合同招募说明书规定应交付给赎回人的组合证券、现金替代、现金差额和/或其他对价。[9]

组合证券：指基金的指数所包含的全部或部分证券。[10]

基金份额发售机构包括担任发售主协调人的证券公司和担任场内现金发售机构代理机构的证券公司。投资者可以选择场内现金认购、场外现金认购以及股票

---

[1] 证监会公告［2014］51号。
[2] 《公开募集证券投资基金运作指引第1号——商品期货交易型开放式基金指引》第2条。
[3] 《公开募集证券投资基金运作指引第1号——商品期货交易型开放式基金指引》第5条。
[4] 《中小企业板交易型开放式指数基金招募说明书》，载 http://www.howbuy.com/fund/info/dtl/670179.htm，访问日期：2016年3月20日。
[5] 《中小企业板交易型开放式指数基金招募说明书》第2条第20款。
[6] 《中小企业板交易型开放式指数基金招募说明书》第2条第40款。
[7] 《中小企业板交易型开放式指数基金招募说明书》第2条第41款。
[8] 《中小企业板交易型开放式指数基金招募说明书》第2条第44款。
[9] 《中小企业板交易型开放式指数基金招募说明书》第2条第45款。
[10] 《中小企业板交易型开放式指数基金招募说明书》第2条第46款。

认购等方式认购基金。[1]场外现金认购由基金管理人作为直销机构,由商业银行作为代销机构。[2]投资者认购股票需要有 A 股账户。[3]场内有代办证券公司办理。基金管理人为基金管理公司,由其设计基金。

申购和赎回场所:投资者可以使用深圳证券账户,采用组合证券方式,通过深圳交易所场内系统办理申购、赎回业务。场内赎回代理机构为基金管理人指定的具有基金代销业务资格的深圳交易所会员单位,又称为"代办证券公司(简称'场外申购赎回')。投资者可以使用开放式基金账户、采用现金方式,通过基金管理人和场外申购赎回带领机构办理申购、赎回业务(简称'场外申购赎回')"。[4]

场外实物申购是指通过沪、深证券交易所以外的系统,以组合证券或其他非现金类资产办理交易型基金的申购、赎回。[5]

投资范围:主要投资于标的指数成份股、备选成份股,也可以少量投资于新股、债券及中国证监会允许基金投资的其他金融工具。[6]

跨交易所产品:根据《黄金交易型开放式证券投资基金暂行规定》[7],黄金 ETF 是将绝大部分基金财产投资于上海黄金交易所挂盘交易的黄金品种,紧密跟踪黄金价格,使用黄金品种组合或基金合同约定的方式进行申购赎回,并在证券交易所上市交易的开放式基金。[8]

以上内容显示,ETF 业务中可以获利的金融机构包括:证券基金管理公司、证券公司和商业银行。证券交易所可以坐地收费。

3. 基金管理人

证券基金管理公司也称"基金管理人",ETF 由其设计和发售,并由其担任发售主协调人和场内现金出售代理机构。基金管理人负责 ETF 的以下环节和内容:制定 ETF 产品方案,明确认购、申购、赎回、上市交易、投资管理、估值核算、信息披露等环节的运作机制、流程和管理制度。[9]

---

[1] 《中小企业板交易型开放式指数基金招募说明书》第 6 条第 3 款。
[2] 《中小企业板交易型开放式指数基金招募说明书》第 6 条第 10 款。
[3] 《中小企业板交易型开放式指数基金招募说明书》第 6 条第 11 款。
[4] 《中小企业板交易型开放式指数基金招募说明书》第 9 条第 2 款。
[5] 《交易型开放式基金登记结算细则》第 51 条。
[6] 《中小企业板交易型开放式指数基金招募说明书》第 11 条第 3 款。
[7] 证监会公告 [2013] 6 号。
[8] 《黄金交易型开放式证券投资基金暂行规定》第 2 条。
[9] 《公开募集证券投资基金运作指引 1 号——商品期货交易型开放式基金指引》第 5 条。

4. 代办证券公司

ETF 并不向个人投资者直接销售基金份额，只向参与证券公司（我国称其为"代办证券公司"）出售大宗份额（block）。大宗份额也称"创造单位"（creation unit）。在我国，一家 ETF 的认购赎回代办证券公司可以多达 20 家。[1]

以指数 ETF 为例，基金管理人与选定的代办证券公司签订协议，明确约定双方的权利义务，重点规定代办证券公司申购（赎回）基金份额的额度控制、根据证券登记结算机构的规定缴纳价差保证金、特定情形下终止申购赎回业务委托等风险控制内容。[2]比如，投资者买卖交易型指数基金份额的，可以通过代办证券公司及上交所其他会员进行申报。[3]交易型指数基金通过上交所网上发售基金份额的，具有基金销售业务资格的上交所会员可以接受投资者的认购申报，基金合同、基金招募说明书及上交所业务规则另有规定的除外。[4]

5. 合成 ETF

参与人不再以一篮子证券换取创造单位（creation unit），而是交纳现金，从交易型指数基金发起人处获得创造单位。而发起人另外与金融机构签订整体回报掉期合同，该金融机构通常为发起人的母公司银行。发起人获得交易型指数基金指数的整体回报，对价是一篮子证券回报的名义敞口，并向交易对手支付相当于对价敞口的现金。交易对手再向交易型指数基金转让一组担保资产，这组资产有可能完全不同于交易型指数基金试图复制的基准指数的资产。这些担保资产的回报再转给交易对手。[5]整体回报掉期（total return swap）是双边金融交易，交易对手以单一资产或一篮子资产的回报交换定期现金流，通常是浮动利率，如伦敦银行同业拆放利率等浮动利率。[6]

以实物对应跟踪指数也增加了成本，而且有可能跟踪失灵。如果市场流通性

---

[1]《南方开元沪深 300 交易型开放式指数证券投资基金招募说明书（更新）摘要》，载《上海证券报》2016 年 3 月 25 日，信息披露第 11 版。

[2]《上海证券交易所交易型开放式指数基金业务实施细则》第 8 条。

[3]《上海证券交易所交易型开放式指数基金业务实施细则》第 9 条。

[4]《上海证券交易所交易型开放式指数基金业务实施细则》第 6 条。

[5] Srichander Ramaswamy, "Market Structures and Systemic Risks of Exchange-traded Funds (April 2011)", Bis Working Papers No 343, p. 5, available at http://ssm.com/abstract=1859246.

[6] Srichander Ramaswamy, "Market Structures and Systemic Risks of Exchange-traded Funds (April 2011)", Bis Working Papers No 343, footnote 5, p. 5, available at http://ssm.com/abstract=1859246.

较弱，买入价与卖出价的价差（bid-ask spread）就会增加，成本就会增加。[1]

6. ETF 费用

ETF 的费用相对低，年成本费在 0.09%～0.99% 之间，而其他公募基金的年成本费通常在 0.12%～2.5% 之间。[2] ETF 也收取销售服务费，[3] 但即便如此，ETF 的成本仍然相对较低，可以低成本投资各类资产，这就是 ETF 吸引投资者之处。

7. 变局者

ETF 的价格无法适时准确对应其基础资产，忽高忽低，很不稳定，为代办证券公司提供了套利的机会。ETF 集做市商、金融期货和基金于一身，内幕交易和市场操纵因此难以识别。此外，ETF 的上市、交易、申购赎回、登记结算、投资运作具有跨交易所性。比如，"黄金 ETF 的上市、交易、申购赎回、登记结算、投资运作应当遵守法律法规及证券交易所、上海黄金交易所、证券登记结算机构的相关规定……"[4] ETF 也因此而更加复杂，扑朔迷离，变幻莫测。ETF 的价格很不稳定。ETF 与我国证券市场尚处在蜜月阶段，还没有引起质疑，美国监管当局怀疑存在操纵行为，并就此展开调查。[5]

8. 做市商

投资者要求认购或赎回 ETF 份额，代办证券公司必须买入和卖出 ETF 份额，无论是否有下家愿意购买接手。做市商就是同时双向报价，既报买入价，又报卖出价。代办证券公司做市对于 ETF 十分重要，如果代办证券公司拒绝做市，相关产品的流通性就会产生问题。[6] "做市商的积极参与也将持续性地提供劳动性，有数据表明，期权上市运行后，在成交量上，做市商大概占了 70%、80%。"[7]

---

[1] Srichander Ramaswamy, "Market Sturutures and Systemic Risks of Exchange-traded Funds (April 2011)", *Bis Working Papers* No 343, p. 4, available at http://ssm.com/abstract=1859246.

[2] ［美］戴维·勒曼：《交易所交易基金和电子迷你基金》，董文政、崔景士等译，百家出版社 2003 年版，第 57 页。

[3] 《开放式证券投资基金销售费用管理规定》第 8 条规定："基金管理人可以从基金财产中计提一定的销售服务费，专门用于基金的销售与基金持有人的服务。"

[4] 《黄金交易型开放式证券投资基金暂行规定》第 7 条。

[5] Tracy Alloway, "US Watchdog Investigates ETF Pricing Structures", December 22, 2014, *Financial Times*, p. 15.

[6] David Benoit, "Icahn Calls BlackRock 'Extremely Dangerous'", July 17~19, *The Wall Street Journal*, p. 21.

[7] 李富："50ETF 期权运行的基本特征"，载《中国期货》2015 年第 2 期。

截至 2016 年底，上证 50ETF 期权做市商共 13 家。[1]

9. 套利

ETF 套利至少有两种途径：ETF 份额、ETF 成份股与股指期货互动而产生套利机会；ETF 份额与 ETF 成份股互动，产生套利机会。ETF 份额在证券交易所不断交易，价格上下波动，ETF 的成份股也在证券交易所不断交易，价格上下波动，两者之间无法做到同步一致，由此产生了套利机会。套现与操纵不过一步之遥：创造差异进行套利构成操纵。

10. 杠杆

ETF 可以被用来做空、做多，发挥杠杆作用，增加赌赢时的得利，也放大赌输时的损失，同时也增加了股市波动，与其他变数合力，可以造成股市的剧烈异常波动，危及整个金融系统的安全。代办证券公司可以同时做空 ETF 份额和 ETF 成份股，售出 ETF 份额和成份股票，待股票价格下跌后，再购入成份股，用于散户投资者购买或赎回。熊市时 ETF 可以起到推波助澜的作用。反过来，ETF 也可以被用来做多：看涨时同时买入 ETF 份额和 ETF 成份股，待两者价格上涨后售出获利。2015 年夏，我国股市发生剧烈异常波动，外资通过 ETF 在 A 股市场短期交易获得暴利。[2]

11. 绕过涨调板

为制止或缓解投资者贪婪追涨或恐慌抛售，《上海证券交易所交易规则》[3]第 3、4、13 条规定了幅度为 10% 的涨停板，《深圳证券交易所交易规则》[4]第 3、4、13 条也有类似规定。ETF 提供了规避涨停板的机会。如果相关股票是相关 ETF 的成份股，涨停板期间可以买入或卖出相关 ETF 份额。如果看涨，可以买入相关 ETF 份额，待涨停结束后以 ETF 份额换得成份股出售。如果是看跌，则可以卖出 ETF 份额。

12. 上市开放基金

在 ETF 的基础上，我国又推出了上市开放基金（简称 LOF）。LOF 与 ETF 的

---

〔1〕 上海证券交易所衍生品业务部："上海证券交易所股票期权市场发展报告"，载《上海证券报》2017 年 2 月 10 日，第 8 版。

〔2〕 2015 年，南方富时中国 A50ETF 是海外最大的 ROFIIA 股 ETF。"2015 年 6 月份上证综指从 5178.19 点的高位快速回落到 4000 点之下时，南方富时中国 A50ETF 在 6 月 29 日至 7 月 6 日仅 5 个交易日里，出现 3.65 亿个基金单位的净申购，净流入资金近 40 亿元人民币，但很快，外资乘随后的反弹迅速出货，精准地做了一把短线。"时娜、张亿："解密外资 A 股淘金术"，载《上海证券报》2016 年 4 月 8 日，第 1 版。

〔3〕 上证发〔2015〕94 号。

〔4〕 深证会〔2016〕291 号。

区别在于，LOF 并不跟踪成份股的指数价格。深交所首先推出 LOF，为的是与上交所进行竞争，因为当时只允许上交所开展 ETF 业务。多年后，深交所可以开展 ETF 业务，上交所也可以开展 LOF 业务。

13. 光大证券案

（1）案由。根据证监会［2013］59号《行政处罚决定书》，光大证券股份有限公司（下称"光大证券"）因程序错误，其所使用的策略交易系统申购180ETF 成份股，成交 72.7 元。为减少损失，光大证券将所持股票转换为 180ETF 和 50ETF，同时卖空股指期货合约。证监会认定上述两项信息为内幕信息，违反《证券法》第 202 条和《期货交易管理条例》第 70 条。证监会认定，巨量申购和成交 180ETF 成份股对沪深 300 指数、180ETF、50ETF 和股指期货合约价格均产生重大影响，180ETF 与沪深 300 指数的相关系数可达 99.82%。同时，巨量申购和成交可能对投资者判断产生重大影响，从而对沪深 300 指数、180ETF、50ETF 和股指期货合约价格均产生重大影响。证监会对光大证券及其有关高管做出处罚。个别被处罚高管不服，在北京市第一中级人民法院（下称"一中院"）起诉。〔1〕

（2）法律问题。光大证券案中的法律问题是：①内幕信息是否限于与发行人有关的自身信息；②期货市场的内幕信息是否不包含期货交易市场以外的信息。

一中院对上述问题的回答是肯定的。一中院对第一个问题肯定回答的理由是：内幕消息不仅限于与发行人自身相关的信息，也包括对大盘指数和沪深 300 指数、180ETF、50ETF 和股指期货合约价格产生重大影响的信息。一中院认定："虽然《证券法》第七十五条第二款明确列举的内幕消息是与发行人自身相关的信息，但该法第七十五条第二款第（八）项规定，内幕信息包括国务院证券监督管理机构认定的其他重要信息……内幕信息并不限于与发行人自身有关的信息……对大盘指数产生重大影响的交易信息亦应属于重大信息。"〔2〕

一中院对第二个问题肯定回答的理由是："虽然《期货交易管理条例》第八十二条第（十一）项中列举的内幕消息并未明确包含期货市场以外的交易信息，但该条文规定，期货市场的内幕信息也包括国务院对期货监督管理机构认定的对期货交易价格有显著影响的其它重要信息……光大证券……的错单交易对沪深 300 指数、180ETF、50ETF 和股指期货合约价格均产生重大影响，被告（证监会）

---

〔1〕 北京市第一中级人民法院行政判决书（2014）一中行初字第 2438 号。
〔2〕 北京市第一中级人民法院行政判决书（2014）一中行初字第 2438 号。

据此将错单信息认定为内幕信息,并未超出《证券法》《期货交易管理条例》对内幕信息定义的范畴。"[1]

简言之,一中院的结论是:只要对证券大盘和股指期货以及相关 ETF 有重大影响,就可以被界定为内幕信息。并且,一中院的标准似乎很宽:证券公司买卖 ETF 份额或 ETF 成份股,势必对 ETF 产生影响或影响。尽管一中院要求内幕消息对市场生产的影响必须是"重大"的或"显著"的,但"重大"或"显著"的界定难免不带有主观性和不确定性。

严格适用一中院所支持的证监会标准,对 ETF 业务会有釜底抽薪的作用。如果严格适用一中院所支持的证监会标准,代办券商必须不断披露信息,代办券商会不胜期烦,而且将其交易策略公布于众后,很难从交易中获利。因此,证监会的标准必然遭到业内的强烈反对。光大案中受到处罚的个别高管敢于出面起诉证监会,绝非个人意气用事,必有强势集团为后盾,否则以一己之力,难以搏击证监会。

(三) 基金中基金

基金中基金英文原文"fund of funds",也译作"支线基金",可以是公募基金,也可以是私募基金。基金中基金所募集的资金投资于包括私募基金在内的其他基金。由于基金中的基金作用,公募基金与私募基金合为一体,可以通过公募的方式为私募基金募集更多的资金,但资金的最终投向和管理仍然以私募基金的隐秘方式管理。如果私募基金有欺诈行为,受害人中就会有很多的基金中基金的投资者。伯纳德·麦道夫(Bernard Madoff)所用的庞氏基金是金融传销,其形式为私募基金,但其很多资金来自公募或私募的基金中的基金。[2]基金中基金的要害问题是模糊了公募基金与私募基金之间的界线,似是而非,形左而实右。

(四) 市场货币基金

市场货币基金(money market fund)是公募基金中的一种,直接投资于短期货币市场工具,投资者可以迅速撤出基金。[3]货币市场基金的收益通常略高于存款利息,并非高回报的投资。但证券市场大幅下跌时,货币市场基金可以脱颖而出,成为各类基金中表现最好的。[4]市场货币基金也源自美国,传入我国后发展

---

[1] 北京市第一中级人民法院行政判决书(2014)一中行初字第 2438 号。
[2] Ellen Kelleher, "Investors Call for UBS to Pay", *Financial Time FTfm*, December 2, 2013, p. 2.
[3] [美] R. J. 舒克:《华尔街词典》,陈启清译,中国商业出版社 2002 年版,第 476 页。
[4] 2016 年上半年,上证综合指数下跌 17.2%,创业板平均下跌 17.92%,149 只普通股平均下跌 11.95%,1130 只混合型基金平均下跌 9.07%,216 只货币市场基金的算术平均收益率为 1.26%。王瑞:"偏股基金业绩整体惨淡,货币基金最赚钱",载《中国基金报》2016 年 7 月 4 日,第 A9 版。

很快。[1]

按照证监会和人民银行联合发布的《货币市场基金监督管理办法》[2],"货币市场基金是指仅投资于货币市场工具的基金,每个交易日办理基金份额申购、赎回的基金。在基金名称中使用'货币''现金''流动'等类似字样的基金视为货币市场基金,适用本办法"。[3]

货币市场基金应当投资于以下金融工具:①现金;②1年以内(含1年)的银行存款、债券回购、中央银行票据、同业存单;③剩余期限在397天以内(含397天)的债券、非金融企业债务融资工具、资产支持证券;④证监会、人民银行认可的其他具有良好流动性的货币市场工具。[4]

货币市场基金不得投资于以下金融工具:①股票;②可转换债券、可交换债券;③以定期存款利率为基准利率的浮动利率债券,已进入最后一个利率调整期的除外;④信用等级在AA+以下的债券与非金融企业债务融资工具;⑤证监会、人民银行禁止投资的其他金融工具。[5]

尽管货币市场基金具有良好的流动性,但仍然不同于现金货币。2008年美国金融危机爆发之时,货币市场基金出现重大危机,危及整个金融系统,这是美国政府救市的一个主要原因。[6]但货币市场基金今天仍然大行其道,而且有与技术公司合流的可能。脸谱、谷歌、苹果和推特等美国互联网公司(也称"技术公司")都有意染指金融业。技术公司掌握大量信息,可以接触大批潜在客户。[7]互联网公司借助联络网安排融资是对监管机构的一大挑战。[8]境外一些基金管理

---

[1] 2012年2月16日,人民币市场货币基金——赛领国际投资基金(Sailing Capital International)首期在上海成功募集。基金管理人赛领资本管理有限公司同时成立。该基金是由上海国际集团和相关投资人共同发起设立的人民币国际投贷基金。唐真龙:"国内最大规模人民币国际投贷基金面世",载《上海证券报》2012年2月17日,第A3版。

[2] 证监会令120号,2015年。

[3] 《货币市场基金监督管理办法》第2条。

[4] 《货币市场基金监督管理办法》第4条。

[5] 《货币市场基金监督管理办法》第5条。

[6] David Wessel, *In Fed We Trust*, New York: Crown Business, 2009, pp. 206~207.

[7] Madison Marriage, "Google Creates Panic for Fund Managers", *Financial Times FTfm*, April 21, 2014, p. 1.

[8] "'互联网金融'企业存在的根本,还是利用监管空白进行的监管套利,而不是互联网,它们没有依靠互联网而产生任何新金融。""准确地说,阿里巴巴为天弘基金提供了一个其他货币基金都不具有的销售渠道,对余额宝进行的任何讨论,都必须围绕着它本身即是个货币基金的事实来展开,将之作为'互联网金融',从而掩盖了其作为货币基金的事实,已经在众多讨论中产生了误解。"戴险峰:"互联网金融真伪",载《财经》2014年第9期。

公司跃跃欲试，有意在我国境内寻找互联网公司作为合作伙伴，共同设立以互联网为通途的市场货币基金。[1]

货币市场基金通常涉及两大问题：一是基金管理人的披露责任；二是保持足够比例的流动性资产以应对潜在赎回要求。《货币市场基金监督管理办法》对这两方面都有相关要求。"应当采取显著方式向投资人揭示提供基金销售服务的主体、投资风险以及销售的货币市场基金的名称，不得以理财账户或者服务平台的名义代替基金名称"，[2]"不得承诺收益"。[3]为保持足够比例的流动性资产以应对潜在赎回要求，货币市场基金的投资组合应当包括：①现金、国债、中央银行票据、政策性金融债券占基金净值的比例合计不得低于5%；②现金、国债、中央银行票据、政策性金融债券以及五个交易日内到期的其他金融工具占基金资产净值的比例合计不得低于10%。[4]

《货币市场基金监督管理规定》还规定，"货币市场基金投资于有固定期限银行存款的比例，不得超过基金资产净值的30%……"[5]这条规定是为了确保商业的利益，以免货币市场基金成为商业银行的强劲对手。

（五）房地产投资信托（REIT）

房地产投资信托（real estate investment trust 或 REIT）名为信托，实为投资于房地产的封闭式投资基金。[6]美国房地产投资信托是由《美国国内税法典》创建的法律概念，指发行股票或受益权证以汇集大量投资者的资产，由专业机构进行房地产投资经营管理，并将特定比例的应征税收入分配给投资者，从而免缴实体层面所得税的公司、信托或商业协会。[7]

房地产投资信托1960年始于美国，到2015年全球规模大约1.8万亿美元。[8] 2015年6月26日，经证监会核准，鹏华万科前海发行我国境内第一只公募房地

---

〔1〕 Madison Marriage and Bradley Gerrard, "Fund Houses Search for Chinese Internet Partners", *Financial Times FTfm*, June 15, 2015, p. 3.

〔2〕《货币市场基金监督管理办法》第21条。

〔3〕《货币市场基金监督管理办法》第19条。

〔4〕《货币市场基金监督管理办法》第7条第1、2项。

〔5〕《货币市场基金监督管理办法》第6条第2项。

〔6〕 [美] R. J. 舒克：《华尔街词典》，陈启清译，中国商业出版社2002年版，第652页。

〔7〕 [美] 彼得·M. 法斯、迈克尔·E. 沙夫、唐纳德·B. 泽夫：《美国房地产投资信托指南》，邢建东、陶然译，法律出版社2010年版，第1页。

〔8〕 张莉："海外REITs发展迅猛，全球产品规模约达1.8万亿美元"，载《中国证券报》2015年6月26日，第A14版。

产投资信托基金。该基金合同生效后封闭期为10年，以基金总资产50%的比例投资于万科前海公馆建设管理有限公司的股权，获取项目8年内的100%的物业租金收益，信托产品在深交所上市交易。[1]

（六）避险基金

避险基金也称保险基金，其实质是公募基金的基金管理人为投资者所持的基金份额购买保险。但风险基金存在各种风险，为规制相关风险，证监会2017年发布了《关于避险策略基金的指导意见》[2]（下称《避险基金指导意见》）。《避险基金指导意见》生效后，《关于保本基金的指导意见》[3]同时废止。

按照《避险基金指导意见》的界定，避险策略基金是力求避免基金份额持有人投资本金出现亏损的公募基金。基金管理人向保障义务人支付费用，保障义务人则在避险策略基金到期出现基金份额净值低于基金合同约定的投资本金情形时，负责向基金份额持有人补足差额，并且无权向基金管理人追偿。[4]

保障义务人是商业银行和保险公司。[5]证券市场是金融机构利益均沾的市场，商业银行和保险基金通过出售保障义务，获得了参与公募基金获利的机会。但《避险基金指导意见》规定，保障义务人无权向基金管理人追偿，这就增加了商业银行和保险公司参与公募基金业务的风险。反过来，保障义务人无权向基金管理人追偿，有助于降低基金管理人的风险，但势必会增加保障义务的成本，甚至有可能无法购买到保障义务。

为减少避险基金投资人的风险，《避险基金指导意见》规定了若干措施，其

---

[1] 张莉："深交所推出首只公募REITs，支持前海开发建设"，载《中国证券报》2015年6月26日，第A14版。
[2] 证监会公告[2017]3号。
[3] 证监会公告[2010]30号。
[4] 《避险基金指导意见》第1条：
本指导意见所称避险策略基金，是指通过一定的避险投资策略进行运作，同时引入相关保障机制，以在避险策略周期到期时，力求避免基金份额持有人投资本金出现亏损的公开募集证券投资基金。
前款所指相关保障机制包括：（一）基金管理人与符合条件的保障义务人签订风险买断合同，约定由基金管理人向保障义务人支付费用，保障义务人在避险策略基金到期出现基金份额净值低于基金合同约定的投资本金情形时，负责向基金份额持有人补足差额。
基金管理人不对基金份额持有人承担差额补足责任，保障义务人在向基金份额持有人补足差额后，无权利向基金管理人追偿。
[5] 《避险基金指导意见》第10条。

中重要的两条是向投资者披露以下信息：投资本金的计算方法；[1]基金管理人应当在基金合同、招募说明书及宣传推介材料中充分揭示避险策略基金的风险，同时说明引入保障机制并不必然确保投资者投资本金的安全，基金份额持有人在极端情况下仍然存在本金损失的风险。[2]

九、非公开募集基金

非公开募集基金又称私募基金，按其从事的业务划分，主要有两大类：私募股权基金和对冲基金。但就其法律性质而言，私募基金与证券期货经营机构属于同一类性质（见第十四章）。

（一）法律属性

证券监管机构不时被金融机构重复定义，证监会就为私募基金管理人重复定性。各类金融机构争抢私募基金业务，也使得私募基金管理人具有多重身份。

1. 证券期货经营机构

《基金法》规定，非公开募集基金向合格投资者募集，合格投资者累计不得超过200人。[3]《私募投资基金监督管理暂行办法》[4]又将非公开募集基金称为"私募投资基金"（下称"私募基金"），包括资产由基金管理人或者普通合伙人管理的以投资活动为目的设立的公司或者合伙企业。[5]私募基金募集时不得公开推介。[6]私募基金与证券期货经营机构属于同一类性质，适用《证券期货经营机构私募资产管理业务运作管理暂行规定》[7]。

2. 合格投资者

对于私募基金来说，合格投资者的界定十分重要，因为如果募集对象不是合格投资者，基金管理人募集资金的行为就可能构成非法吸收公众存款。《私募投资

---

〔1〕 《避险基金指导意见》第2条："避险策略基金应当在基金合同、招募说明书等法律文件中约定基金份额持有人投资本金的计算方法。"

〔2〕 《避险基金指导意见》第3条。

〔3〕 《基金法》第87条。

〔4〕 证监会令第105号，2014年。

〔5〕 《私募投资基金监督管理暂行办法》第2条第3款。《私募投资基金管理人登记和基金备案办法（试行）》（中基协发〔2014〕1号）第2条。

〔6〕 非公开募集基金不得向合格投资者之外的单位和个人募集资金，不得通过报刊、电台、电视台、互联网等公众传播媒体或者讲座、报告会、分析会等方式向不特定对象宣传推介。《基金法》第91条。

〔7〕 证监会公告〔2016〕13号。

基金监督管理暂行办法》第 11 条规定："私募基金应当向合格投资者募集……"《基金法》第 87 条规定，合格投资者是指达到规定资产规模或者收入水平，并且具备相应的风险识别能力和风险承担能力，其基金份额认购金额不低于规定限额的单位和个人。而《私募投资基金监督管理暂行办法》第 12 条则规定，合格投资者可以是单位和个人，但投资于单只私募基金的金额不低于 100 万元，而且①净资产不低于 1000 万元的单位；②金融资产不低于 300 万元或者最近三年个人年均收入不低于 50 万元的个人。金融资产包括银行存款、股票、债券、基金份额、资产计划、银行理财产品、信托计划、保险产品、期货权益等。

2015 年 3 月 25 日，证监会上海监管局处罚了违反《私募投资基金监督管理暂行办法》的私募基金的基金管理公司，[1]开创了此类处罚的先例：投资者实缴出资金额共人民币 30 万元，投资单只私募基金的金额低于 100 万元。基金向非机构投资者募集资金的行为，违反了《私募投资基金监督管理暂行办法》第 11 条"私募基金应当向合格投资者募集"的规定。上海监管局责令基金管理公司改正，给予警告，并处罚 3 万元，对直接负责人和主管分别处罚 3 万元。

3. "穿透核查"

《私募投资基金监督管理暂行办法》第 13 条又规定，下列投资者视为合格投资者：①社会保障基金、企业年金等养老基金，慈善基金等社会公益基金；②依法设立并在中基协备案的投资计划；③投资于所管理私募基金的私募基金管理人及其从业人员；④证监会规定的其他投资者。

第 13 条还规定："以合伙企业、契约等非法人形式，通过汇集多数投资者的资金直接或者间接投资于私募基金的，私募基金管理人或者私募基金销售机构应当穿透核查最终投资者是否为合格投资者，并计算投资者人数。"但合格投资者完全汇集多数投资者的资金，直接或者间接投资于私募基金。《私募投资基金监督管理暂行办法》并没有规定核查的方式和标准，只要求投资者自行填表即可。[2]显然，证监机构并非认真对待"穿透核查"，否则可要求中基协对此严加审查。中基协更适于负责"穿透核查"：中基协是自律组织，有准监管权力，而且理论上说没有私利可图。相反，私募基金管理人或者私募基金销售机构只是商业机构，管理或销售的资金多多益善，可以增加其利润，有利害冲突，缺乏认真核查

---

[1]《证监会上海证监局行政处罚决定》（沪 [2016] 3 号）。

[2]《私募投资基金监督管理暂行办法》第 18 条：投资者应当如实填写风险识别能力和承担能力问卷，如实承诺资产或者收入情况，并对真实性、准确性和完整性负责。填写虚假信息或者提供虚假承诺文件的，应当承担相应责任。

的动力。

按照美国联邦巡回上诉法院的判例,私募基金注册规制并不适用"穿透核查"原则,而是根据私募基金所管理的资产金额而定。[1]

4. 基金管理人

(1) 普通合伙人

《基金法》第93条规定,基金合同可以约定,私募基金可以由部分基金份额持有人作为基金管理人负责基金的投资管理活动,并在基金财产不足以清偿其债务时,对基金的债务承担无限连带责任。根据这条规定,持有部分基金份额的普通合伙人可以作为管理人管理私募基金。中美两国的私募基金大多以合伙企业形式存在。

(2) 信托公司

私募股权管理人中也有一些信托公司。由银监会监管的信托公司从事私募基金业务,就必须接受证监会的监管。但出于对兄弟单位的尊重,证监会制定的相关规则中并不出现"信托公司"的名称,更不会单独就信托公司制定有关规定。

(3) 外商私募基金管理人

外商独资和合资企业可以申请登记成为私募证券基金管理机构,开展包括二级市场证券交易在内的私募债券基金管理业务,中基协负责对外资私募机构的登记工作,适用《基金法》《私募投资基金监督管理暂行办法》和《私募投资基金管理人登记和基金备案办法(试行)》。[2]

证监会强调,资本金及其结汇所得人民币资金的使用,应当符合外汇局的相关规定。境内从事证券及期货交易,不得通过境外机构或者境外系统下达交易指令,中国证监会另有规定的除外。[3]按照中基协的要求,私募基金管理机构的境外股东为所在国家或者地区金融监管当局批准或者许可的金融机构,且境外股东所在的国家或者地区的证券监管机构已与中国证监会或者中国证监会认可的其他机构签订证券监管合作备忘录。[4]

---

[1] Goldstein v. SEC, 451 F. 3d 873 (D. C. Cir. 2006).

[2] 2016年6月30日,证监会通过其新闻发言人发布上述政策。证监会新闻发言人表示,"这是证监会落实第八轮中美战略与经济对话成果的重要举措"。李丹丹:"我国资本市场对外开放进一步深化",载《上海证券报》2016年7月1日,第1版。

[3] 2016年6月30日,证监会通过其新闻发言人发布上述政策。李丹丹:"我国资本市场对外开放进一步深化",载《上海证券报》2016年7月1日,第1版。

[4] 《中基协私募基金登记备案有关问题解答(十)》,载 www.amac.org.cn/xhdt/2xdt/390744.shtml,访问日期:2016年7月7日。

5. 部门规章和省级人民政府规章

《基金法》2012年修订之前，仅涉及公募基金，其组织形式也仅限于契约型的机构，并没有承认私募基金。但国务院部委制定的部门规章和某些省级人民政府制定的规章已经认可了私募基金的存在，其典型代表包括：2005年发改委发布的《创业投资企业管理暂行办法》[1]、2008年上海发布的《关于本市开展外商投资股权投资企业试点工作的实施办法》[2]和2011年天津发布的《天津股权投资企业和股权投资管理机构管理办法》[3]。

上述三个办法都认可了私募基金，但使用了不同名称：或称"创业企业"[4]，或称"股权投资企业"[5]，或称"外商投资股权投资企业"[6]。上述规章认可私募基金先于《基金法》，有下位法不符合上位法之嫌，所以在名称上含糊其辞。虽然不是指鹿为马，但有暗度陈仓之嫌疑——这也是证券法规则制定的一大特点。

6. 投资顾问

从法律上说，证券投资基金在美国被分为两部分，基金本身为投资公司，适用《投资公司法》，基金管理人为投资顾问，适用《投资顾问法》。早在我国《基金法》修正之前，我国部委规章和地方政府的规章便已经仿效美国两法的原则和规定。发改委发布的《创业投资企业管理暂行办法》规定："以公司形式设立的创业投资企业，可以委托其他创业投资企业、创业投资管理顾问企业作为管理顾问机构，负责其投资管理业务。委托人和代理人的法律关系适用《中华人民共和国民法通则》《中华人民共和国合同法》等有关法律法规。"[7]《关于本市开展外商投资股权投资企业试点工作的实施办法》也规定，外商投资股权投资企业[8]和外商投资股权投资管理企业[9]，前者由后者管理，类似美国的投资公司和投资

---

[1] 发改委、科学技术部、财政部、商务部、中国人民银行、国家税务总局、工商局、银监会、证监会、外汇局令第39号，2005年。

[2] 沪金融办通[2010]38号。

[3] 津发改财金[2011]675号。但"天津已经从一个私募'天堂'变成了一个私募'病城'。钱被圈走的维权者蜂拥此地。"李飞："私募'病城'"，载《法治周末》2012年8月9日，第9版。

[4] 2005年发改委发布的《创业投资企业管理暂行办法》将"创业投资企业"界定为"主要从事创业投资的企业组织"。创业投资企业指向创业企业进行股权投资，以期所投资创业企业发育成熟或相对成熟后主要通过股权转让获得资本增值的投资方式。《创业投资企业管理暂行办法》第2条。

[5] 《天津股权投资企业和股权投资管理机构管理办法》。

[6] 《关于本市开展外商投资股权投资企业试点的工作的实施办法》。

[7] 《创业投资企业管理暂行办法》第6条。

[8] 《关于本市开展外商投资股权投资企业试点工作的实施办法》第2条。

[9] 《关于本市开展外商投资股权投资企业试点工作的实施办法》第5条。

顾问。可以说,《关于本市开展外商投资股权投资企业试点工作的实施办法》是美国《投资公司法》和《投资顾问法》的经典浓缩版,集两法为一体。《关于本市开展外商投资股权投资企业试点工作的实施办法》问世前后,美国著名私募股权基金黑石在上海设点。黑石入沪与《关于本市开展外商投资股权投资企业试点工作的实施办法》之间是否有因果关系无从知道,但只要在外资强大的地方或领域,相关法律规定难免因此而打上烙印。

(二)登记与备案

中国证券投资基金业协会(简称"中基协")是证券投资基金业的自律性组织,是社会团体法人,其权力包括制定自律规则,并按照规定给予纪律处分。[1]中基协成立于2012年6月,[2]是基金管理人、基金托管人、基金服务人等相关机构成立的全国性、行业性、非营利性社团组织。在众多自律组织中,中基协成立较晚,但因为证监会将私募基金的大量监管工作外包给了中基协,该自律组织后来居上,一跃而进入前列。

《基金法》规定,私募基金必须在中基协登记和备案。[3]2014年,中基协公布《私募投资基金管理人登记和基金备案办法(试行)》[4]。私募基金在中基协登记,类似于上户口,由地下转入地上,并因此而得名"阳光私募股权基金"。私募基金阳光化是自愿行动,有如青楼女子赎身,备受鼓励和赞扬,但并非是强迫性的。[5]

1. 登记

登记是私募基金的基金管理公司向中基协报送基本情况,[6]再由中基协通过网站向公众披露。网站公示的内容较少,《私募投资基金管理人登记和基金备案办法(试行)》中提到的披露内容仅包括:私募基金管理人的名称、成立时间、

---

[1]《基金法》第108条、第111条。

[2] 贾红波:"私募基金黄金时代的基业长青之道",载《上海证券报》2015年4月21日,第A4版。

[3]《基金法》第89条规定:"担任非公开募集基金的基金管理人,应当按照规定向基金行业协会履行登记手续,报送基本情况。"《基金法》第94条则规定:"非公开募集基金募集完毕,基金管理人应当向基金行业协会备案。"

[4] 中基协发[2014]1号。

[5] 2014年3月17日,首批50家管理机构从中国证券基金协会获得登记证书,无需再经过信托公司开展一些业务。屈红燕:"私募的阳光生活",载《上海证券报》2014年7月31日,第封一版。到2015年,在中国证券基金业协会登记备案的私募基金管理人达到10098家,管理私募基金11283只,管理资产2.88万亿元。贾红波:"私募基金黄金时代的基业长青之道",载《上海证券报》2015年4月21日,第A4版。

[6]《基金法》第89条。

登记时间、住所、联系方式、主要负责人等基本信息以及基本诚信信息。[1]

2. 备案

备案是非公开基金募集完毕后，基金管理人向中基协备案。[2]备案的内容包括基金合同，其内容包括：①基金份额持有人、基金管理人、基金托管人的权利、义务；②基金的运作方式；③基金的出资方式、数额和认缴期限；④基金的投资范围、投资策略和投资限制；⑤基金收益分配原则、执行方式；⑥基金承担的有关费用；⑦基金信息提供的内容、方式；⑧基金份额的认购、赎回或者转让的程序和方式；⑨基金合同变更、解除和终止的事由、程序；⑩基金财产清算方式；⑪当事人约定的其他事项。[3]

中基协之所以向基金管理人了解基金管理人与投资者之间的合同，就是为了确保基金管理人向投资者做了必要的披露，尤其是做了必要的法定披露。因为内容可能涉及商业秘密，所以并非所有内容都会向公众披露。同样，按照美国《投资顾问法》（The Investment Advisor Act），基金管理公司、私募股权基金和对冲基金都属于从事理财业务的投资顾问，必须在证交会登记并披露相关信息，其内容包括：所管理的资产、收取的费用、所有权、客户、利益冲突以及惩戒记录。按照美国《信息公开法》，公民可以要求政府部门提供非保密信息，政府不得无理拒绝。但该法又为政府机构网开一面：若是政府部门没有申请者要求公开的"相应"的文件，政府部门可以回绝申请人。行政部门若想拒绝提供文件，"相应"是很好的遁词：因为要求披露者通常并不知道是否存在"相应"文件，所以行政机构可以自说自话。2008年，证交会拒绝了56项申请，理由是证交会没有请求的"相应"文件。而到2013年，证交会拒绝了63项请求。[4]

---

[1]《私募投资基金管理人登记和基金备案办法（试行）》第9条。

[2]《基金法》第97条。

[3]《基金法》第92条。

[4] "S. E. C. Raises Barrier to Disclosure of Information"，载dealbook.nytimes.com，访问日期：2014年11月4日。哥伦比亚大学法学院的罗伯特·杰克逊（Robert Jackson）教授有一个理论：资产管理人若能提供稳定回报，恰恰就是问题所在，庞氏骗局大盗麦道夫提供理财服务，当初也有稳定的回报。杰克逊教授大胆设想、小心求证，需要数据支持其理论，所以他向证交会提出请求，索要资产顾问在证交会登记时所披露的相关信息。证交会的中层官员利用相关的数据写文章；不是为领导决策而写的内部参考材料，是写以个人名义发表的学术文章。这些官员不以为耻，反以为荣，洋洋得意地宣称，他们所用的材料并不对外公开。当然，证交会的做法十分恶劣，实际上是隐瞒了其掌握相关材料的情况，类似做法在商业活动中便构成了欺诈。其实，仔细想想也并不奇怪。美国能够爆发金融危机，而且各路金融大盗能够兴高采烈地奔走于殿堂之上，说明美国的金融监管应当存在很大问题，证交会存在很大问题。证交会是一个很坏的监管机构。在美国学术界，杰克逊教授不太可能是唯一知道证交

3. "失联私募机构"

中基协的监管手段之一是,宣布基金管理人为"失联私募机构",并注销其登记。《关于失联私募机构最新情况及拟公示第八批失联私募机构的公告》[1]宣布,登记已满12个月且未补提法律意见书,也未申请备案首只私募基金产品的私募基金管理人已经被注销登记。

4. "异常机构"

中基协的另一监管手段是,将基金管理人列入"异常机构"名单。《未提交2015年度经审计年度财务报告的私募基金管理人已列入异常机构名单》[2]则宣布,一批私募基金管理人因为未按期提交经审计年度财务报告,已经列入异常机构名单,"即使整改完毕,至少6个月后才能恢复正常机构公示状态"。

(三)常见问题

根据中基协的数据,私募基金违法违规的主要行为包括:非法集资、延期兑付、挪用基金资产、重大事项未报告、登记备案重大遗漏、变相公募(投资者超过200人)、操纵期货市场、合同欺诈、向非合格投资者募集基金、机构失联、无法确定违法违规类型。[3] "变相公募"和"向非合格投资者募集基金"与"非法集资"有重叠之处。

(四)资金托管

《基金法》第88条规定:"除基金合同另有约定外,非公开募集基金应当由基金托管人托管。"这条规定实际上允许私募基金不托管其所募资金,却又假装这是一个例外。这是证券法的一大特点:明明是网开一面,却故作强调监管,虚张声势,煞有介事。

(接上页)丑行的人。但为什么只有杰克逊教授一人跳出来挑战证交会?或是说,为什么等到今天才有杰克逊教授这样的人跳出来挑战证交会?这说明,证交会的背后有很强大的势力在支持他们,证交会不愿公开投资顾问的材料,实际上是在保护某些金融机构,是在保护麦道夫的同道人。

[1] 中基协字〔2016〕115号。

[2] 载 www.amac.org.cn/xhdt/zxdt/390863.shtml,访问日期:2016年7月27日。

[3] 截至2015年3月底,中基协受理涉嫌违法违规的私募基金管理人共53家,占已登记私募基金管理人的0.58%。其中5家被公开谴责并列入协会黑名单;5家机构已注销私募基金管理人登记;督促后整改的有2家;公安部门介入调查的为18家。涉嫌金额高达123.63亿元,平均涉案金额达6.88亿元。涉嫌违法违规类型:非法集资13家、延期对付12家、挪用基金资产7家、公开宣称4家、重大事项未报告3家、登记备案重大遗漏2家、变相公募(投资者超过200人)1家、操纵期货市场1家、合同欺诈1家、向非合格投资者募集基金1家、机构失联4家、无法确定违法违规类型4家。贾红波:"私募基金黄金时代的基业长青之道",载《上海证券报》2015年4月21日,第A4版。

（五）费用

美国私募股权基金管理人收取的管理费通常为管理资产的 2%，投资利润的 20% 也归基金管理人。[1] 此外，成本和费用还包括交易费、法务费用和管理费。

从事并购业务的私募股权基金的公开费用和隐性费用高达 7%，比实际收缴的成本费用要少 2%。[2] 美国养老基金投资于私募股权基金，半数以上没有披露成本。英国 80% 的养老基金挑选资产管理人，并没有经过竞标过程，所选资产管理人很可能并不基于养老基金的最大利益决策。[3] 私募基金管理人大多要求客户与其签订不披露协议，对收费信息严加保密。[4] 投资者很难了解投资回报和成本。养老基金的经理并不坚持要求私募基金管理人披露收费信息，表面上是担心基金管理人因此而不会接受退休基金的资金，但另一种可能是，养老金的经理收受了私募股权基金的好处，不便要求披露管理协议的内容。欧盟拟通过法令，要求理财机构披露其收取的所有费用，而且总额必须一目了然。[5]

我国的一些私募股权基金与投资人签订的合同中并没有约定任何收费。这应当是一个不祥之兆：基金管理人不向投资者收费，势必以牺牲投资者的其他方式获利，甚至有可能就是从事欺诈的非法集资，所以并不在意是否能够收费。

（六）私募股权基金

私募股权基金（private equity fund）主要从事股权投资：可以是投资起步企业，待其上市时售出股权获利；也可以是收购已上市企业，将其退市后进行改善，再重新上市获利。私募股权基金直接投资于企业，经常被视为正能量的代表。[6] 私募股权基金也被视为投资能手。但私募股权基金投资也有误判的时候。

---

〔1〕 Mike Fell, "Crisis Engenders New Private Equity Model", *Financial Times FTfm*, April 18, 2011, p. 6.

〔2〕 如果私募基金管理 30 亿美元的资产，则能多收 6100 万美元。Gretchen Morgenson, "Hidden Fees Take a Toll in the Millions on Pension", *International New York Times*, May 4, 2015, p. 16.

〔3〕 Madison Marriage, "80% of Fiduciary Pension Contracts not Assigned on Competitive Basis", *Financial Times FTfm*, November 3, 2014, p. 1.

〔4〕 2011 年至 2012 年，两家公共退休基金各自将资金交给理财机构，投资合同的内容几乎一样，但一家公共退休基金付了 720 万英镑的管理费，而另一家公共退休基金只付了 270 万英镑的管理费，理财机构的收费也确有差别。Madison Marriage and Chris Newlands, "Pensions Forced to Conceal Fees", *Financial Times FTfm*, October 27, 2014, p. 6.

〔5〕 Steve Johnson, "Regulatory 'Typhoon' on Course for Europe", *Financial Times FTfm*, October 27, 2014, p. 6.

〔6〕 "私募股权基金……能够在破解当前经济难题、促进'大众创新，万众创新'方面发挥独特作用。"贾红波："私募基金黄金时代的基业长青之道"，载《上海证券报》2015 年 4 月 21 日，第 A4 版。

私募股权基金也喜欢"扎堆",一是为了造市,再就是可以免责——既然资产管理人都投某个领域,如果投资失败,自然也不能责怪具体的资产管理人无能,至少不能指责其有过错。从众心理是资本市场的一大特点:普通投资者有从众心理,专业人士也有从众心理。以为有利可图的时候是一哄而上,稍有挫折又是一哄而散。

(七) 对冲基金

对冲基金(hedge fund)主要从事各类证券、期货和衍生产品的交易。2014年底至 2015 年初,我国证券市场有大批金融衍生产品上市,同时又遇到了牛市,对冲基金迅猛发展。[1]我国对冲基金与美国的对冲基金有很大的区别:美国的对冲基金的客户大多是机构投资者,而我国对冲基金的客户大多是散户。[2]

国际上的对冲基金通常有全权平仓条款(discretionary liquidation clause),也称"侧袋"(side-pocket)或"闭门"(gating)条款,其核心内容是锁定投资者,不允许投资者撤资,尤其是不允许投资者在市场资产价格急速下跌的时候撤资。[3]

对冲基金与私募股权基金的结构相同,大多由普通合伙人管理。美国的一些对冲基金有独立董事,但形同虚设,并无实质作用。2010 年,全球有 8000 多家对冲基金,其中四分之三是在开曼群岛注册的。只要对冲基金愿意支付一年 5000 美元至 3 万美元的费用,当地的一些公司就可以提供一位独立董事。[4]很多人同时担任 100 家以上对冲基金的独立董事,甚至有人担任了 567 家公司的独立董事。虽有投资者对此颇为不满,但调查结果显示,58%的投资者仍然表示,一人同时担任 30 家对冲基金的独立董事,他们也可以接受。[5]

---

[1] Gabriel Wildau, "China's Hedge Fund Industry Blooms as Stocks Surge", *Financial Times*, 5 June, 2015, p. 15.

[2] Gabriel Wildau, "China's Hedge Fund Industry Blooms as Stocks Surge", *Financial Times*, 5 June, 2015, p. 15.

[3] 2007 年 8 月,金融危机全面爆发的前一年,法国的一家银行宣布,其三支基金闭门,投资者不得撤出其投资,三支基金在美国有的房地产市场有大量投资,而此时美国的房价已经开始下跌。2013 年,全球约有 32%的对冲基金有闭门条款。Madison Marriage, "Hedge Funds Close the Gate Before Investors Can Bolt", *Financial Times*, July 29, 2013, p. 3.

[4] Sam Jones, "Cayman Fund Investors Urge Transparency", *Financial Times*, November 21, 2011, p. 20.

[5] Sam Jones, "Cayman Fund Investors Urge Transparency", *Financial Times*, November 21, 2011, p. 20.

（八）分级基金：公募基金与私募基金混为一体

公募基金的投资人数在 200 人以上，其投资者承担风险的能力较低。而私募基金的投资者人数不到 200 人，而且都是合格投资者，承受风险能力强。分级基金的特点是将公募基金与私募基金混为一体，既可以在证券交易所公开交易，又可以按私募基金的方式杠杆交易。

2017 年，深圳证券交易所和上海证券交易所分别发布《深圳证券交易所分级基金业务管理指引》和《上海证券交易所分级基金业务管理指引》[1]，两个指引的内容基本相同。两个指引中都没有界定分级基金，只是在其附录中对分级基金做了解释。

按照《深圳证券交易所分级基金业务管理指引》附件《分级基金投资风险揭示书必备条款》的解释：

"分级基金通过基金合同约定的风险收益分配方式，将基金份额分为预期风险收益不同的子份额，其中全部或者部分类别份额在交易所上市交易或者申赎，大部分分级基金基础份额和子份额之间可以通过分拆、合并进行配对转换。其中，分级基金基础份额也称为'母份额'，预期风险收益较低的子份额称为'A 类份额'或'稳健份额'并获取约定收益，预期风险收益较高的子份额称为'B 类份额'或'进取份额'并获取剩余损益。"

《深圳证券交易所分级基金业务管理指引》在正文中不提及分级基金的界定有其道理，因为公募基金和私募基金混合，就挫败了《基金法》区分两类不同基金的规定及其目的，分级基金的相关规则不易过于张目。此外，B 类份额净值和价格有大幅波动的风险；[2]而且具有杠杆变化的风险。[3]分级基金有解释、无

---

[1] 载 www.sse.com.cn/about/us/mediacneter/hotannada/c/c_20161125_4206829.shtml，访问日期：2017 年 7 月 2 日。

[2] 《深圳证券交易所分级基金业务管理指引》附件《分级基金投资风险揭示书必备条款》第 1 条："B 类份额净值和价格大幅波动的风险。B 类份额净值和价格变化一般与基金所跟踪指数走势密切相关。由于 B 类份额具有杠杆属性，在基金投资比例符合基金合同要求的情况下，其净值和价格的波动幅度一般要大于所跟踪指数，极端情况下单日净值波动幅度可能超过 30%，投资风险比较大。"

[3] 《深圳证券交易所分级基金业务管理指引》附件《分级基金投资风险揭示书必备条款》第 1 条："B 类份额杠杆变化的风险。分级基金 B 类份额的净值杠杆不恒定，一般随着 B 类份额净值的增大而变小，随着 B 类份额净值的降低而变大。股票型分级基金 B 类份额的实际杠杆一般介于 0.5 倍~5 倍之间；极端情况下，B 类份额的杠杆可能超过 5 倍，如基础份额净值跌幅为 1%，B 类份额净值跌幅可能超过 5%。"

定义，表明监管机构对分级基金的波动幅度和杠杆大小并无任何限制。

由信托公司设立和管理的信托中也有与分级基金相同者，只是"A类份额"的投资者在此类信托中称为"优先投资者"，"B类份额"的投资者在此类信托中称为"劣级投资者"，而且此类信托只是私募，不能在证券交易所挂牌交易。但两者之间的根本区别是，信托公司及其设立的信托公司主要由银监会监管，监管实践中，证监会难以过问。

第八章

资产管理

一、概要

广义上的资产管理形式包括：证券投资基金、集合资产管理计划、合格机构投资者、主权财富基金和上市公司的现金管理。其中主权财富基金是外汇储蓄多的国家的特殊资产管理形式。

如何界定管理人与其客户之间的关系是资产管理业务涉及的重要法律问题。这种关系可以被界定为受信关系，即，作为投资者信任基金管理人，应当将客户的利益置于首位。

主权财富基金和上市公司投资是资产管理的特殊形式。

二、法律法规

1. 《证券公司客户资产管理业务管理办法》（证监会令第87号，2012年发布，2013年修订）

2. 《证券公司定向资产管理业务实施细则》（证监会公告〔2012〕30号）

3. 《证券公司集合资产管理业务实施细则》（证监会公告〔2008〕26号，2008年发布，2013年修订）

4. 《证券期货经营机构私募资产管理业务运作管理暂行规定》（证监会公告〔2016〕13号）

5. 《基金管理公司特定客户资产管理业务试点办法》（证监会令第83号，2012年）

6. 《商业银行设立基金管理公司试点管理办法》（人民银行、银监会、证监会

公告〔2005〕第4号）

7.《基金管理公司子公司管理规定》（证监会公告〔2016〕29号）

8.《保险资金委托投资管理暂行办法》（保监发〔2012〕60号）

三、资产管理的各种形式

广义上的钱也指各类资产。很大程度上，证券业务就是替他人管理资产，或称资产管理。发展到今天，就连上市公司也直接或间接地替他人管理资产。就法律义务而言，资产管理人应当对其客户负有受信义务，但我国法律对此没有明确规定。

（一）资产管理的形式和问题

资产管理业务（下称"资管业务"）各式各样，其中包括：银行理财产品、信托计划、公募基金、单一客户定向资产管理业务（下称"基金专户"）、券商资产管理计划、私募基金和保险资产管理计划。[1]

各类资产管理形式中，证券投资基金最为重要，我国就证券投资基金专门制定了《基金法》。广义上的资产管理包括证券投资基金、集合资产管理计划和单一客户资产管理计划，也包括财富管理和上市公司现金管理，还包括合格机构投资者和主权财富基金。《保险资金委托投资管理暂行办法》[2]就规定，中国境内设立的保险集团（控股）公司和保险公司可以将保险资金委托给符合条件的投资管理人，开展委托投资管理。[3]投资管理人为符合保监会规定的资产管理公司、证券公司、证券资产管理公司、证券投资基金管理公司及其子公司等专业投资管理机构。[4]

"资产管理"与"财富管理"也是同义词，很多情形下两者之间并没有严格的区别，都是金融机构为他人管理资产。如果需要严格加以区分，财富管理（wealth management）通常是指金融机构为个人或家族代为管理财富或资产，由金融机构全权负责管理决策。私人银行（private banking）业务是我国商业银行为高

---

〔1〕 截至2016年6月底，银行理财26.4万亿元、信托计划15.3万亿元、公募基金8.4万亿元、基金专户16.5万亿元、券商资管计划14.8万亿元、私募基金5.6万亿元、保险资管计划2万亿元，合计88万亿元。刘国锋、李超：化解资管业发展面临的问题，载《中国证券报》2016年11月18日，第1版。

〔2〕 保监发〔2012〕60号。

〔3〕《保险资金委托投资管理暂行办法》第2条第1款。

〔4〕《保险资金委托投资管理暂行办法》第2条第2款。

净值客户管理财富的业务。单一客户资产管理是客户将其资产交给证券公司代为投资,由证券公司全权负责投资决策。就其实质而言,单一资产管理类似于银行的财富管理或私人银行业务。

合格机构投资者是我国特有的一种基金管理形式,是因外汇和外汇管制所产生的资产管理形式。人民币在很大程度上不能自由兑换,境内外金融机构跨境投资,需要外汇额度并接受专门的监管,所以我国又就此制定部门规章,规制各类机构投资者。

证监会的一位副主席对资产管理业务中所存在的问题做了很好的概述:

"一是法律适用混乱。目前各类资管产品的法律基础、法律关系并不相同。二是监管标准不统一。在分业监管下,各类资管产品在准入、投资范围、募集推介、信息披露、资金资产的托管、投资者适当性管理等方面监管标准不一致。三是缺乏统一的检测监控。各类结构化资管产品日益复杂,资金来源、交易结构横跨银行、证券保险业,投向上层层嵌套,对其信息报送的要求在各监管部门之间不尽相同,产品难以看穿,对银行业整体的监测统计、预测缺乏及时有效的信息支撑,难以适应当前资管产品跨市场、跨行业、跨机构的特点。四是仍然存在隐性刚性兑付。"[1]

(二) 资产管理人与投资顾问

各类资产由资产管理人管理。资产管理人包括基金管理人,基金管理人包括基金管理公司以及私募基金中的普通合伙人。集合资产管理计划和单一客户资产管理计划的资产管理人则是证券公司。但无论其名称或形式如何,管理人所从事的都是投资咨询业务,按照美国的《投资顾问法》,这些管理人被统一界定为投资顾问。

"投资顾问是指任何人为报酬从事咨询他人的业务,直接或通过出版物或书面材料,就证券的价值或投资、买入或卖出证券是否可取向他人提供咨询,作为报酬并作为正常业务的一部分,发布或宣布关于证券的分析或报告,但不包括……一般正常发行的任何善意报纸或杂志的出版人。"[2]

我国并没有类似美国《投资顾问法》的专门法律,但相关概念和内容已经被

---

[1] 刘国锋:"李超:化解资管业发展面临的问题",载《中国证券报》2016年11月18日,第1版。

[2] 15 U.S.C. §80b-2 (2) (11).

引入我国。例如《合格境内机构投资者境外证券投资管理试行办法》[1]第13条规定:"境外投资顾问是指……根据合同为境内机构投资者境外证券投资提供证券买卖建议或投资组合管理等服务并取得收入的境外金融机构。"

(三) 基金管理人的受信义务

根据美国法律,受信义务指"为他人利益而行事的责任,自己的利益必须服从他人的利益"。[2]

美国法官经常在其判断意见中讨论受信义务,作为依据之一,相关规则有:①证券机构或个人是否对投资者负有受信义务,取决于是否存在一对一的个人化服务(证交会诉洛案[3]);②是否存在内幕交易,取决于是否存在受信义务(美国诉纽曼案[4]);③基金管理公司对证券基金的收费是否合理,取决于如何界定受信义务(琼斯诉哈里斯有限责任合伙企业案[5]);④证交会不得要求对冲基金管理人/普通合伙人根据投资者人数而注册,因为对冲基金管理人与对冲基金投资者之间并不存在受信关系,所以并不为投资者提供服务(戈尔登诉证交会案[6]);⑤金融机构出售金融产品,投资者是否可以合理依赖出售金融机构的意见,因素之一是金融机构是否对投资者负有受信义务(克雷米银行诉亚历克斯、布朗案[7]);⑥做市商对客户负有受信义务,执行客户指令时必须为其获得最佳价格(纽顿诉美林案[8]);⑦结算机构对做市商的客户不负有受信义务,无需向做市商客户披露做市商的违法行为(罗斯诉博尔登案[9])。

受信关系还折射了市场欺诈理论。在理财关系中投资者索赔,因果关系取决于投资者是否合理依赖了被告的虚假陈述,而是否存在受信关系,是确定合理依赖的重要因素。投资者在股票交易所买卖股票,并不存在"一对一"的关系,不存在"依赖",所以产生了市场欺诈理论(Basic公司诉莱文森案)。按照该理论,股票价格真实反映了股票发行人的相关信息,投资者买卖股票,就假定投资者依

---

[1] 证监会令第46号,2007年。
[2] Henry Campbelll Black, *Black's Law Dictionary*, St. Paul: West Publishing Co., 1990, p. 625.
[3] Lowe v. SEC, 472 U.S. 181 (1985).
[4] U.S. v. Newman, Nos 13-1837-cr (L), 13-1917-cr (con).
[5] Jones v. Harris Associates L.P., 130 S. Ct. 1418, 1761 L. Ed. 2d 265 (2010).
[6] Goldstein v. SEC, 451 F. 2d 873 (D. C. Cir. 2006).
[7] Babca Crenu v. Akex, Brown & Sons, 132 F. 3d 1017 (4th Cir 1997).
[8] Newton v. Merrill, Lynch, 135 F. 3d 266 (3d Cir. 1998).
[9] Ross v. Bolton, 904 F. 2d 819 (2d Cir. 1990).

赖了股票价格所反映的信息。在信贷瑞士诉比林案[1]判决的共同意见中，持共同意见的大法官还将受信义务适用于首次公开发行中的承销商："承销商有可能将本来属于发行人的部分利益据为己有，违反代理对主体所负有的受信义务。"受信义务已引入我国，就是《信托法》所称的"为受益人的最大利益处理信托事务"。从法理上说，《信托法》规定的受信义务也适用于证券投资基金的管理人（见本书第十二章），但就证券公司和其他金融机构从事管理资产或财富而言，我国的法律法规没有明确规定类似的受信义务。尽管如此，按照证监会发布的部门规章，境外机构为我国境内机构投资者在境外投资提供咨询服务，必须履行投资顾问的受信义务。

《合格境内机构投资者境外证券投资管理试行办法》第16条对受信义务做了明确的界定："投资顾问应当……始终将基金、集合计划持有人的利益置于首位，以合理的依据提出投资建议，寻求基金、集合计划的最佳交易执行，公平客观对待所有客户，始终按照基金、集合计划的投资目标、策略、政策、指引和限制实施投资决定，充分披露一切涉及利益冲突的重要事实，尊重客户信息的机密性。"

第16条明确规定了投资顾问受信义务的内容，类似美国法律的相关规定。第16条应当是广泛适用的条款。按道理，证监会就境内基金管理公司和其他基金管理人制定的规则中，也应当包括第16条的内容。从业务和法理上说，基金管理人与境内合格机构投资者的投资顾问相同，两者之间并没有区别，都是为各自的客户提供咨询。

资产管理业务发生纠纷时，是否存在受信关系，仍然是一个很有争议的问题。如果存在受信关系，作为客户的投资者就有理由主张自己合理依赖了管理人的有关不实陈述。另一方面，因为存在受信关系，客户信任资产管理人，而后者则可能滥用这种信任，对客户施加不当影响。此外，如果存在受信关系，资产管理人就必须将客户的利益置于首位。

四、证券公司的资产管理

（一）证券公司的资产管理

我国证券公司从事资产管理业务可以分为两类：一类为单一客户定向资产管理，另一类是集合资产管理计划。集合资产管理计划的出现，就是为了规避《基

---

[1] Credit Swiss v. Billing. 551 U. S. 264 (2004).

金法》的规制。而集合资产管理计划又分为两类：募集对象超过200人的公募基金以及募集对象在200人以下的私募基金。

（二）单一客户定向资产管理业务

《证券公司客户资产管理业务管理办法》规定，证券公司办理单一客户定向资产管理业务，与客户签订定向资产管理合同，通过专门账户为客户提供资产管理服务。[1]《证券公司定向资产管理业务实施细则》第28条规定："证券公司从事定向资产管理业务，应当由客户自行行使其所持证券的权利，履行相应的义务，客户书面委托证券公司行使权利的除外。"

（三）集合资产管理计划的设立

证券公司也可以为多个客户办理集合资产管理业务，设立集合资产管理计划，与客户签订集合理财合同，将客户资产交由负责客户交易结算资金存管的指定商业银行、中国证券登记结算有限责任公司或者证监会认可的证券公司等其他资产托管机构进行托管，通过专门账户为客户提供资产管理服务。[2]证监会就此发布了《证券公司集合资产管理业务实施细则》。

集合资产管理计划包括限额特定资产管理计划。限额特定资产管理计划可以投资利率远期、利率互换等金融期货产品，也可以作为支线基金投资于证券公司专项资产管理计划、商业银行理财计划和集合资金信托计划。限额特定资产管理计划必须满足以下条件：①募集资金规模在50亿元以下；②单个客户参与金额不低于100万元；③客户人数在200人以下；[3]④集合计划募集金额不低于3000万元人民币，客户不少于2人。[4]

（四）集合资产计划：变相的公募基金

就其性质而言，集合资产管理计划可以是变相的基金。《关于实施〈公开募集证券投资基金运作管理办法〉有关问题的规定》[5]第8条明确规定："证券公司管理的投资者超过200人的集合资产管理计划，可以继续依照产品成立时的法律法规和合同约定运作；符合条件的，也可以注册为公募基金。"证券公司从事集合资产管理计划业务，就是变相从事基金管理业务，集合资产管理计划就是准基金。

---

[1]《证券公司客户资产管理业务管理办法》第12条。
[2]《证券公司客户资产管理业务管理办法》第13条。
[3]《证券公司集合资产管理业务实施细则》第5条第2款。
[4]《证券公司集合资产管理业务实施细则》第27条。
[5] 证监会公告〔2014〕36号。

到 2016 年 8 月，我国共有 79 家基金子公司，管理 11 万亿元资产，而公募基金公司发展近 20 年，资产管理规模不过 7.95 万亿元。[1]

集合资产管理计划的要害问题是绕过《基金法》。公募基金的管理人通常为基金管理公司，[2]适用《基金法》的第二章，但集合资产管理计划的证券公司并不受此约束。

五、基金管理公司的资产管理

（一）资产管理计划

基金管理公司通过其子公司（下称"基金子公司"）从事特定客户资产管理业务，适用《基金管理公司特定客户资产管理业务试点办法》[3]。特定客户管理业务是向特定客户募集资金或者接受特定客户财产委托担任资产管理人，由托管机构担任资产托管人，为资产委托人的利益，运用委托财产进行投资活动。[4]资产管理人必须设立资产管理计划，为单一客户或特定的多个客户办理特定资产管理业务。[5]

（二）基金子公司的业务

如果资产管理计划资产用于①未通过证券交易所转让的股权、债权及其他财产权利，或②证监会认可的其他资产，基金管理公司必须设立子公司，通过设立专项资产管理计划管理资产。[6]

为单一客户办理特定资产管理业务的，客户委托的初始资产不得低于 3000 万元人民币。[7]单个资产管理计划的委托人不得超过 300 人，但单笔委托金额在 300 万元人民币以上的投资者数量不受限制；客户委托的初始资产合计不得低于 3000 万元人民币，但不得超过 50 亿元人民币，证监会另有规定的除外。[8]能够按照上述要求投资的，大多是机构投资者，其中包括商业银行，而正是这些银行客户成就了银行背景的基金子公司的快速发展。

---

[1] 岳跃："基金子公司：膨胀之后"，载《财新周刊》2016 年第 31 期。
[2] 《基金法》第 12 条。
[3] 证监会令第 83 号，2012 年。
[4] 《基金管理公司特定客户资产管理业务试点办法》第 2 条。
[5] 《基金管理公司特定客户资产管理业务试点办法》第 8 条第 1、2 项。
[6] 《基金管理公司特定客户资产管理业务试点办法》第 9 条。
[7] 《基金管理公司特定客户资产管理业务试点办法》第 11 条。
[8] 《基金管理公司特定客户资产管理业务试点办法》第 13 条。

(三) 银行背景的基金子公司

《商业银行设立基金管理公司试点管理办法》[1]第3条规定，商业银行设立的基金管理公司是指在我国境内由商业银行直接出资作为主要股东、经证监会批准设立、从事基金管理业务的企业法人。如果基金子公司的母公司的主要股东是银行，则经常与银行共同开展业务。截至2016年8月，我国79家基金子公司中"银行背景"的基金子公司有12家，其5万亿元的规模占全部基金公司11万亿元资产的近一半。基金子公司获得重要收入的业务包括以下三种：[2]

1. 通道业务

通道业务是指基金子公司利用牌照优势，把外部资产以产品合同的形式在内部走一个流程，自己不用进行产品设计，不直接参与资产管理业务，项目和客户都由银行掌握，相当于出租通道。[3]

2. 资金池

资金池基金子公司客户资金和资产没有做到相互对应，以便随时申购赎回。基金子公司投资非标准化债权资产（见第二章）的比例较高，此类资产流动性较差，如果不将客户的资金混放一处，就无法随时申购赎回。[4]

3. 监管套利

如果房地产项目没有办齐"四证"，银行无法直接投资，通过资产管理计划投资。[5]"四证"为：国有土地使用证（国土局发）、建设土地规划许可证（规划局发）、建设工程规划许可证（规划局发）和建筑工许可证（建设局发）。"四证"不齐的项目也从信托公司处获得过桥贷款，获得"四证"后，便向信托公司归还本息。

以上三种业务受到质疑，但因为是监管结合部，基金子公司由证监会监管，作为客户的银行则由银监会监管，很多问题难以浮出水面。但凡涉及由银监会监管的金融机构，证监会大多慎之又慎，很少做出处罚。

六、从事资产管理业务的金融机构

除证券公司外，其他一些金融机构也可以从事资产管理业务。证监会先后发

---

[1] 人民银行、银监会、证监会公告［2015］第4号。
[2] 岳跃："基金子公司：膨胀之后"，载《财新周刊》2016年第31期。
[3] 岳跃："基金子公司：膨胀之后"，载《财新周刊》2016年第31期。
[4] 岳跃："基金子公司：膨胀之后"，载《财新周刊》2016年第31期。
[5] 岳跃："基金子公司：膨胀之后"，载《财新周刊》2016年第31期。

布了《基金管理公司特定客户资产管理业务试点办法》[1]和《期货公司资产管理业务试点办法》[2]。这两个办法的内容与《证券公司客户资产管理业务管理办法》的内容不尽相同，但理念和原则基本相同。这些办法的形式多于实质，其主要目的是使相关金融机构从事资产管理业务合法化。这些办法并不保护基金投资者背后的投资者：一些投资者是汇集他人资金投资资产管理计划，而相关法律规则并没有规定"穿透审查"（见本书第十三章）。

其他名目的资产管理计划还包括：商业银行从事的理财计划；信托公司从事的集合资金信托计划。银监会就此制定了《信托公司集合资金信托计划管理办法》[3]。制定法规有两个功能，既是规制有关业务，也是为有关业务正名，给其名分，也可以说是上一个户口。

资产管理计划各种各样，但根本问题是《证券法》规定的分业名存实亡，《证券法》规定的统一监管也名存实亡。我国《证券法》第6条规定："证券业和银行业、信托业、保险业实行分业经营、分业管理，证券公司与银行、信托、保险业务机构分别设立，国家另有规定的除外。""国家另有规定"应当是一种例外，而不是常态，但资产管理计划业务规模如此之大，是一种常态，而不是例外。我国《证券法》第7条规定："国务院证券监督管理机构依法对全国证券市场实行集中统一监督管理。"银行涉足资产管理计划，就是要从事证券业务，但证监会难以对其进行监管。

当然，证监会允许证券公司从事资产管理业务，也是允许金融机构规避法律。可以说，资产管理计划业务是金融机构和监管机构一同蓄意制造监管地带，即便试图事后再进行监管，也为时已晚。

七、私募基金资产管理业务

2016年，证监会发布《证券期货经营机构私募资产管理业务运作管理暂行规定》[4]（下称《私募资产管理规定》），将集合资产管理业务作为私募资产管理业务管理。

（一）证券期货经营机构

证券期货经营机构是指证券公司、基金管理公司、期货公司及其依法设立的

---

[1] 证监会令第83号，2012年。
[2] 证监会令第81号，2012年。
[3] 银监会令2007年第3号，2009年修订。
[4] 证监会公告［2016］13号。

从事私募资产管理业务的子公司。[1]

私募基金管理人参照《私募资产管理规定》执行。[2]各类金融机构之间，仍然有尊卑之分，从事资产管理业务的证券公司和基金公司是证券市场的豪强，大部分私募基金的管理人是小型合伙企业，有些不过是散兵游勇，将两者相提并论不符合不成文的传统。

商业银行、信托公司和保险公司开展的业务中，也有类似证券期货经营机构开展的私募资产管理业务，但《私募资产管理规定》并不适用于这些业务。商业银行、信托公司和保险公司分别由银监会和保监会监管，证监会仍然不愿"越界"管理证券市场的资产管理业务。

（二）不得公开招揽

私募资产管理业务，单一资产管理计划的投资人数不得超过200人，同一资产管理人不得为单一融资项目设立多个资产管理计划，变相突破投资人数限制。[3]不得通过报刊、电台、电视、互联网等公众传播媒体，讲座、报告会、分析会等方式，布告、传单、微信、博客和电子邮件等载体，向不特定对象宣传具体产品，但证券期货经营机构和销售机构通过设置特定对象确定程序的官网、客户端等互联网媒介向已注册特定对象进行宣传推介的除外。[4]

（三）杠杆率

《私募资产管理规定》的一个重要目的是限制集合资产管理计划的杠杆率。股票类和混合类结构化产品的杠杆率不得超过1倍；不得违背利益共享、风险共担、风险收益相匹配的原则；不得直接或间接对优先份额提供保本保收益的安排。[5]劣后可以为优先承担风险，但是优先不能以劣后的本金作为填补收益的来源。[6]

（四）"新老划断"

《私募资产管理规定》做了"新老划断"过渡安排。[7]因此，开展证券业务先下手为强，可以获得业务的先机，可以绑架监管机构。"新老划断"过渡安排

---

[1]《私募资产管理规定》第2条。
[2]《私募资产管理规定》第15条。
[3]《私募资产管理规定》第3条第6项。
[4]《私募资产管理规定》第3条第7项。
[5]《私募资产管理规定》第4条第3项。
[6]张玉："银行理财优先级降杠杆，不可承诺预期收益率"，载《上海证券报》2016年7月20日，第4版。
[7]《私募资产管理规定》第16条。

与事中监管和事后监管不符。既然无法中途叫停证券业务，就不是中途监管，事后本来就无监管可言（事后泼水难收，只能是收拾残局）。而另一方面，《私募资产管理规定》公布之后，对证券期货业务经营机构是事前监管。从效果及逻辑上说，事中监管和事后监管难以成立。

八、"现金管理"：上市公司理财

《上市公司监管指引第 2 号——上市公司募集资金管理和使用的监管要求》[1]（下称《指引第 2 号》）便是一例。《指引第 2 号》第 7 条规定：

"暂时闲置的募集资金可以进行现金管理，其投资的产品须符合以下条件：（一）安全性高，满足保本要求，产品发行主体能够提供保本承诺；（二）流动性好，不得影响募集资金投资计划正常进行……使用闲置募集资金投资产品的，应当经上市公司董事会审议通过，独立董事、监事会、保荐机构发表明确同意意见。上市公司应当在董事会会议后 2 个交易日内公告下列内容……"

上述规定的要害是"现金管理"和"投资产品"。允许"现金管理"，上市公司便可以从事理财业务：管理募集资金就是为广大股民理财。允许"投资产品"，上市公司便可以买卖各类金融产品。《指引第 2 号》并没有明确界定所谓的"产品"，但实践中上市公司可以买卖理财产品。[2]

上述规定看似要对其从严监管，但实际上是网开一面，允许上市公司具有资产管理的功能。《指引第 2 号》表面上涉及如何监管上市公司募集资金的用途——《指引第 2 号》的全称便显示了这点，但其要害是允许上市公司开展现金管理业务。既然如此，《指引第 2 号》的全称就应当反映这点。但《指引第 2 号》文不对题，其名称涉及"现金管理"和"投资产品"才更为切题。证券法的规则制定中似乎有此技巧：顾左右而言他，形左而实右。如果上市公司进行"现金管理"是光明正大的，那么证监会没有必要闪烁其词，完全可以光明正大地直言相关事项。

当时仍然有效的《首次公开发行股票并上市管理办法》[3]第 38 条第 2 款

---

[1] 证监会公告 [2012] 44 号。

[2] 《指引第 2 号》发布之后，2013 年上半年，共有 166 家公司购买理财产品，累计投入 615.13 亿元。杨萌："上半年 242 家上市公司耗资超千亿元扎堆理财，公布收益仅 1.55 亿元"，载《证券日报》2014 年 7 月 3 日，第 C1 版。

[3] 证监会令第 30 号，2006 年。

明文规定:"除金融类企业外,募集资金使用项目不得为持有交易型金融资产和可供出售的金融资产、借予他人、委托理财等财务性投资,不得直接或者间接投资于以买卖有价证券为主要业务的公司。"显然,《指引第 2 号》允许上市公司买卖理财产品,不符合第 38 条第 2 款的规定。所以,证监会闪烁其词,顾左右而言他。直到 2015 年 12 月 30 日,证监会才发布《关于修改〈首次公开发行股票并上市管理办法〉的决定》(证监会令第 122 号,2015 年),删除了《首次公开发行股票并上市管理办法》第 38 条第 2 款。

按照《指引第 2 号》的要求,上市公司投资闲置资金,要求必须经过特定的决策程序,同时要求披露相关信息。但决策程序只是一种形式,并不能保证决策正确。此外,既然已经允许上市公司理财,信息披露也是一种程序,最终流于形式。程序或形式方面的要求往往成为打开潘多拉魔盒的要求或借口。

上市公司现金管理错综复杂,涉及证券法的诸多方面:既可以属于公司治理范畴,涉及现金管理的风险控制;也可以属于公开发行证券的范畴,涉及募集资金的用途。

九、主权财富基金

主权财富基金(sovereign wealth fund)是由政府设立的机构,主要管理国家的财富。[1]主权财富基金是一种特殊的资金管理形式,并没有确切的法律界定。西方国家指责主权财富基金缺乏透明度,而主权财富将资产交由他人管理时,如何适用受信责任成为争议要点。

(一)主权财富基金的定性

主权财富基金被界定为"由政府设立的载体,用于投资其外汇储备盈余的一部分,寻求高于官方储备可以获取的典型回报"。[2]主权财富基金也被界定为投

---

[1] 2007 年全球各主权财富基金的资产总额为 3 万亿美元,2011 年增加到 7 万亿美元,是全球各地对冲基金所管理的资产总额的两倍半。Gillian Tett, "Sovereign funds pave a path to shared prosperity", *Financial Times*, December 5, 2014, p. 9.

[2] Alan M. Rugman, *Sovereign Wealth Funds And Regulation: Some Conceptual Issues*, Sovereign Investment, edited by Karl P. Sauvant, Lisa E. Sachs, and Wouter P. F. Schmit Jongbloed, Oxford: Oxford Press, 2012, p. 25. 主权财富基金投资回报要高于典型回报并非易事。尽管证券财富基金延揽一流的专业人士,但仍然难以获得稳定的高回报。我国主权财富基金中国投资公司 2015 年境外投资净收益效率按美元计算为-2.96%。Jiang Xueqing, "Fund Return Hit by Commodities, Strong Dollar", *China Daily*, July 23~24, 2016, p.6. 中国投资公司负回报率表明,主权财富基金主要是国家持有资产的方式,而不是获得预设回报的有效手段。就中国投资公司的投资回报而言,宏观经济因素大于专业人士的作用。中国投

资基金。[1]主权财富基金有多种功能：将其管理的部分资产交给其他金融机构管理时，发挥了基金中的基金的职能；直接收购资产时，则类似于私募股权基金。多数情况下，主权财富基金是被动投资，只关心投资回报率，但有些主权财富基金与金融机构密切合作，对证券市场的交易活动有很大影响。例如，2015年新加坡主权财富基金淡马锡（Temasek Holdings Pte. Ltd）拥有 Virtu Financial Inc. 的大约10%的股份，并为其介绍中国的潜在合作伙伴。[2]Virtu Financial Inc. 是全球领先的高频交易公司。尽管主权财富基金在证券市场举足轻重，但对主权财富基金仍然没有确切的法律界定。中国投资公司是我国的主权财富基金，依据《公司法》设立的有限责任公司，适用公司法，但我国并没有专门适用于主权财富基金的法律法规。

（二）《圣地亚哥原则》

主权财富基金在欧美国家投资，遇到各种障碍。[3]美国制定《外国投资国家安全法》[The Foreign Investment and National Security Act of 2007（FINSA）][4]，审查主权财富基金的投资，负责审查的机构是美国外国投资委员会[The Committee on Foreign Investment in the United States（CFIUS）]。[5]欧美国家指责主权财富基金缺乏透明度，但这存在自相矛盾之处。2007~2008年，金融危机爆发之初，欧美的一些大型金融机构濒临破产，主权财富基金向欧美国家大银行注入巨资，提供了大量流通性，对稳定欧美金融市场做出了巨大贡献。[6]当时欧美国家并不计

（接上页）资公司承认，造成投资负回报率的原因是：大宗商品价格深度下跌；负利率政策造成债券、股票类投资收益低于预期；公司业绩以美元衡量，2015年美元升值9.26%，导致总组合出现较大汇兑损失。Jiang Xueqing,"Fund Return Hit by Commodities, Strong Dollar", *China Daily*, July 23~24, 2016, p. 6. 换言之，中国投资公司的理财专业人士没有正确预测经济大势的走向。

[1] Mark Gordon and Sabastian, *Sovereign Wealth Funds An Overview*, *Sovereign Investment*, edited by Karl P. Sauvant, Lisa E. Sachs, and Wouter P. F. Schmit Jongbloed, Oxford: Oxford Press, 2012, p. 25.

[2] Bradley Hope and Chelsey Dulaney, "Virtu Looks to Enter China", *The Wall Street Journal*, May 8~9, 2015, p. 22.

[3] Karl P. Sauvant, Lisa E. Sachs, and Wouter P. F. Schmit Jongbloed, *Sovereign investments An Introduction*, *Sovereign Investment*, Oxford: Oxford Press, 2012, p. 22.

[4] Foreign Investment and National Security Act of 2007, Pub. L. No. 11049（codified as amended at 50 U. S. C. app. § 2170）.

[5] For background information, see Randall Beisecker, "DP World and U. S. Port Security - Issue Brief", NTI（Mar. 2006）, available at http://www.nti.org/e_research/e3_75.html.

[6] Mark Gordon and Sabastian V. Niles, *Sovereign Wealth Funds: An Overview*, *Sovereign Investment*, Oxford: Oxford Press, 2012, p. 44.

较主权财富基金的透明度是否充分。

为应对欧美国家的非难,一些有主权财富基金的国家专门设立了一个工作小组,由其制定了《普遍接受的主权财富基金原则和做法》(Generally Accepted Principles and Practices for SWF),也称《圣地亚哥原则》(Santiago Principles)。按照《圣地亚哥原则》,主权财富基金自愿就以下领域加强透明和问责:①主权财富基金的法律框架;②主权财富基金的目标及其与政府宏观政策的协调、机制的结构以及治理;③投资和风险管理框架。[1]

---

[1] Karl P. Sauvant, Lisa E. Sachs, and Wouter P. F. Schmit Jongbloed, *Sovereign investments An Introduction*, *Sovereign Investment*, Oxford: Oxford Press, 2012, p. 12.

PART 4
第四部分
证券的交易

第九章

证券交易

一、概要

证券市场需要交易，没有交易就没有市场。证券交易的核心是融资，我国证券市场的主要融通手段为：融资融券、场外交易、买入返售（卖出回购）和抵押融资。央行则通过货币宽松政策提供天量流通性，推波助澜，加重了杠杆效应的后果。

融资融券就是借钱炒股，增加交易的杠杆率。融资融券不仅是融资方式，也是做多做空机制。场外配资也有类似功能，所融资金也进入了融资融券的做多或做空业务，加大了股市的剧烈异常波动。融资融券与场外配资的区别在于：融资融券是合法合规的行为，有法律规制，由证监会保驾护航并受其监控。相反，场外配资是有争议的行为。

买入返售（卖出回购）将借贷行为定性为买卖关系，规避法律限制，为证券交易提供资金，增加了杠杆效应。抵押融资也是借款交易，同样产生了巨大的杠杆效应。

结算是证券交易的后台部分，也是风险较大的业务。普通商品买卖完成之后需要交割实物或是提供票据，而证券买卖之后则是进行结算：转移所有权并进行登记。欧美的证券交易所大多由本交易所提供结算服务，而我国证券交易所的结算业务由中登公司进行，以减少结算的风险。

做市商也是证券交易的重要组成部分（见第八章）。做市商交易对A股交易也有影响：做市商交易需要资金，而做市商交易所需资金的流入流出必然影响到A股市场资金的流入流出，进而影响A股市场的股票交易。做市商在交易型开放式基金（exchange-traded fund 或 ETF）中的作用则对证券现货交易直接产生巨大的影响。

合格机构投资者是我国资产管理的特有形式，是金融机构跨境投资证券市场的特殊安排，接受我国对人民币兑换的管制。"沪港通"和"深港通"也涉及人民币的兑换。股票交易与货币兑换互动。

证券交易有其负面影响，除过度交易制造泡沫外，杠杆交易放大了证券市场的风险，是股市资金链断裂和股市崩盘的主要原因。但杠杆交易难以被遏制，因为杠杆交易在放大风险的同时，也增加了金融机构的收入，加之金融机构是强势集团，很难加以规制。美国的经验表明，证券交易不时导致股灾，总由政府出面救助，最终是通过通货膨胀解决问题。

二、法律法规

1. 《证券法》
2. 《证券公司融资融券业务管理办法》（证监会令第117号，2015年）
3. 《转融通业务监督管理试行办法》（证监会令第75号，2011年）
4. 证监会《关于加强证券公司信息系统外部接入管理的通知》（证监办发〔2015〕35号）
5. 证监会《关于清理整顿违法从事证券业务活动的意见》（证监会公告〔2015〕19号）
6. 《证券公司融资融券业务试点内部控制指引》（证监机构字〔2006〕124号，2006年发布，2011年修改）
7. 中国人民银行、中国银监会、中国证监会、中国保监会、国家外汇管理局《关于规范金融机构同业业务的通知》（银发〔2014〕127号）
8. 《上海证券交易所债券质押式协议回购交易暂行办法》（上证发〔2015〕26号）
9. 《全国银行间债券市场债券交易管理办法》（人民银行令〔2000〕第2号）
10. 《全国银行间债券市场做市商管理办法》（中国人民银行公告〔2007〕第1号）
11. 《银行间债券市场尝试做市业务规程》（中汇交发〔2014〕132号）
12. 《上海证券交易所股票期权试点做市商业务指引》（上证发〔2015〕72号）
13. 《证券公司柜台市场管理办法（试行）》（中证协办〔2014年〕137

号）〔1〕

14.《中国金融期货交易所规则》（2007年6月27日实施，2012年2月20日第一次修订，2013年8月30日第二次修订，2016年1月1日第三次修订）〔2〕

15.《银行间债券市场债券登记托管结算管理办法》（人民银行令［2009］第1号）

16. 最高人民法院《关于人民法院为防范化解金融风险和推进金融改革发展提供司法保障的指导意见》（法发［2012］3号）

17.《合格境外机构投资者境内证券投资管理办法》（证监会、人民银行、国家外汇管理局令第36号，2006年）

18.《合格境内机构投资者境外证券投资管理试行办法》（证监会令第46号，2007年）

19.《人民币合格境外机构投资者境内证券投资试点办法》（证监会、人民银行、国家外汇管理局令第90号，2013年）

三、交易的作用、特点和问题

（一）交易的作用

交易为证券市场提供流动性，便于投资者进入或退出市场，具体而言有发现价值的功能。但创造流动性也成为投机的理由，市场充满投机，而且是杠杆投机，结果也破坏了市场的价格发现功能。当市场最需要流动性时，却往往没有流动性。

交易是重要的创收业务，证券公司以及其他从事证券交易业务的金融机构借此获得丰厚的利润。〔3〕无论股票价格是涨还是跌，只要有交易，证券公司和证券交易所都能够通过收费获利。正是因为如此，证券公司和证券交易所通常坚决支持金融创新，主张证券市场引入更多的证券新产品，增加交易量，增加收入。

但交易可能引起系统性风险。交易影响股票价格，而股票价格则影响上市公司的市值。我国主要的商业银行都是上市公司，股本资金为商业银行的一级资本

---

〔1〕 详见 http://www.sac.net.cn/fligz/zlgz/201408/t20140819_101873.html。
〔2〕 详见 http://www.cffex.com.cn/flfg/jysyz/20504/t20150430_18922.html。
〔3〕 2014年我国证券公司营业收入共为2602.84亿元，其中代办买卖证券业务净收入占比43.32%，融资融券业务利息净收入占比17.14%，两者合一起占到了60.46%。而证券承销与保荐业务净收入所占比例仅为9.23%，财务顾问业务净收入仅占2.66%。中国证券业协会：《中国证券业发展报告2015》，中国财政经济出版社2015年版，第6页。

金，如果商业银行的股票价格下跌，商业银行的风险势必增加。

交易也是证券市场的异化：从优化资源的角度说，证券市场本来是为了企业融资而存在的，但最后却演变成同时为交易融资而存在，或是说主要是为交易融资而存在。交易本来是为了使证券市场具有流动性，但却演变为必须由央行不时提供流动性，证券市场才能维持交易的局面。

（二）变数与互动

1. 交易与货币政策互动

证券市场交易活跃需要资金支持。传统上各国央行增加货币量，降低存款准备金和基准利息，向证券市场提供流动性。2008年金融危机之后，美联储引入"量化宽松"（quantitative），即，由美联储直接向银行等金融机构购买债券，以增加市场的流动性。量化宽松已引入我国，人民银行工作论文承认："货币政策通过债市传导的基本功能已具备。"[1]

2. 纵向和横向互动

流动性再多也难以满足证券市场对资金的需要。本章所讨论的证券主要是上交所和深交所交易的证券。但证券市场还包括：中小企业股份转让系统（新三板）、证券公司的柜台交易、中金所以及全国银行间债券市场（银行间债券市场）。证券现货交易与金融期货交易互动，所以证券市场也包括中金所（另见第十章）。

银行间债券市场由人民银行监管，与证监会监管的证券市场横向活动，适用《全国银行间债券市场债券交易管理办法》[2]。银行间债券市场交易的债券为：政府债券、中央银行债券和金融债券。[3]

3. 金融期货与证券现货之间的互动

金融期货的价格经常与证券现货交易联系在一起，掌握现货的供应，便可以影响金融期货的价格。有研究表明，股指期货加剧现货市场的波动，但有助于提高市场定价效率和流动性。[4]金融资产的核心议题是定价问题，衍生产品是从传统的商品或金融资产派生出来的创新金融工具，其价格与所对应的基础资产价格

---

[1] 参见"收益率曲线在货币政策传导中的作用"一文，载http://www.pbc.gov.cn/yanjiuju/124427/133100/3，访问日期：2016年2月26日。

[2] 银发〔2000〕第2号。

[3] 《全国银行间债券市场债券交易管理办法》第4条。

[4] 张一锋：《股指期货现货市场关系》，社会科学文献出版社2014年版，第3页。

紧密联系。[1]国外大部分理论与实证研究侧重于两个问题：一是股指期货市场对现货市场的影响；二是股指期货市场与股票现货市场之间价格方面的先行滞后关系。[2]但因为变数太多，以上两个研究只能是限于具体股指期货在具体时间的表现，并没有关于股指期货整体利弊的研究。

4. 境内外证券市场的互动

2014年，证监会发布《沪港股票交易互联互通机制试点若干规定》[3]，推出沪港股票交易互联互通机制（沪港通机制），在香港有账户的投资者可以直接买卖在上海证券交易所上市的股票，而内地投资者也可以直接买卖香港股票交易所挂牌的上市公司的股票。[4]沪港通是上交所与香港股票交易所之间的密切合作（见本章第十一部分）。

5. 证券市场与外汇市场的互动

外汇交易与股票交易可以形成互动。诺贝尔经济学奖得主保罗·克鲁格曼（Paul Krugman）在其所著《重返大萧条经济学和2008年金融危机》一书中对港币港股联动有简明的介绍：

"一小批对冲基金……开始做空香港股票——就是说，他们向所有人借得股票，售出后得到港币（当然，向股票所有人承诺，将购回并归还股票——另加使用股票的'租金'）。对冲基金又售出港币，购入美元。对冲基金实际上是在赌，下面两种情况必会出现一种：或者港币贬值，那么对冲基金就可以从货币投机中获利；或者香港货币局提高利率以捍卫港币，这就会打压当时股市，对冲基金就可以从卖空股票中获利。"[5]

---

[1] 张一锋：《股指期货现货市场关系》，社会科学文献出版社2014年版，第5页。

[2] 张一锋：《股指期货现货市场关系》，社会科学文献出版社2014年版，第4页。

[3] 证监会令第101号，2014年。

[4] 上交所和港交所在国际上的地位都因此而提高。2013年，纽约证券交易所的上市公司的市值和纳斯达克的上市公司的市值分别为7.93万亿美元和6.1万亿美元。上海证券交易所和深圳证券交易所的上市公司的市值总和为3.9万亿美元，香港股票交易所上市公司的市值总和为3.1万亿美元（Thomson Reuters Datasteam, "HSBC", *Financial Times*, April 11, 2014, p.1），两者加在一起为7万亿美元，仅次于美国纽交所和纳斯达克。

[5] Paul Krugman, *The Return of Depression Economics and the Crisis of* 2008, New York: W. W. Norton & Company, 2009, p.129. 1997年，香港金融管理局加息，直接导致港股大跌，10月22日至28日，恒生指数跌幅达27%，到1998年8月13日，恒生指数最低跌至6660点，较前一年8月7日最高的16673点下跌1万点。国泰君安证券研究所："海外市场股灾后救市政策退出镜鉴"，载《上海证券报》2015年8月16日，第11版。

沪港通涉及人民币与外汇兑换，各类境内合格机构投资交易涉及人民币与外币兑换。

6. 受信息技术影响

随着计算机运算速度的提高以及计算机在证券市场的广泛使用，股指期货市场交易与股票现货市场交易之间的互动进一步加强。金融机构的股指期货交易和股票现货交易大多是由计算机软件程序所控制的：股指期货价格发生变化，可以自动引发股票现货的出售。[1]"当今的交易技术，其速度不再以秒计算，而以微秒或百万分之一秒计算。那么如果使用所谓'闪电下单'技术，即使是一瞬间抢在别人之前掌握某些信息，也可能让部分市场参与者获得显著优势。"[2]

(三) 法律问题

就证券法而言，融资融券和金融期货交易变数最大。我国《证券法》曾经禁止融资融券和金融期货（或称衍生产品）交易。抵押和担保等融资行为影响到股市交易，但很大程度上不属于证监会的监管范围。

我国《证券法》第三章第四节将内幕交易和操纵市场统称为"禁止的交易行为"，并加以禁止（见第十一章和十二章）。

四、融资融券

融资融券是通过借款或借证券，筹集资金进行交易，以便通过杠杆效益获得更多的利润。融资融券是成语似的四字结构，朗朗上口，铿锵有力，似乎是本土金融创新，其实是从美国学来的做法，英语原文为"margin lending"。在美联储出现之前，融资融券在美国可以控制股票价格。"……银行贷给投资者的资金对证券的价格有巨大影响。如果没有央行，银行可以放宽贷款条件，在市场中创造更多的流动性，强行推高股价。反过来，如果银行减少保证金贷款，市场便会退却。有时候，保证金比率可以高达50%或是更高，而其他时候则很低。"[3]

---

〔1〕 计算机在证券市场的广泛运用也增加了技术所造成的风险。2015年7月8日，纽约股票交易所暂停所有股票交易，暂停交易的股票的总市值为28万亿美元。暂停原因是"内部技术问题"。之后又宣布，撤销所有待执行指令。2013年，纳斯达克系统停止运行3小时，2500家上市公司的股票无法交易。Robin Wiggles Worth, Gregory Meyer and Philip Stafford, "NYSE Blames Trading Suspension on 'Technical Issue' —Not A 'Cyber Breach' ", *Financial Times*, July 9, 2015, p. 11.

〔2〕 美国参议院银行、住房和城市事务委员会主席杰克·里德：2009年10月28日第一百一十一届国会小组委员会上的发言。载 http://www.access.gpo.gov/congress/senate/senate05sh.html。

〔3〕 Charles R. Geisst, *Wall Street*, Oxford: Oxford University Press, 2004, p. 142.

（一）融资融券是杠杆交易

融资融券是杠杆交易，允许机构投资者[1]和个人投资者借钱借券交易。《证券公司融资融券业务管理办法》[2]（下称《融资融券管理办法》）将融资融券界定为"向客户出借资金供其买入证券或者出借证券供其卖出，并收取担保物的经营活动"。[3]证券公司融资融券业务规模最高达到净资本规模的4倍。[4]单一证券公司转融通的余额，可以达到证券金融公司净资本的50%，[5]证券公司客户借助融资融券进行交易，提供一定比例的保证金后便可向证券公司借得金额高于保证金的资金或证券，保证金可以以证券冲抵。[6]证券公司应当逐日计算客户交存的担保价值与其所欠债务的比例。当该比例低于最低维持担保比例时，应当通知客户在一定的期限内补交差额。[7]如果单个机构投资者或个人投资者没有能力在期限内补交差额，就是所谓的资金链断裂。

融资融券为股市交易提供了大量资金，可占每日交易总额的18.2%。[8]在杠杆的作用之下，股市不断攀高，机构投资者和个人投资者蜂拥而至，投入股市。[9]

---

[1] 原《证券公司融资融券业务试点管理办法》第12条规定："对……交易结算资金未纳入第三方存管……的客户……证券公司不得向其融资、融券。"这项条文使得公募基金无法参与融资融券。《融资融券管理办法》去除了这项限制，允许公募基金等金融机构参与融资融券。

[2] 证监会令第117号。

[3] 《融资融券管理办法》第2条。

[4] 《融资融券管理办法》第20条。截至2015年5月底，我国证券公司全行业净资本0.97万亿元，按规定融资融券上限为3.88万亿元。浦弘毅、王晓宇："众志成城稳定市场预期"，载《上海证券报》2015年7月2日，第1版。

[5] 《转融通业务监督管理试行办法》第41条第2项。

[6] 《融资融券管理办法》第13条。

[7] 《融资融券管理办法》第26条。通知客户补交差额，在英语中称为"margin call"。

[8] 2014年11月24日，融资融券交易额占当日交易总额的18.2%。Shen Hong, "Beijing Will Scrutinize Margin Trading", *The Wall Street Journal*, December 15, 2014, p. 22.

[9] 2015年3月，中国证券金融公司董事长聂庆平先生发表文章表示："本轮牛市具有结构性牛市的特征。从这个角度上说，这体现的也是价值投资，融资融券只是顺应了行情的走势。"聂庆平："国内融资融券的现状与未来"，载《清华金融评论》2015年第3期。聂庆平董事长"不同意'杠杆牛市'的说法，因为融资融券在4年前就出现，所以杠杆不是导致本轮牛市的主要原因，而是其他原因"。聂庆平："国内融资融券的现状与未来"，载《清华金融评论》2015年第3期。聂庆平董事长的文章表明，早在2015年3月，就有人质疑我国牛市杠杆效力，也可以说是间接质疑融资融券的杠杆效力。显然，聂庆平董事长当时并不同意这种质疑，他当时是为融资融券喝彩叫好的。试问，2015年股市剧烈异常波动之后，聂庆平董事长是否就此有新的观点？聂庆平董事长在其2015年3月文章中表达的另一个观点，杠杆并非产生牛市的主要原因。确实，融资融券问世4年后才发力发威，但仅凭这点，并不能够证明融资融券是正确路线的产物。众所周知，艾滋病病毒可以在人体内潜伏多年后致人死亡；心血管病也可以潜伏多年，由它引发之后致人死亡。艾滋病和心血管病仍然是许多国家治病防

融资追涨会加速推高股市，使得牛市成为疯牛，最终将股市推入融券做空的熊市。待到股市下跌时，杠杆又加快了下跌速度，投资者争相逃离股市。融资融券加快了牛市和熊市的易位速度，但改变不了牛市短、熊市长的状况。投资者失去信心，对融资融券敬而远之，其他游资也纷纷离开股市，转战其他热点金融领域，需要很长时间才能迎来新的牛市。

民间有种愿望是牛市能够达到慢牛小跑，[1]避免剧烈异常波动。但慢牛恐怕难以吸引个人投资者群起加入股市，也难以吸引机构投资者群起加入股市。[2]对于金融机构来说，慢牛创造的利润太少。

（二）融资融券的内在风险

1. 客户的风险

《证券公司融资融券业务内部控制指引》[3]指出，对于融资融券的客户来说，融资融券的投资损失风险在于，"投资规模放大、对市场走势判断错误、因不能及时补交担保物而被强制平仓"。[4]存在的问题还包括：资产混用、账户混用、出借账户、虚假账户。[5]

2. 证券公司违法

此外，证券公司也有可能从事以下违法违规行为：私下降低客户融资融券要求，为不合格客户开户，诱导客户开展融资融券业务；收费标准不透明；维持担保比例低于规定标准；未按规定期限补交差额；未对客户强行平仓；融资融券超出规定标准；质押回购业务中质押品再次质押；挪用客户担保品；进行利益输送和商业贿赂；内幕交易和操纵市场；为客户规避信息义务提供便利；为国家限制性

（接上页）病的工作重点。故外因通过内因起作用。即便如聂庆平董事长所述，融资融券不是 2015 年牛市的主要原因，其是外因而不是内因，但仅凭这一点，也并不能够证明融资融券的正确性和必要性。

[1] 华尔街有象征牛市的铜牛，上海外滩也引进了该牛的复制品。但德国法兰克福股票交易所前既有牛的雕像，又有熊的雕像，熊牛相视对峙。德国的心态似乎更加理性：天下没有不散的筵席。

[2] 有一种常见的误解，较机构投资者而言，个人投资者更容易利令智昏。但从股市的剧烈异常波动看，机构投资者不仅会利令智昏，还会见利忘义，至少是比个人投资者更加容易见利忘义。或许，个人投资者也会见利忘义，但大多不具备这种能力。

[3] 2006 年 6 月 20 日，中国证券监督管理委员会公布，根据 2011 年 10 月 26 日中国证券监督管理委员会《关于修改〈证券公司融资融券业务试点内部控制指引〉的决定》修订。

[4] 《证券公司融资融券业务内部控制指引》第 11 条第 1 项。

[5] 张欣然："三券商两融违规操作遭受通报批评"，载《证券时报》2014 年 12 月 18 日。《融资融券管理办法》第 47 条规定："证监会及其派出机构、中国证券业协会、证券交易所、证券登记结算机构、中国证券金融公司依照规定履行证券公司融资融券业务监管、自律或者监测分析职责，可以要求证券公司提供与融资融券业务有关的信息、资料。"

行业提供融资;对业务人员、管理团队实施当期奖励。

(三) 防范风险措施

为防范融资融券的各类风险,证监会制定了若干规则,其中包括:投资者适当性、合约展期、结算规则、逆周期、转流通业务。

1. 牌照经营

证券公司从事融资融券的业务,必须经过证监会批准,[1]实行牌照管理。对于证券公司等大型金融机构来说,其持有的业务牌照的多少在很大程度上决定了公司的价值。所以从理论上说,证券公司非常珍惜牌照,为了保住牌照,他们不愿违法违规。但事实是,各国监管机构对大型金融机构大多心慈手软,很少收回牌照,即便此类金融机构有各种违法违规行为。牌照管理并没有有效预防证券公司在融资融券方面的违法违规行为。[2]证监会对于证券公司违法违规行为过于宽容,即便发现问题,也大多仅作通报点名批评。[3]

2. 适当性原则

融资融券领域引入了适当性原则,其要求包括:从事证券交易时间不足半年、缺乏风险承担能力、最近20个交易日日均证券类资产低于50万元或者有重大违约记录的客户不得为其开立信用账户。[4]证券公司定期向证监会派出机构书面报告相关情况,[5]证监会及其派出机构以及证券交易所和证券登记结算机构均可以要求证券公司提供相关信息和资料。[6]

2015年11月26日,中信、海通、国信三家券商同时接到证监会调查通知书,原因均为在开展融资融券业务中涉嫌违反《证券公司监督管理条例》第84条"未按规定与客户签订业务合同"。[7]签订业务合同是基本的证券业务要求,连业

---

[1] 《融资融券管理办法》第3条。

[2] 2016年7月22日,在《证券公司风险控制指标管理办法》培训会上,主管机构的证监会副主席李超向各证券公司主要负责人以及各地证券局局长明确传达了依法、从严、全面监管的思路。李超强调,"过去的监管是以呵护为主,监管环境以'松、宽、软'为主;现在要回归监管本位,从严治理。"刘彩萍:"券商监管'紧箍咒'",载《财新周刊》2016年第30期。

[3] 证监会组织各地证监局和中证协等机构,对证券公司的融资融券业务进行专项检查,但仅作通报点名批评。张欣然:"三券商两融违规操作遭受通报批评",载《证券时报》2014年12月18日。

[4] 《融资融券管理办法》第12条。

[5] 《融资融券管理办法》第6章。

[6] 《融资融券管理办法》第47条。

[7] 李丹丹:"三券商被查原因揭晓:两融业务违规",载《上海证券报》2015年11月30日,第1版。

务合同都没有签订，适当性无从谈起，至少是没有很好地遵守适当性原则。《证券公司监督管理条例》是国务院制定的行政法规，《融资融券管理办法》则是由证监会发布的部门规章，前者比后者更具有强制性，证券公司连更有强制性的上位法都要违反，遵守部门规章的可能性就更小。

证监会的调查姗姗来迟。2015年股市剧烈异常波动发生后，证监会11月份才开始调查证券公司未签订业务合同的问题，是事后监管，为时已晚，股市和投资者的信心都已经受到重创，央行也已被迫向股市投入流动性资金。

3. 合约展期

证券公司自身借钱借款的期限不得超过6个月。[1]因此，证券公司必须定期出售其证券。如果很多证券公司同时卖出证券，股价便会下跌，遇到熊市的时候便会雪上加霜。出于救市的目的，对该期限做了变通调整：①证券公司与客户约定的融资融券期限不得超过交易所规定的期限，但证券公司可以根据客户的申请为其办理展期，每次展期期限不得超过证券交易所规定的期限；[2]②两融合约期限最长不超过6个月，但证券公司可以与客户自主商定展期次数；③证券公司可以与客户自行商定补充担保物的期限与比例的具体要求，强制平仓不再是证券公司处置客户担保物的唯一方法。

4. 账户管理

账户管理是股市监管的重要方式，股市的很多操纵行为是通过操纵账户进行的。根据《证券法》，中国证券登记结算公司也应严格落实证券账户实名制，强化对特殊机构账户开立和使用情况的检查，严禁账户持有人通过证券账户下设子账户、分账户、虚拟账户等方法进行证券交易。[3]中国金融期货交易所依照《中国金融期货交易所违规违约处理办法》第22条，对交易股指期货合约的部分账户采取限制开仓的监管措施。[4]

5. 结算

结算是证券交易的后台部分，也是风险较大的业务。[5]普通商品买卖完成之

---

[1] 《转融通业务监督管理试行办法》第17条。

[2] 《融资融券管理办法》第14条。

[3] 《证券法》（2005年）第166条规定："投资者委托证券公司进行证券交易，应当申请开立证券账户。证券登记结算机构应当按规定以投资者本人的名义为投资者开立证券账户。"

[4] 王小伟："央行将给予证金公司流动性支持"，载《中国证券报》2015年7月6日，第A1版。

[5] 美国《联邦规典典集》规定，清算机构必须从交易双方收取足够的保证金，以覆盖可能出现的风险敞口。初始保证金额为交易一天的在险价值的99%。Code of Federal Regulation, Volume 17, Chapter I, 39.13 (g).

后需要交割实物或是提供票据，而证券买卖之后则是进行结算：转移所有权并进行登记。我国融资融券的结算是由中国登记结算公司（"结算公司"）统一进行的。结算公司掌握大量交易信息，可以及时向监管机构通报股市的交易情况。美国融资融券的结算业务大多由证券公司来做，我国证券市场的监管是强于美国的。

但结算公司并没有能够帮助监管机构有效防止2015年我国股市出现的剧烈异常波动。融资融券增加了太多的变数，使得结算公司难以预测未来的交易走向。例如，做多或做空都是未来发生的交易，结算公司无法看到证券公司与其客户签订的相关合同，无法预测未来的交易走向。

6. 转融通业务

转融通是最重要的机制性安排，旨在帮助中国证券金融公司控制融资融券的流量，降低两融业务的风险。很遗憾，2015年股市发生剧烈异常波动，转融通安排并没有实现其既定目标（见本章五部分）。

（四）融资融券：做空或恶意做空

融资融券提供下注的机制，既可以看涨做多，又可以看跌做空，但要害问题是做空。股市波动总是以做多股市开始，又以做空股市结束。再者，股市波动以上涨做多开始，大多是皆大欢喜，如果有所担心的话，那只是担心股市下跌。而股市波动下跌做空时，则是凄风苦雨，除少数牟利者外，哀声一片。

1. 追涨与做空

（1）融资与追涨

融资是看好市场，相信证券价格会上涨，所以借钱买入证券，待证券价格上涨后卖出，卖出价与融资金额之差，再减去付给证券公司的融资费用，便是融资者的收入。

（2）融券与做空

融券是为了做空，也称"卖空"（short-selling），是卖出并不拥有的证券，通常是暂借证券立即卖出，之后买入证券归还。如果没有借得证券便卖出，则称为"裸空"（naked shorting）。即便没有借得证券，也可以通过远期合同（见第九章），卖出未来交付的股票或证券。

融券者通常看跌，如果证券价格确如融资者预测的那样下跌，融券者购入证券时的价格便低于当初售出证券的价格，而售出证券的价格与融券者购入证券的价格之间的价差，再减去向证券公司支付的融券费用，便是融券者的收入。

（3）助长和鼓励短线投资

监管机构进行投资者教育时，总是规劝投资者要长线投资，不能贪图眼前的利益。但融资融券实际上是助长和鼓励短线投资，鼓励投机行为。简单来说，融资融券就是借钱买卖股票短期炒股。相反，长期投资并不需要借助融资融券，证券法和证券监管的特点是说一套、做一套。证券法具有很大的欺骗性和误导性，原因也在于此。

(4) 追涨杀跌

理想状况下，股市有人看涨，有人看跌，所以融资融券并举，市场得以保持平衡，不会大涨大落，个人、机构和国家都得以规避风险。但实践中牛市不断攀高时，几乎无人看跌，很少有人融券做空，而熊市来临时，几乎无人看涨，很少有人融资做多。群羊（herd mentality）效应也适用于证券市场。历史表明，股市就是追涨杀跌：股市的原动力是贪婪和恐惧，因为贪婪而追涨，因为恐惧而杀跌。融资套现后还会再购入股票，股价又会重新攀高。当然，股市也不可能永远攀高。股价越高，就需要更多的资金才能将其推高，资金链断裂的可能性便越大。一旦资金链断裂，股市便会下跌并形成惯性：交易者融券做空，[1] 做空套现后继续做空，直到股市跌入谷底后重新反弹。所以融资融券就是以杠杆放大股市的波动。就股市整体而言，做多和做空都不能避险，2015年股市剧烈异常波动也不例外。

2. 制止做空

股市交易存在赌博性，不公开承认和讨论这点，就无法直面股市交易中的要害问题。融资融券是豪赌，不仅是赌股价的涨跌，而且还借钱增加赌注。豪赌之下，势必有人铤而走险，操纵股价的走向。此类操纵也称恶意做空。2015年股市剧烈异常波动发生之后，我国监管部门限制了做空。其他司法辖区也有政府制止做空的范例，成功的两例是：1998年香港特区政府限制做空，战胜国际对冲基金的冲击；2008年美国政府限制做空，成功救助华尔街大银行，帮助其安然渡过难关。[2]

(1) 恶意做空

证监会新闻发言人表示，跨市场和跨期现市场操纵就是恶意做空，要打击恶

---

〔1〕 阿里巴巴于2014年9月19日上市，市盈率34倍，交易首日股价飙升38%，但9月26日即有机构开始卖空阿里巴巴的股票，其融券的利率为8%，而标准普尔500强公司的融券平均利率为0.5%。Bloomberg, "Short Sellers Expect Alibaba Price Slide", *China Daily*, September 27~28, 2014, p.7.

〔2〕 当然，成功与否视不同人的立场而定。从华尔街大银行及其在美国政府内的代理人的角度看，美国政府救助华尔街是成功的，但对于美国广大民众来说，华尔街大银行倒闭、被分拆或是被政府接管或许更好。

意做空的行为。[1]遇到股市暴跌时，域外监管机构也使用过类似的措辞并采取相应措施。香港监管机构的立场是，有些对冲基金不仅是做空，而且想方设法促成其实现，是"蓄意行为"。[2]尽管用的是"蓄意"两字，但"恶意"一词呼之欲出。

恶意做空实际上是也是一种操纵。卖空者不仅做空，有时又散布不利于其做空的上市公司的信息，促成不利事件发生。[3]美国监管机构则称，有些做空是"威胁投资者和资本市场的操纵"，是"隐蔽操纵"和"非法交易技巧"。[4]

（2）打击恶意做空

为了打击做空，按照《证券法》第 166 条的规定，[5]中国证券登记结算有限公司严格落实证券账户实名制，强化对特殊机构账户开立和使用情况的检查；严禁账户持有人通过证券账户下设子账户、分账户、虚拟账户等方法进行证券交易。中国金融期货交易所则依照《中国金融期货交易所违规违约处理办法》第 22 条，对交易股指期货合约的部分账户采取限制开仓的监管措施。[6]

（3）美国经验

2008 年美国金融危机发生时，高盛股票一度跌至每股 85.88 美元，为 6 年最低，公司随时可能破产倒闭。英国金融监管机构宣布，30 天内禁止卖空 29 家金融机构的股票，其中包括高盛。高盛的股票随之不断攀升。[7]美国监管机构随之

---

[1] 证监会发言人表示："证监会对恶意做空、利用股指期货进行跨期现市场操纵等违法行为，一经查实，将予以严惩。"王小伟："央行将给予证金公司流动性支持"，载《中国证券报》2015 年 7 月 6 日，第 A1 版。公安部副部长跨部门工作组调查涉嫌操纵证券期货交易。新华社："个别贸易公司涉嫌操纵证券期货交易"，载《上海证券报》2015 年 7 月 13 日，第 1 版。

[2] "香港官员表示，对冲基金不只是就事件下注……他们在竭力促使事情发生。出售港币大张旗鼓，定期大批出售，就是要让市场中的所有人都注意到。同样是没有点名，香港官员称，对冲基金拿钱给记者和编辑，要他们刊登文章，暗示港币或人民币或两种货币就要贬值。换言之，对冲基金是蓄意发起对港币的挤兑。" Paul Krugman, *The Return of Depression Economics and the Crisis of* 2008, New York: W. W. Norton & Company, 2009, p. 129.

[3] The Lex Column, "Short-selling", *Financial Times*, September 13~14, 2014, p. 20.

[4] Vikas Bajaj and Graham Bowley, "S. E. C. Temporarily Blocks Short Sales of Financial Stocks", *The New York Times*, September 20, 2008, 载 http://www.nytimes.com, 访问日期：2008 年 9 月 20 日。

[5] 《证券法》（2005 年）第 166 条规定："投资者委托证券公司进行证券交易，应当申请开立证券账户。证券登记结算机构应当按规定以投资者本人的名义为投资者开立证券账户。"

[6] 王小伟："央行将给予证金公司流动性支持"，载《中国证券报》2015 年 7 月 6 日，第 A1 版。

[7] 高盛的交易室内开始播发美国国歌《星条旗永不落》，几十位交易员起立高唱美国国歌。Andrew Ross Sorkin, *Too Big to Fail*, London: Allen Lane, 2009, p. 438.

效仿，禁止卖空的股票涉及 799 家公司。[1]

（4）香港抗击对冲基金做空

1998 年境外对冲基金同时卖空港币和港股，迫使香港金融当局提高利率保卫港币。利率与股票价格通常成反比，利率提高便会压低股价。股票下跌之后，对冲基金可以低价购入港股，归还当初买空时所借的港股，[2]卖空时的高价与当初买入港股时的低价之间的价差，再减去相关费用便是对冲基金的利润。如果香港特区金融当局保卫港币的努力失败，对冲基金还可以低价买入港币归还当初高价卖出的港币。

境外对冲机构获胜的前提是，如果香港特区政府保卫港币的努力失败，境外对冲基金做空港币便会损失资金：港币上涨后，对冲基金必须高价买入港币归还。香港金融当局没有退让，一方面投放美元，维持港币的汇率，另一方面禁止卖空香港股票和港币。[3]此外，股票和期货的交割期限由 14 天减少为 2 天，裸空受到限制。为减低股指期货的杠杆作用，香港金融当局将每张期货的面值由 5 万港元/万点提升到 12 万港元，[4]持仓申报的限额从 500 单位降为 250 单位，增加空头未平仓合约的申报机制，迫使金融炒家现身。[5]对冲基金坚守不退，出资展期，向股票所有人支付更多的租费，推迟归还所借股票的时间。香港特区政府继续限制做空。最后，因为俄罗斯债务危机告急，对冲基金知难而退，撤出香港。[6]

五、转融通业务

融资融券有两种模式。美国的融资融券业务通常是由证券公司或其他金融机

---

[1] Andrew Ross Sorkin, *Too Big to Fail*, London: Allen Lane, 2009, p. 444.

[2] Paul Krugman, *The Great Unraveling*, New York: W. W. Norton & Company, 2004, p. 102.

[3] 许多对英国和美国抱有幻想的香港居民似乎未能痛定思痛，忘记了当初在英、美两国政府的纵容之下，两国的对冲基金打着市场经济的旗号，置香港广大民众的根本利益于不顾，肆意冲击香港市场，意在席卷香港的财富。以中央政府的美元储备为后援，香港特区政府才成功击退对冲基金的攻击。

[4] 国泰君安证券研究所：“海外市场股灾后救市政策退出镜鉴”，载《上海证券报》2015 年 8 月 16 日，第 11 版。

[5] 国泰君安证券研究所：“海外市场股灾后救市政策退出镜鉴”，载《上海证券报》2015 年 8 月 16 日，第 11 版。

[6] Paul Krugman, *The Return of Depression Economics and the Crisis of 2008*, New York: W. W. Norton & Company, 2009, p. 129.

构：证券公司既出借证券或资金，也进行结算。我国的融资融券业务则通常涉及三家机构：证券公司、证金公司和投资者。证金公司为证券公司融资融券提供转融资和转融券服务，管理证券公司提交的转融担保，证券出借人与借入人大多为证券公司。[1]证券公司的客户再向证券公司融资融券。[2]这样做是为了在宏观上有所控制。

比较而言，第二种模式更加便于监管机构调节证券市场的流通性，至少理论上是如此：证金公司可以起到收放资金和控制证券流量的作用。但是，第二种模式势必增加成本，资本市场就是这样：任何业务中每增加一个角色，都会增加相应的成本。例如，证金公司收取各种费用，[3]还可以调整转融通费率和保证金比率。证券金融公司融资融券的息费收入极为丰厚。[4]

（一）转融通业务的界定

2011年证监会发布《转融通业务监督管理试行办法》[5]。该办法规定，转融通业务是指证券金融公司将自有或者依法筹集的资金和证券出借给证券公司，以供其办理融资业务的经营活动。[6]为此专门成立了中国证券金融股份有限公司（下称"证金公司"）。证金公司作为转融通业务的中间对手方，一方面向合格机构融入资金或证券，另一方面将资金或证券出借给证券公司，供其开展业务。[7]

（二）证金公司

证金公司于2011年成立，是经国务院同意，证监会批准的全国性证券金融机构，是中国境内唯一从事转融通业务的金融机构，旨在为证券公司融资融券业务提供配套服务。[8]截至2014年底，证金公司股东是各证券交易所另加中国证券

---

[1] 载http://www.csf.com.cn，访问日期：2014年12月20日。

[2] 证券金融公司通过其自身的平台、证券交易所业务平台和其他合法途径融资融券。梁建："借鉴国际经验，推进我国融券市场发展"，载《清华金融评论》2015年7月5日，第106版。

[3] 期限费率：182天期年化利率6.3%，2014年12月31日的费率显示，3天期转融券融入费率为1.5%，转融券融出费率为4.0%；7天期转融券融入费率为1.6%，转融券融出费率为3.9%；14天期转融券融入费率为1.7%，转融券融出费率为3.8%；28天期转融券融入费率为1.8%，转融券融出费率为3.7%；182天期转融券融入费率为2.0%，转融券融出费率为3.5%。《中国证券金融股份有限公司年度报告》，第28页。

[4] 2014年，证金公司融资融券息费收入为446亿元，较2013年大幅增长141.7%。《中国证券金融股份有限公司年度报告》，第28页。

[5] 证监会令第75号，2011年。

[6] 《转融通业务监督管理试行办法》第2条。

[7] 《中国证券金融股份有限公司年度报告》，第28页。

[8] 载http://www.csf.com.cn，访问日期：2014年12月20日。

登记结算公司。[1]证金公司的资金来源主要包括：自有资金以及在金融市场发行的短期融资债券、公司债、次级债等。[2]证金公司屡次增资扩股，由现有股东进行增资，现注册资本从 240 亿元迅速增加到 1000 亿元。[3]证金公司具有监管、自律职能，监控证券公司融资融券业务运营情况，监测分析全市场融资融券交易情况，运用市场化手段防控风险。[4]证金公司的经营范围很广，包括：转融通业务、转融通结算业务、融资融券统计监测业务、转融通交易平台和统计监测系统、[5]资产托管业务（2014 年证金公司取得了基金托管资格）、[6]经纪业务和自营业务。[7]

证金公司股东背景复杂，背后又有利益冲突，既有自律职能，又有营利经营，难免左右为难，进退失据。其没有遏制股市剧烈异常波动，也就不是件奇怪的事情了。

（三）证金公司难担重任

证金公司自称可以借助市场化手段防控风险，[8]但结果没有做到。2015 年 6 月底，股市暴跌，证金公司向人民银行告急，由央行向其提供流通性资金。[9]人民银行施以援手，给予证金公司流动性支持。[10]央行积极协助证金公司通过拆

---

[1] 各机构持股比例为：上海证券交易所出资额 60 亿元，持股比例 25%；深圳证券交易所出资额 60 亿元，持股比例 25%；中国证券登记结算公司出资额 45 亿元，持股比例 18.75%；上海期货交易所出资额 35 亿元，持股比例 14.58%；上海金融期货交易所出资额 16 亿元，持股比例 6.67%；大连商品交易所出资额 12 亿元，持股比例 5.00%；郑州商品交易所出资额 12 亿元，持股比例 5.00%。《中国证券金融股份有限公司年度报告》，第 15 页。出资额和出资比例显示了各交易所的实力、影响和地位。

[2] 《转融通业务监督管理试行办法》第四章。

[3] 李丹丹："央行将多形式支持证金公司流动性"，载《上海证券报》2015 年 7 月 6 日，第 2 版。

[4] 《转融通业务监督管理试行办法》第 10 条第 2、3 项；《中国证券金融股份有限公司年度报告》，第 19 页。

[5] 《中国证券金融股份有限公司年度报告》，第 25 页。

[6] 《中国证券金融股份有限公司年度报告》，第 25 页。

[7] 《中国证券金融股份有限公司年度报告》，第 62 页。证券金融公司的资金可用于银行存款、购买国债、证券投资基金份额、购置自用不动产和证监会认可的其他用途。《转融通业务监督管理试行办法》第 44 条。

[8] 《中国证券金融股份有限公司年度报告》，第 19 页。

[9] 2015 年 7 月 5 日，证监会发布公告（证监会公告［2015］17 号）称："为维护股票市场稳定，中国证监会决定，充分发挥中国证券金融股份有限公司的作用，多渠道筹集资金，扩大业务规模，增强维护市场的能力。中国人民银行将协助通过各种形式给予中国证券金融股份有限公司流动性支持。"

[10] 证监会公告［2015］17 号。

借、发行金融债券、抵押融资、借用再贷款等方式获得充足的流动性。[1]这是央行第一次向非银行机构直接提供资金。[2]证金公司获得资金后买入股票救市。

2015年8月14日，证金公司通过协议转让方式，向中央汇金公司（下称"中央汇金"）转让了一部分股票，由其长期持有，理由是："这样做，有利于更好地发挥中国证券金融股份有限公司稳定市场作用，也有利于更好地恢复市场功能，发挥市场机制的作用，为股市长期健康发展创造条件。"[3]但公告并没有说明，转让部分股票为什么会有这样多的好处。[4]事实上，转让股票可以减少证金公司的压力：如果证金公司所购股票价格下跌，则有损证金公司的形象。[5]如果证金公司收购的股票价格下跌并且持续低迷，则此类亏损在中央汇金账面上至少比放在证金公司的账面上要好得多。

金融危机爆发时，华尔街的大银行手中都积压了大量担保债务义务（CDO）[6]，根本无法出手。为了救助这些华尔街大银行，美联储没有对CDO进行认真估值，便按照卖方的要价购入了这些有毒资产。[7]美联储救市也是仓促出手，慌不择券。从理论上说，美联储所购CDO也有价格下跌的问题。但CDO大多是柜台交易，甚至是有价无市，只要美联储不卖出这些CDO，就不存在CDO价格下跌的问题。相反，证金公司所购股票在证券交易所挂牌交易，即便证金公司不卖出这些股票，投资者买卖这些股票，股票价格也会随之上下波动。可以说，证金公司和美联储都是出资救市，但证金公司受到的压力更大。

当然，证金公司用于收购股票的大量资金由人民银行提供，所以，我国也是央行救市。只不过，人民银行提供资金，由证金公司购买股票，再转给中央汇金，倒手数次之后，三方看似都没有责任：人民银行出资，但并没有选购股票；

---

〔1〕 李丹丹："部委联动，全市场总动员"，载《上海证券报》2015年7月9日，第1版。

〔2〕 LinglingWei, "China Rolls Out Bigger Guns In Market Rout", *The Wall Street Journal*, July 6, 3015, p. 1.

〔3〕 证监会公告〔2015〕21号。

〔4〕 金融机构是这样，监管机构也是这样。

〔5〕 有一种观点是，如果我国股市指数在3.150点左右盘桓，很多证券公司就会蒙受巨大损失。Peter Thal Larsen, "Chinese Brokerage Firms in the Cross Hairs", *Financial Times*, September 17, 2015, p. 22.

〔6〕 Akex H. Pollock, "Our Financial Crisis Amnesia", *The Wall Street Journal*, July 11~13, 2014, p. 10. CDO是英文collateralized debt obligation 的缩写，是 "一种金融凭证，其购买者有权获得资产组合所产生的现金流的一部分。资产组合可以包括债券、贷款、住房抵押担保的证券或其他CDO"。

〔7〕 Akex H. Pollock, "Our Financial Cirsis Amnesia", *The Wall Street Journal*, July 11~13, 2014, p. 10.

证金公司选购股票,但已不再持有这些股票;中央汇金持有这些股票,但并没有购买,也没有责任可言。

（四）证金公司有利益冲突

证券金融公司有监管职能,但又有自身的经济利益,所以就存在利益冲突。证券市场的利益冲突无处不在。证券交易所一方面从交易量中获取丰厚的利润,同时又对证券交易进行监管。证金公司的股东就是各大证券交易所和中国证券登记结算公司。可见,证金公司的业务是证券交易所业务的延伸,证金公司帮助证券公司和其客户融资融券,最终是用于证券交易的,为证券交易所提供业务。

六、场外配资：灰色的融资融券

场外配资是指配资公司在客户原有资金的基础上,通过一定的杠杆,提供资金使用,主要有股票配资、期货配资、权证配资。[1]配资公司泛指各类从事场外配资业务的金融机构,一些证券公司也混杂其中。场外配资为股市提供了1万亿元的流动性,用于做多和做空的股票交易和相关交易。[2]配资公司的资金来源于三种渠道：民间私人资金、通过信托获得的机构资金、通过互联网渠道以股票质押方式获得的资本金。[3]以下为场外配资的五种主要方式。

（一）伞形信托

伞形信托是指同一个信托产品之中包含两种或两种以上不同类别的子信托,利用银行理财资金,借到信托产品,通过配资、融资等方式,增加杠杆后投资于股市。伞形信托将众多子账户集中到一个母账户下,子账户属于虚拟账户,共用同一个母账户。[4]在"伞中伞"结构中,信托公司首先发一个伞形信托,下挂优先级和若干劣后级账户,由配资公司认购劣后级,配资公司再用HOMS[5]系统生成一个新的伞形结构,在虚拟账户中为融资客户（账户最终受益人）分仓。[6]

---

〔1〕 张莉："高杠杆交易风险值得警惕",载《中国证券报》2014年12月10日,第A06版。

〔2〕 Charles Clover and Gabriel Wildau, "China Cracks Down on Margin Lending in Latest Effort to Shore up Markets", *Financial Times*, July 13, 2015, p. 1.

〔3〕 张玉："原有模式终结,配资公司谋转型",载《上海证券报》2015年7月30日,第1版。

〔4〕 齐雁冰："HOMS配资规模达4400亿",载《北京青年报》2015年7月14日,第A11版。

〔5〕 HOMS于2010年立项,全称"恒生订单管理系统"（Hundsun Order Management System）。高翔："HOMS'休克'线上场外配资关闸",载《上海证券报》2015年7月17日,第1版。

〔6〕 蒋飞、张榆、刘彩萍、韩祎："资金左右'牛熊市'",载《财新周刊》2015年6月29日,第53页。

我国证券市场是穿透式账户监管,证券交易所可以透过证券公司看到每一个证券账户的资产状况和交易行为。[1]场外配资的母账户是在证券公司开立的,可以被穿透监督,但下挂的虚拟账户则不能洞穿,监管部门无法掌握实际受益人的身份,无法将账户的交易行为与实际受益人对应起来。[2]自2014年9月后,场外配资活跃,部分场外配资活动涉嫌违反账户实名制。[3]《证券公司监督管理条例》第28条要求证券公司确保客户账户的真实性。但证监会态度暧昧,很迟才公开表示:"……不得以任何形式参与场外股票的配置、伞形信托等活动,不得为场外股票的配置、伞形信托提供数据端口等服务或便利……"[4]2015年7月证监会发布《关于清理整顿违法从事证券业务活动的意见》[5],重申证券账户实名制要求。

(二) HOMS

HOMS是一种"云计算"产品,软件部署在恒生电子提供的云端服务器,以此提高数据传输和处理的效率,据称数据不在服务器停留。场外配资活动主要通过恒生公司HOMS系统,上海铭创和同花顺系统接入证券公司进行。[6]由于融资中间环节较多,融资成本势必较高,HOMS最终客户融资成本可达18%。[7]

HOMS运行之初,交易所和证监会只能通过信托公司和配资公司调取客户资料和交易数据,但两者都不是证监会直接监管对象。[8]2015年5月底,证监会要求证券公司自查场外配资业务,全面叫停场外配资数据端口服务。证券公司总部

---

[1] 蒋飞、张榆、刘彩萍、韩玮:"资金左右'牛熊市'",载《财新周刊》2015年6月29日,第53页。

[2] 蒋飞、张榆、刘彩萍、韩玮:"资金左右'牛熊市'",载《财新周刊》2015年6月29日,第53页。

[3] 马婧妤:"证监会发文清理虚拟证券账户",载《上海证券报》2015年7月13日,第1版。

[4] "中国证监会通报证券公司融资融券业务开展情况",载http://www.csrc.gov.cn/pbu/newsite/zjhwwfb/xwdd/201504/t2015047_27543.html,访问日期:2015年4月30日。

[5] 证监会公告[2015] 19号。

[6] 截至2015年6月底,三个系统接入的客户资产规模合计近5000亿元,其中HOMS系统最多,约为4400亿元。马婧妤:"证监会发文清理虚拟证券账户",载《上海证券报》2015年7月13日,第1版。

[7] 蒋飞、张榆、刘彩萍、韩玮:"资金左右'牛熊市'",载《财新周刊》2015年6月29日,第53页。

[8] 蒋飞、张榆、刘彩萍、韩玮:"资金左右'牛熊市'",载《财新周刊》2015年6月29日,第53页。

执行了监管要求,但营业部为利益驱动,有可能阳奉阴违。[1]2015年7月12日,证监会发布《关于清理整顿违法从事证券业务活动的意见》,规定"各证监局应当按照中国证监会《关于加强证券公司信息系统外部接入管理的通知》(证监办发〔2015〕35号)要求,督促证券公司规范信息系统外部接入行为,并于2015年7月底前后完成对证券公司自查情况的核实工作"。[2]证监会的具体要求为,关闭HOMS系统账户开立功能;关闭HOMS系统现有零资产账户的所有功能;通知所有客户,不得再对现有账户增资。[3]

(三) P2P

民间资金通过P2P平台进行网贷理财业务,所融资金进入股市。[4]部分P2P也开展场外配资业务,为客户提供炒股所需要的资金。P2P的监管也有成功的国际经验,国内也有现行法律法规可依。但由于监管不力,P2P如莽牛似的到处乱跑。P2P的相关讨论见第二章第八(二)部分。

(四) 融资收益互换业务

从事场外配资业务的不仅有散兵游勇,也有证券公司,融资收益互换业务便是一例。2015年11月29日,证券公司融资收益互换业务被叫停。[5]中证协场外市场专业委员会表示:"收益互换等衍生产品业务本身是一种风险管理工具,可以满足机构投资等客户风险管理需求。但证券公司开展的融资类互换业务实际演变为杠杆融资买卖股票的行为,并且存在一定的违法违规隐患和潜在的系统性风险。"[6]

1. 融资收益互换是远期合约

如同大多数金融创新产品一样,融资收益互换(equity swap)也是源自美国

---

[1] 蒋飞、张榆、刘彩萍、韩祎:"资金左右'牛熊市'",载《财新周刊》2015年6月29日,第53页。

[2] 《关于清理整顿违法从事证券业务活动的意见》第1条。

[3] 高翔:"HOMS'休克'线上场外配资关闸",载《上海证券报》2015年7月17日,第1版。

[4] 截至2015年3月底,整个银行理财资金入市规模为1.2万亿元。蒋飞、张榆、刘彩萍、韩祎:"资金左右'牛熊市'",载《财新周刊》2015年6月29日,第53页。

[5] 马婧妤:"融资类收益互换停止新增存量继续",载《上海证券报》2015年11月30日,第1版。

[6] "证券业协会场外市场专业委员会答记者问",载www.sac.netcn/tzgg/201511/t20151129_126326html,访问日期:2015年12月8日。

的舶来品。[1]收益互换是现金流的互换，也可以是以股票市场指数收入换取利率收入（可以是固定利率或浮动利率）。收益互换可以是以股权价值的潜在升值和股息换取固定的回报另加股权价值下跌的补偿。收益互换的回报可以得到保证的固定收益，但作为条件，股权所有人必须放弃所有股权增值和股息收入。[2]收益互换本质上是一种合同，是交易对手之间的合同（或称"合约"），双方约定在未来某一时刻交换现金流。

互换本质上是一种远期合约，[3]是我国法律所指的金融期货或称衍生产品（见第九章）。互换要求各方满足另一方的金融义务，不需要实际交付和支付基础资产。互换当事方可以互换各种义务。与远期合同一样，互换可以定制，并具有私密性，但缺点是流动性差以及交易对手可能存在信贷风险。金融期货的一大特点就是购买时只需要支付部分现金（或称"保证金"），以支付未来可能出现的损失。[4]所以互换也具有杠杆性。

2. 证券公司虚增业务规模的金融核武器

中证协 2015 年 11 月 25 日公布的数据显示，中信证券收益互换业务半年虚增 1 万亿元，中信证券回应称，公司系统升级造成错误。[5]如果此事属实，收益互换虚增业务如此之大，速度之快，堪称金融核武器。仅凭这一点，收益互换业务存在的合理性便难以成立。

3. 境外投资机构规避我国监管的利器

据报道，收益互换可以用于境外机构参与我国 A 股市场的交易。"互换交易使得一个国家的投资者可以跨境押注另一个国家的股票或指数，由一个中间人处理两边的交易。'因为交易在香港发起，通过这类交易，海外可以绕过在中国市场的投资配额限制'。"[6]按照我国现行的监管规则，境外投资机构投资我国 A

---

[1] 吾人特别擅长古为今用，洋为中用。但吾人无师自通，一学就会的大多是糟粕，私家车泛滥是这样，市区养狗是这样，滥放烟花爆竹是这样，收益互换也是这样。

[2] 载 http://Financial_ dictionary.Thefreedictionary.com/equity+swap，访问日期：2015 年 12 月 10 日。

[3] Jeffrey J. Hass, *Corporate Finance in nutshell*, St Paul: West, 2011, p. 247.

[4] Joe Rennison, "Analysts Add to ETF Volatility Warnings", *Financial Times*, September 18, 2015, p. 20.

[5] 齐雁冰："中信证券业务为何虚增 1 万亿"，载《北京青年报》2015 年 11 月 26 日，第 15 版。

[6] 薛跃、刘彩萍："中国式收益互换的秘密"，载《财新周刊》2015 年 12 月 7 日。

股市场,只能借助沪港股票市场交易互联互通机制,[1]或作为合格境外机构投资者参与 A 股市场交易。[2]借助收益互换,境外投资者规避了我国的有关监管。

4. 金融创新挟持监管机构

中证协统计数据显示,截至 2015 年 11 月 27 日,30 家证券公司收益互换未结规模约 785 亿元。自 2015 年 11 月以来,收益互换业务日均买入金额约 18 亿元,在同期日均万亿元的证券交易量中比例较低。[3]言外之意,融资类收益互换业务并不构成证券市场的重大风险。18 亿元在万亿元中所占的比例固然不高,但积少成多的规律也适用于证券市场:各类融资的累积效应势必造成巨大的流通性。中证协作为整个行业的自律组织,理应通盘考虑各种融资行为的整体效应,而不是孤立地看待单个融资行为及其效果。

事实上,中证协此时已经叫停了收益互换业务,这本身就说明此类业务具有很大的风险。但中证协同时允许存量业务按合同继续履约。中证协之所以首鼠两端,是因为如果断然叫停存量收益互换业务,有可能引起市场波动,并给从事收益互换业务的证券公司造成损失。作为证券公司的行业协会,中证协难免有所顾虑。可见,金融机构一旦开启某种业务,便形成一种惯性,在某种程度上可以挟持自律组织和监管机构。[4]中证协是接受证监会领导的自律组织,[5]挟持中证协就是挟持证监会。

5. 收益互换的实质

(1) 美国的部门之争:是证券还是期货?

收益互换是被界定为证券,还是被界定为期货,在美国已成为部门之争。美国大宗产品期货交易委员会监管期货合约以及期货合约的期权的交易(包括证券的期货合约)。如果凭证既是证券又是期货合约,由期交会监管,但如果凭证既是期货合约又是证券期权,则由证交会监管。简言之,期交会监管期货和期货期权,证交会监管证券和证券期权。美国法院就此给出的理由是:

---

[1] 《沪港股票交易市场互联互通机制试点若干规定》(证监会令第 101 号)。

[2] 《合格境外机构投资者境内证券投资管理办法》(证监会、人民银行、国家外汇管理局令第 36 号,2006 年)、《合格境外机构投资者参与股指期货交易指引》(证监会公告 [2011] 12 号)。

[3] 马婧妤:"融资类收益互换停止新增存量继续",载《上海证券报》2015 年 11 月 30 日,第 1 版。

[4] 美国证券市场的情况也是如此。要在证券市场立于不败之地,至少必须做到以下三点中的任何一点:"聪明、欺骗或是始作俑者。"这是美国影片《追加保证金》(*Margin Call*)中的台词,是片中华尔街的老银行家对其部下的谆谆教导。很多时候,艺术作品的场景或对话比学术文章更加一针见血。学者也是行业的成员,不便实话实说,不愿自毁关系。

[5] 《证券法》第 174 条、第 175 条。

"证券通常产生于资本的形成和组合（将资金托付给企业家），而期货则是对冲、投机和价格发现的手段，并不转移资本。所以，在考虑证交会管辖权与期交会管辖权之间的区别时，不妨将其视为监管资本形成与监管对冲之间的区别。"[1]

但有美国学者提出，类似收益互换的互换合同（也译作"掉期合同"）并不是证券，其理由是：此类产品交易中如果一方亏损，另一方就因此而有盈余，只是产品设计者与各投资者之间的合同并不构成"共同业务"，不符合豪伊标准[2]，所以不构成美国法院所界定的投资合同，也不构成证券。[3]

2000年，美国国会制定了《大宗产品期货现代化法》（The Commodity Futures Modernization Act）。[4]该法明确将基于互换合同的证券排除在《1933年证券法》第2（a）（1）节[5]和《1934年证券交易法》第3（a）（10）节[6]的定义之外，实际上取消了对它的监管。但互换合同酿成大祸时，美国政府仍然必须救助。2008年金融危机发生时，美国政府向保险公司AIG提供了850亿美元资金，用于AIG向高盛等银行支付"保金"。高盛与AIG之间有信贷违约掉期（credit default swap）合同，实际上是高盛向AIG购买的金融保险：高盛定期向AIG支付保费，如果高盛所持的资产证券化产品因市场的原因失去部分或全部价值，AIG则向高盛提供补偿，补偿金额由信贷违约掉期合同约定。除高盛之外，另有多家国际大银行与AIG签订了信贷违约掉期。[7]

（2）我国的部门之争：是金融期货还是衍生产品？

国务院2007年公布《期货交易管理条例》，于2012年修订，增加了金融期货的内容，将金融期货合约界定为，以有价证券、利率、汇率等金融产品及其相关指数产品为标的物的期货合约。证监会以及证券自律组织通常以"国债期

---

[1] Chicago Mercantile Exchange v. SEC, 883 F. 2d 537 (7th Cir. 1989).

[2] 豪伊标准的要件为：投资者①投资②共同企业，③期待获得利润，而且④完全是依赖他人努力。SEC v. W. J. Howey Co., 328 U. S. 293 (1946).

[3] 美国制定法并没有界定投资合同，但美国联邦最高法院、联邦巡回上诉法院以及若干州的最高法院通过其判例，界定了投资合同的定义，其中豪伊判例是最重要的规则。1946年，在证交会诉豪伊案[SEC v. W. J. Howey Co., 328 U. S. 293 (1946)]判决书中，美国最高法院将投资合同界定为："投资者将钱投资于一共同业务，并且仅仅依赖他人努力即可获取利润。"

[4] Pub. Law 106~554, 114 Stat 2763.

[5] Securities Act of 1933 § 2 (a) (1).

[6] Securities Exchange Act of 1934.

[7] 朱伟一：《高盛时代——资本劫持法律》，法律出版社2010年版，第77~78页。

货"〔1〕或"股指期货"等具体名称指明相关的金融期货。

银监会2004年发布《银行业金融机构衍生产品交易业务管理暂行办法》（下称《衍生产品管理办法》），并于2007年和2011年修订该法。根据《衍生产品管理办法》，衍生产品是指一种金融合约，其价值取决于一种或多种基础资产或指数，合约的基本种类包括远期、期货、掉期（互换）和期权，还包括具有远期、期货、掉期（互换）和期权中一种或多种特征的混合金融工具。〔2〕保监会的部门规章也有类似定义。〔3〕

金融期货与衍生产品可以是同一种产品，银监会和保监会以"衍生产品"一词代替"金融期货"，就是要对银行之间买卖的衍生产品行使监管权。相反，如果产品是由证券公司之间相互买卖，则由证监会监管。尽管收益互换被中证协叫停，中证协又由证监会领导，〔4〕收益互换似乎理应由证监会监管，但银监会仍然有监管权。〔5〕

（3）美国经验的启示

就收益互换等互换合同而言，美国的经验有诸多启示。

第一，收益互换是否可以被界定为证券，互换合同是否应当接受监管，在美国存在争议。换言之，互换合同可以被界定为证券，互换合同也可以接受监管（见第二章）。

第二，收益互换对我们应当是一个"叫醒电话"。美国投资家华伦·巴菲特（Warren Buffett）将金融期货或衍生产品比作"大规模杀伤武器"，形容其危害性。〔6〕从某种意义上说，衍生产品比大规模杀伤性武器更具破坏性。大规模杀伤性武器指核武器、生物武器和化学武器，后两者简称为"生化武器"。人类通常不敢使用大规模杀伤性武器，但却反复使用衍生产品。

第三，美国政府救助AIG，也是因为各大金融机构以衍生产品挟持了美国政

---

〔1〕《国债期货交易管理暂行办法》（证监发字〔1995〕22号）第3条。

〔2〕《衍生产品管理办法》第3条。

〔3〕《保险资金参与金融衍生产品交易暂行办法》（保监发〔2012〕94号）第3条："本办法所称金融衍生产品，是指其价值取决于一种或多种基础资产、指数或特定事件的金融合约，包括远期、期货、期权及掉期（互换）。"

〔4〕《证券法》第174条、第175条。

〔5〕收益互换"要在银行间做，就要有银监会的跨境衍生品制造"。薛跃、刘彩萍："中国式收益互换的秘密"，载《财新周刊》2015年12月7日。

〔6〕Graig Newman & David Daniels, "Derivatives Risk Remains Poorly Understood", *Financial Times*, April 30, 2012, p. 6.

府。如果 AIG 因为不能履行信贷违约掉期合同而进入破产程序甚至倒闭,势必形成连锁反应,给全球金融和经济造成毁灭性影响。AIG 当时在全球有 8100 万个人寿保单,面值为 1.9 万亿美元。[1]

(五) 证券公司场外股票质押

2015 年 7 月 24 日,中证协发布《证券公司开展场外股权质押式回购业务试点办法》[2](下称《证券公司质押回购办法》),将场外股权质押回购交易业务界定为,符合条件的资金融入方通过场外市场以所持有的公司股权或其他证券进行质押,向证券公司融入资金,并约定在未来返还资金、解除质押的业务,"证券公司应当以自有资金参与场外股权质押回购交易业务,中国证监会及协会另有规定的除外"[3]。

股票质押回购业务的一大风险是,同一股票有可能被反复质押,所以中证协要求:"证券公司与融入方应当按照规定到证券登记结算机构或工商行政质押管理部门等股权登记机构办理出质登记。标的股权质押登记完成后,证券公司应当按照相关要求告知标的股挂牌(注册)转让的交易场所。"[4]

股票质押回购可以为融入方提供大量资金,增加了融入方的杠杆,但同时虚增融入方的账面资金,[5]掩盖了融入方的杠杆率,增加了交易方的敞口以及整个故事的系统性风险。质押回购是 2008 年美国金融危机的成因之一。[6]

(六) 金融期货和衍生产品

场外配资涉及期货配资和权证配资等金融期货产品。[7]金融期货的价格及价格走向经常与现货交易联系在一起。掌握现货的供应,便可以影响金融期货的价格。金融资产的核心议题是定价。衍生产品是从传统的商品或金融资产派生出来的创新金融工具,其价格与所对应的基础资产价格紧密联系。[8]国外的大部分理论与实证研究侧重于两个问题:股指期货市场对现货市场的影响;股指期货市场

---

[1] Andrew Ross Sorkin, *Too Big to Fail*, London: Allen Lane, 2009, p. 395.
[2] 载 www.sac.netcn/flgz/zlgz/201507/htmlt20150727_125150,访问日期:2015 年 12 月 8 日。
[3] 《证券公司质押回购办法》第 2 条。
[4] 《证券公司质押回购办法》第 20 条。
[5] 股票质押回购中融入方实际还款能力和还款意愿被高估。高伟生、许培源:"证券公司股票质押式回购业务的现状、问题及对策",载《证券市场导报》2014 年第 2 期。
[6] 朱伟一:《高盛时代——资本劫持法律》,法律出版社 2010 年版,第 104 页。
[7] 张莉:"高杠杆交易风险值得警惕",载《中国证券报》2014 年 12 月 10 日,第 A06 版。
[8] 2015 年 4 月下旬,我国股市价格井喷式上涨,"每日融资融券交易占市场交易金融的 15%以上,加上配额、伞形信托等结构化产品,预计杠杆交易已经占到市场交易的 1/4 以上,高杠杆导致市场波动加大……"张一锋:《股指期货现货市场关系》,社会科学文献出版社 2014 年版,第 5 页。

与现货市场价格之间的先行滞后关系。[1]但因为变数太多,以上两个研究只能是限于具体股指期货在具体时间的表现,并没有关于股指期货整体利弊的研究。

(七)历史重演

融资融券和场外配资为各类资金进入股市开方便之门,创造了巨大的流动性。[2]20世纪末和21世纪初,我国证券公司采用"三方融资"形式,即,商业银行借钱给投资者,由其在证券公司开设股票证券交易账户,利润三方分享,亏损则由投资者承担。[3]"三方融资"与场外配资中的"伞形"融资何其相似。我国引入融资融券,就是要减少类似"三方融资"的做法,资金不需要借隐秘渠道也可以进入股市。但结果不如人意:尽管有合法渠道入市,但资金仍然借助场外配资进入股市,重蹈覆辙。金融机构欲壑难填,见利忘义,同时置身于融资融券和场外配资两个市场,正道和歪道都要用,结果是两个市场合流,产生了巨大的流动性,股市异常波动更加剧烈。

七、程序化交易

2015年,证监会发布《证券期货市场程序化交易管理办法(征求意见稿)》(下称《程序化交易管理办法》)[4]。《程序化交易管理办法》第2条规定:"程序化交易是指通过既定程序或特定软件,自动生成或执行交易指令的交易行为。"

(一)申报查核

《程序化交易管理办法》的一项重要内容是将监管工作外包给证券公司、期货公司和证券期货交易所。《程序化交易管理办法》第3条规定:"程序化交易者应当只用一个账户从事程序化交易,中国证监会另有规定的除外。"《程序化交易管理办法》还规定,证券公司、期货公司的客户进行程序化交易的,应当事前将身份信息、策略类型、程序化交易系统技术配置参数、服务器所在地址以及联络人等信息及变动情况向接受其交易委托的证券公司、期货公司申报。证券公司、期货公司核查后方可接受委托。[5]此外,证券期货交易所会员进行自营或者资产管理业务,基金管理公司租用证券公司交易单位进行程序化交易的,由证券期货

---

[1] 张一锋:《股指期货现货市场关系》,社会科学文献出版社2014年版,第4页。
[2] 刘夏村:"多家银行停止伞形信托配资",载《上海证券报》2017年4月23日,第A06版。
[3] 朱伟一:"论券商经纪业务的若干法律问题",载《法学家》2003年第5期。
[4] 索引号:40000895X/。
[5] 《程序化交易管理办法》第4条第1款。

交易所负责核查。[1]

我国以往的证券监管经验显示，监管工作外包，在很多情况下是因为规制、监管工作十分复杂，监管机构力不从心，不胜其烦，无法进行有效监管，不得已才将监管工作外包。我国以往的证券监管经验还显示，监管外包的结果并不理想，相关的例子有：证券发行中发行人的合规督导工作外包给保荐人代表。

（二）指令审核机制

《程序化交易管理办法》第18条规定了禁止影响交易价格或交易量的行为，此类行为包括：①在属于同一主体或处于同一控制下或涉嫌关联的账户之间发生同一证券的交易；②在同一账户或同一客户实际控制的账户组间，进行期货合约的自买自卖；③频繁申报并频繁撤销申报，且成交委托比明显低于正常水平；④在收盘阶段利用程序进行大量且连续交易，影响收盘价；⑤进行申报价格持续偏离申报时的市场成交价格的大额申报，误导其他投资者决策，同时进行小额多笔反向申报并成交；⑥连续以高于最近成交价申报买入或连续以低于最近成交价申报卖出，引发价格快速上涨或下跌，引导、强化价格趋势后进行大量反向申报并成交；⑦其他违反《证券法》《期货交易管理条例》等法律法规，影响证券期货市场正常交易程序的程序化交易。

《程序化交易管理办法》第18条是关于内幕交易规定的继续和延伸，以应对高速计算机带来的变化。随着计算机技术的发展，交易在毫秒之间便可以完成，由计算机软件和程序控制的交易也改变了传统的交易方式，内幕交易和市场操纵行为更加扑朔迷离。

（三）接入管理

鉴于程序化交易的特性，证监会必须借助证券公司、期货公司和证券期货交易所的力量。程序化交易中，证券公司、期货公司客户将其程序化交易系统接入证券公司、期货公司信息技术系统。《程序化交易管理办法》规定，证券公司、期货公司客户将其程序化交易系统接入证券公司、期货公司信息技术系统的，证券公司、期货公司应当进行核查。[2]客户程序化交易系统发生升级、变更的，应当告知证券公司、期货公司，证券公司、期货公司应当重新对其程序化交易系统进行验证测试和风险评估。[3]相关行业标准和自律管理由证券业、期货业协会分

---

[1]《程序化交易管理办法》第4条第2款。
[2]《程序化交易管理办法》第8条。
[3]《程序化交易管理办法》第10条。

别负责。[1]

（四）规范境外服务器的使用

《程序化交易管理办法》第 19 条规定："境外程序化交易参与证券期货交易，不得由在境外部署的程序化交易系统下达交易指令，也不得将境内程序化交易系统与境外计算机相连接，受境外计算机远程控制。中国证监会另有规定的除外。"这条规定表明，证监会担心境外投资者通过程序化交易参加我国境内证券交易。我国 A 股市场只对境外投资者有限开放：境外投资者只能通过境外合格机构投资者或沪港通机制买卖我国 A 股市场股票。

八、熔断机制

为减少大幅波动情况下匆忙决策，抑制程序化交易的助涨助跌效应，应对技术或操作风险，提供应急处置时间，证监会引入了熔断机制。[2] 熔断机制是指当指数上涨或下跌达到预定的百分比之后，证券交易所停止交易。2016 年 1 月，熔断机制实施 4 日后失败，[3] 证监会无限期暂停熔断机制。[4]

证监会表示，熔断机制"有一定'磁性效应'（magnet effect），即在接近熔断阈值时部分投资者提前交易，导致股指加速触碰熔断阈值，起了推波助跌的作用"。[5] 香港证券期货委员会对磁性效应也有类似解释：熔断"可能加快价格向事

---

[1] 《程序化交易管理办法》第 11 条。

[2] "证监会新闻发言人答问"，载 http://www.csrc.gov.cn/pub/newsite/zjhjxfh/xwdd/201601t20160107289611html，访问日期：2016 年 1 月 8 日。

[3] 指数熔断机制 2016 年实施仅 4 日后，便自 1 月 8 日起暂停实施。熔断机制实施期间，4 个交易日，因触发熔断而暂停全天交易，7 日开盘后不到 30 分钟便提前结束全天交易。程丹："三大交易所今起暂停实施熔断机制"，载《证券时报》2016 年 1 月 8 日，第 A1 版。郑灶金："A 股再现'速熔'，四天市值蒸发 7.4 万亿"，载《证券时报》2016 年 1 月 8 日，第 A2 版。

[4] 证监会新闻发言人称，熔断机制不是市场大跌的主因，但从近两次实际熔断情况看，没有达到预期效果，而熔断机制又有一定的"磁性效应"，即在接近熔断阈值时，部分投资者提前交易，导致股指加速、触碰熔断阈值，起了助跌作用。权衡利弊，目前负面影响大于正面效应。因此，为维护市场稳定，证监会决定暂停熔断机制。"证监会新闻发言人答问"，载 http://www.csrc.gov.cn/pub/newsite/zjhjxfh/xwdd/201601t20160107289611html，访问日期：2016 年 1 月 8 日。业内认为，股价大跌的原因包括：对大股东减持股份解禁临近担忧；担心注册制、战略新兴板等扩容举措；担心因人民币贬值而引发资金流出和风险偏好下降。李东亮、杨庆婉："今起暂停熔断机制，机构齐称超预期"，载《证券时报》2016 年 1 月 8 日，第 A2 版。

[5] "证监会新闻发言人答问"，载 http://www.csrc.gov.cn/pub/newsite/zjhjxfh/xwdd/201601t20160107289611html，访问日期：2016 年 1 月 8 日。

先宣布的界限移动，市场投资者改变其策略，按照预期的市场停板进行交易"。[1]证监会所称的"阈值"，应当就是香港证券期货交易委员会所称的"事先宣布的界限"（the pre-announced limits）。磁性效应是熔断机制的内在负面作用，熔断机制本身也因此而极具争议。早在1998年，当时的美国证交会主席阿瑟·莱维特（Arthur Levitt）便指出，熔断的前提是"极端情况使市场严重下跌，价格下跌如此剧烈，流动性和信贷枯竭，价格可能因为恐慌而一泻千里。只要市场被关闭或是有可能被关闭，就存在不确定性，而不确定性导致混乱"。[2]

证监会表示，引入熔断机制是在2015年股市异常波动发生之后，应各有关方面的呼吁开始启动的，有关方案经过了审慎的论证并向社会公开征求了意见。[3]但业内人士则认为熔断机制的触发门槛过低，容易导致市场关闭。[4]沪深交易所本来已有10%的涨跌停板规则，《上海证券交易所交易规则》第3.4.13条规定："本所对股票、基金价格实行涨跌幅限制，涨跌幅比例为10%。"《深圳证券交易所交易规则》第3.4.13条也有相应规定。熔断机制实为叠床架屋，画蛇添足。其实，熔断的失败并不只是证监会的过错，而是反映了求全的人性特点：既要有融资融券和金融期货等会给股市造成波动的融资产品或金融机制，又要有涨跌停板和融资熔断这样的求稳机制。

九、买入返售（卖出回购）

卖出回购是华尔街银行融资的方式，也是2008年金融危机的成因之一。[5]卖出回购已经引入我国，人民银行、银监会、证监会、保监会、外汇局2014年就

---

[1] 载www.economist.com./blogs/freeexchange/2010/01/china's-broken-stockmarket，访问日期：2016年1月10日。

[2] 载www.economist.com./blogs/freeexchange/2010/01/china's-broken-stockmarket，访问日期：2016年1月10日。

[3] "证监会新闻发言人答问"，载http://www.csrc.gov.cn/pub/newsite/zjhxfh/xwdd/201601t20160107289611html，访问日期：2016年1月8日。"2013年'8.16光大乌龙指'事件后，熔断机制由上交所首次提出，但迟迟未能出炉……由于A股经历了一轮暴涨暴跌，熔断机制得以出台，在证监会负责人公开表态后，三大交易所联合发布了指数熔断相关规定的征求意见稿"。常亮："三大交易所火速征求意见：指数熔断涉涨跌5%和7%阈值"，载《21世纪经济报道》2015年9月8日，第3版。

[4] 有学者认为，我国股票市场已经有了10%的涨跌停板，设置小于10%的阈值弊大于利。朱开运："A股再次熔断的推手到底是什么？"，载《北京青年报》2016年1月8日，第A10版。

[5] 朱伟一：《高盛时代——资本劫持法律》，法律出版社2010年版，第104~106页。

此联合发布《关于规范金融机构同业业务的通知》[1]（下称《同业业务通知》）。

（一）买入返售（卖出回购）的界定

买入返售（卖出回购）是指两家金融机构之间按照协议预定先买入（卖出）金融资产，再按约定价格于到期日将该项金融资产返售（回购）的资金融通行为。[2]三方或以上交易对手之间的类似业务不纳入买入返售或卖出回购管理和核算。[3]

买入返售（卖出回购）属于同业业务，而同业业务包括：同业拆借、同业存款、同业借款、同业代付、买入返售（卖出回购）等同业融资业务和同业投资业务。[4]但这些业务中，买入返售（卖出回购）是要害，因为该项业务将借贷关系转变为买卖关系。

（二）名为买卖，实为借贷

从美国的经验看，卖出回购业务的要害是指鹿为马：明明是借贷，却将其界定为买卖关系。《同业业务通知》则规定，卖出回购方不得将业务项下的金融资产从资产负债表中转出。[5]这一规定比美国的相关规定更为严格，但仍然为证券市场的杠杆交易留下了空间：银行等金融机构放贷，金额与资本金或净资本必须成一定比例，银行还必须有准备金，但买入返售（卖出回购）就不受相关限制。

（三）"实质重于形式"

金融机构必须按照"实质重于形式"的原则，根据所投资基础资产的性质，准确计量风险并计提相应资本与拨备。[6]允许"卖出回购"，却又要求"实质重于形式"，这就自相矛盾，难以自圆其说。

（四）特定目的载体

特定目的载体包括但不限于商业银行理财产品、信托投资计划、证券投资基金、证券公司资产管理计划、基金管理公司及子公司资产管理计划、保险业资产管理机构资产管理产品等。[7]

---

[1] 银发〔2014〕127号。
[2] 《同业业务通知》第5条。
[3] 《同业业务通知》第5条。
[4] 《同业业务通知》第1条。
[5] 《同业业务通知》第5条。
[6] 《同业业务通知》第12条。
[7] 《同业业务通知》第6条。

《同业业务通知》适用于金融机构之间的投融资业务，[1]但特定目的载体之间以及特定目的载体与金融机构之间的同业业务，又参照《同业业务通知》执行。"参照"《同业业务通知》就是适用该通知。[2]

与特定目的载体进行交易，是对我国现行法律的重大挑战。我国《合同法》第2条规定，合同是"平等主体的自然人、法人、其他组织之间设立、变更、终止民事权利义务关系的协议"。特定目的载体不是法人或公民，也不是组织。[3]此外，同业业务名目繁多，但要害问题是回购，应当制定专门规定，而不是将其混杂于其他许多业务中蒙混过关。证券法的根本原则是披露，但许多具体规则却异常诡秘，经常是明修栈道，暗度陈仓。

十、质押

（一）质押品的种类

质押品主要是股票、债券等金融资产。质押品可以是知识产权，也可以是各类理财产品。

1. 知识产权

2012年，国务院办公厅发布了《国务院办公厅转发知识产权局等部门关于加强战略性新兴产业知识产权工作若干意见的通知》[4]，规定知识产权也可以用于质押、出资入股和融资担保。

2. 理财产品

理财产品包括但不限于银行的理财产品、证券公司资产管理产品、基金公司的资产管理产品等。理财产品是金融资产，是一项财产权利，但其是否可以质押，即是否是合格的质押品，一直存在争议。[5]

一般认为，理财产品是银行等金融机构与投资银行双方达成的一项理财安排，是以合约形式体现的金融投资产品。但理财产品不属于《物权法》所列可以

---

[1]《同业业务通知》第1条。
[2]"参照"指参考并仿照（方法、经验等）。中国社会科学院语言研究所词典编辑室编：《现代汉语词典》，商务印书馆1999年版，第119页。
[3]"组织"指按照一定的宗旨和系统建立起来的集体：党团组织、向组织汇报工作。中国社会科学院语言研究所词典编辑室编：《现代汉语词典》，商务印书馆1999年版，第1679页。
[4] 国办发〔2012〕28号。
[5] 北京仲裁委员会：《2014年中国商事争议解决难度观察》，中国法制出版社2014年版，第213页。

出质的权利，[1]所以是否可以出质存在一定的不确定性。实践中理财产品被定性为应收账款，根据应收账款质押设立的完善措施进行理财产品质押。也可以通过账户的模式构建合法有效的理财产品质押。但我国也有法院认定，理财产品投资者交付了理财产品交易文件，而且银行能够控制理财产品项下的资金，所以理财产品质押有效。[2]如果按本书第一章所述，将理财产品界定为证券，则可以依据《物权法》第 223 条第 4 项将其作为股权进行质押。

（二）证券质押回购

股票质押式回购是指资金融入方以所持有的股票或其他证券质押，向资金融出方融入资金，并约定在未来返还资金，解除质押的交易行为。《上海证券交易所债券质押式协议回购交易暂行办法》[3]的定义是，债券质押式协议回购交易是指回购双方自主协商约定，由资金融入方（正回购方）将债券出质给资金融出方（逆回购方）融入资金，并在未来返还资金和支付回购利息，同时解除债券质押登记的交易。

《全国银行间债券市场债券交易管理办法》的定义是："回购是交易双方进行的以债券为权利质押的一种短期资金融通业务，指资金入方（正回购方）在将债券出质给资金融出方（逆回购方）融入资金的同时，双方约定在将来某一日期由正回购方按约定回购利率计算的资金额向逆回购方返还资金，逆回购方向正回购方返还原出质债券的融资行为。"

2017 年证券公司所占股权质押市场份额超过 75%。[4]2013 年之前，股票质押业务由商业银行和信托公司垄断。2013 年 5 月，上交所和深交所分别与中证登公司发布《股票质押式回购交易及登记结算业务办法（试行）》[5]，允许证券公司从事股票质押式回购业务。证券公司在股权质押回购业务方面具有天然的优

---

[1] 《物权法》第 223 条规定："债务人或者第三人有权处分的下列权利可以出质：（一）汇票、支票、本票；（二）债券、存款单；（三）仓单、提单；（四）可以转让的基金份额、股权；（五）可以转让的注册商标专用权、专利权、著作权等知识产权的财产权；（六）应收账款；（七）法律、行政法规规定可以出质的其他财产权利。"

[2] 北京仲裁委员会：《2014 年中国商事争议解决难度观察》，中国法制出版社 2014 年版，第 213 页。

[3] 上证发〔2015〕26 号。

[4] 吕江涛：《股权质押业务涉及 1.84 万亿元，激进数据估计券商份额或超 75%》，载《证券日报》2017 年 7 月 26 日，第 B2 版。

[5] 上证会字〔2013〕55 号、深证会〔2013〕44 号。

势。按照证监会的规定，[1]融资融券业务是中国证券金融公司和证券公司的专属业务，证券公司开展融资融券业务，上市公司的很多证券已经质押给证券公司。但实践中，融资融券业务中的证券仅指股票，商业银行和信托公司仍然可以从事债券抵押回购业务，而债券也属于证券。[2]

（三）地方债券的抵押

财政部、人民银行和银监会三部委2015年发布《关于2015年采用定向承销方式发行地方政府债券有关事宜的通知》[3]，明确规定地方债可以纳入中央国库现金管理和试点地区的地方国库现金管理的抵押品范围，纳入人民银行短期借款便利（SML）、中期借款便利（MLF）和抵押补充贷款（PLS）的抵押品范围，并开展回购交易。人民银行可以以地方债作为质押释放长期流动性。[4]

（四）质押回购风险

股票质押回购业务存在巨大风险：中介机构帮助无真实贸易背景的企业造假，或篡改票据金额，从银行套取现金，将假票据引入银行领域，有可能对股票市场产生负面影响。[5]《中国银监会办公厅关于票据业务风险提示的通知》[6]强调，各金融机构不得办理无真实贸易背景的票据业务，已办理承兑、贴现的各种凭证原件要注明银行信息等，防止虚假重复使用。[7]2014年12月15日起，证监会正式启动对部分证券公司两融、股票质押回购等业务的现场调查。[8]

股票质押式回购交易融入方违约时，可在质押状态下直接通过二级市场抛售标的证券，收回债权。而非场内交易出现问题时，如果质押业务双方无法协商一

---

〔1〕《证券公司融资融券业务管理办法》（证监会令第117号，2015年）和《证券公司融资融券业务试点内部控制指引》（证监会公告［2011］32号）。

〔2〕证券公司从事融资融券业务，必须经证监会批准。《证券公司融资融券业务管理办法》第3条。从逻辑上说，其他金融机构从事融资融券业务，也必须经证监会批准。

〔3〕财库［2015］102号。

〔4〕高翔："央行释放中长期流动性，首次开展6个月期MLF操作"，载《上海证券报》2015年7月2日，第1版。

〔5〕马媛："票据市场风暴再起，大行紧急排查业务风险"，载《21世纪经济报道》2016年1月21日，第13版。2015年票据融资规模为4.57万亿元，占各项贷款总额的4.90%。2015年，农业银行和中信银行分别出现39亿元和9.69亿元的票据业务风险。"由于有消息称票据套现的巨额资金进入股市套牢，引发股民对市场将继续大跌的担心。"韩平："银行票据业务漏洞对股市影响可控"，载《羊城晚报》2016年1月30日，第A8版。

〔6〕银监办发［2015］203号。

〔7〕《中国银监会办公厅关于票据风险提示的通知》第2条第1项。

〔8〕桂衍民："两融现场检查今启动，融资保证金比例上摸0.9"，载《证券时报》2014年12月15日，第A05版。

致,必须通过诉讼或仲裁解决。股票质押式回购业务的利率较信托低2%~3%。但无论是场内交易还是场外交易,都存在相同的问题:高估融入方实际还款能力和还款意愿。[1]而在场内交易中,证券交易所需要分担控制的职能。

质押需要签订主合同以及质押合同,在中登公司有限责任公司办理,而且通常需要办理公证手续。上交所与深交所分别与中券登公司共同发布《股票质押式回购交易及登记结算业务办法(试行)》。

《期货公司监督管理办法》[2]第37条就规定,持有期货公司5%以上股权的股东或者实际控制人,在质押其所持有的期货公司股票等情况下,应当在3个工作日内通知期货公司。

十一、结算

(一)中国证券登记公司

中国证券登记公司全称为中国证券登记结算有限责任公司(下称"中登公司")。机构投资者在中登公司设有账户。[3]按照《证券法》和《证券登记结算管理办法》[4]等规定,中登公司履行证券账户的设立和管理、证券集中登记、存管等职能,并为各相关交易场所的证券提供多边净额和全额等多种结算服务。中登公司的业务范围包括:为上交所、深交所及全国中小企业股份转让系统有限责任公司全部挂牌证券提供登记结算服务;为中国证券金融股份有限公司转融通业务提供登记结算服务;为超过25%的开放式基金产品和100%的证券公司资产管理产品提供交割服务;为非上市公众公司提供集中登记存管服务;为境外上市公司非境外上市股份提供集中登记存管服务;为沪港通、B转H等跨境业务提供登记结算通道支持。[5]

中登公司2014年8月24日发布《证券账户管理规则》,取消原规则中对于

---

[1] 高伟生、许培源:"证券公司股票质押式回购业务的现状、问题及对策",载《证券市场导报》2014年第2期。

[2] 证监会令第110号,2014年。

[3] 证券金融公司在中登公司开立转融通专用证券账户、转融通证券交收账户、转融通资金交收账户、转融通担保证券账户、转融通担保资金账户,在商业银行开立转融通专用资金账户,用于开展转融通业务。《转融通业务监督管理试行办法》第12、13条。

[4] 载 http://www.chinaclear.cnzdjs/xgsdt/201408/e767329e62c141e2642c9aaaf3855aee.shml,访问日期:2016年1月2日。

[5] 中国证监会:《2014中国证券监督管理委员会年报》,中国财政经济出版社2015年版,第67页。

"同一类别和用途的证券账户,一个自然人、法人只能开立一个"的限制性规定。同一投资者最多可以申请开立 20 个 A 股账户和封闭式基金账户。但投资者仍然只有一个一码通账户,中登公司可以通过一码通账户了解投资者的交易。取消 A 股账户一人一账户加剧了证券公司之间的竞争:投资者在数家证券公司同时开立账户,并自行选择使用哪一个账户进行证券交易。截至 2015 年 5 月,前 6 个月 A 股新开账户 1373 万户。[1]

(二) 中国金融期货交易所

金融期货交易的风险很大,结算的业务中的变数和风险也很大,中登公司避开部分金融期货的结算业务,由中金所统一组织进行,相关规则为《中国金融期货交易所交易规则》。[2] 为分散和转移风险,中金所又将结算业务变现外包,采取所谓分级结算制度,中金所只与结算会员之间有结算关系,结算会员与交易会员之间有结算关系,交易会员又与客户之间有结算关系。[3] 换言之,中金所与其最终客户之间至少隔开三层法律关系。

(三) 上海清算所

2011 年 9 月 1 日前,短期融资债券的登记托管结算业务由中央结算公司进行。2014 年 9 月 1 日后,由上海清算所举行。[4] 上海清算所 2009 年 11 月 28 日成立,发起单位是中国外汇交易中心、中央结算公司、中国印钞造币总公司和中国金币总公司,为人民银行直属企业。上海清算所为银行间市场提供以中央对手净额清算为主的直接和间接的外币清算服务。中央清算机制是指以由某一方充当中央对手方,成为原交易对手的清算机制,以此提供集中的对手方信用风险管理和违约管理服务,即集中清算机制。

(四) 中央国债登记结算有限责任公司

中央国债登记结算有限责任公司于 1996 年成立,人民银行、财政部及九家金

---

[1] 新京报讯:"A 股开户今取消'一人一户'限制",载《新京报》2015 年 4 月 3 日,第 A23 版。

[2] 2007 年 6 月 27 日实施,2012 年 2 月 20 日第一次修改,2013 年 8 月 30 日第二次修订,载 http://www.cffex.com.cn/flfg/jysz/20504/t20150430_18922.html。《中国金融期货交易所交易规则》第 37 条。

[3] "交易所实行会员分级结算制度。交易所对结算会员进行结算,结算会员对其委托的交易会员进行结算,交易会员对其客户进行结算。结算会员对其受托交易会员的期货交易承担履约责任,交易会员无法履约时,结算会员应当代为履约。"《中国金融期货交易所规则》第 38 条。

[4] 董云峰:"短融托管易主,债市统一有多远?",载《第一财经日报》2011 年 8 月 31 日,第 A9 版。

融机构是其原始出资人,承担国债和国内其他债券的统一登记、托管和结算职能。2000年,中央国债登记结算有限责任公司改制为国有独资金融机构,主要由1998年组建的中央金融工作委员会管理,业务上接受人民银行、财政部的管理,财务上接受财政部的监管。

银行间债券市场的固定收益有价证券,适用《银行间债券市场债券登记托管结算管理办法》[1],有关交易的结算机构为中央国债登记结算有限责任公司。[2]

(五)掉期结算

金融危机之前,许多金融衍生产品的交易是在场外结算,而且是买卖双方互为对手。金融危机之后,为减少风险,欧美监管机构要求金融衍生产品的交易在场内结算,由结算机构进行结算。[3]结果,原先由买卖双方承担的风险在很大程度上转移给了结算机构。[4]

《多德-弗兰克法》第7章要求符合条件的掉期纳入中央清算,促使OTC的衍生产品朝着期货方向发展。[5]欧美市场的面值达到了691万亿美元。也有人将clearing house称为"集中交易对手"(central counterparts或CCPs)。关键问题是,交易出现问题后,应当由哪一方承担损失,是由交易方承担,还是由结算机构承担,或是由政府承担。违约基金中结算机构出资的比例是另一个问题。市场参与者认为,如果结算机构有更多的投入,管理风险时会更为审慎。国际结算银行和证监会国际组织的提议是,一旦出现危机,结算机构有义务撤销金融衍生产品的合约;对作为担保的抵押物强行"消发";无法追回的损失由结算机构会员分摊;如果压力测试发行违约基金金额不足,各方必须迅速补齐。[6]

十二、沪港通

(一)沪港通的引入

2014年11月17日,中国内地和香港特别行政区的投资者可以直接购买异地

---

[1] 人民银行令[2009]第1号。

[2] 《银行间债券市场债券登记托管结算管理办法》第2条、第3条。

[3] 此类结算机构包括欧洲的LCH Clearnet和Deusche Borse,美国的CME Group。

[4] Patrick Jenkins, "Clearing Houses Spark Concern", *Financial Times*, July 8, 2013, p. 17.

[5] 梁柱、何荣天:"美国推行中央清算的发展、趋势及全市",载《证券市场导报》2014年第7期。

[6] Philip Stafford, "Too big to fail Fears Reach Clearing Houses", *Financial Times*, December 3, 2014, p. 24.

挂牌上市的股票,[1]简称"沪港直通车"。内地股市首次向全球资金开放,包括对冲基金在内的投资者可以直接到 A 股市场买卖股票。证监会就此发布了《沪港股票市场交易互联互通机制试点若干规定》[2](下称《沪港通规定》),沪港通被定义为:

"沪港股票市场交易互联互通机制(以下简称沪港通),是指上海证券交易所和香港联合交易所有限公司(以下简称香港联合交易所)建立技术连接,使内地和香港投资者可以通过当地证券公司或经纪商买卖规定范围内的对方交易所上市的股票。沪港通包括沪股通和港股通两部分。

沪股通,是指香港投资者委托香港经纪商,经由香港联合交易所设立的证券交易服务公司,向上海证券交易所进行申报,买卖规定范围内的上海证券交易所上市的股票。

港股通,是指内地投资者委托内地证券公司,经由上海证券交易所设立的证券交易服务公司,向香港联合交易所进行申报,买卖规定范围内的香港联合交易所上市的股票。"[3]

(二)沪港通的限制

投资者沪港通买卖股票,以人民币与证券公司或经纪商进行交收。[4]跨境监管是一个难点,监管机构还包括"其他有关国家或地区的证券监督管理机构",需要"跨境监管合作机制,依法查处沪港通业务相关跨境违法违规活动"。[5]场内交易,禁止场外交易和做市商交易。[6]

为防止市场剧烈异常波动,对沪港通有所限制。中国内地不允许股票当日交易,境外投资者的投机交易便受到了限制,炒股比较困难。沪港直通车启动时,境内股票市场的市值为 4.2 万亿美元。香港投资者当日可购入的股票的总金额不得超过 132 亿人民币(合 21 亿美元)。

---

[1] 马婧妤:"沪港通这一刻",载《上海证券报》2014 年 11 月 18 日,第 1 版。
[2] 证监会令第 101 号,2014 年。
[3] 《沪港通规定》第 2 条。
[4] 《沪港通规定》第 15 条。
[5] 《沪港通规定》第 16 条。
[6] 《沪港通规定》第 11 条。

十三、合格机构投资者

人民币尚不能完全自由兑换，境外机构投资我国境内市场因此而受到限制，需要得到外汇局批准的额度后才能进入我国境内证券市场投资。反过来，我国境内机构在境外投资，也需要获得外汇局批准。如果境外机构在国内投资以证券为主的金融工具，[1]相关市场主要由证监会监管。而在境外投资的中资机构中，也有证监会监管的金融机构。由证监会牵头，制定了跨境投资的相关部门规章。

（一）合格境外机构投资者

按照《合格境外机构投资者境内证券投资管理办法》[2]的界定，合格境外机构投资者（以下简称合格投资者）是指经证监会批准投资于中国证券市场，并取得国家外汇管理局额度批准的境外基金管理机构、保险公司、证券公司以及其他资产管理机构，[3]英语名称为Qualified Foreign Institutional Investor或QFII。

按照《关于实施〈合格境外机构投资者境内证券投资管理办法〉有关问题的通知》[4]，合格投资者在经批准的投资额度内，可以投资于下列人民币金融工具："（一）在证券交易所挂牌交易的股票；（二）在证券交易所挂牌交易的债券；（三）证券投资基金；（四）在证券交易所挂牌交易的权证；（五）中国证监会允许的其他金融工具。"[5]

（二）合格境内机构投资者

按照《合格境内机构投资者境外证券投资管理试行办法》[6]的界定，合格境内机构投资者是指经过证监会批准，在我国境内募集资金，运用所募集的部分或者全部资金以资产组合方式进行境外证券投资管理的境内基金管理公司和证券公司等证券经营机构，[7]英语名称为Qualified Domestic Institutional Investor或QDII。合格境内机构投资者开展境外证券投资业务，可以委托境外证券服务机构代理买

---

[1] "金融工具"与"金融凭证"为同义词，英语都是"financial product"。"金融工具""金融凭证"与"金融产品"也都为同义词。

[2] 证监会、人民银行、国家外汇管理局令第36号，2006年。

[3] 《合格境外机构投资者境内证券投资管理办法》第2条。

[4] 证监基金字〔2006〕176号。

[5] 《关于实施〈合格境外机构投资者境内证券投资管理办法〉有关问题的通知》第9条。

[6] 证监会令第46号，2007年。

[7] 《合格境内机构投资者境外证券投资管理试行办法》第2条。

卖证券。[1]

合格境内投资机构是公募基金和集合资产管理计划的继续。如果合格境内投资机构是基金管理公司，则可以通过设立公募基金获得用于境外投资的资金。[2]如果合格境内投资机构是证券公司，则可以通过设立集合资产管理计划获得用于境外投资的资金。[3]合格境内投资机构又是基金中的基金，将所获资金交由境外金融机构管理。[4]

（三）RQFII

按照《人民币合格境外机构投资者境内证券投资试点办法》[5]的规定，人民币合格境外机构投资者是指经证监会批准，并取得国家外汇管理局批准的投资额度，运用来自境外的人民币资金进行境内证券投资的境外法人，[6]英语名称为Renminbi Qualified Foreign Institutional Investor 或 RQFII。证监会监督 RQFII 境内投资，人民银行管理 RQFII 在境内开立人民币银行账户，外汇局管理 RQFII 的投资额度，[7]人民银行会同外汇局监测和管理 RQFII 的资金出入。[8]

在经批准的投资额度内，RQFII 可以投资于以下人民币金融工具：①在证券交易所交易或转让的股票、债券和权证；②在银行间债券市场交易的固定收益产品；③证券投资基金；④股指期货；⑤证监会允许的其他金融工具。[9] RQFII 可以参与新股发行、可转换债券发行、股票增发和配股的申购。[10]

---

〔1〕《合格境内机构投资者境外证券投资管理试行办法》第3条。
〔2〕《合格境内机构投资者境外证券投资管理试行办法》第24条："取得境内机构投资者资格的基金管理公司可以根据有关法律法规通过公开发售基金份额募集基金，运用基金财产投资于境外证券市场。"
〔3〕《合格境内机构投资者境外证券投资管理试行办法》第25条："取得境内机构投资者资格的证券公司可以通过设立集合计划等方式募集资金，运用所募集的资金投资于境外证券市场。"
〔4〕《合格境内机构投资者境外证券投资管理试行办法》第13条。
〔5〕证监会令第90号，2013年。
〔6〕《人民币合格境外机构投资者境内证券投资试点办法》第2条。
〔7〕证券市场的监管有时受国家双边关系的影响，RQFII 的人民币投资额度便是如此。"中国人民银行副行长易纲表示，今年中美经济对话取得丰硕成果，随着人民币国际化进程不断推进，人民币业务将在北美进展。中国决定给予美方2500亿美元的人民币合格境外投资者（RQFII）额度，将来美国会有人民币清算行。"新华社电，"中国将向美国提供2500亿元RQFII额度"，载《上海证券报》2016年6月8日。
〔8〕《人民币合格境外机构投资者境内证券投资试点办法》第3条。
〔9〕《关于实施〈人民币合格境外机构投资者境内证券投资试点办法〉的规定》（证监会公告〔2013〕14号）第5条。
〔10〕同上。

十四、流动性与估值

"'流动性'是华尔街人士惯用的名词之一,只要他们想终止交谈,想终止所有提问,就使用这个名词。"[1]华尔街人士以流动性作为遁词,但从反面证明了流动性的重要性。而融资融券和场外配资增加了股市的流动性,也形成了诸多负面结果。

(一)流动性是游资和流寇

流动性就是游资过多。游资有如流寇,飘忽不定,快进快出:仅2015年11月17日一天之内,上海证券交易所和深圳证券交易所资金流出净额便超过600亿元。[2]如此大的金额流出,势必引起股票价格的剧烈波动。到2015年5月底,深证综合指数较过去一年增加了三倍,创业板挂牌的公司的市盈率达到140倍,而通常即便是最热门的高科技公司,市盈率达到50倍已实属罕见。[3]股市如此虚高,最后暴跌在所难免。证券市场的业内人士坦诚,流动性有很大的风险,有如"漩涡",必须加强监管。[4]但流动性一旦形成,就难以监管。

央行对于提供流动性至关重要,股市价格上涨始于央行的货币宽松政策,[5]股市价格下跌时,主要依靠央行提供流动性救市。[6]随着各种金融创新业务的出

---

[1] Michael Lewis, *Flash Boys*, London: Allen Lane, 2014, p. 108.

[2] 许伟平:"沪深两市资金净流出额超600亿元",载《中国证券报》2015年11月18日,第A10版。

[3] Finance and Economics, "China's Stock Market Bubble", *The Economist*, May 30, 2015, pp. 68~60.

[4] 芝加哥期权交易所董事总经理郑学勤撰文指出,流动性漩涡不容轻视,股市动荡是流动性危机,缺乏管理流动性风险的中枢力量。郑学勤:"加强金融监管,及时化解流动性漩涡",载《中国证券报》2015年8月31日,第A11版。

[5] 对于证券市场的交易来说,利率非常重要。利率低就可以降低融资成本,有利于金融机构融资融券,增加证券的交易量。银行利率由中央银行掌握。美联储的量化宽松政策推高了美国和欧洲的股票价格。Steven Russolillo, "Fed's Medicine Pushes U. S., European Stocks", *The Wall Street Journal*, November 5~7, p. 25.

[6] 人民银行增加货币流通性的做法包括:降低银行利率和降低银行储备金,此外,为增加货币流通量,降低融资成本,人民银行还可以提供短期借款便利(SML)、中期借款便利(MLF)和抵押补充贷款(PLS)。2015年6月,人民银行通过中期借款便利和抵押补充贷款释放期限在6个月以上的中长期限资金共计2876亿元。高翔:"央行释放中长期流动性,首次开展6个月期MLF操作",载《上海证券报》2015年7月2日,第1版。央行开展中期借贷便利(MLF),持续提供流动性。2015年8月中旬,央行开展中期借贷便利(MLF),操作投放1100亿元,期限6个月,利率3.35%。任晓:"央行开展中期(MLF)操作投放1100亿元",载《中国证券报》2015年8月22日,第A2版。

现，央行调控流动性的工作更加艰巨。尽管央行仍然在发挥决定性的作用,[1]但融资融券和场外配资等新型融资方式增加了变数。融资融券和场外配资潮涨潮落,潮涨时推高流动性,拉高股价,潮落时减弱流动性,拉低了股价。有些学者甚至提出,股市的新型融资方式消减了央行调控供应货币的职能。[2]融资融券和场外配资等融资方式蚕食了央行的功能,同时也增加了央行的负担:当流动性从股市消遁时,央行必须创造异常巨大的流动性,才能弥补逃离股市的流动性。政府同时还必须采取其他配套干预措施。

（二）增加流动性的其他措施

由于融资融券和场外配资的出现,政府救助股市时,不仅需要央行以降低利息和准备金的方式提供流动性,而且还需要采取其他措施。2015年针对股市的剧烈异常波动,除人民银行降息降准[3]之外,我国监管机构还采取了以下措施。

1. 增加资金入市

资金入市的方式包括:①中央汇金投资有限公司在二级市场买入交易型开放式指数基金（ETF）;[4]②证券公司投资蓝筹股ETF;[5]③保监会放宽保险资金投资蓝筹股比例。[6]

2. 减少资金流出

证监会主导的方式包括:①上市公司持股5%以上的股东和董、监、高人员6

---

[1] 在证券市场,关键时刻政府仍然发挥关键作用:降低利息和银行储备金,但这些利好的消息并没有阻止市场继续下滑。必须用猛药,用虎狼之药,只能是"霹雳手段,菩萨心肠"。通过向中国证券金融公司提供资金,间接收购股票。证监会公告［2015］17号。

[2] Tibor Tajti: "Are Pyramid and Ponzi Schemes of Relevance to Drafters of Financial Regulations and Financial Regulatory Agencies?", China-Europe Academic Conference 2015: Legal Reform of Market Economy, Co-organized by the China-EU School of Law at the China University of Political Science and the Research Team of Legal Reform of Market Economy at CUPL and the Law Faculty of the University of Hamburg, Beijing, November 5, 2015.

[3] 到2012年10月底,人民银行已将银行的一年期贷款利率降至4.35%,一年期存款利率降至1.5%,2015年10月底,银行准备金又降50个基点。FT Reporters, "Stocks Appear More Attractive After Beijing Adds to Easing Trend", *Financial Times*, October 24~25, 2015, p. 14.

[4] 王小伟:"21家券商1200亿元投资蓝筹股ETF",载《中国证券报》2015年7月6日,第A1版。2008年9月,汇金首次增持央企股,结合印花税单边征收的利好消息,此日沪指涨9.46%;2009年10月第二次增持,次日沪指涨4.76%;2011年10月第三次增持,银行股上涨;2012年10月第四次增持,A股上涨,银行股涨20%;2013年6月增持银行股并大量购买ETF,市场下跌势头得到遏制;2015年7月二级市场买入交易型开放式指数基金（ETF）。李丹丹:"汇金公告增持ETF,后续将继续买入",载《上海证券报》2015年7月6日,第2版。

[5] 王小伟:"21家券商1200亿元投资蓝筹股ETF",载《中国证券报》2015年7月6日,第A1版。

[6] 李丹丹:"部委联动,全市场总动员",载《上海证券报》2015年7月9日,第1版。

个月内不得通过二级市场减持本公司股份；[1]②国资委要求在股市异常波动期间，中央国有企业不得减持所持控股上市公司股票；[2]③财政部承诺，不减持所持有的上市公司股票；[3]④已获批准的公司暂缓上市[4]和暂缓新股发行[5]；⑤25家公募基金共同倡议，维护资本市场稳定发展；[6]⑥有些上市公司的董事长承诺，一年之内不减持个人所持有的公司股票；[7]⑦中证协和上市公司纷纷发表倡议书，表明维护股市稳定的决心和信心[8]。

保监会则发出通知要求："保险资产管理公司通过发行保险资产管理产品募集资金，与证券公司开展融资融券债权收益权转让及回购业务，可以协商合理确定还款期限，不得单方强制要求证券公司提前还款。"[9]

3. 股票回购

上市公司大股东持股达到或超过30%的，可以不等12个月立即增持2%股份。[10]连续十个交易日内跌幅超过30%的，上市公司董、监、高人员增持公司股票且承诺6个月内不减持的，可以不受定期公告前30日、业绩预告或快报前10

---

[1] 马婧妤："证监会'松绑'规则，鼓励股东、高管增持"，载《上证券报》2015年7月9日，第2版。

[2] 李丹丹："部委联动，全市场总动员"，载《上海证券报》2015年7月9日，第1版。

[3] 李丹丹："部委联动，全市场总动员"，载《上海证券报》2015年7月9日，第1版。

[4] 上交所和深交所7月4日披露，28家公司暂缓发行，其中部分公司之前已经启动申购程序。王小伟："央行将给予证金公司流动性支持"，载《中国证券报》2015年7月6日，第A1版。

[5] 发行人及保荐机构（主承销商）出于审慎考虑，决定暂缓后续发行工作。邵好："28家新股暂缓IPO，万亿级资金退回"，载《上海证券报》2015年7月6日，第2版。

[6] 李丹丹："证券业协会、25家公募齐倡议，维护资本市场稳定发展"，载《上海证券报》2015年7月6日，第2版。

[7] "我们承诺本人并积极推动控股股东今年年内不减持本公司股票……"浙江上市公司董事长联合声明"，载《中国证券报》2015年7月9日，第A9版。"我们承诺在法律法规许可情况下，根据公司实际情况，积极探索采取回购、大股东、实际控制人增持等措施；承诺本人并积极推动控股股东年内不减持本公司股票……""宁波辖区40家上市公司董事长联合声明维稳市场"，载《中国证券报》2015年7月9日，第A9版。

[8] 山西省证券业协会、山西省上市公司协会、山西省期货业协会和山西省投资基金业协会："倡议书"，载《中国证券报》2015年7月9日，第A2版。"上海上市公司关于坚定信心，共同维护资本市场健康稳定的倡议"，载《中国证券报》2015年7月9日，第A4版。"我们会继续发扬齐鲁文化开拓、进取、传承的优良传统，做信义儒商、厚道鲁商。"专版："山东上市公司关于共同维护资本市场稳定的联合声明"，载《中国证券报》2015年7月9日，第A4版。

[9]《中国保监会关于保险资产管理产品参与融资融券债权收益权业务有关问题的通知》（保监资金〔2015〕114号）。

[10] 马婧妤："证监会'松绑'规则，鼓励股东、高管增持"，载《上证券报》2015年7月9日，第2版。

日等窗口期的限制。[1]

4. 限制场外配置

配资公司的资金来源于三种渠道：民间私人资金、通过信托获得的机构资金和通过互联网渠道以股票质押方式获得的资本金。监管层叫停配资业务，配资公司必须归还上述三类渠道的资金。[2]

（三）流动性是一种恶性循环

游资泛滥是一种恶性循环。2008年爆发金融危机，一个主要原因是美联储的长期低息政策提供了过度的流动性。金融危机爆发之后，为了救助金融机构和刺激经济，美联储又通过货币宽松政策提供了更多的流动性。

（四）国家为金融机构提供隐性担保

就资本市场总体而言，最终提供担保的是政府。这种担保也被称为隐性担保。[3]尽管我国并没有法律的明文规定，但国家一直在为银行和某些大型金融机构提供隐性担保。我国政府为国有银行提供隐形担保主要有两种方式：一是直接为国有银行注资；二是帮助国有银行剥离不良资产。[4]就大型银行和大型金融机构而言，国家的隐性担保不会消失，美国的经验已经证明了这点。金融危机期间，美国政府不仅救助商业银行，而且还救助投资银行、保险公司和其他大型金融机构。正是因为有政府的隐性担保，华尔街游戏资本市场时才会大胆下注。"大到不败"也是因为政府最后提供隐性担保。[5]

（五）最终是通货膨胀

流动性过多的最终恶果是通货膨胀，全体纳税人都被股市投机所绑架。当融资融券和场外配资逃离股市时，央行救市必须借助货币宽松政策，创造新的流动

---

[1] 马婧妤："证监会'松绑'规则，鼓励股东、高管增持"，载《上证券报》2015年7月9日，第2版。

[2] 张玉："原有模式终结，配资公司谋转型"，载《上海证券报》2015年7月30日，第1版。

[3] 参见刘静：《隐性担保下中国银行业资本的有效性研究》，华中科技大学出版社2014年版，第55页。

[4] 1998年，为了让四大国有银行的资本充足率达到《巴塞尔协议》的最低要求（8%），财政部发行2700亿元国债，全部用来补充四家银行的资本金。2003年12月，国家又动用450亿美元的外汇储备，分别对中国银行和中国建设银行注资，帮助其在短期内提高资本充足水平，顺利完成股份制度改造。1990年，国家专门设立了四家资产管理公司，收购或置换四大国有银行的不良贷款。刘静：《隐性担保下中国银行业资本的有效性研究》，华中科技大学出版社2014年版，第54页。

[5] Andrew Ross Sorkin, *Too Big to Fail*, London: Allen Lane, 2009.

性，以取代逃离股市的流动性。国内外创造流动性的主要方法是实行货币宽松政策，〔1〕但恶果之一是通货膨胀。十多年前，英文"trillion"（万亿）是一个生僻的单词，但金融危机之后，"trillion"已经成为一个常用词。〔2〕货币天量增加有两个原因：一是经济总体增加；二是通货膨胀。通货膨胀总是与证券市场的发展结伴而行。低利息是证券价格高涨的前提，而通货膨胀则是政府最终化解金融危机的法宝。通货膨胀之后，债务便相对减少。通货膨胀还放大了经济整体的量，原先问题的严重性便相对减小。

证券市场的很多做法只要形成势头之后，就会积重难返。长期低利率是引发2008年美国金融危机的一个重要原因，但金融危机爆发之后，美联储救市的方针是继续长期维持低利率。同样，2014年底至2015年7月初，我国A股市场的股价又从暴涨到暴跌，融资融券业务的杠杆效果是一个重要原因。但作为维持股价的重要手段，从事融资融券业务的金融证券公司不退反进，反而加强了融资融券的功能，不仅增资扩股，而且得到央行的流通性支持。可以说，证券市场有一种挟持功能，监管机构本身很多时候也身不由己，饮鸩止渴，欲罢不能。

美国核心通货膨胀指数并不包括粮食和能源。美联储公开的数据也不包括资产价格，尽管住房在许多家庭的总开支中占很大比例，而且资产价格虚高也不利于资源的有效配置。"2001~2005年期间，美联储和其他央行创造了过度的流通性，对通货膨胀确实起到了推波助澜的作用，但没有反映在商品和服务价格上，而是反映在资产价格上。房产价、次贷抵押和资产证券化也因此而出现了扭曲。"〔3〕

20世纪末，一些美国法律学者便提出，证券市场并不是一个有效率的市场，

---

〔1〕 金融危机之后，美联储救灾的方法就是将利息降至零，并通过量化宽松推行货币宽松政策。美国经济史学教授尼尔·弗根森（Niall Ferguson）认为，货币宽松政策不再是各国单独的行为，美元的量化宽松是全球性的，日本版的货币宽松也是全球性的。Niall Ferguson, "USA + PRC: The New Adventure of Chimerica", 2014 China Conference, Reforming the Future, Beijing, November 6, 2014. 美联储动用了大约4万亿美元收购债券。新兴市场国家的经济短期内有了增长，但债务也随之增长，其中17个国家和辖区私营部门的债务迅速上升。香港私营部门的债务已经达到其生产总值的250%。Reuters Breaking Views, "Gains to Vanish as Quantitative Easing Does", *The International New York Times*, October 31, 2014, p. 17.

〔2〕 John Kemp, "Why Nobody Wants to See Inflation With No Clothes on", *Financial Times*, November 27, 2007, p. 28.

〔3〕 John Kemp, "Why Nobody Wants to See Inflation with No Clothes on", *Financial Times*, November 27, 2007, p. 28.

至少"今天对市场效率的力量和普遍性的怀疑远多于1980年代"。[1]2014年，金融危机爆发6年之后，美国最高法院在其判例中肯定了这一理论。[2]

---

[1] Langeovoort, "Basic at Twenty: Rethinking Fraud on the Market", 2009 *Wis. L. Rev.* 151, 175。如同结果所示，即便是那些"发达"市场（如纽约股票交易所）也并不都是高速将信息纳入价格。"处理公开信息时的摩擦"以及"处理成本"意味着，"并非所有公开信息都会被欣然纳入证券价格，甚至有可能不会被迅速纳入"。Cox, "Understanding Causation in Private Securities Lawsuits: Building on Amgen", 66 *Vand. L. Rev.* 1719, 1732 (2013) hereinafter Cox. 容易被消化的信息（宣布并购或股票分拆）或是引人注目的信息（《华尔街日报》的文章）会被迅速纳入，但广为适用或技术性的信息（证券交易委员会申报材料）的纳入便更为缓慢。《华尔街日报》的一篇文章导致公司股票迅速下跌，尽管向证交会披露的材料中也有相同的信息。此外，更重要的是，现在"压倒性的实证数据显示，即便是市场纳入了公开信息，信息也经常失准。Lev and Villiers, "Stock Price Crashes and 10b-5 Damages: A Legal, Economic and Policy Analysis", 47 *Stan. L. Rev.* 7, 20~21 (1994); see also id., at 21 ("许多股票价格的波动似乎与具体信息并不相关，这就强烈显示，从根本上说，资本市场并无效率，有可能……在许多方面背离基本点")（省略号后加）。市场波动时并没有新信息，长期背离基础资产价值，此类现象"不胜枚举"，已经成为与效率无关的反常态，所以市场效率"比以往任何时候都更具有争议"。Langevoort, "Taming the Animal Spirits of the Stock Markets: A Behavioral Approach to Securities Regulation", 97 *Nw. U. L. Rev.* 134, 141 (2002); Dunbar & Heller 476~483. 由于存在这种反常态，很难确定特定时刻的股票价格是否准确反映了所有公开信息所显示的价值。简言之，经济学家现在知道，即便在"发达市场"，Basic公司案判例假定会条件反射性发生的价格影响实际上是非定数。

[2] 在2014年审理的哈里伯吨公司诉埃丽卡·P. 约翰基金有限责任公司案（Halliburton Co. v. Erica P. John Fund, Inc., 718 F. 3d 423）判决书中，持反对意见的大法官旗帜鲜明地表示："市场效率的观点已经失去了光环。"多数大法官闪烁其词，既没有肯定，也没有否定对市场效率理论的否定或质疑。多数大法官承认，"确实，本院在Basic公司案判例中便提到这点，但拒绝卷入论战，并郑重指出，'本院无需以司法来决定经济学家和社会学家所争论的内容，他们是借助复杂的统计学分析并运用经济理论来进行争论的'……本院解释说，承认依赖假定'并非一成不变地采纳任何特定理论，借以确定公开信息如何迅速、完整地体现在价格之中'……相反，本院只是将假定基于很有限的前提，即，'市场专业人士通常会考虑大多数公开宣布的公司信息，从而影响股票市场价格。'"多数大法官没有明确表态，但这本身就是一种表态：默认了对市场有效率的质疑。

第十章

做市商交易

一、概要

通过做市商创造供求关系是证券市场的一大特点：金融机构作为做市商，同时发出买入和卖出的要约，买方或卖方与做市商交易。做市商买入证券时已有下家或正寻找下家卖出该证券。做市商不断双向报价，既报证券的卖出价，也报买入价，在本来交易较少或没有交易的场所制造交易。做市商不断做市，就不断产生流动性：即便投资者中只有供方或需求方，也可以成交。

美国纳斯达克始于做市商，但已经转为证交所认可的全国性交易所。我国的中小企业股权转让系统、上交所和银行间债券市场已经引入了做市商制度。做市商在交易所交易型开放式基金（exchange-traded fund 或 ETF）中发挥关键作用，对证券现货交易直接产生巨大影响。

但做市商就有了双重身份，既是交易主体，又是交易的经纪人，随之而来的问题就是利益冲突。做市也为内幕交易和市场操纵提供了更多的机会。

二、法律法规

1. 《证券法》
2. 《全国银行间债券市场做市商管理规定》（中国人民银行公告［2007］第1号）
3. 《银行间债券市场尝试做市业务规程》（中汇交发［2014］132号）
4. 《上海证券交易所股票期权试点做市商业务指引》（上证发［2015］72号）
5. 《证券公司柜台市场管理办法（试行）》（中证协发［2014］137号）

三、做市商的界定

做市商就是创造本来不存在的市场:即便一只证券不存在买卖双方,做市商也要自己买进卖出,假装存在市场。做市商强行制造市场,很多问题也因此而产生。做市商的问题包括:加价过高、不以最佳价格执行客户的指令、操纵和内幕交易使得监管做市商更加困难。

(一) 做市和做市商

做市 (market-making) 是指同一家金融机构或称"交易商"就证券买入和卖出双向报价,承诺以一定的价格购入一定数量的证券,同时也承诺以一定价格售出一定数量的证券。做市商 (market maker) 通常为证券公司。纽顿诉美林案判决意见[1]中,美国第三巡回上诉法院对做市商的特点有如下归纳:

"类似纽约股票交易所和美国股票交易所这样的竞价市场人们更为熟悉,而类似纳斯达克的'柜台交易'市场与竞价市场有众多不同之处。纽交所和美交所的特点是有形的交易大厅,买入和卖出指令在这里'相遇',价格由这些指令相互作用下生成,受市场'专家'的监督。而在类似纳斯达克这样的交易商市场,市场是以电子形式存在的,交易系统不断收到和报告做市商所愿意买入和卖出的不同证券的价格,而做市商分布在四面八方。做市商之间相互竞争,通过电子交易系统买入和卖出同样的证券;因此,纳斯达克是交易商之间的电子的报价系统。

在交易商市场,做市商愿意不断买入和卖出其做市的证券,由此创造流动性。这样一来,个人如要买入或卖出证券,无需等到有人愿意作为相关交易的对方。保持流动性需要努力,也有风险,所以允许做市商决定他们愿意买入和卖出的证券的价格;所列'卖出价'和'买入价'之间的差别称为'价差',是做市商捕捉到的报酬。电子报价系统将纳斯达克的所有柜台交易证券的众多做市商连接在一起。纳斯达克做市商必须将其买入价和卖出价输入纳斯达克的计算机;计算机收集信息,并传送每一只股票同时存在的最高买入价和最低卖出价。这些价格被称为'全国最佳买入和卖出价'(National Best Bid and Offer 或 NBBO)。纳斯达克计算机显示并不断更新要出售的每一只证券的 NBBO,纳斯达克的所有做市商、经纪人和交易商都可以公开得到 NBBO。"

---

[1] 135 F. 3d 266 (3d Cir. 1998).

做市商的最大功用是创造流动性，在没有需求或是需求不充分的市场创造需求。可以说，做市商是在条件不成熟的时候，强行推出市场：没有投资者买卖证券，但有做市商报价，假装存在市场。做市商有可能异化为一种金融传销，虚拟交易诱使大批投资者进入。但市场遇到困难，做市商并不能够提供流动性，而且某些自律组织的规则允许做市商拒绝做市。[1]

（二）我国的做市商业务和做市商

1. 新三板做市商业务

2014年，全国中小企业股份转让系统（下称"新三板"）引入做市商业务。[2]《全国中小企业股份转让系统做市商做市业务管理规定（试行）》对做市商的界定是，在全国中小企业股份转让系统（下称"全国股份转让系统"）"发布买卖双向报价，并在其报价数量范围内按其报价履行与投资者成交义务的证券公司或其他机构"。[3]《全国中小企业股份转让系统业务规则（试行）》第五章规定，主办券商从事的业务包括：推荐挂牌、经纪业务和挂牌业务。

2. 上海证券交易所做市商业务

《上海证券交易所股票期权试点做市商业务指引》对做市业务的界定是，做市商提供流动性服务，向投资者提供双边持续报价，并对投资者询价提供双边回应报价。上交所又将做市商分为主做市商和一般做市商，向投资者提供双边持续报价的为主做市商，仅对投资者询价提供双边回应报价的为一般做市商。[4]

3. 银行间外汇市场做市商业务

我国银行间外汇市场也有做市商业务。2013年国家外汇管理局发布《银行间外汇市场做市商指引》[5]（下称《外汇做市商指引》），将做市商界定为："在我国银行间外汇市场进行人民币与外币交易时，承担向市场会员持续提供买、卖价

---

[1] 比如，在上海证券交易所，股票期权合约交易价格达到涨停或者跌停价格，做市商可以提供单边报价；当合约标的为股票的期权合约的交易价格小于0.005元，或者合约标的为交易所交易型开放式指数基金的期权合约的交易价格小于0.001元时，交易商可以暂停对该合约提供买入报价。《上海证券交易所股票期权试点做市商业务指引》第17条第1款第2、3项。

[2] 2014年8月25日，新三板做市业务正式实施，43家挂牌公司采取做市方式转让，涉及42家做市商，挂牌公司最多拥有5家做市商，两家挂牌公司2013年度净利润为负。此前新三板缺乏流动性，挂牌公司达961家，再融资规模仅为74.95亿元。施浩："新三板43家公司今起做市交易"，载《上海证券报》2014年8月25日，第2版。

[3] 《全国中小企业股份转让系统做市商做市业务管理规定（试行）》第2条。

[4] 《上海证券交易所股票期权试点做市商业务指引》第3条。

[5] 汇发[2013]13号。

格义务的银行间外汇市场会员。"[1]此类做市商在"在规定的交易时间内，在银行间外汇市场（包括电子交易平台）连续提供人民币对主要交易货币的买、卖双向价格，所报价格应该是有效的成交价格"。[2]

银行间外汇市场从事做市商业务的主要是银行。"2011年1月1日以前经外汇局备案核准取得银行间外汇市场做市商资格的银行自动承继即期做市商资格。远期掉期做市商和综合做市商资格须另行申请。"[3]

4. 证券公司柜台市场做市商业务

中国证券业协会2014年发布了《证券公司柜台市场管理办法（试行）》[4]，将证券公司柜台市场界定为，证券公司为与特定交易对手在集中交易场所之外进行交易或为投资者在集中交易场所之外进行交易提供服务的场所或平台，[5]证券公司可以采取协议、报价、做市、拍卖竞价、标购竞价等方式发行、销售与转让私募产品。[6]

四、最佳执行与加价

（一）代理与佣金和最佳执行

做市商的要害问题之一是，在做市商与其客户的交易中，做市商是被视为客户的代理，还是被视为与客户平等交易的主体。从美国的实践看，如果做市商为其客户从他人处获得证券，可以作为代理为客户买入证券，收取佣金或手续费，也可以作为主体先买入证券后加价卖给客户。

1. 受信义务

按照美国法院的判例，作为投资者的代理，做市商有受信义务，必须向其客户披露佣金的金额。证券经纪人作为代理，有"责任向客户披露有关订单的重大信息"。[7]同样，因为作为代理有受信义务，做市商执行客户指令时，必须提供

---

[1]《外汇做市商指引》第2条。

[2]《外汇做市商指引》第5条第1项。

[3]《外汇做市商指引》第3条。

[4] 载http://www.sa.net.cn/flgz/zlgz/201408/t20140819_101873.html，访问日期：2015年1月28日。

[5]《证券公司柜台市场管理办法》第2条。

[6]《证券公司柜台市场管理办法》第10条。

[7] Magnum Corp. v. Lehman Bros. Kuhn Loeb, Inc., 794 F. 2d 198, 200 (5th Cir. 1986).

最佳执行,即为客户获得最佳价格。[1]

2. 佣金

按照《1934 年证券交易法》和证交会的规则,做市商必须向其客户披露佣金金额。[2]

3. 最佳执行

做市商通常由证券公司承担,证券公司执行其客户的交易指令,但同时又买卖相同的证券,这就产生了利益冲突。在纽顿诉美林案判决意见中,法官支持原告关于做市商没有为其获得最佳执行价格的指称:

"做市商同时有交易双方的指令,可以将公司内获得的指令'交叉交易',获得比 NBBO 更好的价格。这样处理的交易是在价差内执行的,买方和卖方都可以获得更好的价格。同样,客户的指令可以由做市商以公司内限制性指令作为交易另一方的对价。既然限制性指令具体规定以某特定价格执行交易,以此价格匹配另一客户的指令,该价格就有可能优于同时展示的有关证券的 NBBO 报价。原告指称,被告未能以这种方式执行其客户的指令……因为执行 NBBO,没有匹配客户的价格,被告全额获取了市场'价差',将其作为其服务的费用,无需承担交易中的实际风险。"[3]

(二) 主体与加价

做市商如有库存证券,则通常会作为主体将库存证券卖给客户。[4]作为主体向其客户卖出证券,做市商获得的利润是加价。加价(markup)是指"向客户的要价减去市场的主导价格"。[5]具体加价是否合理,视个案具体而定。纳斯达克理事会确定,作为一般性指导方针,5%的加价是合理的。[6]但5%的基准只是指引,并无法律约束力,也不是免责的法律依据。证交会提出,"任何证券都不存在5%的

---

〔1〕 Sinclair v. SEC, 444 F. 2d 399, 400 (2d Cir. 1971). 受信责任要求,经纪人-交易商为客户指令获取可以得到的最佳价格。

〔2〕 交易完成之后,经纪人-交易商必须向其客户确认,而佣金金额必须在确认中得到明确。Securities Exchange Act of 1934 § 15 (e) (1); Rule 15e1-4.

〔3〕 135 F. 3d 266 (3d Cir. 1998). 例如,若是买入的证券的市场价值为 10 万美元,经纪人向其客户收取 10.5 万美元,则加价为 5000 美元或 5%。

〔4〕 Thomas Lee Hazen, *Securities Regulation-Cases and Materials*, St. Paul: West, 2009, p. 1051.

〔5〕 Bank of Lexington & Trust Co. v. Vining - Sparks Securities Inc., 959 F. 2d 606, 613 (6th Cir. 1992).

〔6〕 NASD, IN., 17 S. E. C. 459 (144).

加价安全港"。[1]因此，加价金额多少为过高，一直是一个具有争议的问题。[2]

美国的做市商作为代理的交易则必须披露佣金金额，但只要加价控制在一定的范围内，就不需要披露加价（见第十七章）。所以相对而言，做市商更加愿意作为主体与其客户进行交易。当然，作为主体进行交易，做市商必须承担更大的风险：库存证券和在一级市场从事做市业务，都有可能因为所持证券无法出售而蒙受巨大损失。正是因为如此，做市商有理由要求获得更高的加价。但如果做市商既没有从事一级市场的业务，又没有以库存证券出售给其客户，交易就被视为无风险交易（riskless transaction），做市商应当只作为代理与客户进行交易。

可以说，最佳执行和加价是做市业务不同阶段的不同问题。最佳执行发生在成熟的做市商市场：做市商较多，交易活跃，做市商就可以在不同交易平台之间套利。相反，在做市商所在市场的初创阶段，过度加价应当是主要问题：初级阶段做市商较少，监管者必须借助做市商，相关规则比较宽松，[3]做市商得以支配市场获取丰厚利润。我国的"新三板"仍然处于初创阶段，做市商创造了一个市场，而且是做市商少，[4]承担了很大风险，居功甚伟，也获得了丰厚的回报。[5]从某种意义上说，金融机构需要不成熟的市场：荒蛮之地法律监管较松，有利于开展高风险和高回报的博弈。如果现有的证券市场已经成熟，金融机构又要特意"开发"一些"不成熟"市场。

---

[1] Reply Br. Of Amicus Curiae SEC at 11, Banca Cremi v. Alex. Brown & Sons, 132 F. 3d 1017 (4th Cir. 1997).

[2] David L. Ratner, "Regulation of the Compensation of Securities Dealers", 55 *Cornell L. Rev.* 348, 368~374 (1970).

[3] 做市商违法违规被清退出场之前，有多达六次的缓冲警告或处罚。做市商违反规定的，全国股份转让系统可以视情况采取以下措施，并记入诚信档案：①约见谈话；②要求提交书面承诺；③出具警示函；④责令改正；⑤通报批评；⑥公开谴责；⑦暂停、限制直至终止其从事做市业务；⑧向中国证监会报告有关违法违规行为。《全国中小企业股份转让系统做市商做市业务管理规定（试行）》第20条。做市业务人员违反规定的，全国股份转让系统可以视情况采取以下措施，并记入诚信档案：①约见谈话；②责令参加培训；③责令所在机构给予处分；④通报批评；⑤公开谴责；⑥向中国证监会报告有关违法违规行为。《全国中小企业股份转让系统做市商做市业务管理规定（试行）》第21条。

[4] 美国的股票平均每只股票10家做市商，有多达50家做市商的，也有少于10家做市商的。我国中小企业股份转让系统做市业务只需两家做市商即可。《全国中小企业股份转让系统股票转让方式确定及变更指引（试行）》第10条第2项规定，2家以上做市商同意为该股票提供做市报价服务，并且每家做市商已取得不低于10万股的做市库存股票。

[5] 顾鑫："新三板做市商吐槽暴利或只是传说"，载《中国证券报》2014年7月14日，第A01版。

五、做市商是变局者

(一) 做市与自营交易

自营交易（proprietary trading）是指金融机构通过自己的账户，以自己的名义进行证券交易。2008年美国爆发金融危机，投资银行自营是成因之一。自营增加了金融机构的风险，同时也为金融机构提供了内幕交易和操纵市场的机会。金融危机之后，证交会根据《多德-法兰克法》制定了限制银行机构从事自营业务的规则。该规则由美联储前主席保罗·沃尔克（Paul Volcker）倡导，所以也称为《沃尔克规则》。该规则允许银行类金融机构因做市业务进行交易，但又对其做了限制，具体规定如下：

"交易部门的做市商存货的金融凭证的数量、种类和各种风险始终不得超过客户、顾客或交易对手近期的合理期待的需求，所要考虑的依据为（A）（若干）金融凭证相关种类的市场流动性、成熟性和深度；以及（B）可显示的分析，其内容为顾客的历史需求、金融凭证的现有存货以及交易部门做市的那些金融凭证本身存在的和与之有关的数量、种类和风险的市场和其他因素，包括通过大宗交易而来……"[1]

简单说，上述规定的意思是，银行类金融机构从事自营交易业务不能超出其做市商业务的实际需要。但"合理期待的需求""市场流动性、成熟性和深度""其他因素"以及"本身存在的和与之有关"等名词都是没有定规的概念，各方可以按自己的需要加以解释。总的来说，证券市场的交易越复杂，相关的法律也就越复杂，对金融豪强也就越有利：金融豪强有足够的财力，可以延揽法律人才为其服务。

孰好孰坏，仁者见仁，智者见智。但法律复杂也有一个好处，就是可以创造高收入的就业机会：监管与合规都需要大批法律工作者。

(二) 操纵与内幕交易

《上海证券交易所股票期权试点做市商业务指引》专门提到，做市商不得利

---

[1] 12 CFR Part 44 §4 (b) (2) (ii).

用内幕信息进行投资决策和交易。[1]《外汇做市商指引》则规定，外汇做市商有义务"不利用非法或其他不当手段操纵市场价格"。[2]

但就做市商业务而言，美国证券监管机构并不强调打击操纵和内幕交易，艾克勒诉证交会案[3]便是一例。该案中被告为做市商，承销了 Jhirmack 企业有限责任公司（下称"Jhirmack"）的股票。承销出现了过度配售（overallotting），即，发行时低估了投资者的需求，致使证券公开发行时，可出售的数量低于需求量。[4]被告必须买入 Jhirmack 股票，以配售价卖给公开发行时认购 Jhirmack 股份的投资者。在此期间，被告作为做市商接受了客户买卖公司股票的指令。被告担心执行指令势必推高股价，增加其买入 Jhirmack 股票的成本。三天之内，被告只执行了客户的部分指令，同时自己买入 Jhirmack 的股票，甚至还向其他客户之外的其他公司出售 Jhirmack 的股票。被告的行为可以被认定为构成了市场操纵，但证交会并未追究被告操纵市场的责任，只是由全国交易商协会认定被告违反了该协会的规则，属于不公平出售的违规行为。

（三）做市由金融传销演变而来

可以推测，做市是由金融传销（或称"庞氏骗局"）演变而来。在典型的金融传销骗局中，欺诈者不断以高价吸入投资者的资金，然后"以新还旧"，用新吸入的资金连本带利偿还给先前的投资者。做市商也是不断报价买入证券，没有下家也可以买入证券，高价利诱投资者进入市场。与传统金融传销不同的是，一旦形成交易势头，做市商就可以将证券卖给投资者，并通过交易的佣金获得利润，无需"以新还旧"。但做市商有时会出现"返祖"现象，美国的罗斯诉博尔顿案[5]便是一例：做市商诱使投资人 A 购入证券，保证 A 可以将所购证券以高于买入价的价格卖给 B，获取中间的差价利润。而博尔顿又向 B 承诺，他将高价买入 B 从 A 处买入的证券，所以 B 愿意从 A 处买入证券。

---

[1] 不得从事的具体行为包括：①不履行或不规范履行报价义务；②利用内幕信息进行决策和交易；③利用信息优势和资金，单独或者通过合谋，制造异常价格波动；④以不正当方式影响其他做市商做市；⑤与其他做市商通过串通报价或私下交换做市策略、做市库存股票数量等信息谋取不正当利益；⑥与所做市的挂牌公司及其股东就股权回购、现金补充等作出约定；⑦做市业务人员通过做市向自身或利益相关者进行利益输送。《上海证券交易所股票期权试点做市商业务指引》第 22 条。《全国中小企业股份转让系统做市商做市业务管理规定（试行）》第 14 条。

[2]《外汇做市商指引》第 5 条第 3 项。

[3] Eichler v. SEC, 757 F. 2d 1066 (9th Cir. 1985).

[4] [美] R. J. 舒克：《华尔街词典》，陈启清译，中国商业出版社 2002 年版，第 592 页。

[5] Ross v. Bolton, 904 F. 2d 819 (2d Cir. 1990).

(四) 证券市场的"百慕大"

做市业务是证券交易中的"百慕大",监管机构对其也所知甚少。在中小企业股份转让系统(新三板)和交易所交易型开放式基金(exchange-traded fund 或 ETF)中,做市商发挥着关键作用,但证监会并没有任何形式的部门规章加以规定。美国证交会也认为 ETF 交易中形迹可疑,但调查后也并无结果。从逻辑上说,证券监管机构的做法可以理解。本来就没有供求需要,或是供求需求甚小,由金融机构通过做市制造供求关系,对做市商就不能求全责备。

但做市商出现之后,证券监管机构应对危机时更加力不从心,无所适从。我国 2015 年的股灾便是一例。证监会提倡事中监管和事后监管,恐怕只是收拾残局而已,亡羊补牢都难以做到。当然,从预防证券市场的重大风险的角度考虑,亡羊补牢就是监管失败。

第十一章

期货交易

一、概要

期货包括商品期货和金融期货。按照期货合约的不同基础资产，期货合约又可以分为商品期货合约和金融期货合约。商品期货合约是指以农产品、工业品、能源和其他商品及其相关指数为标的物的期货合约。金融期货合约是指以有价证券、利率、货币、汇率等金融产品及其相关指数产品为标的物的期货合约。商品期货和金融期货都是由标的物衍生而来的金融产品，所以也称"衍生产品"或"金融衍生品"。

银监会发布的部门规章大多使用"金融衍生产品"一词，以示与金融期货的区别，突出强调金融衍生产品领域由银监会监管。我国没有专门的期货法，国务院颁布的《期货交易管理条例》是阶位最高的规章，商品期货和金融期货均适用该条例。我国期货法之所以难产，一个主要原因是难以明确界定银监会和证监会的相关权限。证券市场和证券法有这个问题：越是利润高的领域，法律就越是模糊，甚至没有法律。

溯根究源，各类金融期货源自远期合约。远期合约是现在决定资产价格，但在将来交割资产的合约。"合约"一词与"合同"一词相同。期货合约是特殊形式的远期合约，由期货交易场所统一制定并在交易场所执行。期权合约是一种特殊形式的远期合约或期货合约。期权合约是远期交易的合约，但交易时只有单方面的权利，可以由期权持有人选择是否行权。如果期权合约是由期权交易场所制定的标准合约，则该期权合约也是一份期货合约。期权只有两种基本类型：看涨期权和看跌期权。看涨期权买方有权在规定期限内以特定价格买入标的物资产；

看跌期权买方有权在规定期限内以特定价格卖出标的物资产。

期货也称衍生产品。产生期货合约的资产被称作标的物或基础资产。此处的基础资产的英语"underlying asset",与资产证券化产品的基础资产的英语相同。期货合约和资产证券化产品都是金融衍生产品:期货合约的衍生产品是未来行使的购买或售出的权利,而资产证券化的衍生产品则是获得现金的权利。

金融期货也与现货互动,使得证券市场的价格剧烈动荡,证券价值更加难以确定。高速计算机的运用,增加了期货交易的变数,风险更加难以控制和分配,内幕交易更加难以确定,市场操纵也更加难以确定。

二、法律法规

1. 《期货交易管理条例》(2007年3月6日国务院令第489号公布,2012年、2013年、2016年修订)

2. 《银行业金融机构衍生产品交易业务管理暂行办法》

3. 《证券期货市场诚信监督管理暂行办法》(证监会令第80号,2012年发布,2014年修订)

4. 《证券期货业信息安全保障管理办法》(证监会令第82号)

5. 证监会、科技部《关于支持科技成果出资入股确认股权的指导意见》(证监发〔2012〕87号)

6. 《证券期货业信息安全事件报告与调查处理办法》(证监会公告〔2012〕46号)

7. 《期货公司资产管理业务试点办法》(证监会令第81号)

8. 《证券投资基金参与股指期货交易指引》(证监会公告〔2010〕13号)

9. 《保险资金参与股指期货交易规定》(保监发〔2012〕95号)

10. 《保险资金参与金融衍生产品交易暂行办法》(保监发〔2012〕94号)

11. 《保险资金委托投资管理暂行办法》(保监发〔2012〕60号)

12. 《商品期货套期业务会计处理暂行规定》(财会〔2015〕18号)

三、期货的定义

确切地说,期货是期货合约,其实质为期货合同。[1]期货产品中的有些金融

---

［1］ Jeffrey J. Hass, *Corporate Finance in nutshell*, St Paul: West, 2011, p. 247. 《中国证券监督管理委员会、国内贸易部关于暂停大豆油期货交易和禁止借开展食糖中远期合同交易之名进行期货交易的通知》(证监发字〔1995〕8号)。

期货又可以被界定为证券（见本书第一章）。金融期货本质上都是远期合约，期货合约和权证都是由远期合约演变而来，是远期合约的特殊形式。

（一）远期合约、期货合约和期权合约

远期合约（forward contract）是现在决定资产价格但在将来才交割资产的合约，[1]而期货合约（future contract）是指在交易场所执行的、约定在未来买卖某一种商品证券的合约，[2]包括商品期货合约和金融期货合约及其他期货合约。[3]

期货合约（future contract）"是指期货交易场所统一制定的、规定在将来某一特定的时间和地点交割一定数量标的物的标准化合约"。[4]期货交易"是指采用公开的集中交易方式或者国务院期货监督管理机构批准的其他方式进行的以期货合约或者期权合约为交易标的的交易活动"。[5]期货合约是特殊形式的远期合约，期货由期货交易场所统一制定，用于公开的集中交易。

"期货合约包括商品期货合约和金融期货合约及其他期货合约。"[6]商品期货合约是指以农产品、工业品、能源和其他商品及其相关指数为标的物的期货合约。[7]商品包括小麦、棉花、大米、燕麦、大麦、黑麦、亚麻籽、高粱、麦麸、黄油、鸡蛋、马铃薯、羊毛、羊毛条、脂肪和油（包括猪油、牛脂、棉花籽油）、花生、大豆、豆粕、家畜、冷冻浓缩橙汁和所有其他商品和物品，以及目前或者将来交易的、作为远期交割合约标的所有服务、权利和权益。[8]金融期货合约是指以有价证券、利率、汇率等金融产品及其相关指数产品为标的物的期货合约。[9]货币期货是以某种货币作为标的物的金融期货，是一种标准化

---

[1] ［美］R. J. 舒克：《华尔街词典》，陈启清译，中国商业出版社2002年版，第306页。
[2] ［美］R. J. 舒克：《华尔街词典》，陈启清译，中国商业出版社2002年版，第317页。
[3] 《期货交易管理条例》第2条第2款。
[4] 《期货交易管理条例》第2条第2款。
[5] 《期货交易管理条例》第2条第1款。
[6] 《期货交易管理条例》第2条第2款。
[7] 《期货交易管理条例》第81条第1项。
[8] General Regulations Under the Commodity Exchange Act, § 1.3 (e), 41 FR 3194, Jan. 21, 1976. 2013年，有人突发奇想，要求推出生猪期货产品，证监会便正式否定了这一请求，其理由是条件不成熟时推出期货，可能会冲击生猪现货市场，加大价格波动。《期货交易管理条例》第13条规定，期货交易所上市交易品种，由证监会征求国务院相关部委意见后批准。证监会："生猪期货暂不具备上市条件（the CSRC: Conditions for Pig Futures Are Not Ready Yet）"，载《证券日报》2013年11月25日，第A2版。
[9] 《期货交易管理条例》第81条第2项。

合约。[1]利率期货是指以利率作为交易标的的金融期货。股票指数期货是指以股票指数作为标的物的标准化期货合约。

期货交易必须在由"国务院批准的或者国务院期货监督管理机构批准的其他期货交易场所进行"。[2]"未经国务院批准或者国务院期货监督管理机构批准,任何单位或者个人不得设立期货交易场所或者以任何形式组织期货交易及其相关活动。"[3]有时也有人借远期合约之名,行期货合约交易之实,变相开设期货交易所。1995年,证监会发文,禁止借开展食糖中远期合同交易之名进行期货交易。[4]期货交易所是最常见的期货交易场所。《期货交易管理条例》并没有说明,除期货交易所之外,还有哪些期货交易场所和批发市场。[5]

除非另有说明,本章所提期货交易均指期货合约的交易。

期权合约(option contract)是特殊形式的远期合约或期货合约。期权的英语是"option",汉语的意思是"选择"。期权所有人可以选择行权或不行权。远期合约是在一份合同中,双方约定在未来的到期日,按照约定价格买卖某项基础资产。远期合约也是买卖双方之间的合同,合约双方都有买卖基础资产的义务。[6]期权合约也是远期交易合约,但交易时只有单方面的权利或义务,因为期权买方购买期权时已经支付了期权费,履行了其义务。如果期权合约是由期权交易场所制定的标准合约,则该期权合约也是一份期货合约。

《期货交易管理条例》规定,期权合约"是指期货交易场所统一制定的、规定买方有权在将来某一时间以特定价格买入或者卖出约定标的物(包括期货合约)的标准化合约"。[7]《上海证券交易所股票期权试点交易规则》[8](下称

---

[1] 杨玉凤、李英:《国际金融实务》,复旦大学出版2014年版,第177页。

[2] 《期货交易管理条例》第4条。

[3] 《期货交易管理条例》第6条。

[4] 《中国证券监督管理委员会、国内贸易部关于暂停大豆油期货交易和禁止借开展食糖中远期合同交易之名进行期货交易的通知》(证监发字[1995]8号)。

[5] 《中国证券监督管理委员会、国内贸易部关于暂停大豆油期货交易和禁止借开展食糖中远期合同交易之名进行期货交易的通知》(证监发字[1995]8号)。该文明确要求:"从事食糖、大豆油、菜籽油等中远期合同交易的各期货交易所和批发市场,(一)不得按期货的集中竞价交易方式进行交易;(二)交易订金不得低于货款货物的百分之二十;(三)必须按照国家有关规定履行背书手续和缴纳增值税;(四)不得为进行中远期合同交易的双方提供履约担保。"

[6] 刘河伟:《网络金融》,电子工业出版社2014年版,第190页。

[7] 《期货交易管理条例》第2条。

[8] 上证发[2015]7号。

《上交所期权规则》）也有类似规定。[1]

权证（warrant）是由发行人出售的期权，通常被视为证券，在我国应当被视为证券。[2]我国的权证产品在上海证券交易所交易，相关规定为《上海证券交易所权证管理暂行办法》[3]。

互换（swap）也称"调期"，其本质上是一种远期合约。以利率互换（Interest Rate Swap）为例，该合约有两方，互为交易对手。做多方（long）通常希望合约期间利率上涨，而做空方（short）则希望利率下跌。做多方就一个固定利率出价，若该出价被接受，则有义务在合约整个有效期内支付该固定利率。做空方获得其基于该义务的付款。相反，做空方有义务支付浮动利率，做多方获得基于该利率的支付。[4]简单说，与其他金融期货相同，互换就是一种对赌，只不过赌具被冠以金融产品的名称而已，利率互换的内容相同。

互换不需要实际交付和支付基础资产。互换当事方可以互换各种义务。与远期合同一样，互换可以定制，并具有私密性，但缺点是流动性差以及交易对手可能存在信贷风险。金融期货的一大特点就是购买时只需要支付部分现金（或称"保证金"），以支付未来可能出现的损失。所以互换也具有杠杆性。

（二）金融衍生产品

衍生产品（derivative）是一种合约，其价值来自或取决于其他资产的估值，所以被称为衍生产品。其他资产也被称为标的物或基础资产（underlying asset）。金融衍生产品是从基础金融资产（underlying financial asset）衍生出来的。金融衍生产品包括但不限于金融期货，基础资产可以是诸如股票或债券的金融资产，也可以是货币利率或指数。金融衍生产品的基础金融资产主要有四大类：外汇或称货币；债券、商业票据和存单等涉及利率的金融凭证；股票和股票价格指数；贷款。[5]

但"金融衍生产品"一词还有其特殊含义。银监会的部门规章一般使用"金融衍生产品"一词，以区别于金融期货产品。两者之间的区别在于：金融衍生产

---

[1]《上交所期权规则》第 2 条规定："期权合约，是指上海证券交易所统一制定的、规定买方可以在将来特定时间以特定价格买入或者卖出约定股票或者跟踪股票指数的交易型开放式指数基金等标的物的标准化合约'。"

[2] 徐志新：《金融证券与股票期货》，中国民主法制出版社 2014 年版，第 4 页。

[3] 上证国字 [2015] 17 号。

[4] CFTC v. DWR, US District Court of Southern District Court of New York, 13 CIV 7884.

[5] 张一锋：《股指期货现货市场关系》，社会科学文献出版社 2014 年版，第 9 页。

品由银监会监管,金融期货则由证监会监督。

就本书而言,除非特别明确,"金融衍生产品"与"金融期货"或"金融期货产品"通用。

(三) 期货交易是变局者

期货是现货市场的变局者,金融期货尤甚。期货的价格及价格走向经常与现货交易联系在一起。[1]比如,《上海证券交易所权证管理暂行办法》提到,操纵标的证券价格可以影响其对应权证的价格,通过权证价格可以影响其对应的标的证券价格。[2]金融资产的核心议题是定价问题,金融期货是由金融资产派生出来的创新金融工具,其价格与所对应的基础资产价格紧密联系。[3]有研究表明,股指期货加剧现货市场的波动,但有助于提高市场定价效率和流动性。[4]掌握现货的供应,便可以影响期货的价格,反之亦然。这种变数为内幕交易和市场操纵提供了更多的机会,但也增加了内幕交易和市场操纵的认定难度,因为期货交易本身就是一种操纵。

(四) 期货与证券之分

美国大宗产品期货交易委员会监管期货合约以及期货合约的期权交易(包括证券的期货合约)。证交会监管证券和证券期权交易。如果凭证既是证券又是期货合约,由期交会监管;如果凭证既是期货合约又是证券期权,由证交会监管。期交会监管期货和期货期权,证交会监管证券和证券期权。[5]

"证券通常产生于资本的形成和组合(将资金托付给企业家),而期货则是对冲、投机和价格发现的手段,并不转移资本。所以,在考虑证交会管辖权与期交会管辖权之间的区别时,不妨将其视为监管资本形成与监管对冲之间的区别。"[6]

美国证券与期货的区分也是人为的:把证券市场分为证券与期货两大块,以便证交会和期交会可以分别有自己的管理领域。相比之下,我国由证监会一家机

---

[1] 国外的大部分理论与实证研究侧重于两个问题:股指期货市场对现货市场的影响;股指期货市场与现货市场价格之间的先行滞后关系。张一锋:《股指期货现货市场关系》,社会科学文献出版社 2014 年版,第 4 页。但因为变数太多,以上两个研究只能限于具体股指期货在具体时间的表现,并没有关于股指期货整体利弊的研究。

[2] 《上海证券交易所权证管理暂行办法》第 27 条。

[3] 张一锋:《股指期货现货市场关系》,社会科学文献出版社 2014 年版,第 5 页。

[4] 张一锋:《股指期货现货市场关系》,社会科学文献出版社 2014 年版,第 3 页。

[5] Chicago Mercantile Exchange v. SEC, 883 F. 2d 537 (7th Cir. 1989).

[6] Chicago Mercantile Exchange v. SEC, 883 F. 2d 537 (7th Cir. 1989).

构管理证券和期货的做法似乎更加合理。我国很多人将美国的证券市场尊为成熟市场，言外之意是，我国的资本市场不如美国的好。但就证券期货监管是否应当分离的问题而言，美国成熟市场并无先进可言。当然，部门之争在我国也存在。我国的部门之争或地盘之争主要表现为证监会与银监会之争。

四、适用法律与监管机构

（一）《期货交易管理条例》

我国期货交易适用《期货交易管理条例》。国务院2007年发布了《期货交易管理条例》，于2012年修订，增加了金融期货的内容。[1] 该条例第1条并没有援引任何法律作为其依据，因为我国的《证券法》中并没有关于期货交易的相关规定。2004年修订后的《证券法》只是网开一面，并不禁止期货交易。[2]

（二）期货立法

我国已有一部专门的《基金法》，也应当有一部专门的《期货法》。就其对金融系统和整个经济产生的灾难性作用而言，期货交易不亚于证券投资基金（2008年美国金融危机便是例证）。但我国却没有一部期货立法，这不能不说是一种具有讽刺性的矛盾。令人感到不安的是，尽管难以制定相关法律，但金融机构一直在积极推出各种金融期货产品。

我国期货业务的日益增加，国内要求制定《期货法》的呼声渐起，甚至还成立了期货法起草小组，[3]《期货法》似乎是呼之欲出，但却始终难产。其原因大致有三点：期货的复杂性；期货监管的地盘之争；主要金融机构力推各种期货产品，期货产品是根据现货产品或另一种期货产品所设计的产品，是基础资产的衍生产品，其不仅是两种产品或两种以上的产品交织在一起，而且是未来行权，所以变幻莫测，防不胜防，监管者和立法者难以推出定规。但就期货立法而言，更大的困难是期货市场和期货监管处于割据局面，主要由证监会和银监会各霸一方，令出多门；各行其是。[4] 若要制定《期货法》，势必要对各监管机构的职权

---

〔1〕 2007年3月6日国务院令第489号公布，根据2012年10月24日《国务院关于修改〈期货交易管理条例〉的决定》修订。

〔2〕 1998年制定的《证券法》第35条规定："证券交易以现货进行交易。"2005年修订后的《证券法》第42条规定："证券交易以现货和国务院规定的其他方式进行交易。"

〔3〕 已经成立了《期货法》起草小组，由全国人大财经委副主任尹忠卿担任组长。

〔4〕 割据在我国并不陌生，民国初年有军阀割据，国内规模战争期间有"红色割据"，现在是监管机构割据。

有所界定,但这做起来非常困难。

(三) 部门规章

银监会2004年发布《银行业金融机构衍生产品交易业务管理暂行办法》(下称《衍生产品管理办法》),并于2007年和2011年修订该法。[1]《证券法》基本没有涉及期货内容,所以就期货交易而言,我国没有《期货法》,《期货交易管理条例》的法律位阶最高。但是,《衍生产品管理办法》并没有提及《期货交易管理条例》,也没有提及《证券法》,而是自成一体。无论银监会的相关意图如何,《衍生产品管理办法》的条款显示,该办法在金融期货市场分割出一块由银监会监管的领地。

银行业金融机构包括:商业银行、城市信用合作社、农村信用合作社等吸收公众存款的金融机构以及政策性银行。依法设立的金融资产管理公司、信托公司、企业集团财务公司、金融租赁公司,以及银监会批准设立的其他银行业金融机构从事衍生产品业务,适用《衍生产品管理办法》。[2]

(四) 监管部门:银监会与证监会博弈

如同我国证券市场的许多产品,期货业被人为地分为两部分:由证监会监管的期货市场和由银监会监管的金融衍生品市场。全国性期货交易和金融期货交易所都由证监会监管。但从监管实践看,证监会是期货的主要监管机构。此外,外汇期货交易则主要是由外汇管理局进行监管的。[3]财政部也是一个重要相关部门,计算金融期货产品价值的规定由财政部制定。金融期货构成复杂,价值难以计算,相关规则的制定也凸显其重要性。但我国无法推出一部专门的期货法,障碍之一就是难以界定证监会与银监会的监管范围。

(五) 监管部门:地方政府与证监会博弈

"期货交易应当在……期货交易所、国务院批准的或者国务院期货监督管理机构批准的其他期货交易场所进行。"[4] 2007年实施的《期货交易管条例》[5]设定了20%的保证金红线,低于这一红线的标准化合约为变相期货,由证监会负

---

[1] 银监会令2011年第1号。

[2] 《衍生产品管理办法》第2条。

[3] 《国家外汇管理局、中国证券监督管理委员会、国家工商行政管理局关于查处非法外汇期货(按金)交易活动的通知》([95]汇管函字第191号)。

[4] 《期货交易管理条例》第4条。

[5] 国务院令第489号。

责监管。[1]2012年修订《期货交易管理条例》，删去了相关内容，期货场内交易由证监会统一监管。

地方政府对期货场内交易经常是网开一面，变相的期货交易场所蓬勃兴起。[2]期货交易所的三大特征是：①以集中方式从事②标准化合约（或称期货合约）的交易；③不以实物交收为目的。《国务院办公厅关于清理整顿各类交易场所的实施意见》[3]的具体解释是，大宗商品中远期交易是指以大宗商品的标准化合约为交易对象，采用电子化集中交易方式，允许交易者以冲平仓方式了结交易而不以实物交收为目的或不必交割实物的标准化合约交易。其他标准化合约包括：有价证券、利率、汇率、指数、碳排放权、排污权等。[4]

五、期货交易的主体

（一）期货公司

期货公司从事股票期权经纪业务、股票期权备兑开仓以及行权相关的证券现货经纪业务。[5]期货公司从事金融期货交易，必须由其子公司进行。[6]就金融期货交易而言，与证券公司相比，期货公司处于劣势。[7]2013年底，全国160家

---

[1] 2007年制定的《期货交易管理条例》第89条规定："任何机构或者市场，未经国务院期货监督管理机构批准，采用集中交易方式进行标准化合约交易，同时采用以下交易机制或者具备以下交易机制特征之一的，为变相期货交易：（一）为参与集中交易的所有买方和卖方提供履约担保的；（二）实行当日无负债结算制度和保证金制度，同时保证金收取比例低于合约（或者合同）标的额20%的。"第89条十分重要，但却是2007年《期货交易管理条例》的倒数第三条，形同注解，语法复杂。资本市场法律法规的诡秘性可见一斑。

[2] 天津的交易场所曾经多达30家，其中天津贵金属交易所和文化交易所全国知名。天津市政府获得了国家发改委批复的《天津滨海新区综合配套改革试验金融创新专向方案》。罗琼："交易所生死劫"，载《南方周末》2011年12月22日，第24版。

[3] 国办发[2012] 37号。

[4] 《国务院办公厅关于清理整顿各类交易场所的实施意见》第1条。

[5] 《股票期权交易试点管理办法》第7条。

[6] 《证券期货经营机构参与股票期权交易试点指引》第16条。

[7] 以上海证券交易所股票期权市场为例，截至2015年12月31日，"开户排名前十的证券公司累计开立账户数49117户，占全市场经纪业务客户数的60.31%；成交量排名前十的证券公司累计成交量1889.14万张（双向），占全市场经纪业务交易量的65.39%"。相反，"开户数排名前五的期货公司的开户数为583户，占全市场经纪业务客户数的0.72%；成交量排名前五的期货公司累计成交量105.88万张（双向），占全市场经纪业务交易量的3.66%"。衍生产品部："上海证券交易所股票期权市场发展报告（2015）"，载《上海证券报》2016年1月29日，第7版。

期货公司，年利润不如一家海通证券。[1]

（二）证券公司

证券公司可以为期货公司提供中间介绍业务，适用《证券公司为期货公司提供中间介绍业务试行办法》[2]（下称《中间介绍业务办法》）。中间介绍业务是指证券公司接受期货公司的委托，可以为期货公司介绍客户参与期货交易并提供其他相关服务。[3]证券公司只能接受其全资拥有或控股的或者被同一机构控制的期货公司的委托从事介绍业务。证券公司提供的业务包括：办理开户手续、提供期货行情信息和交易设施等。[4]

证券公司可以从事股票期权经纪业务、自营业务、做市业务。[5]但证券公司不得代客户下达交易指令，[6]不得代理客户进行期货交易、结算或交割，不得代期货公司和客户收付期货保证金，不得利用证券资金账户为客户存取、划转期货保证金，不得为客户从事期货交易提供融资或担保。[7]

（三）公开募集的证券投资基金

证监会发布了《公开募集证券投资基金参与国债期货交易指引》，规定基金中的股票基金、混合基金、债券基金（短期理财债券基金除外）可以参与国债期货交易，货币市场基金、短期理财债券基金不得参与国债期货交易。[8]基金参与国债期货交易，应当以套期保值为目的。[9]除另有规定或批准的特殊基金品种之外，基金在任何交易日日终，持有的买入股指期货合约的价值，不得超过证监会所规定的基金资产净值的一定比例。[10]

（四）银行类机构

增加期货经营机构主体，允许各类主体申请期货牌照；期货经营机构从事经济业务，不得接受交易者的全权委托。[11]

---

[1] 阮晓琴："证监会官员：期货公司要转向全能型"，载《上海证券报》2014年11月19日，第3版。

[2] 证监发〔2007〕56号。

[3] 《中间介绍业务办法》第2条。

[4] 《中间介绍业务办法》第9条。

[5] 《股票期权交易试点管理办法》第7条。

[6] 《中间介绍业务办法》第21条。

[7] 《中间介绍业务办法》第32条。

[8] 《公开募集证券投资基金参与国债期货交易指引》第4条。

[9] 《公开募集证券投资基金参与国债期货交易指引》第3条。

[10] 《证券投资基金参与股指期货交易指引》第5条。

[11] 尹忠卿："以立法期货经营机构转型和发展"，载《中国期货》2014年第5期。

《衍生产品管理办法》适用于银行业金融机构，此类机构包括：商业银行、城市信用合作社、农村信用合作社等吸收公众存款的金融机构以及政策性银行。依法设立的金融资产管理公司、信托公司、企业集团财务公司、金融租赁公司，以及银监会批准设立的其他银行业金融机构从事衍生产品业务，适用《衍生产品管理办法》。[1]

各证券监管机构的监管领域的划分，主要是按证券业务和金融机构的性质划分的。中国证券市场的监管分工，总是根据对象的身份来划分监管势力范围。金融机构最初也是按其职能确定其身份接受监管，但金融机构一旦有了监管机构，便从一而终，即便从事新的金融业务，也仍然由该监管机构监管。这也表现在银行与银监会的关系上。银监会地盘要比证监会的大得多。

《衍生产品管理办法》规定："银行业金融机构应当制定评估交易对手适当的相关政策，包括评估交易对手是否充分了解合约的条款以及履行合约的责任，识别拟进行的衍生交易是否符合交易对手本身从事衍生交易的目的。在履行本条款要求时，银行业金融机构可以根据诚实信用原则合理地依赖交易对手提供的正式书面文件。"[2]

（五）保险机构

2012年，保监会发布《保险资金参与股指期货交易规定》[3]和《保险资金参与金融衍生产品交易暂行办法》[4]，分别适用于保险机构参与股指期货交易和金融衍生产品交易。保险机构指在中国境内设立的保险集团（控股）公司、保险公司和保险资产管理公司。[5]保险集团（控股）公司、保险公司自行参与衍生品交易，应当符合的条件为：董事会知晓相关风险，并承担参与衍生品交易的最终责任。[6]

（六）自然人

自然人可以参与金融期货的投资，但"自然人投资者应当全面评估自身经济实力、产品认知能力、风险控制能力、生理及心理承受能力，审慎决定是否参与

---

[1]《衍生产品管理办法》第2条。
[2]《衍生产品管理办法》第31条。
[3] 保监发［2012］95号。
[4] 保监发［2012］94号。
[5]《保险资金参与股指期货交易规定》第3条、《保险资金参与金融衍生产品交易暂行办法》第2条。
[6]《保险资金参与金融衍生产品交易暂行办法》第7条第1项。

金融期货交易"。[1]

(七) 期货交易所

《期货交易管理条例》规定,期货交易所为在中国境内登记注册的企业法人或者其他经济组织。[2]按照《期货交易管理条例》,只有国务院或国务院期货监管机构才能批准设立期货交易所。[3]期货交易所的负责人由国务院期货监督管理机构任免。[4]

由证监会直接监管的传统期货交易所有:上海期货交易所(主要上市交易贵金属产品和工业原料产品)、郑州商品交易所(主要上市交易农产品和金属)、大连商品交易所(主要上市交易农产品和化工产品)和中国金融期货交易所(唯一一家从事金融期货、期权交易的公司制交易所)。[5]在这些期货交易所中,争议最大的是中金所,其存在的必要性就受到争议,原因之一是金融期货产品也在上交所挂牌交易。当初之所以设立中金所,主要是因为上期所和上交所争相上市金融期货产品,双方相持不下,妥协结果是设立中金所。[6]

在商品期货交易所进行的商品期货交易,由期货交易所提供交割和结算服务。但部分金融期货交易由中登公司提供结算服务。中登公司为中金所期货产品提供交割服务。[7]这与国债期货的风险和历史有关。上交所曾经既提供国债期货的交易服务,又提供有关的结算服务,但未能处理好利害关系,这在很大程度上引发了重大危机。

顾名思义,金融衍生产品交易是在期货交易场所之外进行交易,当然也在期货交易所之外举行。但此类交易完全避开监管,增大了风险,很大程度上促成了2008年金融危机。2008年之后,欧美国家逐渐开始将金融衍生产品的交易纳入集中结算。我国也采取了类似的措施。2014年,中国人民银行发布《关于建立场外金融衍生产品集中清算机制及开展人民币利率互换集中清算业务有关事宜的通知》,建立场外金融衍生产品集中清算机制。按照该通知,全国银行间债券市场

---

[1]《关于建立金融期货投资适当性制度的规定》(证监会公告〔2013〕32号)第8条。

[2]《期货交易管理条例》第8条。

[3]《期货交易管理条例》第4条。

[4]《期货交易管理条例》第7条。

[5] 中国证监会:《2014中国证券监督管理委员会年报》,中国财政经济出版社2015年版,第67页。

[6] 本书作者曾经参加上期所举办的有关讨论会。

[7] 中国证监会:《2014中国证券监督管理委员会年报》,中国财政经济出版社2015年版,第67页。

参与者达成的人民币利率互换等场外金融交易应当进行集中清算，由上海清算所提供集中清算服务。

除传统期货交易所之外，上海期货交易所、上海期货信息技术有限公司共同发起设立了上海国际能源交易中心股份有限公司（英文名称：Shanghai International Energy Exchange Co., LTD.）（简称"能源中心"）。上海期货交易所出资人民币49.5亿元，认购股份比例为99%，上海期货信息技术有限公司出资人民币5000万元，认购股份比例为1%。〔1〕能源中心的经营范围：组织安排原油、天然气和石化产品等能源类衍生产品上市交易、结算和交割，制定业务管理规则，实施自律管理，发布市场信息，提供技术、场所和设施服务。〔2〕

能源中心设立时所引用的规范性文件是：《财政部、国家税务总局关于原油和铁矿石期货保税交割业务增值税政策的通知》（财税〔2015〕35号）、《关于开展原油期货保税交割业务的公告》（海关总署公告〔2015〕年第40号）、中国人民银行公告（〔2015〕第19号）以及《国家外汇管理局关于境外交易者和境外经纪机构从事境内特定品种期货交易外汇管理有关问题的通知》。〔3〕

能源中心设在中国（上海）自由贸易试验区内，是金融改革试点的一部分，但试点成功的难度很大。凡是重要的金融活动，无论其发生的具体地点，都有全国性的影响，至少是有跨区域的影响。中国（上海）自由贸易试验区内的试点项目，大多是全国性的改革，其影响并不局限于自由贸易区内。从这个意义上说，中国（上海）自由贸易试验区并不能发挥金融试点的作用，只不过是为上海输送利益，人为地迫使金融机构在中国（上海）自由贸易试验区内落户。

（八）期货交易的结算

银行间市场清算所股份有限公司（上海清算所，英文名称Shanghai Clearing House，缩写SHCH）成立于2009年，是人民银行批准设立的专业清算机构。上海清算所的主要业务是为银行间市场提供以中央对手净额清算为主的直接和间接的本外币清算服务，包括登记、托管、清算、交割、保证金管理、抵押品管理、信息服务、咨询业务以及相关管理部门规定的其他业务。〔4〕

---

〔1〕《上海国际能源交易中心股份有限公司章程》第10条。上海国际能源交易中心：《章程、交易规则及实施细则汇编》。上海国际能源交易中心印发，2017年6月，第1~37页。

〔2〕《上海国际能源交易中心股份有限公司章程》第10条。

〔3〕上海国际能源交易中心：《章程、交易规则及实施细则汇编》。上海国际能源交易中心印发，2017年6月，第202~204页。

〔4〕载http://www.shlearing.com，访问日期：2017年1月1日。

六、金融期货

金融期货合约是指以有价证券、利率、汇率等金融产品及其相关指数产品为标的物的期货合约。[1]金融期货是指以金融工具作为标的物的期货合约。

（一）国债期货

国债期货是金融期货合约中的一种。国债期货指以国债为合约标的物的期货合约买卖，[2]而国债则是由财政部代表中央政府发行的，约定在一定期限还本付息的有价证券。[3]1992年12月，上海证券交易所首次推出我国的国债期货，最初仅限于个别证券公司之间交易，1993年2月对个人开放。

"327"是国债期货风波。"327"是国债期货合约的代号，对应的标的物是1992年发行、1995年6月到期的3年期国库券，该券发行总量是240亿元人民币。[4]造成"327"风波的主要原因是交易场所会员和会员的客户透支交易。"327"风波发生之后，证监会主席刘鸿儒被周道炯接替。[5]1995年5月，证监会发文，[6]叫停国债期货交易试点，理由是"国债期货市场屡次发生由严重违规交易引起的风波，在国内外造成了很坏的影响"，"我国尚不具备开展国债期货的基本条件"。[7]上海证券交易所的结算功能从上海证券交易所分离出去，另成立了中国登记结算公司。上海证券交易所也脱离上海市政府的领导，改由证监会领导。

时隔18年，2013年中国金融期货交易所推出5年期国债期货。[8]2013年与1995年相比，宏观条件到底发生了什么变化尚不明确。一种可能是，我国的法制更加完善，足以应对和克服20世纪90年代所遇到的各种问题；还有一种可能是，我国的金融机构远比20世纪90年代更为强大，证券监管机构不得不对其做出妥协，是尾大不掉的结果。

---

[1]《期货交易管理条例》第81条第2项。
[2]《国债期货交易管理暂行办法》（证监发字〔95〕22号）第3条。
[3]《国债期货交易管理暂行办法》（证监发字〔95〕22号）第2条。
[4] 赵迪：《资本市场的崛起——中国股市二十年风云录》，机械工业出版社2011年版，第68~76页。
[5] 赵迪：《资本市场的崛起——中国股市二十年风云录》，机械工业出版社2011年版，第68~76页。
[6]《中国证券监督管理委员会关于暂停国债期货交易试点的紧急通知》（证监发字〔1995〕62号）。
[7]《中国证券监督管理委员会关于暂停国债期货交易试点的紧急通知》（证监发字〔1995〕62号）。
[8] 杨玉凤、李英：《国际金融实务》，复旦大学出版社2014年版，第174页。

(二) 股指期货

股指期货的全称为"股票价格指数期货"（stock index futures），是以股票价格指数为基础标的物的一种金融期货。股票价格指数代表一篮子股票的价格。就我国证券市场而言，股指期货是证监会批准的，在中国金融期货交易所上市交易的以股票价格指数为标的的金融期货合约。[1]股指期货的交易对象是沪深300股指期货合约，而股票的交易对象是上市公司股份，是代表公司所有权的有效凭证。[2]1970年代，股指期货首先在美国出现。[3]2010年4月，我国内地第一个股指期货产品沪深300股指期货合约上市交易。[4]

股指期货采用保证金交易，随着合约价格的变化，保证金有可能出现不足。如果投资者亏损严重，保证金账户资金不足，则要求投资者必须在规定的时间内追加保证金，做到当日无负债，以便有效防范风险。[5]股指期货采用T+0的交易机制，即当天买入的合约当天就可以卖出，投资者可以随时实现盈利或及时平仓止损，但这也提供了操纵价格的机会。[6]股指期货可以双向交易，既可以做多，也可以做空。[7]

新加坡最早试图推出中国的股指期货。2006年9月8日，新加坡交易所推出了FTSE/Xinhua China A50 Index股指期货。FTSE/Xinhua China A50 Index指数跟踪上海证券交易所和深圳证券交易所上市的50家大型公司。[8]新加坡经验做法有几点启示：第一，域外竞争可以倒逼国内的证券市场，证券市场的国际化无法避免。第二，股指期货有可能沦为纯粹的赌博工具。按照主流观点，股指期货被视为理想的避险工具。[9]但2006年时我国国内A股市场尚未对境外合格机构投资者部分开放，除个别情况之外，在新加坡举行FTSE/Xinhua China A50 Index股

---

[1] 《证券投资基金参与股指期货交易指引》第2条。
[2] 中国金融期货交易所：《沪深300股指期货交易手册》，上海远东出版社2010年版，第9页。
[3] 中国金融期货交易所：《沪深300股指期货交易手册》，上海远东出版社2010年版，第13页。
[4] 张一锋：《股指期货现货市场关系》，社会科学文献出版社2014年版，第9页。
[5] 中国金融期货交易所：《沪深300股指期货交易手册》，上海远东出版社2010年版，第11页。
[6] 中国金融期货交易所：《沪深300股指期货交易手册》，上海远东出版社2010年版，第12页。
[7] 中国金融期货交易所：《沪深300股指期货交易手册》，上海远东出版社2010年版，第10页。
[8] Rita Raagas De Ramos, "Lawsuit Slows Demand for China Index Contract", *The Wall Street Journal*, October 11, 2006, p. 18.
[9] "实践证明国际上通行的证券股指期货期权等交易形式，不但活跃了证券市场，也是一种有效的避险工具。"周正庆主编：《新证券法条文解析》，人民法院出版社2006年版，第111页。这是我国证券市场推出新产品的一大特点，报喜不报忧：公开宣称时只谈正面，不提负面；说服决策层时也是强调正面，忽略负面。

指期货交易的投资者并不持有 A 股股票。而反过来说，我国境内的投资者也无法在新加坡交易所买卖 FTSE/Xinhua China A50 Index 股指期货。换言之，在新加坡交易所买卖 FTSE/Xinhua China A50 Index 股指期货的投资者并没有相关的现货，买卖该股指期货并不是为了对冲其现货的风险。第三，新加坡是所谓的法治国家，证券交易所也是成熟市场的成熟机制，但为了争夺业务也是不择手段。新加坡交易所推出 FTSE/Xinhua China A50 Index 股指期货，但相关数据来路不明；提供相关数据的 FTSE/Xinhua Index 是一家在香港注册的公司，因提供相关数据而成为民事诉讼的被告，被指责侵犯了中国的知识产权。[1]

（三）期权

期权（option）："一方授予另一方一种权利，使买方有权（但无义务）以特定的价格在特定的时间内购买（买回）或出售（卖出）一种金融资产的合同。这个日期之后，期权就不再存在。"[2]

认购期权（call option）："买卖双方之间签订的合约，买方支付权利金获得权利而不是义务以敲定价格在到期及之前购买特定的标的资产。买方获得权利金有义务按照买方选择行权的敲定价格交付或者出售标的资产。"[3]

认沽期权（put option）："期权合约赋予持有者权利而不是义务在特定时限内以特定价格出售特定数量的标的资产，与赋予持有者权利购买标的资产的认购期权相对。"[4]

欧式期权（European option）："指期权买方只能在到期日当天行权的期权。"[5]

美式期权（American option）："指期权买方自到期日当天或者在起始日至到期日之间的任一交易所原定交易日行权的期权。"[6]

《国家外汇管理局关于人民币对外汇期权交易有关问题的通知》对"看涨期权"和"看跌期权"的界定为："看涨期权"指期权买方有权在到期日以执行价格从期权卖方买入约定数量的外汇；"看跌期权"指期权买方有权在到期日以执

---

[1] Rita Raagas De Ramos, "Lawsuit Slows Demand for China Index Contract", *The Wall Street Journal*, October 11, 2006, p. 18.

[2] 中国金融期货交易所：《期货词典》，2009 年，第 6 页。

[3] 中国金融期货交易所：《期货词典》，2009 年，第 7 页。

[4] 中国金融期货交易所：《期货词典》，2009 年，第 7 页。

[5] 《中国证券期货市场场外衍生产品交易权益类衍生品定义文件》（中国证券业协会，2014 年版）第 4.3 条。载 http://www.sac.net.cn/fgz/zlgz/201408/t20140827_102736.html。

[6] 《中国证券期货市场场外衍生产品交易权益类衍生品定义文件》（中国证券业协会，2014 年版）第 4.4 条。载 http://www.sac.net.cn/fgz/zlgz/201408/t20140827_102736.html。

行价格向期权卖方卖出约定数量的外汇。[1]

证监会 2015 年发布《股票期权交易试点管理办法》，将期权合约界定为由证券交易所统一制定的、规定买方有权在将来特定时间按照特定价格买入或者卖出约定股票、跟踪股票指数的交易型开放式指数基金等标的证券的标准化合约。期权合约有四要素：到期日、执行价、期权费和执行方式。期权合约事先约定的日期称为到期日（expiration date 或 maturity date），预先确定的特定价格称为执行价（exercise price）或敲定价格（strike price），期权买方为获取期权合约而向卖方支付的费用称为期权费（option premium）。[2]

(四) 期权合约挂牌上市

1973 年，期权交易在芝加哥期权交易所出现。1983 年，标准普尔 500 股指期权出现，不断发展壮大，美国主要交易所交易 2500 多种单只股票期权和 60 多种股票指数期权。我国于 2011 年 2 月在银行间外汇市场引入人民币对外汇期权交易，[3] 2015 年上海证券交易所引入期权交易。

证监会 2015 年发布《股票期权交易试点管理办法》，引入了做市商制度，[4] 并允许证券公司从事股票期权经纪业务、自营业务和做市业务以及相关的证券现货经纪业务。[5]《股票期权交易试点管理办法》专门提到适当性制度。但凡我国证券市场引入新的交易方法或交易品种，总有投资者适当性规定，名义上是要防范风险，同时保护投资者利益。《股票期权交易试点管理办法》也不例外，要求实行投资者适当性制度，由证券交易所制定具体标准和实施指引。[6]投资者适当性规定名为保护投资者，但实质是投资者自己承担风险。《股票期权交易试点管理办法》也规定，"投资者参与股票期权交易，应当对股票期权产品及市场环境的变化自主承担风险"。[7]

2015 年 2 月 3 日，上交所发布《关于上证 50ETF 期权合约品种上市交易有关事项的通知》[8]，2 月 9 日上交所上市上证 50ETF 期权合约品种。ETF 是英语

---

[1]《国家外汇管理局关于人民币对外汇期权交易有关问题的通知》第 11 条第（2）款。
[2] 韩立岩、部慧：《金融资产风险与定价》，机械工业出版社 2015 年版，第 220 页。
[3] 韩立岩、部慧：《金融资产风险与定价》，机械工业出版社 2015 年版，第 219 页。
[4]《股票期权交易试点管理办法》第 8 条。
[5]《股票期权交易试点管理办法》第 7 条。
[6]《股票期权交易试点管理办法》第 11 条。
[7]《股票期权交易试点管理办法》第 11 条。
[8] 上证发〔2015〕23 号。

"Exchange Traded Fund"的缩写,汉语中的对应名词为"交易型开放式指数投资基金",上证 ETF 期权合约标的为"上证 50 交易型开放式指数投资基金",其证券简称为"50ETF"。[1] ETF 期权合约分为认购期权和认沽期权,[2] 合约单位是每张期权应对 1000 份"50ETF"基金份额,到期月份为当月、下月即随后两个月。[3] 上交所的通知对行权价格[4]、持仓限额[5]也做出了规定。

(五)认股权证

认股权证(简称"权证")是特殊形式的股权,其持有人可以凭权证购买或出售发行人的证券,也可以通过现金方式结算。权证通常由标的证券的发行人出售。上海证券交易所 2005 年发布《上海证券交易所权证管理暂行办法》[6](下称《权证管理办法》)。按照《权证管理办法》的界定,权证"是指标的证券发行人或其以外的第三人发行的,约定持有人在规定期间内或特定到期日,有权按约定价格向发行人购买或出售标的证券,或以现金结算方式收取结算差价的有价证券"。[7] 标的证券为发行人承诺按约定条件向证券持有人购买或出售的证券。[8]

由标的证券发行人以外的第三人发行并在上交所上市的权证,必须通过专用账户和连带责任的保证人提供履约担保。[9] 出现权证存续期满、权证在存续期内已被全部行权或上交所认定的其他情形的,权证将被终止上市。[10]

权证与其标的证券互动,提供了操纵市场的机会。上交所的规则包括惩戒操纵行为的措施,但惩戒措施逐步升级,[11] 为违规者通过操纵行为获利留下了足够的空间。

---

[1]《关于上证 50ETF 期权合约品种上市交易有关事项的通知》第 1 条。
[2]《关于上证 50ETF 期权合约品种上市交易有关事项的通知》第 2 条第 2 项。
[3]《关于上证 50ETF 期权合约品种上市交易有关事项的通知》第 2 条第 3 项。
[4]《关于上证 50ETF 期权合约品种上市交易有关事项的通知》第 2 条第 4 项。
[5]《关于上证 50ETF 期权合约品种上市交易有关事项的通知》第 3 条。
[6] 上证国字〔2005〕17 号。
[7]《权证管理办法》第 2 条。
[8]《权证管理办法》第 45 条第 1 项。
[9]《权证管理办法》第 45 条第(2)、(3)款。
[10]《权证管理办法》第 14 条。
[11] 权证发行人违规,上交所可以选择通报批评、公开谴责或上交所认为需要采取的其他措施。上交所会员违规,上交所可以选择责令改正、通报批评、公开谴责、暂停其权证自营或经纪业务或上交所认为需要采取的其他措施。《权证管理办法》第 41 条、42 条。上交所"对权证交易进行实时监控,对存在异常交易或内幕交易、市场操纵嫌疑的,可采取下列措施:(一)口头警告相关人员;(二)约见相关人员谈话;(三)限制出现重大异常交易情况的证券账户的权证交易;(四)向中国证监会报告"。《权证管理办法》第 44 条。

（六）金融衍生产品

金融期货也称为金融衍生产品，两个名词通用。按照《衍生产品管理办法》的界定，衍生产品是一种金融合约，其价值取决于一种或多种基础资产或指数，合约的基本种类包括远期、期货、掉期（互换）和期权，还包括具有远期、期货、掉期（互换）和期权中一种或多种特征的混合金融工具。〔1〕

《衍生产品管理办法》最重要的意义在于，划出了银监会监管的辖区：由银监会监管的金融机构（见本章第一节）交易金融衍生产品，由银监会监管。

（七）外汇期货

利率期货是指以利率作为交易标的的金融期货。股票指数期货指以股票指数作为标的物的标准化期货合约。1992年2月，上海外汇调剂中心成为我国第一个对外期货交易市场。〔2〕金融机构能否进入银行间外汇市场，由国家外汇局决定。〔3〕外汇交易是一些大型金融机构收入的主要来源，而外汇金融期货在其中发挥着主要作用，可以放大交易量，增加金融机构和期货交易所的收入，同时也放大了金融机构和整个金融系统的风险。

（八）互换（掉期）

互换（swap）也称掉期，是双方（也称交易对手）之间的合同，双方约定在未来某一时刻交换现金流。互换的目的是固化收益或风险。比如，"'如果你付给我一笔与我欠银行贷款的可变浮动利率相等的金额，那么我将付给你一笔相当于等额固定利率5%的金额。'这是利率掉期。其效果在于我把自己的利息债务变得固定。"〔4〕权益类互换交易则是"指交易双方根据交易有效约定，在约定日期交换受益金额的交易。"〔5〕

美国的实践是，如果金融衍生产品不在期货交易所交易，则通常不适用期货

---

〔1〕《衍生产品管理办法》第3条。

〔2〕 杨玉凤、李英：《国际金融实务》，复旦大学出版2014年版，第173页。

〔3〕 2014年12月9日，国家外汇局发布通知称，自2015年1月1日起，取消金融机构进入银行间外汇市场的事前准许许可。通知称，境内金融机构经国家外汇管理局批准取得即期结售业务资格和相关金融监管部门批准取得衍生产品交易业务资格后，在满足银行间外汇市场相关业务技术规范条件下，可以成为银行间外汇市场成员，相应开展人民币对外汇即期和衍生产品交易，国家外汇管理局不实施银行间外汇市场事前入市资格备案。金融机构应该将本机构在银行间外汇市场进行人民币对外汇即期和衍生产品交易的内部操作规定和风险管理制度送中国外汇交易中心备案。

〔4〕 [英] 菲利普·伍德：《国际金融的法律与实务》，姜丽勇译，法律出版社2011年版，第543页。

〔5〕《中国证券期货市场场外衍生产品交易权益类衍生品定义文件》（中国证券业协会，2014年版）第3.1条。载 http://www.sac.net.cn/fgz/zlgz/201408/t20140827_102736.html。

法或证券法。美国学者提出的理由是，此类产品交易中如果一方亏损，另一方就因此而有盈余，只是产品设计者与投资者之间的合同，并不构成"共同事业"，所以不构成投资合同，也不构成证券。

七、金融期货的风险

金融期货的出现为证券投资者提供了对冲工具：在进行看涨交易的同时，购买看跌的期权，以对冲风险；或是在进行看跌交易的同时，购买看涨的期权，以对冲风险。但金融期货也增加了证券市场的变数和风险。

（一）大规模杀伤性武器

金融期货市场的两大优点是风险转移和价格发现，但现实中金融期货经常成为对赌的工具，而且放大和掩盖了众多风险。2008年美国发生金融危机，2015年我国证券市场发生异常剧烈波动，很大程度上都是金融期货作祟。为说明金融期货的危害性，美国投资家华伦·巴菲特（Warren Buffett）将其比作大规模杀伤性武器。[1]从某种意义上说，金融期货比大规模杀伤性武器更具破坏性。大规模杀伤性武器指核武器、生物武器和化学武器，后两者简称为"生化武器"。人类通常不敢使用大规模杀伤性武器，但却反复使用金融期货产品。

上交所衍生产品部的文章则称，"在各种衍生产品中，期权是较为复杂的产品，被誉为'皇冠上的明珠'"。[2]但原文既没有说明是谁的"皇冠上的明珠"，也没有说明"明珠"一说的出处，更没有提及巴菲特关于金融衍生产品的著名论断。对上交所以及上交所服务的金融机构来说，期权或许是皇冠上的明珠，但对于国家和纳税人来说，期权绝非皇冠上的明珠。上交所具有公共职能，并不完全是一个商业实体，应当更加全面地反映各种观点。

（二）风险有增无减

金融期货实际上增加了风险的变数，有可能加大了整个证券市场的风险，至少没有任何证据表明，期货减少了或是可以减少证券市场的风险。各种金融期货产品问世之后，证券监管机构和自律组织反而制定了更多的防范风险的规定，从反面证明了金融期货出现后，证券市场的风险有增无减。

---

〔1〕 Graig Newman & David Daniels, "Derivatives Risk Remains Poorly Understood", *Financial Times*, April 30, 2012, p. 6.

〔2〕 衍生产品部："上海证券交易所股票期权市场发展报告（2015）"，载《上海证券报》2016年1月29日，第8版。

中证协 2013 年发布《证券公司金融衍生品柜台交易风险管理指引》[1]，列出了金融衍生产品的五大风险：信用风险、市场风险、流动性风险、操作管理风险（金融衍生产品与金融期货产品为同义词，但金融衍生产品包括但不限于金融期货产品）。信用风险是指在衍生产品交易过程中，因交易对手不能或不愿履行合同承诺而导致损失的可能性；市场风险是指衍生产品交易因市场价格（如利率、汇率、商品价格和股票价格等）的变动导致损失的可能性；流动性风险指衍生品交易合同的持有者不能以合理的价格及时对冲合约或将合约平仓而导致损失的可能性；操纵风险指在衍生产品交易相关环节中，由于人员、流程系统不完善或外部事件而导致损失的可能性；法律合规风险指证券公司在衍生品交易过程中，因未能遵循法律法规、监管要求、规则、自律性组织制定的有关准则以及适用于证券公司自身业务活动的行为准则，而可能遭受法律制裁或监管处罚、重大财务损失（包括但不限于交易损失、罚金、合同违约金、赔偿金等）或声誉损失。[2]

（三）现货与期货的结合

期货产品大多是由现货产品衍生而来的，买卖现货产品会影响金融期货产品的价格，而买卖金融期货产品也会影响现货产品的价格。《股票期权交易试点管理办法》第 5 条规定："股票期权交易品种应当具有充分的现货交易基础，市场竞争充分，可供交割量充足等，适于进行股票期权交易。"

衍生产品交易估值需要模型假设，模型需要定期验证，此类模型由金融机构内部审查批准。[3]

按照美联储的规定，银行高质量资本中可以有 5% 的大宗商品。2012 年 9 月，摩根大通所持的大宗商品实物的金额达到 174 亿美元，占其高质量资本的 12%，或将大宗商品实物算作子公司持有，或将铜界定为贵重金属，使其不算作大宗商品（尽管铜具有广泛的工业用途，应当算作大宗商品）。美联储法律部对上述做法并没有提出异议。华尔街的银行仓库铝的出货时间很长，结果导致铝的价格上涨。参议院在进行为期两年的调查之后，于 2014 年公布调查报告，批评摩根大通等银行，批评美联储监管不力。[4]即使参议院没有过问，他们本来也要另辟蹊

---

[1] 载 http://www.sac.net.cn/flgz/zlgz/201303/t20130319_61900.htm，访问日期：2015 年 1 月 28 日。

[2] 《证券公司金融衍生品柜台交易风险管理指引》第 10 条至第 31 条。

[3] 《证券公司金融衍生品柜台交易风险管理指引》第 32 条至第 35 条。

[4] Christian Berthelsen and Ryan Tracy, "Senators Rip Banks' Commodity Trading", *Wall Street Journal*, November 21~23, p. 22.

径。很多金融业务类似农业中的轮作，过一段时间后需要休耕，消化已经积累的问题，而且投资者也会投资意向疲软，或是察觉风险后知难而退，或是已经严重亏损，没有资金再用于投资。

（四）保证金与杠杆交易

期货交易大多是保证金交易，具有很大的杠杆性，增加了变数，金融期货交易尤其如此。期货是赌涨或赌跌，而赌博的风险又因为杠杆数倍或数十倍的放大。保证金收取比例是调节杠杆率和风险的阀门。

（五）基金加期权

金融期货增加了证券市场的变数。比如，2015年2月3日，上证所推出上证50ETF期权合约品种。50ETF期权合约既是公募基金产品，又是金融期货产品，参与交易的证券还具有做市商的性质。这种变数为内幕交易和市场操纵提供了更多的机会，也增加了内幕交易和市场操纵的认定难度，因为50ETF期权合约的交易本身就是一种操纵。

（六）内幕交易与市场操纵

由于期货的这种专属特性，引入金融期货交易，就是允许内幕交易和市场操纵。引入金融期货，也为操纵提供了便利。金融机构操纵市场，所涉及的产品大多是期货合约。期货合约的数量较小，所以便于操纵。像中石化或工商银行这样的大盘股很难撼动，难以实施操纵。

八、套期保值

套期保值可以简单地被理解为对价格变动的逆向保险措施。[1]

（一）套期保值的定义

2001年，证监会发布《国有企业境外期货套期保值业务管理办法》[2]。套期保值是为冲抵现货价格风险而买卖期货合约的行为。[3]①期货交易的品种限于企业生产经营的产品或所需的原材料；②期货持仓量不得超出企业正常的交收能力，不得超出进出口配额、许可证规定的数量；③期货持仓时间应与现货保值所需的计价期货相匹配；④套期保值头寸持有时间一般不超过12个月，签订现货合

---

[1] [美]戴维·勒曼：《交易所交易基金和电子迷你基金》，董文政、崔景士等译，百家出版社2003年版，第76页。

[2] 证监发〔2001〕81号。

[3] 《国有企业境外期货套期保值业务管理办法》第9条。

同后，相应的套期保值头寸持有时间不得超过现货合同规定的时间或该合同实际执行的时间；[1] ⑤银行、申请套期保值贷款企业和期货经纪公司签订三方协议，银行对企业的银行贷款账户和套期保值账户进行统筹管理，以保证企业套期保值初衷的实现。[2] 国内基金参与股指期货交易，也以套取保值为目的，保本基金及证监会批准的特殊基金品种除外。[3]

（二）套期保值与非套期保值

《衍生产品管理办法》规定，套期保值类衍生产品交易是由银行业金融机构主动发起，为规避自有资产、信用风险、市场风险或流动性风险而进行的衍生产品交易。此类交易需符合套期会计规定，并划入银行账户管理。[4]

非套期保值类衍生产品交易被界定为除套期保值类以外的衍生产品交易，其中包括：由客户发起，银行业金融机构为满足客户需求提供的代客交易和银行金融机构为对冲前述交易相关风险而进行的交易；为承担做市义务持续提供市场买、卖双边价格，并按其报价与其他市场参与者进行的做市交易；以及银行业金融机构主动发起，运用自有资金，根据对市场走势的判断，以获利为目的进行的自营交易。此类交易划入交易账户管理。[5]

但由于现货市场与期货市场的波动不同，套期保值存在期差风险。以期铜为例，距到期日三个月的合约流动性最好。[6]

（三）套期保值与对冲

对冲是指从事的交易可以抵消另一种交易所具有的风险。借助衍生产品对冲可以减少风险敞口。造成风险敞口的因素可以包括：股票价格下跌、利率发生变化以及外汇市场和大宗商品市场发生变化。获得境外期货业务许可证的企业在境外期货市场只能从事套期保值交易，不得进行投机交易。[7]

"对冲"与"套期保值"是同义词。严格说，对冲一词强调手段和结果，而套期保值则强调目的和价值取向，但两者之间没有根本的区别。《保险资金

---

[1]《国有企业境外期货套期保值业务管理办法》第9条至第11条。
[2] 中国期货业协会：《中国期货业发展创新与风险管理研究》，中国财政经济出版社2009年版，第251页。
[3]《证券投资基金参与股指期货交易指引》第3条。
[4]《衍生产品管理办法》第4条第1项。
[5]《衍生产品管理办法》第4条第2项。
[6] 中国期货业协会：《中国期货业发展创新与风险管理研究》，中国财政经济出版社2009年版，第224~225页。
[7]《国有企业境外期货套期保值业务管理办法》第9条。

参与股指期货交易规定》规定，保险机构参与股指期货交易，任一资产组合在任何交易日日终，所持有的卖出股指期货合约价值，不得超过其对冲标的股票及股票型基金资产的账面价值。[1]套期保值是为了规避风险，对冲也是为了规避风险。[2]

（四）套期保值业务会计处理

商品期货套期"是指企业为规避现货经营中的商品价格风险，指定商品期货合约为套期工具，使套期工具公允价值或现金流量变动，预期抵销被套期项目全部或部分公允价值或现金流量变动。"[3]

"净风险敞口"套期保值模式。企业内部具有不同套期保值，可以在内部对冲，仅对剩余的净风险头寸进行套期保值。[4]

2006 年发布的《企业会计准则第 24 号——套期保值》要求风险抵销程度在 80%~125%之间，否则认定为无效。《商品期货套期业务会计处理暂行规定》引入了经济关系原则："在评估套期工具与被套期项目之间是否存在经济关系时，企业可以采用定性或定量的方式。"[5]

（五）套期保值与投机

保险机构参与衍生产品交易，仅限于对冲或规避风险，不得用于投机目的。[6]但投机还是对冲仍然难以区分。从本质上说，投机和对冲都具有赌博性质，赌的是某一资产未来的价格走向，或是金融变数在一定时期内的变化。[7]购买黄金以防止货币因通货膨胀而贬值就是对冲[8]（没有衍生产品也可以对冲）。但这实际上是在赌，赌的是货币贬值，而黄金价格会上升，至少是保持不变（保

---

[1] 《保险资金参与股指期货交易规定》第 7 条。
[2] 对冲或规避风险包括："（一）对冲或规避现有资产、负债或公司整体风险；（二）对冲未来一个月内拟买入资产风险，或锁定其未来交易价格。……未在决定之日起一个月内买入该资产，或在上述期限内放弃买入该资产，应当在规定期限结束后或决定之日起的 5 个交易日内，终止、清算或平仓相关衍生品。"《保险资金参与金融衍生产品交易暂行办法》第 5 条。
[3] 《商品期货套期业务会计处理暂行规定》第 2 条第（1）款。
[4] "一组风险相互抵销的项目形成风险净敞口，一组风险不存在相互抵销的项目形成风险总敞口。当企业将形成风险净敞口的一组项目指定为被套期项目时，应当指定构成净敞口的所有项目的项目组合整体，而不应当将不明确的净敞口抽象金额指定为被套期项目。"《商品期货套期业务会计处理暂行规定》第 3 条第 1 项。
[5] 《商品期货套期业务会计处理暂行规定》第 3 条第 3 项。
[6] 《保险资金参与金融衍生产品交易暂行办法》第 5 条。
[7] Jeffrey J. Haas, *Corporate Finance in A Nutshell*, St. Paul: West, 2011, pp. 208~209.
[8] [美] R. J. 舒克：《华尔街词典》，陈启清译，中国商业出版社 2002 年版，第 592 页。

持不变就是相对上涨）。

以金融衍生产品对冲，则是以少博多进行对赌。比如，若认定黄金价格看跌，则通过远期合约以目前的市场价在未来某一时间点买入约定数量的黄金。但对黄金价格看涨的同时，又担心黄金价格在未来万一下跌会造成损失，所以买入期权对冲。期权持有人可以在未来某一时间点以低于看涨价格的价格买入黄金。如果黄金价格后来果然上涨，则不行使期权，只损失当时买入期权的支出，作为对冲成本。如果后来黄金价格下跌，低于远期合约的价格，则可以行使期权，以事先约定的低价买入黄金，弥补或是减少损失。

套期保值与投机之间的区别在于，前者为对冲风险，但买入证券期货产品本身就是赌。而且市场需要投机，没有投机，就无从对冲：对冲需要交易对手。对冲基金名为对冲，实为豪赌。

如同前文会计规则显示的那样，套期保值的界定是一个难题，套期保值与投机可以不断转换。套期保值需要投机，如果无人投机，套期保值也就无从谈起。套期保值与投机是一枚硬币的两面。一些投机者又通过套期保值降低风险。套期保值可以"不经意"地获得投机才会产生的暴利：获利远远超出套期保值的金额。

九、信贷违约掉期

信贷违约掉期（credit default swap 或 CDS）。CDS 其实就是债权保险：发行人承诺，一旦出现债务人违约，则出售 CDS 的发行人向债权持有人支付违约部分的资金。从实质上说，CDS 是保险产品。2008 年金融危机前，美国制造和发行 CDS 的是三类金融机构：银行、对冲基金和保险公司。2007 年，由保险公司发行的 CDS 占到市场份额的 18%。

如果说金融期货是证券市场的变局者，那么信贷违约掉期就是金融期货的变局者。CDS 是金融机构重叠设伏，投资者投资有关产品时防不胜防，法官受理有关诉讼时勉为其难。

（一）示范合约

《国际掉期及衍生工具协会 2002 年主协议（含附约）》（下称"主协议"）约定，英国法或者纽约州的法律为主协议的准据法。[1]国际掉期及衍生工具协会

---

[1] ISDA 2002 Master Agreement Section 13 (b).

是1985年由纽约10家投资银行组建成立的机构。

我国也出现了类似的协议范本：由中国外汇交易中心、全国银行间同业拆借中心发布的《全国银行间同业拆借中心外汇远期及掉期主协议》、[1]由中国银行间市场交易商协会发布的《中国银行间市场金融衍生产品交易主协议》[2]和由中国证券业协会发布的《中国证券期货市场场外衍生产品交易主协议（2014年版）及补充协议》。[3]

（二）变相提供金融保险

CDS去掉"保险"二字，金融产品就不受保险机构的监管。按照美国的法律，保险公司由各州监管。再有，CDS的保险公司不用准备相应的储备金。金融保险不同于人寿险或财产险：人寿险和财产险通常可以通过概率量化，猝死和财产意外灭失通常是孤立的，不会引起连锁反应，而金融产品的风险难以量化，出现违约时会由此及彼，火烧连营。事实也的确如此。金融危机爆发后，AIG从美国政府得到850亿美元。希腊主权债务危机爆发之后，希腊政府试图重组债券，但持有信贷违约掉期的债权人拒绝妥协，结果重组失败。[4]

CDS据称有助于发现金融产品的风险。欧洲主权债务危机期间，CDS的价格反映了市场对相关主权债券的定价。[5]但另一方面，CDS也助长了债券投资的投机性。CDS被称为"徒有其名的债权人"（empty creditor），因为他们已经购买了金融保险，并不担心债务人不能履约。如果债权人所购买的信贷违约掉期所保的金额高于其债权金额，这些持有人就会希望债务人违约，以便他们能够获得赔偿。

（三）赌博合同是否有效

赌博合同是否有效，也可以是涉及信贷违约掉期合同纠纷的重要法律问题。按照英国的传统普通法，法院支持赌博合同。美国大多数州的法院不支持赌博协议，"一方面是因为赌博鼓励僵化、贫困和不道德，另一方面是因为赌博协议并

---

[1]《关于发布人民币外汇远期及掉期交易主协议的通知》（中汇交发［2006］202号）。

[2] 载 wwwinfmil.org.cn/zigz/201202/w020120226786597 43982/pdf。

[3] 载 www.sas.net.cn/flgz/zlgz/201408/12014827+102737.html。

[4] Martisubrahmanyam and Pablo Triana, "Another Troublesome Feature of CDS Usage", *Financial Times*, April 9, p. 11.

[5] 2008年金融危机爆发后，欧美国家主权债务的违约成本增加。意大利国债购买信贷违约掉期是161基点，即，每1000万欧元的5年期国债，购买信贷违约掉期需要16.1万欧元（合20.4万美元）。德国43基点，法国56基点，西班牙106个基点，阿根廷4650基点，乌克兰2400基金点。Miles Johnson and David Oakley, "Sovereign CDS Pirces Soar as Debt Mounts", *Finanical Times*, December 4, 2008, p. 29.

非正事，法院不应当为此耗费精力"。[1]在 1884 年的欧文诉威利尔（Irvin v. Williar）案中，美国最高法院指出："在英国，即便是赌博合同，在普通法下也是有效的……但在这个国家，一般来说，出于公共政策的考虑，赌博合同一般都被认定为非法无效的。"[2]

尽管 CDS 具有赌博性质，但美国法院并不认定 CDS 为赌博性合同。即便如此，华尔街银行之间就 CDS 发生争端，也避免通过诉讼解决其争端，华尔街投资银行甚至避开仲裁。德意志银行与摩根士丹利就他们之间的信贷违约掉期合同产生了纠纷。德意志银行认为，摩根士丹利应当向其支付 12 亿美元，但摩根士丹利不同意。最后双方达成协议，摩根士丹利向德意志银行支付 6 亿美元。[3]

我国《合同法》第 7 条规定："当事人订立、履行合同，应当……遵守社会公德，不得扰乱社会经济秩序，损害社会公共利益。"显然，赌博"违反了社会公德"，也会"扰乱社会经济秩序，损害社会公共利益"。2012 年最高人民法院发布《关于人民法院为防范化解金融风险和推进金融改革发展提供司法保障的指导意见》[4]，对金融创新持支持态度。[5]按照该指导意见，我国法院对金融创新应当采取宽容的态度，因此不太可能将 CDS 认定为赌博性合同。

因此，法院不应当浪费司法资源，应当将纠纷交由交易双方自行解决。

（四）CDS 是否为证券

掉期是双方（也称交易对手）之间的合同，双方约定在未来某一时刻交换现金流。美国的实践是，如果金融衍生产品不在期货交易所交易，则通常不适用期货法或证券法。美国学者提出的理由是，此类产品交易中如果一方亏损，另一方就因此而有盈余，只是产品设计者与投资者之间的合同并不构成"共同事业"，所以不构成投资合同，也不构成证券。2000 年，美国国会制定了《大宗产品期货

---

[1] Allan E. Farnsworth, *Contracts*, Boston: Little, Brown and Company, 1990, p. 351.

[2] Irwin v. Williar, 110 U. S. 499（1884）. 在卡达希次级商会诉夸克（Cudahy Junior Chamber of Commerce v. Quirk）案中，合同一方承诺支付 1000 美元，如果另一方能够证明批评氟化反应的一则陈述不实。法院拒绝支持该合同，理由是"赌博参与者不能利用法院解决其争端"。Cudahy Junior Chamber of Commerce v. Quirk, 41 Wis. 2d 698, 165 N. W. 2d 116（1969）.

[3] Michael Lewis, *The Big Short*, New York: W. W. Norton & Company, p. 213.

[4] 法发 [2012] 3 号。

[5] 《关于人民法院为防范化解金融风险和推进金融改革发展提供司法保障的指导意见》第 4 条明确要求法院"对于法律、行政法规没有规定或者规定不明确的，应当遵循商事交易的特点、理念和惯例……充分听取金融监管机构的意见，不宜以法律法规没有明确规定为由，简单否定金融创新成果的合法性……"

现代化法》(The Commodity Futures Modernization Act)[1]。该法明确将基于掉期协议的证券排除在《1933年证券法》第2(a)(1)节[2]和《1934年证券交易法》第3(a)(10)节[3]的定义之外。

---

[1] Pub. Law 106~554, 114 Stat 2763.
[2] Securities Act of 1933 § 2 (a) (1).
[3] Securities Exchange Act of 1934.

第十二章

证券交易所和证券交易场所

一、概要

证券交易场所是进行证券交易的特定场所,包括证券交易所以及各种交易平台。证券交易所内存在不同板块,例如,深圳证券交易所内有中小企业板和创业板。证券公司内部则有小型交易场所,自行提供结算服务;相反,上交所和深交所的结算业务由证券登记结算机构单独进行,以减少风险。

所谓多层次资本市场,主要是指各类证券交易场所按其监管程度的宽严,分为主板、二板、三板、四板、五板。一板为证券交易所主板;二板分为中小企业板和创业板;三板为中小企业股权转让系统(或称"新三板");四板为各地交易平台;五板为证券公司柜台交易。多层次市场千变万化,但其本质是降低要求。

证券交易所具有多重角色,既是自律组织,又是经济实体。美国的证券交易所还是上市公司,美国法院还将证券交易所界定为政府部门。证券交易所属性不明并不奇怪,因为证券市场的定性并不是孤立的,与证券的定义不明相关,两者遥相呼应,相辅相成,提供乱中取胜的机会。

"新三板"则更是变局者:在缺少投资者的情况下,由证券公司作为做市商,同时买进和卖出股票。

二、法律法规

1. 《证券法》
2. 《证券交易所管理办法》(1997年12月10日证券委员会发布,根据《国务院关于修改〈证券交易所管理办法〉的批复》于2001年12月12日证监会令4

号重新公布）

　　3.《关于证券交易所报告制度的若干规定（试行）》（证监交字〔1997〕21号）

　　4.《证券交易所风险基金管理暂行办法》（证监发〔2000〕22号，2000年发布，2011年、2016年修订）

　　5.《国务院关于清理整顿各类交易场所切实防范金融风险的决定》（国发〔2011〕38号）

　　6.《中国保险监督管理委员会关于做好清理整顿各类交易场所相关工作的通知》（保监发改〔2012〕253号）

　　7.《沪港股票市场交易互联互通机制试点若干规定》（证监会令第101号，2014年）

　　8.《证券公司柜台市场管理办法（试行）》（中证协发〔2014〕137号）[1]

　　9.《全国中小企业股份转让系统有限责任公司管理暂行办法》（证监会令第89号，2013年）

　　10.《全国中小企业股份转让系统股票发行业务细则（试行）》[2]

　　11.《全国中小企业股份转让系统做市商做市业务管理规定（试行）》[3]

三、证券交易场所

（一）证券交易所：证券交易场所的特殊形式

　　根据《证券法》，证券交易所是证券交易场所的一种形式："依法公开发行的股票、公司债券及其他证券，应当在依法设立的证券交易所上市交易或者在国务院批准的其他证券交易场所转让。"[4]根据《证券法》，证券交易所是自律组织："证券交易所是为证券集中交易提供场所和设施，组织和监督证券交易，实行自律管理的法人。"[5]

　　证券交易所既是自律组织，有准监管职能，同时又是获得高收入的经济实体。欧美国家的证券交易所本身就是上市公司，香港的证券交易所也是上市公司。

---

〔1〕载http://www.sac.net.cn/flgz/zlgz/201408/t20140819_101873.html，访问日期：2015年1月2日。

〔2〕载China-finalaw.ca/lawyers/articled32426.html，访问日期：2015年1月2日。

〔3〕载China-finalaw.ca/lawyers/articled353810.html，访问日期：2015年1月2日。

〔4〕《证券法》第39条。

〔5〕《证券法》第102条。

（二）证券交易所：挂牌交易金融期货产品

证券交易所有别于期货交易所：证券交易所适用《证券法》，而期货交易所适用《期货交易管理条例》。但实践中，金融期货产品也在证券交易所挂牌上市，尽管金融期货应当在中金所挂牌交易，否则就没有必要专门设立中金所。与此相关，上交所衍生产品部发表文章，坚持认为股票期权和期货"属于完全不同的两类产品，期权不属于期货。"[1]上交所衍生产品部将不同意见纳入"对期权认识的四大误区"。但上交所衍生产品部也承认："我国《期货交易管理条例》在期货交易的定义中明确了'期货交易是指以期货合约或者期权合约为交易标的的交易活动'，在监管实践中也将期权纳入期货交易进行监管。因此，不少人士认为期权属于期货的一种。"[2]笔者认为《期货交易管理条例》的界定是正确的，证监会将期权纳入期货交易进行监管也是正确的（见本书第一章）。

上交所是证券市场的豪强，但没有必要把不同意见打成另类。上交所衍生产品部完全可以表示，对于股票期权的属性还存在争议，没有必要指责意见与其相左者存在认识误区。[3]事实上，如下文所述，即便是上交所本身的属性也难以界定。但豪强就是豪强；豪强总是以真理的化身出现，但经常是指鹿为马。

（三）多层次市场的形式

证券交易场所首推证券交易所受到的关注最多，相关法律和自律规则甚多。但证券市场还包括其他各类证券交易场所，有多层次市场之称。建设多层次市场也是我国监管机构的主要工作，有时甚至高于防范风险的工作。[4]多年来，多层次市场在我国是很流行的提法，给人的印象是，美国就是多层次市场，有完整的理论、实践和一套法律可供中国借鉴。但多层次市场只是放松或取消监管的口号和幌子，是中国特定的提法，美国也并没有相对应的理论、法律和实践。

---

[1] 衍生产品部："上海证券交易所股票期权市场发展报告（2015）"，载《上海证券报》2016年1月29日，第8版。

[2] 衍生产品部："上海证券交易所股票期权市场发展报告（2015）"，载《上海证券报》2016年1月29日，第8版。

[3] 古语"和气生财"，但证券市场的一些从业人员和监管者却盛气凌人，因为他们坚信证券市场一定要胜利，有原教旨主义信徒的狂热。证券市场尔虞我诈，巧取豪夺，非有坚定的信念无法立足。

[4] 2014年1月10日，央行召开2014年工作会议，会上提出工作重点，其中包括"健全多层次资本市场体系，促进金融市场深化发展"。"健全多层次资本市场体系"排第四位，先于排第六位的"加强金融风险监测，排查和监管协调……"任晓："央行：全民深化金融改革"，载《证券时报》2014年1月15日，2014年1月16日，第A1版。

1. 中国多层次市场

按照监管要求的宽严，证券交易场所可以逐次分为一板至五板。

主板（或称"一板"）：大型企业或比较大的企业在上交所和深交所挂牌交易（或称上市）。

二板：中小企业板和创业板。

三板：全国中小企业股份转让系统，简称新三板。新三板由中关村科技园区非上市股份公司进入代办转让系统脱胎而来。老三板是证券公司代办股份转让系统，开办于2001年，目的是为退市公司和两网公司（STAQ和NET两个法人股流通市场）的股份转让提供场所。[1]

四板：地方股权交易市场，包括区域性股权交易市场。[2]

五板：证券公司或其他金融机构内部有证券交易平台或称柜台交易。美国的证券公司还有暗池，股票或其他证券的大宗交易通常在暗池中进行。

可以说，多层次证券市场是纵向的。但证券市场还有横向的，如银行间债券市场、保险市场和正在酝酿成立的票据交易市场。[3]证券包括债券和某些票据等多种金融凭证（见本书第二章）。

2. 美国多层次市场

美国从来就没有多层次证券市场的战略规划，现实中也没有明确的多层次证券市场的格局。但如果硬要划分，美国的证券市场大致也可以分为几级：

纽约股票交易所独领风骚，有主板（Big Board）之称。

全国证券交易商协会自动报价系统（简称纳斯达克，英文名称National Association of Securities Dealers Automated Quotations，简称Nasdq）是证券交易商执行和传递交易以及记录市场价格的全国性计算机网络。纳斯达克是场外交易所凭借的主要手段。[4]

粉单（pink）是一份报价单，提供了场外股票交易的买卖报价和做市商的名称，这些内容在全国证券商协会自动报价系统中没有显示。报价印在粉红色纸

---

[1] 谷枫："尴尬的老三板"，载《21世纪经济报道》2013年11月27日，第12版。

[2] 截至2013年底，全国各地成立29家股权交易市场。成都（川藏）股权交易中信股份有限公司2013年底试营业，为全国首家跨省区的区域性股权交易市场。左永刚："全国场外市场挂牌企业7000多家，新三板与四板'双向转版'可期"，载《证券日报》2014年2月14日，第B1版。

[3] 张玉："全国性票据市场交易所筹备'进行时'"，载《上海证券报》2016年4月15日，第2版。

[4] [美]R.J.舒克：《华尔街词典》，陈启清译，中国商业出版社2002年版，第496页。

上，每天送给经纪公司。[1]

五板是金融机构（通常是证券公司）的内设证券交易场所和44家私人证券交易所。电子通讯网（Electronic Communications Networks）是用于买卖股票的计算机软件。

美国的证券交易场所分为两大类：公共证券交易所和柜台交易。公共证券交易所（public securities exchange）指在证交所登记的交易所。这是根据美国《证券交易法》在证交会注册的全国性交易所。到2014年，美国已经有13家公共证券交易所。[2]柜台交易（Over the Counter 或 OTC）相对于在证券交易所内进行的交易而言，专门指那些在主要交易所挂牌的证券。全国交易商自动报价系统提供有关场外交易证券的价格。[3]粉单属于柜台交易。

（四）多层次市场的挑战

1. 证券交易场所与期货交易场所重叠

按照《期货交易管理条例》的规定，未经证监会批准，各类交易所不得从事期货交易的业务。尽管如此，地方交易平台未经证监会的批准，也变相交易各类期货。

2. 市场碎片化

1975年之前，纽约股票交易所规定了股票经纪服务的最低固定手续费。区域性证券交易所应运而生，以更低的收费提供股票买卖的经纪服务。[4]市场碎片化曾经是美国国会关注的问题。国会专门通过修正案，要求证交会"利用其权力促进全国性市场体系的建立"，连接具体证券的所有市场。[5]美国今天仍然存在证券市场破碎化的问题。纽约股票交易所和纳斯达克是主要牺牲者，两处的股票交易量在整个市场交易中所占的份额大幅下降：纽约股票交易所的份额由2005年的70%下降到2014年的32%，纳斯达克的份额由2005年的53%下降到2014年的29%。

3. 提供欺诈机会

市场碎片化之过，在于为内幕交易和市场操纵提供了机会。客户交易指令得到执行之前，指令经常是在13个股票交易所和40多个暗池以及若干电子通讯网

---

[1] [美] R.J. 舒克：《华尔街词典》，陈启清译，中国商业出版社2002年版，第592页。

[2] Michael Lewis, *Flash Boys*, Allen Lane, 2014, p. 213.

[3] [美] R.J. 舒克：《华尔街词典》，陈启清译，中国商业出版社2002年版，第565页。

[4] David L. Ratner, *Securities Regulation in a Nutshell*, St. Paul: West Group, p. 197.

[5] The 1934 Securities Exchange Act. Section 11A.

系统中蜿蜒通过。交易指令的执行之所以可以进行如此复杂的航行，必须感谢计算机的高速运行。但交易过程复杂，暗道机关密布，而参与者层层设卡收费，隐性成本也随之增加，新技术在证券市场的运用并没有造福于投资者。交易过程更加不透明。刘易斯认为，暗池交易和高频交易导致美国证券交易碎片化，也有损美国证券市场交易的公平性。耶鲁大学法学院乔纳森·梅西认同刘易斯的观点。[1]

但美国国会已经不再认真关注市场碎片化。首先是因为欧美国家的证券交易所大多已经成为上市公司，证券交易所的跨国并购不断。欧美国家证券交易所之间是跨国竞争，国内证券市场破碎化已经变得相对次要。其次，证券交易所的收入中，证券交易收费所占的比例减小。[2]最后，美国证券市场出现的各种违法活动中，证券市场破碎化已经成为次要问题：会计师事务所伙同上市公司造假，证券公司自营和评级机构作弊，使得美国监管机构和立法机构疲于应付，无暇顾及市场破碎化这一"次要"问题。

4. 流动性与市场波动

多层次市场加剧了流动性的难题：流动性过剩和流动性短缺并存。简单说，流动性指资金的多少，多层次市场整体缺少资金，即，流动性短缺；但局部市场资金过多，即，流动性过剩。资金并不固定留在某一层市场，而是在各个市场之间来回流窜，所到之处证券价格迅速上升，撤出之时价格随即下跌。

2008年美国金融危机之后，美联储通过量化宽松政策，为证券市场提供廉价资金，提供流动性，但这只是饮鸩止渴。过多的流动性只是放大了经济市场的风险，华尔街银行获得廉价资金后只会加大赌注，而流动性的增加也加大了市场分块的波动，增加了定价和估值的难度，投资者的投资信心自然严重受挫。从这个意义上说，打击内幕交易、市场操纵和其他欺诈行为并不能从根本上恢复投资者对市场的信心。豺狼当道，安问狐狸？证券市场也有豺狼：流通性过剩。

就证券市场的发展而言，我国基本上是以美国为师，很多监管和金融机构的经营者衷心向往彼岸的美国。如果中国证券市场真的和美国的一样，金融机构的经营者或许如愿以偿，因为他们有坐收渔利和作弊的机会。但普通投资者和监管

―――――

[1] Johanthan Macey and David Swensen, "The Cure for Stock-Market Fragmentation", *The Wall Street Journal*, June 2, 2015, p. 10. 美国那边的智叟们居然耻笑我国证券市场不透明，无异于五十步笑百步——更确切地说，应当是百步笑五十步。我们自己的同志大可不必自惭形秽，但切记不要步美国的后尘。

[2] 2009年第二季度，纽约交易所-泛欧（NYSE-Euronet）的收入中，公司上市费用仅占17%，而金融衍生产品（或称"金融期货"）交易的收入则占到26%。Mary Anastasia O'Grady, "Is the Stock Exchange Obsolete?", *The Wall Street Journal*, November 2, 2009, p. 20.

当局可能大失所望：股市剧烈异常波动会成为一种常态。

多层次市场之间并非完全隔离。比如，三板的公司就可以发行可转换债券，在上交所或深交所挂牌交易。2017 年，上交所、全国中小企业股份转让系统有限责任公司和中登公司联合发布《创新创业公司非公开发行可转换公司债券业务实施细则（试行）》[1]（下称《创新公司非公开发行可转换公司债券细则》）。按照该细则，"可转换债券发行前，发行股东人数不超过 200 人"，[2]但该细则并没有规定债券持有人的人数。

四、主板：证券交易所

证监会直接主管的证券交易所有上海证券交易所和深圳证券交易所。证券市场多变，证券交易所的多重角色进一步体现了这种多变性。而法律迁就了这一多变性，有利于证券市场的特定利益集团。[3]

（一）自律组织

《证券法》规定："证券交易所是为证券集中交易提供场所和设施，组织和监督证券交易，实行自律管理的法人。"[4]根据《证券法》的精神，在《证券交易所管理办法》中，证监会又为证券交易所具体增加了"管理和公布市场信息"职能。[5]

美国的股票交易所曾经类似我国的证券交易所。但 2007 年美国证交会制定了 NMS 规定（Regulation NMS），允许证券交易所成为盈利实体，结果美国的各种证券交易所争先上市，其他国家的证券交易所也竞相上市。为此，美国成立了金融监管局，接管了纽约股票交易所和纳斯达克的部分自我监管职能。遗憾的是，交易所无法完全撇清自己的所有监管职能，由于交易所的性质，某些监管职能必须由交易所行使。这样一来，交易所便具有双重性，既是营利机构，又是监管机构，仍然存在矛盾的问题。而在民事索赔案中，如何界定交易所的性质，可以决定诉讼结果［见本章第四（三）部分］。

（二）"直接管理"与"监督管理"

上交所与深交所通常被相提并论，有"沪深交易所"的提法，但两家交易

---

[1] 上证发［2017］58 号。
[2] 《创新公司非公开发行可转换公司债券细则》第 7 条第 3 项。
[3] 《证券法》第 107 条。
[4] 《证券法》第 102 条。
[5] 《证券交易所管理办法》第 11 条。

所的地位并不完全相同。按照证监会发布的年报，上交所是"不以营利为目的的法人，归属中国证监会直接管理"；而深交所是"实行自律管理的法人，由中国证监会监督管理"。[1]上交所是由证监会"直接管理"，而深交所是由证监会"监督管理"。公开正式报道显示，证监会系统举行重要会议，上交所董事长与证监会主席以及其他领导同在主席台就座，[2]而深交会董事会主席则无此殊荣。[3]

证监会对证券交易所的领导干部的任命有提名权、任命权或备案权。理事长和副理事长由证监会提名。[4]根据《证券法》和《证券交易所管理办法》，证券交易所总经理由证监会直接任命，[5]证券交易所中层干部的任免报证监会备案，财务、人事部门负责人的任命报证监会批准。[6]

（三）证券交易所是政府机构

美国《外国主权豁免法》（The Foreign Sovereign Immunities Act）规定，外国和外国机构"就美国法院的管辖权享有豁免权"，但有少数例外。[7]其中的"商业活动例外"（commercial activity exception）是指如果外国政府部门从事商业活动，则不再享受豁免。[8]

在2004年的菲勒诉汉维特银行案[9]判决意见中，美国第二巡回上诉法院推出了五要素检验标准，用以确定一个外国实体是否可以被认定为"政府机构"。五要素是：①外国机构是否服务于国家目的；②外国是否积极地监督该机构；③外国是否要求雇用公职人员并支付其薪酬；④相关实体是否对某些权利享有排他权利；⑤外国法下如何对待该实体。

---

〔1〕 中国证监会：《2013年中国证券监督管理委员会年报》，中国财政经济出版社2014年版，第77页。

〔2〕 李丹丹："证监会系统召开会议，学习习近平总书记'七一'重要讲话"，载《上海证券报》2016年7月15日，第1版。

〔3〕 按照我国的习惯，正式活动能够在台上就座的为领导或首长。证监会举行重要会议，上交所董事长在台上就座，则会内普通干部和包括深交所的领导和下面的普通工作人员的业内从业人员势必将上交所董事长视为受尊重的领导。

〔4〕 《证券交易所管理办法》第22条。

〔5〕 《证券法》107条。

〔6〕 《证券交易所管理办法》第25条。

〔7〕 28 U.S.C. §1604.

〔8〕 28 U.S.C. §1605 (a) (2).

〔9〕 Filler v. Hanvit Bank, 378 F.3d, 213 (2d Cir. 2004).

在 2014 年的关于铝存储反垄断诉讼案[1]的命令与评论中，美国纽约南区地方法院的凯瑟琳·福里斯特法官适用菲勒判例的检验标准后认定，伦敦金属交易所是政府机构，[2]而且诉讼所涉及的该交易所的相关规则是规制性的，并不属于商业活动，[3]所以根据《外国主权豁免法》（The Foreign Sovereign Immunity Act），美国法院对该交易所没有管辖权。据此，福里斯特法官认定，本案适用《外国主权豁免法》，驳回原告起诉，伦敦金属交易所全身而退。

相对于其他国家的证券交易所的司法管辖权而言，美国法院确实做到了内外有别，将其视为政府机构给予豁免。美国国内的证券交易所成为诉讼对象时，很难作为政府部门获得豁免。美国政府或政府部门在国内成为诉讼原告或被告是常态。美国国内注重的是，政府工作人员和证券交易所工作人员通常可以得到豁免。另一方面，铝存储反垄断诉讼案本身也有蹊跷之处：该案中，摩根大同和高盛这样的华尔街头号券商是共同被告。或许，这也是福里斯特法官网开一面的原因，至少是原因之一。人们很难知道法官判决的真实理由，判决意见大多冠冕堂皇，但实质上经常是顾左右而言他。铝存储反垄断诉讼案中，原告起诉伦敦金属交易所和华尔街的投资银行，理由是被告故意拖延大宗产品的交割时间，以收取更多的仓储费。

与伦敦金属交易所相比，我国沪深交易所更像政府机构，不仅看上去像，其行为也像。比如，上交所与许多地方政府签署合作备忘录，"就推动债券融资、加强信息共享、强化监管执法及风险防控协作等多个方面达成共识"。[4]我国地

---

[1] In Re Aluminum Warehousing Anti-trust Litigation, Case 1.13-md-02481-KBF Document 564 (下称 Op）。

[2] "就菲勒案判例因素而言，记录以优势证据显示，尽管伦敦金属交易所不是英国政府所设立的，但负责制定可被界定为公共职能的市场规则（类比第一个因素）；金融行为局被视为英国政府的机构，该机构积极管理伦敦金融交易所（第二个因素）；而且英国法律将伦敦金属交易所的仓储卸载规则及其做法作为受到豁免的公共职能的一部分（第五个因素）。本案记录同样清楚，英国政府并不要求伦敦金属交易所雇用公职人员或支付其薪酬（第三个因素），伦敦金属交易所也不是大宗商品交易的唯一得到认可的交易所（第四个因素）；综合平衡这些因素之后，决定性地认定伦敦金属交易所为英国政府的机构。" Op. at 22~28.

[3] 显然，①"伦敦金属交易所存储规则的作用重大，必不可少，伦敦金属交易所借此规制铝市场"；②"伦敦金属交易所若要修改其规则，必须首先宣布规则并允许评论，然后才能实施修改的内容"；③"伦敦金属交易所签订的合同并不是经过正常交易关系商定的，而是强制性发出的，或者接受，或者不接受，进一步证实合同是规制性的，不是商业性的"。Op. at 28~31.

[4] 周松林："上交所与多地政府部门签署公司债券业务备忘录"，载《中国证券报》2016 年 6 月 27 日，第 7 版。

方政府部门经常扮演多种角色，在证券市场中也是如此。由此可以看出上交所地位之高，可以作为平等主体与地方政府签署备忘录。

确实，证券市场许多实体的存在方式和行为方式并不是法律所界定或认可的，某些经济实体就是为所欲为，至少是高出一等。美国法官试图给出一个自圆其说的解释，但没有成功，反而越解释越不清楚。

（四）商业实体

证券交易所具有多种角色，既是自律组织，又是获利的商业实体。欧美国家的大型证券交易所大多是上市公司。我国的证券交易所尽管不以营利为目的，但仍然是营利的，而且是天量营利。[1]

作为一个商业实体，证券交易所着力做大市场或称加大市场的"宽度和深度",[2]以获得更多的利润。为此，深沪证券交易所积极推出各类证券业务。上交所为促进股票期权交易,[3]曾经考虑推出国际板，允许我国境内的外资企业在上交所发行包括股票在类的证券，筹集人民币资金，用于其在华投资。国际板方案于2007年提出，经过四年的酝酿，2011年被无限期搁置。[4]多层次市场只是一个大致的划分，并不十分精准。比如，上海证券交易所曾经计划推出国际板，允许境内外资企业在此板块融资。很难说国际板属于哪一层。

国际板胎死腹中后，很少有相关的公开讨论，也没有人再呼吁推出国际板，尽管当初呼声热烈。国际板无法推出的一个重要原因是人民币不能自由兑换，引入外资企业的上市公司将增加上交所监管和操作的难度。当然，反过来说，推出国际板就是希望推动人民币的自由兑换或部分自由兑换——术语为"放宽资本管

---

〔1〕 上交所、深交所和中金所三大交易所，2012年的手续费收入超过178亿元，深交所斥资数十亿元兴建大楼，仅建雕塑群便耗资9000万元。刘慎良："交易所到底有多'豪'"，载《北京青年报》2016年5月15日，第8版。

〔2〕 宽度分为相对买卖价差和相对有效价差两部分。买卖价差是指最优卖价和最优买价之间的差距。有效价是指订单实际成交的平均价格和订单达到的最优保价中点之间的差额。买卖价差和有效价差越大，表示宽度维度的流动性越差。相对买卖价差和相对有效价差是消除绝对价格影响的相对值，可以更加客观地衡量流动性的宽度维度。2014年深圳A股相对买卖价差和相对有效价差分别为15个基点和30个基点，均低于2013年的水平（分别为18个基点和34个基点）。深度是指披露的五个买卖报价上累计订单金额总计，该指标越大，表示深度维度上的流动性越好。2014年深圳A股的深度为145万元，高于2013年水平108万元。深圳证券交易所："深圳证券交易所2014年股票市场绩效报告"，载《中国证券报》2015年3月26日，第A13版。

〔3〕 衍生产品部："上海证券交易所股票期权市场发展报告（2015）"，载《上海证券报》2016年1月29日，第7版。

〔4〕 Raymond Zhong, "Board Stiffed", *The Wall Street Journal*, July 21, 2011, p. 14.

制"[1]或"资本账户下的开放"[2]。显然，决策者最终决定，以国际板推动人民币自由兑换弊大于利。再有一个原因，是担心会分流 A 股市场的资金，因为酝酿推出国际板时，我国 A 股市场正处于多年的低迷时期。

因为实质上是商业实体，所以证券交易所是主张放松监管的。比如，在双重投票权的问题上，深圳证券交易所便主张创业板可以尝试多重投票权，其理由是"创业板中的科技创新型公司更加依赖于创始人的创意和经营决策能力……"[3]

（五）证券登记结算机构

《证券法》规定："证券登记结算机构是为证券交易所提供集中登记、存管与结算服务，不以营利为目的的法人。"[4]结算是证券交易的后台服务，也是证券交易的主要组成部分。证券交易登记结算的职能与证券交易所分离，消除了证券交易所的有利害冲突的业务部分，有助于降低证券交易所的风险。为此，2001 年我国组建中国证券登记结算有限责任公司，其目的"是为了集中统一的中央证券登记结算体系，以防范市场风险"，主管部门为中国证监会。[5]

我国上交所和深交所的证券交易由中登公司提供结算服务，但投资者必须提出申请，才能够获得服务。通过拒绝或接受结算，中登公司可以调控证券市场的资金。[6]中登公司的结算业务非常重要，最高人民法院专门指定中级人民法院为受理中登公司为当事方的诉讼的一审法院。[7]

"三板""四板"和"五板"的交易场所几乎都是自行结算，没有分开的结算机构。这也是我国"一板""二板"与"三板""四板"和"五板"之间的一个重要区别。也可以说，因为"三板""四板"和"五板"交易的结算业务没有单独分开，所以其存在的固有风险也更大。

---

[1] 资本管制（capital control）指政府对资本在本国的流入或流出进行限制的措施。中国经济信息社编：《新华 08 汉英金融词典》，新华出版社 2009 年版，第 391 页。

[2] 资本账户（capital account）为国际收支平衡表商店项目之一，记录对外资产与对外负债值增减的所有交易，主要反映一定时期内对外资本流入流出的情况。吴友富主编：《英汉·汉英当代证券投资词典》，上海外语教育出版社 2010 年版，第 58 页。

[3] 编首语："多重股票权必然损害中、小股东利益吗"，载《证券市场导报》2014 年第 3 期。

[4] 《证券法》第 155 条。

[5] 证监罚［2001］13 号。

[6] 程元："中证登紧急发文，债市停放新杠杆"，载《上海证券报》2014 年 12 月 9 日，第 2 版。

[7] 最高人民法院《关于冻结、划拨证券或期货交易所证券登记结算机构、证券经营或期货登基机构结算账户资金登问题的通知》（法发［1997］27 号）。

（六）上市公司

境外证券交易所成为上市公司之后，出现了证券交易所之间的并购，由此也产生了并购业务中常见的垄断等法律问题。香港股票交易所收购了伦敦金属交易所，但因此也引来了跨国诉讼。原告在美国联邦法院起诉香港股票交易所和伦敦金属交易所，理由是两家交易所并购之后，在锌市场形成了垄断。[1]

（七）中欧国际交易所

境外主要司法辖区的主要证券交易所和期货交易所大多是上市公司，而我国的上交所和深交所并不是上市公司，所以两者之间不可能发生收购兼并，但仍然可以进行某种形式的商业联盟。中欧国际交易所（简称中欧所或CEINEX）于2015年成立，出资方为上海证券交易所、德意志交易集团和中国金融期货交易所，总部设在德国的法兰克福。三方共投资2亿元，持股比例分别为40%、40%和20%。中欧所为投资者提供关于中国和人民币相关产品的平台，在欧洲打造离岸人民币资产的交易中心，[2]开发证券现货产品和金融衍生产品，用人民币计价和结算。[3]

政府在中欧国际交易所的成立中发挥了作用。[4]但政府主导的市场活动并发挥作用并不一定逊于完全由类似华尔街银行金融机构主导的市场活动。另一方面，由类似华尔街银行的金融机构主导的市场活动并不一定就真实反映了实际供求关系。由类似华尔街银行的金融机构主导的市场活动可以扭曲市场的供求关系。不仅如此，金融机构和其他商业机构凭借其强大的财力和政治势力，强行改变人们的生活方式和存在方式，以此创造供求关系。消费者难以做出独立判断，多数情况下也难以做出选择，而监管者和宏观决策者也并没有做出认真细致的成本效益分析，或是根本就没有进行成本效益分析。

中外合资的方式优于在美国入股华尔街银行的做法：前者可以参与管理层和证交所的其他工作，而后者则是完全被排除在管理层之外。但迄今为止，我国金融机构与美国金融机构还没有在美国进行合并。当今发达国家之中，德国是相对温和、相对本分的，或许是因为德国仍然有"二战"屠杀犹太人罪名的重负。另

---

[1] Enda Curran, "HKEx Faces a Fresh Lawsuit Over Zinc", *Financial Times*, May 27, 2014, p. 18.
[2] 载 https://www.ceinex.com/zh-hans，访问日期：2016年7月18日。
[3] 赵一蕙："中德合建中欧所，推动资本市场双向开放"，载《上海证券报》2015年10月30日，第1版。
[4] "本次公司成立，标志着中国的高级别财金对话的一项重要成果的落实，同时体现了中国推动资本市场双向开放和人民币国际化的决心和魄力。"赵一蕙："中德合建中欧所，推动资本市场双向开放"，载《上海证券报》2015年10月30日，第1版。

一方面，华尔街银行做了太多的坏事，有许多不可告人的秘密，所以不愿与其他国家的金融机构合资，以免泄露"天机"。证券交易所的主要成员是证券公司等大型金融机构，证券交易所的决策也反映了其主要成员的利益和意愿。所以我国证券交易所与美国证券交易所在美国合办交易所的可能性不大。

（八）沪港股票交易互联互通机制

2014年，证监会发布《沪港股票市场交易互联互通机制试点若干规定》，推出沪港股票交易互联互通机制（"沪港通机制"），在香港有账户的投资者可以直接买卖在上海股票交易所上市的股票，而内地投资者也可以直接买卖香港股票交易所挂牌的上市公司的股票。[1]沪港通是上交所与香港股票交易所之间的密切合作。

离岸人民币交易时汇率可以自动浮动。人民币自由兑换主要分为两个部分：在岸人民币交易中可以自动浮动的部分以及自行决定汇率的离岸人民币。"投资者通过沪港通买卖股票，应当以人民币与证券公司或经纪商进行交收。"[2]因此，沪港通增加离岸人民币总量，增加人民币的自由兑换部分，同时也增加了人民币汇率宏观调控的难度。国际市场的投机者也有更多机会操纵人民币，包括做空人民币。这是沪港通的难点所在，也是计划和研究之中深港通和沪伦（敦）通的难点所在。股市、债市和汇市是三位一体的。

五、二板：创业板

创业板与主板（或称"一板"）之间的主要区别在于两者对企业上市的要求不同。创业板的要求更低，主要是对公司盈利要求更低：净利润由3000万元降低到1000万元，营业收入由3亿元降到5000万元。[3]就企业发行股票而言，所谓

---

〔1〕 上交所和港交所在国际上的地位都因此而提高。2013年，纽约股票交易所的上市公司的市值和纳斯达克的上市公司的市值分别为7.93万亿美元和6.1万亿美元。上海证券交易所和深圳证券交易所的上市公司的市值总和为3.9万亿美元，香港股票交易所上市公司的市值总和为3.1万亿美元（Thomson Reuters Datasteam, "HSBC", *Financial Times*, April 11, 2014, p. 1），两者加在一起为7万亿美元，仅次于美国纽交所和纳斯达克。

〔2〕《沪港股票市场交易互联互通机制试点若干规定》第15条。

〔3〕 按照证监会的要求：公司在主板上市，①最近3个会计年度净利润均为正数且累计超过人民币3000万元；②最近3个会计年度营业收入累计超过人民币3亿元；③发行前股本总额不少于人民币3000万元。《首次公开发行股票并上市管理办法》第26条。《首次公开发行股票并在创业板上市办法》的要求较低：①发行人是持续经营三年以上的股份有限公司；②最近两年净利润累计不少于1000万元，或者最近一年盈利，最近一年营业收入不少于5000万元，且不存在未弥补亏损；③发行后股本总额不少于3000万元。

的金融创新,大多数情况下是降低发行要求而已。

继深交所推出创业板之后,上交所也设法推出自己的创业板。2015年,上交所提出设立"战略新兴板",旨在与深交所争抢业务。战略新兴板是深交所创业板的翻版。2015年7月,我国股市严重受挫之后,注册制无限期搁置,战略新兴板也被无限期搁置。

创业板由美国传入我国。据悉,纳斯达克是美国的创业板,曾经引领高新科技公司。但今日纳斯达克与纽交所之间已无多少差别可言。2013年,共有25家科技公司在纽交所挂牌,而纳斯达克仅有23家科技公司挂牌。[1]纽交所与纳斯达克之争已经持续了几十年。1995年至2000年代初,主要是纳斯达克的上市公司流向纽约股票交易所。但之后纽交所修改了规则,纽交所的上市公司改换门庭,无需再经过公司三分之二以上股东的同意,放宽了上市要求。[2]

六、新三板:全国中小企业股份转让系统

2013年,国务院发布《关于全国中小企业股份转让系统有关问题的决定》[3](下称《转让系统决定》),同意设立全国中小企业股份转让系统。同年,证监会发布《全国中小企业股份转让系统有限责任公司管理暂行办法》[4](下称《中小企业股份转让系统管理办法》),全国中小企业股份转让系统(下称"股份转让系统")随之问世。股份转让系统是经国务院批准,依据《证券法》设立的全国性证券交易场所,主要为创新型、创业型、成长性中小微型企业发展服务。境内符合条件的股份公司可申请在股份转让系统挂牌,公开转让股份,进行股权融资、债权融资、资产重组等。[5]

---

〔1〕 Bradley Hope, "Nasdaq Is Aiming to Plant IPO Seeds", *Wall Street Journal*, January 24, 2014, p. 21.

〔2〕 2005年至2009年,纳斯达克胜出一筹,从纽交所挖走的上市公司的市值达到2000亿美元,而纽交所从纳斯达克挖到的上市公司的市值只有640亿美元。2010年,纽交所成功反击,从纳斯达克挖走的公司的市值达370亿,而纳斯达克从纽交所挖走的公司的市值只有100亿美元。1999年,纽约交易所鼎盛时期有3025家公司,而到了2009年,只剩下2327家公司。纳斯达克1996年有5556家公司,到2009年只剩下2852家公司。纳斯达克和纽交所争抢上市公司绝不是为了搞什么创新,而是为了争夺上市公司所缴纳的年费。纽交所上市公司年费最高达50万美元,而纳斯达克的年费最高20万美元。但纽交所声称,其80%的上市公司年费为20万元。Bradley Hope, "Nasdaq Is Aiming to Plant IPO Seeds", *Wall Street Journal*, January 24, 2014, p. 21.

〔3〕 国发〔2013〕49号。

〔4〕 证监会令第89号,2013年。

〔5〕 《转让系统决定》第1条。

(一) 非上市公众公司

非上市公众公司股东人数可以超过 200 人，接受证监会的统一监督管理。[1] 证监会设有非上市公众公司部，负责相关的监管工作，也是证监会监管三板的部门。

根据全国股份转让系统公司发布的《全国中小企业股份转让系统股票发行业务细则（试行）》[2]（下称《业务规则》），股票发行"是指挂牌公司向符合规定的投资者发行股票，发行后股东人数累计不超过 200 人的行为"。[3] 股东人数未超过 200 人的股份公司申请在全国股份转让系统挂牌，证监会豁免核准。挂牌公司向特定对象发行证券，且发行后证券持有人累计不超过 200 人的，证监会豁免核准。[4] 在沪深两地交易所，公司首次公开发行公司股票之后，公司的股票才能在证券交易所挂牌交易。而三板正好相反：公司先在三板挂牌，然后再公开发行股票。公众公司公开转让股票，应当在股份转让系统进行。[5] 新三板股票并不一定是公开转让，"股票转让可以采取协议方式、做市方式、竞价方式或证监会批准的其他转让方式"。[6]

(二) 无需不盈利

申请挂牌的公司可以尚未盈利。[7] 从这种意义上说，三板类似于美国纳斯达克的创业板，两者都是借助做市商创造交易，都不以企业盈利作为挂牌交易的先决条件。

(三) 做市商制度

新三板引入了做市商制度。全国股份转让系统公司发布了《全国中小企业股份转让系统做市商做市业务管理规定（试行）》。做市商是在股份转让系统发布买卖双向报价，在其报价数量范围内按其报价履行投资者成交业务的证券公司或其他机构（见本书第三章）。[8]

---

[1]《中小企业股份转让系统管理办法》第 3 条。
[2] 载 http://China.finalaw.ca.lawyers.artlce.d32426.html，访问日期：2016 年 7 月 10 日。
[3]《业务规则》第 2 条。
[4]《转让系统决定》第 3 条。
[5]《非上市公众公司监督管理办法》第 4 条。
[6]《中小企业股份转让系统管理办法》第 20 条、第 24 条。
[7]《转让系统决定》第 1 条。
[8]《全国中小企业股份转让系统做市商做市业务管理规定（试行）》第 2 条。

新三板的交易量不足是其问题之一,〔1〕但也是可以理解的,当初就是因为交易量低,所以才引入了假装有买有卖的做市商。

为了给新三板及其做市商制造更大的游戏(或称"博弈",两词英语都是gaming)空间,监管机构就新三板适用"加强事中、事后监管"的政策,〔2〕同时引入投资者适当性管理制度。〔3〕适当性已经被作为放松监管的理由,但并不能真正化解风险。为谨慎起见,《转让系统决定》还提出:"各省(区、市)人民政府要……建立健全挂牌公司风险处置机制,切实维护社会稳定。"〔4〕

(四)成熟市场的不成熟

新三板问题成堆,具有不成熟市场的各种特点,但这并不表明我国证券市场不成熟。美国不时有人批评我国证券市场不够成熟,国内证券市场人士也有随声附和,似乎中美两国的市场人士都希望市场成熟。其实,银行、证券公司等大型金融机构希望证券市场不成熟,至少是部分市场不成熟。如果市场成熟了,他们就只能另辟蹊径,想方设法地制造新的不成熟市场。以美国为例,纽约证券交易所成熟之后,华尔街便推出了纳斯达克市场,而纳斯达克成熟之后,他们又推出了暗池这一交易场所。因为市场不成熟,也就意味着监管不成熟,而监管不成熟,弄潮者才有渔利的大好机会。可以断言,我国三板进化到成熟阶段之后,金融机构又会推陈出新,力主设立新的不成熟市场。2008年美国金融危机已经暴露了美国证券市场的致命缺陷。

(五)创建难,取消更难

新三板从宣布计划设立,到正式设立,历经10年,监管部门是慎之又慎。〔5〕

─────────

〔1〕 2014年上半年,新三板新增461家挂牌公司,但能够在此融资的企业仅为15%~20%,整个市场的交易规模只有50亿元左右。平均注册资金2000万元,年营业在500万元以上,有一定利润,并且完成了股份制改造。唐振伟:"上半年新增461家挂牌公司,新三板扩容加速但融资有限",载《证券日报》2014年7月2日,第C1版。

〔2〕《转让系统决定》第5条。

〔3〕《转让系统决定》第4条。

〔4〕《转让系统决定》第6条。

〔5〕 自2001年6月宣布计划设立,到2014年全国中小企业股份转让系统扩容后首批企业集中挂牌,经过了大约13年的时间。2001年6月,证监会批准设立代办股份转让系统。中国证券业协会发布《证券公司代办股份转让服务业务试点办法》,代办股份转让工作正式启动。同年7月16日,第一家股份转让公司挂牌。2006年1月,根据国务院的决定,中关村科技园区非上市股份公司进入证券代办系统进行股份转让试点。同年,《证券公司代办股份转让系统中关村科技园区非上市股份报价转让试点办法》公布。2010年4月,证监会成立国家高新技术产业开发区非上市公司股份转让试点暨场外市场建设筹备工作领导小组及其工作机构。2011年4月,王岐山主持会议,研究证券场外市场建设。会议要求逐步建设全国统一的证券场外市场。2011年3月,国务院发布的《中华人民共和国国民经济和社

但是新三板问世之后，便很难对其加以限制，取消就更加困难。任何行业一旦问世，就有自己的生命周期。三板中也有利益：比如，证券公司在新三板作为主办券商推荐股份公司股票挂牌，对挂牌公司进行持续督导，代理投资者买卖挂牌公司股票，为股票公司提供做市服务。[1]证券公司出于维持其业务的需要，会想方设法地施加影响，维护新三板的存在。地方政府向本地在三板挂牌的公司大力提供资金补助，[2]因此地方政府需要得到回报，也要维护新三板的存在。

七、四板：证券交易场所

国务院发布《关于清理整顿各类交易场所切实防范金融风险的决定》[3]、《国务院办公厅关于清理整顿各类交易场所的实施意见》[4]（下称《整顿实施意见》）和《清理整顿各类交易场所部际联席会议制度》[5]（下称《部际联席会议制度》），规定联席会议由证监会牵头。[6]证监会则发布《关于规范证券公司参

（接上页）会发展第十二个五年规划纲要》提出："扩大代办股份转让试点，加快发展场外交易市场。" 2012年3月，证监会全国场外市场筹备组成立。2012年7月，国务院同意扩大非上市股份公司股份转让试点，在中关村园区基础上，新增上海张江、武汉东湖、天津滨海高新区，同意设立全国中小企业股份转让系统，组建运营管理机构。2012年9月，扩大非上市股份公司股份转让试点合作备忘录签署暨首批企业挂牌仪式在京举行。全国中小企业股份转让系统有限责任公司在国家工商总局登记注册。2012年10月，证监会发布《非上市公众公司管理办法》，确定了非上市公众公司的范围。2013年1月，全国中小企业股份转让系统揭牌。2013年6月，全国中小企业股份转让系统发布《全国中小企业股份转让系统业务规则（试行）》。2013年12月，国务院发布《关于全国中小企业股份转让系统有关问题的决定》，就该系统的定位、市场体系建设、行政许可、投资者管理、投资者权益保护及监管写作等六个方面做了原则性规定。2014年1月，全国股份转让系统扩容后首批企业集中挂牌。闫立良："全国中小企业股份转让系统今日扬帆远航"，载《证券日报》2014年1月24日，第A5版。

〔1〕《中小企业股份转让系统管理办法》第20条。2014年6月，国泰君安、申银万国、东方证券、长城证券四家证券公司成为全国股转系统的首批做市商。浦泓毅："四券商谈新三板做市商"，载《上海证券报》2014年6月23日，第2版。

〔2〕24家高新区对挂牌新三板企业平均补贴139万元，大连新区补贴高达290万元。左永刚："全国场外市场挂牌企业7000多家，新三板与四板'双向转板'可期"，载《证券日报》2014年2月14日，第B1版。中关村的补贴政策为：从有限公司改造为股份有限公司，获得50万元补贴；挂牌新三板，60万元补贴；挂牌公司向证监会递交首次公开发行申请，补贴50万元。唐振伟："上半年新增461家挂牌公司，新三板扩容加速但融资有限"，载《证券日报》2014年7月2日，第C1版。

〔3〕国发〔2011〕38号。

〔4〕国办发〔2012〕37号。

〔5〕国函〔2012〕3号。

〔6〕《部际联席会议制度》第2条。

与区域性股权交易市场的指导意见（试行）》[1]（下称《区域性股权交易市场指导意见》）。各类交易场所主要从事两类交易：权益类交易以及大宗商品中远期交易和其他标准化合约。[2]清理整顿交易场所主要是为了取缔违法开设的股权交易所和期货交易所或同时违法进行股权交易和期货交易的交易场所。而从事权益类交易的交易场所就是所谓的四板。

（一）变相开设证券交易所

就其实质而言，很多股权交易场所是变相发行证券，变相设立证券交易所，具体表现形式是：①进行均等份额公开发行；②提供集中交易。

"任何交易场所利用其服务与设施，将权益拆分为均等份额后发售给投资者，即属于'均等份额公开发行'。"比如，文教所有作品组合，或称"艺术品资产包"，按初始价格分为若干等份或称权益份额。[3]《整顿实施意见》规定，不得进行均等份额公开发行。[4]除公司股票和债券之外，我国法律并没有正式界定任何其他类型的证券，《整顿实施意见》也并未使用"证券"一词，但均等份额公开发行就是违法公开发行证券（见本书第一章）。

均等份额公开与非法吸收公众存款是同一种交易行为，但发行主体不同：均等份额公开在交易场所发行，而非法吸收公众存款则是由个人或个人控制的企业发行。因为实施主体不同，结果也就不同。如果认定为非法吸收公众存款，则会追究发行人的刑事责任。只要求停止发行相关金融凭证即可，至多不过是关闭交易场所。根据最高人民法院发布的《非法集资解释》，非法吸收公众存款的要件之一是"未经有关部门依法批准"（见本书第二章）。地方交易场所大多获得当地政府的批准和支持，可以被视为得到了"有关部门依法批准"。

集中交易方式包括"集合竞价、连续竞价、电子撮合、匿名交易、做市商等交易方式，但协议转让、依法进行的拍卖不在此列"。[5]集中交易就是变相开设证券交易所。

按照《整顿实施意见》的划分，权益类交易包括产权、股权、债权、林权、

---

[1] 证监会公告［2012］20号。
[2] 《整顿实施意见》第1条。
[3] 深圳证券交易所："各类产权交易所最新发展状况调研与思考"，载《工作简报》2011年3月7日，第9版。
[4] 《整顿实施意见》第2条第1项。
[5] 《整顿实施意见》第2条第1项。

矿权、知识产权、文化艺术权益及金融资产权益等交易。[1]各类交易场所包括非上市股权交易所、技术产权交易所、文化产权交易所、农村产权交易所、林权交易所、矿权交易平台、艺术品权益份额以及黄金交易中心、山东产权交易中心、重庆联合产权交易所。北京产权交易所2013年成交额突破万亿元。[2]此外，上海设立了"南南全球技术交易中心"。[3]

当然，地方交易场所也有合法的，北京产权交易所就是一例。再有，此类交易场所虽由地方政府支持或主办，但业务可以是全国性的。

北京产权交易所自称是"全国范围内的综合性交易市场平台，以国有企业股权交易为基础，开展涵盖技术交易、文化产权交易、环境权益交易、矿权交易、贵金属交易等在内的多种股权、债券、实物资产交易，并着力为中小企业融资提供专业化服务。"[4]

(二) 各证券监管机构与地方政府之间的协调

清理整顿工作借重地方政府，由省级人民政府批准设立；限制跨区域经营；建立风险防范措施；完善会员制；建立适当性管理制度；"登记结算事宜由区域性市场依据市场管理办法规定程序认可的机构负责"。[5]清理整顿是中央政府与地方政府之间的反复拉锯。1998~1999年，证监会开展过类似的清理整顿工作。[6]总的来说，对于地方主办或支持的违法违规交易场所，清理整顿是以协调为主，以"抚"为主。[7]

---

[1] 《整顿实施意见》第1条。

[2] 钟志敏："北交所年成交额首次突破万亿元"，载《中国证券报》2014年1月27日，第A14版。

[3] 截至2010年9月，挂牌项目累计超过1600宗。深圳证券交易所："各类产权交易所最新发展状况调研与思考"，载《工作简报》2011年3月7日。

[4] 产权信披："北京产权交易所"，载《中国证券报》2013年12月23日，第A15版。

[5] 《区域性股权交易市场指导意见》第2条。

[6] "到1999年底，涉及全国18个省市和340万投资者的41个非法股票交易场所关闭，520家企业摘牌……"李欣、宋怡清："周正庆：回忆资本首次行'98风暴'"，载《财经国家周刊》2015年12月。

[7] 1998~1999年的"整个清理整顿工作是先停止扩容，再清理业务，最后关闭场所"。具体做法是："具备一定条件的分别采取赎回股票、鼓励收购、吸收收购、吸收合并、股权转债权、推荐单独上市措施；不具备条件的动员原有股东继续持有股份，享受股东权益，并给予相应优惠政策；全部业务清理完成后关闭，符合条件的可以转化为营业部"。李欣、宋怡青："周正庆：回忆资本首次行'98风暴'"，载《财经国家周刊》2015年12月期。2012~2013年的清理整顿工作的具体情况人们所知甚少。周正庆是近20年后才公开介绍当时的清理整顿情况。证券市场云谲波诡，市场缺少透明，政府监管也缺乏透明。

另一方面，尽管证券交易场所大多由地方政府支持或操办，但为其提供服务的机构大多由证监会监管，其中包括：证券公司、证券资信评级机构、证券投资咨询机构、基金管理公司和期货公司。所提供的服务包括：开户、托管、资金划转、代理买卖、投资咨询、财务顾问、挂牌上市、资信评级等。证监会未能管好这些机构，就难以指导地方政府。证监会也是事后发出《关于做好清理整顿各类交易场所相关工作的通知》[1]。按照该通知，证券期货、经营机构不得为违法证券期货交易系统提供服务。证监会规定，证券公司以股权方式参与区域性市场的，应当按规定扣减净资本，[2]由中证协制定自律规则。[3]

证券市场一张一弛，由政府发挥主导作用。尽管美国政府并不直接组织或参与证券交易活动，但通过低利率和放松监管（类似我国的事中监管和事后监管）为金融机构的各类金融交易活动提供便利。尽管除税收之外，美国各级政府并未直接获益于各类证券交易活动，但美国政府官员从中获利：政治领导人获得政治捐款，普通工作人员则不时由监管部门转入薪酬更高的金融机构工作。

（三）各证券监管机构之间的协调

证监会牵头清理整顿的工作，就必须与国务院其他证券监管机构协调。比如，地方交易场所的投资方也有保险公司，[4]保险行业由保监会监管，证监会必须与其协调。《部际联席会议制度》规定建立清理整顿的部委联席会议，成员为需要相互协调的部委。这些部委包括：证监会、发改委、科技部、工信部、公安部、监察部、财政部、国土资源部、环境保护部、农业部、商务部、文化部、人民银行、国资委、工商总局、农业局、知识产权局、法制办、保监会、中央宣传部、最高人民法院、最高人民检察院。[5]省级人民政府、有关部门和公安机关、司法机关对交易场所涉嫌从事违法证券期货交易活动性质认定存疑的，可提交联席会议认定，由证监会在征求相关成员单位意见的基础上依法出具认定意见。[6]

归根结底，证券交易场所的混乱以及证券定义的混乱与证券监管机构之间以及证券监管机构与地方政府之间的利益冲突互为因果关系。

---

[1] 证监发[2012] 17号。

[2]《区域性股权交易市场指导意见》第3条。

[3]《区域性股权交易市场指导意见》第5条。

[4] 保监会因此而发文要求保险机构上报有关情况。《中国保险监督管理委员会关于做好清理整顿各类交易场所相关工作的通知》第3条第1项。

[5]《部际联席会议制度》第2条。

[6]《部际联席会议制度》第3条。

八、五板：证券公司的柜台交易

五板是证券公司内部开设的证券交易场所。此类交易场所也是模仿美国实践而设立的。在美国，五板也被称作私人证券交易所。

（一）柜台交易市场

中国证券业协会 2014 年发布了《证券公司柜台市场管理办法（试行）》[1]。根据该办法，证券公司柜台市场是指证券公司为与特定交易对手在集中场所之外进行交易所提供服务的场所或平台。[2]证券公司可以为在其柜台市场发行、销售与转让的私募产品提供登记、托管与结算服务。[3]这就意味着证券公司可以自办交易场所。如此重要的问题，由证监会制定专门的规章似乎更为妥当。

证券公司可以做市，[4]并选择自行结算。[5]除金融监管部门明确规定必须事前审批、备案的私募产品外，证券公司在柜台市场发行、销售与转让的私募产品的，可以事后备案。[6]

（二）美国的私人交易场所

美国金融作家米歇尔·刘易斯就指出："华尔街经纪业务公司与证券交易所之间的界线已经模糊。大型经纪业务公司自己就有证券交易所……可以为小型经纪公司提供经纪服务，客户的下单可以自己执行，也可以转给其他交易所。"[7]刘易斯将此类证券交易场所称为"私人证券交易所"，其中也包括暗池。

暗池（dark pool）是股票交易所之外的电子交易平台，投资者可以在公众订单委托簿记（public order book）之外，匿名进行大宗股票交易。换言之，交易者无需披露身份或交易量。交易撮合后，价格才会被公开。暗池的主要参与者是对冲基金、机构投资者、经济自营商以及券商的自营部门。2005 年，暗池首先在美国问世，金融危机之后券商高盛又下大力气将其引入香港。在美国总交易中占到

---

[1] 载 http://www.sa.net.cn/flgz/zlgz/201408/t20140819_101873.html，访问日期：2015 年 1 月 28 日。
[2]《证券公司柜台市场管理办法》第 2 条。
[3]《证券公司柜台市场管理办法》第 13 条。
[4]《证券公司柜台市场管理办法》第 10 条。
[5]《证券公司柜台市场管理办法》第 13、19 条。
[6]《证券公司柜台市场管理办法》第 7 条。
[7] Michael Lewis, *Flash Boys*, Allen Lane, 2014, p. 119.

一半,在香港仅占3%,只有14家暗池交易。[1]美国和香港对暗池交易都没有进行实质监管,更没有制定相应的法律规定。正是因为上述原因,香港证券期货委员会提出,暗池交易不得有非成熟个人投资者参加。

---

[1] Enoch Yiu, "SFC Floats Move to Restrict Dark Pool Platforms to Institutions", *The Wall Street Journal*, February 28, 2014, p. B7.

第十三章

内幕交易

一、概要

内幕交易是内幕知情人利用其掌握的信息,在该信息公开之前,为牟利而进行交易。

典型的内幕信息涉及公司收购,一旦收购消息公开,目标公司的股票通常会上涨,在此之前购进目标公司的股票,消息公开后再售出股票,就可以从中牟利。公司盈利与否和盈利多少也是影响股票价格的重要内幕信息。

监管机构强调打击内幕交易活动,但由于以下原因,内幕交易活动难以认定:内幕信息数次传递,传递信息者和接收信息者的责任如何界定;做市商同时卖出买入证券,掌握内幕信息但必须进行交易;证券公司内部交换或暗示公司掌握的信息;自主研究开发的信息无需披露,但自主研究的信息与窃取他人信息之间的界限有时难以划分。做市商、交易商借助计算机技术进行"高频率交易",利用其影响市场价格而获得的信息抢先交易。

二、法律法规

1. 《证券法》
2. 《期货交易管理条例》(国务院令第 489 号,2007 年发布,2012 年、2013 年、2016 年修订)
3. 《最高人民法院、最高人民检察院关于办理内幕交易、泄露内幕信息刑事案件具体应用法律若干问题的解释》(法释〔2012〕6 号)
4. 《最高人民法院、最高人民检察院、公安部、中国证监会关于办理证券期

货违法犯罪案件工作若干问题的意见》（证监发〔2011〕30 号）

5.《中国证监会证券市场内幕交易行为认定指引（试行）》（证监稽查字〔2007〕1 号）

6.《上市公司信息披露管理办法》（证监会令第 40 号，2007 年发布）

7.《上市公司董事、监事和高级管理人员所持本公司股份及其变动管理规则》（证监公司字〔2007〕56 号）

三、内幕交易的定义

（一）内幕交易的要件

我国《证券法》第 73 条规定："禁止证券交易内幕信息的知情人和非法获取内幕信息的人利用内幕信息从事证券交易活动。"

上述定义又被细化为诸多要件：内幕交易人的认定、内幕信息的认定、内幕交易行为的认定、不构成内幕交易的情形等。我国最高人民法院和证监会分别制定了《关于办理内幕交易、泄露内幕信息刑事案件具体应用法律若干问题的解释》（下称《内幕交易应用法律的解释》）和《中国证监会证券市场内幕交易行为认定指引（试行）》（下称《内幕交易行为认定指引》），对各种要件做了细化解释。美国法院也对内幕交易的犯罪要件做出过诸多判例。这些要件也是监管机构与监管对象之间反复拉锯的争议点。

（二）内幕交易与操纵同属欺诈行为

美国《1934 年证券交易法》第 10（b）条适用于所有欺诈行为，可以"一网打尽"各种欺诈行为。[1]内幕交易和操纵等行为均被视为违反第 10（b）条的欺诈行为。[2]第 10（b）条的具体规定是：

"任何人直接或间接地使用州际商务或邮件的方式方法，或直接或间接地使用任何全国证券交易所的设施……在购买或出售任何证券方面……有任何操纵或欺骗做法，违反证交会为保护公共利益或保护投资者而必须或适宜制定的规则或规定，属于违法。"[3]

---

〔1〕 David L. Ratner and Thomas Lee Hazen, *Securities Regulation-Cases and Materials*, 5th ed., West Group, 1991, p. 471.

〔2〕 Ernst & Ernst v. Hochfelder, 423 U. S. 185 (1976); Dirks v. SEC, 463 U. S. 646 (1983); United States v. O'Hagan, 521 U. S. 642 (1997).

〔3〕 Section 10 (b) of the Securities Exchange Act of 1934, 15. U. S. C. 78j (b).

根据第 10（b）条，证交会制定细则 10b-5 规则，将以下行为定为非法：

"在购买或出售任何证券方面，（a）为欺诈而使用任何手段、计划或伎俩，（b）就重大事实做出不实陈述或在该陈述中遗漏鉴于陈述的具体情况为避免误导而必须陈述的重大事实，或（c）从事任何行为、做法或商业活动，对任何人构成或将会构成欺诈或欺骗。"[1]

操纵市场是内幕交易的继续和发展，操纵市场者必有不可告人的内幕交易活动。按照美国证券法，内幕交易和操纵同属欺诈行为，适用反欺诈条款第 10（b）条。美国国会通过的法律并没有界定内幕交易和市场操纵行为。法院又通过判例认定，内幕交易和操纵股市属于欺诈，违反了第 10 条和 10b-5 规则。

四、内幕信息知情人的认定

《证券法》《期货交易管理条例》《内幕交易应用法律的解释》和《内幕交易行为认定指引》界定了内幕信息知情人。

（一）《证券法》的界定

《证券法》第 74 条第 1 项到第 6 项规定的内幕信息的知情人包括：①发行人的董事、监事、高级管理人员；②持有公司 5% 以上股份的股东及其董事、监事、高级管理人员，公司的实际控制人及其董事、监事、高级管理人员；③发行人控股的公司及其董事、监事、高级管理人员；④由于所任公司职务可以获取公司有关内幕信息的人员；⑤证券监督管理机构工作人员以及由于法定职责对证券的发行、交易进行管理的其他人员；⑥保荐人、承销的证券公司、证券交易所、证券登记结算机构、证券服务机构的有关人员；⑦国务院证券监督管理机构规定的其他人。

（二）《期货交易管理条例》的界定

《期货交易管理条例》第 81 条第 12 项规定，内幕信息的知情人员是指由于其管理地位、监督地位或者职业地位，或者作为雇员、专业顾问履行职务，能够接触或者获得内幕信息的从业人员，包括：期货交易所的管理人员以及其他由于任职可获取内幕信息的从业人员，国务院期货监督管理机构和其他有关部门的工作人员以及国务院期货监督管理机构规定的其他人员。

---

[1] 17 CFR § 240.10b.

（三）内幕信息知情人包括法人

《内幕交易行为认定指引》所称内幕信息知情人，是指内幕信息公开前直接或者间接获取内幕信息的人，包括自然人和单位。单位是指法人和其他非法人组织，包括公司、企业、事业单位、机关、社会团体等。[1]

（四）证监会规定的内幕信息知情人

《内幕交易行为认定指引》规定的内幕信息知情人包括：

（1）发行人、上市公司。

（2）发行人、上市公司的控股股东、实际控制人控制的其他公司及其董事、监事、高级管理人员。

（3）上市公司并购重组参与方及其有关人员。

（4）因履行工作职责获取内幕信息的人。

（5）亲属。[2]

亲属是指《证券法》第74第1项到第6项规定的自然人的亲属，即发行人、上市公司的控股股东、实际控制人控制的其他公司及其董事、监事、高级管理人员的亲属，其因亲属关系获取内幕信息的人，都为内幕信息知情人。[3]

（五）最高人民法院界定的内幕信息知情人员

《内幕交易应用法律的解释》将《刑法》第180条第1款规定的"非法获取证券、期货交易内幕信息的人员"细化为：①利用窃取、骗取、套取、窃听、利诱、刺探或者私下交易等手段获取内幕信息的人员；②内幕信息知情人的近亲属或者其他与内幕信息知情人员关系密切的人员，在内幕信息敏感期内，从事或者明示、暗示他人从事，或者泄露内幕信息导致他人从事与该内幕信息有关的证券、期货交易、相关交易行为明显异常，且无正当理由或者正当信息来源；③在内幕信息敏感期内，与内幕信息知情人员联络、接触，从事或者明示、暗示他人从事，或者泄露内幕信息导致他人从事与该内幕信息有关的证券、期货交易、相关交易行为明显异常，且无正当理由或者正当信息来源。[4]

---

[1]《内幕交易行为认定指引》第5条。

[2]《内幕交易行为认定指引》第6条。

[3] 证券交易内幕信息的知情人包括"国务院证券监督管理机构规定的其他人"。《证券法》第74条第（7）项。

[4]《内幕交易应用法律的解释》第2条。

（六）相关交易行为明显异常

《内幕交易应用法律的解释》规定，认定是否存在"相关交易行为明显异常"，要综合以下情形，从时间吻合程度、交易背离程度和利益关联程度等方面予以认定：①开户、销户、激活资金账户或者指定交易（托管）、撤销指定交易（转托管）的时间与该内幕信息形成、变化、公开时间基本一致的；②资金变化与该内幕信息形成、变化、公开时间基本一致的；③买入或者卖出与内幕信息有关的证券、期货合约时间与内幕信息的形成、变化、公开时间基本一致的；④买入或者卖出与内幕信息有关的证券、期货合约时间与获悉内幕信息的时间基本一致的；⑤买入或者卖出证券、期货合约行为明显与平时交易习惯不同的；⑥买入或者卖出证券、期货合约行为，或者集中持有证券、期货合约行为与该证券、期货公开信息反映的基本面明显背离的；⑦账户交易资金进出与内幕信息知情人员或者非法获取人员有关联或者利害关系的；⑧其他交易行为明显异常情形。[1]

五、内幕信息的认定

（一）《证券法》的界定

《证券法》第 75 条规定，涉及公司的经营、财务或者对公司证券的市场价格有重大影响的尚未公开的信息，为内幕信息，具体内容包括：①《证券法》第 67 条第 2 款所列重大事件；[2] ②公司分配股利或者增资的计划；③公司股权结构的重大变化；④公司债务担保的重大变更；⑤公司营业用主要资产的抵押、出售或者报废一次超过该资产的 30%；⑥公司的董事、监事、高级管理人员的行为可能依法承担重大损害赔偿责任；⑦上市公司收购的有关方案；⑧国务院证券监督管理机构认定的对证券交易价格有显著影响的其他重要信息。

---

〔1〕《内幕交易应用法律的解释》第 3 条。
〔2〕 该款所列重大事件为：①公司的经营方针和经营范围的重大变化；②公司的重大投资行为和重大的购置财产的决定；③公司订立重要合同，可能对公司的资产、负债、权益和经营成果产生重要影响；④公司发生重大债务和未能清偿到期重大债务的违约情况；⑤公司发生重大亏损或者重大损失；⑥公司生产经营的外部条件发生的重大变化；⑦公司的董事、三分之一以上监事或者经理发生变动；⑧持有公司 5% 以上股份的股东或者实际控制人，其持有股份或者控制公司的情况发生较大变化；⑨公司减资、合并、分立、解散及申请破产的决定；⑩涉及公司的重大诉讼，股东大会、董事会决议被依法撤销或者宣告无效；⑪公司涉嫌犯罪被司法机关立案调查，公司董事、监事、高级管理人员涉嫌犯罪被司法机关采取强制措施；⑫国务院监督管理机构规定的其他事项。

（二）《期货交易管理条例》的界定

期货交易的内幕信息标准与证券内幕交易的认定有关。同样，证券内幕信息标准也与期货交易内幕交易的认定有关。这是因为金融期货交易与证券期货交易之间有很强的互动关系。此外，按照美国的做法，证券期货（或称"金融衍生产品"）也被认定为证券。

我国《期货交易管理条例》第81条第11项规定，内幕信息是指可能对期货交易价格产生重大影响的尚未公开的信息，包括：期货监督管理机构以及其他相关部门制定的对期货交易价格可能发生重大影响的政策，期货交易所作出的可能对期货交易价格发生重大影响的决定，期货交易所会员、客户的资金和交易动向以及国务院期货监督管理机构认定的对期货交易价格有显著影响的其他重要信息。

（三）兜底条款

《证券法》第75条第2款第8项"国务院证券监督管理机构认定的对证券交易价格有显著影响的其他重要信息"这一兜底条款在实践中引发了争议。

在光大证券案[1]中，行政处罚相对人提出，《证券法》第75条第1款所指的"证券交易活动，涉及公司的经营、财务或者对该公司证券的市场价格有重大影响的尚未公开的信息，为内幕信息"，是对"内幕信息"的定义，第2款前7项列举，都是指向与公司的内在价值有关的信息，证监会适用《证券法》第75条第2款第8项"兜底条款"，不应超越第1款定义。[2]所以"错单交易信息并非与发行人有关，不属于内幕信息范畴"。[3]

证监会则认为，"兜底条款"是认定《证券法》第75条第2款第1至第7项所未列举的内容。[4]换言之，证监会认为，《证券法》第75条第2款第8项赋予证监会的权力是绝对的："证监会有权就具体信息是否属于内幕信息进行认定。"[5]法院支持证监会的立场，认定"证券的内幕信息包括国务院证券监督管理机构认定

---

[1] 北京市第一中级人民法院行政判决书［2014］一中行初字第2438号。

[2] 杨颖桦、谷枫："杨剑波诉证监会案开庭：两回合交锋背后的内幕交易认定"，载《21世纪经济报道》2014年4月4日，第13版。

[3] 北京市第一中级人民法院行政判决书［2014］一中行初字第2438号。

[4] 杨颖桦、谷枫："杨剑波诉证监会案开庭：两回合交锋背后的内幕交易认定"，载《21世纪经济报道》2014年4月4日，第13版。

[5] 杨颖桦、谷枫："杨剑波诉证监会案开庭：两回合交锋背后的内幕交易认定"，载《21世纪经济报道》2014年4月4日，第13版。

的对证券价格有显著影响的其他重要信息"。[1]

《期货交易管理条例》第 81 条第 11 项所提到的"国务院期货监督管理机构认定的对期货交易价格有显著影响的其他重要信息",也被视为兜底条款。光大证券案中,行政处罚相对人也质疑兜底条款,质疑证监会认定内幕信息的权力范围。[2]但法院则支持证监会的立场,证监会有权认定对期货交易价格有显著影响的其他重要信息,此类信息不限于发行人自身的有关信息或政策信息。[3]

(四)对证券交易价格有显著影响

对证券交易价格有显著影响是指通常情况下,有关信息一旦公开,公司证券的交易价格在一段时期内与市场指数或相关分类指数发生显著偏离,或者使大盘指数发生显著波动。显著偏离、显著波动,可以结合专家委员会或证券交易的意见认定。[4]

(五)信息敏感期

内幕交易的内幕信息经常涉及公司并购,内幕信息知情人买卖目标公司的股票牟利。被收购公司(下称"目标公司")的股票价格会上升,相关内幕信息公布之前,若能买入目标公司的股票,待内幕信息公布后股价上涨时再卖出,便可以从中获利。并购消息公布之前,相当一部分的相关上市公司股票交易经常异常活跃。[5]我国《证券法》第 75 条第 2 款第 7 项规定,"上市公司收购的有关方

---

〔1〕 "虽然《证券法》第 75 条第 2 款明确列举的内幕信息主要是与发行人自身相关的信息,但该法第 75 条第 2 款第 8 项规定,内幕信息包括国务院证券监管机构认定的对证券交易价格有显著影响的其他重要信息。而根据该条第 1 项规定,证券交易活动中,涉及公司的经营、财务或者对该公司证券的市场价格有重大影响的尚未公开的信息,为内幕信息。因此,内幕信息并不限于与发行人自身相关的信息,也应包括对公司证券的市场价格有重大影响的交易信息。进一步考虑到大盘指数与公司证券价格之间的紧密关联性,对大盘指数产生重大影响的交易信息亦应属于《证券法》所指对公司证券的市场价格有重大影响的内幕信息范畴。"北京市第一中级人民法院行政判决书〔2014〕一中行初字第 2438 号。

〔2〕 原告杨剑波称,"内幕信息是指发行人自身的有关信息或者相关部门制定的政策等影响发行人股票或者期货交易价格的信息……不包括申购者自身因申购行为而产生的信息"。北京市第一中级人民法院行政判决书〔2014〕一中行初字第 2438 号。

〔3〕 "虽然《期货交易管理条例》第 82 条第 11 项中列举的内幕信息并未明确包含期货市场以外的信息,但该条规定,期货市场的内幕信息也包括国务院期货监督管理机构认定的对期货价格有显著影响的其他重要信息……考虑到证券市场与期货市场的关联性,证券市场上形成的内幕信息如对期货市场的波动可能产生重大影响亦应属于期货市场内幕信息的范畴……光大证券当日上午的错单交易对沪深 300 指数、180ETF、50ETF 和股指期货合约价格均产生重大影响,被告据此错单交易信息认定为内幕信息。"北京市第一中级人民法院行政判决书〔2014〕一中行初字第 2438 号。

〔4〕 《内幕交易行为认定指引》第 8 条第 5 项、第 9 条。

〔5〕 2014 年,英国证券市场公司并购消息宣布之前,13.9%的相关股票交易有异动,该比例在 2013 年和 2009 年分别为 15.1%和 30.6%。Bloomberg, "Suspicious Trading at Historical Low",载 http//www/news/oninvest.com/2014/07/02/suspicious-trading-at-historic-low-in-uk,访问时间:2015 年 8 月 26 日。

案"为内幕信息。《内幕交易应用法律的解释》扩大了有关并购的内幕信息的范围，将其扩大到"内幕信息敏感期"：关于公司并购谈判的消息，也可以被界定为内幕信息。

《内幕交易应用法律的解释》规定，"内幕信息敏感期"是指内幕信息自形成至公开的期间。[1]《内幕交易行为认定指引》又界定了价格敏感期："从内幕信息开始形成之日起，至内幕信息公开或者该信息对证券的交易不再有显著影响时止，为内幕信息的价格敏感期"。[2]

（六）默示内幕信息

证监会 2007 年发布《上市公司董事、监事和高级管理人员所持本公司股份及其变动管理规则》[3]，规定上市公司董事、监事和高级管理人员在下列期间不得买卖本公司股票：①上市公司定期报告公告前 30 日内；②上市公司业绩预告、业绩快报公告前 10 日内；③自可能对本公司股票交易价格产生重大影响的重大事项发生之日或在决策过程中，至依法披露后 2 个交易日内。[4]

证监会并没有明示上述活动的相关信息为内幕信息，但相关从业人员的证券交易因这些活动而受到限制，可以视这些相关信息为默示信息。

六、内幕交易行为的认定

（一）内幕交易的具体情形

内幕信息知情人有以下行为，即可被认定为实施了内幕交易行为：①以本人名义，直接或委托他人买卖证券；②以他人名义买卖证券，认定条件是直接或间接提供证券或资金给他人购买证券，且该他人所持有证券之利益或损失，全部或部分归属于本人或者对他人所持有的证券具有管理、使用和处分权益；③为他人买卖或建议他人买卖证券；④以明示或暗示的方式向他人泄露内幕信息。[5]

（二）单位

1. 单位的内幕交易行为

以单位名义实施内幕交易行为，且违法所得归单位所有的，应认定为单位的

---

[1]《内幕交易应用法律的解释》第 5 条。
[2]《内幕交易行为认定指引》第 10 条。
[3] 证监公司字 [2007] 56 号。
[4]《上市公司董事、监事和高级管理人员所持公司股份及其变动管理规则》第 13 条。
[5]《内幕交易行为认定指引》第 13 条、第 14 条。

内幕交易行为。[1]光大证券 ETF 套利案中,光大证券公司被认定为单位进行内幕交易。

2. 直接负责的主管人员

直接负责的主管人员,是指在内幕交易中起决定、批准、指挥、授意、纵容等作用的人员,一般是单位的主管负责人,包括法人代表。[2]在杨剑波诉证监会案中,光大证券时任法定代表、总裁作为"直接负责的主管人",受到证监会的处罚,法院予以支持。[3]

3. 其他直接人员

其他直接人员,是指在内幕中具体实施内幕交易行为并起较大作用的人员,既可以是单位的经营管理人员,也可以是单位的职工,包括聘任、雇佣的人员。[4]光大证券案中,光大证券策略投资部原总经理作为"其他直接人员",受到证监会的处罚,法院予以支持。[5]

(三) 个人的内幕交易行为

1. 盗用单位的名义

盗用单位名义实施内幕交易行为,违法所得由实施内幕交易行为的个人私分的,应认定为个人的内幕交易行为。[6]

2. 利用单位实施内幕交易

个人利用设立的公司、企业、事业单位实施内幕交易的,或者个人设立的公司、企业、事业以实施内幕交易为主要活动的,应认定为个人的内幕交易活动。[7]

(四) 抢先交易

2009 年修订的《刑法》先于《证券法》对抢先交易(front running)做了界

---

[1]《内幕交易行为认定指引》第 15 条。

[2]《内幕交易行为认定指引》第 15 条第 2 款第 1 项。

[3] 原告杨剑波称,"内幕信息是指发行人自身的有关信息或者相关部门制定的政策等影响发行人股票或者期货交易价格的信息……不包括申购者自身因申购行为而产生的信息"。北京市第一中级人民法院行政判决书〔2014〕一中行初字第 2438 号。

[4]《内幕交易行为认定指引》第 15 条第 2 款第 2 项。

[5] 原告称,"内幕信息是指发行人自身的有关信息或者相关部门制定的政策等影响发行人股票或者期货交易价格的信息……不包括申购者自身因申购行为而产生的信息"。北京市第一中级人民法院行政判决书〔2014〕一中行初字第 2438 号。

[6]《内幕交易行为认定指引》第 16 条。

[7]《内幕交易行为认定指引》第 17 条。

定:"证券交易内幕信息知情人员或者非法获取证券交易内幕信息的人员,在涉及证券的发行、交易或者其他对证券的价格有重大影响的信息尚未公开前,买入或者卖出该证券,或者泄露该信息……"[1]

(五) 管理人或受托人

管理人或受托人等以投资基金、社保基金、保险品种、企业年金、信托计划、投资理财计划等实施内幕交易的,应当认定为管理人或受托人等的内幕交易行为。[2]

(六) 《认定函》

证监会依据《证券法》第186条,在行政执法过程中发现涉嫌内幕交易犯罪的,除了将案件移送司法机关处理,通常还会随案出具包括内幕信息的具体内容、敏感期、交易主体、交易数额等内容的《认定函》。《最高人民法院、最高人民检察院、公安部、中国证监会关于办理证券期货违法犯罪案件工作若干问题的意见》[3]第4条规定,证券监管机构可以根据司法机构办案的需要,依法就案件涉及的证券期货专业问题向司法机关出具认定意见。法院据此将《认定函》作为定案证据材料,多数法院将其作为书证的证据类别。[4]但《认定函》的效力仍然存在争议。[5]

(七) 举证责任倒置

内幕交易活动通常较为隐秘,很难获得有关内幕交易中内幕知情人主观故意的直接证据。最高人民法院做出司法解释,就主观故意问题倒置了举证责任:"监管机构提供的证据能够证明以下情形之一,且被处罚人不能作出合理说明或者提供的证据排除其存在利用内幕信息从事相关证券交易活动的,人民法院可以确认被诉处罚决定认定的内幕交易行为成立:(一) 证券法第七十四条规定的证

---

[1] 《刑法》第180条。
[2] 《内幕交易行为认定指引》第18条。
[3] 证监发[2011]30号。
[4] 赵靓:"内幕交易案件审判实务若干难点探讨",载《上海证券报》2016年5月16日,第10版。
[5] "辩方往往基于以下理由要求法庭不得将《认定函》作为证据采纳,对《认定函》中的结论性意见也不予采信:《认定函》不属于《刑事诉讼法》规定的七种证据之一;《认定函》本质上是行政机关在行政执法过程中的总结性意见,其内容认定具有主观性,不符合公文性书证的要求;《认定函》不是鉴定结论,不具备鉴定结论的主体资格和形式要件。"部分法官也认为,"当前《认定函》的陈述普遍过于简单,对认定的原因及依据少有说明……"赵靓:"内幕交易案件审判实务若干难点探讨",载《上海证券报》2016年5月16日,第10版。

券交易内幕信息知情人，进行了与该内幕信息有关的证券交易活动；（二）证券法第七十四条规定的内幕信息知情人的配偶、父母、子女以及其他有密切关系的人，其证券交易活动与该内幕信息基本吻合；（三）因履行工作职责知悉上述内幕信息并进行了该信息有关的证券交易活动；（四）非法获取内幕信息，并进行了与该内幕信息有关的证券交易活动；（五）内幕信息公开前与内幕信息知情人或知晓该内幕信息的人联络、接触，其证券交易活动与内幕信息高度吻合。"[1]

（八）内幕交易得利

内幕交易的违法所得，是指行为人实施内幕交易行为获取的不正当利益，即行为人买卖证券获得的收益或规避的损失，其不正当利益既可以表现为持有的现金，也可以表现为持有的证券。[2]

七、不构成内幕交易的情形

《内幕交易应用法律的解释》和《内幕交易行为认定指引》对内幕交易的抗辩理由都有规定。

（一）《内幕交易应用法律的解释》的规定

《内幕交易应用法律的解释》第 4 条规定了抗辩理由："具有下列情形之一的，不属于《刑法》第一百八十条第一款所规定的从事与内幕信息有关的证券、期货交易：（一）持有或者通过协议、其他人共同持有上市公司百分之五以上股份的自然人、法人或者其他组织收购该上市公司股份的；（二）按照事先订立的书面合同、指令、计划从事相关证券、期货交易的；（三）依据已被他人披露的信息而交易的；（四）交易具有其他正当理由或者正当信息来源的。"[3]

1. 按照事先订立的书面合同、指令、计划

光大证券案中，法院明确指出，计划和指令必须是内幕消息形成之前即已制订，"足以证明其实施的交易行为确与内幕信息无关，可以作为内幕交易的抗辩理由"。既定投资计划和指令必须"包含交易时间、交易数量等具体内容，且在

---

[1] 《关于审理证券行政处罚案件证据若干问题的座谈会纪要》（法〔2011〕225 号）第 5 条。
[2] 《内幕交易行为认定指引》21 条。
[3] 《内幕交易行为认定指引》第 20 条则规定："有下列情形之一的，行为人的证券交易活动不构成内幕交易行为：（一）证券买卖行为与内幕信息无关；（二）行为人有正当理由相信内幕信息已公开；（三）为收购公司股份而依法进行的正当交易行为；（四）事先不知道泄露内幕信息的人是内幕人或泄漏的信息为内幕信息；（五）中国证监会认定的其他正当交易行为。"

实施的过程中没有发生变更……"〔1〕

2. 依据已被他人披露的信息而交易

《内幕交易行为认定指引》所称的内幕信息公开范畴较宽，除在中国证监会指定的报刊、网站等媒体所披露的内幕信息外，还包括在一般投资者能够接触到的全国性报刊、网站等媒体所披露的信息，或者被一般投资者广泛知晓和理解。〔2〕《内幕交易应用法律的解释》所称的内幕信息范围更窄，是指内幕信息在中国证监会指定的报刊、网站等媒体披露。〔3〕

光大证券案中，法院对信息公开做了进一步界定："内幕信息以媒体揭露的方式公开应至少满足三个要件：第一，相关媒体报道能够为市场主体所广泛周知；第二，媒体所揭露的信息具有完整性，即已经包含内幕信息的主要内容，从而使理性的市场主体能够就其可能产生的市场影响进行综合判断；第三，理性的市场主体能够相信相关媒体揭露的信息具有的可靠性。"光大证券案中，行政处罚相对人提出，内幕信息的内容已经由网络媒体披露，所以相关交易并不构成内幕交易。法院则指出，"本案中，网络媒体关于错单交易信息的报道对市场主体来说不能满足可靠性的要求"。〔4〕

3. 交易具有正当理由信息来源

内幕交易案中，被告的抗辩理由经常是，内幕消息经常有多处来源，经过被告的研究和判断才可以得出。内幕交易案中，被告会以"具有正当信息来源或基于个人专业知识、技术分析为由提出抗辩"。〔5〕

有观点认为："关键在于内幕信息是否对行为人做出交易决策起到影响作用，只要内幕信息对其交易产生影响，起到帮助作用，就应当认为利用内幕信息从事内幕交易行为。"〔6〕

---

〔1〕"光大证券《策略投资部业务管理制度》规定，当出现因系统故障等原因导致交易异常，应考虑采用合适的对冲工具（包括但不限于股指期货、ETF等），及时控制风险，进行对冲交易，以保证部门整体风险敞口处于可控范围，保持市场中性，但上述规定并无具体的交易内容，不足以构成既定投资计划和指令。"北京市第一中级人民法院行政判决书〔2014〕一中行初字第2438号。

〔2〕《内幕交易行为认定指引》第11条。

〔3〕《内幕交易应用法律的解释》第5条。

〔4〕北京市第一中级人民法院行政判决书〔2014〕一中行初字第2438号。

〔5〕"辩称利用其自身专业知识、多年交易经验，交易前关注、研究交易证券的基本面、资金流向……"赵靓："内幕交易案件审判实务若干难点探讨"，载《上海证券报》2016年5月16日，第10版。

〔6〕赵靓："内幕交易案件审判实务若干难点探讨"，载《上海证券报》2016年5月16日，第10版。

相比之下，美国法院不愿适用这样严厉的标准，因为从某种意义上说，证券市场本身就是内幕交易（见本章第一部分）。在美国诉纽曼案[1]判决中，美国第二巡回上诉法院指出，"'禁止内幕交易'的政策理由远非禁止所有利用非公开重大信息进行的交易。有效的资本市场有赖于对信息财产权的保护。但同时他们也要求，获得有关公司信息并据此行事的人，应当可以从他们生产的信息中获得利润"。

（二）《内幕交易行为认定指引》：上市公司回购股份

按照《内幕交易行为认定指引》的规定，以下行为不构成内幕交易行为：上市公司回购股份；上市公司控股股东及相关股东为履行法定或预定的义务而交易上市公司股份；经中国证监会许可的其他市场操作。[2]

（三）二手以上人员

我国部分法官认为："在传递型内幕交易犯罪中，对于二手以上人员不宜再追究刑事责任，这样既能体现刑法的谦抑性，也不会出现打击面扩大的问题。"[3]此外，我国部分法官还认为："利用偶然听到的内幕消息进行交易，因不存在非法窃取、刺探内幕信息的主观恶性，也不宜追究刑事责任……"[4]"此处被动性获取内幕信息的人员必须是内幕信息知情人员的近亲属或者与其关系密切的人之外的人。"[5]

按照美国联邦法院的判例，内幕交易案中，并不因为内幕交易转手数次后而免除信息接收人的责任。在德克斯诉证交会案[6]中，美国最高法院制定的规则是，内幕交易是否成立，取决于信息传递人是否因而"直接或间接地个人获益"以及内幕信息接收人是否知道信息传递人违法传递信息。该案中信息接收人是位分析师，从一家保险公司的一位前高管处获得了非公开重大信息，内容涉及这家保险公司可能有欺诈。该分析师将信息传递给他的几位客户，而这些客户是这家保险公司的投资者，他们根据分析师泄露的信息售出自己的股票。在德克斯案

---

[1] U. S. v. Newman, Nos 13-1837-cr（L）, 13-1917-cr（con）.
[2] 《内幕交易行为认定指引》第19条。
[3] 赵靓："内幕交易案件审判实务若干难点探讨"，载《上海证券报》2016年5月16日，第10版。
[4] 赵靓："内幕交易案件审判实务若干难点探讨"，载《上海证券报》2016年5月16日，第10版。
[5] 刘晓虎："关于内幕交易犯罪案件若干问题研究"，载《上海证券报》2012年6月8日，第10版。
[6] Dirks v. S. E. C., 463 U. S. 646 (1983).

中，公司内幕信息知情人提供内幕信息，是为了揭露公司内的欺诈行为，而不是为了任何个人利益，所以最高法院认定，内幕信息知情人并没有违反其对公司股东的责任，不得认定作为信息接收人的德克斯有责任。

在2014年纽曼诉美国案[1]的判决意见中，美国第二巡回上诉法院适用德克斯案判例规则，并做了进一步阐述："要支持对信息接收人的内幕交易定罪，政府必须排除合理怀疑地证明以下各个要件：（1）公司内幕信息知情人被赋予受信责任；（2）公司内幕信息知情人违反了其受信责任，(a) 将保密信息披露给信息接收人，(b) 以便个人获益；（3）信息接收人知道信息泄露人违反了责任，即，知道信息是保密的，但为了个人获益而披露此信息；（4）信息接收人仍然利用该信息交易证券或将其传递给另一个人，以便个人获益。"

（四）德克斯规则：信息传递中的个人获益

德克斯诉证交会[2]案判例所定规则是，内幕接收责任来自内幕信息知情人或向其传递信息的上家，内幕知情人西克里斯特并没从内幕交易中个人获益，内幕信息接收人利用内幕信息交易获利行为并不构成内幕交易。美国最高法院"要求法院侧重客观目标，即，内幕信息人是否从披露中直接或间接获益，可以是获得金钱或是可以转换为未来收入的声誉。"

雷蒙德·德克斯是一家证券公司的分析师，罗纳尔得·西克里斯特是另一家证券公司的管理人员。西克里斯特认为其所在的公司有欺诈行为，向监管机构举报未果。西克里斯特将此信息告诉德克斯，请其核实后公开披露。德克斯调查此事并建议其客户卖出其所持股票，股东随之抛售股票。证交会认定德克斯的行为构成内幕交易，美国哥伦比亚特区巡回上诉法院维持原判。美国最高法院推翻原判，理由是：德克斯是信息接收人，其责任来自内幕信息知情人或向其传递信息的上家。而此案中内幕知情人西克里斯特并没有从内幕交易中个人获益，西克里斯特的行为并没有构成内幕交易，德克斯的行为也就不构成内幕交易。

三位大法官持反对意见。他们认为，西克里斯特的做法"虽然不是出于个人获益的动机，但却是故意违反内幕信息知情人对股东的责任"。三位大法官认为，本案中最高法院标新立异，为内幕信息知情人开脱，"即便根据本案异乎寻常的事实，最高法院的标新立异也没有道理"。在三位大法官看来，公司内幕信息知

---

[1] Newman v. U. S., 773 F. 3d 438 (2nd Cir. 2014).
[2] Dirks v. SEC 463 U. S. 646 (1983).

情人对公司股东负有受信义务是一条铁律。出于公心也不得违反这条铁律，出现异乎寻常的情况也不得违反这条铁律。

该案中异乎寻常的情况是，证交会接到举报后不能采取有效行动，有不作为之嫌。这种情况下，证交会本来应当息事宁人，但其却小题大做，追究德克斯的责任，结果自取其辱。

（五）纽曼规则：个人获益的界定

内幕信息知情人若是无心将信息泄露给他人进行交易，这种情况下，信息接收人据此交易并获益是否有法律责任成为内幕交易诉讼的争议焦点。证监会的处罚决定显示，即便传递信息的内幕信息知情人没有被认定实施了内幕交易，内幕信息接收人利用信息进行交易，也可以被认定为进行了内幕交易。[1]

相同的问题在美国也长期存在争议。在纽曼案判决意见中，美国第二巡回上诉法院的法官就此制定的规则是：

"本院将刑事责任的要件概括如下：（1）泄露信息的内幕信息知情人受托，有责任保护保密信息；（2）他们违反责任将该信息披露给他们的信息接收人；（3）信息接收人知道'信息泄露人'的责任，（4）但仍然利用该信息交易证券或为'信息接收人'获益而进一步传递信息；最后，（5）泄露信息的内幕信息知情人以某种方式从从中获益。"[2]

上述五要件中，关键是第（3）和第（5）条，即，信息接收人是否知道信息泄露人有责任以及泄露信息的内幕信息知情人以某种方式从中获益。就个人获益而言，纽曼案的规定是，获益并非是"无足轻重"的，一般交友的礼尚往来不属于个人获益。在纽曼案中，两位被告是对冲基金投资经理，利用辗转获得的内幕信息进行交易并获利。被告为提供信息者修改求职履历并提供求职咨询。法官认定，此类活动不属于个人获益。按照纽曼案判决意见所引用其他相关判决，属于个人获益的例子包括：加入可以分享投资信息的俱乐部和推荐牙医业务。

法律之外的理由和事实。判决意见仅限于法律分析和结合法律的事实分析是难以服人的。纽曼案判决中，法官提到，上市公司的雇员定期帮助金融机构的分

---

[1] 湖南证监据 [2014] 3号。
[2] Newman v. U.S., 773 F. 3d 438 (2nd Cir. 2014).

析师修改其分析模型，以期金融机构购买其股票。[1]还言之，上市公司经常向某类投资者提供内幕信息，即，"一批金融分析师分享了他们从内幕信息知情人处所获得的信息，有直接获得的信息，但经常是间接获得的信息"。既然如此，如果只惩罚纽曼案中的被告似乎不公。

美国司法部不服第二巡回上诉法院的判决，向美国最高法院提起上诉，美国最高法院拒绝受理上诉，实际上维持了第二巡回上诉法院的判决。[2]美国对冲基金众多，纽曼案发生时所管理的资产多达3万亿美元，而纽曼所从事的内幕交易是对冲基金行业的普遍做法，事关行业的经营，事关行业的生存。美国最高法院不表态，此事就没有定论。美国共有11个联邦巡回上诉法院和哥伦比亚特区联邦巡回上诉法院，但美国第二巡回上诉法院的辖区包括纽约州，而重要的内幕交易大多发生在纽约，相关案件也大多在美国纽约南区法院起诉，所以第二巡回上诉法院的判决非常重要。

八、法律责任

内幕交易被认定后，行政部门通常会对其进行行政处罚，[3]相关责任人也有可能被追究刑事责任，[4]而且立案标准较低。[5]但大多数情况下只是对责任人做行政处罚。这是因为行政机关（通常为证监会）了解证券市场，便于进行有关

---

[1] "投资者关系部经常性地帮助分析师开发模式。此外，证据已经确定，NVIDIA和戴尔的投资者关系员工经常性地在季度收益之前'泄露'收益数据。上诉人介绍了一些例子，是戴尔的内幕信息知情人，包括投资关系的负责人利恩·泰森有选择地披露保密的财务信息。可以说，这些信息类似于雷和乔伊披露的内幕信息，而雷和乔伊披露这些内幕信息是为了与那些有可能购买戴尔股票的金融公司建立关系。例如，上诉人提交了托拉发给纽曼的一份邮件。邮件概述了他与泰森的谈话内容，谈话中泰森建议到：'下一个季度戴尔的运营利润较低，是12%，是合理的，她对"营运利润率"和"毛利润率"相当有信心。'"

[2] Mathew Goldstein and Adamliptak, "Court Deals Blow to Insider Trading Cases", *International New York Times*, October 7, 2015, p. 21.

[3] 《证券法》第202条、第203条。

[4] 《证券法》第74条和《期货交易管理条例》第81条第12项所规定的"证券、期货交易内幕信息的知情人员"，也是《刑法》第180条第1款所指的"证券、期货交易内幕信息的知情人员。"《内幕交易应用法律的解释》第2条。

[5] 就证券、期货内幕交易的刑事责任而言，立案追究的标准为：①证券交易成交额累计在50万元以上；②期货交易占用保证金数额累计在30万元以上；③获利或者避免损失数额累计在15元以上的；④多次进行内幕交易、泄露内幕信息的；⑤其他情节严重的情形。《最高人民检察院、公安部关于机关管辖的刑事案件立案追诉标准的规定（二）》（公通字［2010］23号）。

内幕交易的调查。此外,行政处罚的证明标准较低,[1]而追究刑事责任的证明标准较高,公诉人完成举证责任难度较大。认定内幕交易之后,投资者也可以就此索赔,但仍然需要证明内幕交易与投资者所受损失之间的因果关系。如同其他证券民事索赔案,内幕交易民事索赔案中,证明因果关系也很困难。

九、短线交易:内幕交易的特殊形式

"短线交易"(short-swing trading)指股票发行公司的内幕信息知情人买卖六个月内卖出或买入的相同股票,所得利润应当交还公司。短线交易由域外传入我国,是证券监管机构的执法重点之一,也是学界热议的话题。[2]

(一)短线交易的起始点

我国《证券法》第47条规定:"上市公司董事、监事、高级管理人员、持有公司股份百分之五以上的股东,将其持有的该公司的股票在买入后六个月内卖出,或者在卖出后六个月内又买入,由此所得收益归该公司所有,公司董事会应当收回其所得收益。"《证券法》第47条又网开一面:"证券公司因包销购入售后剩余股票而持有百分之五以上股份的,卖出该股票不受六个月时间限制。"

但短线交易的难点是,股东5%的起始点何时开始。证监会的立场是,如果买入股份持股超过5%,则6个月内不得售出股票。但我国的一些学者认为,只有在股东持股超过5%后,禁止短线交易的规定才适用。换言之,买入股份持股超过5%之前,只要股东持股不超过5%,买入股份持股超过5%后,可以在6个月内再次卖出或买进股票。

20世纪中叶,持股比例起点在美国争议也很大,最后由美国最高法院受理上诉表态后争议才平息。争议焦点在于:是股东买入股票后持股10%以上,再卖出股票构成短线交易(所谓的一端说),还是股东买入股票后持股10%以上,而后再买入卖出股票方才构成短线交易(所谓的两端说)。美国最高法院认定,就短

---

[1] "应当适用明显优势证明标准。"《内幕交易认定指引》第26条。《行政诉讼法》第69条规定:人民法院审理行政案件,参照国务院部、委根据法律和国务院的行政法规、决定、命令制定、发布的规章,但该法又规定,维持行政决定的审查标准为"具体行政行为证据确凿,适用法律、法规正确……""证据确凿"的标准显然高于"优势证明"的标准。《行政诉讼法》第77条又规定:"行政处罚明显不当的……可以判决变更。"

[2] 邱永红:"知情短线交易监管疑难法律问题研究与案例分析",载www.financialservicelawcomcn/article/defaulta? id=4776,访问日期:2015年10月20日。

线交易适用第16（b）条而言，股东持股达到10%之后，买入证券后再卖出，才必须退还其获得的交易利润。但公司董事或高管另当别论：董事或高管的每笔股票买卖都适用第16（b）条。[1]美国最高法院的理由是，董事和高管比股东更有可能利用内幕信息交易，除非股东持股比例达到一定规模。[2]

我国《证券法》第47条相关内容文义不清，所以引起争议。如果立法机构或司法机构倾向于采取所谓的两端说，则应当由全国人民代表大会修改《证券法》的相关内容，或由最高人民法院通过司法解释加以说明。在此之前，法院应当尊重证券监管机构做出的决定。

（二）短线交易的属性

短线交易为特殊形式的内幕交易。美国《1934年证券交易法》中，仅有第16条明确提及内幕交易。第16（a）条明确规定，公司高管、董事和持股比例超过10%的股东为法定内幕信息知情人。严格说，第16（b）条并不禁止短线交易，只是要求公司内幕信息知情人吐出短线交易所得利润。第16（c）条则禁止所有法定内幕信息知情人卖空公司股票，理由是公司内幕信息知情人不应当与公司对赌。限制短线交易是对内幕交易的补充，美国的投资者只要能够证明自己因被告滥用重大内幕信息而受到损害，就可以依据关于短线交易的第16（b）条起诉，也可以依据关于欺诈的第10（b）条。[3]

我国《证券法》并没有将短线交易的规定列入被禁止的交易一节，而是归入有关交易的第二章交易的一般内容。但我国《证券法》的立法意图似乎是要从严禁止短线交易的行为。美国适用第16（b）条的门槛为股东持有10%以上的股份。股东持股比例很少有如此之高。我国《证券法》规定的股东持股门槛为5%，表明立法机构旨在坚决打击短线交易。

（三）短线交易的处罚和救济

证交会对短线交易没有处罚权，只能由公司或公司股东通过诉讼或代位诉讼索赔。美国《1934年证券交易法》第16条重在披露的主要目的是方便公司股东或其律师了解公司的内幕信息交易人进行短线交易的情况。但我国《证券法》规

---

[1] In Foremost-McKesson v. Provident Securities Co., 423 U.S. 232 (1976).

[2] "确有可能，买入股票成为权益所有人的会根据因其新获得的股权而获得的信息卖出股票，但此类购买本身并不具有国会认为无法忍受的危险，因为买入股票时，买入人并不拥有股票，或其拥有的股票尚不到被界定为内幕知情人所要求的股票。" In Foremost-McKesson v. Provident Securities Co., 423 U.S. 232 (1976).

[3] In Foremost-McKesson v. Provident Securities Co., 423 U.S. 232 (1976).

定，证券监管机关可以对从事短线交易的主体进行行政处罚。[1]尽管行政处罚的金额较低，但行政机构做出处罚决定之后，当事人可以通过民事诉讼索赔。

违反《证券法》第47条买卖所持股票的，由此所得收益归该上市公司所有，公司董事会应当收回其所得收益并及时披露相关情况。

（四）美国诉讼中的争议点

1. 不问律师动机

就持股时点而言，美国最高法院支持了从事短线交易的大股东，给出的理由冠冕堂皇，似乎是站在进行短线交易的股东一端。但或许这只是一种妥协：法官在其他判例中支持了原告和挑唆诉讼的庭审律师。[2]短线交易诉讼的原告律师即便获胜，赔偿金额也不多，但此类诉讼时有发生，是因为美国庭审律师通过胜诉方式挑唆和怂恿股东起诉，以获得金额可观的律师费。美国法院拒绝以"动机不当"和"行为不够专业"为由驳回诉讼请求。法官的理由是，国会肯定是愿意接受庭审律师的这种做法，视其为有效实施法律的成本。[3]尽管做出有关判决的是下级联邦法院，但律师代理此类诉讼不再受到重大挑战。美国从事各类业务的律师之间应当有某种默契，庭审律师挑起短线交易诉讼，给为公司提供法律服务的律师事务所提供了业务机会：这些律师事务所不仅可以为公司董事、高管和大股东提供关于短线交易的法律咨询，其庭审律师也代理公司董事、高管和大股东应诉。

美国庭审律师在政治上有很大的势力，在全美律师协会也占据了重要职务。全美律师协会表态，主张保留限制短线交易的法律，实际上是在维护庭审律师的利益。

2. 无需证明被告利用了信息优势

在短线交易案判决意见中，美国法院认定，原告无需证明被告利用或掌握了内幕信息。[4]

3. 董事、高管的界定

美国法院对于公司高管的界定十分宽泛。高管指总裁、主要财务和会计管理人

---

[1]《证券法》第204条规定："违反法律规定，在限制转让期限内买卖证券的，责令改正，给予警告，并处以买卖证券等值以下的罚款。对直接负责的主管人员和其他直接责任人给予警告，并处以三万元以上三十万元以下的罚款。"

[2] 美国重要的民事诉讼经常使用陪审团，由普通公民担任陪审团成员，说服陪审团需要专门的庭审技巧。尽管美国法律和律师自律组织的规则都没有要求专门的资质，但此类诉讼由一部分律师专门从事，他们被称为庭审律师。

[3] 参见 Magida v. Continental, 176 F. Supp. 781 (S.D.N.Y. 1965).

[4] Smolowe v. Delendo, 136 F. 2d 231 (2d Cir. 1943).

员、负责主要业务单位、部门或职能的副总裁以及履行类似决策职能的任何其他管理层人员。[1]这一界定十分宽泛,理论上可以包括上市公司的所有员工。

作为合伙企业合伙人的公司通常会指派自己的高管担任合伙企业董事会的董事。如果该董事买入或卖出合伙企业的股票被认定违反关于短线交易的第16(b)条,则指定其担任合伙企业的董事会董事的公司也被视为董事。[2]

4. 证券金融期货的买入或卖出

衍生证券(derivative securities,我国《期货交易管理条例》将其称为"金融期货",[3]银监会则称其为"金融衍生产品",[4]但三个名词实为一物)和可转换证券的买入或卖出被视为买入或卖出标的证券。但行使期权或权利转换的,可以获得豁免,不适用第16(b)条。[5]

5. 是否限于集中交易

就短线交易的第16(b)条而言,证券的买入或卖出可以在证券交易所通过集中竞价完成,也可以通过协议转让完成。[6]

(五)对短线交易的质疑

20世纪中叶,第16(b)条在美国也受到质疑,理由是第16(b)条过于复杂,弊大于利。美国律师协会就此专门成立了工作组,充分调研之后发表了一份报告,坚决支持保留第16(b)条,其主要理由如下:

"第一,第16(b)条旨在消除公司高管以损害其公司的长远财务健康为代价,利用股票价格短期波动获利。第16(b)条防止内幕知情人一心只考虑其公司证券的交易,妨碍其管理责任和受信责任。就此而言,根据听证中有关内幕知情人滥用情况的证言,国会的判断是,公司高管的短线交易不利于其公司,也不利于美国资本市场。

第二,第16(b)条旨在惩罚内幕知情人不公平使用内幕信息,其做法既包括违反规则第10b-5条利用内幕信息交易,也包括使用内幕信息知情人经常掌握

---

[1] C. R. A. v. Crotty, 878 F. 2d 562 (2d Cir. 1989).

[2] Blau v. Lehman, 268 U. S. 403 (1962).

[3] 金融期货合约,是指以有价证券、利率、货币、汇率等金融产品及其相关指数产品为标的物的期货合约。《期货交易管理条例》第82条第2项。

[4] 银监会2004年发布了《银行业金融机构衍生产品交易业务管理暂行办法》(银监会令2011年第1号)。

[5] 规则16b-6和规则16a-1(b)和(h)。

[6] Kern County Land Co. v. Occidental Petroleum Corp., 411 U. S. 582 (1973).

的那类'较软'的信息,即,了解情况后可以更好地猜测新产品是否能够成功、谈判可能出现的结果以及可能发生情况和各种不确定性的真实风险,而相关事实已经公开披露。投资公众成员并不掌握这种'较软'的信息。

第三,第16(b)条旨在消除内幕信息知情人为使其短期交易利润最大化而操纵公司事件。第16(b)条成为法律之前,内幕知情人可以通过短期价格波动而获取利润,这类做法包括宣布慷慨(但并非审慎的)股息计划,但内幕信息知情人交易后又减少股息。第16(b)条就公司内幕信息知情人的受信行为提供了最低标准。"[1]

十、内幕交易是证券市场的常态

内幕交易是证券市场的常态。随着证券各类交易的复杂性和关联性的增加,法律允许的交易与法律禁止的内幕交易之间的界线也难以划分。

(一)交易的多重性

期货交易和现货交易互动,证券的期货影响证券的现货交易价格,反之亦然。个人或金融机构买卖同一证券的现货或期货,势必知道相关价格走向的信息,但按照各国现行法律,此类信息并没有被界定为需要披露的内幕信息,否则就无法开展期货交易。交易所交易型开放式基金(简称ETF)更是集做市、套利以及做空的特点于一身。所以,正常的跨市场信息与内幕交易难以区别,正常跨市场联动和操纵也难以区别。

(二)有选择披露

美国上市公司进行选择披露,向重要客户披露重要信息,但因为情况复杂,定性困难,相关交易并没有被界定为内幕交易。美国上市公司自己便帮助机构投资者预测公司利润,但上市公司只是提供了某些数据[2],由机构投资者将半成品加工为适用信息。高盛曾经定期举行内部战术讨论会,向某些客户披露其研究

---

〔1〕 Report of the Task Force on Regulation of Insider Trading by the ABA Committee on Federal Regulation of Securities, 42 Bus. Law. 1087, 1090-91 (1987) a.

〔2〕 上市公司"投资者关系部经常性地帮助分析师开发模式……投资者关系员工经常性地在季度收益之前'泄露'收益数据……公司内幕信息知情人经常与分析师定期联系,经常性地有选择披露同类信息"。U.S. v. Newman, Nos 13-1837-cr(L), 13-1917-cr(con)。纽曼案判决意见对美国内幕交易的刑事起诉有直接影响。2008年金融危机后,美国打击内幕交易的力度加大,80多人被定罪,但纽曼案上诉判决后发生变化:曼哈顿联邦地区法院正在审理的内幕交易案中,4位内幕交易被告本来已经认罪,但纽曼案判决意见下来之后,一审联邦法官立刻将认罪推翻。朱伟一:"纽曼案悬念:假如交友,获取内幕信息合法",载《上海证券报》2015年2月27日,第A7版。

成果。与会者包括180家对冲基金和理财机构的经理，他们可以先于大多数投资者知情。作为回报，高盛得以承揽此类客户的经纪业务，获取丰厚的手续费。高盛就此与证交会达成和解：高盛向证交会和金融监管局各支付2200万美元的罚款，但高盛既不否认有错，也不承认有错。[1]严格说，高盛并没有窃取或不当使用他人的信息。高盛"吹风"涉及的相关信息是高盛员工研究得出的，美国有学者将其称作"研究所得"，不属于内幕信息。

（三）研究所得

耶鲁大学法学院的乔纳森·梅西（Jonathan Macy）教授认为，今天上市公司披露的信息让人难以琢磨，投资者和业内人士只得另辟蹊径，通过各种手段收集、挖掘和打探信息：或在法院旁听审判，了解相关诉讼；或潜入上市公司的停车场，了解上市公司员工私车的品牌，以推测他们的收入和公司的收益；或与上市公司员工交友，以了解公司内情。梅西教授认为，上述做法不仅是合法的，而且是有必要的。[2]

在纽曼案判决意见中，美国第二巡回上诉法院明确提出，资本市场的信息是不对称的，投资者和业内人士可以通过自己的辛勤劳动得到公司内幕信息。[3]该结论与梅西教授的观点不谋而合。

（四）高频交易[4]

计算机技术的飞速发展以及计算机技术在证券交易中的运用，改变了交易方式，也改变了交易人获得信息的方式，"内幕信息"更加难以界定。高频交易（high frequency trade）是毫秒之中便能够完成的交易。算法（algorithm）是金融机构设计的编码交易规则，投资人据此发出指令。高频交易中，交易方借助算法抢占先机，抢先买卖股票或其他类证券，在各交易场所之间套利。[5]

---

[1] Susanne Craig, "Goldman Fined $22 Million Over Trading Huddles", *The New York Times*, April 12, 2012.

[2] Jonathan Macy, "Deconstructing the Galleon Case", *The Wall Street Journal*, April 20, 2011, p. 11.

[3] "'内幕交易的违法责任是基于受信责任，而不是基于信息不对称。'这是对内幕交易违法责任的重要限制，既要保护公司的保密权益，同时又要促进全国证券市场的效率。" U. S. v. Newman, Nos 13-1837-cr (L), 13-1917-cr (con).

[4] Michael Lewis, *Flash Boy*, London: Allen Lnae, 2014, p. 35.

[5] 一家企业投资3亿美元，专门铺设了芝加哥与纽约之间的直线电缆，穿山越岭，过河涉水，走了一条最快的直径，信息传输时间由17毫秒降至13毫秒。在赢得的4毫秒中，商家便可以抢占先机，通过抢先交易赚钱，年成好的时候可以赚得200亿美元。所以商家愿意以1400万美元的年费租用这条缆线。参见 Michael Lewis, *Flash Boy*, London: Allen Lnae, 2014, p. 35. 美国的数据行业是一个250

大型证券公司有自己的证券交易场所暗池。暗池是非公开的小型证券交易所，大券商在这里为自己的客户暗中撮合大宗交易（block trade），避免公开市场买卖证券所造成的价格变动，避免有人趁机抬价或杀价。为了给自己的暗池吸引资金，许多银行引进了高频交易专业户。有些闪电交易专业户交易5年，没有一天赔钱，让很多人产生了怀疑。

（五）中国墙虚设

中国墙（Chinese Wall）是指证券公司等金融机构不同部门之间应当隔离消息，交易部门不能利用并购部门的信息进行交易。中国墙是一种比喻，并无固定形式，可以是自营部门与为客户提供服务的经纪部门分设于不同楼层。有些国际大型金融机构的自营交易部门与经纪交易部门同由一位高管负责，中国墙也就形同虚设。监管机构发现证券存在中国墙问题，通常与金融机构达成和解，并不公布有关内情。[1]

（六）立法滞后

美国关于内幕交易的法律发展过程过于缓慢。最初"内幕消息知情人"的范围仅限于公司高管和董事，之后又扩大到为并购业务提供法律服务的律师，即使有关公司并非该律师的客户。[2]直到2012年，美国国会才通过《制止国会知情交易法》（The Stop Trading on Congressional Knowledge Act 或 The Stock Act），禁止美国议员和官员进行内幕交易。

相比之下，我国的相关立法先于美国。1998年制定的《证券法》就明文列出了不得从事内幕交易的内幕消息知情人员，其中包括证券监管机构的工作人员以及由于法定的职责对证券交易进行管理的其他人员。[3]《证券法》还有兜底条款：国务院证券监管机构还可以规定属于内幕消息知情人员的"其他人员"。[4]

（七）监管机构的纵容

凡是豪强称雄的地方，监管部门总是有选择性执法，听任豪强逍遥法外——

（接上页）亿美元的产业。自2006年起，汤森路透社每月公布两次消费者信息调查报告。路透社曾经提前2秒钟，向每月支付2000美元的高频交易商提供有关数据。高频数据凭借其技术优势，抢先几分钟、几秒钟或几毫秒交易，以获取利润。在纽约州检察长施压之下，汤森路透社2013年7月8日中止了这种做法。Arash Massoudi and Andrew Edecliffe-Johnson, "Financial Information Groups Face NY Probe", *Financial Times*, July 9, 2013, p. 1.

[1] Kate Linebaugh, "Regulators Target Fims Trading in Own Accounts", *The Wall Street Journal*, May 26~28, 2006, p. 15.

[2] United States v. O'Hagan, 521 U. S. 642 (1997).

[3] 1998年《证券法》第68条第5项。

[4] 1998年《证券法》第68条第7项。

否则豪强也不成为豪强了。证券市场是豪强出没的地方,银行、证券公司和大型基金实力雄厚,人脉深广,大多能够逢凶化吉,遇险成祥。

1. 执法滞后

2003年香港就制定法律,规定内幕交易可以构成刑事犯罪。但香港的法院直到2008年7月才做出第一个认定内幕交易刑事罪的判决。[1]

2. 监管不力

我国证券市场实行的是穿透式账户监管,证券交易所可以透过证券公司看到每一个证券账户的资产状况和交易行为。[2]在此基础上,证券监管部门建立了针对内幕交易和其他违规交易的大数据监测系统。[3]在技术层面上,证券交易所最了解股票交易的情况,可以提供重要线索。但证券交易所按证券交易量收取费用,而内幕交易有助于增加证券交易量,符合证券交易所的经济利益,证券交易所缺乏监控内幕交易的动力。证券交易所既要盈利赚钱,又有监督责任,所以产生了不可调和的利害冲突。

美国的证券交易所上市之后,已经把部分监管职能分离出去,移交给新成立的美国金融监管局。但即便如此,证券交易所仍然在第一时间掌握证券交易的第一手资料,如果没有证券交易所配合,证监会和金融监管局打击内幕交易就力不从心。当然,证券监管机构对内幕交易本来就抱着一种得过且过的态度。如果监管机构真是有心打击内幕交易,完全可以向证券交易所派驻监管人员。当然,派驻监管人员并不等于有心监管。如果监管机构无心监管,即便在证券交易所有派驻人员,也只能是流于形式。

3. 追究法人责任过轻

2013年11月4日,美国对冲基金SAC认罪,同意缴纳18亿美元的罚款。[4]这是有史以来内幕交易的最大一张罚单。但追究内幕交易法人责任的较少。通常来说,追究违法者的个人违法责任有其积极作用,因为法人违法都是由自然人决

---

[1] 2008年7月,内幕交易人第一次在香港被法院认定有罪,被判6个月徒刑,缓期执行,同时被罚款22万元港币(当时合28 305美元)。该案内幕交易人Vicky Hung是Sino Gulf Holdings的一家子公司的财务经理。Vicky Hung获悉Sino Gulf Holdings的一个重要债务人申请破产后,她立即抛售其所持有的Sino Gulf Holdings股票,避免了63 333元港币的亏损。Tom Mitchell,"Insider Dealing Sentence Is A First for HK",载hhttp://www.ftchinese.com,访问日期:2009年2月18日。

[2] 蒋飞、张榆、刘彩萍、韩祎:"资金左右'牛熊市'",载《财新周刊》2015年第25期。

[3] 蒋飞、张榆、刘彩萍、韩祎:"资金左右'牛熊市'",载《财新周刊》2015年第25期。

[4] Kara Scannell and Stephen Foley, "SAC to pay biggest insider fine of $1.8bn", *Financial Times*, November 5, 2013, p. 13.

策所引起的。但就内幕交易而言，大多数案件中仅追究自然人的违法责任。

（八）内幕交易与操纵相结合

美国的上市公司不时发出上升指引和下调指引。上升指引指公司的利润将好于预期，而下调指引则指公司利润将低于预期。公司公布上升指引之后，公司高管即出售自己所持有的公司股票，然后再公布下调指引。据统计，2005年至2013年期间，在美国的上市公司中，共有1468家公司公布上升指引，120天内又公布下调指引。755家公司的内幕信息知情人在此消息发出后120天内出售了其所持的公司股票，而其中74%的高管如果是在下调指引公布之后出售其股票，则股票的售出价就会更低。[1]

---

[1] Susan Pulliam and Rob Barry, "American Executives Hit Stock-Sales Sweet Spot", *The Wall Street Journal*, November 15~17, 2013, p. 12.

第十四章

操纵证券交易、期货交易

一、概要

对敲和洗售是典型的证券交易操纵或期货交易操纵。对敲和洗售是典型的交易操纵行为，也是典型的虚假交易。对敲（matched orders）是指对某一证券同时进行相互抵消的买卖，以制造交易活跃的假象，推高证券价格。洗售（wash sale）通常是指在自己控制的账户同时买卖同一只证券。除对敲和洗售之外，由于以下原因，难以认定或难以处罚操纵：现货与期货之间互动、做市商两面报价，尤其是首次公开发行离不开托市等垄断行为，而垄断与操纵之间难以区别。

美国最高法院通常以证据不足为理由推翻操纵的定罪，而我国证监会认定存在操纵后，通常只是处以罚款和非永久性市场禁入。

二、法律法规

1. 《证券法》第77条
2. 《期货交易管理条例》第70条
3. 《刑法》第182条
4. 《证券市场操纵行为认定指引（试行）》（证监稽查字［2007］1号）
5. 《最高人民检察院、公安部关于经济犯罪案件追诉标准的补充规定》（高检会［2008］2号）
6. 《证券异常交易实时监控细则》（上证发［2015］57号）
7. 《中国金融期货交易所违规违约处理办法》（中金所办字［2007］44号，2007年发布，2010年、2013年修订）

三、操纵的认定

（一）操纵的定义

《证券法》第 77 条第 1 款将操纵行为界定为：

"（一）单独或者通过合谋，集中资金优势、持股优势或者利用信息优势联合或者连续买卖，操纵证券交易价格或者证券交易量；

（二）与他人串通，以事先约定的时间、价格和方式相互进行证券交易，影响证券交易价格或者证券交易量；

（三）在自己实际控制的账户之间进行证券交易，影响证券交易价格或者证券交易量；

（四）以其他手段操纵证券市场。"

上文《证券法》第 77 条第 1 款第 2 项所指的行为俗称对敲（matched orders），第 3 项的行为俗称洗售（wash sale）。这两种交易是典型的操纵，也是典型的虚假交易，很容易认定。

《期货交易管理条例》第 70 条规定，任何单位或者个人有下列行为之一的，构成操纵期货交易价格：

"（一）单独或者合谋，集中资金优势、持仓优势或者利用信息优势联合或者连续买卖合约，操纵期货交易价格的；

（二）蓄意串通，按事先约定的时间、价格和方式相互进行期货交易，影响期货交易价格或者期货交易量的；

（三）以自己为交易对象，自买自卖，影响期货交易价格或者期货交易量的；

（四）为影响期货市场行情囤积现货的；

（五）国务院期货监督管理机构规定的其他操纵期货交易价格的行为。"

证券操纵与期货操纵的不同之处在于：前者是操纵证券交易，后者是操纵期货合约。更重要的是，如果期货合约的标的资产是证券或其他金融资产，则期货合约也可以被界定为证券（见第二章）。囤积现货可能操纵期货，反过来也一样，期货合约的交易会影响到现货交易的价格。

我国《证券法》第 203 条对操纵证券市场的法律责任也有相应的规定。《最高人民检察院、公安部关于经济犯罪案件追诉标准的补充规定》从交易量方面对操纵证券、期货市场的追诉标准作了具体规定。

(二) 操纵行为的认定

证监会制定了《证券市场操纵行为认定指引（试行）》（下称《操纵行为认定指引》），对操纵行为人的认定做了具体规定。《操纵行为认定指引》仅提到操纵证券交易，并没有提及操纵期货交易，但如上所述，证券操纵与期货操纵有很多相像之处，操纵期货交易的认定应当可以参照该指引。

1. 操纵行为人

任何人直接或间接实施操纵行为，均可被认定为操纵行为人，且可以是任何自然人或单位。[1]

2. 单位

单位指法人和其他非法人组织，包括公司、企业、事业单位、机关和社会团体等。[2]

3. 直接负责的主管人员

单位操纵证券市场的，直接负责的主管人员是指在单位操纵市场中起决定、批准、授意、纵容、指挥等作用的人员，一般是单位的主管负责人，包括法定代表人。[3]

4. 其他直接负责人

其他直接责任人员是指在单位操纵市场中具体实施操纵市场行为并起较大作用的人员，既可以是单位的经营管理人员，也可以是单位的职工，包括聘用、雇佣的人员。[4]

5. 利用单位操纵

个人利用其设立的公司、企业、事业单位操纵证券市场的，或者公司、企业、事业单位设立后以操纵证券市场作为主要活动的，应认定设立公司、企业、事业单位的个人为操纵行为人。[5]

6. 盗用单位名义

盗用单位名义操纵证券市场的，应认定为个人操纵行为人。[6]

---

[1]《操纵行为认定指引》第5条。
[2]《操纵行为认定指引》第5条。
[3]《操纵行为认定指引》第7条。
[4]《操纵行为认定指引》第7条第2项。
[5]《操纵行为认定指引》第9条。
[6]《操纵行为认定指引》第10条。

7. 合谋操纵市场

证券公司明知投资人操纵证券市场，向其提供资金、账户等协助的，可认定为合谋操纵市场。[1]

8. 管理人或受托人

管理人或受托人等以投资基金、社保基金、保险品种、企业年金、信托计划、投资理财计划等实施操纵行为的，应当认定管理人或受托人等为操纵行为人。[2]

(三) 操纵的具体方式

《操纵行为认定指引》还列出了操纵的各种形式，但该指引不过是证监会的稽查部发布的指引，并不能够成为法院判决的依据。[3]

1. 连续交易操纵

连续交易操纵是指《证券法》第 77 条第 1 款第 1 项所列示的"单独或者通过合谋，集中资金优势、持股优势或者利用信息优势联合或者连续买卖，操纵证券交易价格或者证券交易量"。[4]

资金优势是指行为人买卖证券所集中的资金相对于市场上一般投资者所能集中的资金具有数量上的优势。[5]持股优势是指行为人持有证券相对于市场上一般投资者具有数量上的优势。[6]信息优势是指行为人相对于市场上一般投资者对标的证券及其相关事项的重大信息[7]具有获取或者了解更易、更早、更准确、更完整的优势。[8]

联合买卖，是指 2 个以上行为人，约定在某一时段内，一起买入或卖出某种证券。[9]连续买卖，是指行为人在某一时段内连续买卖某种证券，在 1 个交易日

---

[1] 《操纵行为认定指引》第 11 条。
[2] 《操纵行为认定指引》第 12 条。
[3] 该指引并未收入证监会编纂的法规集。
[4] 《操纵行为认定指引》第 16 条。
[5] 《操纵行为认定指引》第 17 条。
[6] 《操纵行为认定指引》第 18 条。
[7] 此处重大信息是指《证券法》第 65 条、第 66 条、第 67 条、第 75 条所称中期报告、年度报告、重大事件和内幕信息；对证券市场有重大影响的经济政策、金融政策；对证券市场有显著影响的证券交易信息；在证券市场上具有重要影响的投资者或者证券经营机构的信息；中国证监会或证券交易所认定的重大信息。《操纵行为认定指引》第 19 条。
[8] 《操纵行为认定指引》第 19 条。
[9] 《操纵行为认定指引》第 20 条。

内交易某一证券2次以上，或在2个交易日内交易某一证券3次以上。[1]

实践中，"既有交易型操纵，也有信息型操纵，更多的则是资金的拉抬与操控上市公司信息发布二者混合操纵……一些操纵行为是打着所谓'市值管理'旗号实施的"。[2]我国上市公司公开增发与定向增发过程中，发行人或其控股股东、实际控制人操纵的情况并不少见。从操纵方向看，既有控股股东或者关联方作为主要增发对象时打压股价的情况，也有公开增发或者向非关联方定向增发时拉抬股价的情况。[3]

2014年，证监会首次处罚我国上市公司公开增发股票中的股价操纵。在行政处罚决定书［2014］41号中，证监会认定，上市公司的控股股东，为帮助恒逸上市公司定向增发股票，借用两个自然人账户，动用3000万元资金，连续集中买入该上市公司的股票，维持、拉高该上市公司的股价，主观上操纵该上市公司股票交易价格的意图甚明。

证监会认为，即使交易金额、持股比例、对市场价格影响的统计结果等指标较低，相关委托交易为真实交易，未能对该上市公司的交易价格产生显著影响，但仍然构成《证券法》第77条的"集中优资金优势……连续买卖"操纵市场行为。

2. 约定交易操纵

约定交易是指以事先约定的时间、价格和方式相互进行证券交易，2个以上行为人共同实施的、由一方做出交易委托，而另一方依据事先的约定做出时间相近、价格相近、数量相近、买卖方向相反的委托，双方相互之间进行的证券交易。[4]此类交易方式俗称对敲或倒仓。[5]

3. 在自己实际控制的账户之间进行证券交易

《证券法》第77条第1款第3项所列示的操纵证券市场的手段即在自己实际控制的账户之间进行证券交易，影响证券交易价格或者证券交易量。[6]《操纵行

---

[1] 《操纵行为认定指引》第21至22条。

[2] 张子学："首例上市公司增发股份操纵价处罚案例分析与启示"，载《清华金融评论》2014年第12期。

[3] 张子学："首例上市公司增发股份操纵价处罚案例分析与启示"，载《清华金融评论》2014年第12期。

[4] 《操纵行为认定指引》第25条。

[5] 高西庆、陈大刚：《证券法学案例教程》，知识产权出版社2005年版，第124页。

[6] 《操纵行为认定指引》第27条。

为认定指引》又将其分为行为人在自己实际控制的账户之间进行证券交易[1]和利用他人账户操纵证券市场[2]。

自己实际控制的账户包括：①行为人以自己名义开设的实名账户；②行为人以他人名义开设的账户；③行为人虽然不是账户的名义持有人，但通过投资关系、协议或者其他安排，能够实际管理、使用或者处分的他人账户。[3]2006年之前，我国证券市场投资者（包括企业法人）一个资金账户经常同时连接多个他人名义的证券账户进行交易和结算，业内俗称"拖拉机账号"。这种做法或者是为了规避进入二级市场的身份限制；或者是为了分仓持股，规避成交申报的法律规定；或者是为了利用分仓违规交易，造成某种证券活跃的假象；或者是为了利用所控制的不同身份的证券账户，进行不转移所有权的自买自卖，以操纵市场。[4]

实践中，"控股股东或者上市公司人员直接以实名账户操刀的比较少见，多是使用名义账户（人头账户）或者提供资金给其信任但看似不相关的他人，由他人操作；也出现过书面委托独立第三方，由独立第三方以其自有资金直接操作或者通过私募基金借道信托账户操作，控股股东承诺第三方能够获得保底收益"。[5]利用他人账户操纵市场的情形为：①直接或间接提供证券或资金给他人购买证券，且他人所持有证券之利益或损失全部或部分归属于本人；②对他人持有的证券具有管理、使用和处分的权益。[6]

4. 蛊惑交易操纵

蛊惑交易操纵，是指行为人进行证券交易时，利用不真实、不准确、不完整或不确定的重大信息，诱导投资者在不了解事实真相的情况下做出投资决定。[7]

5. 抢帽子交易操纵

根据《操纵行为认定指引》第35条的定义，抢帽子交易操纵是指证券公司、证券咨询机构、专业中介机构及其工作人员，买卖或者持有相关证券，并对该证

---

[1]《操纵行为认定指引》第29条。
[2]《操纵行为认定指引》第8条。
[3]《操纵行为认定指引》第28条。
[4] 徐志新主编：《金融证券与股票期货》，中国民主法制出版社2014年版，第24~25页。
[5] 张子学："首例上市公司增发股份操纵股价处罚案分析与启示"，载《清华金融评论》2014年第12期。
[6]《操纵行为认定指引》第8条。
[7]《操纵行为认定指引》第31条至第34条。

券或其发行人、上市公司公开做出评价、预测或者投资建议,以便通过期待的市场波动取得经济利益的行为。[1]

6. 虚假申报操纵

虚假申报操纵是指行为人做出不以成交为目的的频繁申报和撤销申报,误导其他投资者,影响证券交易价格或交易量。[2]

7. 特定时间的价格或价值操纵

特定时间的价格或价值操纵是指行为人在计算相关证券的参考价格或者结算价格或者参考价值的特定时间,通过拉抬、打压或锁定手段,影响相关证券的参考价格或者结算价格或者参考价值的行为。[3]

实践中,就定价发行而言,"有定价阶段实施操纵的,更多的则是增发价确定后,当市价低于增发价时,实施操纵以保证成功……为了吸引定向增发对象,控股股东或其委托的第三方口头或者书面向定向增发对象做出'保底'承诺,保证12个月的增发股禁售期满后,定向增发对象能以不低于一定的收益价全身而退,发股变成了发债;控股股东为避免触发对赌补偿条件,会在解禁期满后拉抬股价,使定向增发对象能够高位减持"。[4]

8. 尾市交易操纵

尾市交易操纵是指行为人在即将收市时,通过拉抬、打压或锁定手段,操纵证券收市价格的行为。[5]

9. 集中抛售

证监会发言人表示,集中抛售是指利用持股优势进行操纵市场的行为。[6]这是2015年股灾之后证监会所表示的观点,有待行政处罚决定和法院判决明确有关内容。

10. 恶意做空

2015年我国发生股市剧烈异常波动之后,证监会提出了"恶意做空"的概念。

---

[1]《操纵行为认定指引》第35条。

[2]《操纵行为认定指引》第38至40条。

[3]《操纵行为认定指引》第41至44条。

[4] 张子学:"首例上市公司增发股份操纵股价处罚案分析与启示",载《清华金融评论》2014年第12期。

[5]《操纵行为认定指引》第45至47条。

[6] 刘慎良:"证监会:集中抛售是利用持股优势操纵市场",载《北京青年报》2015年8月1日,第13版。

2015年6月底至7月初，我国股票市场的价格急剧下跌，[1]证监会提出，打击做空的行为。[2]证监会新闻发言人表示，跨市场和跨期现市场操纵就是恶意做空。证监会决定对涉嫌市场操纵、特别是跨市场操纵的违法违规行为进行专项核查，涉嫌犯罪的，坚决移送公安机关查办。[3]公安部两位副部长领导打击恶意做空的工作。[4]

（四）操纵的处罚

对于证券操纵行为和期货操纵行为，近年来以罚款为主，市场禁入为辅（很多时候是非永久性的市场禁入）。[5]

四、另类操纵

（一）上市公司回购股份

《操纵行为认定指引》对操纵行为做了详尽的界定，显示了证监会从严监管的一面。但《操纵行为认定指引》对操纵也有网开一面的内容，证监会和我国法院对实施操纵的人员也有网开一面的做法。《操纵行为认定指引》明确规定，上市公司回购股份等操作并不构成操纵行为。[6]《操纵行为认定指引》将上市公司回购股份界定为"操作"而不是"操纵"。[7]就行为人和行为目的而言，"操作"与"操纵"是同一种行为，只是出于某些政策考虑，证监会才将其界定为"操作"。这种界定具有武断性，是文字游戏，甚至可以说是指鹿为马。

（二）异常交易行为

证券市场的参与者有投资者，期货市场的参与方是交易方，期货市场是套利者与投机者之间的对赌（见第九章）。期货市场是交易，而非投资，适用的法律

---

[1] 沪深股指跌幅近30%，近千家个股下挫逾50%，市值蒸发近20万亿元。张琦："阳光总在风雨后，价值投资是王道"，载《上海证券报》2015年7月6日，第6版。

[2] 证监会发言人表示："证监会对恶意做空、利用股指期货进行跨期现市场操纵等违法行为，一经查实，将予以严惩。"王小伟："央行将给予证金公司流动性支持"，载《中国证券报》2015年7月6日，第A1版。

[3] 李丹丹："证监会将严打垮市场操纵行为"，载《上海证券报》2015年7月3日，第1版。

[4] 刘慎良："公安部两位副部长挂帅打击恶意卖空"，载《北京青年报》2015年7月11日，第10版。

[5] 证监会上海证监局行政处罚决定书［2016］32号。

[6] 不构成操纵行为的操作为："（一）上市公司回购股份；（二）上市公司控股股东及相关股东为履行法定或约定的义务而交易上市公司股份；（三）经中国证监会许可的其他市场操作"。《操纵认定指引》第48条。

[7] 《操纵认定指引》第48条。

就是《期货交易管理条例》。交易对期货市场至关重要，期货交易所必须借助金融机构维持交易，所以对金融机构网开一面。《操纵行为认定指引》已经被定性为"操纵"的行为，又被中金所界定为"异常交易行为"。

1. 撤单异常交易行为

2015年7月，中金所发布《实施差异化收费强化异常交易监管》，规定自2015年8月3日起，"对从事股指期货套利、投机交易的客户，单个合约每日撤单行为超过400次、每日自成交行为超过5次的，认定为异常交易行为"。[1]

按照《操纵行为认定指引》，虚假申报操纵是指行为人做出不以成交为目的的频繁申报和撤销申报，误导其他投资者，影响证券价格或交易量。[2]中金所一个通知，将其变为"异常交易行为"，避实就虚，避重就轻。中金所表示要"加大对包括利用实价控制关系账户规避监管等各类违规行为的查处力度"，[3]但落实到具体措施，中金所只是"采取电话提醒、发送监察问讯函及警示函……"[4]

无独有偶，与异常交易行为相同的做法是，美国的《多德-弗兰克法案》（见本章）将其界定为"扰乱行为"，绕开"操纵"一词，美国监管当局对违法行为也是从轻处理。

如果公开承认期货交易的赌博性质，则中金所的规则就可以理解。澳门赌场内违规，政府并不干预，赌场对违规者也并不重罚，至多是将其禁入而已。可以说，游戏的性质决定了处罚的方式和力度。当然，澳门赌场不同于对赌金融期货：澳门赌场的后果仅限于赌场之内，而金融期货的对赌影响到证券的现货市场，影响到证券市场的流动性，一旦出现危机并产生严重亏损，势必需要国家救助，由全体纳税人承担损失。而反过来说，这也正是金融机构和中金所敢于豪赌的原因：赢则获利，输则由他人承担损失，哪管他操纵不操纵。

2. ETF异常交易行为

上交所发布《证券异常交易实时监控细则》[5]，以"异常交易"一词取代"操纵"，淡化了针对操纵的监管执法，处理避重就轻，相关处理缺乏威慑力。根据《证券法》，证券交易所的各项规则报证监会批准。[6]上交所的做法得到了证

---

[1] 载 www.cffex.com.cn/gyjys/jysdt/index_1.html，访问日期：2016年8月12日。
[2] 《操纵行为认定指引》第38至40条。
[3] 载 www.cffex.com.cn/gyjys/jysdt/index_1.html，访问日期：2016年8月12日。
[4] 载 www.cffex.com.cn/gyjys/jysdt/index_1.html，访问日期：2016年8月12日。
[5] 上证发［2015］57号。
[6] 《证券法》第118条。

监会的支持，是证券监管执法的一部分。

ETF 交易中，由上交所根据基金管理人提供的计算方法及每日提供的申购、赎回清单，按照清单内组合证券的最新成交价格计算出的基金份额参考净值（indicative optimized portfolio value 或 IOPV），是投资者控制风险和进行套利交易决策的重要参考。有些投资者在参与 ETF 二级市场交易过程中，大量、大额申报交易相关 ETF，使得其交易价格与 IPOV 发生重大偏离，可能影响其他投资者对 ETF 价值的判断。[1] 根据《证券异常交易实时监控细则》第 8 条，上交所可对异常交易行为采取发出警告或者直接暂停投资账户当日交易、限制投资者账户等措施。

上述处罚如蜻蜓点水，无异于向交易方"友情"提示。更重要的是，上交所及其《证券异常交易实时监控细则》都没有说明"投资者"是否包括做市的证券公司，还是只有普通投资者。如果是做市商在进行异常交易，则 ETF 的正当性受到更大的威胁。

3. 利益输送

《证券异常交易实时监控细则》第 8 条第 11 项规定，"涉嫌通过证券交易进行利益输送，且成交金额较大的"，构成大宗交易异常行为。投资者 A 在大宗交易系统与竞价交易系统之间频繁进行日内或隔日反向交易，利用价格差异累计向投资者 B 进行利益输送，相关行为构成大宗异常交易行为。上交所发现此类行为后，将及时采取相应的监管措施。[2]

（三）价值管理

价值管理是私募股权基金与上市公司之间的合作，私募股权基金拉动股价，上市公司配合释放利好消息。具体操作包括四个关键部分：①私募股权基金与董事长或实际控制人达成默契；②一家上市公司只与一家私募股权基金合作；③上市公司按照私募股权基金要求的节奏释放消息；④上市公司大股东缴纳一定的准备金。[3] 价值管理的安排和实践有操纵之嫌，但监管和处罚力度长期不足。

此外，私募股权基金用于市场管理的资金通常是杠杆融资，[4] 若是市值管理

---

[1] 朱凯：“上交所监管关注大宗交易利益输送行为”，载《证券时报》2016 年 8 月 6 日，第 A2 版。

[2] 朱凯：“上交所监管关注大宗交易利益输送行为”，载《证券时报》2016 年 8 月 6 日，第 A2 版。

[3] 屈红燕：“伪市值管理走向末路”，载《上海证券报》2017 年 9 月 11 日，第 1 版。

[4] 屈红燕：“伪市值管理走向末路”，载《上海证券报》2017 年 9 月 11 日，第 1 版。

方案失败或是股票市场整体下跌,私募股权基金有可能被迫平仓,加剧股票市场下行,增加系统性风险。

若是在欧美市场,类似市值管理的业务,通常是由对冲基金进行的。从法律属性上说,私募股权基金和对冲基金同属私募基金,通常以合伙企业的形式出现,但私募股权基金通常投资于拟上市公司和并购业务,而对冲基金则主要从事股票交易。在欧美市场,内幕交易和操纵案中的被告通常为对冲基金。习惯上,我国并未严格区分私募股权基金和对冲基金,两者都成为私募基金。

五、美国认定操纵的标准

美国国会就证券交易、理财和期货交易制定了关于操纵的规定,证交会也针对稳定市场和公司回购股票制定了关于操纵的规定。美国法院在审理操纵的案件中又加入了对于被告有利的法律适用标准。美国国会制定的关于操纵的法律大多是禁止行动,而证交会制定的规定则是网开一面。

(一) 制定法

1. 对敲

美国证券法所界定的对敲(matched order),又称合谋或相互委托,以事先约定的时间、价格和方式相互进行证券交易或者相互买卖并不持有的证券。美国《1934年证券交易法》对其的界定为:

"提出一份或者若干份购买此种证券的命令,并且知悉相同的一份或者若干销售此种证券的命令,实际上在同一时间、按同一价格,已经或者将会被同一些当事人或者不同的一些当事人提出,或者向他们提出。提出一份或者若干份销售此种证券的命令,并且知悉数量相同的一份或者若干购买此种证券命令,实际上在同一时间、按同一价格,已经或者会被同一些当事人或者不同的一些当事人提出,或者向他们提出。"[1]

对敲类似我国《证券法》第77条第1款第2项所禁止的交易行为。

---

[1] 美国《1934年证券交易法》第9条(a)款(1)项(B)、(C),中译本参考卞耀武主编:《美国证券法律》,法律出版社1999年版。

2. 洗售

洗售（wash sale）也称对倒，是指自买自卖，不转移实质所有权的行为，[1]类似我国《证券法》第 77 条第 1 款第 3 项所禁止的交易行为："在自己实际控制的账户之间进行证券交易，影响证券交易价格或者证券交易量。"[2]《操纵行为认定指引》第 29 条也有相同规定。

3. 抢帽子

抢帽子（Scalping）在美国被认定为证券欺诈行为。在证交会诉资本收益案（SEC v. Capital Gains）判决意见[3]中，美国最高法院对抢帽子的定义是："咨询服务有关的人为自己的账户买入证券的股份，随后推荐长期持有该证券，在市场价格随推荐上升后，立即卖出股票获利。"

4. 扰乱行为

美国《多德-弗兰克法案》增加了一项罪名，将其界定为扰乱行为（disruptive practice），其中又包括虚假（spoofing）交易。所谓虚假交易，就是出价或开价时便具有在执行前取消该出价或开价的意图。按照 2010 年《多德-法兰克法》修订的《商品交易法》第 4c 条（a）将扰乱性行为界定为："（A）违反出价或开价；（B）显示蓄意或罔顾收盘期间的有序执行；或者（C）是'虚假'交易，或是有'虚假'特征的交易，或是通常被称为'虚假'交易（出价或开价时便具有在执行前取消该出价或开价的意图）。"[4]

2013 年，美国期货交易委员会发布关于美洲豹能源和米歇尔·J. 考斯西事项命令[5]，认定答辩人进行了扰乱行为，违反上述条款，处以罚款和市场禁入。

---

〔1〕 美国《1934 年证券交易法》第 9 条（a）款（1）项（A）规定，对敲为"不涉及所有权改变"的虚假交易。高西庆、陈大刚：《证券法学案例教程》，知识产权出版社 2005 年版，第 122 页。美国的判例将其界定为："关联方之间买卖股票的做法，受益人所有权并没有因股票交易而发生实际变化。虚假交易使人产生错觉，以为交易量很大，但实际上交易量并不大。" SEC v. Lorin, 877 F. Supp, 193 (S. D. N. Y. 1995)。

〔2〕《操纵行为认定指引》第 27 条。

〔3〕 SEC v. Capital Gains, 375 U. S. 180 (1963)。

〔4〕 Section 747 of the Dodd-Frank Act, Section 4c (a) (5) (C) of the Commodity Exchange Act, 7 U. S. C. §6c (a) (5) (C)。

〔5〕 I the Matter of Panther Energy Trading LLC and Michael J. Coscia, CFTC Docket No. 13-26.

(二) 证交会的规则

1. 稳定价格

稳定价格（stabilization）是指为防止市场价格下跌或延缓价格下跌的目的，固定价格的做法。固定价格（price fixing）一词类似于垄断法中的用词。我国《反垄断法》禁止具有竞争关系的经营者达成协议，"固定或者变更商品价格"，"限制商品的生产数量或者销售数量"。[1]首次公开发行是涉及操纵的重点领域，发行成功经常要借助托市。即便没有托市活动，首次公开发行也涉嫌操纵。为了首次公开发行成功，承销商的惯常做法是压低一级市场的股票价格，以便股票在二级市场交易活跃。

证交会并没有完全禁止托市行为，只是制定规定，对其加以限制。

2. 做市商

在艾彻勒诉证交会一案中，[2]承销首次公开发行的做市商担心股价下跌，拒绝执行客户要求买入有关上市公司的股票。证交会的立场是，除非事先得到客户的同意，否则做市商必须执行客户的指令。法官支持证交会的立场，没有涉及操纵，但实际上是允许某种形式的操纵。美国学者认为此案涉及操纵，并将其作为有关操纵的判例。[3]

3. 回购

1985年，证交会发布了"安全港"规则，即，任何一个交易日，只要满足四个条件，发行人回购其股票或其关联企业的股票并不被视为违反《证券交易法》第9（a）（2）条和第10b-5条所规定的反操纵的规定：①只通过一个经纪商或交易商买卖股票；②回购没有一笔交易是在开始或闭市前最后一个小时内进行的；③交易的价格不超过当时独立竞价的最高价格或最后一次独立销售的价格，以高的为准；④当日回购总量不超过此前四周每日平均交易量的25%。[4]

（三）美国法院的标准

1. 应当证明的意图

操纵是否合法，取决于投资者操纵时的意图。证交会的立场是，证明"投资目的""仅仅为影响证券的价格"，就可以认定存在违反10b-5规则的操纵行为。

---

[1]《反垄断法》第13条。

[2] Eichler v. SEC, 757 F. 2d 1066 (9th Cir. 1985).

[3] Thomas Lee Hazen, *Securities Regulation*, *Cases and Materials*, St. Paul: West, 2009, pp. 1022~1023.

[4] Sec Exch. Act Rel. No. 19244 (Nov. 17).

在美国诉莫海伦案（下称"莫海伦案"）判决意见[1]中，法官只是假定美国政府的立场合法：[2]

"政府在本案中的起诉理由简单明了。政府认为，即便投资人不承担受信义务，也不是内幕信息人，只要在公开市场进行了证券交易，而且投资人的唯一目的是为了影响证券的价格，则该交易是操纵性的，违反了第10b-5规则。"

莫海伦案判决意见只是从事实方面推翻了政府的立场。但莫海伦案判决意见字里行间的意思是，美国政府应当适用《证券交易法》第9条，证明被告诱惑其他投资者买入相关股票：

"政府提出，即便投资者的行为不是出于'诱使他人购买或出售证券的目的，也发生了非法操纵行为。'但是政府依照有关操纵的制定法《美国法典》第9(a)(2)节和第78(a)(2)节办案，应当证明诱使他人的目的。"[3]

严格说，尽管美国法院表示出自己的倾向，但并没有阐明自己认定操纵的标准，而是借助事实推翻了定罪：对已认定的事实重新做出解释。

2. 控制股价并不等于操纵

在莫海伦案中，法官并不认为控制股价就构成了操纵，认为支配交易并不等于操纵。[4]法官还认定：不存在共谋，[5]如果只是通过交易独自拉高或压低股价牟利，不存在操纵市场的行为；"牟利或对个人有好处"是操纵的明显标记之一，[6]但被告没有牟利。法官亲切地称被告为"投资者"。

---

〔1〕 United States v. Mulheren, 938 F. 2d 364 (2d Cir. 1991).

〔2〕 "对于政府的观点，本院有所疑虑，但此次上诉不决定此问题。本院假定，投资者从事交易的唯一目的是影响价格，根据第10b-5规则，将其定罪是合法的。"

〔3〕 US v. Mulheren, 938 F. 2d 304.

〔4〕 莫海伦案中，从纽约股票交易所开盘到中午11时，莫海伦购买W&G公司股票，达到了W&G公司股票在纽约股票交易所交易量的70%。但法官们认为，支配交易并不等于操纵。法官举了一个极端的例子：如果一位投资者在1小时内购买了某公司的10股股票，而同一时间内，公司的股票只发生了这笔交易，则该交易是支配交易，但不能以此证明发生了操纵。这里大法官似乎偷换了概念，以极端情况下的支配交易替代了一般操纵案中的支配。可见，如果法官要为一方开脱，总是可以找到理由的。

〔5〕 法官指出，莫海伦购买W&G公司股票之前，曾经与伯斯基就W&G公司股票有过对话，但对话内容过于模糊，不足以证明两者之间存在共谋。

〔6〕 大法官认定，按照陪审团对事实的认定，莫海伦既没有赚钱，也没有得到其他好处，所以操纵的这一明显标记并不存在。按照大法官们的结论，就操纵而言，"好处"必须是立竿见影的利益

法官对操纵定性的理解会影响其对事实的认定或解释。反过来说，事实也会影响到法官的观点。在莫海伦案中，可能影响法官观点的事实是，提供对被告不利证据的是污点证人，而且是非同寻常的污点证人。[1]

3. 诉讼资格

美国最高法院认定，要约方与目标公司经理达成协议，目标公司股东所得到的对价将少于最初的要约，但这并不构成操纵。在起重机公司诉美国标准公司案[2]判决书中，美国最高法院认定，即便收购方故意进行操纵，发出要约的竞争对手也没有资格就此提起诉讼，理由是原告并没有法律上所要制止的那类损失。具体说，原告提出的损失是没有得到目标公司的控制权，而控制权可以增加其在并购中的要价。但法律并不就此类损失提供救济。[1]

六、美国法院不愿意认定操纵

我国的主流学者认为，"我国证券市场上的操纵行为十分严重，屡压不糜，以致有人称为'操作市'，必须通过强化法律责任包括民事责任的方式予以制

（接上页）交换，这就又给认定操纵增加了难度。但"好处"完全可以是互通有无的长期关系。莫海伦案中陪审团就认定，伯斯基与莫海伦之间有"信任关系"，在市场信息方面互通有无。作为事实认定者，如果陪审团或法官愿意，他们完全可以将此长期关系认定为操纵行为的"好处"。

[1] 20世纪80年代，美国并购盛行，内幕交易盛行，华尔街甚至被称作是"贼窝"，讲述相关故事的一部同名作品《贼窝》（*Den of Thieves*）成为经典之作。伯斯基是《贼窝》一书的主角，是内幕交易大盗。但被政府调查之后，伯斯基就认罪，并指证其他被告，以换取政府的宽大处理。对于这样的污点证人，大法官大多心生厌恶，不愿相信其证言。既然陪审团对伯斯基的证言已有认定，大法官显然不愿再另做解释。

[2] Crane Co. v. American Standard, Inc., 603 F. 2d 244 (2d Cir. 1979).

[3] 法官的原话是这样的："显然起重机公司并不是作为寻求救济的投资者而求助于本院。起重机公司作为飞机刹车器公司的投资者，因为并购得到了标准公司的优先股，而起重机公司出售这些优先股时已经获得了1000万美元的利润。起重机公司之所以对标准公司不满，是因为由于标准公司的阻挠，作为要约发出方，起重机公司无法获得控制权。鉴于起重机公司所扮演的这一角色，起重机公司并不是第10（b）节和第10b-5规则所要保护的那类股东……起重机公司并没有主张，它买卖证券时的市场现行价格受到了任何操纵行为或操纵交易的影响。起重机公司要求得到的是'控制权溢价'；若是起重机公司获得了航空刹车器公司的足够股份，起重机公司本来可以阻止合并，获得航空刹车器公司的控制权，本来可以获得控制权溢价。起重机公司在上诉律师意见书中提出，'控制权的价值会大大超过起重机公司作为标准公司的少数股东所得到的价格……'这就是去控制目标公司而提出的主张，并不属于第9（e）节所提供的明示救济范畴。" Crane Co. v. American Standard, Inc., 603 F. 2d 244 (2d Cir. 1979).

止"。[1]美国学者更加容忍证券市场操纵，呼应了美国法官对市场操纵的态度。

(一) 操纵不足为虑

1991年，《哈佛大学法律评论》刊载了一篇题为"法律应当禁止金融市场的'垄断'吗？"的文章，作者为丹尼尔·菲谢尔（Daniel R. Fishel）和戴维·罗斯（David J. Ross）教授。文章的中心思想是：第一，操纵与垄断难以区分，操纵与无良交易难以区分；第二，操纵不足为虑。菲谢尔教授的原话是：

"操纵一词经常被用来指最好不被理解为操纵的行为——通常是欺诈或垄断行为。在其他情况下，操纵一词是用来指有'不良意图'的交易，因为无法以其他方式区别有关交易与其他正常市场交易。'怀有不良企图交易'为'操纵'一词提供了独特的含义，如果操纵确实影响了证券价格，则此类交易是不可取的。然而，并无强烈理由对此类交易过虑，因为此类交易很可能自我威慑。基于这一原因，而且禁止性执法很可能成本过高，所以无论交易人的意图如何，都不应该因为操纵原因而禁止有关交易。"[2]

(二) 禁止操纵无以为计

1994年，《康奈尔法律评论》又刊载一篇题为"六分钟85万美元——证券操纵的机制"的论文，作者是史蒂夫·塞尔（Steve Thel）教授。他将菲谢尔教授和罗斯教授的观点归纳为："没有理由禁止操纵交易，因为根本就没有什么可禁止的……即便操纵交易是合法的，也不会有人进行此类交易，因为通过交易操纵证券价格难以获利。"该文作者认为，操纵不可能自我威慑；操纵可以通过交易改变价格，并且从中获利。该作者的论断为：

"操纵的周线难以发现，任何一套规则都不太可能震慑所有不当交易，也不可能只震慑不当交易。此外，金融市场的实践变化很快，所以即便起草时是完备的一套规则，可能很快就会过时了。因此，证交会和市场比国会更有可能做好监管工作，因为一旦结果明了或者实践发生了变化，就可以调整行政规则。最后，精准的规则会有漏洞，尤其是如果实践先于规则变化。对于新行为或令人发指的

---

〔1〕 中国社会科学院课题组："证券法律责任制度完善研究"，载黄红元、徐明主编：《证券法苑》（第10卷），法律出版社2014年版，第510页。

〔2〕 Daniel R. Fischel and David J. Ross, "Should The Law Prohibit 'Manipulation' in Financial Market?", 105 *Harv. L. Rev.* 503 (1991).

行为，应当谨慎适用规则 10b-5，为监管机制提供有益的支持。

值得称道的是，近六十年前，《证券交易法》便确立了监管机制，以应对菲谢尔和罗斯现在所提出的问题。1929 年股票市场崩溃之后，人们提出了禁止操纵交易的多种方案。但是，深思熟虑的改革者和那些被改革者都反对这些方案，理由是交易方式过于复杂，充满动态，无法以规则的钝器加以制约。国会成员也知悉，确定市场参与者的意图有多么困难。1934 年得到认可的观点是，如果要对交易进行任何监管，必须谨慎小心。《证券交易法》并没有因为交易是为了改变价格，就简单地将其定为违法。相反，《证券交易法》将任务交给了行政人员，由其研究并小心规制操纵。操纵极为复杂，所以法律承认操纵存在。"[1]

塞尔教授判定操纵有利可图，似乎是不同于菲谢尔教授的立场，但在关键点问题上双方没有根本的区别：塞尔教授称无需禁止操纵交易，而菲谢尔教授则主张尽量不要限制操纵交易。

承销费用是根据公司上市融资金额，按其比例收取。如果发行失败或是融资金额比较低，作为承销商的证券公司就会出现亏损。

如果为托价寻找理由，则公司上市也可以被比作是飞机起飞前必须在跑道上行驶一段时间，公司上市也需要这样的帮助。

在斯彻雷伯尔诉伯林顿案[2]判决中，并购中操纵并不等同于欺骗，因此操纵行为本身并不受法律禁止。

（三）证券市场离不开操纵

与我国的主流学者相比，美国学者对证券市场的理解更为深刻。我国的主流学者对操纵深恶痛绝，大意是我国监管机构没有能够有效控制操纵，但其观点的假定是：证券市场可以不为操纵所困扰，至少是不受操纵的严重困扰。但美国两位学者的基本观点则是：第一，证券市场操纵不足为虑；第二，即便证券市场操纵有害，监管者也无以为计。

豺狼当道，安问狐狸？汉语中的成语和四字结构的词组不适于阐释法律条文，但有助于揭示法律背后隐藏的动因。证券市场的合法操纵远多于非法操纵，而且合法操纵与非法操纵之间的界限模糊。可以说，证券市场离不开合法操纵，也离不开非法操纵，合法操纵的危害很可能也大于非法操纵。

---

〔1〕 Steve Thel, "$850,000 In Six Minutes—The Mechanics of Securities Manipulation", 79 *Cornell L. Rev.* 219 (1994).

〔2〕 Recall Schreiber v. Burlington Northern, 472 U.S. 1 (1985).

七、垄断与操纵

如上所述,丹尼尔·菲谢尔教授和戴维·罗斯教授认为,操纵实际上是操作:"操纵一词经常被用来指最好不被理解为操纵的行为——通常是欺诈或垄断行为。"2007年,瑞士信贷诉比林案(下称"比林案")[1]判决意见中,美国最高法院驳回了投资者对承销商提起的反垄断诉讼。美国最高法院承认,证券市场离不开原告所指称的"垄断"行为。而这种"垄断"行为恰恰是首次公开发行中的典型的操纵行为。

(一) 托市活动

比林案中,当事双方对相关事实并没有争议,多数大法官将其认定为:

"一批购买新股的投资者提起反托拉斯诉讼,被告为一批促销新股的承销公司。投资者称,这些承销商非法约定,不向投资者出售受欢迎的新股,除非(1)投资者此后在不断攀高的价位购入该股更多的股份(此举称作'爬梯'),(2)此后从承销商处购入该股时,支付超出寻常的高额手续费,或者(3)从承销商处购入并不中意的股票(此举称作'搭售')。上诉人关于反托拉斯法的陈述指称,承销商'滥用……组成承销团的做法……',相互约定有损潜在投资者的条件。"

上述活动是典型的市场托市活动(或称"市场稳定活动")。如上所述,美国国会和证交会都没有禁止此类活动。

(二) 反垄断法与证券法"格格不入"

美国最高法院认定,证券市场没有必要适用反托拉斯法,因为:"①有关行为所处的领域是证券监管的核心地带;②证交会有明确、充分的监管权力;③监管机构的监管持续、积极;并且④反托拉斯法制度与监管制度之间存在严重冲突。因此,我们认定,就该范畴而言,证券法与反托拉斯法的适用明显不相容。"以上是美国最高法院根据法律分析给出的理由。但持多数意见的大法官实际上是担心,允许反托拉斯诉讼,"仍然有可能造成与证券有关的严重损害";而且证券市场的合法活动与非法活动交织在一起,两者难以区分。[2]

---

〔1〕 Credit Suisse v. Billing, 551 U.S. 264 (2007).

〔2〕 比如,法律上的画线问题仍然非常棘手。在本案情况下,必须有精细、复杂和详细的界线,才能将证交会允许或鼓励的活动(被上诉人想必承认,此类活动适用反托拉斯豁免)与证交会必须(而且势必会)禁止的活动(根据被上诉人的理论,可以提出反垄断方面的挑战)区别开来。

持多数意见的大法官明确肯定,承销商可以进行以下活动:[1]承销商了解客户未来的长期(如3个月或6个月)持仓打算,以及客户建仓的价格,只要不问及发行后市场立刻出现的活动;承销商可以将更多的股票分配给愿意长线购买该股更多股份的投资者;允许客户提高其给承销商的报酬的价位和金额,以获得更多的IPO股份。

即便持多数意见的大法官认为原告有理,也不敢支持其主张。被告是10家华尔街著名投资银行,1997年3月至2000年12月期间,由其组成了各承销团,帮助数百家科技公司首次公开发行。倘若瑞士信贷案中原告获胜,其他原告就会蜂拥而上,被告难以承受败诉的后果。

(三) 美国自由派大法官、保守派大法官换位

史蒂文斯大法官部分同意判决。大法官全盘肯定承销商为首次公开发行举行的托市活动,[2]并且断然表示,此类托市活动不属于垄断行为。[3]但史蒂文斯大法官实际上承认,托市活动对首次公开发行至关重要。史蒂文斯大法官承认,

---

[1] 判决意见的原话为:"例如,就'爬梯'而言,证交会禁止承销商在'完成分售之前向客户了解其拟在发行后市场认购IPO股票的价格和数量',但与此同时,证交会允许,甚至鼓励承销商(在'需求建档'的过程中)'了解客户未来的长期(如3个月或6个月)持仓打算,以及客户建仓的价格,只要不问及发行后市场立刻出现的活动'(70 Fed. Reg. 19676)。承销团的某些做法已经得到认可,如果对其不熟悉,便难以判别,承销商是否执意坚持,投资者必须在发行后市场出现后,立刻购买过多的股份(属禁止行为),还是将更多的股票分配给了愿意长线购买该股更多股份的投资者(属允许做法)。除了证券专家,还有谁可以判断,证交会的现有规则是否阐明了永久禁地,今后不太可能发生变化,不会允许目前证交会似已禁止的各种'爬梯'行为?"(Cf. Gordon, supra, at 690-691.)"同样,针对搭售以及其他从未来销售中获取更多手续费的做法,证交会试图禁止承销商'要求……其客户承诺,在已明确的对价之外,再支付任何更多的费用或对价(如购买其他证券)'。"[69 Fed. Reg. 75785 (2004).]但是证交会允许一家公司"将IPO股份分配给客户,尽管公司这样做是因为该客户雇用该公司提供其他服务,只要该客户未就公司所提供的其他服务向其支付过高的报酬"。(Ibid., n. 108.) 证交会对全国证券交易商协会(下称NSDA)行使监督权。NSDA也建议制定一项规则,禁止承销团成员"借助出售或威胁不出售IPO股票,以其作为对价或诱惑,为其所提供的服务获得过高的报酬"。(Id., at 77819.) 但NSDA会允许客户提高其给承销商的报酬的价位和金额,通过合法竞争获得更多的IPO股份。[See Ibid. (介绍了NSDA所提出的第2712(a)节规则。)]

[2] "投资银行家在承销首次公开发行(IPO)时共同合作,为生产货物和服务的公司提供了更多资本,并且增加了可供购买的证券。承销团综合投资者网络,分散了价值高估的风险,对经济做出了积极贡献,这是投资银行家们单打独斗所无法做到的。我认为,就反托拉斯法的分析而言,承销团之间的各项协议,包括有关向首批投资者出售股票的价格和条件的协议,都应被视为是促进竞争的合资业务。除极少数的案件之外,不能将这些协议视为《谢尔曼法》第1节(15 U.S.C.§1)所指的限制交易的共谋行为。" See 426 F. 3d 130, 137-138 (CA2 2005).

[3] 首次购买之后,新股或新债券的价格由竞争决定,而且同时还有海量的其他证券在自由市场交易。要说承销团操纵IPO的条件,就可以限制市场的交易,那未免言过其实了。

承销商也会有损害投资人的不法行为,但不适用反垄断法。[1]史蒂文斯大法官支持从事承销商业务的华尔街投资银行,比保守派大法官更加理直气壮。

比林案中,自由派大法官和保守派大法官换位。由民主党总统提名的自由派大法官更倾向于质疑华尔街,而由共和党总统提名的保守派大法官通常支持华尔街。华尔街在两党都有人,但仍然亲疏有别,通常更加接近共和党。比林案中,自由派大法官站在了大银行一边,只不过该案中的投资者也不是普通投资者,而是所谓的机构投资者,是掠食者而不是被掠食者。

---

[1]"当然,借助两案起诉书中所描述的做法,承销商有可能将本来属于发行人的部分益处据为己有,违反代理对主体所负有的受信义务。但如果发生此类损害,也不属于'反托拉斯损害',投资者没有理由提出赔偿请求。"See Brunswick Corp. v. Pueblo Bowl-O-Mat, Inc., 429 U. S. 477, 489 (1977).

中介机构

PART 5
第五部分

第十五章

证券公司

一、概要

在专门从事证券业务的各类金融机构中,证券公司最为重要,我国《证券法》关于证券公司专门有一章。证券公司所从事证券业务最多,其中很多是高风险业务,例如杠杆经营,进而给整个证券市场造成系统性风险。

证券公司涉及的法律问题主要包括:资产管理业务中的投资顾问受信义务;合规和风险管理。而监管破碎化问题,在证券公司行业也有突出表现。证券公司有多种形式,除证监会监管的证券公司外,还有银监会监管的信托公司、融资租赁公司以及金融资产管理公司。

二、法律法规

1. 《证券法》
2. 《证券公司监督管理条例》(国务院令第 522 号,2008 年发布,2014 年修订,国务院令第 653 号)
3. 《证券公司风险处置条例》(国务院令第 523 号,2008 年发布,2014 年修订)
4. 《证券公司风险控制指标管理办法》(证监会令第 34 号,2006 年发布,2008 年、2016 年修订)
5. 《证券经纪人管理暂行规定》(证监会公告〔2009〕2 号)
6. 证监会《关于加强证券经纪业务管理的规定》(证监会公告〔2010〕11 号)

7. 证监会《关于加强上市证券公司监管的规定》（证监会公告〔2009〕6号）

8. 《证券投资顾问业务暂行规定》（证监会公告〔2010〕27号）

9. 《证券期货投资者适当性制度管理办法》（证监会令第130号，2016年）

10. 《证券公司合规管理试行规定》（证监会公告〔2008〕30号）

11. 《证券公司业务范围审批暂行规定》（证监会公告〔2008〕42号）

12. 《期货公司期货投资咨询业务试行办法》（证监会令第70号，2011年）

13. 《证券公司代销金融产品管理规定》（证监会公告〔2012〕34号）

14. 银监会《关于规范商业银行代理销售业务的通知》（银监发〔2016〕24号）

15. 《证券公司设立子公司试行规定》（证监机构字〔2007〕345号，证监会公告〔2012〕27号修正）

16. 《证券公司直接投资业务规范》（中证协发〔2012〕213号，2012年发布，2014年修订）[1]

17. 《证券公司信息隔离墙制度指引》（中证协发〔2015〕51号）

18. 《证券公司全面风险管理规范》（中国证券业协会〔2014〕36号，2014年发布，2016年修订）[2]

19. 《金融租赁公司管理办法》（银监会令2014年第3号）

20. 《金融资产管理公司条例》（国务院令第297号）

21. 《金融资产管理公司监管办法》（银监发〔2014〕41号）

22. 《证券公司股票质押式回购交易业务风险管理指引（试行）》（中证协发〔2015〕54号）

三、证券公司

（一）证券公司的名称

证券公司[3]是从事证券业务的主要金融机构。[4]我国的证券公司别名"券商"，美国的证券公司别名投资银行（investment bank）。美国证券法中，证券公

---

[1] 载 http://www.sac.net/flgz/zlgz/2014/t20140116_80204.html。

[2] 载 http://www.sac.net.cn/flgz/zlgz/201701/t20170104_129994.html。

[3] 英文"securities firm"。

[4] 2014年底，市值位于全球前23位的证券公司中，15家为中国券商，中信证券以563亿美元的市值名列第四，仅次于高盛、摩根士丹利和UBS。谭保罗："牛市，谁做大佬们的'接盘侠'"，载《作家文摘》2015年1月16日，第10版。

司还被界定为经纪人自营商。2008 年金融危机发生后，为获得美联储的低息贷款，美国投资银行成为控股银行公司（bank holding company）。为方便起见，本书中"投资银行"一般指美国证券公司，"证券公司"则指中国的证券公司。美国的投资银行又是投资控股银行。按照美国证交会的界定，高盛集团公司是"一家全球性投资银行，从事投资银行、证券和投资管理业务"。而高盛集团公司的子公司高盛公司则是经纪人-自营商（broker-dealer）。[1]

（二）证券公司的法律定性

证券公司的名称五花八门，业务也是五花八门，但从法律上可以界定为三大类：经纪人、投资顾问和承销商。证券公司的法律定性关系到证券公司的法定义务和法律责任，关系到投资者索赔的法律诉讼。

1. 美国的定性

（1）经纪人-自营商

美国证券公司是经纪人-自营商。美国《1934 年证券交易法》规定，经纪人（broker）"代他人账户进行证券交易"[2]，而自营商（dealer）则是为自己账户从事证券买卖的业务[3]。

对经纪人的监管。美国主要是通过注册制对从事经纪业务的专业人士进行监管，由行业协会管理。经纪人注册时必须披露其受处罚和个人破产的相关情况，但很多专业人士拒不披露有关情况。[4]经纪人可以是证券公司，也可以是个人。

经纪人应当对客户承担的义务。作为经纪人，证券公司通常承担"出售证券的宽泛的普遍义务；这种义务是警示另一位主体，投资有可能不够谨慎或是有可能不符合卖方的投资目标"。[5]证券经纪人可以是其客户的受信义务人（fiduciary）。如果"证券经纪人与其客户的关系是主体与代理的关系"，证券经纪人作为代理，有"责任向客户披露有关订单的重大信息"。[6]但"'投资顾问'不包括一个经纪人-自营商或其代理，如果其提供投资顾问服务完全是作为经纪人-自营

---

[1] SEC v. Goldman Sachs & Co., 10_ CV_ 2010, SDNY.

[2] The Securities Exchange Act of 1934, § 3 (2) (4).

[3] The Securities Exchange Act of 1934, § 3 (2) (5).

[4] 《华尔街日报》2013 年在美国做过一次调查，发现 21 个州共有 50 万股票经纪人，其中 1600 人没有披露其破产经历或受罚前科。Jean Eaglesham and Ros Barry, "Brokers Neglect to Disclose Red Flags to Their Investors", *The Wall Street Journal*, March 7, 2014, p. 12.

[5] Banca Cremi v. Alex. Brown & Sons, 132 F. 3d 1017 (4th Cir 1997).

[6] Magnum Corp. v. Lehman Bros. Kuhn Loeb, Inc., 794 F. 2d 198, 200 (5th Cir. 1986).

商的业务行为的附带,而且没有就此获得特殊报酬"。[1]如果是买卖常见的上市公司的股票,并不会有太多的争议,若是为客户买卖复杂的证券产品,则有可能引起争议,所以证券公司有时选择作为平等主体向客户出售或购买证券产品,以避免适用受信义务。

(2) 投资顾问

美国《投资顾问法》规定,"任何人为获得报酬,直接或通过出版物或文字材料,就证券的价值或投资、买入或卖出证券是否可取,而从事向他人提供建议的业务",就可以被认定为投资顾问。[2]《投资顾问法》要求投资顾问在证交会注册。[3]金融机构在监管机构登记是证券市场监管的一个重要方式。因为证交会有此材料之后,可以更好地回应申诉、提起申诉或就申诉采取救济措施。[4]就披露对象而言,证券市场的披露有两种:向证券监管机构披露和向公众披露。投资顾问在证交会披露是向证交会披露,证交会并无法定责任将相关内容向公众披露,事实上很多内容也并未向公众披露。

《投资顾问法》并没有明文规定投资顾问有受信业务,但美国最高法院的判例则规定,投资顾问的特点就是负有受信义务。"人与人之间的受信关系"是"投资顾问-客户关系的特点"。[5]如果存在受信关系,证券公司就有更强的披露责任。《投资顾问法》第20(3)节规定,未经客户同意,投资顾问不得作为主体与客户进行交易。

(3) 承销商

按照美国证券法的界定,"任何人……就分销任何证券……为发行人销售……"就是承销商;"'发行人'应当包括……发行人的……任何控制人"。[6]

上述定义仍然过于抽象。美国法院的判例又对承销商做了具体的界定,以下三种情况下,证券销售方可被界定为承销商:①直接或间接参与销售;[7]②为分

---

[1] Md. Code Ann., Corps. & Ass'ns § 11-1-1 (h) (2) (iv).

[2] 15 U.S.C. § 80b-2 (11).

[3] 15 U.S.C. § 80b-3. 如果投资顾问又成立了一家投资公司并由其管理,两者加在一起便构成我国《基金法》所规制的公募基金或私募基金。见本书第七章。

[4] 在美国注册的投资顾问已经达到115 000家,其管理的客户资产达到55万亿美元,而10年前仅为20万亿美元。Chris Flood, "US Advisers Must Pay to Be Regulated", *Financial Times*, September 1, 2014, p. 2.

[5] Id., at 210, 105 S. Ct. 2557.

[6] The Securities Act, § 2 (11).

[7] SEC v. Chinese Consolidated Benevolent Assoc., 120 F. 2d 738 (2d Cir. 1941).

销而向发行人或控制人购买证券；[1]③或是为发行人或控制人销售证券。[2]证交会诉华人慈善总会案判决意见[3]涉及第一种情况。该案中，国民政府发行政府债券，纽约的一家华人非营利组织代销债券：该组织向华人募捐后交给中国，从中国得到债券后再分发到购买者手中。华人组织及其成员并没有就此获得任何报酬。美国联邦第二巡回上诉法院认定，被告是公开发行中的"关键齿轮"，是证券法所指的承销商。

如果证券代销方被界定为承销商，则适用有关承销商的各种法律和法规。当然，最重要的后果是，银行发行证券，必须接受证券监管机构的监管。如果理财产品或信托产品被界定为证券，则银行发行理财产品或信托产品就是承销商，必须接受证监会的监管。[4]

在比林案判决意见[5]中，斯蒂文斯大法官指出："承销商有可能将本来属于发行人的部分利益据为己有，违反代理对主体所负有的受信义务。"也就是说，承销商不应当与发行人争食，不应当为了自己的利益而牺牲客户的利益。

(4) 银行控股公司

2008年金融危机爆发之后，为获得美联储的资金，高盛等美国证券公司又成了银行控股公司。按照美国《银行控股公司法》的界定，"任何公司控制了一家银行"，就是银行控股公司。[6]银行控股公司由美联储监管。[7]美联储负责规定银行控股公司的资本标准，银行控股公司的并购也必须经过美联储批准，美联储还有权检查银行控股公司的运营情况。

2. 我国《证券法》的规定

我国《证券法》并没有明文界定证券公司的法律属性，但我国《证券法》第125条规定，证券公司可经营的业务包括：①证券经纪；②证券投资咨询；③与证券交易、证券投资活动有关的财务顾问；④证券承销与保荐；⑤证券自营；⑥证券资产管理；⑦其他证券业务。[8]

---

[1] United States v. Sherwood, 175 F. Supp. 480 (S. D. N. Y. 1959).
[2] United States v. Wolfson, 405 F. 2d 779 (2d Cir. 1968).
[3] SEC v. Chinese Consolidated Benevolent Assoc., 120 F. 2d 738 (2d Cir. 1941).
[4] SEC v. Chinese Consolidated Benevolent Assoc., 120 F. 2d 738 (2d Cir. 1941).
[5] Credit Suisse v. Billing, 551 U. S. 264 (2007).
[6] Bank Holding Company Act of 1956, 12 U. S. C. § 184 (a) (2) (A).
[7] Regulation Y, 12 C. F. R. Pt. 225.
[8] 《证券法》第125条。

(1) 经纪人

《证券法》第 125 条很明确,证券公司可以经营的业务第一项便是证券经纪。证监会为此专门发布《关于加强证券经纪业务管理的规定》[1]。

(2) 投资顾问

《证券法》第 125 条中的"证券投资咨询""财务顾问"和"资产管理"都可以被界定为投资顾问业务。证监会发布了《证券投资顾问业务暂行规定》[2](以下简称《投资顾问规定》)。中证协也将投资咨询业务视作投资顾问业务。

按照《投资顾问规定》,证券投资顾问业务"是证券投资咨询业务的一种基本形式,指证券公司、证券投资咨询机构接受客户委托,按照约定,向客户提供涉及证券及证券相关产品的投资建议服务,辅助客户作出投资决策,并直接或间接获取经济利益的经营活动"。[3]

《投资顾问规定》只要求证券公司从事投资业务时,能够做到诚实守信、勤勉、审慎地提供投资顾问服务。[4]《投资顾问规定》所要求的是注意义务和忠诚义务,并不是《信托法》所要求的受信业务,没有要求证券公司为投资者"最大利益"[5]处理事务。但投资顾问应当对其客户负有受信业务。

我国商业银行已经深入我国证券业务,商业银行所从事的个人理财业务也涉及证券投资咨询,也属于投资顾问业务的范畴。根据银监会所发布的《商业银行个人理财业务管理暂行办法》[6](下称《个人理财业务管理办法》),商业银行个人理财业务分为两类:理财顾问服务和综合理财服务。[7]"理财顾问服务,是指商业银行向客户提供的财务与规划、投资建议、个人投资产品推介等专业化服务。"[8]"综合理财服务,是指商业银行在向客户提供理财顾问服务的基础上,接受客户的委托和授权,按照与客户事先约定的投资计划和方式进行投资和资产管理的业务活动。"[9]换言之,前者是商业银行向投资者提供投资咨询,而后者则是资产管理或代客理财,由客户委托银行代其理财。如果两者业务都涉及证券,

---

[1] 证监会公告〔2010〕11 号。
[2] 证监会公告〔2010〕27 号。
[3] 《投资顾问规定》第 2 条。
[4] 《投资顾问规定》第 2 条。
[5] 《信托法》第 25 条。
[6] 银监会令 2005 年第 2 号。
[7] 《个人理财业务管理办法》第 7 条。
[8] 《个人理财业务管理办法》第 8 条第 1 款。
[9] 《个人理财业务管理办法》第 9 条第 1 款。

则都属于证券投资咨询业务,应当适用受信义务,至少后者有明确的委托关系,应当适用受信义务。

《个人理财业务管理办法》规定,"客户根据商业银行提供的理财顾问服务管理和运用资金,并承担由此产生的收益和风险"。[1]该规定给人的印象是:凡有风险或亏损,都必须由投资者自己承担,而提供投资顾问服务的银行无须承担责任。《个人理财业务管理办法》规定,"商业银行为销售储蓄存款产品、信贷产品等进行的产品介绍、宣传和推介等一般性业务咨询活动,不属于前款所称理财顾问服务"。[2]但如何区分"一般性业务咨询活动"与"理财顾问服务"以及"专业化服务"是一个难题。区分两类不同情况,是法律问题,也是事实问题,有时要通过诉讼,由法官在个案中做出判断。

(3) 承销商

中国《证券法》并没有对承销售商做出界定,只是简单提到,"发行人向不特定对象发行的证券,法律、行政法规规定应当由证券公司承销的,发行人应当同证券公司签订承销协议"。[3]

3. 受信义务

受信义务可以由信托关系产生,也可以由代理关系产生,不同关系所产生的受信义务似有强弱之分,但并无法律明确加以说明。证券投资基金是由客户将资产托付给基金管理人管理,实际上是一种信托关系。美国适用于共同基金(mutual fund)(相当于我们的证券投资基金)的《投资公司法》明确规定,基金管理人对投资者负有受信义务,而且投资人有个人诉讼权利,可以通过诉讼索赔。我国的《基金法》也间接引入了受信义务。就证券咨询业务而言,美国《投资顾问法》中并没有明示受信义务,但在美国法中受信义务由州判例法规定,可以产生受信业务。[4]美国最高法院规定适用受信义务。对于证券咨询业务,我国法律并没有规定受信业务。经纪人与客户的关系是代理关系,代理关系在我国适用《合同法》的第20章和《民法总则》第7章的第二节。按照《民法总则》的规定,其中并没有规定受信义务。

无论是作为投资顾问从事证券投资咨询业务,还是作为承销商承销证券,美

---

[1]《个人理财业务管理办法》第8条第3款。
[2]《个人理财业务管理业务》第8条第2款。
[3]《证券法》第28条。
[4] Magnum Corp. v. Lehman Bros. Kuhn Loeb, Inc., 794 F. 2d 198, 200 (5th Cir. 1986).

国的证券公司都有受信义务。[1]作为经纪商，证券公司也可能有受信业务。可以说，负有受信义务是证券公司的一大特点，也是其一大难点。证券公司作为商业机构，想方设法地要从客户处获得最大利润，但法定受信义务又要求证券公司将客户的利益置于自身利益之上，这就产生了难以克服的矛盾。证券公司的高层领导和总部的工作人员可以高谈受信义务，或许他们也可以真的相信受信义务，但负责为证券公司创造利润的普通工作人员难以做到两全——既要履行对客户的受信义务，又要为公司创造高额利润。[2]

4. 受信义务与注意义务的转换

美国的证券经纪人可分为两类：单一经纪人和全面服务经纪人。单一经纪人（discount broker）只按客户指令买卖证券，并不提供咨询意见，而全面服务经纪人（full service broker）则向客户提供咨询，同时扮演投资顾问的角色。[3]全面服务经纪人从客户处获得了交易的全面授权。这就给了经纪人可乘之机：经纪人可以过度交易（churning），多次重复买卖证券，从中获取利润。尽管全面服务经纪人对其客户负有受信义务，但投资者索赔仍然十分困难。美国法院的判例规定，原告就过度交易起诉索赔，胜诉的前提是原告必须证明：①就原告的投资目标而言，其账户上的交易过度；②有关经纪人在过度交易期间控制了原告的账户；③经纪人有欺诈意图或是不顾后果地忽视其客户的权益。[4]不过，过度交易期间，即便客户账户上的证券增值，账户管理人仍然可以被认定为过度交易。[5]

如果严格遵守我国《证券法》，中国不会发生过度交易；或者说，根据我国《证券法》，过度交易属于违法。《证券法》第143条规定："证券公司办理经纪业务，不得接受客户的全权委托而决定证券买卖、选择证券种类、决定买卖数量或

---

[1] 在信贷瑞士诉比林案判决的共同意见中，大法官还将受信义务适用于首次公开发行的承销商："承销商有可能将本来属于发行人的部分利益据为己有，违反代理对主体所负有的受信义务。" Credit Swiss v. Billing, 551 U. S. 264 (2004).

[2] 证券公司在财富方面胜出其他行业，没有横财很难做到。"朱门酒肉臭，路有冻死骨。"没有"冻死骨"，就不可能没有"酒肉臭"。反过来，如果朱门酒肉臭，路边必有冻死骨。美国的法律表面上冠冕堂皇，但从业人员之间比较直白，自勉和相关鼓励的座右铭是："如果不在骗人，那就是没有努力。"（BBC, *Business Mattes*, May 21, 2015.）就证券市场和证券法的大政方针和理念而言，中国文化元素中就有，没有必要舍近求远，过于求教于美国的法律和美国的文化。

[3] 朱伟一："论券商经纪业务的若干法律问题"，载《法学家》2003年第5期。

[4] Mihara v. Dean Witter, 619 F. 2d 814 (9th Cir. 1980).

[5] Nesbit v. McNeil, 896 F. 2d 380 (9th Cir. 1990).

者买卖价格。"但遗憾的是,《证券公司定向资产管理业务实施细则》[1]第28条规定:"证券公司从事定向资产管理业务,应当由客户自行行使其所持证券的权利,履行相应的义务,客户书面委托证券公司行使权利的除外。"根据这条规定,证券公司仍然可以接受客户的全权委托,所以全权委托的经纪业务中也可能出现过度交易。《证券公司定向资产管理业务实施细则》是证监会发布的部门规章,第28条改变了《证券法》第143条的规定,以下位法篡改或削弱了上位法。

美国法律中也有转换法律关系的暗门。美国《投资顾问法》第20(3)节规定,未经客户同意,投资顾问不得作为主体与客户进行交易。主体与主体交易不适用受信责任,所以投资顾问就此交易不对其客户负有受信义务。该节允许投资顾问与其客户在代理关系中分出一个例外。

表面上看,《证券公司定向资产管理业务实施细则》第28条与美国《投资顾问法》第20(3)节的效果正好相反。第28条允许证券公司由平等主体关系转换为全权委托关系(也可以称受信关系,但我国法院通常不愿认定存在受信关系或受信责任)。相反,第20(3)节则允许证券公司或其他金融公司由受信关系转换为平等主体关系,避免承担受信义务。但两者实有异曲同工之处:两者都是允许证券公司在征得客户同意之后,可以不再承担固有的法定义务。有人认为,我国的证券监管工作不如美国的好,我国的证券法法律法规不如美国的好,我国的投资者保护不如美国的好。《证券公司定向资产管理业务实施细则》第28条与美国《投资顾问法》第20(3)节表明,中美证券法若有差异,那是五十步与百步的关系。更重要的是,第28条与第20(3)节表明,法律站在证券公司这边,证券公司凭借法律胜出。

5. 机构投资者与受信义务

即便商业银行、证券公司等金融机构开展代销业务,也可能被认定为对客户负有受信义务。仅以机构投资者为合格投资者为由,并不能完全消除金融机构代销产品的受信义务。

机构投资者通常被视为成熟投资,能够识别并承担风险,应当"愿赌服输"。主权财富基金又是在机构投资者中的强者,资金雄厚,可以雇用训练有素的专业人士。但即便如此,主权财富基金与交易对手之间仍然有可能存在特殊关系,后者可能对前者负有受信义务。利比亚投资局诉高盛国际案便是一例。[2] 2008年4

---

[1] 证监会公告[2012]30号。

[2] The Libyan Investment Authority v. Goldman Sachs International, Claim No HC-2014-000197, W014 EWHC 3364 (CH), 2014 WL 5311979.

月至 5 月间，利比亚投资局与高盛国际进行了 9 次交易，买卖长期股权，金额达 12 亿美元。原告指称，"2008 年末，银行危机爆发……利比亚投资局所购买的凭证分文不值……高盛国际通过溢价"获得大量利润。原告利比亚投资局在英国法院起诉，向高盛国际索赔。[1]双方争执的要点是，利比亚投资局与高盛国际之间是否存在"相信和信任"的关系，即，高盛国际是否对利比亚投资局负有受信义务。此处的溢价（premium）与加价（markup）相同，都是为了避免通过佣金获得利润，因为佣金可以被用来证明存在代理关系，而按照美国法院的判例，代理关系可以产生受信义务（另见本书第十七章）。

原告引用了关于受信义务的英国判例。按照这些判例，银行有可能对机构投资者负有"受信和信任义务"："……问题是一方是否对另一方寄托了充分的信心和信任，而不是取决于当事方之间关系的所属类型。"[2]例如，银行与客户之间的关系通常并不符合这一标准，但例外情况下可以符合。[3]相关原则"并不限于滥用信任和信心的情形，也包括易受伤害的当事方被剥削的情形"。[4]

"利比亚投资局认为，它与高盛国际形成的那种关系不同于客户与根据客户指示执行交易的银行之间的普通的正常关系。"利比亚投资局提出了一系列具体事实，以显示高盛国际与利比亚投资局之间有特殊关系，而高盛国际利用这种特殊关系施加不当影响，促成了不利于利比亚投资局的交易：高盛国际招待利比亚投资局人员（表明双方关系之密切）；利比亚投资局董事会当时的会议记录显示，董事们以为他们买入的是股票或是准股票，而不是买入参照股票的衍生工具（表明利比亚投资局的董事们并不成熟）；高盛国际为利比亚投资局的人员提供培训（表明高盛国际知道，利比亚投资局的人员并不了解相关金融凭证）；借调到利比亚投资局工作的外部律师发现交易存在问题（表明利比亚投资局并不成熟）。[5]

高盛国际提出动议，要求法院做出既决判决，但随后又撤回其动议。法院决定，高盛国际应当就该动议向原告支付部分诉讼费。法官在其决定中认定，利比

---

[1] The Libyan Investment Authority v. Goldman Sachs International, Claim No HC-2014-000197, W014 EWHC 3364（CH），2014 WL 5311979.

[2] See Treitel, The Law of Contract, 10th ed.(1999), pp. 380~382.

[3] See National Westminster Bank Plc v. Moran [1985] AC 686, 707~709.

[4] The Libyan Investment Authority v. Goldman Sachs International, Claim No HC-2014-000197, W014 EWHC 3364（CH），2014 WL 5311979.

[5] The Libyan Investment Authority v. Goldman Sachs International, Claim No HC-2014-000197, W014 EWHC 3364（CH），2014 WL 5311979.

亚投资局已经提出了足够的具体事实,是否存在"相信和信任"的关系,则应当通过审判决定。[1]

(三) 外资参股证券公司

外资可以参股我国的证券公司。《外资参股证券公司设立规则》[2]规定,境外股东持股比例或者在外资参股证券公司中拥有的权益比率,累计不超过49%。境内股东中的内资证券公司,应当至少有1名内资股东的权益比例不低于49%。内资证券公司变更为外资参股证券公司后,应当至少有1名内资股东的持股比例不低于49%。[3]

我国外资参股证券公司的出现早于《外资参股证券公司设立规则》。1995年,摩根士丹利与中国建设银行成立我国第一家中外合资证券公司中国国际金融公司(China International Capital Corp.)。2010年,摩根士丹利将其所持股份转让给其他外资投资者[4]。

外资参股证券公司可以从事的业务包括：证券承销和保荐、外资股的经纪、债券自营和经纪以及证监会批准的其他业务。[5]

(四) 组织形式

美国证券公司最初的商业组织形式是合伙企业,[6]之后演变为有限责任公司,1990年代起又先后成为上市公司。我国证券公司并没有经过合伙制阶段,而是直接成为有限责任公司和上市的有限股份公司。

证券公司作为上市公司形式营运,融资就更加方便,有更多的自有资金开展业务,获得的利润也更多。作为有限股份公司,可以借有限责任将风险控制在可以接受的范围之内。证券公司成为上市公司,也是证券公司财力扩大后政治力量得以加强的结果——允许高风险的证券公司成为上市公司,显然需要国家政治层面的许可和支持。

---

〔1〕法官指出："我无法预测所有这些审判会有何结果。尚不清楚,是否可以证明这些因素足以产生必要的关系。但我的判断是,根本不可能根据既决判决就驳回原告起诉。" The Libyan Investment Authority v. Goldman Sachs International, Claim No HC-2014-000197, W014 EWHC 3364 (CH), 2014 WL 5311979.

〔2〕证监会令第8号,2002年发布,2007年、2012年修改。

〔3〕《外资参股证券公司设立规则》第10条。

〔4〕Yvonne Lee, "CICC Slates a Hong Kong IPO", *The Wall Street Journal*, July 14, 2015, p.22.

〔5〕《外资参股证券公司设立规则》第5条。

〔6〕Charles R. Geisst, *The Last Partners*, New York: McGraw Hill Press, 2001.

（五）投资银行家

投资银行家泛指在证券公司工作的专业人士，他们具体从事的工作包括：发行和并购的投资银行业务、证券交易、经纪业务、资产管理、销售和分析。[1]后台业务包括法务、合规、结算、程序设计和信息技术。投资银行业务（investment banking）则指证券发行业务和公司并购业务。

美国的银行家大多是名校毕业，[2]各个专业都有。大部分人本科毕业后即可进入投资银行工作，但也有律师半途转入投资银行的，这些律师大多也从名校毕业。我国证券公司的雇员大多也是学界精英和业界精英。但是众多精英加盟也有其负面效果：增加了证券公司的社会成本。从实际情况看，任何一个行业，只要是充满精英，这个行业非但不能给社会带来超值回报，反而迫使社会在政策和其他方面向该行业倾斜，使得该行业内的人获得超额回报。

（六）混业与分业

1. 分业是一种例外

我国《证券法》第6条规定："证券业和银行业、信托业、保险业实行分业经营、分业管理，证券公司与银行、信托、保险业务机构分别设立。国家另有规定的除外。"照这条规定，资本市场分业是常态，混业是例外，但现实中混业并不少见，[3]很难说是一种例外。金融制度是以商业银行为中心的。除传统业务之外，商业银行也从事大量与证券有关的业务。中国的五大商业银行以及其他一些银行本身就是上市公司。商业银行也发行和出售包括理财产品在内的各类证券产品。证券公司是强势金融机构，但其业务仍然受到其他金融机构的蚕食，法律属性上也与其他金融机构有相同之处。

---

[1] 如果是在埋头看黑莓，很可能是搞对冲基金的，在查亚洲市场的行情，查看自己的利润和亏损。如果是在车上睡着了，那多半是做销售的，是经纪人，市场跌涨与他们无关。如果是带公文包或拿什么袋子的，那多半不是做销售的，因为拿袋子是要装经纪业务的研究资料，而经纪人是不看他们自己公司所出的研究报告的，至少是下班后不看。谁要是拿一份《纽约时报》，那多半是律师或是做后台工作的，他们是在金融市场工作，但又并不真的身在其中。Michael Lewis, *The Big Short*, New York: W. W. Norton & Company Press, 2010, p. 236.

[2] 华尔街多的是"常青藤名校毕业的30来岁的机构经理……他们握手有力，满嘴的行话，还有令人眼花缭乱的数据表"。Lex, "Asian Private Equity", *The Financial Times*, January 19, 2009, p. 11.

[3] 比如，保险业的安邦集团为成都农商行的控股股东，设有资产管理公司安邦资产管理（香港）公司和安邦资产管理公司。曾炎鑫："揭开保险土豪安邦集团面纱"，载《证券时报》2013年12月16日，第A7版。

2. 一站式店铺

证券公司多种经营，从事各类金融业务，包括高风险业务，以便获取高额利润，同时也便于了解和掌握证券市场的信息。此外，多种经营是接近证券监管机构的主要途径，可以借此加深对监管机构的了解，加强与监管机构沟通的能力。金融业的多种经营也称"一站式店铺"（one-stop shop），[1]是来自美国的营业模式。美国是混业制，商业银行与证券银行混业经营，同属一家公司，所提供的服务也更加广泛。2008年金融危机之后，美国大银行仍然主张保持"一站式店铺"的经营范围，但监管机关对于"大到不倒"模式则心存疑虑。[2]

1928年，美国股市崩溃并因此而产生了经济大萧条。美国国会制定了《格拉斯-斯蒂格尔法》（Glass-Steagall Act，下称《格拉斯法》），隔离商业银行与投资银行及其相关业务，以免投资银行拖累商业银行。储蓄银行与投资银行不分，银行家们就可以利用储户的资金，通过杠杆交易无限放大利润和问题。出了问题之后，美国政府不得不用纳税人的钱救助银行，因为银行倒闭势必殃及千家万户和众多企业，后果不堪设想。

但1999年，美国《金融服务现代化法》（Financial Services Modernization Act）生效，废除了《格拉斯法》，商业银行与投资银行不再相互设防，资本市场一马平川，商业银行和投资银行纵横驰骋，来往自如，[3]反复拉锯，洗劫中产阶级。明明是一种倒退，却被说成是"现代化"。资本市场的混业经营是一大祸害，很大程度上造成了金融危机。

同样，保险公司与投资银行不分，银行家们就可以利用保险公司的资金，通过杠杆交易无限放大利润。2008年，美国保险公司AIG面临破产时是一个庞然大物，账面资产1万亿美元。美国政府出资1820亿美元救助。[4]金融稳定局已将若干保险公司列为全球系统重要性金融机构。

四、证券公司的业务

网络技术公司的一大优势在于拥有许多专利，而证券公司的一大优势在于有许

---

〔1〕 英语"one-stop shop"。
〔2〕 Tom Braithwaite and Marin Arnold, "Regulators Test the Universal Banking Model", *Financial Times*, January 16, 2015.
〔3〕 Charles R. Geisst, *Wall Street*, Oxford University Press, 2004, p. 385.
〔4〕 Patrick Jenkins, "Insurers May Be at the Centre of the Next Big Crisis", *Financial Times*, December 27, 2013, p. 9.

多业务许可。《关于申银万国证券股份有限公司换股吸收合并宏源证券股份有限公司并上市的法律意见书》[1]列出了申银万国证券股份有限公司的38项许可[2]，经营领域包括：证券经纪；证券投资咨询；与证券交易、证券投资活动有关的财务顾问；证券自营；证券承销；为期货公司中介机构介绍业务；融资融券业务；代销金融产品业务；做市商业务；证券回购交易业务；保险业务。核准发放许可

---

[1] 中国证券监督管理委员会：《中国资本市场法制发展报告——2014》，法律出版社2015年版，第1066~1070页。

[2] ①《经营证券业务许可证》，证监会核发；②《关于申银万国证券股份有限公司开展客户证券资金消费支付服务试点的无异议函》，银监会监管部核发；③《关于公司开展私募基金综合托管业务试点的无异议函》，证监会监管部核发；④《关于核准公司代销金融产品业务资格的批复》；上海证监局核发；⑤《关于公司作为合格境内机构投资者从事境外投资管理业务的批复》，上海证监局核发；⑥《关于公司融资融券业务资格的批复》，中国证监会核发；⑦《关于公司自营业务参与股指期货交易相关文件备案的函》，上海证监局核发；⑧《关于公司开展为期货公司提供中间介绍业务的无异议的函》，上海证监局核发；⑨《证券经纪人制度现场检查意见书》，上海证监局核发；⑩《关于核准公司受托投资管理业务资格的批复》，中国证监会核发；⑪《关于公司开放式证券投资基金业务资格的批复》，中国证监会核发；⑫《证券业务外汇经营许可证》，国家外汇管理局核发；⑬《国家外汇管理局关于公司境外投资证券额度的批复》，国家外汇管理局核发；⑭《中国人民银行关于东吴证券有限责任公司等7家证券公司成为全国银行间同业拆借市场成员的批复》，中国人民银行核发；《关于调整长城证券等17家证券公司同业拆借限额的通知》，中国人民银行上海总行核发；⑮《中国证券业协会关于公司参与大连股权交易中心的备案确认函》，中国证券业协会核发；⑯《关于确认金融衍生品业务备案的函》，中国证券业协会核发；⑰《关于公司参与浙江股权交易会中心的备案确认函》，中国证券业协会核发；⑱《关于公司参与辽宁股权交易中心的备案确认函》，中国证券业协会核发；⑲《关于公司参与重庆股份转让中心的备案确认函》，中国证券业协会核发；⑳《关于反馈证券公司中小企业私募债承销业务试点实施方案专业评价结果的函》，中国证券业协会秘书处核发；㉑《关于同意确认公司柜台市场实施方案备案的函》，中国证券业协会核发；㉒《关于反馈从事相关创新活动证券公司评审意见的函》，中国证券业协会核发；㉓《关于申请参与转融通业务试点的复函》，中国证券业协会核发；㉔《关于同意公司成为中国证券登记结算有限责任公司甲类结算参与人的批复》，中国证券登记结算有限责任公司核发；㉕《关于批准公司开通代理登记业务的通知》，中国证券登记结算有限责任公司深圳分公司核发；㉖《主办券商业务备案函》，全国中小企业股份转让系统有限责任公司核发；㉗《主办券商业务备案函》，全国中小企业股份转让系统有限责任公司核发；㉘《关于确认公司股票质押式回购业务交易权限的通知》，上交所核发；㉙《关于确认公司转融通证券出借交易权限的通知》，上交所核发；㉚《关于确认公司约定购回式证券交易权限的通知》，上交所核发；㉛《关于确认公司股票质押式报价回购业务试点相关事项的通知》，上交所核发；㉜《关于确认上海证券交易所固定收益证券综合电子平台交易商业务许可名称资格的函》，上交所会员部核发；㉝《关于同意公司开展"上证基金通"业务的函》，上交所会员部核发；㉞《关于股票质押式回购交易权限开通的通知》，深交所核发；㉟《关于约定购回式证券交易权限开通的通知》，深交所核发；㊱《保险业兼业代理业务许可证》，中国保险监督管理委员会上海监管局核发；㊲《关于开展保险机构特殊机构客户业务的通知》，中国保险监督管理委员会保险资金运用监管部核发；㊳《关于证券公司向保险机构投资者提供交易单元审核意见》，中国保险监督管理委员会保险资金运用监管部核发。

的机构包括：证监会、银监会、人民银行和保监会以及"一行三会"相关的地方局、外管局、中国证券业协会、中国证券金融股份有限公司、中国证券登记结算有限公司深圳分公司、上交所、深交所和全国中小企业股份转让系统有限责任公司。

截至 2016 年 3 月 31 日，我国共有 126 家证券公司，总资产为 6.03 万亿元，净资产 1.48 万亿元，净资本为 1.24 万亿元。[1]

（一）投资银行业务

按照中国证券业协会的介绍，证券公司的投资银行业务包括：股权融资业务、公司债券业务、并购重组业务、场外市场业务。

股权融资业务包括：首次公开发行、公开增发、融资性非公开发行、配股。

公司债券业务包括：可转换公司债券和可分离交易的可转换公司债券发行、通过证监会审核的公司债券发行（含创业板公司非公开发行公司债）和中小企业私募债发行。

场外市场业务包括：全国中小企业股份转让系统业务（主要分为推荐挂牌业务和挂牌公司定向增发）和区域性股权交易市场业务。

创新业务包括：资产证券化和优先股发行。[2]

（二）证券交易

交易为证券公司的一大业务。证券公司在各类证券交易业务中扮演诸多角色，其中包括：自营商、做市商（见本书第七章）、融资融券的交易对手（见本书第六章）、经纪人、投资顾问、甚至提供交易场所（见本书第九章）。证券交易业务是证券公司收入的主要来源。[3] 2015 年，我国股票市场发生剧烈异常波动，很多投资者损失惨重，但证券公司普遍盈利甚丰。[4]

1. 融资融券

融资融券业务为证券公司提供了杠杆机会和对冲机会，但该业务对证券公司、证券市场和整个金融系统造成了很大风险。事实上，1998 年《证券法》第

---

[1] 岳跃："券商融资困局"，载《财新周刊》2016 年第 20 期。

[2] 中国证券业协会：《中国证券业发展报告 2015》，中国财政经济出版社 2015 年版，第 77~89 页。

[3] 2013 年，东北证券利润增加 220%，其中很大一部分收益来自融资融券业务、经纪业务和资产管理业务。曾炎鑫："东北证券去年利润大增 220%"，载 http://stock.stockstar.com/JC2014011500001513.shtml。

[4] 2015 年，证券公司净利润 1367 亿元，净利润最多的前十家证券公司为：中信证券、国信证券、海通证券、广发证券、招商证券、申万宏源、华泰证券、国泰君安、光大证券、东方证券。杨庆婉："上市券商去年净赚 1367 亿，五家净利润超百亿"，载《证券时报》2016 年 1 月 12 日，第 A4 版。

141条明文规定:"证券公司接受委托卖出证券必须是客户证券账户上实有的证券,不得为客户融券交易。"2014年修订后的《证券法》将原《证券法》第141条的相关内容改为:"证券公司为客户买卖证券提供融资融券服务,应当按照国务院的规定并经国务院证券监督管理机构批准。"

立法者前后两种态度截然不同,泾渭分明。从事后发生的情况看,很难确定后一种态度较前一种态度更为明智:2015年我国股市发生剧烈异常变动,融资融券的杠杆作用难辞其咎。2005年修订《证券法》为融资融券放行,当时并没有令人信服的证据表明证券公司的风险控制能力较过去有了显著提高。事实上,2013年光大证券涉及ETF的内幕交易涉及巨额资金,这表明证券公司的风险控制能力并不能有效防范证券公司自己的风险,不能有效防范对整个市场造成的系统性风险。

融资融券业务是证券公司收入的重要来源。2014年,我国证券公司行业的营业收入为2602.84亿元人民币,其中融资融券业务利息净收入占17.14%。[1]此外,融资融券业务为证券交易提供了更多的资金,而证券交易量增加之后,证券公司便可以收取更多的手续费,有更多的经纪业务收入。因此,尽管融资融券造成了系统性风险,但监管部门对其加以限制势必遇到很大阻力。[2]

2. 证券经纪业务

2014年,我国证券公司业的营业收入为2602.84亿元人民币,其中代办买卖证券业务净收入占40.32%。[3]证券经纪业务中,优质经纪服务业务收益较高,2011年为美国的投资银行提供了100亿美元的收入。优质经纪服务(prime brokerage)指为私募股权基金和对冲基金等机构投资者提供的经纪服务。优质经纪服务主要由高盛和摩根士丹利提供。欧洲的优质经纪业务主要由瑞士信贷提供。2008年摩根大通收购贝尔斯登之后,在美国市场占据了一席之地,继而进军欧洲市场和亚洲市场。花旗银行、德意志银行和美国银行也在争抢这块业务。[4]

3. 自营业务

自营交易又称自有资金交易(proprietary trading),是指金融机构自己开展交易,由金融机构自负盈亏。自营交易在中国曾经盛极一时,但最后许多券商因此而蒙受巨亏,有些甚至因此而倒闭。自营交易的要害问题是杠杆化,即证券公司

---

[1] 中国证券业协会:《中国证券业发展报告2015》,中国财政经济出版社2015年版,第6页。
[2] 古语:"砸人饭碗犹如杀人父母。"监管机构难免投鼠忌器。
[3] 中国证券业协会:《中国证券业发展报告2015》,中国财政经济出版社2015年版,第6页。
[4] Megan Murphy, "JP Morgan Expands Prime Brokerage", *Financial Times*, June 22, 2011, p. 18.

举债进行交易。证监会对自营交易的杠杆做了具体限制。[1]

美国投资银行的自营交易也是2008年金融危机的成因之一。之后,美国国会制定《多德-法兰克法》(Dodd-Frank Act),改革金融业。《多德-法兰克法》的规则多达400条,但核心是沃尔克规则(Volcker Rule),以美联储前主席保罗·沃尔克的姓命名。沃尔克极力主张禁止投资银行的自营交易。2013年,证交会宣布,美联储(The Federal Reserve)、联邦储蓄保险公司(The Federal Deposit Insurance Corporation)、证券交易委员会(The Securities and Exchange Commission)、大宗产品期货交易委员会(The Commodity Futures Trading Commission)和货币监管局(The Comptroller of the Currency)[2]批准沃尔克规则,禁止银行从事特定证券、衍生产品、商品期货和期货短期自营交易。[3]

沃尔克规则禁止证券公司的自营交易,限制证券公司在对冲基金中的投资,同时还要求证券公司的薪酬不得奖励"所禁止的自有资金交易"。公司高管还必须向监管机构保证,公司"有安排设立、维持、实施、审查、检测和修改合规方案"。

但沃尔克规则又有重要例外。首先,投资银行可以交易美国政府债券,包括财政部债券和地方政府债券。其次,投资银行的海外关联公司也可以交易外国政府发行的债券。政府债券交易是投资银行的主要业务,保住这块业务对投资银行意义重大。此外,做市商也为投资银行的自营交易开了方便之门。为了"客户、顾客和交易对手的可以合理期待的短期需要",投资银行可以合理建仓。但对"可以合理期待"做何解释,有待于进一步澄清。沃尔克规则的例外使得规则本身千疮百孔。

(三)投资顾问业务

投资顾问业务也称财富管理业务,是指我国证券公司为中高端客户提供的投资咨询和产品,其形式包括:软件及终端服务、咨询服务、模拟组合服务、推荐股票服务、投资研究服务、策略服务、一对一顾问指导等。[4]财富管理业务的产

---

[1] 证券公司从事证券自营业务,自营权益类证券及证券衍生品的合计额不得超过净资本的100%;自营固定收益类的合计额不得超过净资本的500%;持有一种权益类证券的成本不得超过净资本的30%;持有一种权益类证券的市值与其总市值的比率不得超过净资本的5%。《证券公司风险控制指标管理办法》(2008年)第22条。"证券公司违反规定超比例自营的,在整改完成前应当将超比例部分按投资成本的100%计算风险资本准备。"《关于证券公司风险资本准备计算标准的规定》第1条第(2)款。

[2] 美国对投资银行实行业务监管和重叠监管,多家监管机构对投资银行的某一业务实行多重监管。沃尔克规则便是一例。

[3] 12 CFR Part 44.

[4] 中国证券业协会:《中国证券业发展报告2015》,中国财政经济出版社2015年版,第177页。

品类型包括公司内部开发的资产管理计划、柜台市场产品及代销的公募基金和私募基金产品、固定收益产品、另类投资产品等。[1]

1. 投资咨询业务

证券分析师在证券公司的投资咨询业务中发挥主要作用。证券分析师可以分为两类：卖方分析师和买方分析师；卖方分析师主要供职于大券商或证券研究机构，预测上市公司盈亏并发布股票推荐报告；买方分析师主要供职于大型投资机构和证券投资基金，研究上市公司并预测利润，但通常并不公开发布报告。[2]

证券公司的分析师的报告是公开的，所以会对市场和投资者产生影响。我国国内学者的研究表明，分析师的研究报告可以影响市场和投资者，而且在报告公布之前便已经产生了影响。我国分析师的研究报告的信息释放先于研究报告的发布时间。[3]美国也有类似情形，研究报告正式公布之前，投资银行便将内容透露给投资银行的内部人员和少数客户。证交会将其定性为"缺乏充分政策和程序"的"交头接耳"。[4]显然，证交会是在为相关的投资银行开脱："交头接耳"似乎并无大错，并不是法律术语，甚至不是正式的措辞。证交会只是对相关投资银行处罚了2200万美元。[5]

根据美国的德克斯诉证交会案[6]的判决意见，如果报告是根据内幕信息知情人为其个人获益而透露的消息所撰写的，则有可能构成内幕交易。

21世纪初，美国大批网络公司破产，投资者蒙受巨大损失，其中一些投资者起诉当初为此类证券叫好的证券分析师。伦特尔诉美林案中，美林分析师明知股票存在巨大风险，仍然推荐其客户买入并持有相关股票。相关股票价格下跌，投资者蒙受损失，于是通过诉讼索赔。美国第二巡回上诉法院认定，即便证券公司

---

[1] 中国证券业协会：《中国证券业发展报告2015》，中国财政经济出版社2015年版，第178页。

[2] 鞠娟、田昕明、王欣然："分析师研究报告与信息释放——我们的起点正确吗"，载《投资研究》2014年第9期。

[3] 鞠娟、田昕明、王欣然："分析师研究报告与信息释放——我们的起点正确吗"，载《投资研究》2014年第9期。

[4] 英语原词"huddle"，意为凑在一起，而凑在一起是为了交头接耳，在信息方面互通有无。

[5] Order Instituting Administrative and Cease-And-Desisit Proceedings, Pursuant to Section 15 (b) And 21 C of the SEA of 1934, Making Finds, and Imposing Remedial Sanctions and Cease-And-Desist Order In the Matter of Goldman Sachs & Co. Respondent, Administrative Proceeding File No. 3 - 14845 Release No. 66791/April 12, 2012.

[6] Dirks v. SEC, 463 U.S. 646 (1983).

明知股票存在巨大风险，仍然向客户推荐相关股票，而且风险成真，投资者因此而遭受损失，证券公司也不应承担法律责任，除非投资者能够证明，哪一部分损失是由市场波动造成的，哪一部分损失是由证券公司虚假推荐造成的。[1]

根据美国《投资顾问法》，分析师和其雇主投资公司都可以被界定为投资顾问。《投资顾问法》规定，"任何人为获得报酬，直接或通过出版物或文字材料，就证券的价值或投资、买入或卖出证券是否可取，而从事向他人提供建议的业务"，就可以被认定为投资顾问。[2]投资顾问对投资者负有受信责任。在洛诉证交会案[3]判决中，美国最高法院认定，投资顾问服务"是针对客户所关心的问题提供个性化咨询"，[4]"人与人之间的受信关系"是"投资顾问与客户关系的特点"[5]。如果分析报告是广为散发的，只要没有以定制形式一对一地派发其研究材料，也就不对投资者负有受信责任。

2. 资产管理

就其商业模式而言，资产管理指将财产交给他人管理，以实现最高回报，也指在一家金融机构开设账户，享有支票服务、信用卡、记账卡、保证金贷款、自动现金结余投入货币市场以及证券经纪服务。[6]按照我国证监会发布的《证券公司监督管理条例》，资产管理业务特指，从事接受客户的委托、使用客户资产进行投资的证券资产管理业务。投资所产生的收益由客户享有，损失由客户承担，证券公司按照约定收取管理费用。[7]众多证券公司开展这项业务。[8]根

---

[1] "被告隐瞒了同样风险的披露又显示了该风险，而且从所披露的字面上就可以看出，这些风险显而易见，明白无误（本案正是这种情况），那么原告必须指称（i）有足够的事实支持以下判断：造成原告损失的近因是被告的欺诈，而不是其他突出的因素；或是（ii）有足够的事实，可以区分损失由披露的风险内容所造成的部分和被隐瞒的风险所造成的部分，这些风险最终毁掉了投资。两者原告都没有做到，所以原告并没有提供事实根据。" Lentell v. Merrill Lynch & Co., Inc., 386 F. 3d 161 (2d Cir. 2005).

[2] 15 U.S.C. § 80b-2 (11).

[3] Lowe v. SEC, 472 U.S., 181, 105 S. Ct. 2557, 861 L. Ed. 2d 130 (1985).

[4] Lowe v. SEC 472 U.S., 208, 105 S. Ct. 2667.

[5] Lowe v. SEC, 472 U.S., 210, 105 S. Ct. 2557.

[6] Engeish Terms, 中文翻译详情解释/例子载 blog.renren.com/share/54322657/4846897792/2, 访问日期：2016年2月10日。

[7] 《证券公司监督管理条例》第45条。

[8] 2010年，东方证券获得批准，设立了第一家资产管理子公司。之后，国泰君安、光大证券、海通证券、浙商证券、广发证券依次获准设立了资产管理子公司。截至2014年1月，全国共有114家券商，其中6家获准设立了资产管理子公司。孙曼："去年8家券商申请设立资管子公司，仅广发一家获批，银河提交反馈意见后音信断"，载《证券日报》2014年1月8日，第B1版。

据我国《信托法》和美国《投资顾问法》，资产管理人必须为客户的最大利益而行事，但现实中难免出现相反的情形（见第十七章）。除证券公司外，期货管理公司、基金管理公司也可以从事资产管理业务，分别适用《基金管理公司特定客户资产管理业务试点办法》[1]和《证券投资基金管理公司子公司管理暂行规定》[2]。

3. 财富管理

财富管理是资产管理的一种类型。财富管理目标客户为可投资资产在1000万元人民币以上的高净值客户。[3]就其商业模式而言，财富管理是指"结合金融/投资顾问、会计/税务服务以及法律/财产计划，只收取单一费用的专业服务"。[4]除证券公司之外，提供此类财富管理业务的金融机构还有：商业银行、信托公司、第三方理财机构和保险公司。[5]商业银行所从事的财富管理业务又称"私人银行业务"（private banking）。证券公司的财富管理与商业银行的私人银行业务相似。财富管理和私人银行都属于财富管理，都是由高净值客户将资产交由证券公司或银行管理。但就业务规模而言，与私人银行业务相比，证券公司的财富管理业务相对处于弱势。这是因为我国商业银行的总资产规模数倍于证券公司、保险公司和信托公司等非银行金融机构的资产规模总和。[6]

就其法律属性而言，证券公司或商业银行从事的私人银行业务都是投资顾问的业务，所以负有受信义务，必须为客户的最大利益而服务。无论是财富管理还是私人银行，管理资产的证券公司或商业银行都发挥了投资顾问的作用，对托付资产客户负有受信责任。

财富管理业务的产品类型包括公司内部开发的资产管理计划、柜台市场产品及代销的公募基金和私募基金产品、固定收益产品、另类投资产品等。[7]财富管理所提供的服务包括：通道和咨询服务、多种风险偏好的标准化投资组合产品、个性化咨询服务和全程财富管家。[8]财富管理业务可以为证券公司产生大量利

---

[1] 证监会令第83号，2012年。

[2] 证监会公告［2012］32号，2012年发布，2015年修订。

[3] 国内证券公司中，广发证券2010年在国内率先设立财富管理中心，目标客户为可投资资产在1000万元人民币以上的高净值客户。薛瑞峰、殷剑峰：《私人银行》，社会科学文献出版社2015年版，第32页。

[4] 载www.docin.com/p-972376969.htm，访问日期：2016年2月10日。

[5] 中国证券业协会：《中国证券业发展报告2015》，中国财政经济出版社2015年版，第177页。

[6] 薛瑞峰、殷剑峰：《私人银行》，社会科学文献出版社2015年版，第29页。

[7] 中国证券业协会：《中国证券业发展报告2015》，中国财政经济出版社2015年版，第178页。

[8] 薛瑞峰、殷剑峰：《私人银行》，社会科学文献出版社2015年版，第35页。

润。国外的实践表明，如同其他资产管理人一样，投资银行还可以从产品供应商处获得某种回报。[1]

从欧美国家的经验看，私人银行业务和理财业务帮助客户避税或偷税。比如，在股票派息之前将股票转手给税率较低的司法辖区。华尔街银行在很多司法辖区有子公司或分公司，而且与当地的托管银行有业务关系。原先持有股票的银行客户可以选择购回股票。银行客户可以少纳税或不纳税，通常可以少交30%到10%的税。[2]卢森堡、摩纳哥、新加坡以及美国的迈阿密，都是帮助富人逃税或避税的司法辖区。[3]外国银行在我国境内从事高净值客户的私人银行服务，也有涉嫌帮助客户非法转移资产的嫌疑。[4]

（四）销售业务

销售金融产品是证券公司的重要业务，证监会专门发布了《证券公司代销金融产品管理规定》[5]（下称《代销管理规定》），将代销金融产品界定为：接受金融产品发行人的委托，为其销售金融产品或者介绍金融产品购买人的行为。[6]

1. 注意义务

根据《代销管理规定》，证券公司出售金融产品，承担的是注意义务或称审慎义务。证券公司应当对委托人进行资格审查，[7]对所代销金融产品的风险状况进行评估。[8]《代销管理规定》又规定，因金融产品设计、运营和委托人提供的信息不真实、不准确、不完整而产生的责任由委托人承担，证券公司不承担任何担保责任，[9]证券公司必须就此向客户做出相关说明。[10]但该条只说明是不承担"担保责任"，证券公司仍然有可能因为没有履行应尽的注意义务而承担法律责任。

---

[1] 2012年，私人银行业务所产生的利润大约为151亿美元，而其中大约有40亿美元来自产品供应商所提供的回报。Steve Johnson, "Private Banks Face $4bn Loss", *Financial Times FTfm*, June 24, 2013, p. 1.

[2] Jenny Strasburg, "Big Banks' Tax Trade Questioned by Fed", *The Wall Street Journal*, September 30, 2014, p. 22.

[3] Special Report, "Offshore Finance", *The Economist*, February 16, 2013, p. 5.

[4] James T. Areddy, "China Probes Banker's Disappearance", *The Wall Street Journal*, March 27, 2012, p. 17.

[5] 证监会公告〔2012〕34号。

[6] 《代销管理规定》第2条。

[7] 《代销管理规定》第7条。

[8] 《代销管理规定》第11条。

[9] 《代销管理规定》第9条第4项。

[10] 《代销管理规定》第13条第3项。

2. 受信义务

《代销管理规定》并没有提到受信义务，但在代销活动中，如果证券公司为客户提供了《证券法》所指的"证券投资咨询",[1]可以被认定为投资顾问，必须对客户承担受信义务。

3. 适当性制度

《代销管理规定》规定了代销活动适用适当性管理制度,[2]关键是了解客户是否有能力承担亏损,[3]并同时强调金融产品本身的风险由客户自己承担[4]。适当性制度的要害，就是以注意责任取代或克减受信责任。欧美投资银行等金融机构销售金融产品出现欺诈行为时，监管机构大多不愿深究，使用"不当销售"（mis-sell）一词文过饰非。[5] 2008年金融危机之后，迫于各方压力，英国和美国的监管机构调查了金融机构销售伪劣证券产品的行为，但最后都以庭外和解的方式了结调查或相关起诉。金融机构同意支付赔偿金，但并不承认自己有过错。

4. 销售人员资格

证券公司从事代销金融产品活动的人员，应当具有证券从业资格，并遵守证券从业人员的管理规定。[6]商业银行与证券公司销售相同或类似的金融产品，但银监会对商业银行的销售人员没有行业的资格要求，只要求商业银行建立健全销售人员资格考核、继续培训、跟踪评价等管理制度。[7]相比之下，证监会的监管力度更强，对投资者的保护力度更大。

（五）直接投资

我国证券公司可以设立直接投资公司，从事直接投资业务。中证协发布的《证券公司直接投资业务规范》[8]（下称《直投业务规范》）规定，证券公司开

---

[1] 《证券法》第125条第2项。

[2] 《代销管理规定》第6条。

[3] "证券公司……应当了解客户的身份、财产和收入状况……"《代销管理规定》第12条。

[4] 《代销管理规定》第9条第（4）款。

[5] James Shotter, "UBS Set to Pay out Over Loans Mis-selling", *Financial Times*, July 23, 2013, p. 14. 美国法院判决意见中时常出现的一词是"不当陈述"（misstatement），代替"虚假陈述"（false statement）和"误导陈述"（misleading statement）。欧美国家的证券公司能够做大做强，离不开监管机构的理解和支持，也离不开法官的理解和支持。

[6] 《代销管理规定》第17条。

[7] 《商业银行理财产品销售管理办法》（银监会令2011年第5号）第56条。

[8] 2012年11月2日发布，2014年1月3日修订发布，载 http://www.sac.net/flgz/zlgz/2014/t20140116_80204.html。

展直接投资业务，应当根据证监会的有关规定[1]设立直接投资业务子公司（下称"直投公司"）。[2]直投公司可以开展的业务为：①使用自有自金或设立直投基金，对企业进行股权投资或债权投资，或投资于与股权投资、债权投资相关的其他投资基金；②为客户提供与股权投资、债权投资相关的财务顾问服务；③经中国证监会认可开展的其他业务。[3]证券公司可以通过直投子公司及其下属机构设立非公开方式募集的各类直投基金[4]。

（六）其他证券业务

美国的投资银行还从事大宗产品的仓储业务。投资银行既是大宗产品的存储商，又是大宗产品期货的交易商，这就有了利益冲突。券商可以提前了解大宗产品的供求关系，了解大宗产品原材料的走向，再结合其金融市场方面的优势，在进行大宗产品交易时便有了先机。

美国曾经长期禁止银行和证券公司经营大宗产品的实物资产业务，一方面是要防范金融机构的风险，同时也是要设法避免少数金融机构做大。2003年，美联储批准花旗集团进入大宗产品的实物市场，高盛、摩根士丹利等少数证券公司随后进入该市场，购买仓库、输油管道和发电厂。摩根大通曾经囤积过17.5万吨的铜，占到伦敦存储量的一半以上，[5]而伦敦是全球交易的枢纽，可见摩根大通的存储量之大。大宗产品消费者提出投诉，投资银行延长大宗产品的交割时间，因为只要大宗产品在仓库内，投资银行就可以收取仓储费。[6]

五、证券公司的监管与内控

证券公司的业务充满风险，[7]监管部门制定了很多部门规章，规范证券公司

---

[1] 参见《证券公司设立子公司试行规定》，证监机构字[2007]345号，2012年修订。

[2]《直投业务规范》第3条。

[3]《直投业务规范》第6条。

[4]《直投业务规范》第三章。

[5] Dan Fitzpatrick and Christian Berthelsen, "J. P. Morgan Retreats From Commodities", *The Wall Street Journal*, July 20, 2013, p. 22.

[6] Jack Farchy, "Goldman Relents in Warehouse Row", *Financial Times*, August 1, 2013, p. 20.

[7] 美国学者对银行的风险做了归纳，这些风险包括：

·资产类别。银行证券投资组合里的一些权益类资产，与其他资产类比或一般证券指数相比，其效益不佳。

·债券证券。利率下降时固定收益价值上升，但利率上升或通货膨胀时价值下降。固定利率贷款同样如此。

的公司治理结构和证券业务。此外,证监会和其他证券监管机构以及证券自律组织直接制定了许多风险控制的具体规定。证券公司的治理结构和业务必须符合这些规定,这项工作简称"合规"。从这个意义上说,监管和合规是一枚硬币的两面。合规、内控和风控是同义词。合规也是公司治理的重要内容。[1]

(一)合规、内控与风控

1. 监管规定

证监会就证券公司的公司治理发布了一些部门规章,涉及的内容有:证券公

(接上页)·集中度。投资范围集中在某一特定行业、国家、市场或类别,投资组合也容易受影响而遭受损失。

·信用。交易对手可能不履行合同或合约。

·货币。汇率波动对资产组合有正反两方面的影响。

·衍生品。此类产品日趋复杂,价格更不确定。场外交易的衍生产品只有发行和到期时才有市场。市场不活跃时,此类产品可能是神话而不是模型。

·新兴市场风险。新兴市场的风险大于西方市场的风险。

·权益证券。价值波动。

·利率。参见债券证券。

·行业风险。电信等行业的特点是,竞争日益激烈,监管力度加大。此类行业的公司可能因为需要投入大量资金,才能应对日益激烈的竞争,结果导致现金流出现困难。

·发行人风险。发行人公司的财务状况或前景变化可能会对其他证券有负面影响。

·法律风险。不仅限于违法行为,也可能涉及公司管理和公司股权权利或董事的受信责任,也可能涉及不同于主要市场的法律法规的资金投资市场。

·杠杆债务。年景好的时候,财务杠杆可以提高利润,但年景不好则风险增加。杠杆化也增加了其他风险。银行客户的杠杆化对信贷也有反向效应。比如,银行进行杠杆经营,同时其房地产开发商客户进行杠杆经营,则银行存在双重杠杆,所以房地产崩盘会使银行雪上加霜。

·管理。如对战略风向和贷款政策缺乏充分考虑,就会有无法实现预期目标的风险。

·市场风险。短期价格波动导致资产组合价值下降,市场下行则导致资产组合价值在较长时间内下降。

·被动投资。没有对所管理的资产进行对冲,没有对衰退的市场采取积极的预防措施。

·小市值。小市值公司股票更加容易波动。

·社会动荡。经济、政治和社会不稳定会对市场和信贷风险产生不利影响。

·技术。可以提升公司利润和市场份额。

·估值。因为所持证券没有市场或是新的条件影响购买或出售证券,银行资产组合中的证券估值方式出现变化,公允估值便更为困难。

[美]迪米特里斯·肖拉法(Dimitris N. Chorafas):《巴塞尔协议Ⅲ:全球银行业的大挑战》(Basel III, The Devil and Global Banking),游春译,中国金融出版社2014年版,第130~132页。

[1] "咨询公司麦肯锡的分析师认为,公司治理是管理银行风险的第一道防线。" Violaine Cousin, *Banking China*, London: Palgrave Macmillian, 2011, 2nd ed., p.198.

司的检查[1]、高管人员谈话提醒[2]、内部控制评审[3]、治理准则[4]、内部控制[5]、合规管理[6]以及证券公司的监管[7]、风险控制指标[8]、证券公司净资本计算标准[9]、证券公司风险资本[10]、客户债券被挪用[11]以及个人债权的甄别[12]。

合规规定具有双重性，名义上是要保护投资者，但实际上是保护金融机构。比如，证券公司从事资产管理业务时，必须遵守适当性原则和相关规定，但适当性原则是一种注意义务，以该责任取代或稀释受信义务，是合规的一大问题，也是证券法和证券法实践的一大问题。

2. 可测、可控和可承受

风控的理想目标是将风险控制在可测、可控和可承受的范围之内，[13]至少是将风险控制在可承受的范围内。风险控制主要是控制证券公司的敞口（exposure），即，证券公司可能出现亏损的金额额度。

证券法存在很多问题，风险控制很容易指出，但真正做到就不容易了。第一，估值困难，即便是自称擅长估值的美国金融机构也很难对金融产品进行估值。金融危机期间，投资银行收购另一投资银行贝尔斯登，事先对贝尔斯登做了尽职调查，但难以评估贝尔斯登的资产证券化产品。第二，难以规避系统性风险。第三，合规和内控注重形式，如必须设立风险控制委员会[14]和首席风险官[15]。但形式并不能够改变证券业务的性质：证券公司或投资银行的重大决策仍然是少

---

[1]《证券公司检查办法》（证监机构字〔2000〕281号）。

[2]《证券公司高级管理人员谈话提醒制度实施办法》（证监发〔2001〕6号）。

[3]《关于做好证券公司内部控制评审工作的通知》（证监机构字〔2001〕202号）。

[4]《证券公司治理准则》（证监会公告〔2014〕8号）。

[5]《证券公司内部控制指引》（证监机构字〔2003〕260号）。

[6]《证券公司合规管理试行规定》（证监会公告〔2008〕30号）。

[7]《关于加强上市证券公司监管的规定》（证监会公告〔2010〕20号）。

[8]《证券公司风险控制指标管理办法》（证监会令第125号，2016年）。

[9]《关于调整证券公司净资本计算标准的规定》（证监会公告〔2008〕29号）。

[10]《关于调整证券公司净资本计算标准的规定》（证监会公告〔2008〕29号）。

[11]《关于被处置证券公司个人经纪客户债券被挪用有关处理意见的通知》（证监办发〔2006〕12号）。

[12]《关于进一步协助做好个人债权甄别确认工作的通知》（证监办发〔2005〕28号）。

[13]《证券公司融资融券业务内部控制指引》（证监会公告〔2011〕32号）第3条。

[14]《证券公司监督管理条例》（国务院令第522号）第20条。

[15]《证券公司风险控制指标管理办法》第6条。《证券公司全面风险管理规范》（中国证券业协会发布，载 http://www.sac.net.cn/flgz/zlgz/201402/t20140226_83793.html）第6条。

数高管所决定的。更重要的是，很多金融期货交易等证券业务具有强烈的赌博性，设立委员会或首席风险官并不能改变这项业务的特性。

（二）风险控制指标体系

金融危机爆发时，华尔街的投资银行债务与股本资金的比例是32∶2。[1]2014年，证监会负责人表示，我国券商的杠杆倍数仅为2.2倍，未来证券公司杠杆倍数可望达到5倍，优秀证券公司可达8倍。[2]而净资本要求可以决定证券公司的杠杆率。[3]

2016年证监会发布修改后的《证券公司风险控制指标管理办法》，"建立以净资本和流动性为核心的风险控制指标体系……"[4]除非限制或减少证券公司的创新活动，否则任何新的风险标准只会更加复杂，因为证券公司投资的金融产品越来越复杂，证券公司所从事的业务活动也越来越复杂。比如，《证券公司风险控制指标管理办法》要求证券公司将孙子公司纳入其风险管理体制。[5]证券公司设立孙子公司可以减少和限制证券公司的风险，将证券公司的内部成本转换为外部成本，但却增加了金融系统和宏观经济的风险，增加了社会成本。为大局计，证券监管机构完全可以禁止证券公司设立子公司。

1. 核心净资本

净资本分为核心净资本和附属净资本。核心净资本＝净资产－资产项目的风险调整－或有负债的风险调整－/＋中国证监会认定或核准的其他调整项目。附属净资本＝长期次级债×规定比例－/＋中国证监会认定或核准的其他调整项目。[6]

2016年修改前的《证券公司风险控制指标管理办法》规定，证券公司计算净资本时，应当按照规定对项目充分计提资产减值准备；[7]证券公司对控股证券业务子公司出具承诺书提供担保承诺的，应当按照担保承诺金额的一定比例扣减净

---

〔1〕 Andrew Ross Sorkin, *Too Big to Fail*, London：Penguin Books, 2009, p. 4.

〔2〕 程丹："机构监管将实行负面清单管理"，载《证券时报》2014年10月8日，第1版。

〔3〕 朱茵："券商三项风控指标下限拟下调"，载《中国证券报》2014年8月4日，第A01版。这就是要加大证券公司的杠杆率，拟释放净资本500亿至700亿元。朱茵："券商三项风控指标下限拟下调"，载《中国证券报》2014年8月4日，第A01版。

〔4〕《证券公司风险控制指标管理办法》第1条。

〔5〕《证券公司风险控制指标管理办法》第6条："证券公司应当将所有子公司以及比照子公司管理的各类孙公司纳入全面风险管理体系……"

〔6〕《证券公司风险控制指标管理办法》第10条。

〔7〕《证券公司风险控制指标管理办法》第11条。

资本。[1]2016年修改后的《证券公司风险控制指标管理办法》将两条中的"净资本"修改为"核心净资本"。结果是,就"核心净资本"计算的资产减值准备少于就"净资本"计算的资产减值准备;同样,"扣减核心净资本"也少于"扣减净资本"。

"或有负债:指过去的交易或者事项形成的潜在义务,其存在须通过未来不确定事项的发生或者不发生予以证实;或过去的交易或者事项形成的现时义务,履行该义务不是很可能导致经济利益流出企业或该义务的金额不能可靠计量。"[2]

2. 风险控制指标标准

《证券公司风险控制指标管理办法》第17条规定:"证券公司必须持续符合下列风险控制指标标准:(一)风险覆盖率不得低于100%;(二)资本杠杆率不得低于8%;(三)流动性覆盖率不得低于100%;(四)净稳定资金率不得低于100%;其中:风险覆盖率=净资本/各项风险资本准备之和×100%;资本杠杆率=核心净资本/表内外资产总额×100%;流动性覆盖率=优质流动性资产/未来30天现金净流出量×100%;净稳定资金率=可用稳定资金/所需稳定资金×100%。"

证监会将通过流动性覆盖率、净稳定资金率对公司流动性风险进行约束。[3]我国《证券法》明确要求监管机构对净资本比净资产指标做出规定,[4]以此监管证券公司的流动性风险或杠杆风险。

3. 风险资本准备

《证券公司风险控制指标管理办法》第18条规定:"市场风险资本准备按照各类金融工具市场风险特征的不同,用投资规模乘以风险系数计算;信用风险资本准备按照各表内外项目信用风险程度的不同,用资产规模乘以风险系数计算;操作风险资本准备按照各项业务收入的一定比例计算。"

总的来说,法律越复杂,换算方式越复杂,对金融机构便越有利。金融机构可以聘请律师、会计师和其他专业人士,精研各种规则,得出对金融机构最为有利的解释。就具体的金融机构而言,聘用专业人士的成本远低于专业人士服务所带来的效益。但证券监管机构通常只有固定编制,无法聘用专业人士。相反,为

---

[1] 《证券公司风险控制指标管理办法》第17条。
[2] 《证券公司风险控制指标管理办法》第36条第4项。
[3] 马婧好:"正确看待券商风控指标体系调整",载《上海证券报》2016年4月11日,第1版。
[4] 《证券法》第130条:"国务院证券监督管理机构应当对证券公司的净资本,净资本与负债的比例,净资本与净资产的比例,净资本与自营、承销、资产管理等业务规模的比例,负债与净资产的比例,以及流动资产与流动负债的比例等风险控制指标作出规定。"

了获得更高的薪酬，监管机构的专业人士会改换门庭，为金融机构效劳。或许正是由于这一原因，《证券公司风险控制指标管理办法》规定，证券公司自行设计模型，计算风险资本。[1]

4. 饮鸩止渴，后患无穷

证券公司借助杠杆开展业务，杠杆率决定了证券公司的业务量和回报率，同时也决定了证券公司的风险敞口，影响到整个金融系统的风险。证监会灵活规制杠杆效应，不仅是为了方便证券公司，也是为了便于证券市场获得更多资金。证券市场股价低迷，做高股价离不开资金进入市场，让资金通过证券公司流入。证券公司是资金进入证券市场的重要渠道，而标准则是控制资金流量的阀门。放宽资金流入证券市场，有助于抬高股市价格，但同时也会加大对赌的筹码。更大的后患是，允许高杠杆，势必产生流动性过剩（"游资"的同义词），而游资进出证券市场及其不同层次，势必引起股灾或称"股市异常剧烈波动"（另见第九章）。高杠杆无异于饮鸩止渴。

（三）严禁挪用客户保证金

挪用客户保证金或客户的其他资金是证券公司的一大风险。《证券法》明文禁止挪用客户保证金，[2]但我国证券公司曾经普遍挪用客户保证金，整个行业都因此而面临灭顶之灾。[3]大连证券有限责任公司挪用客户结算资金用于非法自营业务，挪用的客户交易结算资金无法归还，公司严重资不抵债，证监会依据1998年《证券法》第201条，取消其证券业务许可，并责令其关闭。[4]《证券法》要

---

[1]《证券公司风险控制指标管理办法》第18条还规定："证券公司可以采取内部模型法等风险计量高级方法计算风险资本准备，具体规定由中国证监会另行制定。"

[2]《证券法》第211条："证券公司、证券登记结算机构挪用客户的资金或者证券，或者未经客户的委托，擅自为客户买卖证券的，责令改正，没收违法所得，并处以违法所得一倍以上五倍以下的罚款；没有违法所得或者违法所得不足十万元的，处以十万元以上六十万元以下的罚款；情节严重的，责令关闭或者撤销相关业务许可。"

[3] 1998年8月15日，证监会向国务院呈报了《关于近期股市的报告》，称："从初步审计情况看，证券公司挪用客户保证金、透支等违规行为比较普遍。此类问题涉及面广，对市场影响大，只能在有利于维护市场稳定的前提下逐步解决。"朱镕基：《朱镕基讲话实录》（第3卷），人民出版社2011年版，第95页。

[4] 证监罚字〔2003〕第4号行政处罚决定书。美国也有金融机构挪用保证金的问题，而且这个问题至今仍然存在。美国MF Global便是一例，该公司2011年10月31日申请破产。在此之前，MF Global因豪赌而资金告缺，索性孤注一掷，挪用大量客户保证金。但如果不是MF Global赔本倒闭，挪用客户保证金一事可能永远不会败露。Aaron Lugghetti and Julie Steinberg, "Corzine Rebuffed Internal Warnings", *The Wall Street Journal*, December 7, 2011, p. 21.

求证券公司的结算资金存入商业银行，以每个客户的名义单独管理[1]，证监会也有相关规定[2]。

(四) 证券公司的分类监管

证监会发布了《证券公司分类监管规定》[3]，以证券公司风险管理能力为基础，结合公司市场竞争能力和持续状况对证券公司进行分类。[4]分类按照证券公司自评、派出机构初审、中国证监会复审的程序进行。[5]证券公司分类结果对证券公司有如下影响：作为证券公司申请增加业务种类、新设营业网点、发行上市等事项的审慎性条件[6]；作为确定新业务、新产品试点范围和推广顺序的依据[7]；作为确定不同级别的证券公司缴纳投资者保护基金的具体比例[8]。

每年给证券公司评级，有4类10个级别，分别为：A（AAA、AA、A）、B（BBB、BB、B）、C（CCC、CC、C）、D。[9]但"证券公司分类结果主要供中国证监会及派出机构使用，证券公司不得将分类结果用于广告、宣传、营销等商业目的"。[10]

(五) 营业网点

证券公司营业部是证券公司的重要资产和营业场所，证券公司在此直接面向客户提供服务。2014年，我国证券公司在大陆地区共有7199家营业部，其中广东934家、江苏604家、浙江581家、上海575家、山东403家，这些为全国前五。[11]

证监会发布的《关于进一步规范证券营业网点的规定》[12]规定，证券公司营业部的设立、收购、撤销，必须经过证监会的批准。[13]2009年10月后，除被托管证券公司整体出售外，证券营业部转让和收购实际上处于叫停状态长达6年之

---

[1]《证券法》第139条。
[2]《客户交易结算资金管理办法》（证监会令第3号，2001年）第2条："客户交易结算资金必须全额存入具有从事证券交易结算资金存管业务资格的商业银行，单独立户管理。"
[3] 证监会公告［2009］12号，2009年发布，根据证监会公告［2010］17号、［2017］11号修改。
[4]《证券公司分类监管规定》第2条。
[5]《证券公司分类监管规定》第21条。
[6]《证券公司分类监管规定》第29条。
[7]《证券公司分类监管规定》第30条。
[8]《证券公司分类监管规定》第31条。
[9]《证券公司分类监管规定》第26条。
[10]《证券公司分类监管规定》第32条。
[11] 中国证券业协会：《中国证券业发展报告2015》，中国财政经济出版社2015年版，第7页。
[12] 证监会公告［2008］21号，根据证监会公告［2009］27号修改。
[13]《关于进一步规范证券营业网点的规定》第1条、第4条。

久，直到 2014 年 11 月 24 日证监会才重新批准单一收购营业部。[1]

(六) 股票质押与代持

《证券公司股票质押式回购交易业务风险管理指引（试行）》[2]（下称《股票质押式回购管理指引》）就以下内容做出了规定：对市场风险、信息风险和流动性风险进行压力测试[3]；净资本管理[4]；融入方准入管理[5]；标的证券管理[6]；质押率[7]；特殊证券[8]和延期回购[9]。

股票质押融资是证券公司为杠杆交易获得资金的重要途径，也是商业银行资金进入股市的重要途径。此类交易中，证券公司的交易对手势必代持证券公司的股票。《证券公司监督管理条例》对证券公司股权代持做了限制，以证监会事先批准作为前提。《证券公司监督管理条例》第 14 条规定："未经国务院证券监督管理机构批准，任何单位或者个人不得委托他人或者接受他人委托持有或者管理证券公司的股权。证券公司的股东不得违反国家规定，约定不按照出资比例行使表决权。"

(七) 信息隔离墙制度

"中国墙"是证券公司治理中的重要原则和做法。"中国墙"（Chinese Wall）指兼营经纪业务和自营业务的公司内，交易部门与投行部门之间的无形障碍，使公司无法充分利用投行部门的内幕信息。[10]中证协将"中国墙"界定为信息隔离墙制度，指证券公司为控制内幕信息及未公开信息的不当流动和使用而采取的一系列管理措施。[11]

(八) 融资融券

融资融券是证券公司的重要创收业务，也是资金进入股市的重要途径（见第六章）。《证券公司融资融券业务内部控制指引》明确指出，对于投资者来说，融

---

[1] 桂衍民："证券营业部转让时隔 6 年再开闸"，载《证券时报》2014 年 11 月 25 日，第 A6 版。
[2] 中证协发 [2015] 54 号。
[3] 《股票质押式回购管理指引》第 6 条。
[4] 《股票质押式回购管理指引》第 7 条。
[5] 《股票质押式回购管理指引》第 3 章。
[6] 《股票质押式回购管理指引》第 4 章。
[7] 《股票质押式回购管理指引》第 15 条。
[8] 《股票质押式回购管理指引》第 23 条。
[9] 《股票质押式回购管理指引》第 24 条。
[10] [美] R.J. 舒克：《华尔街词典》，陈启清译，中国商业出版社 2002 年版，第 124 页。
[11] 《证券公司信息隔离墙制度指引》（中证协发 [2015] 51 号）第 2 条第 1 款。

资融券的投资损失风险在于,投资规模放大、对市场走势判断错误、因不能及时补交担保物而被强制平仓。[1]证券公司应当建立健全信用账户的管理和稽核制度,防止资产混用、账户混用、出借账户、虚假账户[2]。控制风险的目的包括:"确保风险可测、可控、可承受"。[3]"证券公司应当健全业务隔离制度,确保融资融券业务与资产管理、证券自营、投资银行等业务在机构、人员、信息、账户等方面相互分离。"[4]

(九)技术风险控制

证券公司的风险多种多样,范围极广,后台的信息技术故障也存在巨大风险,金融机构也可能因此而受罚。[5]

(十)证券公司的撤销、关闭

证券公司的撤销、关闭是一家证券公司风险控制失败的根本性标志。从我国的经验看,证券公司挪用客户保证金是造成证券公司关闭、撤销的原因。证券公司的关闭、撤销本身也会产生新的风险。可以说,证券公司的关闭、撤销是其最后一次风险控制活动。

2003年,证监会责令大连证券有限责任公司关闭(下称"大连证券")[6],理由是该公司"挪用客户交易结算资金用于非法自营业务、为客户融资买入证券、对外投资、拆借等;违法以个人名义从事证券自营业务,数额特别巨大;在证券交易过程中,为客户融资买入债券,数额特别巨大。"

证监会认为,大连证券的行为严重违反1998年《证券法》第132条严禁证券公司"挪用客户交易结算资金"的规定[7];其违法以个人名义从事证券业务的行为,严重违反1998年《证券法》第134条有关"证券公司自营业务必须以自己的名义进行,不得假借他人名义或者以个人名义进行"的规定[8];其向客户

---

[1] 《证券公司融资融券业务内部控制指引》第11条第1项。

[2] 《证券公司融资融券业务内部控制指引》第18条第2项。

[3] 《证券公司融资融券业务内部控制指引》第3条。

[4] 《证券公司融资融券业务内部控制指引》第4条。

[5] 2012年,苏格兰皇家银行信息技术出现严重故障,650万客户无法使用自己在银行的账户。2014年11月,英国金融监管机构就此处罚苏格兰皇家银行5600万英镑。英国的金融行为监管局(Financial Conduct Authority)认定,苏格兰皇家银行的信息系统之所以出现严重故障,是因为该银行"在很多层面"都未能发现和管理风险。Emma Dunkeley, "RBS Slapped with Record 56m Pounds Fine over IT Meltdown", *Financial Times*, November 21, 2015, p.19.

[6] 行政处罚决定书([2003]第4号)。

[7] 相同内容载于《证券法》第139条。

[8] 相同内容载于《证券法》第137条。

融资买入证券的行为，严重违反 1998 年《证券法》第 141 条"证券公司……不得为客户融资交易"的规定[1]。如果证券公司因挪用客户资金而关闭，势必已经无法归还客户资金，否则不会关闭证券公司；关闭证券公司本身也会产生很大的风险，雷曼兄弟倒闭便是一例。

清算时由小组组长行使公司法定代表人职权。清算小组由证券公司设立时的审批机构或证券公司的业务主管机构负责成立。[2]

2002 年 8 月 6 日，证监会做出《关于撤销鞍山证券公司的决定》[3]，证监会委托人民银行组织清算小组，主要原因是人民银行为鞍山证券公司成立时的审批机构，[4]所以由原主管机关组织成立清算组进行清算。[5]这明显是中国文化的特点：谁家的孩子谁抱走。如果审批权是一种权力，那么负责清理就是一种义务。监管机构批准证券公司成立，就有义务收拾残局。

证券公司的撤销、关闭事关重大，国务院专门发布了《证券公司风险处置条例》[6]。该条例第 19 条专门规定了国务院证券监管机构可以直接撤销该证券公司的情形：①违法经营情节特别严重、存在巨大经营风险；②不能清偿到期债务，并且资产不足以清偿全部债务或者明显缺乏清偿能力；③需要动用证券投资者保护基金。第 21 条规定，国务院证券监管机构撤销证券公司，应当做出撤销决定，并按照规定程序选择律师事务所、会计师事务所等专业机构成立行政清理组，对该证券公司进行行政清理。《证券公司风险处置条例》还规定："证券公司

---

[1] 该条已作废。《证券法》第 142 条规定："证券公司为客户买卖证券提供融资融券服务，应当按照国务院的规定并经国务院证券监督管理机构批准。"

[2] "这些证券公司被责令关闭，组织成立清算组的，应当分别是中国证监会和地方政府。对于那些确实没有传统意义上的主管机构的证券公司来说，当其被中国证监会责令关闭时，恐怕要由作出责令关闭决定的中国证监会来负责组织成立清算组……因为中国证监会是证券市场的主管部门……其他有关机构，如对……公司设立进行审批的省级人民政府或国务院有关部门……也属于有义务组织成立清算组的主管机构之列。他们的这种义务，来源于其他证券公司设立时的审批权力的行使，是权力、义务相一致原则的体现。"高西庆、陈大刚：《证券法学案例教程》，知识产权出版社 2004 年版，第 182 页。

[3] 证监机构字〔2002〕236 号。

[4] 高西庆、陈大刚：《证券法学案例教程》，知识产权出版社 2004 年版，第 181 页。

[5] "企业主管的概念，是计划经济体制下的产物，每一个国有企业都有自己的主管机构，俗称'婆婆'，有权任命企业领导人和对企业经营下达指令。而实行公司制度的一个重要特征，就是企业不再有这种'婆婆'……令人有遗憾的是，在《公司法》中仍然出现了与公司制度不相容的'主管机构'的概念。"高西庆、陈大刚：《证券法学案例教程》，知识产权出版社 2004 年版，第 181~182 页。

[6] 国务院令第 523 号，2008 年。2016 年 2 月 6 日根据《国务院关于修改部分行政法规的决定》修订。

被依法撤销、关闭时，有《企业破产法》第二条规定情形的，行政清理工作完成后，国务院证券监督管理机构或者其委托的行政清理组依照《企业破产法》的有关规定，可以向人民法院申请对被撤销、关闭证券公司进行破产清算。"[1]

《证券公司风险处置条例》还就证券公司的"停业整顿、托管、接管、新政重组"[2]做出了规定。

（十一）组织结构

证券公司有多层等级组织结构，美国的投资银行更是如此。投资银行的职务从下到上分别为：分析师、助理、副总裁、董事总经理、首席运营官、首席财务官、公司首席执行官和董事会主席（首席执行官和董事长可由同一人承担，而我国证券公司的则由两人分别担任）。

投资银行之所以需要多层等级管理，是因为雇员众多、业务庞大，只能分层管理，各司其职。但更重要的是，多层等级可以有效保护高层领导，帮助其规避各种法律责任。证券公司金字塔顶的董事长和首席执行官高高在上，下面有各级负责人把关，层层设防，为最高层领导设置了安全隔离带。投资银行违法违规，直接操办的是下面的雇员，追究责任时很难越过层次隔离带追究最高层领导的法律责任。2008年金融危机后，美国没有一家大型投资银行的高层领导被政府追究法律责任，这很大程度上归功于投资银行的多层等级。隔层是规避法律责任的重要手段，公司的多层股东架构可以帮助受益股东规避法律责任，投资银行的管理层分级则可以帮助高层管理者规避法律责任。

我国证券公司的组织结构没有美国投资银行的复杂，证券公司高管被追究法律责任的可能性也更大。按照我国《证券法》的规定，证券公司违法违规造成损失的，可以追究"直接负责的主管人员"和"其他直接责任人员"的责任。[3]证监会的执法经验显示，直接负责的主管人员可以是证券公司的总经理。

六、商业银行代销

我国许多金融机构从事证券公司的业务，如类证券公司（见本章第七部分）中的商业银行。

---

[1]《证券公司风险处置条例》第37条。
[2]《证券公司风险处置条例》第2章。
[3]《证券法》第202条、第204条、第205条、第208条、第209条、第212条、第213条、第215条、第216条、第218条、第219条、第220条和第222条。

2016 年，银监会发布《关于规范商业银行代理销售业务的通知》[1]，指出相关问题为："部分商业银行出现误导销售、未经授权代理销售、私自销售产品以及合作机构风险责任不清。"但就法律关系而言，商业银行代销的要害问题仍然涉及理财和受信义务。代销金融产品也可以产生受信关系。

（一）金融产品代销

《关于规范商业银行代理销售业务的通知》第 1 部分规定：商业银行的代理销售业务，是指"接受……持有金融牌照的金融机构委托，在本行渠道（含营业网点和电子渠道），向客户推介、销售由合作机构依法发行的金融产品。"[2]金融牌照为银监会颁发的《金融许可证》、证监会颁发的《经营证券期货业务许可证》以及保监会颁发的《保险公司法人许可证》和《保险资产管理公司法人许可证》，[3]银监会另有规定的除外。[4]此外，"商业银行代销政府债券和实物金融，按照有关规定执行"。[5]政府债券和贵重金属的风险较小，所以对其网开一面。

按照上述规定，商业银行只能销售合作机构发行的金融产品，银行可销售的金融产品的范围有所减少，各类私募基金的融资产品将无法通过商业银行出售。很多用于非法集资的金融产品由私募基金炮制，并通过商业银行代售。商业银行由此产生的问题包括："误导销售、未经授权代理销售、私自销售产品以及合作机构风险责任不清……"[6]《关于规范商业银行代理销售业务的通知》有助于遏制商业银行滥售金融产品，但该规定姗姗来迟。此前商业银行已经尽情、尽兴发行多年，从中获利甚丰。

（二）相关机构

《关于规范商业银行代理销售业务的通知》发至：各政策性银行、大型银行、股份制银行、储蓄银行和外资银行。政策性银行、农村信用社、村镇银行、外股银行分行、汽车金融公司和消费金融公司等其他银行业金融机构开展代销业务，参照该通知执行。相对而言，主要是针对商业银行所遇到的问题。此类银行得到国家政策的有力支持，拥有众多的储户和营业点，便于代销各类金融产品。

---

[1] 银监发［2016］24 号。

[2] 《关于规范商业银行代理销售业务的通知》第一部分。

[3] 银监会有关部门负责人就《关于规范商业银行代理销售业务的通知》答记者问。

[4] 《关于规范商业银行代理销售业务的通知》第 5 条。

[5] 《关于规范商业银行代理销售业务的通知》第 40 条。

[6] 《关于规范商业银行代理销售业务的通知》序言。

(三) 注意义务

《关于规范商业银行代理销售业务的通知》加大了商业银行总行（下称"总行"）的责任，具体要求包括：①总行对代销业务实行集中统一管理[1]，代销协议原则上由总行与合作机构总部签订；②实行名单制管理，对合作机构进行尽职调查，及时从名单上去除不符合合作标准的机构[2]；③对其拟代销的金融产品开展尽职调查[3]。上述要求是商业银行代销时履行其注意义务的具体标准。我国法院通常不会依据部门规章做出判决，《关于规范商业银行代理销售业务的通知》是由银监会发布的部门规章，不可能成为诉讼的判决依据。尽管如此，原告和被告可以根据上述规则，就商业银行是否尽到了注意责任进行争辩。

(四) 受信义务

《关于规范商业银行代理销售业务的通知》还引进了适当性规则，要求商业银行"加强投资者适当性管理，充分揭示代销产品风险，向客户销售与其风险承受能力相匹配的金融产品"。[4]但该制度主要是为金融机构免责所设计的，并不能够减少或消除代售业务中的风险（见本书第十七章）。

我国法院审判实践中回避适当性的相关问题，但英国法院和美国法院的判例显示，即便适用适当性原则或规则，即便认定相关机构投资者为合格投资者，仍然可能存在受信关系，仍然存在受信义务（见上文）。换言之，受信义务高于适当性原则或规则。

(五) 金融监督管理机构

《关于规范商业银行代理销售业务的通知》引入了"金融监督管理机构"的概念："商业银行接受由国务院银行监督管理机构、国务院证券监督管理机构、国务院证券监督管理机构（以下统称国务院金融监督管理机构）……"[5]商业银行违规开展代销业务的，由银监会责令改正、采取相关监督措施或者实施行政处罚。[6]银监会推出了金融监管机构，但代销活动仍然是由银监会监管，证监会和

---

[1] 《关于规范商业银行代理销售业务的通知》第13条："商业银行开展代销业务，原则上应当由其总行与合作机构总部签订代销协议。确需由一级分支机构（含省、自治区、直辖市和计划单列市分行等）签订代销协议的，一级分支机构应当事先获得总行授权，并在报总行备案后与合作机构总部签订代销协议……"

[2] 《关于规范商业银行代理销售业务的通知》第12条。

[3] 《关于规范商业银行代理销售业务的通知》第12、19条。

[4] 《关于规范商业银行代理销售业务的通知》第3条。

[5] 《关于规范商业银行代理销售业务的通知》第一部分。

[6] 《关于规范商业银行代理销售业务的通知》第39条。

保监会只不过是为银监会的监管活动背书而已。《关于规范商业银行代理销售业务的通知》也没有反映出证券监管的特点。比如，销售证券公司的金融产品时，应当适用证监会发布的《证券经纪人管理暂行规定》[1]（见下文），但《关于规范商业银行代理销售业务的通知》中并没有相关要求。

（六）从业人员资格

商业银行工作人员代销金融产品，是否需要行业统一的资质，是监管的焦点问题之一。同以往的相关规则一样，《关于规范商业银行代理销售业务的通知》并不要求行业资质，仅要求商业银行决定销售人员的资质[2]和培训[3]。相比之下，证券公司经纪人（证券公司的销售人员）有行业从业资质要求。《证券业从业人员资格管理办法》[4]规定，证券公司从事经纪业务的专业人员（包括业务部门的管理人员）以及基金管理公司从事销售的专业人员（包括业务部门的管理人员）必须经过考试，取得从业资格和执业证书。[5]《期货从业人员资格管理办法（修订）》[6]对期货经纪公司的专业人员和业务部门的管理人员也有类似要求。[7]

事实上，如果商业银行销售人员代销证券公司产品，应严格遵守证监会的规定，商业银行销售人员应当持有证券经纪人证书。《证券公司监督管理条例》[8]第38条规定，证券公司以外的人员受证券公司委托，作为证券经纪人从事业务，必须具有证券从业资格，"应当在证券公司的授权范围内从事业务，并应当向客户出示证券经纪人证书"。《证券经纪人管理暂行规定》第2条规定，证券经纪人是指接受证券公司的委托，代其从事客户招揽和客户服务等活动的证券公司以外的自然人。

商业银行有国家为其担保，证券公司已有破产的情况，但我国银行还没有破产的情况。商业银行信誉较高，便于其销售各种金融产品。不仅如此，商业银行代销金融产品，相关规定相对宽松，有利于商业银行竞争，但势必不利于证券公司等其他金融机构类似的代销业务。但商业银行销售的金融产品中，相当部分是由证券公司开发的。所以商业银行代销金融产品，证券公司和基金管理公司乐见

---

[1] 证监会公告[2009]2号。

[2]《关于规范商业银行代理销售业务的通知》第28条："商业银行应当加强员工行为管理，对销售人员及其代销产品范围进行明确授权，并在营业网点公示。"

[3]《关于规范商业银行代理销售业务的通知》第29、30条。

[4] 证监会令第14号，2002年。

[5]《证券业从业人员资格管理办法》第一章和第三章。

[6] 证监发[2002]6号。

[7]《期货从业人员管理办法》第一章和第三章。

[8] 国务院令第522号，2014年修订。

其成。证券公司和基金管理公司的主管机构证监会也乐见其成。我国的行业主管经常被比作"婆婆"或"恶婆婆"。但行业主管机构具有两面性：可以是恶婆婆，也可以是"娘舅"，急行业所急，想行业所想。道理很简单：皮之不存，毛将焉附。银监会与商业银行的关系如此，证监会与证券公司和基金公司的关系也是如此。

七、类证券公司金融机构

我国有类证券公司金融机构，其中包括信托公司、融资租赁公司、金融资产管理公司和担保公司。证券公司和类证券公司并存，是监管破碎化的表现：金融机构各有各的婆婆。类证券公司金融机构包括：信托公司、融资租赁公司、资产管理公司以及地方政府设立和监管的各类资产管理公司。监管破碎化对应我国的"条块"监管框架。"条"为上下级垂直领导关系，"块"则指监管机构有各自管辖的机构和领域。银监会和证监会对各地银监局和证监局是"条"形垂直领导，但两会又有各自"块内"的金融机构经营证券业务。其他国务院监管机构以及地方政府的监管部门也是"条块"功能，有自己从事证券业务的金融机构。

美国的监管破碎化主要表现为监管机构对投资银行的重叠监管。美国商业银行是混业经营，所以重叠监管在所难免。但更重要的是，证券市场的一大特点是，在金融机构之间和证券监管机构之间，都是互相渗透，互挖墙脚。各类证券公司林立，鱼龙混杂，是各种豪强争斗的结果，也是证券法本身混乱的结果。

（一）金融租赁公司

2014年，银监会发布《金融租赁公司管理办法》[1]，将金融租赁公司界定为经营融资租赁业务的非银行金融机构。但就其业务范围而言，融资租赁公司同时具有融资租赁公司、商业银行、证券公司和担保银行的功能。租赁公司既可以吸收公众存款，[2]又可以为控股子公司、项目公司提供对外融资担保，还可以从事证券承销业务。[3]金融租赁公司的主要股东为国有银行、股份制银行、四大资

---

[1] 银监会令2014年第3号。

[2] "经银监会批准，金融租赁公司可以经营下列部分或全部外币业务：（一）融资租赁业务；（二）转让和受让融资租赁资产；（三）固定收益类证券投资业务；（四）接受承租人的租赁保证金；（五）吸收非银行股东3个月（含）以上的定期存款；（六）同业拆借；（七）向金融机构借款；（八）境外借款；（九）租赁物变卖及处理业务；（十）经济咨询。"《金融租赁公司管理办法》第26条。

[3] 经银监会批准，"金融融资租赁公司可以开办下列部分或全部外币业务：（一）发行债券；（二）在境内保税地区设立项目公司开展融资租赁业务；（三）资产证券化；（四）为控股子公司、项目公司对外融资提供担保；（五）银监会批准的其他业务。"《金融租赁公司管理办法》第27条。

产管理公司、地方政府投资平台及国有企业。[1]

金融租赁公司的发起人主要为商业银行[2],注册资本最低限额为1亿元人民币[3]。而根据《证券法》,从事相同业务的证券公司的注册资本最低限额为5亿元人民币。[4]比较而言,《金融租赁公司管理办法》对发起金融租赁公司的要求更加宽松。

(二) 金融资产管理公司

1. 政策性银行

国务院发布的《金融资产管理公司条例》[5]规定,金融资产管理公司是指国务院决定设立的收购国有银行不良贷款,管理和处置因收购国有银行不良贷款形成的资产的国有独资非银行金融机构,[6]金融资产管理公司是由国家出资[7]并通过其优惠政策扶持的金融机构[8]。

最初共设立了四大国有资产管理公司:中国信达资产管理股份有限公司、中国华融资产股份有限管理公司、中国东方资产管理公司和中国长城资产管理公司。其中信达资产管理股份有限公司和华融资产管理股份有限公司已在香港上市。最初设立四大金融资产管理公司,是为了收购、管理和处置国有银行不良贷款,改善这些银行财务状况,以便其公开发行股票和上市。[9]经过十多年的发展,金融资产管理公司已演变为庞大的金融机构,包括资产公司、附属法人机构

---

[1] 赵晓菲、王宇飞:"金融租赁总资产逼近万亿,直租占比持有下降不足两成",载《21世纪经济报道》2013年7月18日,第10版。

[2] "金融租赁公司的发起人包括在中国境内外注册的具有独立法人资格的商业银行,在中国境内注册的、主营业务为制造适合金融租赁交易产品的大型企业,在中国境外注册的融资租赁公司以及银监会认可的其他发起人。"《金融租赁公司管理办法》第8条。

[3] 《金融租赁公司管理办法》第7条第3项。

[4] 《证券法》第127条。

[5] 国务院令第297号,2000年。

[6] 《金融资产管理公司条例》第2条。

[7] 《金融资产管理公司条例》第5条:"金融资产管理公司的注册资本为人民币100亿元,由财政部核拨。"

[8] 《金融资产管理公司条例》第14条:"中国人民银行发放给国有独资商业银行的再贷款转划给金融资产管理公司,实行固定利率,利率为2.25%。"

[9] 工商银行、中国银行、建设银行和农业银行四大国有银行上市之前,高盛等外资银行购入国有银行部分股权,国有银行上市之后,高盛等外资银行获得相应的股份并出售其股票获利。高盛等外资银行投资国有银行的风险甚小,因为国家已经将国有银行的许多不良贷款转移给金融资产管理公司,国有银行完全是轻装上阵。

以及特殊目的实体等其他附属经济组织组成的集团。[1]

除四大国有资产管理公司之外，近年来地方也纷纷设立资产管理公司，到2016年初全国地方资产管理公司的数量已经超过20家，股东主要是财政局所属金融控股公司、四大国有资产管理公司、信托公司、全国性金融控股集团以及部分民营企业。[2]

2. 证券公司业务

资产管理公司虽然是政策性银行，但从事多种金融业务，包括证券业务。《金融资产管理公司条例》规定，金融资产管理公司在管理其不良贷款形成的资产时，金融资产管理公司可以从事的业务包括：债券、股票承销；财务及法律咨询、资产及项目评估，以及人民银行和证监会批准的其他业务。[3]债券、股票承销和财务咨询也是证券公司所从事的主要业务。2013年信达资产股份有限公司在香港上市时，其税前利润的来源分布如下：贬值资产管理（72%）；金融投资和资产管理（22%）；金融服务（6%）。[4]资产管理公司不仅从事证券业务，也从事贷款业务和融资业务。信达买入母公司与子公司之间的贷款，就是变相提供贷款；信达买入应收账款，就是变相为消费者提供融资服务。[5]

《金融资产管理公司监管办法》所界定的风险包括：战略风险、集中度风险、流动性风险、声誉风险、新业务风险。[6]此类风险类似于证券公司所面临的风险。

3. 监管机构

金融资产管理公司的监管机构最初为中国人民银行、财政部和中国证券监督管理委员会。[7]银监会和保监会成立之后，也成为金融资产管理公司的监管机构。2014年，银监会、财政部、中国人民银行、证监会和保监会联合发布《金融资产管理公司监管办法》。该办法主要涉及金融资产公司的公司治理和风险控制，但对金融资产管理公司的经营范围则没有详细规定。这也是很多证券法律法规和部门规章的特点：避实就虚，避重就轻，重形式、轻实质。

---

[1]《金融资产管理公司监管办法》第2条第2款。

[2] 梅菀："首家地市级'坏账银行成立，地方AMC已逾20家'"，载《上海证券报》2016年1月4日，第A4版。

[3]《金融资产管理公司条例》第10条第4、6、7款。

[4] Prudence Ho, "Cinda's IPO Challenge", *The Wall Street Journal*, November 22~24, 2013, p. 15.

[5] Dinny McMahon, "A Changed Cinda Sours in IPOe", *The Wall Street Journal*, December 13~15, 2013, p. 16.

[6]《金融资产管理公司监管办法》第3章第2、3、4、5和6节。

[7]《金融资产管理公司条例》第4条。

4. 坏账银行

就其业务属性而言，金融资产管理公司是收购、管理和处置银行不良资产的金融机构，也称坏账（bad debt）公司。2000年我国银行的不良资产主要为不良贷款（non-performing debt），而2008年美国金融危机爆发时，华尔街的不良金融资产主要是包括资产证券化产品在内的金融衍生产品。最后，华尔街银行的不良贷款主要是卖给美联储。

与银行不良贷款相比，金融衍生产品的风险更大，估值也更加困难。作为特殊的金融监管机构，美联储无需披露其所持金融产品的估值详情，便于高价收购华尔街银行所持资产。此外，如果美国要用纳税人的钱设立坏账管理公司，需要美国国会制定专门的法律，其过程缓慢，无法应对金融危机之急。此外，立法过程中很可能牵扯出华尔街更多的黑幕，所以美国选择由美联储收购不良资产。我国和其他国家的实践已经显示，由坏账管理公司处理银行的不良资产更为透明，也更加合理。[1] 披露和公开表面上是美国证券法的要旨，也是美国所鼓吹的治国要旨，但在很多关键问题上，美国少公开，或者是尽量少公开。

5. 清算信托公司

金融资产管理公司的产生是借鉴美国的清算信托公司（Resolution Trust Company 或 RTC）而设立的，[2] 目的是处置我国国有银行的坏账。RTC 是 Resdution Trust Company 的缩写，汉语译为"清算信托公司"。该公司1989年成立，处置众多储贷协会（savings and loans association）的坏账和其他资产。清算信托公司的职责已由联邦储蓄保险公司（Federal Deposit Insurance Corporation）行使，而我国的金融资产管理公司则演变为类证券公司金融机构。

（三）商业银行

商业银行也在从事证券公司的业务。比如，商业银行发行理财产品，变相发行证券（见第二章）。当然，不能仅凭这点便将商业银行定性为类证券公司，但一个金融机构从事证券业务在其所有业务中占多大比例才可以被界定为证券公司，是一个画线难题。不过，商业银行的证券业务至少可以由证监会监管。在各类金融机构中，商业银行仍然是百兽之王。商业银行主营储蓄业务，兼做证券业

---

〔1〕 朱伟一：《高盛世代——资本劫持法律》，法律出版社2010年版，第198~201页。

〔2〕 "我们过去实行的是国有商业银行体系，最大的问题是不良资产比例过高，最高时占到40%。后来我们借鉴美国（处置信托公司）的经验，成立了资产管理公司，将不良资产从银行划出以使这些商业银行规范化，实行自主管理，但问题依然很多。"朱镕基：《朱镕基讲话实录》（第4卷），人民出版社2011年版，第240~241页。

务和信托业务。截至 2012 年底,银行业总资产达人民币 131.27 万亿元。[1]

(四)担保公司

按照《融资性担保公司管理暂行办法》[2]的规定,融资性担保公司经监管部门批准,可以从事"与担保业有关的融资咨询、财务顾问等中介服务"。[3]

(五)期货公司

期货公司也可以就期货投资提供咨询,扮演投资顾问的角色。[4]证监会还就此发布了《期货公司期货投资咨询业务试行办法》[5]。

(六)证券投资基金管理公司

基金管理公司蚕食了证券公司的资产证券化管理业务。[6]

(七)信托公司

所有类证券公司金融机构中,信托公司与证券公司最相似,也是仅次于商业银行业的金融产业(见第十七章)。

(八)证券业内的相互蚕食

如果只看关于证券公司的规定,我国的证券业务既轰轰烈烈,又扎扎实实。但大批类证券公司金融机构从事证券公司业务,并不受关于证券公司规定的约束,而且经常处于监管真空地带。证券公司的规定起到了转移视线的作用。证券市场就是这样:少部分金融机构及其业务在监管范围和投资者的视线之中,但大部分金融机构及其业务并不在监管范围和投资者的视线之中。证券法的主旨是披露和反欺诈,本质上适用的是侵权责任。如果金融机构及其业务并不在监管范围和投资者的视线之中,通常并不适用侵权法,而以合同法约定交易和认定违约责任。

---

[1] 苗燕:"中国银行业总资产突破 130 万亿元",载《上海证券报》2013 年 1 月 29 日,第封八版。

[2] 中国银行业监督管理委员会、国家发展和改革委员会、工业和信息化部、财政部、商务部、中国人民银行、国家工商行政管理总局令 2010 年第 3 号。

[3] 《融资性担保公司管理暂行办法》第 19 条第 3 项。

[4] 《期货公司监督管理办法》(证监会令第 110 号)第 61 条的规定是:"期货公司可以依法从事期货投资咨询业务,接受客户委托,向客户提供风险管理顾问、研究分析、交易咨询等服务。"该条使用了"管理顾问"一词,而且明确指出风险管理顾问是"接受客户委托",两者之间是委托关系。既然是委托关系,管理顾问也应当有受信责任。尽管该条中使用的是"风险管理顾问"一词,但应当与"投资顾问"的概念相同。为确保受托关系中客户的权益,《期货公司监督管理办法》第 62 条专门规定:"期货公司从事期货投资咨询业务,应当与客户签订服务合同,明确约定服务内容、收费标准及纠纷处理方式等事项。"

[5] 证监会令第 70 号,2011 年。

[6] 《证券公司及基金管理公司子公司资产证券化业务管理规定》(证监会公告〔2014〕49 号)。

第十六章

信托公司：类证券公司金融机构

一、概要

信托公司是我国的类证券公司金融机构，是银监会和证监会分开监管的特殊产物，是非典型证券公司。我国《信托法》所规定的信托并不是单独的法律实体，不同于欧美法所规定的信托，但引进了欧美法中受托人所应当承担的受信义务。从其从事的业务看，信托公司很像美国金融危机之前的投资银行，在资本市场的各个领域都有信托公司的业务。信托公司集中体现了证券法和证券市场存在的普遍问题：张冠李戴、指鹿为马和监管混乱。

二、法律法规

1. 《信托法》
2. 《信托公司管理办法》（银监会令2007年第2号）
3. 《金融机构信贷资产证券化试点监督管理办法》（银监会令2005年第3号）
4. 《信托公司净资本管理办法》（银监会令2010年第5号）
5. 《关于信托公司风险监管的指导意见》（银监办法〔2014〕99号）
6. 《信托公司参与股指期货交易业务指引》（银监发〔2011〕70号）

三、信托公司的法律属性

（一）中外信托差异

在英美法中，信托可以成为一个单独的法律实体，而我国的《信托法》并没有认可这样的金融实体。英美的信托可以为三方：委托人、受托人和受益人。[1]而我国信托主要为两方：委托人与受益人。英美的信托主要用于民事目的，而我国信托则主要用于商事目的。[2]我国信托本身的存在形式和性质就有很大争议，所以不能以信托权益委托人不得转让收益权为理由而禁止合同权益转让。根据英美法，信托创立人一旦将财产转给信托，就不得再收回此财产，[3]但我国的信托并非如此。

简单说，除引入受信义务之外，《信托法》鲜有其他功用。《信托法》中所涉及的资产委托，完全可以依照《合同法》，通过合同关系约定。而"许多信托理财行为处于我国金融监管机构监管的空白地带，同时也缺乏相关立法予以规制"。[4]

（二）信托关系

证券市场的很多交易都离不开信托关系，相关交易内容包括：证券结算系统、投资托管制度、存托凭证、证券经纪代理[5]、共同基金、担保物权的信托人、资产证券化、债券持有人的信托人、卖方为买方创设的"信托"和股票的名义持有人。[6]

但信托和信托关系在欧美学界也受到批评，反对意见主要是：①破产时债权人发现债务人并不真正拥有资产；②产权的不确定性扰乱贸易和融资；③遗产信托在西方被用来帮助富人逃税。核心问题是表见所有权人应当被视为真正的所有权人，因为债权人主要依靠财务报表而非实际检验资产。同样，如果产权不确

---

[1] Richard A. Mann and Barry S. Roberts, *Business Law*, West, 2000, p. 1122.

[2] 西方富豪经常设立信托，将自己传给子孙的财富转入信托。但中国富人通常并不通过信托将财产转移给子孙。直到 2012 年 12 月，平安保险推出国内第一单家族信托。委托人将 5000 万元人民币放在平安信托，合同期 50 年，由委托人与平安信托共同管理，死后按照约定给予家族受益人。徐维强："平安诞生首单家族信托"，载《上海证券报》2013 年 1 月 9 日，第 11 版。

[3] Lawcards, *Equity and Trusts*, London: Routledge, 2012, pp. 51～69.

[4] 沈志先：《金融商事审判精要》，法律出版社 2012 年版，第 508 页。江平教授认为，我国《信托法》存在的争议是：信托财产归属不明；信托与代理之间的区别不明确；商事信托与民事信托难以区别。江平："信托立法的三个问题"，载《清华金融评论》2015 年第 4 期。

[5] 如果经纪人破产，那么经纪人代表场外客户与市场交易对手订立的合同属于客户。[英] 菲利普·伍德：《国际金融的法律与实务》，姜丽勇、许懿达译，法律出版社 2011 年版，第 393 页。

[6] [英] 菲利普·伍德：《国际金融的法律与实务》，姜丽勇、许懿达译，法律出版社 2011 年版，第 393 页。

定，则贸易和担保物的优先性和确定性就会被搅乱。[1]

我国《信托法》所制约的是受托管理资产，但却没有做相应的规定，有关内容由其他法律规定，比如《基金法》就规定了基金管理人的披露责任。《信托法》2001年公布并于同年施行，并没有任何修订。这并不是因为这部法律制定得好，而是因为这部法律并不重要，修订与否自然也并不重要。我国《信托法》不能算是一部恶法，但却是一部极不严肃的法律。

(三)信托与基金

公开募集的证券投资基金类似于美国的共同基金（mutual fund）和英国的单位信托（unit trust）。共同基金和单位基金的信托人为投资者的利益持有投资，投资者对集合投资按比例享有利益。这些基金都属于集合理财计划。[2]有些实体名为信托，但实为基金。[3]美国的房地产信托（real estate investment trust 或 REIT）实际上就是基金，在证交会注册后，由承销商发行，在证券交易所挂牌。

(四)信托与委托

《信托法》和《基金法》明确将信托产品和公募证券投资基金份额界定为信托法律关系，其他资产管理机构与投资者之间的资产管理产品的法律关系则没有明确界定。监管机构以"委托"概念进行模糊处理。[4]法院通常认定委托人与受托人之间是委托关系，而不是信托关系。[5]

(五)受信义务

我国《信托法》的贡献是以制定法的形式确定了受托人的"受信义务"。"受信义务"（fiduciary duty）是指受托人应当"为受益人的最大利益处理信托事务"。[6]《基金法》规定，《信托法》也适用于证券投资基金，[7]将受信义务引入《基金法》。2007年银监会发布的《信托公司管理办法》中，有关受信义务的内容为：

---

[1] [英]菲利普·伍德：《国际金融的法律与实务》，姜丽勇、许懿达译，法律出版社2011年版，第389页。

[2] [英]菲利普·伍德：《国际金融的法律与实务》，姜丽勇、许懿达译，法律出版社2011年版，第393页。

[3] 《信托公司管理办法》（银监会令2007年第2号）第32条。

[4] 北京仲裁委员会：《2014年中国商事争议解决难度观察》，中国法制出版社2014年版，第213页。

[5] 刘润佐、王光远、罗钢青："中国式影子银行体系信用创造和扩张机制"，载《投资研究》2014年第9期。

[6] 《信托法》第25条。

[7] 《基金法》第2条。

信托公司应当"维护受益人的最大利益"。[1] 2007年银监会发布《信托公司集合资金信托计划管理办法》[2]，其中关于受信义务的规定是，信托公司应当"为受益人的最大利益服务"。[3] 归根结底，受信义务就是要求受托人竭尽忠诚，全心全意地为受益人服务。

（六）类证券公司金融机构

信托公司类证券公司金融机构，可以从事证券公司的很多业务，但所受到的相应监管甚少。按照《信托公司管理办法》第16条的规定，信托公司可以从事各种财产信托，还可以作为投资基金或者基金管理公司的发起人，同时可以从事公司财务顾问和证券承销业务等。按照《信托公司管理办法》的规定，信托公司的信托范围极广，可以是资金信托、动产信托、不动产信托或是有价证券信托。信托公司的业务可以是人民币业务，也可以是外币业务。

信托公司名称中的"信托"二字只不过是一个名称而已，与信托并没有实质关系，与我国《信托法》也并无关系（因为我国《信托法》与信托并无实质关系）。

（七）私募基金管理人

截至2015年4月2日，9家信托公司向中国证券投资基金业协会办理登记手续，成为在册的私募基金管理人。[4]

（八）信托公司与商业银行

68家信托公司中，只有四家由商业银行控股。《商业银行法》第43条规定："商业银行在中华人民共和国境内不得从事信托投资和证券经营业务，不得向非自用不动产投资或者向非银行金融杠杆机构和企业投资，但国家另有规定的除外。"兴业银行收购联合信托股权，交通银行重组湖北国投，建设银行收购兴泰信托，民生银行与另一股东并列陕西国投第一大股东，都是事先"国家另有规定"。严格按字面理解，"国家另有规定"应当是有具体规定，但实践中是银监会出文批准商业银行收购信托公司。招商银行试图收购西藏信托未获得批准。[5]

---

[1]《信托公司管理办法》第24条。

[2] 银监会令2007年第3号，2009年修订。

[3]《信托公司集合资金信托计划管理办法》第4条。

[4] 王俊丹："信托备案私募基金管理人增至9家谋发力资本市场"，载《21世纪经济报道》2015年4月24日，第11版。

[5]《中国银监会关于批准合肥兴泰信托有限责任公司变更注册资本、调整股权结构及变更名称的批复》（银监复［2009］57号）。

(九) 信托公司与保险公司

保险公司参股信托公司，有些还成为信托公司的主要股东。[1]保险和信托投资集中度较高，近51%的信托投资集中于房地产和基础设施等不动产领域，多数保险公司相关投资占其信托投资比例的90%以上。信托公司为保险公司量身定做信托计划，保险公司可以根据自己的投资偏好和需要寻找基础资产项目。如果保险资产管理公司作为投资人可以获得9%到10%的收益率，信托公司收取少量中间费。此类交易的风险在于，保险信托计划中隐藏着错综复杂的关联安排，潜藏不正当关联交易与利益输送等风险。[2]保险公司成为信托公司的股东，更增加了关联交易的复杂性。

(十) 外商入股信托公司

信托公司成为监管的灰色地带，乱中取胜，利润丰厚。外国银行也逐利而来，入股我国的信托公司。苏格兰皇家银行入股苏州信托有限公司，摩根士丹利入股杭州工商信托，澳大利亚麦格理集团下属的麦格理资本证券股份有限公司入股华澳信托，蒙特利尔银行入股中粮信托股权。[3]摩根大通、汇丰银行也与信托公司共同设立合资企业。外国投资银行还变相与信托公司联合。[4]摩根士丹利就与杭州工商信托投资股份有限公司商讨，拟一同设立私募股本基金。[5]

四、信托公司的业务

(一) 信托公司是"金融游牧族"

信托公司有"金融游牧族"之称，可以开展多种金融业务，[6]其中包括：跨市场配置、以债权融资、股权投资、投贷联动、产业基金、资产证券化。[7]信

---

[1] 2017年1月，新疆银监局批复华融信托变更注册资本和股权结构的申请。华融信托增资24亿元，其中长城人寿保险股份有限公司投资16亿元，成为华融信托第二大股东，持股14.64%。程竹："保险参股信托升温，'牵手'模式待完善"，载《中国证券报》2017年7月20日，第A05版。

[2] 程竹："保险参股信托升温，'牵手'模式待完善"，载《中国证券报》2017年7月20日，第A05版。

[3] 徐天晓："外资踩持股'红线'加盟信托公司"，载《证券日报》2012年2月28日，第C2版。

[4] 蒋费："更多外资金融机构谋求内地信托牌照"，载《第一财经日报》2011年2月24日，第A10版。

[5] Jamil Anderlini, "Wall St Banks to Launch Renminibi Funds", *Financial Times*, May 13, 2011.

[6] 霍侃："信托再输血融资平台"，载《新世纪周刊》2012年3月19日，第32版。

[7] 周鹏峰："信托业务要纠正'脱实向虚'苗头，不能为规避监管隐匿风险而变相创新"，载《上海证券报》2016年12月27日，第2版。

托产品五花八门，[1]哪个领域利润高，就投资哪个领域。金融机构的一大无形资产是金融牌照，而信托公司就有很多牌照，可以从事众多业务。就信托公司的业务范围而言，《信托公司管理办法》也有中国法律法规中惯常的兜底条款："法律法规规定或中国银行业监督管理委员会批准的其他业务。"依据该款，银监会不时批准信托公司开展"其他业务"，其中包括资产证券化业务［见下文（九）］。资产证券化是典型的证券业务，应当由证监会监管。但信托公司的婆婆是银监会，如果银监会不肯请证监会监管信托公司的业务，证监会不能越俎代庖，不能把手伸到别的机构的监管范围内。

此外，信托公司还可以从事境外理财业务，银监会为此发布了《信托公司受托境外理财业务管理暂行办法》[2]。信托公司热衷于上市，不能通过首次公开发行正面上市的，就设法通过"借壳"上市。[3]信托公司也热衷于参股金融租赁公司。[4]信托公司还成为一些农商银行、城市商业银行和乡镇银行的股东，很多还是第一大股东。[5]

信托公司受到的监管较少，各种业务中敢为人先，因此产生的纠纷较多，经常陷入诉讼纠纷之中。以2016年为例，68家信托公司中，32家信托公司涉及167件诉讼，标的金额超过200亿元。167件案件中，借款、保证纠纷、债权让与118件；出资不实纠纷4件；抽逃出资1件；营业信托纠纷54件；其余为固有业务、股权业务、债权业务或未明确。[6]

（二）变相发行证券

信托公司可以设立信托计划[7]，出售信托单位[8]。出售信托单位类似于

---

〔1〕2013年天津共有2家信托公司，全年共发行72只集合信托产品，投资领域为：金融（11只）、房地产（2只）、基础产业（16只）、工商企业（40只）、其他（3只）、所有（72只）。王爱俭、杜强：《天津金融发展报告》，社会科学文献出版社2014年版，第151页。

〔2〕银监发［2007］27号。

〔3〕胡飞军、杨卓卿："那些失败与成功的信托曲线上市案例"，载http://trust.hexun.com/2016-06-15/184396355.html，访问日期：2017年7月5日。

〔4〕李亦欣："中铁信托持有中铁金控融资租赁25%股权，粤财华澳陆家嘴爱建等信托也持有租赁公司股票"，载《证券日报》2014年6月24日，第B1版。

〔5〕截至2017年7月底，16家信托公司参股31家银行，第一大股东（含并列）为信托公司的共有12家银行，其中9家是农商银行，3家是城市银行。马传茂："爱建开启收购银行牌照之旅，已有16家信托参股"，载《证券时报》2017年7月27日，第A5版。

〔6〕方妮："信托行业去年卷入167件诉讼，涉讼金额达200亿"，载《证券时报》2017年7月7日，第A4版。

〔7〕《信托公司集合资金信托计划管理办法》第5条。

〔8〕《信托公司集合资金信托计划管理办法》第11条。

公司发行股票。上市公司出售股份,基金管理公司出售基金份额,而信托公司则出售信托单位。股票、基金份额和信托单位都是证券,根本属性是一样的(见第二章)。

(三)证券业务

信托公司可以设立或经营投资基金,经营企业资产的重组、并购及项目融资、公司理财、财务顾问等业务;[1]受托经营国务院有关部门批准的证券承销业务;办理居间、咨询、资信调查等业务。这几项业务都是与证券公司争食的业务。

(四)票据业务

信托公司从事的创新业务包括票据信托。[2]2011年信贷趋紧,企业融资困难,需要贴现票据,而银行资金紧张,难以满足企业贴现需求,银行便通过信托公司发行信托计划,由信托公司购买"企业持有的或银行通过贴现或转贴现持有的票据资产或其收益权",变相为客户融资。[3]

(五)伞形信托

伞形信托是在一个主信托账号下设置若干独立的子信托,子信托无需单独开户,方便投资者加入。每个子公司单独投资操作和清算,是完全独立的信托产品。信托公司作为受托人发行集合资金信托计划,由银行(资金融出方)发行理财产品或由理财资产池认购信托计划优先级受益权获取优先固定收益,由经过证券公司筛选的其他客户(资金融入方)认购劣后收益权。伞形信托劣后级投资者主要是自然人大户、机构客户以及集团下的财务公司。[4]

高杠杆率是伞形信托的一大特点。融资融券的杠杆率大多为1:1,而伞形信托的杠杆率可以达到1:3,配资成本在8.1%~8.2%之间,低于融资融券的8.6%的行业标准。在二级市场进行股票交易,预期年盈利为30%。[5]伞形信托助涨助跌,对股市异常剧烈变动有推波助澜的作用。

---

[1] 信托公司可以在银行间市场开展承销业务。2017年,中国银行间市场交易商协会发布公告,允许信托公司在银行间市场开展承销业务。《中国银行间市场交易商协会公告》([2017]25号)第2条规定:"信托公司经市场评价获得承销业务资格的,可以开展非金融企业债务融资工具承销业务。"

[2] 张伟霖:"银行创新银行合作模式",载《证券时报》2012年9月24日,第A12版。

[3] 唐真龙:"银监会暂停票据信托业务",载《上海证券报》2012年1月12日,第A1版。

[4] 截至2015年1月底,伞形信托的规模超过3000亿元,比2014年12月增加了一倍。念延辉:"伞形信托资金入市问题探析",载《时代金融》2015年第3期。

[5] 念延辉:"伞形信托资金入市问题探析",载《时代金融》2015年第3期。

（六）股指期货

信托公司可以参与股指期货交易业务，银监会就此发布了《信托公司参与股指期货交易业务指引》[1]。根据该指引，信托公司固有业务不得参与股指期货交易，而是以其集合信托业务和单一信托业务参与股指期货交易。[2]单一信托业务可以以套期保值、套利和投机为目的开展股指期货交易，[3]还"可以聘请第三方为信托业务提供投资顾问服务"。[4]

按照《信托公司参与股指期货交易业务指引》的规定，信托公司参与股指期货交易，必须经过银监会批准，但没有提到证监会。[5]事实上，《信托公司参与股指期货交易业务指引》仅引用了《信托法》《银行业监督管理法》《信托公司管理办法》和《银行业金融机构衍生产品交易业务管理暂行办法》作为依据。[6]《信托公司参与股指期货交易业务指引》应当以《期货交易管理条例》作为依据。《期货交易管理条例》是关于金融期货或衍生产品位阶最高的法规。《期货交易管理条例》明确提到，期货合约包括金融期货合约，[7]而股指期货是金融期货合约的一种形式。

然而，豪强就是豪强，信托公司是豪强，银监会也是豪强。金融监管机构总是要求被监管对象遵纪守法，总是依据法律处罚被监管对象，但监管机构自己却并不尊重、遵守法律，对自己有利便用之，对自己不利便弃之。

（七）信托产品

信托公司发行的各类信托产品存在各种问题。[8]信托产品应当被界定为证券（见第二章）。还有一种观点是，中国的信托产品相当于美国的垃圾债券。[9]垃圾

---

[1] 银监发［2011］70号。
[2] 《信托公司参与股指期货交易业务指引》第3条。
[3] 《信托公司参与股指期货交易业务指引》第3条第2款。
[4] 《信托公司参与股指期货交易业务指引》第20条。
[5] 《信托公司参与股指期货交易业务指引》第2条。
[6] 《信托公司参与股指期货交易业务指引》第1条。
[7] 《期货交易管理条例》第2条第3款。
[8] 王连洲曾经担任过全国人大财经委研究室主任，先后担任过原《基金法》起草工作组组长和《信托法》起草工作组组长，2014年还担任两家信托公司的独立董事。王连洲表示，自己购买了信托产品，但是已经忘了这款信托产品何时到期，也不知道能否兑付。王连洲回忆说，当初购买这款产品时，"他是被一个在某信托公司工作的熟人带去，拿到一份合同就签了字……当时根本就没有仔细看，只隐约记得是一款土地信托产品"。王连洲感叹："现在到处都是陷阱。"秦炜："王连洲买信托产品感叹有陷阱"，载《证券日报》2014年2月21日，第B1版。
[9] Opinion, "Review & Outlook, Distrust of China's Trusts", *The Wall Street Journal*, January 30 ~ February 2, 2014, p. 11.

债券（junk bond）是一种高收益和高风险的证券，是穆迪或标准普尔评级为BB或以下的投机性债券。[1]在美国，垃圾债券可以公开交易。

刚性兑换是信托产品的一个重大问题。刚性兑换会让投资者产生错觉，以为信托业务的风险较小，因而继续投资信托产品，结果增加了信托行业的规模和风险。而信托公司之所以想方设法地兑换信托产品，主要是为了继续通过发行信托产品融资，很多时候是以新换旧。"最不愿意打破'刚性兑换'这一潜规则的，恰恰是作为最大受益者的信托公司。"[2]

（八）私募基金管理人

信托公司也从事私募基金的管理业务，作为私募基金管理人接受监管［见下文五（五）］。

（九）资产管理计划

见第十四章。

（十）资产证券化

《信贷资产证券化试点管理办法》[3]第16条规定，资产证券化业务中的受托机构由信托投资公司或银监会批准的其他机构担任（信托投资公司已经统一更名为信托公司，见下文）。信托公司锐意开展新的资产证券化业务。[4]信托公司与融资租赁公司合作，推出金融租赁资产证券化业务。2016年6月，平安信托发行首单信托型资产支持票据（asset-backed note或ABN），[5]基础资产为租赁债权（见第二章、第三章）。

（十一）投资房地产

信托公司投资房地产，产生高额回报。房地产开发商购买土地时尚未办理各种证，大多无法从商业银行筹得贷款。信托公司为开发商提供过桥贷款。开发商

---

[1] ［美］R.J.舒克：《华尔街词典》，陈启清译，中国商业出版社2002年版，第405页。

[2] 吕江涛："破立之争：信托'刚性兑付'究竟是谁的'蛋糕'"，载《证券日报》2014年2月21日，第B1版。

[3] 人民银行、银监会公告［2005］第7号。

[4] "把农村的土地集中起来，信托给一家信托公司，而信托公司颁发给每个农民一份信托凭证。""这样一来，土地不仅实现了证券化，而且可以通过信托凭证证明农民对土地的所有权。""信托公司作为受托人代替农户行使土地事务管理权……再将土地委托给服务商，服务商可以按照合同的约定，对土地进行生产经营，并向提供土地的农民按期支付回报。"蒲坚："土地流转与信托机制"，载《清华金融评论》2014年第5期。

[5] 徐天晓："首单信托型ABN成功发行，基础资产为租赁债权"，载《证券日报》2016年6月24日，第B版。

拿到土地之后，办齐各种证，银行便愿意贷款给开发商，开发商拿到贷款后便还款给信托公司。

五、信托公司的监管

信托公司原称信托投资公司，在我国问世以来便问题不断，也一直在清理整顿。1998年，浦东银行上市前，当时的人民银行行长戴相龙专门指示，浦东银行的"银行业务范围内不得有信托业务……"[1]同年，时任国务院总理的相关批示是："对各地信托投资公司，要彻底整顿，坚决撤并……不要使此项改革半途而废，留下后患。"[2]可见信托公司问题之严重，国家监管信托公司之难。

（一）问题不断，清理整顿不断

我国信托行业快速发展，[3]但问题不断，清理整顿不断。1979年，我国成立第一家信托投资公司，信托投资公司随之迅猛发展。委托人通常是中央和地方财政部门或企业主管部门，信托存款业务较多。信托行业险象环生，监管部门对其多次进行整顿，信托机构的名称也由信托投资公司改为信托公司。

1982年第一次整顿，限定信托业务范围是委托存款、委托投资、代理、租赁和咨询业务。1985年第二次整顿，限制其资金来源。1988年第三次整顿，将745家信托投资公司减少到339家。1993年第四次整顿，清理各级人民银行越权批设的信托投资公司，339家公司被减少到244家。1995年人民银行要求国有商业银行与其所办的信托投资公司脱钩。1999年第五次整顿，中央政府严令关闭一批信托投资公司。[4]1999年国务院发布《金融违法行为处罚办法》[5]，规定"信托投资公司不得以办理委托、信托业务吸收公众存款、发放贷款，不得违反国家规

---

[1] 刘诗评："浦发银行初创记"，载《财经国家周刊》2012年6月26日。

[2] 朱镕基：《朱镕基讲话实录》（第3卷），人民出版社2011年版，第262页。

[3] 截至2014年第一季度末，信托管理资金规模为11.73万亿元，其中保险信托余额为1998.30亿元。潘玉蓉："信托求资若渴，险资避让风险接棒者"，载《证券时报》2014年8月12日，第A5版。从业人员收入丰厚，业内人均年薪酬超过60万元。肖中洁："金融年终奖红黑谱"，载《作家文摘》2013年2月19日，第10版。2015年一季度末，中国信托业管理的资产规模超过14万亿元。唐真龙："规模突破14万亿，信托业步入'换档期'"，载《上海证券报》2015年5月6日，第5版。

[4] 1999年4月19日，中国人民银行向国务院呈报《关于整顿信托投资公司工作进展情况的报告》。1999年5月8日，时任国务院总理的朱镕基就此做出的批示是："对各地信托投资公司，要彻底整顿，坚决撤并……不要使此项改革半途而废，留下隐患。"朱镕基：《朱镕基讲话实录》（第3卷），人民出版社2011年版，第262页。

[5] 国务院令第260号。

定办理委托、信托业务"。[1]很多信托公司有政府背景,其中包括因违法而被关闭的公司。中国农村信托投资公司是直属于国务院的金融企业,因高额揽储、非法集资被关闭。中国新技术创业投资公司是国家科技委员会赞助发起、由国家控股的公司,因违规向个人发行4亿元特种金融债券而被关闭。广国投是广东省政府发债的窗口金融公司,因无法支付巨额内外债被关闭。[2]2007年第六次整顿,2011年底全国共有信托公司66家。2007年银监会发布《信托公司管理办法》,取消《信托投资管理公司管理办法》,信托投资公司更名为"信托公司"。[3]

对于2007年整顿之后的信托公司发行的信托产品,朱宁教授[4]的警示是:"很多自身投资回报率很低或者投资风险较高的投资项目,由于影子银行所提供的隐形担保,摇身一变成为收益较高,相对比较安全的信托产品。"[5]

(二)净资本

净资本率至关重要,因为事关杠杆率,事关信托公司自身的风险和整个金融系统的风险。《信托公司净资本管理办法》[6]规定,信托公司净资本不得低于2亿元,净资本与风险资本的比值不小于100%,净资本不得低于资产的40%。[7]

(三)《关于信托公司风险监管的指导意见》

《关于信托公司风险监管的指导意见》[8](下称《信托监管指导意见》)要求,"推进风险处置市场化"。"探索抵押物处置、债务重组、外部接盘等审慎稳妥的市场化处置方式……充分运用向担保人追偿、寻求司法解决等手段保护投资人合法权益。"[9]《信托监管指导意见》提到诸多应对信托问题的措施、办法,其中包括:"投资人不得违规汇集他人资金购买信托产品"[10];"坚持私募标准,不得向不特定客户发送产品信息。"[11]"准确划分投资人群,坚持把合适的产品卖给合

---

[1]《金融违法行为处罚办法》第28条。
[2] 马丽娟、王汀汀:《大资管时代中国的中国信托》,首都经济贸易大学出版社2014年版,第103页。
[3]《信托公司管理办法》第2条。
[4] 耶鲁大学金融博士,上海交通大学高级金融学院副院长。
[5] 朱宁:"刚性泡沫有待化解",载《财经》2016年2月22日,第113页。
[6] 银监会令2010年第5号。
[7]《信托公司净资本管理办法》第15条、第16条。
[8] 银监办发〔2014〕99号。
[9]《信托监管指导意见》第2条。
[10]《信托监管指导意见》第2条。
[11]《信托监管指导意见》第2条。

适的对象。"[1]但这些措施实际上是空洞的口号,操作性甚小。内容口号化是我国证券法的部门规章的一大特点。

(四) 银监会与证监会

信托公司是类证券公司金融机构,但证券公司由证监会监管,而信托公司则由银监会监管。商业银行和信托公司强大,其监管机构势必也很强大。监管机构与被监管机构在很多方面就是一个共同体,互通有无,人员有双向流动。

信托公司与证券公司经常争抢业务。证券公司开展集合资产管理计划业务,信托公司就也要做集合资金信托计划业务。在此争斗中,信托公司得到了银监会的庇护和强力支持。与证券公司相比,信托公司受到的约束更小。证监会制定了很多关于证券公司的部门规章,信托公司也从事很多证券业务,但银监会很少对此加以限制。

信托公司上市与否也遭遇银(监会)与证(监会)之间的监管之争,尽管银监会对此予以大力支持,但证监会却迟迟不肯答应。[2]银监会与证监会通常是井水不犯河水,至少表面上相安无事。但在信托公司上市的问题上,暴露了两家监管机构之间的矛盾。通常是银(监会)进证(监会)退,是银监会蚕食证监会的管辖范围:资产证券化业务如此,金融期货业务也是如此。但就信托公司上市而言,银监会终于碰壁:尽管银监会辖有银行间债券市场这样的另类证券市场,企业可以挂牌上市的沪深交易所却仍然牢牢掌握在证监会的手中,企业在沪深交易所上市,仍然必须由证监会批准。信托公司上市也证明了注册制难以取代核准制。注册制的核心是企业可以自主上市,无需经过政府部门的批准。核准制的要害是,企业上市必须得到监管部门和企业主管部门的批准。信托公司上市不仅需要得到证监会的批准,而且首先必须得到其主管部门银监会的批准或支持。

(五) 中国基金业协会

中国基金业协会的监管手段之一是公布异常机构名单,列入该名单的原因包括:未按期提交经审计年度财务报告。中基协公布异常机构名单,"一旦私募基金管理人作为异常机构公示,即使整改完毕,至少6个月后才能恢复正常机构公示状态"。[3]《未提交2015年度经审计年度财务报告的私募基金管理人已列入异常机

---

[1]《信托监管指导意见》第2条。

[2] 杨卓卿、胡飞军:"四家信托谋曲线上市,热情高涨前途难料",载 http://trust.hexun.com/2016-06-15/184396355.html,访问日期:2017年7月5日。

[3] 载 http://www.amac.org.cn/xhdt/zxdt/390863.shtml,访问日期:2016年7月27日。

构名单》中包括四家信托公司。[1]但四家信托公司已经公布了相关材料,未向中基协披露或许是信托公司的无心之过,[2]但也难辞其咎。

金融机构披露是向公众披露,同时必须另行向包括自律组织在内的监管部门披露。信托公司公开披露材料之后,仍然必须向其监管部门披露。信托公司没有及时向中基协披露有关材料,披露意识不强,对中基协也不够尊重。与证监会对证券公司的监管相比,银监会对信托公司的监管相对宽松。

(六) 中国信托业协会

中国信托业协会(China Trustee Association)是信托公司的自律组织,于2005年5月成立,是全国性信托业自律组织,是经银监会同意并在民政部登记注册的非营利性社会团体法人,接受银监会和民政部的指导、监督和管理。[3]但中国信托业协会并没有法律赋予的自律组织地位,否则信托公司作为私募基金管理人或许不必受制于证监会领导的中基协。

中国信托业协会联合13家信托公司,设立了中国信托业保障基金有限责任公司(China Trust Protection Fund Co., Ltd, 简称"信托保障基金公司")。信托保障基金公司是经国务院同意,银监会批准设立的金融机构,2015年1月16日获得营业执照,注册资本为115亿元人民币。信托保障基金公司的经营范围包括:受托管理保障基金;参与托管和关闭清算信托公司;通过融资、注资方式向信托公司提供流动性支持;收购受托经营信托公司的固有财产和信托财产,并进行管理、投资和处理;同业拆借、同业借款和向其他金融机构融资,经批准发行金融债券;买卖政府债券、中央银行债券(票据)、金融债券和货币市场基金。[4]

(七) 中国信托登记有限责任公司

2016年2月21日,中国信托登记有限责任公司("中信登")(Chian Trust Registration Corporation Limited)揭牌。中信登注册地在上海自由贸易区,股东成员包括中央国债登记结算有限责任公司、中国信托业协会、中国信托业保障基金有限责任公司以及18家信托公司。根据中国银监会批复,[5]中信登可以经营以下业务:①集合信托计划发行公示;②信托产品信息及其信托受益权登记,包括

---

[1] 载 www.amac.org.cn/xhdt/zxdt/390863.shtml,访问日期:2016年7月27日。

[2] 李亦欣:"4家信托公司被列入私募基金管理人异常机构,部分公司仍不知情",载《证券日报》2016年7月22日,第2B版。

[3] 载 www.xtxh.net/xixh/aboutus/index.htm,访问日期:2016年3月20日。

[4] 载 www.cptf.com.cn/html/aboutsummary/,访问日期:2016年3月20日。

[5] 《中国银监会关于中国信托登记有限责任公司开业的批复》(银监复[2016]410号)。

预登记、初始登记、更正登记等；③信托产品发行、交易、转让、结算等服务；④信托受益权账户的设立和管理；⑤信托产品及其权益的估值、评价、查询、咨询等相关服务；⑥信托产品权属纠纷的查询和举证；⑦提供其他不需要办理法定权属登记的信托财产的登记服务。

中信登注册资本 30 亿元人民币。中央国债登记结算有限责任公司应缴出资 15.3 亿元，出资比例 26.5%；中国信托业协会应缴出资 0.1 亿元，出资比例 3%；中国信托业保障基金有限责任公司应缴出资 0.6 亿元，出资比例 30%。中信信托有限责任公司、重庆国际信托股份有限公司、上海国际信托有限公司应缴出资 1 亿元，出资比例 5%。

第十七章

适当性规则

一、概要

适当性的有关规则主要适用于金融机构向客户推荐产品，要求金融机构和交易所了解自己的客户，向客户推荐或出售适合客户的证券产品。适当性的核心是向合格投资者出售证券产品。大部分机构投资者和部分自然人投资者被视为合格投资者，有足够的金融知识识别风险，选择适合自己的金融产品进行投资，而且有能力承受损失。但合格投资者概念引入我国后，其范围不断扩大，既包括法人，也包括自然人，甚至还包括特定金融产品（例如，类似准证券投资基金的集合资产管理计划）。

适当性的有关规则由证券监管部门或自律组织制定，内容见于部门规章或自律组织的规则中，不能作为投资者通过诉讼索赔的法律依据。而投资者没有诉权的规则，难免流于形式。按照美国的判例法，适当性原则或规则是反欺诈条款第10（b）条的从属部分，原告仍然必须证明存在因果关系中的"合理依赖"。

表面上看，适当性规则是为了保护投资者，至少是保护不成熟和不富有的投资者，使其远离高风险的金融产品。但实际上，适当性经常成为金融机构设计和出售高风险金融产品的理由：既然投资者有能力识别风险，有能力承受投资风险，金融机构就可以出售高风险金融产品。事实上，证券监管机构和自律组织就新推出的金融产品发布规则，几乎都有适当性规定。

二、法律法规

1. 《证券期货投资者适当性管理办法》（证监会令第130号，2016年）

2. 《关于建立金融期货投资者适当性制度的规定》（证监会公告［2013］32号）
3. 《公司债券发行与交易管理办法》（证监会令第113号，2015年）
4. 《私募投资基金监督管理暂行办法》（证监会令第105号，2014年）
5. 《上海证券交易所投资者适当性管理办法》（2017年修订）
6. 《上海证券交易所港股通投资者适当性管理指引》（2017年修订）
7. 《深圳证券交易所创业板市场投资者适当性管理实施办法》[1]

三、适当性制度的属性、目的及实质

适当性规则源于美国，引入我国后上升到适当性制度。证券监管机构制定部门规章，适当性规则经常是必备内容。适当性规则频繁出现，默示理由似乎是：只要有适当性制度，就可以推出高风险产品、高风险交易方式或高风险交易场所，投资者就可以得到适当保护。

（一）将适当的产品销售给适当的投资者

证监会2016年发布了《证券期货投资者适当性管理办法》[2]（以下简称《适当性管理办法》）。该规定第3条规定：

> 向投资者销售证券期货产品或者提供证券期货服务的机构（以下简称经营机构）应当遵守法律、行政法规、本办法及其他有关规定，在销售产品或者提供服务的过程中，勤勉尽责，审慎履职，全面了解投资者情况，深入调查分析产品或者服务信息，科学有效评估，充分揭示风险，基于投资者的不同风险承受能力以及产品或者服务的不同风险等级等因素，提出明确的适当性匹配意见，将适当性的产品或者服务销售或者提供给适合的投资者，并对违法违规行为承担法律责任。

上述定义充满各种词藻，但核心内容是："将适当性的产品或者服务销售或者提供给适合的投资者，并对违法违规行为承担法律责任。"证券法的很多规则就是虚实结合，以虚为主。

《适当性管理办法》第4条规定：

"投资者应当在了解产品或者服务情况，听取经营机构适当性意见的基础上，

---

[1] 载 http://www.szse.cn/main/disclosure/bsgg/，访问日期：2014年10月4日。
[2] 证监会令第130号。

根据自身能力审慎决策,独立承担投资风险。

经营机构的适当性匹配意见不表明其对产品或者服务的风险和收益做出实质性判断或者保证。"

适当性制度的定义还散见于证监会和其他监管机构发布的部门规章中。证监会2013年发布了《关于建立金融期货投资者适当性制度的规定》[1](以下简称《适当性规定》)。该规定第2条规定:

"本规定所称金融期货投资者适当性制度(以下简称投资者适当性制度),是指根据金融期货产品的特征和风险特性,区别投资的产品认知水平和风险承受能力,选择适当的投资者审慎参与金融期货交易,并建立与之相适应的监管制度安排。"

《适当性规定》第5条明确规定:"中金所应当根据'将适当的产品销售给适当投资者'的核心原则,从投资者的经济实力、金融期货产品认知能力、投资经历等方面,制定投资者适当性制度的具体标准和实施指引,并报中国证监会备案。"

银监会发布了《银行业金融机构衍生产品交易业务管理暂行办法》。该办法第31条规定:

"银行类金融机构应当制定评估交易对手适当性的相关政策:包括评估交易对手是否充分了解合约的条款以及履行合约的责任,识别拟进行的衍生交易是否符合交易对手本身从事衍生交易目的。在履行本条要求时,银行业金融机构可以根据诚实信用原则合理地依赖交易对手提供的正式书面文件。"

中证协发布了《证券公司柜台市场管理办法(试行)》。该办法第4条要求证券公司"建立投资者适当性管理制度,做好投资者准入、投资者教育等工作,不得诱导投资者参与与其风险承受能力不相适应的交易"。

(二)适当性制度的实质

《适当性规定》第1条表示,建立金融期货投资者适当性制度的目的是,"保护投资者的合法权益,保障金融期货市场平稳、规范和健康运行……"但从内容和效果来看,适当性制度帮助金融机构免责,无助于"保护投资者的合法权益",

---

[1] 证监会公告[2013]32号。

无助于"保障金融期货市场平稳、规范和健康运行"。

1. 要害是"买卖自负"

《适当性规定》第 9 条规定:"投资者应当遵循'买卖自负'的原则,承担金融期货交易的履约责任,不得以不符合投资者适当性标准为由拒绝承担金融期货交易履约责任。"投资者"买卖自负"是适当性规定的实质。《上海证券交易所港股通投资者适当性管理指引》也有类似规定:"投资者应当配合提供有关评估的证明材料,并对其真实性、合法性负责。"[1]

说到底,适当性规则还是有利于出售金融产品的金融机构。适当性规则是要求金融机构了解自己的客户,但结果还是投资者自己了解自己的产品。自然人投资者有可能富有,但并不一定成熟。

《适当性规定》要求中金所"……制定投资者适当性制度的具体标准和实施指引……"[2]但《适当性规定》又要求:"自然人投资者应当全面评估自身的经济实力、产品认知能力、风险控制能力、生理及心理承受能力,审慎决定是否参加金融期货交易。"[3]法人必须"对自身的内部控制和风险管理能力进行客观评估,审慎决定是否参与金融期货交易"。[4]此处的法人应当是指机构投资者。

《银行业金融机构衍生产品交易业务管理暂行办法》第 31 条规定:"银行类金融机构应当制定评估交易对手适当性的相关政策……在履行本条要求时,银行业金融机构可以根据诚实信用原则合理地依赖交易对手提供的正式书面文件。"

2. 金融机构免责的理由

但凡我国证券市场引入新的交易方法或交易品种,总有投资者适当性规定,名义上是要防范风险,保护投资者利益。证监会 2015 年发布《股票期权交易试点管理办法》[5],引入了做市商制度[6],允许证券公司从事股票期权经纪业务、

---

〔1〕《上海证券交易所港股通投资者适当性管理指引》第 5 条。

〔2〕《适当性规定》第 5 条。中国证券业协会 2014 年发布的《证券公司柜台市场管理办法(试行)》(载 http://www.sa.net.cn/flgz/zlgz/201408/t20140819_ 101873.html,访问日期:2015 年 1 月 28 日)也规定,证券公司应当"建立投资者适当性管理制度,做好投资者准入、投资者教育等工作,不得诱导投资者参与与其风险承受能力不相适应的交易"。《证券公司柜台市场管理办法(试行)》第 4 条。

〔3〕《适当性规定》第 8 条。

〔4〕《适当性规定》第 8 条。

〔5〕证监会令第 112 号。

〔6〕《股票期权交易试点管理办法》第 8 条。

自营业务和做市业务以及相关的证券现货经纪业务。[1]《股票期权交易试点管理办法》也要求实行投资者适当性制度,由证券交易所制定具体标准和实施指引。[2] 投资者适当性规定名为保护投资者,但要害还是投资者自己承担风险。《股票期权交易试点管理办法》规定:"投资者参与股票期权交易,应当对股票期权产品及市场环境的变化自主承担风险。"[3]

3. 我国法院判例

2015 年,在被告为中国农业银行股份有限公司徐州铜上支行的金融委托理财合同纠纷案[4]中,徐州市云龙区人民法院讨论了适当的推介义务。该案投资者为个体工商户。

原告称,被告知道原告需求,但"未按原告的要求投资类别和方向进行选择"。原告指称,"被告违背诚实信用原则,违反适当的推介义务的原则……"

法官指出了金融机构出售金融产品时,履行受信义务的具体标准。法官指出:

"本院认为:基金销售机构在销售基金和相关产品的过程中,应当坚持投资人利益优先原则,注重根据投资人的风险承受能力销售不同风险等级的产品,把合适的产品销售给合适的基金投资人。"

"应当坚持投资人利益优先原则"是受信义务的要求,但法官并没有使用受信义务一词,也没有说明其观点的依据。该标准甚至高于原告所提出的适当的推介义务标准。

法官仍然按照适当推介的标准做出判决,认定:"本案中,被告在向原告销售基金产品前对原告风险承受能力进行了调查和评估,原告购买的涉案基金与原告的风险承担能力评估结果相匹配。"法官只是强调原告是合格投资者,而且填表核实并同意相关内容。法官以此为理由,驳回了原告的主张。换言之,出售金融产品的金融机构要求投资者填表,而所填的内容符合要求,金融机构便符合了合适推介的要求。

我国法院通常不引用行政机构的部门规章作为其判决意见的依据,但经常反映了相关内容。"原告作为经风险评估过的合格投资人,应对自己的投资行为承

---

[1] 《股票期权交易试点管理办法》第 7 条。
[2] 《股票期权交易试点管理办法》第 11 条。
[3] 《股票期权交易试点管理办法》第 11 条。
[4] 详见(2015)云商初字第 1060 号。

担风险……"

4. 适当性规则的误区

适当性规则引入我国之后，由规则上升到制度，变为推出高风险金融产品、高风险交易方式或交易场所的正当理由。2013年，证监会专门制定了《关于建立金融期货投资者适当性制度的规定》。自律组织也制定了适当性规则，其中包括《上海证券交易所投资者适当性管理办法》，《上海证券交易所港股通投资者适当性管理指引》[1]和《深圳证券交易所创业板市场投资者适当性管理实施办法》[2]。

金融机构推荐金融产品，在规制方面所涉及的内容包括：充分披露；分析利益冲突；了解产品；适当性；以及客户的成熟性。以上内容有重叠部分：充分披露、了解产品和客户的成熟性都属于适当性规则的内容。

（三）适当性规则与受信义务

适当性规则与推荐金融产品联系在一起。金融产品并非人们日常生活中的必需品，而且投资者垂涎金融产品的高回报，但也惧怕金融产品的高风险。所以出售金融产品比较困难，销售此类产品的机构和人员必须进取性销售，强调潜在收益，忽略潜在风险。

金融机构推荐产品时通常对其客户负有两种义务：注意义务与受信义务（见第十三章、第十四章）。而适当性规则是介于两者之间的义务。但适当性规则经常流于形式，并不能够对金融机构产生实质性约束。

（四）适当性规则与市场欺诈理论

按照美国的市场欺诈（fraud on the market）理论，投资者买卖在证券交易所挂牌交易的股票，索赔时并不需要证明自己合理依赖了发行人所提供的信息。市场欺诈理论所适用的情形是，投资者在股票市场买卖证券，并没有发生人对人的交易。相反，适当性规则所适用的情形是，证券公司或其他金融机构向其客户推荐股票或其他金融产品。

（五）形式重于实质[3]

上海证券交易所对合格投资者进行备案，要求证券公司根据上海证券交易所关于债券市场投资者适当性的资质条件，确认经纪客户的资质条件，并将账户资料报该所备案。

---

[1] 上证发［2014］60号。
[2] 载 http://www.szse.cn/main/disclosure/bsgg，访问日期：2014年10月4日。
[3] 《上海证券交易所债券质押式回购交易业务指引》（上证发［2015］27号）第11条。

从投资者的立场看，适当性的致命弱点是，适当性规则不能作为投资者索赔的依据。从美国的司法实践看，适当性规则的实际作用非常有限，法院将适当性规则作为反欺诈条款第10（b）节的附属内容，要求原告证明相同的要件。美国法院的判例显示，适当性规则并没有提高投资者胜诉的机会。就投资者诉讼索赔而言，适当性并不能够取代合理依赖这一难以逾越的障碍（见本章第六部分）。

《适当性规定》为部门规章，难以成为中国法院判决的依据，但可以成为自律机构和自律组织处罚决定的依据。《适当性规定》第12条规定："期货公司违反投资者适当性制度要求，未能执行相关内控、合规制度的，中国证监会及其派出机构依据相关法律法规的规定，采取监管措施；情节严重的，根据《期货交易管理条例》第六十七条进行处罚。期货公司违反投资者适当性制度要求的，中金所、中期所应当根据业务规则和自律规则对其进行纪律处分。"但《适当性规定》并没有在实质上提高对金融机构的要求。

四、普通投资者与专业投资者

《适当性管理办法》区分了普通投资者与专业投资者。第7条规定："投资者分为普通投资者与专业投资者。普通投资者在信息告知、风险警示、适当性匹配等方面享有特别保护。"

《适当性管理办法》第8条规定，符合下列条件之一的是专业投资者：

（一）经有关金融监管部门批准设立的金融机构，包括证券公司、期货公司、基金管理公司及其子公司、商业银行、保险公司、信托公司、财务公司等；经行业协会备案或者登记的证券公司子公司、期货公司子公司、私募基金管理人。

（二）上述机构面向投资者发行的理财产品，包括但不限于证券公司资产管理产品、基金管理公司及其子公司产品、期货公司资产管理产品、银行理财产品、保险产品、信托产品、经行业协会备案的私募基金。

（三）社会保障基金、企业年金等养老基金，慈善基金等社会公益基金，合格境外机构投资者（QFII）、人民币合格境外机构投资者（RQFII）。

（四）同时符合下列条件的法人或者其他组织：

1. 最近1年末净资产不低于2000万元；

2. 最近1年末金融资产不低于1000万元；

3. 具有2年以上证券、基金、期货、黄金、外汇等投资经历。

（五）同时符合下列条件的自然人：

1. 金融资产不低于500万元，或者最近3年个人年均收入不低于50万元；

2. 具有2年以上证券、基金、期货、黄金、外汇等投资经历，或者具有2年以上金融产品设计、投资、风险管理及相关工作经历，或者属于本条第（一）项规定的专业投资者的高级管理人员、获得职业资格认证的从事金融相关业务的注册会计师和律师。

前款所称金融资产，是指银行存款、股票、债券、基金份额、资产管理计划、银行理财产品、信托计划、保险产品、期货及其他衍生产品等。

专业投资者之外的投资者为普通投资者。[1]

五、合格投资者

适当性规则的要旨是，金融机构必须将金融产品卖给具有识别风险和承受风险能力的客户，而合格投资者通常被视为有风险识别能力和承受能力的投资者。因此，合格投资者的界定十分重要。根据美国法院的判例，只是假定合格投资者为成熟投资者（见本章第六部分）。

（一）机构投资者

监管机构就不同金融产品对合格机构投资者做了不同的界定，但内容大同小异。不同监管机构使用的术语不同，但其含义大致相同。

公司债券。《公司债券发行与交易管理办法》[2]规定，合格投资者包括经有关金融监管部门批准设立的金融机构，如证券公司、基金管理公司及其子公司、期货公司、商业银行、保险公司和信托公司等，经基金业协会登记的私募基金管理人，以及合格境外机构投资者（QFII）、人民币合格境外机构投资者（RQFII）。

银行间债券市场债券。《合格机构投资者进入银行间债市备案管理细则》[3]规定，备案材料包括说明"管理人和托管人具有健全的公司治理结构、完善的内部控制、风险管理机制"的内容[4]。

私募基金。《基金法》第87条规定，合格投资者是指达到规定资产规模或者收入水平，并且具备相应的风险识别能力和风险承担能力、其基金份额认购金额不低

---

[1]《适当性管理办法》第10条。
[2] 证监会令第113号，2015年。
[3] 中国人民银行上海总部公告［2016］第1号。
[4]《合格机构投资者进入银行间债市备案管理细则》第4条第2项。

于规定限额的单位和个人。《私募投资基金监督管理暂行办法》规定，投资者必须是机构投资者或有一定经济实力的自然人。[1]

(二) 单位法人

《公司债券发行与交易管理办法》规定，合格机构投资者包括净资产不低于人民币1000万元的企事业单位法人、合伙企业；经中国证监会认可的其他合格资产者。[2] 就上海证券交易所挂牌的资产证券化产品而言，合格投资者包括"其他净资产不低于1000万元的单位"。[3] 深圳证券交易所也有类似规定，但将"单位"一词改为"非金融机构"。[4]

《私募投资基金监督管理暂行办法》第12条则规定：

"私募基金的合格投资者是指具备相应风险识别能力和风险承受担力，投资于单只私募基金的金额不低于100万元且符合下列相关标准的单位和个人：

(一) 净资产不低于1000万元的单位……"

上证所规定，就投资平安银行1号小额消费贷款资产支持证券而言，非金融机构法人的净资产必须不低于100万元。[5]

(三) 合格个人投资者

监管机构部门规章和自律组织所界定的个人合格投资者主要分为三类：①投资达到一定金额的投资者；②资产达到一定金额的投资者；③收入达到一定金额的投资者。

1. 投资达到一定金额

《私募投资基金监督管理暂行办法》第12条规定：

---

[1]《私募投资基金监督管理暂行办法》第13条又规定，下列投资者视为合格投资者：①社会保障基金、企业年金等养老基金，慈善基金等社会公益基金；②依法设立并在基金业协会备案的投资计划；③投资于所管理私募基金的私募基金管理人及其从业人员；④中国证监会规定的其他投资者。《私募投资基金监督管理暂行办法》第13条还规定，如果涉及投资于所管理私募基金的私募基金管理人及其从业人员，"以合伙企业、契约等非法人形式，通过汇集多数投资者的资金直接或者间接投资于私募基金的，私募基金管理人或者私募基金销售机构应当穿透核查最终投资者是否为合格投资者，并合并计算投资者人数"。

[2]《公司债券发行与交易管理办法》第14条。

[3]《上海证券交易所资产证券化业务指引》第14条第6项。

[4]《深圳证券交易所资产证券化业务指引》第24条第6项。

[5]《关于平安银行1号小额消费贷款资产支持证券交易有关事项的通知》(上证法[2014]38号) 第2条第3项。

"私募基金的合格投资者是指具备相应风险识别能力和风险承担能力，投资于单只私募基金的金额不低于 100 万元且符合下列相关标准的单位和个人：

……

（二）金融资产不低于 300 万元或者最近三年个人年均收入不低于 50 万元的个人。

前款所称金融资产包括银行存款、股票、债券、基金份额、资产管理计划、银行理财产品、信托计划、保险产品、期货权益等。"

对于私募基金来说，如果募集对象不是合格投资者，基金管理人募集资金的行为就可能构成非法吸收公众存款。

2. 金融资产达到一定金额

《上海证券交易所港股通投资者适当性管理指引》规定，投资者为通过上海证券交易所买卖港股，"以该投资者名义开立的证券账户及资金账户内的资产在申请权限开通前 20 个交易日日均不低于人民币 50 万元，其中不包括该投资通过融资融券融入的资金和证券"。[1]《公司债券发行与交易管理办法》规定，投资者就公司债券进行交易，个人投资者名下金融资产[2]不低于人民币 300 万元。[3]

金融资产的价值有主观性和多变性。市场整体大幅下跌，金融资产也会大幅减值。更重要的是，难以核实金融资产是否确实是投资者本人所拥有的，还是他人临时置于其名下的。

3. 个人收入达到一定金额

《私募投资基金监督管理暂行办法》第 12 条规定：

"私募基金的合格投资者是指具备相应风险识别能力和风险承担能力，投资于单只私募基金的金额不低于 100 万元且符合下列相关标准的单位和个人：

……

（二）金融资产不低于 300 万元或者最近三年个人年均收入不低于 50 万元的

---

[1]《上海证券交易所港股通投资者适当性管理指引》第 6 条。

[2] 金融资产包括银行存款、股票、债券、基金份额、资产管理计划、银行理财产品、信托计划、保险产品、期货权益等；理财产品、合伙企业拟将主要资产投向单一债券，需要穿透核查最终投资者是否为合格投资者，并合并计算投资者人数，具体标准由基金业协会规定。《公司债券发行与交易管理办法》第 14 条。

[3]《公司债券发行与交易管理办法》第 14 条。

个人。

前款所称金融资产包括银行存款、股票、债券、基金份额、资产管理计划、银行理财产品、信托计划、保险产品、期货权益等。"

认真研读后便会发现，个人收入只是合格个人投资者的选择性条件。按照第12条，金融机构可以选择以个人资产作为合格个人投资者的条件。第12条的格式也欠妥。保护中小投资者是证券监管机构保护投资者工作的重要内容，而中小投资者中大多是个人投资者。所以应当有关于合格个人投资者条件的单独条款。

我国商业银行发放住房贷款要求借款人提供收入证明，很多外国领馆也要求向其申请的中华人民共和国公民提供收入证明。证监会不可能不知道收入对合格投资者的重要性。应当以个人收入作为个人合格投资者的标准。但如果采纳这一标准，我国合格投资者的人数就会大量减少。毕竟，我国的人均收入并不高，无法满足金融机构对客户的需求（否则机构没有必要放宽对合格个人投资者的要求，监管机构的很多规定反映了金融机构的要求）。

美国有关于法定资信合格投资者的规定，要求投资者的年收入达到一定比例。年收入的造假难度比较大，违法的现象也就比较少。

4. 美国的标准

美国证交会制定的规则506要求，只要发行对象是①"资信合格"（accredited）投资者，而且②非合格投资者的人数不超过35人，无论发行证券的金额多少，都可以是非公开发行。投资人是否资信合格，主要是看财富的多少。规则501（a）规定，净资产100万美元，或近两年收入20万美元（或夫妻合计30万美元），本年度可以合理预期其收入。

对此，美国学界的批评是："投资者可以是'合格'的，但对金融事项愚不可及，他可以购买证券，并不妨碍发行符合规则506的要求。因此，发行人能够找到百位容易轻信他人的百万富翁，就可以从每位富翁处融得无限制的金额，同时仍然具有规则506下的'非公开'性。"[1]

5. 证券监管机构的处罚

由上海证监局2016年3月25日做出的《中国证券监督管理委员会上海监管局行政处罚决定书》（[2016] 3号），是第一份向非合格投资者出售私募基金份额的处罚决定。上海证监局在处罚决定书中指出，《私募投资基金监督管理暂行

---

[1] Steven L. Emanuel, *Corporations*, Beijing: Citic Publishing House, 2003, p.585.

办法》第 12 条规定,"私募基金的合格投资者是指具备相应风险识别能力和风险承担能力,投资于单只私募基金的金额不低于 100 万元且符合下列相关标准的单位和个人……"

上海证监局认定,投资人实缴出资金额共人民币 30 万元整,投资于单只私募基金低于 100 万元,销售方为私募基金的普通合伙人喆麟基金的关联企业。上海证监局认定,此举违反了《私募投资基金监督管理暂行办法》第 11 条"私募基金应当向合格投资者募集"的规定。上海证监局决定:对喆麟基金责令改正,给予警告,并处罚 3 万元;对直接负责的两位主管给予警告,并分别处罚 3 万元。

但此类处罚过少、过轻,难以起到威慑作用。此外,上海证监局还认为该案涉嫌非法集资犯罪,已将相关线索通报公安机关。[1] 换言之,该案涉及的不仅仅是违反合格投资者的规定,而是涉嫌刑事犯罪,涉及更加严重的问题。如果此案不涉嫌刑事责任,上海证监局是否仍然会如此认真,就另当别论。更重要的是,同上文所述,以投资私募基金的金额来界定个人合格投资者,有其无法克服的内在缺陷。

(四) 金融产品

《公司债券与交易管理办法》规定,经基金业协会登记的私募基金管理人面向投资者发行的理财产品,包括但不限于证券公司资产管理产品、基金及基金子公司产品、期货公司资产管理产品、银行理财产品、保险产品、信托产品以及经基金业协会备案的私募基金。《上海证券交易所资产证券化业务指引》以及《深圳证券交易所资产证券化业务指引》中也有类似的规定。[2]

非法人类合格机构投资者包括:证券投资基金、银行理财产品、信托计划等。保险产品,经基金业协会备案的私募投资基金,住房公积金,社会保障基金,企业年金,慈善基金等,参照非法人类合格机构投资管理。非法人类合格机构投资者中,经行业自律组织登记的私募基金管理人,其净资产不低于 1000 万元。[3]

《公司债券发行与交易管理办法》第 14 条规定,"本法所称合格投资者,应当具备相应的风险识别和承担能力,知悉并自行承担公司债券的投资风险……"按照常理,只有自然人或法人才有这种识别能力。金融产品有承受损失的能力,但如何有判断能力,令人费解,制定规则的监管机构也没有做出解释。

---

[1] 载 www.sac.net.cn/tzzyd/zxsd/wqbh/w201604/t20160412-127462html,访问日期:2016 年 8 月 2 日。

[2]《深圳证券交易所资产证券化业务指引》第 24 条第(1)、(2)款,《上海证券交易所资产证券化业务指引》第 14 条第(2)、(2)款。

[3] 中国人民银行公告〔2016〕第 8 号。

（五）兜底条款

我国的法律法规常有所谓的"兜底条款"，允许国务院或其下属的行政部门在相关的法律法规制定之后，再另行规定新的内容。上行下效，证券交易所也沾染了这种风气，制定合格投资者规定时也是如此。[1]

六、美国的适当性规则

（一）适当性规则

1. 了解你的证券

美国适当性规则由"了解你的证券"规则发展而来。了解你的证券（Know Your Security），是指金融机构必须了解有关发行人的可靠最新信息，了解相关证券的特点，否则向客户推荐相关证券或为客户交易相关证券就缺乏依据，证交会有权追究其责任。[2]证交会要求，"投资顾问的客户通常得到个性化的意见，基于客户的经济情况和投资目标"。[3]美国最高法院以及若干联邦巡回法院支持了证交会的做法。[4]在"了解你的证券"义务的基础上，美国证券行业自律组织推出了适当性规则，其主要内容为：①"了解自己的客户"，即了解客户的成熟性、投资目的和风险承受能力；②经纪人向客户推荐证券的前提是，如果客户披露了任何有关其经济状况和需求的任何事实，则经纪人"应当有理由相信，有关推荐适合此类客户"。[5]

2. 适当性与受信义务

美国的适当性规则是一种折中。证券交易中，金融机构作为投资顾问向投资者推荐证券或为投资者买卖证券，金融机构就向投资者负有受信责任，必须以投资者的最大利益为重。但如果金融机构作为经纪人向投资者推荐证券，通常只适

---

[1]《上海证券交易所债券质押式协议回购交易业务指引》（上证发〔2015〕27号）第10条第4项。

[2] Thomas Lee Hazen, *Securities Regulation: Cases and Materials*, 8th ed., West, 2009, p.1089; Merrill Lynch, Pierce, Fenner & Smith, Inc. and Ex. Act Rel. No. 14149 (Nov. 9, 1977).

[3] Status of Investment Advisor Programs Under the Investment Company Act of 1940, 62 Fed. Reg. 15, 098, 15, 102 (Mar. 31, 1997).

[4] Dirks v. SEC, 463 U.S. 646 (1983). Hanly v. SEC, 415 F. 2d 589 (2d Cir. 1969).

[5] 美国全国证券交易商协会2090规则。NASD Rule 2310. 全国证券交易商协会2090规则适用于股权证券和某些债务证券，但并不适用于市政证券。市政债券适用市政证券规则制定委员会（Municipal Securities Rulemaking Board）G-19规则。美国适当性规则也是令出多门，分别由不同的自我监管组织制定。

用注意义务,对金融机构的约束力较小,投资者据此索赔也比较困难。在受信义务与注意义务之间,又出现了适当性责任。就其内容而言,适当性规则似乎接近受信义务的要求。

美国《投资公司法》规定,投资顾问对投资者承担受信义务。[1]美国最高法院在其判例中又认定,《投资顾问法》[2]要求投资顾问对投资者负有受信义务。[3]受信义务[4]是指"为他人利益而行事的义务,自己的利益必须服从他人的利益。受信义务是法律所要求的责任中最高的,适用于受托人和监护人等"。[5]我国《信托法》将"受信义务"定义为,受托人应当"为受益人的最大利益处理信托事务"。[6]我国没有关于投资顾问的专门法律,只有证监会制定的一个部门规章《证券投资顾问业务暂行规定》[7](以下简称《投资顾问规定》),仅针对证券公司证券的投资咨询业务,适用范围非常窄。《证券投资顾问规定》对提供投资建议的金融机构也有严格要求,比如第16条要求:"证券投资顾问向客户提供投资建议,应当具有合理的依据。投资建议的依据包括证券研究报告或者基于证券研究报告、理论模型以及分析方法形成的投资分析意见等。"

但美国适当性规则并不要求金融机构将客户的利益置于自己的利益之上。按照美国的适当性规则,"经纪人必须了解自己的客户",即,了解客户的成熟性、投资目的和风险承受能力。而且经纪人向客户推荐证券的前提是,如果客户披露了任何有关其经济状况和需求的任何事实后,则经纪人"应当有理由相信,推荐适合此类客户"。[8]中国的《适当性规定》也规定,"……应当根据'将适当的产品销售给适当投资者'的核心原则,从投资者的经济实力、金融期货产品认知能力、投资经历等方面,制定投资者适当性制度的具体标准和实施指引……"[9]

(二) 克雷米银行诉亚历克斯、布朗和儿子案判决意见

美国的适当性规则也并不是由立法机构制定的法定规则,其不能成为美国判决的法律依据。在克雷米银行诉亚历克斯、布朗和儿子案(下称"克雷米银行

---

[1] The Investment Act, §36 (b), 15 U.S.C. §80a-35 (b).
[2] The Investment Advisers Act, 15 U.S.C. §80-1 et seq.
[3] Lowe v. SEC, 472 U.S. 181.
[4] 英文"fiduciary duty"。
[5] Henry Campbelll Black, *Black's Law Dictionary*, St. Paul: West Publishing Co., 1990, p.625.
[6] 《信托法》第25条。
[7] 证监会公告 [2010] 27号。
[8] 美国全国证券交易商协会2090规则。
[9] 《适当性规定》第5条。

案")判决意见[1]中,法官将适当性规则作为反欺诈条款第10(b)条的附属部分,适用同样的因果关系要件。法官认定,就证明要件而言,适当性规则等同于《证券交易法》第10(b)节,原告必须证明自己合理依赖了被告的虚假陈述。投资人是否能够合理依赖被告,取决于投资人的成熟性。克雷米银行是成熟投资者,不能合理依赖被告的陈述。[2]

1. 事由

金融机构向克雷米银行出售担保抵押证券(collateralized mortgage obligation 或CMO)。CMO是一种资产证券化产品,原告买入后先获利,后亏损。克雷米银行指称,被告出售CMO时有虚假陈述,并就此通过诉讼索赔。

2. 适当性规则从属反欺诈条款

在克雷米银行案判决意见中,法官认定,适当性属于反欺诈范畴,适用《证券交易法》第10(b)节。为此,法官援引了其他巡回法院的判例。第二巡回法院的立场是,依据第10(b)节提出的适当性欺诈主张,是"第10(b)节欺诈主张的从属内容",第十巡回法院将适当性等同于"误导或未能披露重大事实"。[3]第十巡回上诉法院也认可了一类独特的适当性主张,此类主张因经纪人虚假购买股票而出现,"经纪人控制了投资者的账户"。[4]

第10(b)节适用于所有欺诈行为,可以"一网打尽"各种欺诈行为。[5]内幕交易和操纵等行为均被视为违反第10(b)节的欺诈行为。第10(b)节的具体规定是:

"任何人直接或间接地使用州际商务或邮件的方式方法,或直接或间接地使用任何全国证券交易所的设施……在购买或出售任何证券方面……有任何操纵或欺骗做法,违反证交会为保护公共利益或保护投资者而必要或适宜制定的规则或规定,属于违法。"

---

[1] Banca Cremi v. Alex. Brown & Sons, 132 F. 3d 1017 (4th Cir. 1997).

[2] 法官的原话是:"因为银行的适当性主张是银行第10(b)条主张的从属部分,本院的结论是,该主张因同样的原因而不能成立:缺乏合理依赖。银行充分掌握关于CMO风险的信息,所以不能合理依赖相关证券是适当投资的建议。" Banca Cremi v. Alex. Brown & Sons, 132 F. 3d 1017 (4th Cir. 1997).

[3] O'Connor v. R. F. Lafferty & Co., 965 F. 2d 893, 898 (10th Cir. 1992).

[4] O'Connor v. R. F. Lafferty & Co., 965 F. 2d 893, 898 (10th Cir. 1992).

[5] David L. Ratner and Thomas Lee Hazen, *Securities Regulation-Cases and Materials*, 5th ed., West Group, 1991, p. 471.

证交会制定的"必要或适宜"的规则是 10b-5 规则。该规则将以下行为定为非法：

"在购买或出售任何证券方面，（a）为欺诈而使用任何手段、计划或伎俩，（b）就重大事实做出不实陈述或在该陈述中遗漏鉴于陈述的具体情况为避免误导而必须陈述的重大实事，（c）从事任何行为、做法或商业活动，对任何人构成或将会构成欺诈或欺骗。"[1]

3. 合理依赖

（1）适用第 10（b）条的因果关系

如果适用第 10（b）条，因果关系要件多达八项。投资者是否有理由依赖证券公司，取决于以下因素：①原告在金融和证券方面的成熟度和专门知识；②是否存在长期的业务关系或个人关系；③是否能够获得相关信息；④是否存在信托关系；⑤是否掩盖欺诈；⑥发现欺诈的机会如何；⑦交易是否由原告发起或加快；⑧虚假陈述具有普遍性还是特殊性。法官是在扩大其自由裁量权，以便其可以随心所欲地做出判决。如果一个判例标准中的要件较少，则通常对作为被告的金融机构不利。比如，证交会诉豪伊公司案[2]只有四项要件，美国法院审理相关案件时，通常判金融机构败诉。相反，标准的要件一多，法官的回旋余地便大大增加，通常对作为被告的金融机构有利。

（2）适用附属于第 10（b）条的适当性规则的因果关系

如果适用附属于第 10（b）条的适当性规则，则因果关系的要件由八项减少到五项：①所购买的证券不适合买方的需要；②被告知道或有理由相信有关证券不适合买方的需要；③即便存在以上因素，被告仍然向买方推荐或为买方购买了不适合的证券；④被告就证券的适当性做虚假陈述，并且有主观故意（或对买方有责任，但却未能披露重大信息）；⑤买方合理依赖了被告的欺诈行为，并因此而受损失。省去的三项要件是第 10（b）条因果关系要件中的②③和④，分别涉及：存在长期业务关系或个人关系；是否获得相关信息；是否存在受信关系。但"合理依赖"要件仍然存在。合理依赖是投资者通过诉讼索赔的拦路虎，但凡美国法官提到合理依赖，投资者胜诉的可能性就非常渺茫。尽管省略了"受信义务"这一要件，但认定是否存在"合理依赖"时，仍然要考虑被告是否有受信义

---

[1] 17 CFR § 240.10b.

[2] SEC v. W. J. Howey Co., 328 U.S. 293.

务，因为被告有受信义务，就很难认定原告依赖被告所提供的信息是不合理的。

(3) 成熟投资者

根据克雷米银行案判例，投资者依据附加适当性的第 10（b）条起诉，必须证明因果关系的五项要件，其中第一项是"所购证券不适合购买者的需要"。克雷米银行案中法官就认定："鉴于克雷米银行的成熟性，必须假定克雷米银行知道，如果利率上升，就会出现很大的'资本风险'，不符合克雷米银行所提出的（投资）目的。"换言之，克雷米银行不能合理依赖经纪人对金融产品的陈述。[1]

4. 成熟投资者

(1) 机构投资者

法官在克雷米银行案判决意见中提出，机构投资者等同于成熟投资者，是一种"结论性的假定"（compelling presumption）。[2]假定都是可以反驳的，原告并不承认这一假定。所以克雷米案判决意见中，法官一一分析了相关事实，说明克雷米银行不仅是假定的成熟投资者，而且事实上就是成熟投资者。

法官的推理逻辑：克雷米银行是机构投资者，有了解市场的专门团队，应当也确实了解 CMO 这样的金融产品，因此不能被视为合理依赖了经纪人推荐该产品时所做的陈述。克雷米银行购买 CMO 前反复研究过该产品，所以并没有依赖证券公司所提供的信息。此外，克雷米银行是在离岸地设立的公司，很难主张自己不是成熟投资者：在离岸地设立公司，就是为了隐瞒重要信息，[3]是一种成熟的表现。克雷米银行案中法官并没有明示该立场，但在判决意见的事实部分中专门提到离岸地，应当反映出法官的一种意向。

---

［1］ 克雷米银行案中，投资者对投资产品同时有若干相互矛盾的需要："①产品对资本的风险低；②流动性高；③持有时间短（通常为 90~180 天）；以及④可以合理期待好收益。"这就如同择偶标准，既要对方才貌双全，又要对方忠贞不渝。这就比较矛盾：才貌双全，就很难做到忠贞不渝。如果是单一需求，就比较容易把握。所以克雷米银行案中，法官最后认定，监管投资者提出了多种需求，但追求"好收益"是其真实需求。

［2］ "…［Of C. Edward Fletcher, Sophisticated Investors Under the Federal Securities Laws, 1988 Duke L. J. 1081, 1149~53（审查衡量个人投资者是否成熟的各种因素后得出的结论为，'结论性的假定'所有机构投资者是成熟的］。但机构投资者相关因素是说明银行成熟性的有力支持。银行的资产是 50 亿美元，无疑非常富有。此外，尽管银行的投资选择或许并不明智，但其投资经历非同寻常，远超过成熟的个人投资者。银行作为一个业务实体，显然有业务背景，其工作人员因其业务专业知识而受雇于银行，经济和金融方面所受教育和工作经历广泛。" Banca Cremi v. Alex. Brown & Sons, 132 F. 3d 1017（4th Cir. 1997）.

［3］ Special Report, "Off Shore Finance", *The Economist*, February 16, 2013, p. 5.

(2) 个人投资者

克雷米银行案判例规则仅适用于机构投资者,涉及个人投资者时另当别论。"如果投资者是个人,法院考虑若干因素,以确定投资者是否成熟,相关因素包括:'财富、年龄、所受教育、专业地位、投资经验和业务背景'(Myers, 950 F. 2d at 168)。"〔1〕

美国涉及个人投资者的适当性诉讼案少之又少,究其原因,是由于适当性不能单独成为投资者提起诉讼的法律依据。另一个原因是,证券公司或其他金融机构向个人投资者提供服务,通常会签订格式合同,所约定的内容包括,双方通过仲裁解决任何争议(见第二十一章)。机构投资者通常是强势投资者,可以讨价还价。相对而言,证券公司或其他机构投资者更为强势,无须接受格式合同,也无须接受以仲裁作为解决争议的途径。相反,个人投资者则是弱势方,通常只能接受格式合同,接受以仲裁作为解决争议的途径。但美国机构投资者的适当性诉讼案也很少。美国金融机构很少通过诉讼解决其争端,华尔街金融机构之间几乎从不通过诉讼解决他们之间的争端。这些金融机构甚至不通过仲裁解决其争端,而是主要在私下解决。

5. "加价"与受信义务

投资银行或其他金融机构向其客户出售证券产品,可以通过收取佣金获利,也可以通过加价(markup)的方式获得利润和报酬。按照美国的判例法,代理关系也可以产生受信关系。因此,如果证券公司收取佣金,就可能被认定存在代理关系,从而产生受信关系。按照美国联邦第五巡回法院的判例,"代理与主体之间的关系是受信关系"。〔2〕但如果证券公司只是一般经纪人,完全按照客户的指令买卖证券,则并不产生受信义务。〔3〕如果是买卖常见的上市公司的股票,并不会有太多的争议,若是为客户买卖复杂的证券产品,则有可能引起争议,所以投资银行愿意选择作为平等主体向客户出售或购买证券产品,以避免适用受信责任。为了避免出现代理关系,证券公司或其他金融机构尽量作为主体与其客户进行交易。正是因为如此,本案中被告通过加价方式获利。

具体加价是否合理,视个案具体情况而定,但全美证券交易商协会理事会所

---

〔1〕 Banca Cremi v. Alex. Brown & Sons, 132 F. 3d 1017 (4th Cir. 1997).

〔2〕 Magnum Corp. v. Lehman Bros. Kuhn Loeb, Inc., 794 F. 2d 198, 200 (5th Cir. 1986).

〔3〕 如果是"'投资顾问'不包括(一个)经纪人-交易商或其代理,如果其(提供投资顾问服务)完全是作为经纪人-交易商的业务行为的附带,而且没有就此获得特殊报酬"[Md. Code Ann., Corps. & Ass'ns §11-1-1 (h) (2) (iv)]。

确立的一般性指导方针是，5%的加价是合理的。[1]在克雷米银行案中，法官认定：只有隐性收费过高时，经纪人才需要向投资人披露有关收费金额的信息。[2]

6. 投资顾问与经纪人

在某些情况下，投资顾问与经纪人之间难以区分。在克雷米银行案中，经纪公司的雇员埃普利斯与其客户之间的业务持续了两年多的时间，并且向客户推荐了复杂的金融产品衍生品。但法官特别说明，就业务时间而言，该雇员与客户有两年的业务关系，但其间先后为两家金融机构工作。但就该案诉讼而言，时间应当只限于为被告工作的时间。换言之，认定金融机构是投资顾问还是经纪人时，法院会考虑金融机构与投资者之间关系的时间长短以及关系的密切程度。

克雷米银行案中，因为男女私情不清，是否存在受信关系更加难以确定。投资银行销售 CMO 的雇员与克雷米银行负责购买 CMO 的雇员之间，有男女两性关系。利用色相出售产品的做法由来已久，美国的证券行业也不例外。但克雷米银行案中的法官认为男女关系不上大雅之堂。原告若有似无地提及此事，法官不能视而不见，但并未正面回应，只是在注解中加以批驳。[3]

7. 大势使然

按照克雷米银行案判例，即便被告有虚假陈述并因此而给原告造成损失，如果原告没有合理依赖被告的虚假陈述，原告仍然不能胜诉。但这种法律推理差强人意，没有涉及被告是否误导原告的问题。所以法官指出，无论被告是否有虚假陈述的问题，都不是原告受到损失的原因。CMO 价格下跌，是因为市场整体下挫，是大势使然。而市场整体下挫，是由于利息上调的宏观政策所造成的。[4]不仅如此，市场整体下跌前，原告买卖获得了很高的利润。原告类似于被告，也是通过短期交易获利的机构。

---

[1] 3C Harold S. Bloomenthal, *Securities and Federal Corporate Law*, App. 12. 13 (April. 1, 1992).

[2] Banca Cremi v. Alex. Brown & Sons, 132 F. 3d 1017 (4th Cir. 1997).

[3] 判决意见的原话是这样的："银行拐弯抹角，含沙射影，但显然是要说布恩泰罗与埃普利斯有两性关系，而且埃普利斯和亚历克斯·布朗利用了这一关系。本院首先指出，对于庸俗关系，言情小说是可以说说非说的，但上诉律师辩论意见书不是平装本言情小说；如果银行拐弯抹角是有所指的话，本院希望银行能够直说。本案记录中没有任何证据支持银行的暗示，更没有证据显示所暗示的关系对布恩泰罗的业务决策产生了任何作用，因此本院认为，银行觉得有必要损害对方和其员工的声誉，令人感到遗憾。"

[4] "银行通过收益图表知道，如果利率上升，逆向浮息证的收益就会大大下降，平均到期日则会大大延长。鉴于银行有此成熟性，可以假定银行当时就知道，如果利率上升，将会有很大的'资本风险'，违背其言明的目标。"

判决必须依据法律和事实做出，但在很大程度上取决于法官个人的价值取向。美国法官判案，有很大的自由裁量权。在法院判决意见中，法官通常并不能直言其内心的真实原因，但通常会间接地表达自己的心声。在克雷米银行案判决意见中，法官论述了资产证券化生产的结构以及生产流程，并表示出衷心的赞赏："CMO将提前付款的风险集中于某类证券，以便减少其他证券中所存在的风险。CMO这样做，旨在使得住房投资抵押贷款对机构投资者更加具有吸引力，同时增加住房抵押贷款二级市场的流通性，减少客户购房成本。"显然，法官倾心于资本市场，倾心于资产证券化产品，倾心于CMO。既然CMO是一个好东西，销售CMO的银行难有过错。法官还提到，原告买入CMO之初曾经将其转手卖出获益。

但法官又提到，1994年初，美联储提高利息，年内"CMO市场实际上崩溃"。在法官看来，原告的亏损是因为CMO的市场发生变化，是大势使然，而非上当受骗。但为了审慎起见，法官只是以很窄的法律理由做出判决。[1]

8. 既决判决

法官做出克雷米银行案既决判决，驳回原告的诉讼请求。既决判决（summary judgment）是当事方提出动议，要求法院做出判决，因为不存在重大事实争议，只涉及法律问题。既决判决通常是在原告举证完毕或双方举证完毕后由被告提出。按照既决判决的规则，原告也可以提出动议，要求法官做出有利于原告的既决判决，但现实中这种情况很少。民事索赔诉讼中，举证责任在原告；而证券索赔诉讼中，原告通常难以完成举证责任，必须寄希望于更加同情原告的陪审团。法官做出既决判决通常是驳回原告的诉讼请求。既决判决的要害是不经陪审团审判，由法官做出判决。如果由陪审团判定事实，通常不利于被告，有损出售证券产品的金融机构的形象，有损资本市场的形象。资本市场是个讲大局的地方，小我必须服从大我——大我就是维持资本市场的现有秩序。

但既决判决有其负面影响。诉讼是一种特殊形式的公开对话或讨论，危机之后的重大诉讼尤其如此。美国法官扼杀庭审，这场公开讨论或对话也就无法开展。

---

[1] CMO所提供的流通性是暂时的。这就与法官所倾心的资产证券化产品有矛盾之处。CMO只是延缓了住房抵押贷款的矛盾，但并不能从根本上解决问题，最终反而加剧了危机。判决书的事实部分有助于我们了解2008年金融危机的成因。亚力克斯案中的CMO与金融危机中的CMO一脉相承。既然CMO已经全面失败过一次，华尔街应当完全清楚其中的奥妙，金融危机并不是华尔街的无心之过。

七、结论

适当性规则似是而非，表面上似乎对投资者有利，但实际上并无有效帮助。中国的适当性规则的内容本身已经将责任转移给了投资者，而美国的判例显示，适当性规则并没有降低适用反欺诈条款的门槛。适当性规则大多是文字游戏，实际意义非常有限。

金融机构和监管机构都热衷于鼓吹创新。金融机构以创新为名，行去监管化之实，监管机构乐于网开一面，或迫于金融机构压力，或试图扩大自己的监管范围。但真正的创造性很少，适当性原则的过度使用便是一例。我国从美国引进了适当性概念之后到处使用，有滥用之嫌。

第十八章

证券服务机构

一、概要

我国《证券法》明确提到五类证券服务机构：投资咨询机构、财务顾问机构、资信评级机构、资产评估机构和会计师事务所，[1]默示提到律师事务所[2]。资产评估机构的作用相对较小：资产评估受制于其他很多因素，很多资产价值多少，很大程度上取决于会计准则（由会计师判断）和法律上的权属关系（由律师判断）。就证券服务业务而言，会计师事务所、资信评级机构和律师事务所这三类服务机构最为重要。

投资咨询和投资顾问可以由专门的机构提供，即经常由证券公司提供，所以证券公司也是重要的证券服务机构。或许，证券公司才是最重要的证券服务机构：证券服务业务中，会计师、评级师和律师都听从证券公司的指挥。正因为证券公司如此重要，我国《证券法》第六章专门规定有关证券公司的内容。

会计师事务所与评级机构的功能有异曲同工之处：两者都是作为专业机构为企业或其他实体发行证券提供背书。不同之处是，会计师事务所主要是就发行股权类证券为发行人的财务状况背书，而评级机构则是就债券类证券的发行人提供背书。在资产证券化业务中，评级机构对资产进行评级。

---

[1]《证券法》第169条。

[2]《证券法》第173条明确提到制作法律意见书的"勤勉尽职"标准以及相关的法律责任，法律意见书由律师事务所制作，律师事务所当然也就应当被视为证券服务机构。

二、法律法规

1. 《中华人民共和国注册会计师法》（中华人民共和国主席令第 14 号，2014 年修正）
2. 《证券市场资信评级业务管理暂行办法》（证监会令第 50 号，2007 年发布）
3. 《关于信贷资产证券化基础资产池信息披露有关事项的公告》（人民银行公告〔2007〕第 16 号）
4. 《会计师事务所服务收费管理办法》（发改价格〔2010〕196 号）
5. 《中外合作会计师事务所本土化转制方案》（财会〔2012〕8 号）
6. 《最高人民法院关于审理涉及会计师事务所在审计业务活动中民事侵权赔偿案件的若干规定》（法释〔2007〕12 号）
7. 《律师事务所从事证券法律业务管理办法》（证监会、司法部令〔2007〕41 号）
8. 《律师事务所证券法律业务执业规则（试行）》（证监会、司法部公告〔2013〕33 号）

三、证券服务机构的法定义务

《证券法》规定，证券机构提供证券服务，有"勤勉尽职"的注意义务，如果没有尽到义务并因此给他人造成损失，则承担过错责任，必须提供连带赔偿。直接负责的主管人员和其他直接责任人也必须承担法律责任。[1]

四、会计师事务所

（一）业务范围

为证券业提供服务的会计师通常是注册会计师（下称"会计师"）。注册会计师是取得注册会计师证书并接受委托从事审计和会计咨询、会计服务业务的执业人员。[2]会计师承办的审计业务包括：①审查企业会计报表，出具审计报告；②验证企业资本，出具验资报告；③办理企业合并、分立、清算事宜中的审计业务，出具有关的报告。[3]

---

〔1〕《证券法》第 173 条、第 223 条。《侵权责任法》第 6 条。
〔2〕《注册会计师法》第 2 条。
〔3〕《注册会计师法》第 14 条。

(二) 会计师义务

1. 对公众负有义务

就上市公司业务而言，美国最高法院认定，注册会计师"对投资公众负有忠诚责任。会计师具有'公众看家狗'的职能，需要始终独立于其客户，绝对不能辜负公众的信任"。[1]大法官大笔一挥，想当然地将会计师定性为一条"义犬"，但这条义犬却服务于两个主人，既要向客户负责，又要向公众负责，结果通常陷会计师于不义：客户利益与公众利益经常是不一致的，会计师难以两全，经常是顾了一边，就顾不了另一边。[2]很多问题也因此而产生，其中一个重大问题就是：假设会计师审计公司财务报表有过错并给他人造成损失，是所有依赖该报表的人都有权索赔，还是必须有所限制？

2. 过错不实陈述规则

会计师若是对所有公众负有义务，则范围过宽，会计师难以承担因此而产生的索赔重负。于是，有的美国下级法院偷梁换柱，缩小了会计师的法律责任。在比利诉阿瑟·杨案中[3]，法官提出了"过错不实陈述规则"（negligent misrepresentation）。按照该规则，如果审计报告有误并给投资者造成损失，投资者可以向会计师事务所索赔，但前提必须是，投资者是"审计报告意指的获益者"（intended beneficiary）。"意指的获益者"的概念替代了"可预见损害"（foreseeable injury）的概念，从而缩小了可以索赔的投资者的范围。

---

[1] "公开报告整体介绍了公司财务状况，独立审计师认可这类公开报告，就担负了公共责任，其范围超出与其客户的雇佣关系。独立注册会计师发挥特殊职能，对公司债权人和股东负有忠诚责任，最终对投资公众负有忠诚责任。会计师具有'公众看家狗'的职能，需要始终独立于其客户，绝对不能辜负公众的信任。" United States v. Arthur Young & Co. (1984) 465 U.S. 805, 817~818.

[2] 美国诉阿瑟·杨案（United States v. Arthur Young & Co）中，美国法院对会计师事务所似乎过于求全责备。财务造假是证券行业普遍存在的问题，国际知名证券公司也有此好，而且证券监管机构对此是姑息养奸。"2015年5月，德意志银行同意向证交会支付5500万美元，就关于2008~2009年银行隐瞒15亿美元的指控达成和解。证交会指出，德意志银行当时的陈述并没有准确反映银行面对的'相当大的风险'。尽管这是德意志银行2015年第二次重大和解，但德意志银行没有承认有过错，没有对任何个人问责，和解金额很小，有位分析师称其'对于德意志银行并无相关性。'" Office of Senator Elizabeth Warren, "Rigged Justice: 2016, How Weak Enforcement Lets Corporate Offenders Off Easy", January 2016, pp. 5~6, 载 http://www.warren.senate.gov/files/documents/rigged_justice.2016.pdf, 访问日期：2016年1月31日。

[3] Bily v. Arthur Young & Co., Supreme Court of California, 3 Cal. 4th 370, 11 Ca. 1. Rptr 2d 51, 834 P. 2d 745, 1992.

3. 利害关系人

2007年，我国最高人民法院发布《关于审理涉及会计师事务所在审计业务活动中民事侵权赔偿案件的若干规定》[1]（下称《审计业务赔偿规定》），规定"利害关系人"具有向会计师事务所索赔的诉讼资格。会计师事务所在审计业务中出具不实报告，[2]利害关系人因此而遭受损失，则利害关系人可以向人民法院提起民事侵权赔偿诉讼。[3]利害关系人是指因合理信赖或者使用会计师事务所出具的不实报告，与被审计单位进行交易或者买卖被审计单位的股票、债券而遭受损失的责任人、法人或其他组织。[4]

不实报告是指"会计师事务所违反法律法规、中国注册会计师协会依法拟定并经国务院财政部门批准后施行的执业准则和规则以及诚信公允的原则，出具的具有虚假记载、误导性陈述或者重大遗漏的审计业务报告"。[5]《审计业务赔偿规定》规定，利害关系人起诉会计师事务所，必须同时起诉审计对象。

（三）审计业务的独立性

"义犬二主"是美国法官强加给会计师的责任，陷会计师于两难的利害关系之中：若是以客户利益为重，就会有损公众利益，但若是以公众利益为重，就会失去客户。这一不可调和的内在矛盾是许多问题的根源。实践中这一问题又因会计师本身造成的利害关系而变得更为复杂：会计师经常既向客户提供审计服务，同时又向同一客户提供咨询业务，其中包括如何避税的咨询业务。如果会计师在审计业务方面过于认真，有错必报，不仅会失去审计业务，而且会失去咨询业务。会计师事务所权衡利害，大多会牺牲审计业务的独立性，以保全其业务。

审计业务的独立性受到诸多因素的影响，其中包括：贷款和担保以及商业关系、家庭和私人关系、与审计客户发生雇佣关系以及与审计客户长期存在业务关系和[6]提供避税的咨询业务。[7]对于这些问题，所谓成熟市场的监管机构也并

---

[1] 法释［2007］12号。

[2] 《注册会计师法》第14条。

[3] 《审计业务赔偿规定》第1条。

[4] 《审计业务赔偿规定》第2条。

[5] 《审计业务赔偿规定》第2条。

[6] 中国注册会计师协会：《审计》，经济科学出版社2014年版，第5页。

[7] 避税是一个法律业务，但跨国公司在卢森堡避税，设计避税安排的大多是四大会计师事务所。四大会计师事务所雇有许多税法律师，提供避税法律服务由来已久。在卢森堡，普华永道（PricewaterhouseCooper）为数百家跨国公司提供了避税方面的法律服务。James Kanternov, "Hundreds of Companies Seen Cutting Tax Bills by Sending Money Through Luxembourg"，载 www.nytimes.com，访问日期：2014年11月6日。

无良策应对。[1]相反，我国则有部门规章规定金融企业不得委托同一中介机构对同一经济行为进行资产评估、审计、会计业务服务。[2]

（四）监管

1. 监管机构

会计师这条义犬有两个主人，而在我国代表主人监管义犬的又至少有两个机构：证监会和财政部。其他国家很少有财政部监管会计行业的。我国的许多重要金融机构由财政部间接持有，所以财政部势必牢牢掌握会计业务的监管大权：会计准则和会计业务直接影响到资产的价值，也直接影响到金融机构的资产价值。2015年，财政部发布了《商品期货套期业务会计处理暂行规定》。

会计师事务所是收入比较高的证券服务机构，树大招风，除财政部和证监会，其他政府部门也很愿意监管会计师事务所。比如，发改委发布《会计师事务所服务收费管理办法》，规制会计师事务所的收费。作为行业自律组织，证券交易所也可以被授权对会计师事务所进行监督管理。例如，证监会授权证券交易所对面临退市的上市公司财务报告被出具非标准无保留审计意见进行调查处理。[3]

2. 工作底稿

审计过程中，工作底稿（working paper）"提供了审计工作实际执行情况的记录，并形成会计报告的基础。审计工作底稿也可以用于质量控制复核、监督会计师事务所对审计准则遵循情况以及第三方的检查。在会计师事务所因执业质量而涉及诉讼或有关机构进行执业质量检查时，审计工作底稿能够提供证据，证明会计师事务所是否按照《中国注册会计师审计准则》的规定执行了审计工作"。[4]

3. 保密规定

根据《关于加强在境外发行证券与上市相关保密和档案管理工作的规定》，中国境内企业到境外上市，适用《中华人民共和国证券法》《中华人民共和国保

---

[1] 美国监管当局曾经考虑强制上市公司定期轮换会计师事务所。但在四大会计师事务所的游说之下，2013年7月美国众议院通过决议，禁止美国监管机构采取此类措施。之后，英国竞争委员会做出妥协，对在英国挂牌公司中的前350家公司提出要求，规定这些公司每5年必须通过竞标方式聘用会计师事务所。Adam Jones, "UK Regulator Drops Forced Audit Rotation after Big Four Lobbying", *Financial Times*, July 23, 2013, p.13.

[2] 《金融企业国有资产评估监督管理暂行办法》（财政部令第47号，2007年发布）第5条。

[3] 《关于授权证券交易所对面临退市的上市公司财务报告被出具非标准无保留审计意见进行调查处理的通知》（证监公司字〔2002〕11号）。

[4] 中国注册会计师协会：《审计》，经济科学出版社2014年版，第98页。

密法》和《中华人民共和国档案法》。[1]境外上市公司是指发行境外上市外资股的境内股份有限公司。[2]境外上市公司必须与中介机构签订保密协议。[3]更重要的是，境外上市公司向有关业内机构和境外监管机构提供涉及国家秘密的信息，应当报政府部门批准。[4]

4. 跨司法辖区监管合作

跨司法辖区监管合作和工作底稿是交织在一起的问题：跨司法辖区监管合作，经常是为了获得会计师事务所的工作底稿，香港证券期货委员会诉安永案[5]便是一例。我国内地一家企业拟在香港上市，安永为其提供审计服务。香港证券期货委员会（下称"证期会"）要求安永提供工作底稿。安永拒不从命，理由是提供工作底稿将违反中国有关保密的法律法规。2014年香港高等法院独审法官做出判决，认定安永应当交出工作底稿。[6]法官在其长达89页的判决意见书中，历数我国的相关法律法规条款，[7]并一一加以评论，从而得出结论：按照我国的相关法律法规，安永交出工作底稿并不违反中国法律。[8]表面上看，香港法官分析详尽，鞭辟入里，貌似公正，但实际上早已先入为主，鄙夷证监会，[9]鄙夷来自内

---

[1]《关于加强在境外发行证券与上市相关保密和档案管理工作的规定》第1条。

[2]《关于加强在境外发行证券与上市相关保密和档案管理工作的规定》第10条。

[3]"境外上市公司与有关证券公司、证券服务机构签订服务协议，应当……对有关证券公司、证券服务机构承担保密义务的范围等事项依法做出明确的约定。"《关于加强在境外发行证券与上市相关保密和档案管理工作的规定》第5条。

[4]"在境外发行证券与上市过程中，境外上市公司向有关证券公司、证券服务机构和境外监管机构提供或者公开披露涉及国家秘密的文件、资料和其他物品的，应当报有审批权限的主管部门批准，并报同级保密行政管理部门备案。"《关于加强在境外发行证券与上市相关保密和档案管理工作的规定》第3条。

[5] The Securities and Futures Commission v. Ernst & Young, HCMP 1818/2012.

[6] The Securities and Futures Commission v. Ernst & Young, HCMP 1818/2012, pp. 87~88.

[7]《合同法》第404条；《注册会计师法》第19条；《档案法》第16条、第18条、第10条和第25条；《关于加强在境外发行证券与上市相关保密和档案管理工作的规定》（证监会公告［2009］29号）第1条、第2条、第6条和第8条；《中外合作会计师事务所本土化转制方案》（财会［2012］8号）第1条和第22条；以及《物权法》第23条。The Securities and Futures Commission v. Ernst & Young, HCMP 1818/2012, pp. 48~69.

[8] The Securities and Futures Commission v. Ernst & Young, HCMP 1818/2012.

[9]"根据本院有的证据，证期会并没有撤回协助请求，从安永提交的材料中并不能清楚知道，证期会为什么需要再次提出请证交会协助的请求。事实上，根据《监管合作备忘录》第7款，中国证监会应当主动提供证期会所需要的信息，以便证期会履行其监管职能。"The Securities and Futures Commission v. Ernst & Young, HCMP 1818/2012, p. 74.

地的教授学者。[1]

无独有偶,美国证交会也要求会计师事务所提供类似的文件。证交会要求德勤(会计师事务所)交出其审计在美国上市的中国公司的相关文件。德勤拒不提交相关文件,理由是中国证监会不允许德勤在中国的子公司向美国证交会提供材料。美国证交会又提出要派人到中国,要求直接调查取证。[2]

5. 抽样检查

审计业务中,会计师事务所不可能对一套财务报表中的交易做100%的核对,因为成本太高,也不可行。审计抽样是对账簿或交易类别做不到100%的核对,以便审计师获得并评估关于某些项目的证据,来判断抽样的总数。"总数"由数字的各个因素所组成。[3]审计抽样的百分比事关会计师事务所的成本,同时也事关审计质量,两者通常成反比。受利益驱动,会计师事务所有偷工减料的,如未对公司的银行存款以及应收款余额进行函证,而且会计师事务所签字的合伙人通常不做业务。[4]

6. 会计师律师事务所的本土化

四大会计师事务所包括普华永道(PricewaterhouseCooper,简称PwC)、德勤(Deloitte)、毕马威(KPMG)和安永(EY)。四大会计师事务所占有全球审计业务市场的2/3。自1998年起,四大会计师事务所与中国当地会计师事务所合办的会计师事务所为我国主要国有银行提供了审计服务和其他会计服务,[5]并为此而设立中外合作会计师事务所,理由是中国会计师事务所能力有限,不能胜任审计四大银行的重任。[6]多年后,我国自己的会计师队伍逐渐成长并壮大,而国际知

---

[1] 法官在判决书中写道:"刘教授没有研究过审计工作底稿的内容,如何能够就保存这些底稿是否'对国家和社会有价值'得出看法呢?"*The Securities and Futures Commission v. Ernst & Young*, HCMP 1818/2012, p. 56.

[2] Carson C. Block, "China's Auditing Train Wreck", *The Wall Street Journal*, May 4~6, 2012, p. 11.

[3] Steven Collings, *Frequently Asked Questions in ISAs*, Cornwall: TJ International Ltd, 2014, p. 172. "审计抽样……是指会计师对具体审计相关性的总体中低于百分之百的项目实施审计程序,使所有抽样单元都有被选取的机会,为注册会计师对整个总体得出结论提供合理基础。"中国注册会计师协会:《审计》,经济科学出版社2014年版,第57页。

[4] 邵好:"南纺造假背后:挥之不去的审计潜规则",载《上海证券报》2014年6月10日,第封3版。

[5] Carl Walter and Fraser Howie, "Beijing's Financial 'Reform' That Wasn't", *The Wall Street Journal*, July 2, 2013, p. 11.

[6] Carl Walter and Fraser Howie, "Beijing's Financial 'Reform' That Wasn't", *The Wall Street Journal*, July 2, 2013, p. 11.

名会计师事务所逐渐暴露了其弱点,安达信会计师事务所因违法违规操作而倒闭便是一例。因此,会计师事务所本土化被提上了日程。2012年财政部印发《中外合作会计师事务所本土化转制方案》,提出了我国的中外合作会计师事务所本土化转制方案。中外合作会计师事务所是指经财政部批准的、由境外会计师事务所与境内会计师事务所在中国境内合作设立的会计师事务所,包括安永华明、毕马威华振、德勤华永和普华永道中天会计师事务所。[1]

(五)交叉请求

在美国,投资者因发行人虚假陈述需要索赔时,从事审计的会计师事务所作为被告,会提出交叉请求,或是成为交叉请求的对象。有会计师事务所向发行人的董事和高管提出补偿请求,[2]也有承销商对会计师事务所提出补偿请求。[3]美国联邦法院已经明文规定,此类赔偿诉讼中,共同被告不得要求补偿,但可以要求共同分摊赔偿,理由是《1993年证券法》有关目的的规定。[4]法院还判定,法院做出判决之前,共同被告提出分摊请求为时过早,不予支持。[5]

五、资信评价机构

(一)资信评级的功用

"资信评级制度起源于美国……资信评级机构是可以对证券发行公司的信誉、财务状况、偿债能力、投资人的投资风险等进行测定评级的机构。"[6]信用最好的级别是"AAA",也称"triple-A",而信用评级为"BBB"的发行人所发行的债券就被称为"垃圾债券"(junk securities)。[7]评级机构不仅对企业评级,而且

---

[1]《中外合作会计师事务所本土化转制方案》第2条。

[2] Laventhol, Krekstein, Horwath & Horwath v. Horwitch, 637 F. 2d 672 (9th Cir. 1980).

[3] Katz v. China Century Dragon Media, Inc., 287 F. R. D. 575 (2012).

[4] 第九巡回法院的理由:"《1933年证券法》将法律责任扩展至承销商以及编制误导陈述的其他各方,其目的是规制性的,而不是补偿性的。《1933年证券法》旨在确保勤勉尽职,震慑懈怠。允许补偿就会削弱上述立法目的。" Laventhol, Krekstein, Horwath & Horwath v. Horwitch, 637 F. 2d 672 (9th Cir. 1980). 第七巡回法院的理由是:"分摊支持证券法的立法政策,补偿则会挫败该政策。在证券方面有过错的一方,不得将责任转嫁给另一方,不得规避损失。如果允许补偿,被认定因违反法定义务而必须承担法律责任的当事方就有可能逃避法律责任,其结果如同拒绝分摊。" Heizer Corp. v. Ross, 601 F. 2d. 330 at 334 (7th Cir. 1979).

[5] Katz v. China Century Dragon Media, Inc., 287 F. R. D. 575 (2012).

[6] 华东政法大学课题组:"证券公司与证券服务机构法律制度完善研究",载黄红元、徐明主编:《证券法苑》(第10卷),法律出版社2014年版,第345页。

[7] Jeffrey J. Haas, *Corporate Finance in A Nutshell*, St. Paul: West, 2011, p. 293.

还进行国别评级，为投资者决策提供依据。[1]

历史上评级机构在证券市场并不引人注目，但随着资产证券化业务的兴起，评级机构的作用日显重要，[2]因为资产证券化产品由评级机构评级。人民银行就要求受托机构在《发行说明书》中披露有关基础资产的信息，由信用评级机构出具《信用评级报告》。[3]此外，上市公司的债务比例增加，也提高了评级机构的重要性。1979年信用级别为AAA的美国公司有61家，但到2010年减少到5家，反映了美国上市公司的高负债率；[4]我国地方政府的债务增加，对评级机构也十分关注。[5]

就证券业务而言，主要由评级机构、会计师事务所以及证券公司的证券分析师和经济学家评价。四者有异曲同工之处。经济学家就宏观经济和行业做出预测。经济学家总能找到投资亮点。分析师就个股建议购入股票（建仓）、继续持有股票（持仓）、售出股票（平仓）或减少所持股票（减仓）。四者也有所不同：分析师和经济学家是证券公司的雇员，而会计师事务所和评级机构则因具体的业务而受雇于发行人。会计师事务所和评级机构是外聘中介服务机构，更有可能给人一种中立的印象。但会计师事务所和评价机构都有利害关系，并不能够保持所谓的独立立场。

现实中评级机构并未能够预测风险：1997年东南亚金融危机爆发之前，评级机构事先并未预测到泰国、印度尼西亚和韩国的货币风险。[6]不仅如此，2008年爆发金融危机，评级机构非但没有预测到这场金融危机，而且此次危机的成因之

---

〔1〕 Alexandra Ourroussoff, *Wall Street at War*, Cambridge: Polity Press, 2010, p. 3.

〔2〕 "自1980年代以来，投资者决策越来越依赖评级。评级机构雇有高水平的统计学家，由其评估公司制造可预测收入增长的能力。公司能够显示有能力创造可预期增长，就能够获得投资评级，也就意味着投资这些公司是安全的。惠誉、标准普尔和穆迪这三家机构在市场中占支配地位。"Alexandra Ourroussoff, *Wall Street at War*, Cambridge: Polity Press, 2010, p. 3.

〔3〕 《信贷资产证券化基础资产池信息披露有关事项公告》（人民银行公告〔2007〕第16号）第5条。

〔4〕 Jeffrey J. Haas, *Corporate Finance in A Nutshell*, St. Paul: West, 2011, p. 293.

〔5〕 杨志锦："一位分析师眼中的评级'江湖'：100份AAA级地方债评级如何出炉"，载《21世纪经济报道》2015年9月8日，第9版。2014年5月底，财政部发布《2014年地方政府债券自发自还试点办法》，上海、北京等10地获准试点自发自还政府债券。广东省通过招标方式确定评级公司，由上海新世纪资信评估投资服务有限公司提供评级服务。于舰："评级机构选定，广东自行发债或跑第一棒"，载《第一财经日报》2014年6月10日，第B1版。

〔6〕 Justin Fox, "Triple-A Trouble", *Time*, March 13, 2008, 载 http://www.time.com，访问日期：2008年6月15日。

一就是评级机构在资产证券化的评级业务中以次充好，误导投资者："评级机构参与欺骗投资者的骗局，评级机构虚增评价，对住房抵押贷款支持的证券和有抵押债务义务做了不当陈述。"〔1〕

(二) 国际评级机构

信用评级在国际上是高度垄断的业务，标准普尔（S&P）、穆迪（Moody）和惠誉（Fitch）这三大评级机构掌握了大部分业务。我国对国际信用评级机构的批评可以概括为以下内容："对主权信用评级存在较大主观性，对中国的评级经不起时间检验；刻意压低中国商业银行评级，增加了这些银行的国际融资资本；对大公司破产和历次金融危机没有做出任何提示，基本丧失了评级机构的预警功能；切断高债国家融资渠道，在欧债危机中落井下石；违反公正原则，涉嫌讹诈和利益操纵；评级程序不合理，涉嫌恶意做空。"〔2〕

(三) 我国的评级机构监管

我国监管机构的立场是慎用评级。银监会就规定，外部评级不能直接作为受信依据；对于重大投资业务，商业银行应以评级为依据；没有内部评级的，必须引用至少两家外部评级机构的评级结果进行比较，并使用评级较低的外部评级。〔3〕

我国的评级业务是典型的重叠监管和碎片监管。1992年国务院发布《关于进一步加强证券市场宏观管理的通知》，正式确立了评价机构在债券发行中的地位。〔4〕我国《证券法》将资信评级机构与投资咨询机构、财务顾问机构、资产评估机构

---

〔1〕"2015年2月，标准普尔与司法部、19个州和哥伦比亚特区达成和解，标准普尔同意支付13.75亿美元。该和解是就以下指控达成的：评级机构参与欺骗投资者的骗局，评级机构虚增评价，对住房抵押贷款支持的证券和有抵押债务义务做了不当陈述——这是2008年金融危机主要成因之一，美国经济因金融危机而损失数十万亿美元。和解不到司法部和各州最初要求的罚款的六分之一。政府不要求标准普尔承认违法，也没有起诉个人。"Office of Senator Elizabeth Warren, "Rigged Justice: 2016, How Weak Enforcement Lets Corporate Offenders Off Easy", January 2016, p. 2, 载 www.warren.senate.gov/files/documents/rigged_ justice.2016.pdf, 访问日期：2016年1月31日。

〔2〕文眼："国际评级机构扮演了什么角色"，载《上海证券报》2015年4月29日，第9版。

〔3〕《关于规范商业银行使用外部信用评级的通知》（银监发［2011］10号）第2条、第4条。

〔4〕国际评价机构深入我国资信评级市场。2006年，穆迪收购中诚信49%股权；2007年，惠誉收购联合资信49%的股权；2008年，标普与上海新世纪开始战略合作。国内较大的评价机构中，只有大公国际拒绝了外资的合资要求。力延霞："四大关键词折射我国信用评级业发展与挑战"，载《参考消息·北京参考》2014年5月21日，第3版。

和会计师事务所归为一类，作为证券服务机构加以规制。[1]1997年，人民银行认可第一批指定的评级机构。之后，证监会和银监会也分别行使监管评级机构的职能。[2]2006年，人民银行发布《信用评级管理指导意见》，对在银行间债券市场和信贷市场从事金融产品信用评级、借款企业信用评级、担保机构信用评级的评级机构进行管理和指导。2007年，证监会发布《证券市场资信评级业务管理暂行办法》[3]，2009年和2012年，中国证券业协会分别发布《证券资信评级行业自律公约》和《证券资信评级机构执业行为准则》。2011年，银监会下发《关于规范商业银行使用外部信用评级的通知》。《信用评级管理指导意见》（人民银行［2006年］95号）使我国的信用评级公司先后得到保监会和发改委的承认。[4]

（四）我国的资信评级机构

我国的五大信用评级公司为：中诚信国际信用评级有限公司［China Chengxin International Credit Rating Co., Ltd.（"CCXI"）］、上海远东资信评估有限公司［Shanghai Far East Credit Ratings Co., Ltd.（"SFE"）］、大公国际资信评估有限公司［Dagong Global Credit Rating Co., Ltd（"Dagong"）］、联合资信评估有限公司［China Lianghe Credit Rating Co., Ltd（"Lianhe"）］和上海新世纪资信评估投资服务有限公司［Shanghai Brilliance Credit Rating and Investors Service Co., Ltd.（"SBCR"）］。评级业务的细分市场中，还有众多的评级公司。[5]

六、律师事务所

律师事务所是重要的证券服务机构，证券市场发展也促进了证券律师事务所

---

〔1〕《证券法》第八章。华东政法大学课题组："证券公司与证券服务机构法律制度完善研究"，载黄红元、徐明主编：《证券法苑》（第10卷），法律出版社2014年版，第134~174页。

〔2〕华东政法大学课题组："证券公司与证券服务机构法律制度完善研究"，载黄红元、徐明主编：《证券法苑》（第10卷），法律出版社2014年版，第345页。

〔3〕该办法第2条规定，资信评级机构从事证券市场评级业务，必须向证监会申请取得证券评级业务许可，评级机构的业务范围为：①证监会核准发行的债券、资产支持证券以及其他固定收益或者债务型结构性融资证券；②在证券交易所上市的债券、资产支持证券以及其他固定收益或者债务型结构性融资证券，国债除外；③上述证券的发行人、上市公司、非上市公众公司、证券公司、证券投资基金管理公司；④证监会规定的其他评级对象。

〔4〕Yoshitaka Kurosawa, *Capital Market and Rating Agencies in Asia*, New York：Nova Publishers, 2012, p. 127.

〔5〕2008年，此类信用评级公司有68家。Yoshitaka Kurosawa, *Capital Market and Rating Agencies in Asia*, New York：Nova Publishers, 2012, p. 127.

的成长壮大。[1]与其他证券服务机构一样,律师事务所在证券服务业务中也必须尽到勤勉尽职义务（或称"注意义务"),否则就必须承担过错责任。但与其他证券服务机构及其从业人员不同,由于其业务性质的不同,律师事务所和律师可以更好地保护自己,避免被追究法律责任。

(一) 证券法律业务

2007年,证监会和司法部联合颁布了《律师事务所从事证券法律业务管理办法》[2](下称《业务管理办法》),其第6条和第7条规定的业务范围是:①出具各种法律意见;②制作相关文件。

为发行人出具法律意见,"律师从国家机关、具有管理公共事务职能的组织、会计师事务所、资产评级机构、资信评级机构、公证机构（以下统称公共机构）直接取得的文书,可以作为出具法律意见的依据……对于不是从公共机构直接取得的文件,经核查和验证后方可作为出具法律意见的依据"。[3]查验的文件可以包括:发行的批准与授权、发行人的主体资格、发行人控股大股东、发行人的设立及股本演变、发行人的业务、发行人的下属企业及主要财产、同业竞争与管理交易、重大债权债务、重大资产变化及收购兼并、发行人股东大会、董事会和监事会的规范运作、发行人的税务和环境保护、募集资金用途以及发行人的诉讼、仲裁或行政处罚等方面的记录、资料和证明,就发行人提供的重要文件的复印件与原件进行核对以及就有关事项向发行人、其主管人员及其他相关人员询证和调查。为履行勤勉尽职和审慎核查的义务,律师事务所采用面谈、书面审查、实地调查、查询、计算和复核。

(二) 工作底稿

同会计师事务所一样,律师事务所也需要保存工作底稿备查。[4]但与会计师事务所不同的是,中外律师事务所都没有因为工作底稿之争而与监管机构相持不下的事例。究其原因,是会计师与律师工作性质的不同使然。就证券业务的尽职

---

[1] 2012年,155家公司成功在中国完成A股首次公开发行上市,44家律师事务所提供法律服务,收入总共为2.59亿元;43家投资银行提供法律服务,收入167亿元;35家会计师事务所提供服务,收入4.19亿元。三家律师事务所便延揽了32.26%的业务,国浩律师事务所20家公司上市,国枫凯文16家公司上市,金杜律师事务所50家上市。张欣然:"律所IPO业务市场小集中度高",载《证券时报》2013年2月26日,第A6版。

[2] 证监会、司法部公告[2007]41号。

[3] 《业务管理办法》第15条。

[4] 《业务管理办法》第19条:"工作底稿由出具法律意见的律师事务所保存,保存期限不得少于7年;中国证监会对保存期限另有规定的,从其规定。"

调查而言，会计师主要是审计发行人的利润和收益，而律师主要审查与发行人有关的权属。对于发行人来说，对权属造假的需要远小于对利润或收益造假的需要。即便存在有关权属的重大不实信息，投资者通过诉讼索赔，也难以证明权属不实信息与投资者损失之间的因果关系。

（三）注意责任

律师从事证券法律业务，必须履行注意义务。证监会就此发布《业务管理办法》和《律师事务所证券法律业务执业规则（试行）》（下称《执业规则》）。《业务管理办法》第 14 条规定，出具法律意见时，应当履行专业人士的特别义务，对其他业务事项履行普通人的注意义务。专业人士的特别义务也是注意义务，只不过是更为严格的注意义务。注意义务是对《证券法》中"勤勉尽职"责任[1]的另一种表述。

《业务管理办法》具体规定了对违法违规律师和律师事务所的处理措施和处罚措施。但此类处理和处罚逐步升级，[2]给了律师和律师事务所充分的缓冲时间。

处理、处罚律师确有难处。从技巧上说，法律是文字游戏，而会计或审计则是数字工作。文字游戏的空间远大于数字游戏。[3]比如，律师经常表示，"经调查，未发现重大问题"。律师只说未发现重大问题，并没有表示不存在问题。[4]《业务管理办法》和《执业规则》力求对此有所限制，但实施起来比较困难。《业

---

[1] 《证券法》第 173 条。

[2] 证监会及其派出机构可责令改正、监管谈话、出具警示函（《业务管理办法》第 31 条）；责令限期整改、暂不受理有关律师、律师事务所出具的法律意见书（《业务管理办法》第 35 条）；行政处罚（《业务管理办法》第 36 条）；司法行政机关可以停止或吊销律师执业证书（《业务管理办法》第 36 条）。

[3] 朱伟一：《走过法律》，法律出版社 2001 年版，第 163 页。

[4] 比如，并购业务中以下措辞经常似是而非，容易产生争议："重大"（materially），"据我们所知"（to the best of our knowledge），"有可能"（could possibly），"没有独立的调查"（without any independent investigation），"除……之外"（except for），"取决于"（subject to），"合理相信"（reasonably believe），"业务正常交易中"（ordinary course of business），"这是我们知道到的"（to which we are aware），"不会产生重大不利影响"（would not have a material adverse effect on），"主要涉及到"（primarily relating to），"实质上所有"（substantially all），"可能"（might）[替代了"将会"（would）]，"完全是"（exclusively），"而不是有可能少于多少美元的主张"（other than claims which may be less than），"并没有收到……的书面通知"（have received no written notice of），"已经尽了我们最大努力"（have used out best efforts to）[或者"做了商业上合理的努力"（commercially reasonable efforts to）]，"努力"（endeavor to）。Andrew J. Sherman and Milledge A. Hart, *Mergers & Acquisitions—From A TO Z*, Second Edition, New York: Amacom, 2006, p. 184.

务管理办法》明确要求,"不得使用'基本符合''未发现'等含糊措辞"。[1]文字稍加变动后仍然可以表达相同的意思。比如,可以说:"根据勤勉调查后掌握的信息,可以就相关问题做出以下判断。"根据《执业规则》,律师必须查证确认发行人的重大违法行为,是否受到有关部门调查,是否受到行政处罚或刑事处罚。[2]

从业律师则认为,从事证券业务确有难处,不应当对其求全责备,因为:

"事实上,拟发行人往往都不同程度地存在违法行为甚至行政处罚,在'重大违法'标准不明的情况下,保荐人、律师等中介机构都不敢贸然凭自己的主观判断来认定,只得要求发行人获得相关行政执法部门的证明;并且,证监会有时明确要求发行人提供环保、税务机构的证明文件,或者在审核实践中不认可中介机构的判断,而或直接或委婉地要求发行人获得行政机关的证明文件。但与此同时,行政机关往往以其没有相应义务或责任(除重污染行业的上市环保审核外),拒绝出具证明文件。因此发行人不得不托关系甚至请客送礼以取得相关行政机关文件,衍生出不正之风甚至违法犯罪行为。"[3]

确实,在证券业务中,发行人处于主导地位,而证券服务机构则处于从属服务地位。证券服务机构可以理清和理顺发行人的某些关系或问题,但不可能从根本上纠正发行人的缺点和错误。可以这样说,证券服务类机构可以为发行人精心梳妆打扮,为其描眉画眼,甚至可以为其革面,但无法使其洗心,无法使其脱胎换骨。正因为如此,《证券法》对发行人规定的是严格责任,而对律师事务所等证券服务机构规定的是过错责任。

(四)英美法系的证券业务法律意见书

英美法系的学者和律师认为,证券业的法律意见书有以下作用:

从法律上确认,发行人确实存在,有权承诺并履行证券发行文件中所规定的义务,当事方或任何相关第三方已经采取了任何必要措施,批准、授权或同意证

---

[1] 《业务管理办法》第21条。

[2] 《执业规则》第27条:"对有关自然人或者法人是否存在重大违法行为,是否受到有关部门调查,是否受到行政处罚或刑事处罚,是否存在重大诉讼或者仲裁等事实的查验,律师应当与有关自然人、法人的主要负责人及有关法人的合规管理等部门负责人进行面谈,并根据情况选取可能涉及的行政机关、司法机构、仲裁机构等公共机构进行查证、确认。"

[3] 郭雳:《证券律师的行业发展与制度规范》,法律出版社2013年版,第131页。

券发行和证券发行文件;这些文件(尤其是包括承销协议)会得到法院支持。[1]

法律意见可以包括以下内容:所发行的证券的特点(Attributes of the Securities Being Issued)、重大合同(Material Contracts)、未决诉讼(Pending Litigation)、税务结果(Tax Consequences)、有披露义务的发行人(Reporting Issuer)、挂牌法律意见(Listing Opinion)、无抵押债券意见(Indenture Opinions)、非公开发行意见(Opinions in Private Placements)、股本历史意见(Historical Share Capital Opinion)[2]以及跨境交易中的冲突法意见(Conflict of Law Opinion in Cross-Border Offerings)。[3]

发行人与承销商都有律师,尽管双方各为其主,但其工作有很多重叠之处。比如,在英美法系的有些司法辖区,发行人的律师和承销商的律师都可以就承销协议的有效性出具法律意见。[4]

---

[1] Wilfred M. Estey, *Legal Opinions in Commercial Transactions*, Ontario: LexisNexis, 2013, p. 535.
[2] 就发行人所发行过的所有证券发表意见,主要涉及发行在外的证券是否已经全额付款,而且无需再增加付款(non-assessable)。此类意见书费时、耗资,承销商只是在公开发行等少数情形下要求律师事务所提供此类意见。Wilfred M. Estey, *Legal Opinions in Commercial Transactions*, Ontario: LexisNexis, 2013, p. 566.
[3] Wilfred M. Estey, *Legal Opinions in Commercial Transactions*, Ontario: LexisNexis, 2013, p. xxv.
[4] Wilfred M. Estey, *Legal Opinions in Commercial Transactions*, Ontario: LexisNexis, 2013, p. 539.

监管与索赔

第十九章

证券监管机构

一、概要

证券监管部门有很大的自由裁量权。美国法学院证券法的教材通常并不以"证券法"冠名,而是称"证券监管"(securities regulation),可见证券市场监管之重要,证券监管机构之重要。我国的证券监管理念和监管机制的设置,对美国模式的经验多有借鉴,至少在形式上是如此。

我国《证券法》明文规定,证券市场实行统一监管,但现实中监管碎片化是长期存在的。中国证券监督管理委员会被视为主要证券监管机构。证券有各种形式,股票最为引人注目,而股票的发行、交易以及上市公司都由证监会监管。但国务院的许多其他部委以及地方政府都有监管证券市场的职能。此外,还有证监会统领的众多自律组织。

证监会是垂直领导体系,各地证监局为证监会的派出机构,不受地方政府节制。但地方政府变相发展自己的证券期货市场并对其实施监管。

二、法律法规

1. 《证券法》
2. 人民银行等《关于促进互联网金融健康发展的指导意见》(银发〔2015〕221号)
3. 《国务院关于同意建立金融监管协调部际联席会议制度的批复》(国函〔2013〕91号)
4. 《国务院关于清理整顿各类交易场所切实防范金融风险的决定》(国发

[2011] 38号)

5.《国务院关于严格控制新设行政许可的通知》(国发[2013] 39号)

6.《最高人民法院关于人民法院为防范化解金融风险和推进金融改革发展提供司法保障的指导意见》(法发[2012] 3号)

7.《基本养老保险基金投资管理办法》(国发[2015] 48号)

8.《行政和解试点实施办法》(证监会令第114号,2015年)

9.《行政和解金管理暂行办法》(证监会、财政部公告[2015] 4号)

三、监管框架

(一) 党中央、国务院

我国证券市场监管的重大方针由党中央、国务院决定。2011年后,中央编办先后批复"一行三会"设立了金融消费投资者保护的专门部门,并制定了相关规章制度,在各自领域履行金融消费投资者保护职能。[1]十部委发布《关于促进互联网金融健康发展的指导意见》(下称《互联网金融指导意见》),专门提到"经党中央、国务院同意,现在提出以下意见"。国务院也直接发文,就证券市场的重大问题直接做出决定。比如,在养老保险基金进入股票市场的问题上,国务院便直接发文做出规定:《国务院关于深化企业职工养老保险制度改革的通知》[2]。2009年,《国务院关于进一步促进中小企业发展的若干意见》[3]中明确提出,"积极发展股权投资基金"。

(二) 统一监管与监管碎片化

《证券法》规定,我国证券市场实行统一监管,[4]但具体工作中,监管是多中心的。《互联网金融指导意见》便明确提出,"分类监管、协同监管、创新监管"。[5]该意见的发文部委多达十家,按其排列顺序为:中国人民银行、工业和信息化部、公安部、财政部、工商总局、法制办、银监会、证监会、保监会、国家互联网信息办公室。证券监管机构有时会共同行动。比如,中国证监会、中国

---

[1] 杨子强:"借鉴国际经验,完善我国金融消费者保护监管制度",载《清华金融评论》2014年第10期。

[2] 国发[1995] 6号。

[3] 国发[2009] 36号。

[4]《证券法》第7条。

[5]《互联网金融指导意见》第二部分。

保监会和中国银监会共同指定披露上市公司信息的报纸。[1]但更多的时候，监管部门各行其是。资产证券化业务就由银监会和证监会分别制定部门规章，适用于各自监管的金融机构所从事的资产证券化业务（见第五章）。监管职权也是一种利益，证券监管机构众多，也是利益均沾的一种表现。

监管碎片化是我国证券监管的常态：国务院证券监管部门林立，地方政府也争相发挥证券监管职能。但证券市场监管碎片化并非我国特有，美国证券市场的监管也是四分五裂，[2]联邦政府相关部门之间，联邦政府与州政府之间，你争我夺，各自为政，相互推诿。可以说，这种情况是中国和美国这样的超大证券市场所不可避免的。证券市场或资本市场巨大，便很难由一家监管机构来监管。在美国，股票市场和期货市场分别由证交会与期交会两家机构分别监管。但股票市场和期货市场无法完全区分开来，两家监管机构之间矛盾不断。我国不存在这个问题，股票市场和期货市场都由证监会监管。监管部门之争在我国的主要表现是，银监会与证监会之间矛盾不断。

监管碎片化也是混业的结果。《证券法》第6条规定："证券业和银行业、信托业、保险业实行分业经营、分业管理，证券公司与银行、信托、保险业务机构分别设立。国家另有规定的除外。"按照这条规定，资本市场分业是常态，混业是例外，但现实中混业并不少见，[3]很难说是一种例外。

（三）国务院证券监管机构

对此，业内外的共识是，证监会是中国证券市场最主要的监管机构，但《证券法》并没有这样的规定。《证券法》只提到"国务院证券监督管理机构"，[4]并没有明确哪些机构为国务院证券监管机构。在证券监管实践中，许多业务由证

---

[1] 由经济日报社主管主办的《证券日报》，《证券日报》刊头，2014年1月6日，第A1页；新华通讯社重点报刊《上海证券报》，《上海证券报》刊头，2014年1月6日，第封一页；新华通讯社主管主办的《中国证券报》，《中国证券报》刊头，2014年1月11日，第A01页；人民日报社主管主办的《证券时报》，《证券时报》刊头2014年1月15日，2014年1月6日，第A1版。

[2] 联邦政府各相关部门重叠监管，五家监管机构是：美联储、联邦储蓄保险公司、证券交易委员会、大宗产品期货交易委员会和货币监管局。5家机构的英文名称分别是：the Federal Reserve, the Feral Deposit Insurance Corporation, Securities and Exchange Commission, the Commodity Futures Trading Commission and the Comptroller of the Currency。

[3] 比如，保险业的安邦集团为成都农商行的控股股东，设有资产管理公司安邦资产管理（香港）公司和安邦资产管理公司。曾炎鑫："揭开保险土豪安邦集团面纱"，载《证券时报》2013年12月16日，第A7版。

[4] 《证券法》第7条。

监会监管,但国务院的许多其他部门也在发挥证券监管职能,也可以被视为证券监管机构。

银监会还引入了"金融监管机构"的概念,指"商业银行接受由国务院银行监督管理机构、国务院保险监督管理机构、国务院证券监督管理机构(以下统称国务院金融监督管理机构)……"[1]"金融监管机构"与《证券法》所规定的"证券监管机构"一词相对。证券监管机构与金融监管机构的最大区别在于:证券监管机构是以证监会为主导的——至少形式上是如此,而金融监管机构则是由银监会主导的。但也说明,证券业务与银行业务已经重叠并兼容。

(四)"一行三会"

从监管实践上看,证券市场或资本市场主要由"一行三会"作为国务院证券监管机构实施监管。[2]"一行三会"为:中国人民银行(下称"人民银行")、中国银行业监督管理委员会(下称"银监会")、中国证券监督管理委员会(下称"证监会")、中国保险监督管理委员会(下称"保监会")。国家外汇管理局(下称"外管局")也是重要的证券监管部门,但外管局是国务院部委管理的国家局,[3]由人民银行管理,所以"一行三会"也包括了外管局。

1. 人民银行

人民银行的主要职能并不是监管。当初人民银行的监管职能分别转给银监会、证监会、保监会,就是为了人民银行能够专心致志地研究、制定和执行货币政策。但货币政策与金融监管紧密联系,货币政策是影响股票价格的重大要素,甚至很多时候是第一要素。[4]货币政策与金融监管之间需要协调。[5]所以人民

---

〔1〕《银监会关于规范商业银行代理销售业务的通知》第一部分。

〔2〕 2013年,经国务院批复,设立了金融协调部际会议制度。联席会议由人民银行牵头,成员单位包括银监会、证监会、保监会、外管局,必要时可邀请发展改革委、财政部等有关部门参加。《国务院关于同意建立金融监管协调部际联席会议制度的批复》(国函〔2013〕91号)第1条。会议协调的内容包括:①货币政策与金融监管之间的协调;②金融政策、法律法规之间的协调;③维护金融稳定和防范化解区域性系统性金融风险的协调;④交叉性金融产品、跨市场金融创新的协调;⑤金融信息共享和金融综合统计体系的协调。《国务院关于同意建立金融监管协调部际联席会议制度的批复》(国函〔2013〕91号)第2条。需要协调的各种系统性矛盾就是监管碎片化所造成的问题。

〔3〕中国日报网:《中国中央部委机构》,奥柏投资顾问有限公司2009年,第16页。

〔4〕 2015年8月25日,人民银行降息降准,释放7000亿流动性,"跌破3000点'双降',比上次4000多点'双降'对股市的刺激效果要好"。孙璐璐:"央行再度双降,释放7000亿流动性",载《证券时报》2015年8月26日,第A1版。

〔5〕《国务院关于同意建立金融监管协调部际联席会议制度的批复》(国函〔2013〕91号)第2条。

银行不仅是证券市场的监管机构,而且名列"一行三会"之首。此外,人民银行是我国金融监管机构之母,[1]"三会"都是从人民银行分离而出的,其中证监会最先成立,但人民银行仍然有监管权。比如,人民银行负责监管企业中期、短期票据的发行。[2]

2. 国家外汇管理局

外管局不仅是金融监管机构,而且也是资产管理部门,截至 2014 年 10 月底管理着我国金额大约为 4 万亿美元的外汇储备,而且在海外也有很大投资。[3]

3. 银监会

银监会监管商业银行和其他银行业金融机构。商业银行和其他银行业金融机构包括:政策性商业银行、中资商业银行、外商独资银行、中外合资银行、农业信用合作社联社、企业集团财务、信托公司、金融租赁公司、金融资产管理公司、金融租赁公司、汽车金融公司、证券公司、保险资产管理公司、外国银行分行以及银监会确定的其他金融机构。[4]

上述机构中,信托公司和金融租赁公司是类证券公司金融机构(见本书第十五章),但并不接受证监会监管。证券监管机构中,证监会和银监会的监管职权重叠最多,因银监会处于强势,大多是银监会蚕食证监会的监管范围。银监会位居"三会"之首,这是因为就资产金额而言,银行业远在证券业或保险业之上。此外,银监会还负责监管信托公司和金融租赁公司,而这两个行业的资产金额已超过了 10 万亿元人民币。金融监管机构靠实力说话,金融监管机构的权力的大

---

[1] 1948 年 12 月 1 日,华北人民政府宣布成立中国人民银行。1949 年,中国人民银行迁至北京,为中华人民共和国国家金融产权的唯一代表并行使金融监管职责。李直、朱忠明、王博林:《中国银行业监管》,中国发展出版社 2015 年版,第 28 页。1992 年 10 月 26 日,国务院证券委员会和中国证券监督管理委员会成立,将证券业的监管职责从中国人民银行分离出来。1998 年 11 月 18 日,中国保险监督管理委员会成立,将保险业的监管职责从中国人民银行分离出来。李直、朱忠明、王博林:《中国银行业监管》,中国发展出版社 2015 年版,第 37 页。2003 年,中国银行业监督管理委员会成立,将银行业监管的主要职责从中国人民银行分离出来,"一行三会"的金融监管体制初步形成。李直、朱忠明、王博林:《中国银行业监管》,中国发展出版社 2015 年版,第 45 页。

[2] Wyynne Wang and Shen Hong, "China Stops Approving Some Sales of Bonds", *The Wall Street Journal*, October 16, 2014, p. 19.

[3] 意大利的菲亚特汽车公司(Fiat Chrysler Automobiles)、意大利电讯(Telecom Italia)、Prysmian 和意大利国际控股的两家能源集团 Eni 和 Enel 都有外汇局的投资,股份大约都是 2%,投资总额为 25 亿欧元。2014 年 10 月,外汇局又收购了意大利 Mediobanca 银行 2%的股份。Daniel Schaefer and Arash Massoudi, "China Bank funds buy stake in Mediobanca", *Financial Times*, October 22, 2014, p. 18.

[4] 《商业银行同业融资管理办法》第 3 条。

小，很大程度上取决于其所监管的行业的实力。监管机构为监管对象行使权力，而监管机构之间则角逐权力。监管机构是被监管对象的"婆婆"，但监管机构也扮演"娘舅"的角色，而且经常是"娘舅"角色重于"婆婆"角色。

4. 证监会

证监会名义上是证券市场最重要的监管机构。这主要是因为股票的发行和交易由证监会监管，与其他形式的证券相比，股票的发行和交易在披露方面受到了更严格的法定要求，所披露的内容最多，因此也更加引人注意。

5. 保监会

保监会在"三会"中位于末座，因为就资产总额和金融业务范围而言，保险公司远不如银行或证券公司。但保险机构深度介入证券投资活动，很多证券监管活动离不开保险机构。[1]

(五) 国务院其他部委

其他具有证券监管职能的机构包括：财政部、发改委和商务部等众多部门。比如，互联网金融交易日益复杂，介入的监管部门日益增加。

财政部深入介入证券市场监管，监管内容包罗万象，其中包括：上市公司股息红利个人所得税减税[2]，制定内控标准[3]，监测金融银行和影子银行的风险[4]。

国家发展改革委员会审批和监管企业债的发行；证监会负责审批和监管公司债的发行。《国家发展改革委办公厅关于进一步规范试点地区股权投资企业发展

---

[1]《中国保险监督管理委员会关于做好清理整顿各类交易场所相关工作的通知》（保监发改[2012] 253号）就要求："参与投资交易场所的保险机构，应上报投资时间、初始投资金额及占比、资金来源、决策及审批情况、投资余额及占比、被投资交易场所基本情况、地方政府对交易所的处理意见。"

[2] 2012年，上市公司股息红利个人所得税减税，由财政部、国家税务总局和证监会联合发文，但财政部在三部门中排第一位。《财政部、国家税务总局、证监会关于实施上市公司股息红利差别化个人所得税有关政策的通知》（财税[2012] 85号）。2005年，上市公司股息红利个人所得税减税，发文部门为财政部和工商总局，证监会甚至不是发文单位。《财政部、国家税务总局关于股息红利个人所得税有关政策的通知》（财税[2005] 102号），《财政部、国家税务总局关于股息红利个人所得税有关政策的补充通知》（财税[2005] 107号）。

[3] 2014年10月10日，财政部发布《我国上市公司2013年实施企业内部控制规范体系情况分析报告》。财政部会计司、证监会会计部、证监会上市部、山东财经大学："我国上市公司2013年实施企业内部控制规范体系情况分析报告"，载《证券时报》2014年10月10日，第A16版。

[4] 2015年3月6日，财政部副部长表示，正在审慎监测金融行业特别是银行的风险。2014年10月至2015年3月，中国商业银行的不良贷款为1.25%，为四年半高点，较年初上升0.25%。路透社："财政部监测影子银行风险"，载《澳门日报》2015年3月7日，第A11版。

和备案管理工作的通知》(下称《股权投资企业备案通知》) 要求资本规模在5亿人民币以上的股权投资企业在发改委备案。中国投资公司这样的主权财富基金有可能被定性为股权投资企业,必须接受发改委的监管。但面对中投公司这样的强势金融机构,监管部门大多退避三舍,敬而远之。《股权投资企业备案通知》便有规定,将中投公司这样的机构排除在该通知的适用范围之外。很多中外行政部门有一个共同特点:遇到弱势主体时,便神气活现,耀武扬威,遇到强势主体时,便退避三舍,敬而远之。

商务部由前对外经济贸易部和前商务部合并而成,继承了两部的监管管辖权力。证券期货监管凡涉及外资的,商务部必定参与监管,而且经常是主要监管部门。比如,针对外资并购境内企业安全问题,商务部发布了《商务部实施外国投资者并购境内企业安全审查制度有关事项的暂行规定》。又比如,针对商品现货市场的非法期货交易活动,由商务部牵头,联合人民银行和证监会发布了《商品现货市场交易特别规定(试行)》。

人力资源和社会保障部会同财政部审查养老基金投资股市的方案。2015年8月,人力资源和社会保障部发布《基本养老保险基金投资管理办法》。该办法规定,各省、自治区、直辖市养老基金余额,预留一定支付费用后,委托给国务院授权的机构进行投资运用。委托投资的资金额度、划出和划归等事项,要向人力资源和社会保障部、财政部报告。[1]

(六) 司法部门

非法集资案件中,司法部门可以独立于证券监管机构进行侦查、起诉和审判。"行政部门未对非法集资做出性质认定的,不影响非法集资刑事案件的侦查、起诉和审判。"[2]

1. 法院

我国法院对证券法的适用和证券监管有很重要的影响。最高人民法院就非法集资和内幕交易等重大问题做出司法解释,填补法律空白。此外,法院时而判证券监管机构败诉,对规范证券监管机构的行为有一定影响。我国法院存在的两大问题是,其与证券监管机构之间的关系过于密切和拒绝受理的民事索赔诉讼请求过多(见第二十一章)。

---

[1]《基本养老保险基金投资管理办法》第3条。
[2]《关于办理非法集资刑事案件适用法律若干问题的意见》第1条。

(1) 法院与监管部门之间的关系

深圳监管局与深圳中级人民法院、人民银行深圳中心支行、深圳公安局签署了备忘。〔1〕监管机构与法院签署的备忘录似有争议。根据我国《宪法》，法院应当是独立审判机构，证监会及其证监局是行政部门，而且不适合成为法院审理的行政诉讼的诉讼一方。证监局与法院签署监管备忘录，似乎有损法院独立公正的形象，也有损法院的尊严。

(2) 法院过于谨慎

最高人民法院2012年发布《关于人民法院为防范化解金融风险和推进金融改革发展提供司法保障的指导意见》，明确要求法院"对于法律、行政法规没有规定或者规定不明确的，应当遵循商事交易的特点、理念和惯例……充分听取金融监管机构的意见，不宜以法律法规没有明确规定为由，简单否定金融创新成果的合法性……"〔2〕

(3) 拒绝受理案件过多

我国法院拒绝受理案件过多，相关分析见关于民事索赔的第二十一章。

2. 检察院

我国检察院也过多地介入证券监管，"金融检察"已经成为一个专有名词。〔3〕中国检察学会金融专业还设有金融专业委员会。上海市人民检察院开此风气之先，率先成立金融检察专业办案部门，并制定相关内部规定，〔4〕每年发布金融白皮书，对证券监管做出贡献。最高人民检察院还就未公开信息交易案发布指导性案例。〔5〕

美国检察官深度介入证券执法，对普通的证券监管机构是一个补充和制衡。2014年，芝加哥美国联邦检察官办公室设立了一个部门，专门负责证券和大宗产品期货的欺诈案。〔6〕与我国的金融检察相比，美国联邦检察官的这一办公室更为专门化，定点打击证券期货业务中的违法违规活动。但总体上说，美国证券期货

---

〔1〕 刘伟："深圳证监局寻求监管合力"，载《上海证券报》2014年10月20日，第2版。

〔2〕 《关于人民法院为防范化解金融风险和推进金融改革发展提供司法保障的指导意见》第4条。

〔3〕 关仕新："金融检察构筑资本市场法治盾牌"，载《检察日报》2013年9月12日，第3版。

〔4〕 《上海检察机关金融检察工作规定（试行）》。陈旭主编：《金融警察年刊》，上海交通大学出版社2013年版，第427~429页。

〔5〕 检例第24号。

〔6〕 Gregory Meyer and Neil Munshi, "Chicago Prosecutor Gets Tough on Spoofing", *Financial Times*, October 9, 2014, p.1.

业检察官执法是失败的。美国证券市场制度性问题层出不穷,各种危机不断发生,其本身就说明检察官执法是一个失败,没有能够遏制违法违规行为的泛滥。美国检察官的具体问题是,执法过轻,追究公司的刑事责任多,追究公司高管个人的刑事责任少。

(七) 省级人民政府

我国《证券法》规定,证券市场实行统一监管。既然如此,证券市场的监管应当由国务院及其下属的证券监管机构统一号令。但在现实证券监管格局中,国务院证券监管机构与地方金融监管部门之间是一种博弈关系,尤其是证监会与省级人民政府之间的关系微妙。

1. 指导与协调

2012年开展的清理整顿各类交易场所活动[1]由省级人民政府具体负责进行,国务院监管机构统筹协调、督促和指导[2]。2015年,证监会对股权众筹进行专项检查,[3]由证监会各证监局组织实施,[4]对当地省级人民政府只是进行通报,[5]在专项检查中扮演配合角色,处于次要地位。两项活动中,同样由证监会和省级人民政府联合操办,但两者的角色和地位不同。这主要是因为监管对象不同,而不是证监会与省级人民政府的力量和作用此消彼长。具体说,各类交易场所大多得到当地政府的许可或默许,证监会贸然进剿不妥,但股权众筹大多是散兵游勇,并没有很深的地方政府的背景,至少没有正式的批文,证监会无需投鼠忌器,可以放心戡乱。

很多情形下,省级人民政府在监管中处于强势,即便表面上退居从属地位,实际上仍然发挥主导作用。比如,开展股权众筹专项检查工作,是由证监会下属的证监局组织实施的。各证监局会同省级人民政府金融、工商等部门,共同拟定

---

〔1〕《国务院关于同意建立清理整顿各类交易场所部际联席会议制度的批复》(国函[2012]3号,下称《联席会议制度》)。

〔2〕"统筹协调、督促、指导省级人民政府开展各类交易场所清理整顿工作。"《联席会议制度》第1条第3项。"省级人民政府就清理整顿各类交易场所成立领导小组、建立工作机制……"《联席会议制度》第3条第4项。

〔3〕《关于对通过互联网开展股权融资活动的机构进行专项检查的通知》(证监办发[2015]44号,下称《互联网股权融资检查通知》)。

〔4〕《互联网股权融资检查通知》第4条。

〔5〕"各证监局主动向当地省级人民政府汇报本次专项检查的组织实施情况。"《互联网股权融资检查通知》第6条。证监会还向当地省级人民政府发了《关于商请规范通过互联网开展融资活动的函》。尽管使用了"汇报"这一谦辞,但此处的"汇报"仍然只是"通报",因为就该专项检查而言,省级人民政府对证监局并没有指导或领导的职权。

专项检查对象的名单。[1]证监局还有求于省级人民政府的相关部门,遇到困难必须由其出面协调。[2]"协调"是一种婉转的表述,其实就是解决问题和处理矛盾。"强龙不压地头蛇"——很多时候,证券市场的监管也是如此。法律可能有动人的理念和规定,但现实中自然法则和社会定规通常发挥更加重要的作用,而法律只是外表的幻象而已。

2. 地方金融办公室

国务院证券监管机构之间通常是"相敬如宾","井水不犯河水",至少表面上如此。但国务院各监管机构与地方政府证券监管机构之间的矛盾就比较公开化,金融办公室(下称"金融办")就是这一矛盾在机制上的体现。证券监管体系中,金融办比较特殊,只有地方政府有,在中央政府一级没有对应机构。21世纪初,国家加强中央对金融事务的监管,人民银行、银监会、证监会和保监会为垂直监管,"一行三会"的地方机构收编,由过去的横向和纵向的双重领导变为纵向单一领导。之后,上海又首先设立金融办,联系和配合"一行三会"。其他地方政府随之效仿,纷纷设立各自的金融办。

上海金融办成立之初,不在政府序列,也不具有行政审批权。各地金融办情况大致相仿。但随着各地情况的演变,金融办逐渐有了新的权限。上海国际集团有限公司由上海国资委监管,上海国资委再委托金融办代为监管该集团有限公司控股的多家金融机构。于是,上海金融办具有"小金融国资委"的雏形。2012年修改的《基金法》承认了私募基金的合法存在(见本书第十三章)。但早在2010年,上海市就由市金融办牵头,与市商委和市工商局联合发布了《关于本市开展外商投资股权投资企业试点工作的实施办法》[3],认可私募基金中的私募股权基金的存在。此后,深圳金融办发布《关于本市开展外商投资股权投资企业试点工作的暂行办法》[4],认可私募股权基金。

金融办扩权方面,北京与广东也不甘落后。北京市金融办升级为金融局,负责监管担保公司等金融机构。广东金融办监管的权限包括监管融资担保公司,处

---

[1] "各证监局应当会同省级人民政府金融、工商等部门,分析本辖区股权融资平台运行情况,确定专项检查对象,制定检查方案,制定检查工作底稿。"《互联网股权融资检查通知》第5条。

[2] "必要时,可以提请当地省级人民政府协调相关职能部门支持配合。"《互联网股权融资检查通知》第4条。

[3] 沪金融办通[2010]38号。

[4] 深府金发[2012]12号。

置非法集资等。[1]金融办的扩权与地方证券交易场所的发展有很大关系：权力与管辖范围相连，两者之间互为因果。各地交易场所通常由地方政府负责监管。我国各地设立各类交易场所，变相发行和交易证券，"非法组织期货交易活动"和"擅自从事期货业务"，[2]国务院及其相关部门三令五申，屡禁不止。2011年国务院便正式发文，要求清理整顿各类交易场所，切实防范金融风险[3]，但直到2014年，相关工作仍然没有完成，而且证监会还必须"加大天津、云南清理整顿工作的督导力度"。[4]同年12月，证监会前主席肖钢表示，区域性股权市场以属地化为原则，由地方政府管理，为非公开发行证券的场所。[5]这是国务院证券监管机构向地方证券监管机构让权的公开报道。

　　美国的证券监管也是令出多门，许多政府部门都对资本市场有监管责任，而这些部门对金融机构的态度不仅不同，而且可以说是差异很大。美国联邦机构与地方政府之间也有不同态度。[6]中国的情况与美国的情况正好相反：中国的中央政府对证券市场监管较严，而地方政府则较为宽松。地方政府不用担心不当融资活动会造成的系统风险，防范相关风险是国务院监管机构的职能。某些全国性的大型金融机构避开监管较多的领域，移师他处，糜烂地方。[7]金融机构并不担心搞坏证券市场。对金融机构来说，某种意义上市场越坏越"好"，只有市场坏到一定时候，国家才会救助，才会给政策。"宁为凶手，不为苦主"，证券市场有这个意思。

---

　　[1] 杜涛："地方金融办尴尬"，载《财经国家周刊》2012年第7期。

　　[2] 《关于做好商品现货市场非法期货交易活动认定有关工作的通知》（证监办发[2013]111号）附件。

　　[3] 《国务院关于清理整顿各类交易场所切实防范金融风险的决定》（国发[2011]38号）。

　　[4] 中国证监会：《中国证券监督管理委员会2014年年报》，中国财政经济出版社2015年版，第32页。

　　[5] 马婧妤："肖钢：区域性市场以属地化为原则"，载《上海证券报》2014年12月9日，第1版。

　　[6] 汇丰银行利用美国金融系统洗钱，美国财政部决定对汇丰罚款8.75亿美元，但不愿追究其刑事责任。财政部就指责纽约金融服务局对汇丰银行过于严厉。Stephanie Strom, "China's Food Play Extends Its Reach, Already Mighty", *The New York Times*, May 30, 2013, p. B1.

　　[7] "让人特别担心的是，在过去一段时间里，地方政府的资金主要来自土地出让和房地产开发相关的融资平台。而融资平台的主要资金来源，恰恰是信托产品和理财计划，以及类似具有刚性兑付特征的影子银行产品。很多自身投资回报率很低或者投资风险较高的投资项目，由于影子银行所提供的隐形担保，摇身一变成为收益较高、相对比较安全的信托产品。"朱宁："刚性泡沫有待化解"，载《财经》2016年第41期。

（八）自律组织

仿照美国的自我监管组织，我国设有证券自律组织，《证券法》专门规定证券交易所和证券业协会为证券自律组织。证券交易所是组织和监督交易的法人，而证券业协会是社会团体法人。[1]证券自律组织的主要职能包括制定行业规则，对违法违规行为给予纪律处分，[2]有些调查处罚权是由证监会发文直接授权的。[3]我国证券业的自律组织甚多，其中最重要的是各证券交易所和期货交易所、中国证券业协会和中国证券投资基金协会。

证券自律组织由证监会负责监督管理，[4]是证监会的监管延伸。自律组织在证监会与被监管对象之间发挥缓冲作用，金融机构可以获得更大的业务空间，证监会也可以将一些难以监管或者是有争议的工作交由自律组织监管，若是结果不尽如人意，则证监会的责任较小或没有责任。比如，允许证券公司开展私募产品的柜台交易，提供做市商服务和结算服务是十分重要的决定，而引入该做法的规则是由中国证券业协会制定的。[5]

自律组织不仅可以在监管机构与行业之间起到缓冲作用，而且还可以在监管机构之间起到缓冲作用。中基协公布《未提交2015年度经审计年度财务报告的私募基金管理人已被列入异常机构名单》，其中包括四家信托公司，[6]对信托公司进行了某种程度的规制。信托公司是银监会监管的金融机构，中基协是证监会领导的自律组织，由中基协约束信托公司，染指了银监会的监管领域，但远比证监会直接出面监管要缓和得多。

四、中国证券监督管理委员会

证监会只是众多证券监管机构中的一个，但通常被视为证券市场的首要监管机构。这是因为证监会是公司股票的主要监管者，而各类证券中，公司股票的投资者最多，发行和交易过程透明度最高。困扰证监会的许多问题和矛盾具有典型

---

〔1〕《证券法》第102条、第174条。

〔2〕《证券法》第176条第7项。

〔3〕《中国证监会委托上海、深圳证券交易所实施案件调查试点工作规定》（证监会第111号，2014年）。

〔4〕《证券法》第179条第1项和第6项。

〔5〕《证券公司柜台市场管理办法（试行）》，载 http://www.sac.net.cn/flgz/zlgz/201408/t20140819_ 101873. html。

〔6〕载 www.amac.org.cn/xhdt/zxdt/390863.shtml，访问日期：2016年7月27日。

性，其他许多证券监管机构同样受其困扰。

(一) 证监会的职能

证监会为国务院直属正部级事业单位，依照法律法规和国务院授权，统一监督管理全国证券期货市场。[1]我国《证券法》只提到证券监管机构，但并没有提到证券市场由证监会监管。国务院有关文件明确提到，证监会为证券市场的监管机构。[2]尽管该文件并没有规定证监会为证券市场的唯一监管机构，但可以推断证监会为证券市场的主要监管机构。证监会的主要职能是监管，尽管《证券法》的目的之一是保护投资者，[3]但《证券法》关于证券监管机构的第十章并未提及投资者保护。此外，证监会不仅要监管证券市场，还要在国务院的领导之下引导和建设证券市场，[4]证监会不仅以创新的名义为证券市场松绑，而且还要为证券市场寻找资金。[5]尽管证监会设有投资者保护局，但在证监会众多职能中，投资者保护并非其首要任务。[6]

(二) 证监会的组织结构

1. 证监会本部

证监会的监管职能可以分为四大部分：证券发行监管、金融机构监管、部门规章制定以及查处违法行为的行政执法。证监会的机构设置也体现了这些功能。

---

[1] 向祖荣："论证券监管机构的法律定位"，载《证券市场导报》2012年9月号。

[2] 1998年，国务院办公厅印发《中国证券监督管理委员会职能配置内设机构和人员编制规定》(下称《三定方案》)，由此可以推断《证券法》所指国务院证券监督管理机构为证监会。向祖荣："论证券监管机构的法律定位"，载《证券市场导报》2012年9月号。

[3] 《证券法》第1条。

[4] 2015年初，李克强在第十二届全国人大三次会议上提出当年资产市场的改革任务，其中包括：适时启动"投贷联动"试点；加强多层次资本市场体系建设；实施股票发行注册制改革；发展中小企业的区域性股权市场；推进信贷资产证券化；扩大企业债券发行规模；发展金融衍生品市场。新华社："政府工作报告：深化改革任务单"，载《中国证券报》2015年3月6日，第A01版。

[5] 毛万熙："证监会：吸引境外长期资金进入资本市场"，载《中国证券报》2014年3月29日，第A02版。美国证券监管机构也有类似做法。美联储前主席格林斯潘提出，监管机构必须承担更大的风险，以推动经济增长。Alan Greenspan, "Regulators must risk more to push growth", *Financial Times*, July 27, 2011, p. 9. 遗憾的是，美国的做法是一种失败。格林斯潘拼命降息，使得经济出现泡沫，而经济泡沫破灭之后，政府无法通过正常降息来刺激经济，只能滥印货币，通过通货膨胀来消除危机。

[6] 各国监管机构总是强调投资者保护，似乎投资者保护是其首要任务。但事实经常正好相反，监管机构真正关心的是机构的利益，至少美国的情况如此。20世纪80年代，共同基金的许多投资者选择赎回，共同基金的资产出现严重的净流出。证交会制定了12b-1规则，允许共同基金增加收费，用于营销。证交会的理由是，增加收费符合投资者的根本利益。Michael R. Rasella, Domenick Pugliese, "Rule 12b-1: a look at the part, present and future", *Journal of Investment Compliance*, Vol. 81, 2007, pp. 9~16.

2014年证监会调整了会内的部分部门：两部发行监管部和创业板发行监管部合并为发行监管部；上市公司监管一部、上市公司监管二部合并为期货监管部；基金监管部合并为证券基金机构部。[1]就行政执法而言，证监会设有稽查总队、稽查局（首席稽查办公室）和行政处罚委员会办公室。[2]

2. 证券监管局

证监会对各地的证券监管机构实行垂直领导。证监会可以根据需要设立派出机构，并在授权范围内依法履行监管职责。[3]证券监管局（下称"证监局"）为证监会的派出机构，其主要职责包括：①贯彻执行国家有关法律、法规和方针、政策；②按照证监会的授权，对辖区内的上市公司、证券、期货经营机构、证券、期货投资咨询机构和从事证券业务的律师事务所、会计师事务所、资产评估机构等中介机构的证券业务活动进行监督管理；③依法查处辖区内前述监管范围中的违法、违规案件，调解证券期货业务纠纷和争议；④证监会授予的其他职责。[4]

3. 监管专员办事处

证监会在上海和深圳两地设有证券监管专员办事处（下称"专员办"）。按照证监会的规定，专员办的权限很大，与证监局的权限有重叠之处，专员办的工作人员可以列席证券交易所、期货交易所的会员大会、理事会、总经理办公会及其他有关工作会议。[5]但实际上专员办只是历史遗留下来的机构，实践中的权限十分有限。当初设立专员办时，地方证券监管机构尚未归为证监会的直属部门，

---

[1] 杜卿卿："证监会机构大调整：为注册制铺路？"，载《第一财经日报》2014年4月11日，第A12版。

[2] 中国证监会：《中国证券监督管理委员会2014年年报》，中国财政经济出版社2015年版，第8页。

[3] 程合红："中国证监会派出机构的法律地位"，载高西庆、陈大刚主编：《证券法学案例教程》，知识产权出版社2004年版，第15~16页。

[4] 中国证券监督管理委员会深圳监管局：《2013年监管年报》，第3页。以深圳证监局为例，该局前身是"深圳市证券管理办公室"（下称"深圳证管办"），成立于1993年4月，隶属于深圳市人民政府，1999年7月成为中国证监会派出机构。2000年9月，中国证监会深圳稽查局成立，与深圳证管办合署办公。2004年3月1日，深圳证管办更名为"中国证券监督管理委员会深圳监管局"，简称"深圳监管局"。深圳监管局设有党委书记兼局长、党委委员、纪委书记、深圳稽查局局长和两位党委委员、副局长。深圳监管局有13个处室：办公室、上市监管一处、二处、机构监管一处、二处、基金监管处、稽查一处、二处、信息调研处、法制工作处、会计监管处和党务工作办公室（纪检室），人员总数126人，其中117名干部和9名工人。

[5] 专员办的职责包括：①对辖区内的证券交易所、期货交易所、登记结算公司、证券和期货经营机构、上市公司和证券服务机构从事日常监管；②调查违法违规行为并提出处罚意见；③列席证券交易所、期货交易所的会员大会、理事会、总经理办公会及其他有关工作会议。《中国证券监督管理委员会证券监管专员办事处暂行办法》（证监〔1998〕6号）第4条。

上交所和深交所正处于由地方政府领导的部门向证监会领导的部门的过渡期间，沪深两地的专员办可以就地、就近督导。地方证券监管机构被证监会收编之后，就成为专员办的兄弟单位，都是正局级单位，平起平坐，除非有证监会总部的专门授权，专员办不便过问或染指地方证监局监管权限内的事务。同样，证监会对各类交易所实施有效领导之后，专员办也不便过问或染指交易所的有关事项。尤其是，上交所和深交所的理事会主席都由证监会前主席（副部级）担任，而专员只是正局级，更不便监管两个交易所的工作，甚至连协调都困难。

4. 会管机构

证监会有19家监管机构，其中有具有自律职能的中国证券业协会，有既有自律职能又有商业经营活动的交易所，[1]还有只有商业营业活动的机构。证监会之所以被视为强力监管部门，一个重要原因是证监会亲自缔造、直接指挥一批会管机构，而这些会管机构又是我国证券市场的生力军和主力军。会管机构的主要领导或高管人员由证监会任命，证监会领导可以约谈会管机构的党委书记和纪委书记，布置相关任务。[2]

证监会负有监管职能，但其会管机构从事相关的商业经营活动时，就可能产生利害冲突。有一个理论是，监管机构应该专心当好"裁判员"，不能既当"裁判员"，又当"运动员"。但该理论在实践中无法贯彻，已经很少再有人提起。美国证券监管机构也同时发挥两个职能，既有监管职能，又是相关行业的经营者。比如，美联储既负责监管华尔街银行，又买卖华尔街银行烹制的伪劣金融产品，为处于困境的华尔街银行输血。新加坡竞争局局长更是理直气壮地表示，政府可以同时扮演裁判员和运动员的角色。[3]

五、理念和政策

证监会前主席肖钢强调资本市场法治化。他指出："资本市场说到底是一个法治市场，没有法律、法规的规范，市场化是无法进行的。所以，要坚持法

---

[1] 吴琳琳："证监会主席约谈19家会管单位"，载《北京青年报》2015年8月28日，第11版。
[2] 吴琳琳："证监会主席约谈19家会管单位"，载《北京青年报》2015年8月28日，第11版。
[3] Competence of Antiturst in Asia: China, China Competition Policy Forum, Establishing a Unified, Open, Competitive, and Orderly Market System, Sponsored by Expert Advisory Board of the State Council Antimonopoly Commission, American Bar Association Section of Antitrust Law, Competition Law Center, University of International Business and Economics, Beijing, May 21~23, 2014.

治化。"[1]但法治是一个比较抽象和模糊的概念,国内外各种利益集团都谈法治,并按照自己的利益解释法治。具体到我国证券市场的法治,证监会已经提出并开始执行"事后监管"的理念和政策。证券交易所的高级管理人员更进一步倡导"合理审查""商事优先"和"良性违法",要求法院和法官在审理证券市场的相关案件时务必适用合理审查和商事优先原则,允许良性违法。事后监管和良性违法为金融创新铺平了道路,而金融创新又推动监管创新,证券市场违法违规不断,甚至出现了无法无天的现象。证券市场的野蛮生产和股市的暴跌暴涨绝不是偶然的。可以说,创新离不开良性违法,但证券市场的野蛮生长和股市的暴跌暴涨又离不开创新和良性违法。

(一) 事后监管

2013年国务院发布《关于全国中小企业股份转让系统有关问题的决定》,以法规性文件的形式提出"加强事中、事后监管。"[2]同一个概念,有时也用"事前督导"[3]和"事后问责"两词表达。[4]"事后问责"较"事后监管"更为准确。事后监管其实是善后。事后木已成舟,大错铸成,只能善后,监管无从谈起,亡羊补牢于事无补,因为金融机构下次发难势必改变手法。事后只能是处罚和赔偿的问题。

(二) "创新"

"创新"和"创新创业公司"都是难以界定的名词。证监会给"创新创业公司"的定义是,"从事高新计划产品研发、生产和服务,或者具有创新业态、创新商业模式的中型公司"。[5]就发行公司债而言,债券承销机构应当依据一系列规范性文件[6]进行审慎筛查,就发行人是否具有创新企业特征发表明确意

---

[1] 证监会主席肖钢在2013年的《财经》年会上演讲时指出:"资本市场改革要坚持市场化、法治化、国际化的取向。"肖钢:"解决资本市场存在的问题唯一办法就是市场化改革",载《上海证券报》2013年11月20日,第2版。

[2] 《关于全国中小企业股份转让系统有关问题的决定》第5条。

[3] 参见 www.csrc.80v.cn/pub/newsite/zjhxwfb/xwdd/200905/t200905129_104740.html,访问日期:2017年7月5日。

[4] 毛万熙:"证监会:强化新股配售监管和事后问责",在《中国证券报》2014年1月25日,第A02版。

[5] 《中国证监会关于开展创新创业公司债券试点的指导意见》(证监会公告[2017]10号)。

[6] 这些文件为:①国家战略性新兴产业相关发展规划;②《国务院关于印发〈中国制造2025〉的通知》(国发(2015)28号)及相关政策文件;③国务院及相关部委出台的大众创业万众创新政策性文件;④国家及地方高新技术企业认定标准;⑤其他创新创业相关政策性文件。

见。[1]需要考虑的因素如此之多,恰好说明了"创新"一词难以界定。而且正是因为"创新企业公司"难以界定,所以证监会自己并不界定,而是要求证券承销机构加以界定。

证监会强调促进市场的创新,会内设有创新部。证监会2014年发布了《中国证券监督管理委员会关于进一步推进证券经营机构创新发展的意见》[2]。该意见强调,建设投资银行、支持业务产品创新和监管转型。[3]证监会负责人也经常倡导创新。[4]

1. 监管创新

2014年,证监会提出"推进监管转型",其具体内容为转变监管方式、深化审批改革、放宽行业准入和实施业务牌照管理。[5]"从重事前审批向加强事中、事后监管转变。"[6]"加大执法力度,完善日常监管机构、稽查执法部门和自律组织之间的监管执法联动机制。"[7]"甄别治理证券经营机构类审判备案事项,进一步取消调整行政许可审批事项,进一步调整非行政许可审批事项。"[8]

就放宽行业准入而言,证券会承诺:"支持民营资本、专业人员等各类符合条件的市场主体出资设立证券经营机构。支持社会保险基金、企业年金等长期资金委托专业机构运营或设立专业证券经营机构。"[9]反过来说,放宽行业准入也有预设条件,必须"符合条件",而且是在"风险可控前提下"。

"支持证券公司、基金管理公司、期货公司、证券投资咨询公司等交叉持牌,支持符合条件的其他金融机构在风险隔离的基础上申请证券业务牌照。鼓励符合条件的证券公司申请公募基金管理牌照和托管业务牌照。适时扩大合资证券公司业务范围。"[10]

---

[1] 《中国证监会关于开展创新创业公司债券试点的指导意见》第2条第1项。
[2] 证监发〔2014〕37号。
[3] 《中国证券监督管理委员会关于进一步推进证券经营机构创新发展的意见》第1、2、3条部分。
[4] 程丹:"肖钢:证监会将积极推进金融改革创新",载《证券时报》2014年5月8日,第A2版。
[5] 《中国证券监督管理委员会关于进一步推进证券经营机构创新发展的意见》第三部分。
[6] 《中国证券监督管理委员会关于进一步推进证券经营机构创新发展的意见》第12条。
[7] 《中国证券监督管理委员会关于进一步推进证券经营机构创新发展的意见》第12条。
[8] 《中国证券监督管理委员会关于进一步推进证券经营机构创新发展的意见》第13条。
[9] 《中国证券监督管理委员会关于进一步推进证券经营机构创新发展的意见》第3条、第14条。
[10] 《中国证券监督管理委员会关于进一步推进证券经营机构创新发展的意见》第15条。

从根本上说，证券监管机构是支持金融行业创业的。因为金融创业通常意味着业务扩大，而金融行业扩大之后，监管机构以加强监管的名义扩编，增加人员和经费，监管机构内的工作人员也可以获得晋升机会，有的还可以调往创新后产生的金融机构工作。比如，创业板出现之后，证监会就曾经设立了创业板发行监管部，而中小企业股份转让系统出现后，证监会的一些工作人员便转赴该机构担任中、高层职务。事实上，各类证券交易所和证券自律组织的许多中、高层干部是由证监会官员调任的。

2. 创新试点

"敢为天下先"通常有风险，但资本市场的情况正好相反。多数情况下，抢跑是好事，不仅有利可图，而且风险很小。[1]我国证券市场的抢跑分为两类：第一是抢在监管机构明令禁止之前，大干、快上；第二是奉命行事，开展创新试点。两类情形下的受罚风险都很小，但后一类公司的安全系数更高——毕竟是在奉命行事。

(三) 宏观政策

证监会的监管工作也要服从大局，支持国家的宏观政策。比如，证监会就支持西藏资本市场发展，优先审核西藏企业首次公开发行股票和上市。[2]可以说，支持西藏资本市场发展是宏观重于微观，政策重于市场。证监会强调要把权利还给市场主体，但同时政府部门又时常发文，支持某一行业或某一地区的企业上市。[3]监管工作需要兼顾，但兼顾就难以自圆其说。

六、监管措施和方法

(一) 监管措施

证券监管的法律是"细则为王"，很多重要规定是证监会以部门规章形式发布的。证监会就其部门规章的制定方式发布了《证券期货规章制定程序规定》[4]，适用于以证监会令的形式公布的规定、办法、规则等。但除了证监会令之外，证

---

[1] 美国银行家的经验之谈则是，在资本市场的同业竞争中要想胜出，无非是凭借三点："或者是聪明人，或者是坏人，或者是第一人。"影片《追加保证金》(*Margin Call*)中的台词。

[2] 程丹："证监会多举措支持西藏资本市场发展"，载《证券时报》2015年3月17日，第A2版。

[3] 马婧妤："姜洋：逐步把权利还给市场主体"，载《上海证券报》2014年1月28日，第1版。

[4] 证监会令第59号，2008年。

监会还发布了公告和指引,证监会的部门也发布了许多规范性文件。规则泛滥是证券行业的一大特点:发布规则过于随意,而且中途不断变换、变动规则,所以规则也缺乏权威性和严肃性,监管对象对其若无其视。但公司治理的众多规则多可以创造就业机会,证券公司的合规部门需要很多工作人员,尤其是有法律背景的工作人员。[1]

行政部门制定部门规章或规范性文件,必须尊重和依据上位法。证监会制定的部门规章和规范性文件,时常照抄、照搬上位法的内容,但并不明确出处。比如,《上市公司股东大会规则》[2]第46条规定:"股东大会的会议召集程序、表决方式违反法律、行政法规或者公司章程,或者决议内容违反公司章程的,股东可以自决议作出之日起六十日内,请求人民法院撤销。"这条规定与《公司法》第22条第2款的内容几乎完全相同[3],但《上市公司股东大会规则》并没有明确出处。投资者的诉讼权十分重要,通常只能由立法机构制定的法律给予,部门规章不能给予。所以《上市公司股东大会规则》更应当注明该诉讼权由《公司法》规定,以正视听,提高证监会所制定的规则的严肃性。我国众多政府行政机构中,证监会制定规则最多,经验最多,更应当开风气之先,制定规则时应当更加规范化。《证券期货规章制定程序规定》应当对此加以明确。

(二) 牌照和批复

审批是证券监管的一个特点,很多业务上的从业资格需要逐家审批,发放牌照,有些业务是逐件审批,发给批复或批文。

1. 牌照

证券市场的一大特点是牌照管理,金融机构的许多业务需要牌照,有些业务还是政府所控制的企业专营。从法律性质上说,牌照是行政许可。除牌照之外,金融机构从事某些业务,事先需要监管机构的批复。监管机构可以发放、中止和吊销各类金融业务的牌照,有很大的自由裁量权。而金融机构开展金融业务需要各种许可,离开牌照寸步难行。发放牌照是实现监管的重要手段。

---

[1] 摩根大通合规部门的员工多达1750人,其中大部分是律师。金融危机之后,美国监管机构就银行资本制定新规则多达750个,合规工作需要950人。资本流通性规则多达500个,合规工作需要400人。限制公司自营业务的沃尔克规则长达1000页,合规工作又需要300人。Finance and economics, "Liquidity in markets", *The Economist*, April 18, 2015, p.57.

[2] 证监会公告〔2016〕22号。

[3] 《公司法》第22条第2款:"股东会或者股东大会、董事会的会议召集程序、表决方式违反法律、行政法规或者公司章程,或者决议内容违反公司章程的,股东可以自决议作出之日起六十日内,请求人民法院撤销。"

2. 批复

批复是证券业监管的一大特点,[1]机构人员变动需要批复,[2]证券公司的业务也需要获得批复。截至2013年12月26日,证券公司向证监会提出了33次申请,要求发行资产证券化产品,涉及金额382亿美元,但一次也没有获得批准。[3]

3. 审慎监管

这是由证券行业的特殊性所决定的。证券行业是金融体系的重要组成部分,而金融稳定对一个国家的经济至关重要,监管机构不得不谨慎行事。美国投资银行从事许多业务,也需要监管机构专项批准。比如,美国投资银行从事大宗产品仓储业务,也是需要美联储批准的。再比如,英国央行拒绝批准巴克莱收购雷曼的交易,甚至收购部分资产也不允许。

4. 简政放权

行政许可过多,势必会增加金融机构的负担,成本最终转嫁给投资者,所以证交会不时废止一些行政审批。2014年11月,国务院发布《关于取消和调整一批行政审批项目等事项的决定》,取消证监会保荐代表人行政审批资格,由中国证券业协会对保荐代表人资格和行为监管实施自律管理,取消证监会对外国证券类机构驻华代表机构首席代表资格的核准。

(三) 行政执法

1. 检查与约谈

监管上市公司是证监会的重要工作之一。证监会发布了许多关于上市公司治理的规定(见第二十章)。证监会还不时进行现场检查和约谈上市公司董事长,所适用的规定分别为《上市公司现场检查办法》[4]和《上市公司董事长谈话制

---

[1]《中国证券监督管理委员会公告2010年第二期》共有87项信息,其中规范性文件公告5项,行政处罚决定书4项,新闻稿1项,统计报表5项,而批复则达到74项。《中国证券监督管理委员会公告》编辑部:《中国证券监督管理委员会公告2010年第二期》,第1~7页。

[2] 深圳证监局2013年的批复分类如下:①分支机构负责人任职资格29%;②设立、收购、撤销分支机构15%;③经理层人员任职资格12%;④独立董事任职11%;⑤变更章程重要条款9%;⑥变更业务范围;⑦变更5%以上股权的股东2%;⑧董事长、副董事长、监事会主席资格2%;⑨变更注册资本;⑩申请从事外资股业务1%;⑪申请借入长期次级债务;⑫外国驻华代表机构名称变更1%。中国证券监督管理委员会深圳监管局:《2013年监管年报》,第31页。

[3] Gao Changxin, "Easer securitization process coming soon", *China Daily*, August 1, 2014, p.17.

[4] 证监会公告〔2010〕12号。

度实施办法》[1]。

打击非法发行证券期货活动是重要执法活动,证监会专门设有打击非法证券期货活动局。这项活动主要涉及两个方面：①打击非法集资活动（见第二章）；②清理整顿各类交易场所活动（见本书第十二章）。

2. 冻结、查封资产

《中国证券监督管理委员会冻结、查封实施办法》[2]（下称《冻结、查封办法》）规定，证监会案件调查部门、案件审理部门及派出机构，在对证券违法案件进行调查、审理或执行时，如有必要，可以申请冻结、查封涉案当事人的违法资金、证券等涉案财产或重要证据。[3]许多司法辖区的证券监管机构冻结和查封财产，通常需要法院批准，我国证监会并不受此约束，其执法权力不可谓不大。

3. 限制证券买卖

证监会在调查操纵证券市场、内幕交易等重大证券违法行为时，可以限制对被调查事件当事人的账户的证券买卖行为。限制证券买卖适用《中国证券监督管理委员会限制证券买卖实施办法》[4]。

4. 市场禁入

这是证监会的重要行政处罚手段。《证券市场禁入规定》[5]规定，违反法律、行政法规或者证监会规定的有关责任人员，可以被禁止进入证券市场，不得担任董事、监事、高级管理人员职务或从事证券业务。[6]视违法违规的情节轻重，对有关责任人员采取的市场禁入可以是3至5年、5至10年或终身禁入。[7]

5. 行政处罚委员会

《中国证券监督管理委员会行政处罚听证规则》[8]《行政处罚委员会组成办法》[9]和《信息披露违法行为行政责任认定规则》[10]规定，处罚委的主要职责

---

[1] 证监发 [2001] 47号。
[2] 证监会令第28号，2005年发布，2011年修订。
[3] 《冻结、查封办法》第2条、第4条。
[4] 证监会令第45号，2007年。
[5] 证监会令第33号，2006年发布，2015年修订。
[6] 《证券市场禁入规定》第4条。
[7] 《证券市场禁入规定》第5条。
[8] 证监会令第119号，2015年。
[9] 证监会公告 [2008] 6号。
[10] 证监会公告 [2011] 11号。

为：①审理稽查部门移交的案件；②主持听证；③拟定行政处罚和市场禁入意见。[1]处罚委员类似于美国的行政法官。[2]证交会内设有行政法法官（administrative law judge），[3]行使准司法权，可以举行听证、收集证据并做出裁决。

6. 行政复议

《中国证券监督管理委员会行政复议办法》[4]（下称《行政复议办法》）规定，就行政复议的范围而言，公民、法人或其他组织可以就证监会或其派出机构的以下具体行政行为申请行政复议：①警告、罚款、没收违法所得、责令关闭、撤销任职资格或者证券从业资格、暂停或者撤销业务许可、吊销业务许可证等行政处罚决定；②冻结、查封、限制交易等行政强制措施；③限制业务活动、限期撤销境内分支机构、限制分配红利、限制转让财产、责令限制股东行使股东权利以及责令更换董事、监事、高管或者限制其权利等行政监管措施。公民、法人或其他组织遇到以下情形，也可以提出行政复议：①认为证监会或其派出机构、授权组织侵犯其合法的经营自主权的；②认为符合法定条件，申请办理证券、期货行政许可事项，证监会或其派出机构没有依法办理的；③认为证监会或其派出机构在政府信息公开中的具体行政行为侵犯其合法权益的；④认为证监会或其派出机构、授权组织的其他具体行政行为侵犯其合法权益的。[5]

对于行政机构来说，行政复议的范围越小越好，证监会在《行政复议办法》明确了若干不属于行政复议范围的行为：①证监会或其派出机构对公民、法人或者其他组织提起申诉的重复处理行为；②证券、期货交易所或证券、期货业协会依据自律规则做出的决定；③对公民、法人或者其他组织的权利义务不产生实际影响的行为。[6]暂不受理措施也与行政复议范围有关。证监会发言人表示，"暂不受理措施"与行政处罚有本质区别。其主要理由是：第一，行政处罚是惩罚制裁行为，而暂不受理措施是审慎监管行为，是预防性行政措施，目的是防止可能

---

[1] 《行政处罚委员会组成办法》第9条。

[2] 证监会从法院引进担任过法官的人才，借助他们的经验和技能。证监会聘请两位法官挂职担任行政处罚委员会专职委员。两位法官分别来自最高人民法院和北京市第一中级人民法院。证监会主席尚福林表示，希望借此提高证券执法的公正性和权威性。张欢："证监会新模式打击违法违规"，载《上海证券报》2010年12月29日，第1版。

[3] Adm. Procedure Act, 5 U.S.C.A. § 556.

[4] 证监会令第67号，2010年。

[5] 《行政复议办法》第7条。

[6] 《行政复议办法》第8条。

出现的危害后果，或者阻止已经发生的风险和危害后果的进一步扩大；第二，行政处罚是终局性的，暂不受理是临时措施，待相对人的风险状况消除之后即可解除，使相对人的权利恢复原状。[1]

7. 统一移送

证监会是备受批评的监管机构，除审核权过大受到指责外，也因执法权过大而受到指责，内幕交易案的"统一移送"便是一例。全国的现状是："基本遵循《证券法》第186条的规定，实行'统一移送'模式，地方各地证券监管机构发现证券违法行为涉嫌犯罪的，先上报至中国证监会，经证监会审查后，再统一移至公安部，公安部再层层指令地方公安机构立案侦查。"[2]有法官对此提出质疑，理由是："从实践看，这种移送体制周期长、效率低。证券监管机构作为行政机关无法采取强制措施……违法行为参与人之间达成攻守同盟，与证人串通妨碍作证的情况时有发生……"[3]

部分法官认为，可以依据《关于在行政执法中及时移送涉嫌犯罪案件的意见》第1条中"行政执法机关在查办案件过程中，对符合刑事追诉标准、涉嫌犯罪的案件，……及时向同级公安机关移送"的规定，"将案件线索移送当地同级公安机关立案侦查，证券监管机构配合公安机关，在第一时间控制犯罪嫌疑人并采取相关调查取证措施"。[4]可以说，"平行移送"的实质是消减证监会的执法权，证监会由主导机构沦为"配合公安机关"的机构。

（四）网络与信息安全

网络和信息安全是证券市场的重大挑战，证监会设有信息中心，并发布了《证券期货业信息安全保障管理暂行办法》[5]《证券公司客户交易结算资金商业银行第三方存管技术指引》[6]和《证券期货经营机构信息系统备份能力标准》[7]。网络与信息安全是证券市场的监管重叠领域，银监会发布的《银行、证券跨行业信

---

[1] 程丹："证监会发言人详解'暂不受理措施'规定"，载《证券时报》2014年4月19日，第A2版。

[2] 赵靓："内幕交易案件审判实务若干难点探讨"，载《上海证券报》2016年5月16日，第10版。

[3] 赵靓："内幕交易案件审判实务若干难点探讨"，载《上海证券报》2016年5月16日，第10版。

[4] 赵靓："内幕交易案件审判实务若干难点探讨"，载《上海证券报》2016年5月16日，第10版。

[5] 证监信息字[2005]5号。

[6] 证监信息字[2007]10号。

[7] 证监会公告[2011]10号。

息系统突发事件应急处置工作指引》[1]也适用。

(五) 信息管理和新闻导向

证券市场的新闻报道十分重要,涉及信息披露和信息公开。证监会通过新闻发言人经常发布重要新闻和信息,适用《关于加强报刊传播证券期货信息管理工作的若干规定》[2]和《中国证监会新闻发布暂行办法》[3]。

(六) 举报

2008年金融危机之后,奖励举报是监管改革的一个新动向。证券法的根本指导思想是促进披露,通过披露让投资者掌握决策所需要的信息。但强调披露恰好说明了证券行业的隐秘性和诡秘性,否则就无需强调披露。除非内部有人举报或者相关发行人或机构破产,否则很难发现其中的骗局。很多骗局败露时已经太晚了:投资者已经损失惨重,而违法的发行人或金融机构已经破产或资不抵债。所以提前了解真相十分重要。金融危机之后,美国国会制定的《多德-法兰克法》包括举报奖励制度,[4]我国证监会也发布了关于举报的规定。按照美国的举报情况看,证券市场的主要违法行为包括:会计数据造假、海外腐败以及对冲基金和私募股权基金的市场操纵。[5]

1.《证券期货违法违规举报工作暂行条例》

2014年6月27日,证监会发布《证券期货违法违规举报工作暂行条例》[6]。举报奖励的范围被限定于以下举报内容:内幕交易;操纵证券、期货市场;信息披露违法违规;欺诈发行证券。[7]奖励条件为:"举报事实清楚、线索明确,经调查属实,依法做出行政处罚或做出生效的有罪判决。"根据《证券期货违法违规举报工作暂行条例》,奖励金额通常不超过10万元,最高奖励为人民币30万元。[8]

---

[1] 银监发 [2008] 50号。
[2] 新出联 [2010] 17号。
[3] 证监发 2005 [28] 号。
[4] Exchange Act § 21F (a)~(c).
[5] Kara Scannell, "Whistleblowers pipe up as tip-offs on white crime begin to pay", *Financial Times*, March 13, 2012, p. 4.
[6] 详见 www.csrc.gov.cn/pub/tianjin/tjjflfg/tjgfxwj/201409/t20140922_260738.htm,访问日期:2016年2月6日。《证券期货违法违规举报工作暂行条例》没有文号,同年证监会编辑出版的《中华人民共和国证券期货法规汇编》也没有收入该条例。
[7] 《证券期货违法违规举报工作暂行条例》第14条。
[8] 《证券期货违法违规举报工作暂行条例》第14条。

金额虽然不高，已经较过去有了大幅提高，[1]但仍然过低。30万元的奖励过低：举报自己的雇主，不仅是自绝于雇主，也是自绝于行业，今后很难再在行业内立足谋生，30万元的奖励远不能弥补举报人员放弃高薪就业机会的损失。

2. 美国实践

2010年，美国国会制定《多德－法兰克法》，在《证券交易法》中增加了第21F节，允许奖励举报者，奖励条件是证交会根据举报信息收缴了100万美元以上的罚金，奖励金额为所收罚款金额的10%至30%，由证交会酌情决定。[2]根据《多德－法兰克法》，任何人向证监会举报证券违法行为，只要证交会能够收缴获得罚金，举报者就可以获得罚金的30%。[3]2013年，证交会向一位举报者支付了1400万美元的奖金。根据举报的信息，证交会为投资者追回了大笔资金。[4]但举报者能否获得奖励，很大程度上受制于证交会：遇到证交会查处不力，无法获得罚款，举报者也就得不到奖励。[5]

举报之前是否需要先向本公司内部合规部门报告，是举报奖励制度的一大难题。谷歌、微软、摩根大通和通用电气联名致函证交会，要求证交会制定规则应当明确，公司员工向监管部门举报之前，首先应当向自己公司内部的合规部门报告。[6]证交会就此制定了规则，鼓励先在公司内部汇报，并将其作为决定奖励金额时考虑的"加分因素"。[7]证交会这样做的理由是，如果不首先向公司内部相关人员举报，就会"虚弱公司现有的合规机制……"[8]

---

[1] 2001年，证监会发布《关于有奖举报证券期货诈骗和非法证券期货交易行为的通告》（证监发[2001]85号）。举报的奖金金额为："凡提供证券期货诈骗和非法证券期货交易等线索，经所在地方政府及有关部门查证属实的……一次性发放奖金不高于3000元；举报的证券期货诈骗和非法证券期货交易行为涉及金额较大的，一次性发放人民币20000元……"

[2] Exchange Act § 21F (a)-(c).

[3] The Dodd-Frank Wall Street Reform and Consumer Protection Act, 15 U. S. C. 78u-6 (j).

[4] Kara Scannell, "Whistleblowers pipe up as tip-offs on white crime begin to pay", *Financial Times*, March 13, 2012, p. 4.

[5] 麦道夫的庞氏基金案中，有人实名向证交会数次举报，但证交会却没有认真调查，以致麦道夫的庞氏骗局又延续了很多年。艾伦·斯坦福长期经营金额达80亿美元的庞氏基金。早在2003年，就有人向证交会实名举报艾伦·斯坦福的欺诈行为，但证交会并没有认真追查，直到2009年斯坦福的庞氏骗局内爆之后，证交会才关闭了这支基金。Robert Cookson, "SEC alerted about Stanford in 2003", *Financial Times*, February 27, 2009, p. 15.

[6] Rachel Louise Ensign and Christopher M. Matthews, "The Corporate-Whistleblower Debate", *The Wall Street Journal*, August 13, 2013, p. 19.

[7] 英文"plus factor"。Securities Exchange Act Rule 21F-6 (a) (4).

[8] Proposing Release at 70488.

打击报复是影响举报的一个重大因素。美国已有防治打击报复的判例,[1]主要是举证责任倒置:如果举报者被解雇,只要举报者提出是因举报而被解雇的一些重大事实,举证责任就由被告承担。[2]

(七) 行政和解

2015 年,证监会发布《行政和解试点实施办法》[3],正式引进行政和解机制。按照该办法,行政和解是指证监会在调查执法过程中,"根据行政相对人的申请,与其就改正涉嫌违法行为,消除涉嫌违法行为不良后果,交纳行政和解金补偿投资者损失等进行协商达成行政和解协议,并据此终止调查执法过程的行为"。[4]此前,证监会一直主张行政和解,并建议从两类案件入手:一是机构涉嫌内幕交易、操纵市场案件;二是券商基金涉嫌欺诈销售、误导投资者案件。[5]

为了限制证监会的自由裁量权,《行政和解试点实施办法》第 4 条明确规定,证监会"不得向行政相对人主动或者变相主动提出行政和解建议,或者强制行政相对人进行行政和解",但这条实际意义有限。和解是"见不得人"的非公开过程,究竟由哪一方首先提出和解无从知道,也并不重要。

(八) 投资者维权

中国证券中小投资者服务中心有限责任公司(投服中心)是证监会直接管理的公益性机构,2015 年 12 月 5 日完成工商注册登记。按照证监会批复,投服中心主要职责是为投资者在自主维权方面提供法律、技术等各项服务,[6]2016 年 7 月,投服中心正式推出债券支持诉讼服务。[7]

投服中心是作为一件正面事件来被宣传的。但证监会不妨在处罚决定中要求,违法的上市公司必须设立赔偿基金,并由该上市公司联系可能受到损害的上市公司的现有股东或前股东。如果造假成本加大,上市公司就会减少造假,很多

---

[1] 18 U.S.C. § 1514A (a) (1).

[2] Shawn v. International Game Technology, N. 11-1 6538 (9thi Cir 2014).

[3] 证监会令第 114 号,2005 年。

[4] 《行政和解试点实施办法》第 2 条。

[5] 2014 年,证监会主席肖钢在《行政管理改革》杂志发表署名文章指出,在证券期货监管领域引入行政和解制度,既符合中央的政策要求,也有相关的实践基础,符合现代行政执法改革的方向。在条件稳妥的时候,推进相关的试点工作。程丹:"肖钢:稳妥推进行政和解执法模式试点",载《证券时报》2014 年 2 月 20 日,第 A2 版。

[6] 详见 http://www.cs.com.cn.xwzw/0309_4660100/t2015html,访问日期:2016 年 8 月 18 日。

[7] 朱凯:"提起债券支持诉讼,投服中心受托状告",载《证券时报》2016 年 8 月 15 日,第 A7 版。

还会选择不上市。

美国也存在股东索赔难的问题：首先，股东胜诉的概率不高（见第二十一章）；其次，如果上市公司败诉，必须支付赔偿，最终还是由股东承担损失；再有，美国董事和高管败诉，保险公司支付这笔费用，最终还是由股东承受损失。但给美国的中小投资者灌了"迷魂汤"，在法律上能够自圆其说，起到了表面作用。大多数时候，法律也就起到表面作用。

（九）投资者教育

证监会发布了《关于加强投资者教育、强化市场监管有关工作的通知》[1]，强调必须"牢固树立保护投资者合法权益的意思；突出重点，强化风险揭示；以及开展投资者教育专项检查工作"。

投资者教育的困局在于：证监会一方面原则性地要求投资者自身提高风险意识，另一方面却不愿披露证券市场的投机性或赌博性，不愿披露证券市场的负面内容。结果，投资者教育反而有利于金融机构向投资者出售高风险金融产品：既然已经教育过投资者，投资者应当知道并承担相应的风险。此外，投资者教育甚至荒诞不经。金融投资是具有投机性的高风险活动，属于"少儿不宜"，向中、小学生介绍如何进行金融投资，是错误的时间向错误的对象介绍错误的内容。比如，广州市启动中小学金融证券知识教育试点工作。"广东证监局表示，中小学金融证券知识教育试点走向正轨后，广东证监局还将联合银监局、保监局等金融单位和企业为学校提供教育实践基地，给学生提供现场参观和实践的机会。"[2]

（十）国际合作

截至2014年底，证监会与世界上59个司法辖区的证券监管机构签订了双边监管合作谅解备忘录。[3]但执法过程中的跨境合作并不通畅，跨境取证方面尤其困难。在香港证券期货交易委员会与安永一案[4]中，香港证券期货交易委员会

---

〔1〕 证发〔2007〕69号。

〔2〕 黎宇文："广州市启动中小学金融证券知识教育试点工作"，载《中国证券报》2015年8月31日，第A02版。

〔3〕 中国证监会：《中国证券监督管理委员会2014年年报》，中国财政经济出版社2015年版，第98~100页。

〔4〕 IN THE MATTER of Ernest & Young (a firm) AND IN THE MATTER of an investigation by the Securities and Futures Commission under section 182 (1) of the Securities and Futures Ordinance (Cap 571) concerning Standard Water Limited AND IN THE MATTER of an application under section 185 (1) of the Securities and Futures Ordinance (Cap 571). HCMP 181/2012.

（下称"证期会"）要求国际四大会计师事务所之一的安永交出工作底稿。安永拒不服从，理由是工作底稿由其内地合作经营伙伴安永明华保管，向证期会提交这些工作底稿，"在中华人民共和国法律下有障碍"。[1]香港高等法院分析了内地的相关法律之后，命令安永交出有关工作底稿，理由是根据本案的事实和适用的法律，安永交出工作底稿对其并不是"压迫性的"。[2]在安永案的判决书中，法官还含沙射影，对证监会颇有非词。[3]

七、美国监管执法

我国证券市场是参照美国证券市场设立的，许多我们称之为"金融创新"的业务只不过是照搬美国的做法。我国证券监管的理念和监管机制也参照了美国的做法。借鉴和学习最忌邯郸学步或是画不成，反成其犬。但借鉴和学习美国的证券监管经验不会反成其犬，因为美国的证券监管本身就是失败，只能与"犬"相比。

（一）证券执法框架

美国共有六大监管机构：美国联邦储备局（Federal Reserve Board，下称"美联储"）[4]、财政部（Department of Treasury）、证券交易委员会（Securities and Exchange Commission）、联邦储蓄保险公司（Federal Deposit Insurance Corporation）、大宗产品期货交易委员会（Commodity Futures Trading Commission）和货币监管局

---

[1] HCMP 181/2012, para. 22.

[2] HCMP 181/2012, para. 252.

[3] "……根据证期会与证监会之间的日期为1993年6月19日的《监管合作备忘录》（MORC）以及证期会和证监会同为签字方的证券委员会国际组织（IOSCO）多边谅解备忘录等文件，证期会要求证监会就获取明华公司审计的所有工作底稿提供协助。证监会要求明华提供审计工作报告，明华拒绝提供，理由是公司有保密责任，而且证监会对公司没有管辖权。证监会通过日期为2010年7月23日的信函，向证期会通报了相关情况。"HCMP 181/2012, para. 27. 安永以有可能违反中国法律为理由，拒绝向证交会提供工作底稿，但拒绝向证监会提供工作底稿时并未提出保密问题。HCMP 181/2012, para. 178. 法官的言外之意是，各方有游戏法律法规之嫌。

[4] 美联储有12家分行，纽约美联储最为强势。纽约美联储地处纽约曼哈顿，深受同处一地的华尔街影响。美联储在全美由12家相对独立的分行组成，重大决定应当由12家分行的领导与美联储主席共同决定，但2008年金融危机爆发后，纽约美联储做不到这点，许多决策由其与华盛顿总部拍板决定，事先并不征求另外11家分行的决定。"金融危机期间，有些决策如此匆忙，除了美联储纽约分行之外，美联储的一些决定公开宣布之前，其他分行并不知道相关内容。至少有一位美联储分行的总裁与记者一样，电话会议时听电话才了解到其华盛顿同行的决定。"Neil Irwin, *The Alchemists*, New York: Penguin Books, 2013, p. 179.

(Office of Comptroller of Currency)。证交会并不是监管影响证券市场的主要政府部门,美联储和财政部才是监管影响证券市场的主要政府部门。

美国的自我监管组织是金融行业监管局(Financial Industry Regulatory Authority),其前身是全美证券营销商协会(National Association of Securities Dealers 或 NASD)。美国崇尚外包,什么都可以外包:伊拉克打仗可以外包给私人公司的武装士兵,监狱系统要外包给私人公司,证券市场的监管也外包,很多监管工作外包给了自我监管组织(self-regulatory organization),但外包结果并不理想。

检察官在美国证券监管中是一支重要力量。[1]就职业素质而言,美国联邦检察官远高于证交会的律师。就其声望而言,美国地区检察官仅次于美国联邦法官。美国司法部副部长(也称"副检察长")经常是内定的美国最高法院大法官候选人。美国州检察官的介入,则涉及美国证券监管执法中的联邦与地方之争。近几年来,美国的一些州政府试图跻身金融市场监管而且颇有成绩。但美国联邦政府却拼命阻挠州政府的介入。美国证券市场的相关法律是联邦法,而依照美国的宪法原则,联邦法律必须由联邦政府的机构来执行,地方政府不得染指。2009年6月29日,美国最高法院做出判决,各州有权按照其本州的法律对全国性的银行实行监管,即便州政府执法与联邦政府在此领域的执法有重叠之处。[2]

(二) 证券交易委员会

在美国的各类证券监管机构中,证交会的曝光程度和知名程度最高。对于证交会执法的成功与否,美国分为两派:一派认为好得很,一派认为糟得很。戴维·拉特纳教授和托马斯·哈森教授对美国证交会的评价颇高:"证交会成立60多年后,仍然能够发挥职能,并没有被行业俘虏,没有被官僚机构拖垮,没有因为重大丑闻而声誉扫地,而且业内外出于公心而关注证券市场的知识分子仍然寄希望于证交会。这本身就是对这一独特监管机构的设计者和使之运行者的颂扬。"[3]金融危机之前,两位教授持这种观点,而在金融危机之后,两位教授仍然持同样的观

---

[1] 2014年,芝加哥美国联邦检察官办公室设立了一个部门,专门负责证券和大宗产品期货的欺诈案。Gregory Meyer and Neil Munshi, "Chicago prosecutor gets tough on spoofing", *Financial Times*, October 9, 2014, p. 1.

[2] Cuomo v. Clearing House Assn., 510 F. 3rd 105. 这主要是因为资本市场联邦政府没有管好,这点不容否认,也没有人否认,联邦监管机构自己也不否认——如果监管得好,就不会有规模如此之大的金融危机了。所以才给了州政府以可乘之机,所以美国最高法院的大法官不便吓退州政府。

[3] David L. Ratner and Thomas Lee Hazen, *Securities Regulation*, St. Paul: West Group, 1996, p. 10.

点,其论述一字未改,[1]令人十分称奇:证交会果真监管得好,就不应该发生金融危机了。

但也有截然相反的观点。哈佛大学法学院前教授、参议员伊莉莎白·华伦指示其办公室编撰并公布了一份报告:《被操纵的司法:2016年,软弱执法如恶化如何让公司违法犯罪分子轻易逃脱惩罚》(下称《被操纵的司法》)。[2]该报告全盘否定美国证券监管机构的执法工作,全盘否定证交会的执法工作。

"证券交易委员会(下称'证交会')尤其弱,经常不能用全其执法工具箱。证交会不仅未能追究,而且经常使用起诉自由裁量权,放弃追究大公司责任,结果这些大公司得以继续享有特权,尽管这些大公司经常是一再有不当行为,按照法律已经不能再享有这些特权。"[3]

伊莉莎白·华伦(Elizabeth Warren)是消费者金融保护局之母,最先提出设立一个独立的金融消费者保护机构的设想,但在华尔街的竭力阻挠下,美国只设立了消费者金融保护局(The Consumer Financial Protection Bureau),由财政部领导。奥巴马总统屈服于华尔街及其代理人的压力,拒不任命华伦为该局首任局长。[4]华伦与奥巴马决裂,弃教从政,在竞选中胜出,当选为美国参议员。华伦在美国的呼声很高,不少人曾希望她能够代替希拉里,作为民主党的总统候选人参加美国大选。美国设立金融消费者保护局之后,我国也在人民银行、银监会、证监会和保监会内分别设立了金融消费权益保护局、消保局、投资者保护局和保险消费者权益保护局。至少从形式上看,我国金融监管机构在很多方面是以美国为师的。

(三)美国行政和解的失败

《被操纵的司法》指出,美国证券监管执法的要害问题是:任凭违法高管逍

---

[1] David L. Ratner and Thomas Lee Hazen, *Securities Regulation*, St. Paul: West Group, 2009, p. 11.

[2] Office of Senator Elizabeth Warren, "Rigged Justice: 2016, How Weak Enforcement Lets Corporate Offenders Off Easy", January 2016, 详见 www.warren.senate.gov/files/documents/rigged_justice.2016.pdf, 访问日期:2016年1月31日。

[3] Office of Senator Elizabeth Warren, "Rigged Justice: 2016, How Weak Enforcement Lets Corporate Offenders Off Easy", January 2016, p. 1, 详见 www.warren.senate.gov/files/documents/rigged_justice.2016.pdf, 访问日期:2016年1月31日。

[4] Ron Suskind, *Confidence Men*, New York: Harper, 2011, pp. 4~8.

遥法外；经常与公司达成刑事和解和民事和解，而且不要求公司承认有错。[1]美国大公司被告中，外国公司支付的罚款高于美国公司：外国公司平均缴纳罚款3500万美元，而美国本国公司平均缴纳罚款470万美元。[2]

1. 降低监管成本

行政和解可以降低监管成本，至少这是美国实行行政和解的理由之一。美国的律师非常强势，其中有很多政府前高官与证交会有千丝万缕的联系，证交会执法经常投鼠忌器，不能不考虑这层关系。美国还有陪审团制，诉讼费时耗力，势必对证交会形成很大牵制。我国的情况大不相同，证监会的权威远比美国证交会的要高，而且我国的行政复议和行政诉讼的成本远低于美国，引进行政和解的优点似乎并不明显。

2. 不利于投资者索赔

从美国的经验看，现实中行政和解扩大了监管机构的自由裁量权。证交会经常与美国的大型金融机构达成和解，而且有很大的随意性，有利于大型金融机构逃避其对投资者的责任。证交会与金融机构达成和解，后者既不承认过错，也不否认过错。这就增加了投资者通过诉讼索赔的难度：如果证交会认定金融机构有过错，或金融机构承认自己有过错，则民事诉讼中，投资者无需再就违法部门举证，大大增加了投资者胜诉的机会。相反，证交会与违法违规的金融机构和解，但后者拒不认错，中、小投资者受财力限制，取证非常困难，也无法维持旷日持久的诉讼。美国虽有集团诉讼和胜诉收费制，但集团诉讼受到多种限制（见本书

---

[1] "按照目前的执法方式，公司罪犯规避对不当行为的真正惩罚已成家常便饭，尽管法律并不含糊：如果公司违反了法律，公司内部的个人势必也违反了法律。如果公司被指控有错，公司内计划批准或采取行动的人也受到指控。但在公司违法的案件中，联邦执法机构——尤其是司法部——很少试图起诉个人。事实上，联邦机构很少试图在法院给大公司或其高管定罪。相反，他们同意与公司达成刑事和解和民事和解，很少要求承认有错，他们允许高管逍遥法外，不负任何个人责任。" Office of Senator Elizabeth Warren, "Rigged Justice: 2016, How Weak Enforcement Lets Corporate Offenders Off Easy", January 2016, p. 1, 详见 www.warren.senate.gov/files/documents/rigged_justice.2016.pdf, 访问日期：2016年1月31日。证交会诉美国银行案便是一例。2008年金融危机期间，美国银行以500亿美元收购美林，同意美林向其员工支付58亿美元的奖金（大约是收购款的12%），但向投资者隐瞒了这一重大信息。证交会与美国银行就美国银行的违规行为达成和解，美国银行支付3300万美元，但不否认过错，也不承认过错。但审理该案的联邦地区法官不认可该和解，理由是该和解协议不公平、不合理、不充分，也不符合公共利益。法官明确指出："和解判决提议并不充分。正如所提出的那样，禁止令救济于事无补。如果从违法的情况看，罚款力度不够，虚假陈述影响到数百亿美元的并购，3300万美元的罚款。" SEC v. Bank of America, 653F. Supp. 2d 507. 尽管联邦地区法院的判决最后被巡回上诉法院推翻，但该判决意见显示了行政和解的问题。

[2] Brandon L. Garrett, *Too Big to Jail*, London: Harvard University Press, 2014, p. 15.

第二十一章），而如果无法进行集团诉讼，则胜诉收费也名存实亡，因为原告人数有限，索赔金额有限，胜诉后律师无法从赔偿中提成丰厚的回报。从这个意义上说，和解对投资者不利。我国也有类似问题。我国投资者就索赔提起诉讼时，必须满足前置条件，即，被告已经被法院认定有刑事责任或者受到证券监管机构的行政处罚。若证监会与被告达成和解，投资者便无法在法院提出起诉。

3. 和解："被遗忘的犯罪"

弗吉尼亚大学法学院教授布兰登·L. 加勒特在其所著《大到免除徒刑》一书中，对起诉公司犯罪的分析结果是，检察官大多是与公司被告谈判，讨价还价，结果大多是公司承认过错并认罚，并承诺进行结构改革。但此类改革大多界定含糊，罚款也比想象的要少。[1]安达信案中控辩双方两败俱伤后，美国检察官更倾向于使用"暂缓起诉"。[2]美国检察官对大公司进行刑事调查，通常与相关大公司达成暂缓起诉或不起诉协议，公司只需缴纳很低的罚款，而且其中47%的公司不缴纳任何罚款。美国政府并不公布任何犯罪公司的名单，也没有联邦检察官暂缓起诉或不起诉协议的正式清单。总之，对于大公司是从轻处理。[3]解释这种现象时，布兰登·L. 加勒特教授引用了法国作家巴尔扎克的小说《高老头》中的一段话："巨额财富的来路如果没有显明的解释，其秘密就是有被遗忘的犯罪——提醒你，因为处理得当，所以被遗忘了。"[4]

4. 法人刑事责任

追究公司责任是有争议的，因为公司并非自然人，犯罪中的主观故意要件难以成立。历史上英国大法官爱德华·特洛就说过："既没有灵魂可以谴责，又没有躯体可以踏上一脚。"[5]1909年，在纽约中央和哈德逊河铁路诉美国案[6]（"中央案"）的判决意见中，美国最高法院首次认定，可以起诉公司犯有联邦法规定的罪行。该判决的依据是"让主人负责"（英语"master-servant"，拉丁语"respondeat superior"）规则。根据该规则，如果雇员的过错发生在其工作范围内，而且多少有益于雇主，则雇主必须对雇员的过错负责。根据纽约中央案的判

---

[1] Brandon L. Garrett, *Too Big to Jail*, London: Harvard University Press, 2014.

[2] Brandon L. Garrett, *Too Big to Jail*, London: Harvard University Press, 2014, p. 13.

[3] Brandon L. Garrett, *Too Big to Jail*, London: Harvard University Press, 2014, p. 7.

[4] Honore de Balzac, *Le Pere Goriot*, New York: W. W. Norrron, 1835, p. 124.

[5] John C. Coffee, "'No Soul to Damn: No Body to Kick': An Unscandalized Inquiry into the Problem of Corporate Punishment", *Michigan Law Review* 79 (1981), 386.

[6] New York Central & Hudson River Railroad v. United States, 212 U. S. 481 (1909).

例，主人或公司可以很好地监督起雇员，以阻止违法行为。[1]

（四）监管执法不严的危害

《被操纵的司法》还指出了美国证券监管执法不严的危害性：

"如果正义意味着青少年偷车会被判徒刑，而首席执行官暗中设局，盗得数十亿美元，但只不过是对其侧面而视，那么法律面前人人平等的承诺便成为谎言。对于人人皆知的滔天罪行不加起诉……会对我们法律面前人人平等的共同信仰产生腐蚀性的影响。"[2]

---

[1] New York Central & Hudson River Railroad v. United States, 212 U.S. 481 (1909).

[2] Office of Senator Elizabeth Warren, "Rigged Justice: 2016, How Weak Enforcement Lets Corporate Offenders Off Easy", January 2016, p.1, 详见 www.warren.senate.gov/files/documents/rigged_justice.2016.pdf, 访问日期：2016年1月31日。

第二十章

公司治理

一、概要

公司治理事关股权斗争。公司法主要涉及公司的权力斗争，证券法下的公司治理仍然是权力斗争，是股东制约公司高管以及高管反制约的斗争。就公司治理而言，证券法规制发行证券的公司，公司法规制非上市公司。但两者并不完全分开：一些国企上市公司的母公司为非上市公司，作为上市公司的母公司，既适用公司法，也适用证券法。

公司治理是公司法和证券法交织的领域。我国上市公司治理有些规则与《公司法》的内容完全相同。《上市公司治理准则》第33条与《公司法》第147条几乎完全相似，都要求董事对公司尽忠实义务和勤勉义务。公司治理最初是由公司法主导的领域，但逐渐被证券法蚕食。

公司治理涉及公司上市后的持续披露（相对首次公开发行的披露而言）。证券监管机构有许多规则，或要求公司进行相关披露，或要求公司决策过程遵守特定的程序，或对公司的业务做出具体要求。因此，公司治理也是合规：符合各种成文或不成文的监管要求。公司治理内容繁杂，但主要涉及员工持股、公司分红、公司内控、企业内部控制问题。证券的定义可以涵盖证券发行的诸多问题，公司治理则涵盖了公司上市后的诸多问题。

理论上，公司治理是要保护中小投资者和通过内部控制来防范公司的风险。但在实践中，公司董事、监事和高管借助公司治理规避其法律责任。其他法律也大致如此：法律的隐蔽目标与公开目标正好相反。

二、法律法规

1. 《上市公司治理准则》（证监发〔2002〕1号）
2. 《上市公司股东大会规则》（证监会公告〔2016〕22号）
3. 《关于在上市公司建立独立董事制度的指导意见》（证监发〔2001〕102号）
4. 《上市公司章程指引》（证监会公告〔2016〕23号）
5. 《上市公司监管指引第3号——上市公司现金分红》（证监会公告〔2013〕43号）
6. 《证券公司合规管理试行规定》（证监会公告〔2008〕30号）
7. 《关于上市公司实施员工持股计划试点的指导意见》（证监会公告〔2014〕33号）
8. 《上海证券交易所上市公司董事会秘书管理办法（2015年修订）》（上证发〔2015〕40号）
9. 《深圳证券交易所上市公司董事会秘书及证券事务代表资格管理办法》（2008年12月3日发布）

三、公司治理的目的、性质、范畴和国别性

（一）公司治理的目的

公司治理在我国和美国都被提到很高的高度，监管机构和部分学者对公司治理期许甚多，理由是"公司治理机制或'制衡'可以提高公司的业绩"。[1]证监会在《上市公司治理准则》中规定，公司治理的目的是"完善现代企业制度，规范上市公司运作，促进我国证券市场健康发展……"

对于证券公司、银行等金融类上市公司来说，防范风险是公司治理的重点。《证券公司治理准则》[2]规定，证券公司的治理目的是"促进公司规范运作，保护公司股东、客户及其他利益相关者的合法权益……"[3]但现实中，公司治理并没有实现其目的，否则2008年美国就不会发生金融危机，我国股票市场也不会长期低迷。公司治理旨在防范风险，但公司陷入危机之后，公司治理的规范性做法并不能够帮助公司摆脱困境，公司高管需要当机立断，不能按部就班，循规蹈

---

[1] Violaine Cousin, *Banking China*, second edition, Palgrave Macmillian, 2011, p.198.
[2] 证监会公告〔2012〕41号。
[3] 《证券公司治理准则》第1条。

矩。这就如同在战争或其他紧急状况下，政府时常减少对个人权利的保护。非常之时需要非常之举。

公司治理对于不同的人有不同的含义。基金和证券公司强调上市公司的信息披露，多多益善。这是因为基金管理公司的分析师需要撰写各种报告，并根据这些报告为投资者出谋划策，有时直接向其客户提供此类报告。所以基金就需要上市公司的各类信息，撰写报告的分析师才有用"武"之地，否则是巧妇难为无米之炊。至于此类报告是否真的有助于投资回报，则另当别论了。

（二）公司治理的形式

公司治理是一种形式，主要体现在公司的决策程序、风险程序以及信息公开等方面。

1. 持续信息公开

公司治理仍然是披露，是《证券法》第二章第三节所要求的"持续信息公开"。上市公司和公司债券上市交易的公司，应当向证券监管机构和证券交易所提交中期报告和年度报告，并予以公告。[1]中期报告披露的内容包括：财务会计报告和经营情况；重大诉讼；已发行的股票、公司债券变动；股东大会审议的事项等。[2]年度报告披露的内容包括：公司概况；财务会计报告和经营情况；董事、监事、高级管理人员简介及其持股情况；已发行的股票、公司债券的情况，包括持有公司股份最多的前十名股东的名单和持股数额；以及公司的实际控制人等。[3]上市公司董事、高级管理人员应当对公司定期报告签署书面确认意见。[4]

2. 合规

持续披露主要是公司财务信息的披露，所以必须借助会计师事务所完成。证监会也就此发布了很多规定，其中包括：《上市公司信息披露管理办法》[5]《关于上市公司聘用、更换会计师事务所（审计师事务所）有关问题的通知》[6]《关于进一步提高上市公司财务信息披露质量的通知》[7]《关于做好与新会计准则相关财务会计信息披露工作的通知》[8]《关于上市公司立案稽查及信息披露有关事

---

[1] 《证券法》第65条、第66条。
[2] 《证券法》第65条。
[3] 《证券法》第66条。
[4] 《证券法》第68条第1款。
[5] 证监会令第40号，2007年。
[6] 证监会字［1996］1号。
[7] 证监会计字［2004］1号。
[8] 证监发［2006］136号。

项的通知》[1]《关于规范上市公司信息披露及相关各方行为的通知》[2]《关于发行境内上市外资股的公司审计有关问题的通知》[3]。因此，公司治理也是合规工作，遵守监管部门制定的各种规定。

3. 向监管机构披露

证券法的信息披露既是向投资者披露，也是向监管机构披露，两者可以是重叠披露，也可以是先后披露或分别披露。持续信息公开也是如此。如果发生可能对上市公司股票交易价格产生较大影响的重大事件，向投资者披露之前，上市公司先向证券监管机构和证券交易所报送临时报告、说明事件的起因、目前的状态和可能产生的法律后果。[4]

重大事件包括：经营方针和经营范围的重大变化；重大投资行为和重大购置财产的决定；订立重要合同，可能对公司的资产、负债、权益和经营成果产生重要影响；公司发生重大债务和未能清偿到期重大债务的违约情况；公司发生重大亏损或者重大损失；生产经营的外部条件发生的重大变化；董事、三分之一以上监事或者经理发生变动；持有5%以上股份的股东或者实际控制人，其持有股份或者控制公司的情况发生较大变化；公司减资、合并、分立、解散及申请破产的决定；涉及公司的重大诉讼，股东大会、董事会被依法撤销或者宣告无效；公司涉嫌犯罪被司法机关立案调查，公司董事、监事、高级管理人员涉嫌犯罪被司法机关采取强制措施；以及证券监管机构规定的其他事项。[5]

4. 国企国资委授权的事项

国有企业的合规是重大事项请示国资委。2016年，国资委对中粮集团董事会进行了18项授权。国资委对资产处置的授权包括：公司内部企业之间的产权无偿转划；通过产权市场转让国有产权，子企业增资，公司及子企业重大资产处置事项；在法律法规和国资监管的比例或数量范围内，增减持上市股份事项；不涉及控股权变动的情况下，上市公司股份的协议受让等。[6]

反过来，尚未获得授权的国有企业必须就相关事宜请示国资委。此外，18项授权之外的事项，仍然由国资委决定。

---

[1] 证监发[2007]111号。
[2] 证监公司字[2007]128号。
[3] 证监会计字[2007]30号。
[4] 《证券法》第67条。
[5] 《证券法》第67条。
[6] 江聃："中粮董事会获国资委18项改革授权"，载《证券时报》2016年7月30日，第A1版。

(三) 股权斗争

公司治理的要害是股权斗争。公司治理涉及股东之争以及股东与高管之争。大股东与小股东之争是股权斗争,同股不同权是股权斗争,独立董事也是股权斗争。股权斗争传统上由公司法规制,但现在已成为公司法和证券法共同规制的领域。

(四) 证券法蚕食公司法

公司治理就是证券法与公司法重叠,或是说证券法蚕食公司法。例如,我国《公司法》只就公司董事[1]做出了规定,并没有提到独立董事,独立董事制度是证监会以部门规章形式推出的制度。[2]我国证券法的有些公司治理规则的内容与《公司法》的内容完全相同。再比如,《上市公司治理准则》第33条与《公司法》第147条几乎完全相同,都要求董事对公司尽忠实义务和勤勉义务。[3]

公司治理由美国传入我国,而在美国也是证券法蚕食公司法。例如,按照证交会的规定,即便股东提案在股东大会上没有通过,在下次股东大会上,公司仍然需要将提案交付表决,除非过去五年中,提案被97%以上的票数否决。特拉华州最高法院首席大法官利奥·E.斯特林就此在《哥伦比亚大学法学评论》发表文章。他表示,证交会的做法"酷似齐奥塞斯库操纵投票"。[4]斯特林大法官如此敌视证交会,就是因为证交会蚕食了特拉华州法院的势力范围。传统上公司治理属于公司法范畴,相关诉讼由州法院审理。但证交会依据国会的制定法,推出

---

[1] 《公司法》第四章、第六章。

[2] 《关于在上市公司建立独立董事制度的指导意见》(证监发[2001]102号)。

[3] 《上市公司治理准则》第33条规定:"董事应根据公司和全体股东的最大利益,忠实、诚信、勤勉地履行职责。"《公司法》第147条几乎完全相同。《公司法》第147条则规定:"董事……应当……对公司负有忠实义务和勤勉义务。"

[4] Leo E. Strine. Jr, "Can We Do Better by Ordinary Investors? A Pragmatic Reaction to the Dueling Ideological Mythologists of Corporate Law", *Columbia Law Review*, Vol. 114, 2 (2014), p. 489. 不管斯特林的观点是否有道理,把证交会比作齐奥塞斯库,而不是居中裁判的法官。齐奥塞斯库在罗马尼亚国内是很有争议的人物,在西方明确被定性为暴君,证交会似乎并不能与齐奥塞斯库相提并论。美国是一个充满神话的国度,而司法独立和资本市场又是神话中的神话。美国法官被奉为神明,世界上很多人都相信:这批智叟们不仅秉公断案,而且修身极严,谨言慎行,不仅事实上公正,而且看上去也公正。但从斯特林的表现看,美国的法官神话值得怀疑,盛名之下,其实难副。斯特林并没有谨言慎行,而是使用了煽动性的过激语言。学者大多标榜自己特立独行,尽管他们经常为势力集团代言。但学者大多是书生,不过坐而论道而已,所以各方对其言论也就姑妄听之。而法官通常谨言慎行,轻易不在司法程序之外发表言论。这是因为从理论上说,法官应当保持中立,放言纵论,势必使人怀疑其中立性,进而影响法官和法院的公信力。再者,法官可以在其判决书中充分表达自己的观点,无需公开发表激烈言论。美国法官令人失望,那么接下来就有理由问,由美国法官保护的美国证券市场是否也会是盛名之下,其实难副。

具体规则，将公司法的问题转换为证券法的问题，由此产生的诉讼转而由美国联邦法院审理。斯特林大法官以正确路线代表自居，但他与证交会的矛盾不仅是路线之争，更是地盘之争，是州政府与联邦监管机构之间的地盘之争。[1]

（五）公司治理的范围

公司治理包罗万象，几乎所有证券法和公司法的问题都可以被视为公司治理的问题，其中包括：股权治理、独立董事和高管薪酬（是股权治理下面的子问题）以及公司社会责任。[2]

公司治理主要是指上市公司的治理，但公司债券上市交易的公司[3]以及非上市的公众公司也有类似的挑战，也属于《证券法》制约的范畴，证监会也发布了《关于加强非上市公众公司监管工作的指导意见》[4]。各类上市公司的公司治理不尽相同，主要分为证券公司上市公司的公司治理和其他类型上市公司的公司治理。证券公司等金融类的上市公司的业务复杂，风险很大，难以控制，而证券公司的倒闭有可能引发系统性风险。证监会就证券公司的公司治理还专门制定了规定[5]（见第十五章）。某些非上市公司的大股东为大型国有企业，此类非上市公司的股东治理与上市公司的股东治理有重叠和互动的关系。证券法范畴下的公司治理的规定适用于上市公司，非上市公司的公司治理则由《公司法》规制。

（六）公司治理的效果

某些商业机构提供了公司治理的评级，但此类评级也受到质疑。[6]从结果

---

[1] 斯特林大法官以正确路线代表自居，但实际上特拉华州的公司法和公司法实践也并非善举。斯坦福大学法学院的劳伦斯·弗里德曼教授在其论著中就指出："如果企业认为自己所在州的法律过严，那么新泽西州愿意迁就，之后特拉华州也愿意迁就。" Lawrence M. Friedman, *A History of American Law*, New York: Simon & Schuster, 1985, p.410. "19世纪末，20世纪初，特拉华州特意通过了宽松的公司法，到该州注册的公司纷至沓来，如蜜蜂逐蜜。" Lawrence M. Friedman, *American Law*, New York: W. W. Norton & Company, 2004, p.132.

[2] Walter A. Effross, *Copporate Governance*, New York: Wolters Kluwer, 2013, pp. 501~583.

[3] 《证券法》第65条。

[4] 证监会公告 [2015] 13号。

[5] 中国证券监督管理委员会：《现行证券期货法规汇编》，法律出版社2011年版，第20~21页。

[6] "GMI会计和治理风险"评级，对18 400家公司（其中7400家北美公司）评级，反映了会计和治理方面的做法，有关风险涉及证券集团诉讼、财务报表、证交会执法、破产"以及其他可能导致股权价值迅速减少的其他事件"。GMI Ratings, "GMI Analyst Fact Sheet" (Oct. 2012), 详见 www 3. gmiratings. com/wp-content/uploads/2012/10/GMIRatings_ GMAIAnalystFactShett. pdf. 标准普尔提供"标准、管理、问责、度量和分析"，其依据为标准普尔对公司高管和主要股东进行的访谈以及公司提供的文件。相关标准涉及的内容包括：所有权的影响；股东权利；透明度、风险管理；公开披露；审计

看，公司治理在其原产国美国完全失败。安然公司的破产是美国上市公司财务造假问题的冰山一角，是公司治理失败的标志之一。2008年美国发生金融危机，证明美国银行、投资公司等大型金融机构的公司治理彻底失败。公司治理向美国取经，无异于笑谈，而且是灾难。

我国公司治理的历史不长，但我国开展过整治"一股独大"的运动和推广独立董事的运动。今天"一股独大"格调如旧，独立董事仍然不独立，但我们已经习以为常，安之若素。我们的兴奋点已经转移他处。

证券市场越是百病缠身，越是需要"正能量"，越是需要动听的辞藻和概念，以混淆视听，转移注意力，否则其自身存在的正当性便会受到质疑。证券市场提供赌博机会，成为通货膨胀的策源地，洗劫中产阶级，扩大贫富不均。可以说，公司治理的宣传带有宗教布道色彩。

但必须承认，公司治理为律师提供了很多机会，也为学者撰写论文提供了话题和素材，公司治理的概念和法律也有助于描述上市公司的存在方式。从华尔街银行高管的角度看，美国式公司治理是成功的范例：2008年金融危机之后，美国政府没有追究华尔街任何高管的刑事责任或民事责任。

（七）公司治理的国别性

公司治理的法律和实践具有很强的国别性。德国上市公司持股集中，主要由大银行和保险公司、国家和其他公司或家族成员持有。[1]公司的利益相关方包括公司股东、员工和社区，董事会和监事会必须兼顾其利益。[2]日本上市公司交叉持股，银行持有公司大量股票。[3]1990年代以来，日本上市公司开始任命外部董事。[4]外部董事包括母公司和姐妹公司的雇员。修改后的日本《公司法》2003年

（接上页）程序；董事会的组成、有效性和薪酬。公司可以自行决定是否同意标准普尔公布相关内容或要求其对相关内容保密。公司治理评级有助于公司高管表明其履行了自己的责任，但相关标准过于简单化，没有一个指数能够说明问题。更严重的是，有些公司治理评级机构变相收费，而且公司只要交纳15 000美元，就可以提高其公司治理的评级分数。Stephen J. Choi & Jill E. Fisch, "How to Fix Wall Street: A Voucher Financing Proposal for Securities Intermediaries", 113 *Yale L. J.* 269, 298 (2003).

[1] Walter A. Effross, *Corporate Governance*, New York: Wolters Kluwer, 2013, pp. 240~241.

[2] Walter A. Effross, *Corporate Governance*, New York: Wolters Kluwer, 2013, p. 588.

[3] Makoto Toda & William McCarty, "Corporate Governance Changes in the Two Largest Economies: What's Happening in the U. S. and Japan?", 32 *Syracuse J. Int'L. & Com*, 189, 200~202 (2005).

[4] Ronald J. Gilson & Curtis J. Milhaupt, "Choice as Regulatory Reform: The Case of Japanese Corporate Governance", 53 *Am. J. Comp. L.* 343, 3458~349 (2005).

生效，允许公司股东指定会计师事务所审计公司的财务报表和合规情况，[1]公司也可以选择设立"重大资产委员会"，决定如何处置公司的重大资产。[2]欧洲某些国家注重男女平等，立法形式明确规定，其上市公司董事会成员中妇女的人数必须达到一定比例。[3]

公司治理在美国有其特殊含义或结果，即联邦法蚕食公司法。美国是联邦制国家，各州有其自己的公司法和证券法。美国没有联邦公司法，相关事宜最初由各州的公司法规制。证券市场大多适用联邦证券法，联邦证券法又蚕食了传统上各州公司法规制的领域。美国公司治理的另一特点是借助独立董事制度，以独立董事薪酬的方式向美国政治精英传输利益，以实现精英阶层的利益均沾。

我国的国有上市公司在公司治理方面也有其独特性。国有企业在我国经济中地位十分重要，上市公司中国有企业占很大比例，我国公司治理的法律法规和实践也体现了这一特点。我国许多上市公司的控股实体是由国家拥有或控制的，[4]国家对国有上市公司的治理发挥关键作用。[5]

我国古典绘画是散点透视，画面不是从一个角度透视，而是从散点同时俯视、仰视或侧视景物。散点透视反映了中国文化的特点：重结果，轻逻辑。这一特点也反映在我国上市公司治理的相关法律规定和法律实践中。上市公司既有监事，又有独立董事，分别从德国和美国引进，有神农尝百草的精神，似乎不达目的誓不罢休。我们这个民族讲究实用，正面说是务实，反面说是随意，立法方面也比较随意，经常轻易引入各种法律原则和概念。

---

〔1〕 Peter Lawley, "Panacea or Placebo? An Empirical Analysis of the Effect of the Japanese Committee System Corporate Governance Law Reform", 9 *Asian-Pac. L. & Pol'y J.* 105, 109 (2007).

〔2〕 Makoto Toda & William McCarty, "Corporate Governance Changes in the Two Largest Economies: What's Happening in the U.S. and Japan?", 32 *Syracuse J. Int'L. & Com*, n.17, at 205 (2005).

〔3〕 证券市场违法违规的女性人数之所以比较少，有可能是因为担任要职的女性人数少，一旦大批女性担任要职，她们中间也会涌现出大批的违法违规者。但即便如此，从男女平等的角度出发，增加董事会中女性成员的人数，有助于促进证券行业的男女平等。证券行业也存在歧视妇女的问题。根据英国《金融时报》对理财行业的调查，五分之一的女员工受到来自领导、客户和同事的性骚扰。Chris Newlands and Madison Marriage, "Sexist abuse from bosses and clients plagues women across fund industry", *Financial Times*, December 1, 2014, p.13.

〔4〕 Donald C. Clarke, "The Independent Director in Chinese Corporate Governance", 31 *Del. J. Corp. L.* 125, 139 (2006).

〔5〕 十八大之后，中共中央纪律委员会组织巡视组，其巡视对象包括中央国有企业，如南方航空公司、中国联通和中国石油化工集团。这些企业或为上市公司，或为上市公司母公司。王姝："中央将巡视中石化、联通等13单位"，载《新京报》2014年11月19日，第A08版。

四、股权治理

股权治理就是股东之间争权夺利,也是股东与管理层之间争权夺利。[1]对此,也有学术性的正面表述:"公司治理事关确保公司管理人员的利益能够符合股东利益的法律机制或其他机制。"[2]

(一)股东大会

股东大会是公司的权力机构,[3]上市公司的许多重大事项必须由股东大会决定。证监会就此发布了《上市公司股东大会规则》,其中的一些重要内容照搬《公司法》的相关条款。证监会发布的《上市公司章程指引》中也有相关内容。从理论上说,《上市公司章程指引》是参考性的,上市公司无需全文照搬。但实践中很多上市公司全部采纳或基本采纳《上市公司章程指引》的内容。证监会也借助《上市公司章程指引》,温柔地补充或更改了《公司法》的内容。

需要股东大会批准的事项。《公司法》要求股东大会审议批准或作出决议的事项:选举和更换非由职工代表担任的董事、监事,决定董事、监事的报酬事项;审议批准公司的利润分配方案和弥补亏损方案;公司增加或者减少注册资本、公司发行债券、公司合并、分立、解散、清算或者变更公司形式;[4]发行可转换为股票的公司债券。[5]《上市公司股东大会规则》要求股东大会审议批准或作出决议的事项:派现、送股或资本公积转增股本。[6]《上市公司章程指引》要求股东大会审议批准或作出决议的事项:股权奖励计划;公司一年内购买、出售重大资产超过公司最近一期经审计总资产30%的事项;变更募集资金用途事项。[7]《上市公司章程指引》还细化了《公司法》中关于股东批准公司担保的规定。[8]

---

[1] 证监会发言人指出,万科股东管理层"通过各种方式激化矛盾,置资本市场稳定于不顾,置公司广大中小股东利益于不顾,严重影响了公司的市场形象及正常生产经营,违背了公司治理的义务。就此,证监会对万科相关股东与管理层表示谴责"。马婧妤:"证监会谴责万科相关股东及管理层",载《上海证券报》2016年7月23日,第1版。

[2] John Lowry and Arad Reisberg, *Pettet's Company Law*: *Company Law & Corporate Finance*, London: Pearson, 2012, p.41.

[3] 《公司法》第98条。

[4] 《公司法》第37条。

[5] 《公司法》第161条。

[6] 《上市公司股东大会规则》第44条。

[7] 《上市公司章程指引》第40条。

[8] 《上市公司章程指引》第40条和第41条。

授权委托书。《上市公司股东大会规则》第 31 条规定:"公司董事会、独立董事和符合相关规定条件的股东可以公开征集股东投票权。征集股东投票权应当向被征集人充分披露具体投票意向等信息。"股东可以委托代理人出席股东大会会议,代理人向公司提交授权委托书,并在授权范围内行使表决权。[1]

征集授权委托书在美国时常引发诉讼,事关公司并购时更是如此。我国《公司法》第 22 条第 2 款也有相应规定:"股东会或者股东大会、董事会的会议召集程序、表决方式违反法律、行政法规或者公司章程,或者决议内容违反公司章程的,股东可以自决议作出之日起六十日内,请求人民法院撤销。"《上市公司股东大会规则》第 46 条第 3 款基本照抄《公司法》第 22 条第 2 款的相关内容。

股东大会的召集。"单独或者合计持有公司 10% 以上股份的股东有权向董事会请求召开临时股东大会,并应当以书面形式提出。"[2]董事会和监事会可以召集股东大会。[3]

提案权。"单独或者合计持有公司百分之三以上股份的股东,可以在股东大会召开十日前提出临时提案。"[4]《上市公司股东大会规则》第 7 条规定,"独立董事有权向董事会提议召开临时股东大会"。但《公司法》中没有相应的规定,甚至都没有提到独立董事。

(二) 一股独大

一股独大是指上市公司的大股东将公司为己所用,损害其他股东利益。大股东是指拥有上市公司控制权的股东。《上市公司收购管理办法》规定,以下情形为拥有上市公司的控制权:实际支配 50% 以上的控股股东;实际支配股份表决权超过 30%;实际支配股份表决权能够决定董事会半数以上成员选任;依其可实际支配的股份表决权足以对公司股东大会的决议产生重大影响。[5]

一股独大长期困扰我国上市公司,其极端表现就是大股东占用上市公司资金。证监会、公安部、人民银行、国资委、海关总署、税务总局、工商总局和银监会联合发布《关于进一步做好清理大股东占用上市公司资金工作的通知》[6]

---

[1] Madison Marriage, "SEC seeks investor reviews on 'shocking' audit market", *FTfm*, June 15, 2015, p. 2.
[2] 《上市公司股东大会规则》第 9 条。
[3] 《公司法》第 102 条第 3 款,《上市公司股东大会规则》第 14 条。
[4] 《公司法》第 101 条第 4 项和第 5 项,《上市公司股东大会规则》第 4 条、第 6 条和第 8 条。
[5] 《上市公司收购管理办法》第 84 条。
[6] 证监发〔2006〕128 号。

（下称《清理大股东占用资金的通知》）。该通知提出："大量存在的大股东占用上市公司资金的行为……侵犯了上市公司法人财产权的完整性……是导致部分上市公司连续亏损直至退市的主要原因……是严重损害公司和广大中小股东权益的违法犯罪行为。"[1]《清理大股东占用资金的通知》提出，需要建立长效管理机制，防止"前清后欠"。[2]

一股独大的问题还表现为，上市公司成为单一股东融资平台。2016年8月18日，保监会主席项俊波公开表示，绝不让保险公司成为单一股东融资平台。[3]

独立董事的问题也被归咎于大股东。"独立董事主要由公司大股东来进行提名，出于方便沟通考虑，大股东通常提名自己人，这样，难以避免地会造成独立董事同上市公司之间存在着千丝万缕的联系，不利于独立董事独立发表意见。"[4]

（三）混合所有制

混合所有制改革也影响到部分上市公司的股权治理。《国务院关于国有企业发展混合所有制经济的意见》[5]第6条提出，对国有企业集团公司二级以下企业，以研发创新、生产服务等实体企业为重点，引入非国有资本、加快技术创新、管理创新、商业模式创新，合理限定法人层级。明确股东的法律地位和股东在资本收益、企业重大决策、选择管理者等方面的权利，股东依法按出资比例和公司章程规定行权履职。

（四）双重股权结构

双重股权结构（dual share class）是指上市公司同股不同权。在美国上市的公司，某些股东所持股票的投票权远高于其他股东所持股票的投票权，可以任命更多的董事。[6]很多硅谷企业上市时选择了双重股权结构，以便少数身兼高管的个别股东可以牢牢掌握公司的领导大权。

很多司法辖区的法律规定，上市公司同股同权。我国《公司法》规定同股同权，即"同种类的每一股份应当具有同等权利"。[7]我国《公司法》特别强调，

---

[1]《清理大股东占用资金的通知》第1条。

[2]《清理大股东占用资金的通知》第4条。

[3] 贾福斌："项俊波：绝不让保险公司成为单一股东融资平台"，载《证券时报》2016年8月19日，第A7版。

[4] 中国上市公司协会：《上市公司独立董事履职指引》，江苏人民出版社2014年版，序1。

[5] 国发〔2015〕54号。

[6] Violaine Cousin, *Banking China*, Second Edition, Palgrave Macmillian, 2011, p. 198.

[7]《公司法》第126条。

"股份的发行，实行公平、公正的原则……"[1]香港特别行政区也要求上市公司同股同权。阿里巴巴为获得双重股权结构，选择到美国上市，[2]少数创始人得以借此保持其对该公司的控制权。[3]

但双重股权结构在美国曾经有过废存之争。20世纪20年代，上市公司的双重股权在美国十分普遍。1929年股市崩溃之后，双重股权逐渐淡出，但20世纪80年代又死灰复燃。证交会随即制定19C-4规则，试图将其扼杀。但在商业圆桌组织诉证交会案判决意见[4]中，美国华盛顿特区联邦法院宣布该规则无效，理由是证交会在公司治理方面越权，其规则"远远超出了披露事项……公司治理的这部分内容传统上由各州管理"。[5]换言之，因为双重股权结构属于公司法范畴，所以应当由各州的公司法制约。但美国法官并没有评判双重股权结构本身的得失。[6]证交会与美国各证券交易所达成妥协：已经在公司挂牌的公司不得选择股权双重结构，但新上市的公司可以选择股权双重结构，类似我国的"老人老办法，新人新办法"。

双重股权结构在美国仍然存在争议。2004年谷歌上市，在向证交会提供的注册陈述中，谷歌创始人之一拉里·佩奇（Larry Page）讴歌双重股权结构：双重投票的原因主要是，"我的团队，尤其是斯尔盖·布林（Sergey Brill）和我，在很大程度上控制公司的决策和前途，股东可以充分享受谷歌的长期增长，但对谷歌的战略决策的影响要小于很多公众公司的股东。为了公司的长远利益，从增加公司的核心价值来看，这一结构显然有其长处"。[7]与此相反，早在20世纪20年代，已故哈佛大学法学院教授威廉·里普利（William Ripley）深揭猛批双重股权结

---

[1]《公司法》第126条。

[2] 在香港要求双重股权的，马云和阿里巴巴并非始作俑者，双重股权结构实际上是旧事重提。1987年，怡和洋行（Jardine Matheson）的第一把手布莱恩·鲍威尔斯特（Brian Powers）首先推出了双重股权制。不出数日，李嘉诚随即效仿，由其控制的两家上市公司长江基建集团有限公司（Cheung Kong）与和记黄埔（Hutchison Wampoa）公司也效仿此做法。Paul J Davies, "ALibaba demands have echoes in Hong Kong's history", *Financial Times*, October 2, 2013, p. 14.

[3] 阿里巴巴在美国上市之后，马云等28位公司高管将拥有上市公司13%的股份，但他们有权提名董事会中的大多数董事。The Lex Column, "Alibaba", *Financial Times*, September 26, 2013, p. 14.

[4] The Business Roundtable v. Securities and Exchange Commission, 905 F. 2d 406, (D. C. 1990).

[5] The Business Roundtable v. Securities and Exchange Commission, 905 F. 2d 406, (D. C. 1990).

[6] 律师和法官惯于此道：经常以技术理由作为其诉求或判决的依据，避开争议本身是否曲折。

[7] Stephen I. Glover and Aarthy S. Thamodaran, "Insights: The Corporate & Securities Law Advisory", 详见http://www.aspenpubl.com，访问日期：2014年10月2日。

构,称其"臭名昭著,无以加复",[1]理由是该结构剥夺了股民的投票权。

美国机构股东服务组织的调查结果是,与单一股权结构公司相比,双重股权机构有以下负面的问题:①若以3年、5年或10年为期,双重股权机构公司的业绩不如单一股权结构公司的业绩,唯有1年期内双重股权结构公司的业绩优于单一股权结构公司;②双重股权结构公司的关联交易更多;③双重股权结构公司的股票价格更容易波动;④双重股权结构的公司治理不够规范;⑤双重股权结构公司更加封闭。[2]但美国机构股东服务组织代表的是机构投资者,而机构投资者并非终极投资者。或许,真正的投资者就没有选择:选择单一股票结构,机构投资者有可能搅局(假定上文斯特林大法官的批评成立),为了短期利益而牺牲长期利益;选择双重股权结构,公司高管就可能尾大不掉。

尽管有正反两方面的理由,但美国采纳双重股权结构让人费解。美国政治治理一人一票,公司治理却同股不同票,导致政治治理与公司治理不符,相对削弱了其合理性。即便单一股权结构下,机构投资者或其他投资者更容易干扰公司高管的正确管理,政治治理中的选民也会干扰行政部门的正确决策,但美国还是选择了一人一票。双重股权结构的倡导者似乎自知理亏,所以提出了一个论点:即便双重股权结构在现实中会出现问题,美国投资者也可以借助集团诉讼保护自己的权益,而香港特别行政区的法律并不允许集团诉讼。[3]但实践中,美国投资者诉讼索赔不易,证券集团诉讼也不易(见二十一章)。

(五) 机构投资者

公司治理中的要害问题是股东与公司高管的斗争,而机构投资者是股东的中坚力量,其中又以私募股权基金和对冲基金为核心力量。私募股权基金和对冲基金有共性:两者大多是合伙企业形式的私募基金。

1. 主动机构投资者

合伙企业的组织形式可以最大限度地规避监管(见本书第十三章),而作为私募基金的管理人,普通合伙人可以最大限度地发挥主观能动性,避免其他投资人的干预。私募股权基金和对冲基金的投资者大多是资金雄厚的机构投资者

---

[1] Finance and economics, "Out of control", *The Economist*, September 20, 2014, p. 67.

[2] Investor Responsibility Research Center Institute, "Controlled Companies in the Standard & Poor's 1500: A Ten-Year Performance and Risk Review (Oct. 2012)", 详见 http://irrcinstitute.org/pdf/FINAL-Controlled-Company-ISS-REport.pdf. 03, 访问日期:2014年9月29日。

[3] Jennifer Hughes, "How many Alibabas will HKEx lose for the sake of listing rules", *Financial Times*, September 24, 2014, p. 14.

和自然人，有能力承受搏杀可能造成的较大经济损失，愿意并且确实给予合伙企业的普通合伙人很大的自由决策权。同时，私募股权基金和对冲基金大多是高杠杆运行，可以利用少量资金撬动大量借贷资金。因此，在公司治理中，私募股权基金和对冲基金作为上市公司股东，敢于放胆搏杀，可以巧干、实干、大干和蛮干。

私募股权基金可以收购上市公司，[1]让其退市后实行大改，然后再将其重新上市或出售给其他投资人，从中赚取差价。这种做法的周期较长：在美国证券市场，杠杆收购之后，私募股权基金持有企业平均年数是9年；普通收购之后，私募股权基金持有企业平均年数是6.82年；即便是收购企业之后快速出售的"快速翻转"（quick flip），私募股权基金持有企业平均年数也达到2年。[2]私募股权基金对具体上市公司的公司治理可以产生根本性的影响，但周期非常长。

相对而言，对冲基金的公司治理手段更加灵活。对冲基金的获利方式是买卖股票或其他类型的证券，包括买空上市公司股票。自2005年起，美国一些对冲基金收购上市公司的股份，故意达到需要披露的门槛（5%），然后披露其受益股东身份，公开提出一系列改革的措施，其中包括：出售资产、公司整体出售、回购股票、改变公司的派息政策、罢免首席执行官，要求公司改善其公司治理。对冲基金宣布其要求后，很多公司的股票价格会上升，但并不总是能够维持其高价。[3]

有一种观点是：必须大力培育机构投资者，因为机构投资者由专业人士管理，他们经验丰富，富于理性，是一支健康力量。但目前这一观点受到了严重挑战。斯特林大法官便旗帜鲜明地提出，美国的股东权利太大，基金管理人注重短期效益，有损公司长期利益，而且美国目前的公司治理模式形同"联合国模式"，投资者只要略有股权，便可以要求公决，议题五花八门，管理层不胜其烦"。[4]

2. 被动机构投资者

资产管理公司黑岩（black rock）管理大约4.5万亿美元的资产，其中很大一部分是交易所开放性交易基金［exchange-traded fund 或 ETF，见第十三章第八

---

[1] William W. Bratton and Joseph A. McCahery, *Institutional Investor Activism—Hedge Funds and Private Equity, Economics and Regulation*, Oxford: Oxford University Press, 2015, pp. 308~309.

[2] William W. Bratton and Joseph A. McCahery, *Institutional Investor Activism—Hedge Funds and Private Equity, Economics and Regulation*, Oxford: Oxford University Press, 2015, p. 500.

[3] William W. Bratton and Joseph A. McCahery, *Institutional Investor Activism—Hedge Funds and Private Equity, Economics and Regulation*, Oxford: Oxford University Press, 2015, p. 308.

[4] Leo E. Strine. Jr, "Can We Do Better by Ordinary Investors? A Pragmatic Reaction to the Dueling Ideological Mythologists of Corporate Law", *Columbia Law Review*, Vol. 114, 2014, p. 449.

(二)部分]。ETF 是被动管理基金,管理人主要提供服务,众多证券公司通过做市保持 ETF 运行。有智叟担心,由于机构投资者持有大量 ETF,所以不再有积极参与公司治理的动力,"股东有如缺位的房东",公司治理中失去了制衡公司高管的一支重要力量。[1]

(六)董事会

董事会的独立对公司治理至关重要。独立性是指董事会应当独立于公司的控股股东和由公司高管兼任的董事。董事会中加入独立董事,就是为了增强董事会的独立性。但独立性较强的董事会或形式独立的董事会的作用也受到质疑。[2]就董事会的独立性而言,机构投资者所发挥的作用也受到质疑。[3]

(七)董事会秘书

董事会秘书在上市公司治理中发挥重要作用,很多上市公司的法务、合规部门由董事会秘书领导。上交所和深交所分别发布了《上海证券交易所上市公司董事会秘书管理办法(2015年修订)》(《董事会秘书管理办法》)和《深圳证券交易所上市公司董事会秘书及证券事务代表资格管理办法》。两项管理办法的内容大致相同。董事会秘书是上市公司高级管理人员,对上市公司和董事会负责,负有忠实义务和勤勉义务。[4]董事会秘书负责信息披露工作,[5]协助上市公司董事会加强公司治理。[6]董事会秘书之所以重要,是因为上交所指定董事会秘书为上市公司与上交所的指定联络人,上交所仅接受董事会秘书或代行其职责人员以上市公司名义办理信息披露、公司治理等其相关职责范围内的事务。[7]上交所还要

---

[1] Steve Johnson, "Compulsory Stewardship Moves Closer", *Financial Times FTfm*, April 27, 2015, p. 12.

[2] "某些分析的结论是'董事会更加独立的公司……并没有提高其盈利能力,甚至表现有可能不如其他公司',即便有些分析的结论是,'董事会独立积极与公司业绩优异之间有关系',但这些分析也承认,'没有证明,也无法确立这种相关性是因果关系'。" Sanjai Bhagat & Bernard Black, "The Non-Correlation Between Board Independence and Long-Term Firm Performance", 27 *J. Corp. L.* 231, 233 (200).

[3] 对冲基金和其他机构投资者支付由其指派的上市公司董事的报酬。2013 年,美国的 33 家上市公司修改了其公司内部规则,不允许董事领取来自公司之外为其担任公司董事而支付的报酬。Stephen Foley, "Hedge funds launch bonus fight", *Financial Times*, December 30, 2013, p. 13.

[4] 《董事会秘书管理办法》第 2 条。

[5] 《董事会秘书管理办法》第 3 条。

[6] 《董事会秘书管理办法》第 14 条。

[7] 《董事会秘书管理办法》第 3 条。

求,上市公司设立董事会秘书分管的部门。[1]上交所通过备案制规制董事会秘书。[2]

(八)股利

上市公司是否支付股份红利,也是公司股东与公司、公司董事会或公司控股股东之间的矛盾。2017年,最高人民法院发布了《关于适用〈中华人民共和国公司法〉若干问题的规定(四)》[3](下称《公司法司法解释四》)。

依照《公司法司法解释四》,股东可以就请求公司分配利润起诉公司,但需要满足以下条件:①股东提交载明具体分配方案的股东会或者股东大会的有效决议;②公司关于无法执行决议的抗辩理由不成立;[4]或③股东违反法律规定滥用股东权利导致公司不分配利润,给其他股东造成损失。[5]

"利润"一词与《公司法》所用"红利"[6]和《证券法》所用"股利"[7]为同义词,与美国所用"股息"(division)也是同义词。按照美国某些州的法律,即便公司当年没有盈余,也可以将前一年的盈余用于分配。

美国各州公司法只规定公司何时可以支付股息,但不规定公司何时必须支付股息。之所以限制公司派息,是为了保护债权人和其他股东的利益。[8]不派息的结果不同:如果股东对公司不派息的政策不满,可以卖出公司股票脱身。美国大型上市公司还回购自己的股票,[9]使其股价保持在一定的价位。美国的一些大公司会制定派息政策。

在美国,上市公司不派股息,如果股东就此在法院起诉,胜诉的概率极低。

---

[1] 《董事会秘书管理办法》第4条。
[2] 《董事会秘书管理办法》第8条。
[3] 法释[2017]16号。
[4] 《公司法司法解释四》第14条。
[5] 《公司法司法解释四》第15条。该条是对《公司法》第20条的细化。《公司法》第20规定:"公司股东应当遵守法律、行政法规和公司章程,依法行使股东权利,不得滥用股东权利损害公司或者其他股东的利益;不得滥用公司法人独立地位和股东有限责任损害公司债权人的利益。"《公司法司法解释四》同样适用于上市公司和非上公司。在美国证券市场实践中,非上市公司的控股股东损害公司和公司其他股东的利益,上市公司的这类问题较少。
[6] 《证券法》第75条第2款第1项。
[7] 《公司法》第35条。
[8] Steven L. Emanuel, *Corporations*, Beijing: Citic Publishing House, 2003, pp. 544~546.
[9] 2012年至2017年期间,苹果公司用于回购本公司股票的资金为1510亿美元,用于派息的资金为540亿美元。苹果公司1980年首次公开发行,融资9700万美元,是其唯一次在公开市场融资。Rana Foroohar, "Trump's trickle-down delusion", *Financial Times*, October 2, 2017, p. 11.

作为原告的股东必须证明：①不发股息的决定没有任何合理的商业目的；②派息政策必须是出于不当动机，损害了公司利益和部分股东的利益。[1]

迄今为止，美国法院派息诉讼原告胜诉的判例仍然是1919年密歇根州法院所审理的案件。1911年至1995年，福特公司的盈余达到1.12亿美元，但用于派息的资金仅为4100万美元。亨利·福特作为控股股东还宣布，2016年福特公司不派息。该案法院认定，2016年福特公司必须派息1900万美元，相当于股东提出诉讼后公司现金盈余的一半。

美国的公司股东就派息起诉公司，举证责任在原告。而按照我国《公司法司法解释四》的规定，举证责任倒置，由作为被告的公司承担。从表面上看，我国公司股东通过诉讼索取红利所遇到的障碍似乎小于美国公司股东在这方面所遇到的障碍。但《公司法司法解释四》规定，股东提起诉讼的先决条件是，股东事先已经就公司分红提出了具体方案，而且股东会或股东大会已经就此形成了有效决议。股东滥用权利损害公司利益或其他股东利益的就更难证明。表面上解决问题的方式有所不同，但本质仍然是一致的。

五、独立董事

按照证监会的规定，独立董事制度是实现公司治理的重要手段，事关"完善公司治理结构，规范上市公司运作，促进证券市场健康发展"。[2] "2001年中国证监会发布《关于在上市公司建立独立董事制度的指导意见》[3]，明确规定了上市公司董事会成员中应当至少包括三分之一的独立董事，独立董事制度在我国上市公司中正式确立下来。"[4] 但就其实践而言，我国独立董事制度备受非议。证监会前主席肖钢先生坦承，"由于各种原因，我国独立董事制度存在着许多不尽如人意的地方……"[5]

---

[1] Robert Clark, Corporate Law (1986), p.602.
[2] 《上市公司治理准则》（证监发〔2002〕1号）导言。
[3] 证监发〔2001〕102号。
[4] 中国上市公司协会：《上市公司独立董事履职指引》，江苏人民出版社2014年版，序第1页；肖钢："进一步发挥独立董事在上市公司治理中的作用"，载《中国证券报》2014年9月15日，第A版。
[5] 中国上市公司协会：《上市公司独立董事履职指引》，江苏人民出版社2014年版，序第1页；肖钢："进一步发挥独立董事在上市公司治理中的作用"，载《中国证券报》2014年9月15日，第A1版。

（一）独立董事缺席

公司董事会决策中，独立董事经常形同虚设，[1]董事会开会独立董事缺席是一种常态，我国和美国都是如此，这种情况在美国还得到了法院和证交会纵容。美国法院的判例表示："董事管理层并不需要事无巨细地检查日常工作，只需要对公司事务和政策有一般性的监督……因此，董事最好经常参加董事会……经常参会并不等于董事必须每会必到，但是董事参会应当习以为常。"[2]但"习以为常"并无定规。独立董事参加50%的董事会会议，也可以被认定为"习以为常"地参加了会议。证交会只要求披露：无论是董事会全体会议还是董事会小组委员会会议，如果75%的会议独立董事未能到会，证交会要求公司予以披露。[3]

（二）利益输送

独立董事失灵是利益驱动使然。独立董事从公司领取不菲的薪酬，但独立董事的人选和薪酬通常由公司高管决定，所以公司决策过程中，独立董事附和公司高管的意见。独立董事已经沦为输送经济利益的机制。2013年，我国A股上市公司共向独立董事支付4.25亿元的薪酬，其中最高年薪可达100.5万元。[4]大部分独立董事薪酬为5万元~10万元，平均年薪8.9万元，高于50万元的有13位。[5]独立董事的发源地美国就存在利益输送的问题，一些离岸金融中心也在独立董事

---

[1] 近三年的数万次投票中，多达7000余名的上市公司独立董事，仅有47次表示反对意见，94次弃权，签字同意次数达到99%。"'履职指引'能否终结独立董事乱象？"，载《北京青年报》2014年9月13日，第B1版。

[2] Francis v. United Jersey Bank, 432 A.2d 814, 822 (N.J. 1981').

[3] S.E.C. Release 15384, *Shareholder Communications, Shareholder Participation in the Corporate Electoral Process and Corporate Governance Generally* 14 (Dec. 6, 1978).

[4] 郭成林："独董喊出任职心路：无奈"，载《上海证券报》2014年7月25日，第1版。

[5] "'履职指引'能否终结独立董事乱象？"，载《北京青年报》2014年9月13日，第B1版。2011年，上市国企独立董事中，薪酬最高的是每年95.9万元。张艳和任芳："央企薪酬调查浮云与真相"，载《作家文摘》2011年5月13日。中央企业的独立董事包括退休官员，上市公司独立董事中则包括高校教授。"截至2015年12月2日，上市公司中共设置独董职位近9000个，其中有近3000位独董是由高校在任或曾任教授兼任的，占比近1/3。"齐雁冰："人大教授宋常涉内幕交易被查"，载《北京青年报》2016年1月26日，第A15版。党政领导干部退（离）休干部担任独立董事或外部董事已有所限制。党政领导干部退（离）休三年后可以兼任企业独立董事、独立监事或外部董事；退（离）休三年内可以到本人原任职务管辖的地区和业务范围以外的企业兼任企业独立董事、独立监事或外部董事，但不得取酬。兼职不得超过1个，年龄不得超过70周岁。新华社："退休干部担任独董年龄不得超过70周岁"，载《上海证券报》2014年5月28日，第1版。Xinhua News Agency, "Retired Officials May Not Serve Independent Directors Beyond the Age of 70", *Shanghai Securities News*, May 28, 2014, p. 1.

的利益输送中发挥重要作用。[1]

(三)《上市公司独立董事履职指引》

2014 年,中国上市公司协会公布了《上市公司独立董事履职指引》(下称《独立董事指引》),就独立董事制度提出了某些新要求,其中包括:独立董事连任不得超过 6 年,最多兼职 5 家公司。[2]《独立董事指引》只是一个由自律组织发布的倡导性的规则,并没有约束力。上市公司协会只是众多自律组织中的一个,其权威性也远小于中国证券业协会。另外,有关《独立董事指引》的适用范围,该指引第 47 条明确了另有其他规定的情形:①商业银行、证券公司、期货公司、保险公司等金融机构上市公司的相关监管机构对独立董事另有规定;②国有控股上市公司的资产管理部门对独立董事另有规定;③深圳证券交易所对中小板、创业板上市公司的独立董事另有规定;以及④国家相关部门对其管理的人员成为独立董事有特别规定。

(四) 独立董事的正当性

就独立董事的正当性而言,最大的质疑来自立法者。自 2001 年独立董事制度问世,到 2013 年修订《公司法》,相隔时间长达十多年,对独立董事制度的公开讨论不可谓不多。但 2013 年立法机构修订《公司法》时,仍然没有加入独立董事的内容,不能不说是对独立董事的一种保留态度。可以说,独立董事仍然是监管机构自娱自乐的游戏。

2002 年,证监会发布了《关于在上市公司建立独立董事制度的指导意见》[3],2014 年,中国上市公司协会公布了《上市公司独立董事履职指引》。而与由全国人民代表大会制定的《公司法》相比,《关于在上市公司建立独立董事制度的指导意见》只是一个由部级单位发布的部门规章,位阶如此之低,本身便显示了公司独立董事的尴尬地位,其法律地位似乎是"妾身"不明。2014 年,《独立董事指引》只是行业协会制定的规则,无法律位阶可提。

---

[1] 2010 年,全球有 8000 多家对冲基金,其中四分之三是在开曼群岛注册的。只要对冲基金愿意支付一年 5000 美元至 3 万美元的费用,当地的一些公司就可以提供一位独立董事。很多人同时担任 100 家以上对冲基金的独立董事,最多的甚至担任了 567 家公司的独立董事。对冲基金的不少投资者对此颇为不满,但调查结果表明,58%的投资者仍然表示,一人同时担任 30 家对冲基金的独立董事,他们还是可以接受的。开曼群岛是对冲基金的天堂。先设立基金,再由基金指定基金管理人,董事会则由基金管理人任命。Sam Jones, "Cayman fund investors urge transparency", *Financial Times*, November 21, 2011, p. 20.

[2] 《独立董事指引》第 5 条。

[3] 证监发 [2001] 102 号。

肖钢先生对独立董事基本上是肯定的,[1]但与立法者的沉默相比,他的肯定态度显得如此苍白。肖钢承认,"独立董事的问责机制和退出机制缺失"。[2]其实,与其讨论如何改进独立董事机制,不如考虑如何废止独立董事机制。[3]肖钢先生提到,"独立董事的作用发挥还有很大的提升空间"。[4]其语气并非斩钉截铁,似有无可奈何的意思。"有空间"只是一种可能,并无必然性和必要性可言。就公司治理而言,我国独立董事的实践无成功经验可言,国外独立董事的实践也无成功经验可言,独立董事的故乡美国也无成功经验可言。[5]公司治理的核心内容应当是公司法的法定义务,即中国《公司法》中所称的"勤勉义务"和"忠诚义务"。[6]股东可以通过诉讼主张权利,对公司高管的侵权行为提出挑战。说到底,公司治理应当是侵权问题,而侵权救济的终极形式是诉讼。如果股东无法通过诉讼获得救济,公司治理的内容再多,也只能起到装饰性或点缀性的作用,甚至有可能产生混淆视听的结果。

六、高管薪酬

　　公司高管的薪酬是公司治理中的一大问题,[7]瑞士为此举行过全民公决。[8]

---

〔1〕 "从独立董事制度在我国十多年的实践来看,独立董事制度对于促进上市公司完善公司治理,提高规范水平,保护投资者特别是中小投资者合法权益起到了积极作用。"中国上市公司协会:《上市公司独立董事履职指引》,江苏人民出版社2014年版,序第1页。

〔2〕 中国上市公司协会:《上市公司独立董事履职指引》,江苏人民出版社2014年版,序第1页。

〔3〕 美国哲人戴维·梭罗(David Thoreau)说得好:"有10人在剪除邪恶之树的树枝,若有1人刨邪恶之树的树根,便值得庆幸了。"详见http://www.info/authors/html,访问日期:2006年11月6日。

〔4〕 肖钢:"进一步发挥独立董事在上市公司治理中的作用",载《中国证券报》2014年9月15日,第A1版。

〔5〕 朱伟一:《金融大败局——华尔街的监管与危机》,清华大学出版社2009年版,第142~144页。

〔6〕 《公司法》第147条。

〔7〕 2007年,高盛首席执行官的薪酬为4100万美元。金融危机后,华尔街银行高管的薪酬有所下降,但依旧很高。2014年,摩根大通第一把手和摩根士丹利第一把手的薪酬分别为2760万美元和2310万美元。Laura Noonan, "Top US bank chiefs race ahead of rivals on pay", *Financial Times*, July 3, 2015, p.17. 2011年,高盛所有员工的薪酬占高盛当年收入的42%,2013年占37%。Justin Baer, "Goldman to Elevate Fewer Partners", *The Wall Street Journal*, August 26, 2014, p.20.

〔8〕 Outlook & Opinion, "Class Warfare in Switzerland", *The Wall Street Journal*, November 20, 2013, p.11.

2013年普林斯顿大学出版的《银行家的新衣》一书的结论是：银行资产中股本资金所占的比例过低；过于追求股本的回报而没有充分考虑惯常风险；银行家的收入过高，但却使得其所在的金融机构以及整个经济缺乏稳定性。[1]2008年金融危机之后，上市公司高管的薪酬过高成为人们普遍关心的问题。

（一）股权激励机制

国内外上市公司普遍采用激励机制，公司高管的部分薪酬与绩效挂钩。银监会发布的《商业银行稳健薪酬监管指引》[2]规定，商业银行的基本薪酬一般不得高于其薪酬总额的35%。[3]但现实中激励机制经常被滥用，[4]公司高管通过造假和操纵数据来虚增公司利润，以获取高薪酬。因此，激励机制在国内外也受到了以下限制：

第一，股东表决。美国上市公司的股东可以就高管薪酬安排投票表决，但表决没有约束力。公司管理层反对股东相关议案时，主要有两条理由：第一，按照州公司法，此类事项属于公司管理范畴，应当由公司管理层决定；第二，提案涉及"通常业务运作"。相关规则为证交会制定的规则14a-8（i）（2）、（7）。美国法官中也有反对公司股东此类表决的，理由是股东每年讨论高管薪酬过于频繁，三年或四年表决一次为妥。[5]

第二，董事会。我国证监会制定规定，确定公司高管薪酬的决策程序，要求董事会设立薪酬专门委员会。[6]但这种程序约束也可以使得高管的高薪名正言顺。

第三，锁定期和延迟支付。我国商业银行的中长期激励的锁定期至少为3年。[7]高管人员以及对风险有重要影响岗位上的员工，其绩效薪酬的40%以上应采取延期支付的方式，延期支付期限不得少于3年，高管绩效薪酬的延期支付比例应高

---

[1] Anat Admati and Martin Hellwig, *The Bankers' New Clothes*, Princeton, 2013.

[2] 银监发〔2010〕14号。

[3] 《商业银行稳健薪酬监管指引》第6条。

[4] 银监会主席尚福林表示，银行薪酬激励要与经营成本和风险暴露一致，防止过度冒险行为。业内的理解是："对银行高管限薪，主要是有利于发挥薪酬在商业银行公司治理和风险管理中的导向作用，防止银行高管为追求个人利益，片面追求利润，以此促进银行业稳健经营。"苗燕："银行高管高薪之患"，载《上海证券报》2014年9月10日，第2版。

[5] Leo E. Strine, Jr, "Can We Do Better by Ordinary Investors? A Pragmatic Reaction to the Dueling Ideological Mythologists of Corporate Law", *Columbia Law Review*, Vol. 114, 2 (2014).

[6] 《上市公司股权激励管理办法》第28条具体要求："薪酬与考核委员会应当建立完善的议事规则，其拟订的股权激励计划草案应当提交董事会审议。"

[7] 《商业银行稳健薪酬监管指引》第14条。

于 50%，有条件的应争取达到 60%。[1]

第四，追讨。追讨（clawback）指公司向公司高管追讨已经发给的薪酬，可以是因为公司高管当时操纵了业绩，或是因为出于疏忽而错报账面收入。美国对追讨没有法定要求，实践中颇受争议。[2]美国有学者认为："（讨回）在实践中有干扰性，造成分歧，而且难以实现。除了法律环境不明之外，薪酬合同因保险条款而变得更为复杂。大多数董事会并不试图追讨此钱。董事会追讨薪酬，经常深陷长达多年的诉讼泥潭。"[3]

(二) 公司高管期权

美国激励机制中高管期权占有相当大的比例。高管期权始于 20 世纪 70 年代和 80 年代，其目的是将公司业绩与公司高管的薪酬挂钩，以调动公司高管的积极性。但公司高管期权到行使期时，很多公司的利润会上升，而公司的广告费、研究开发费和资本投入会减少，[4]甚至利用通过股票回购来虚抬股价的做法。

可交换公司债券可以是公司高管激励机制一部分的期权。按照《上市公司股东发行可交换公司债券试行规定》[5]的界定，可交换公司债券是指上市公司的股东依法发行，在一定期限内依据约定的条件可以交换成该股东所持有的上市公司股份的公司债券。[6]

高管薪酬引入期权的一个结果是，变相允许上市公司从事一定规模的金融期货业务。这种做法是否符合公司治理的初衷不得而知，但其结果都是增加了公司治理的复杂程度。

(三) 公司股票回购

上市公司高管薪酬若与公司的股票价格挂钩，[7]公司因此而大规模回购股票，推高股票价格。仅 2013 年一年，美国上市公司便斥资 5000 多亿美元回购自

---

[1] 《商业银行稳健薪酬监管指引》第 16 条。

[2] Walter A. Effross, *Corporate Governance*, New York: Wolters Kluwer, 2009, p. 376.

[3] Phred Dvorak & Srena Ng Reclaiming pay from executives is tough to do, Insights, Nov. 20, 2006, 详见 www. post - gzette. com/business/news/2006/11/20/Reclaim - p/stories/200611200149，访问日期：2016 年 5 月 20 日。

[4] Alex Edmans, Vivian Fang and Katharina Lewellen, "Equity vesting and managerial myopia"，详见 http://ssrn.com/abstract=2270027。

[5] 证监会公告［2008］41 号。

[6] 《上市公司股东发行可交换公司债券试行规定》第 1 条。

[7] 美国公司高管薪酬中涉及股权的部分可以多达 90%，与公司股票的表现有关。Edward Luce, "US share buybacks loot the future", *Financial Times*, April 27, 2015, p. 10.

己的股票，远多于用于研究和开发的资金。[1] 2014 年，美国上市公司用于回购公司股票的资金高达 5500 亿美元。1982 年，美国首先放宽了对公司回购股票的限制，美国公司高管可以选择何时回购股票以及如何回购股票。日本和德国先后于 1994 年和 1998 年放宽了对公司回购股票的限制。[2] 回购公司股票是上市资金运作的一部分。利息低的时候，上市公司可以借款回购自己公司的股票。反过来，如果母公司还款需要支付高利息，影响母公司收益，而子公司是上市公司，融资成本较低，则母公司可以将资产出售给融资成本较低的子公司，由上市公司偿付全部或部分借款。

但公司回购股票可能出现以下问题。

第一，回购与期权。美国公司多数高管持有股票期权，行使期权的条件经常是公司股票达到一定价位，而公司回购股票可以拉高股票价位。2008 年之后，回购股票最多的上市公司的业绩可以高出其他公司的业绩 20%。[3] 但公司回购股票有利害冲突，甚至可能演变为市场操纵。

第二，回购与发行债券。有些美国公司通过发行债券融资，以获得资金用于回购股票。2013 年，苹果发行债券，融资 170 亿美元，用于回购自己的股票。[4] 利率偏低时，上市公司借款回购股票有利可图。但回购股票也会增加上市公司的风险。以上市公司中的银行为例，公司回购股票就是降低资产中的股本资金，降低银行的抗风险能力。

第三，回购与新老股东。公司回购股票拉高股价，公司当前股东在高价位出售可以获利，但继续持有股票或未来购入股票的股东可能受到损失，因为公司回购股票拉高的股价虚高，未来股价还会回落。换言之，当前投资者与未来投资者之间存在矛盾。史迪文·L. 斯瓦兹（Steven L. Schwarcz）教授发明了"时差性冲突"（temporal conflict）一词，描述当前股东与未来股东之间的关系。[5]

---

[1] Edward Luce, "The short-sighted US buyback boom", *Financial Times*, September 22, 2014, p. 9. 12 个月中，苹果斥资 329 亿美元回购自己的股票，金融行业的 Wells Fargo 和高盛也分别斥资 75 亿美元和 64 亿美元回购自己的股票。老牌科技公司微软也斥资 73 亿美元用于回购股票。Dan Strumpf, "Buyback Binge Fuels U. S. Stocks", *The Wall Street Journal*, September 17, 2014, p. 15.

[2] Business, "The repurchase revolution", *The Economist*, September 13, 2014, p. 64.

[3] Dan Strumpf, "Buyback Binge Fuels U. S. Stocks", *The Wall Street Journal*, September 17, 2014, p. 15.

[4] Edward Luce, "The short-sighted US buyback boom", *Financial Times*, September 22, 2014, p. 9.

[5] [美] 史迪文·L. 斯瓦兹："时间的视野：解析当前投资者与未来投资者的冲突"，白哲译，载王卫国主编：《法大民商经济法评论》（第 2 卷），中国政法大学出版社 2006 年版，第 422 页。

第四，回购与股票短期持有人和长期持有人。全球最大的资产管理公司黑岩[1]的负责人拉里·芬克（Larry Fink）指出，公司回购股票"可以为投资者提供坐等可取的回报……但维持长期增长所需要的创新、技能劳动队伍和关键资本支出便投资不足"。[2]芬克认为："公司领袖负有注意义务和忠诚义务，但并不是对某一时刻拥有其股票的交易员负有这种义务，而是对公司和长期持有人负有这种义务。"[3]

我国《公司法》原则上限制了上市公司回购自己的股票。[4]按照我国1993年《公司法》的规定，除注销股份和并购之外，公司不得回购股票。[5]2005年我国修改《公司法》，放宽了对公司回购股票的限制：公司可以收购本公司股份，将股份奖励给本公司职工或用于并购。[6]

（四）浪费原则

美国法院最初根据普通法的浪费理论来决定是否支持公司高管薪酬。如果公司高管按事先规定的计算方式获得薪酬，无视事后公司发生的变化，则法院可以判此类薪酬无效，因为此类薪酬构成"对公司资产的掠夺和浪费"。[7]但美国法院很少受理有关公司高管薪酬的诉讼，公开理由是难以判断公司高管的薪酬是否

---

[1] 黑岩是全球最大的资产管理公司，所管理的资产2015年达到4.65万亿美元。Edward Luce, "US share buybacks loot the future", *Financial Times*, April 27, 2015, p. 10.

[2] Edward Luce, "US share buybacks loot the future", *Financial Times*, April 27, 2015, p. 10.

[3] Edward Luce, "US share buybacks loot the future", *Financial Times*, April 27, 2015, p. 10.

[4] 《公司法》第142条："公司不得收购本公司股份。但是，有下列情形之一的除外：（一）减少公司注册资本；（二）与持有本公司股份的其他公司合并；（三）将股份奖励给本公司职工；（四）股东因对股东大会作出的公司合并、分立决议持异议，要求公司收购其股份的。"

[5] 1993年《公司法》第149条："公司不得收购本公司的股票，但为减少公司资本而注销股份或者与持有本公司股票的其他公司合并时除外。"

[6] 2005年《公司法》第143条。

[7] 在"罗杰斯诉希尔案"[Rogers v. Hill, 289 U.S. 582（1933）]中，烟草公司的高管按10%的比例获得公司的利润，作为其奖金。数年后公司利润剧增，但该提成比例仍然未变。美国最高法院认定，这种奖金构成了"对公司财产的掠夺和浪费"，即便有公司多数股东批准了该薪酬方案。2014年，美国最高法院大法官的年薪为24.44万美元，首席大法官的年薪为25.55万美，联邦地区法院法官的年薪为19.9万美元，联邦巡回上诉法院法官的年薪为21.12万美元。详见http://www.uscourts.govt/judicial-salaries-since 1968. apsex, 访问日期：2014年9月20日。2014年，美国影星桑德拉·布洛克（Sandra Bullock）的收入为5100万美元。华尔街银行高管的薪酬介于影星和美国最高法院大法官的薪酬之间。2013年，摩根大通首席执行官杰姆·戴姆的薪酬比前一年又增加了74%，达到了2000万美元。Camilla Hall, "Dimon's pay soars 74% to $20m", *Financial Times*, January 25~26, 2014, p. 10.

过高，因为薪酬是否过高是相对而言的。[1]但即便很容易分辨公司高管薪酬是否过高，美国法院也不愿意支持限制高管薪酬的诉讼请求。比如，金融危机爆发之后，华尔街银行出现严重亏损，高管们对此显然负有不可推卸的责任，但他们仍然获得巨额薪酬。[2]这种薪酬显然是不合理的，有可能构成"对公司资产的掠夺和浪费"。[3]但美国法院并没有做出要求这些高管返还薪酬的判决。

美国法官通常不愿意以侵权关系取代合同关系。公司高管薪酬是由高管与公司之间的合同所约定的，除非出现"违反良知""胁迫"或"对公司财产的掠夺和浪费"，美国法官不愿意宣布合同所约定的权利无效。而"对公司财产的掠夺和浪费"是一种侵权行为，以"对公司财产的掠夺和浪费"为理由废止公司高管的薪酬，就是依据侵权法推翻合同约定。美国法官的立场也反映了美国的法律文化：美国权贵极不愿意限制公司高管的薪酬，还将其美化为"法治"。[4]但金融危机之后，各方要求限制高管薪酬的呼声很高，美国国会制定了《多德-法兰克法规定》，其内容之一就是允许公司股东有权就公司高管的薪酬投票，表示同意或反对，但此类投票并不具有约束性。[5]

（五）员工持股计划

与高管薪酬有关的是员工持股计划。[6]公司高管也属于公司员工，公司高管薪酬中的股票部分应当属于公司员工持股。证监会发布了《关于上市公司实施员

---

[1] "如果要比较公司高管薪酬的话，与谁比好呢？与电影业的人比？"Heller v. Boylan, 29 N. Y. S. 2d 653 (1941).

[2] 2007年10月，投资银行美林的首席执行官斯坦·奥尼尔离职，获得薪酬1.615亿美元，而此前美林资产减记84亿美元，2007第四季度美林的亏损为90.3亿美元。2007年11月，花旗集团首席执行官查尔斯·普林斯离职，获得薪酬2950万美元，而2007年第四季度花旗集团的亏损为98.3亿美元。Richard McGregor, "Inequality climbs US political agenda", *Financial Times*, November 21, 2013, p. 2.

[3] Rogers v. Hill, 289 U. S. 582 (1933).

[4] "'暴风雨中，世界需要船锚'，而法治便是我们最重要的船锚，尤其是值此风雨飘摇之际，人们惶恐不安，生怕国有化和联邦政府介入。"Timothy F. Geithner, *Stress Test*, New York: Crown Publishers, 2014, p. 316. 2008年金融危机爆发，AIG因经营不善而濒临破产，美国政府注入巨资后AIG才免于破产的厄运，但AIG高管仍然得到了事先约定的巨额奖金，尽管广大美国民众普遍表示强烈反对，但美国政府仍然没有试图禁止、限制或索回AIG高管所获得的奖金，理由就是此类奖金受合同保护，政府无权改变此关系。See Timothy F. Geithner, *Stress Test*, New York: Crown Publishers, 2014.

[5] Dodd-Frank Act's Section 951.

[6] 员工持股最早可追溯到1980年代，但1990年代后，国企只能高管持股，员工股权被清退。上市公司不允许员工持股，只能公众持股。王春梅："银行高管降薪疑云"，载《财经国家周刊》2014年第19期。

工持股计划试点的指导意见》[1]，就相关问题做出了规定。

员工持股计划是上市公司员工自愿"获得本公司股票并长期持有"，[2]实施员工持股计划前，应当通过职工代表大会等组织充分征求员工意见，[3]独立董事和监事应当就员工持股计划发表意见，[4]员工持股计划必须提交股东大会表决。[5]

员工持股计划股票总数累计不得超过公司股本总额的10%，单个员工所获股份权益对应的股票总数累计不得超过股本总额的1%。但员工持股计划持有的股票总数不包括员工在公司首次公开发行股票上市前获得的股份、通过二级市场自行购买的股份以及通过股权激励获得的股份。员工必须长期持股，持股期限不得少于12个月，以非公开方式实施员工持股计划的，持股期限不得少于36个月。[6]

员工持股计划的管理。上市公司可以自行管理本公司的员工持股计划，[7]也可以将本公司持股计划委托给下列具有资产管理资质的机构管理：①信托公司；②保险资产管理公司；③证券公司；④基金管理公司；⑤其他符合条件的资产管理机构。[8]

员工持股计划的信息披露。上市公司应当在员工持股计划届满前6个月，公告到期计划持有的股票数量。[9]股东大会审议通过员工持股计划后2个交易日，上市公司应当披露员工持股计划的主要条款。员工持股计划持有公司股票达到公司已发行股份总数的5%时，应当依据法律规定履行相应义务。[10]除公开发行方式外，证监会对员工持股计划不设行政许可，[11]但非金融类国有控股上市公司实施员工持股计划，应当符合相关国有资产监督管理机构关于混合所有制企业员工持股的有关要求。金融类国有控股上市公司实施员工持股计划应当符合财政部的

---

[1] 证监会公告〔2014〕33号。
[2] 《关于上市公司实施员工持股计划试点的指导意见》第2条。
[3] 《关于上市公司实施员工持股计划试点的指导意见》第3条。
[4] 《关于上市公司实施员工持股计划试点的指导意见》第3条。
[5] 《关于上市公司实施员工持股计划试点的指导意见》第3条。
[6] 《关于上市公司实施员工持股计划试点的指导意见》第2条。
[7] 上市公司自行管理员工持股计划，便具有资产管理的功能。
[8] 《关于上市公司实施员工持股计划试点的指导意见》第2条。
[9] 《关于上市公司实施员工持股计划试点的指导意见》第2条。
[10] 《关于上市公司实施员工持股计划试点的指导意见》第3条。
[11] 《关于上市公司实施员工持股计划试点的指导意见》第4条。

相关规定。[1]

（六）限薪

2014年后，我国国有企业的高管薪酬受到了限制，[2]但非国有上市公司高管的薪酬是否应当受到限制，如何受到限制，仍然是未决难题。

（七）薪酬与公司业绩并无因果关系

美国高管的薪酬与业绩挂钩，但两者之间的因果关系仍然存疑。1940年代至1960年代，美国的很多大公司业绩骄人，但公司高管与其他专业人士一样，领取固定薪酬。第二次世界大战之后，美国是全球霸主，军事、政治、经济和文化方面所向无敌。这种情况下，美国大公司业绩出色并不困难，很难证明公司领导表现出色与公司业绩出色之间有因果关系。同样，冷战结束后美国胜出，许多国家复制美国模式，并向美国开放其国内金融市场。美国金融企业获得了空前巨大的市场，业绩迅速提高并不奇怪，但与金融机构主管的领导表现并不一定存在因果关系。在《不可取代性以及其他神话：为什么首席执行官的报酬试验失败了，如何拨乱反正》[3]一书中，美国西南大学法学院的米歇尔·多尔夫（Michael Dorff）教授以大量例子证明，公司高管的薪酬与公司业绩之间并没有因果关系。至于如何解决与业绩挂钩的薪酬的问题，多尔夫教授的答案很简单：取消与业绩挂钩的薪酬制度。

---

〔1〕《关于上市公司实施员工持股计划试点的指导意见》第3条。

〔2〕"根据中共中央政治局2014年8月29日通过的《中央管理企业负责人薪酬制度改革方案》和《关于合理确定并严格规范中央企业负责人履职待遇、业务支出的意见》，国有银行董事长的薪酬奖削减……30%左右……不能超过60万元。"（王春梅："银行高管降薪疑云"，载《财经国家周刊》2014年第19期。）银行高管的最高年薪将不能超过60万元（证券时报数据中心："上市公司董事长薪酬揭秘，收入相差高达千万"，载《证券时报》2015年4月9日，第A13版）。此前国有上市银行的高管收入可达200万元。国有银行主要负责人2013年的税前薪酬分别为：工商银行董事长199.56万元，工商银行行长190.89万元；中国银行董事长135.82万元，中国银行行长173.97万元；交通银行董事长179.22万元，交通银行行长70.60万元。（陈婕："行长：员工薪酬差距没那么大？"，载《北京青年报》2014年9月21日，第B1版）。但低于部分其他上市银行高管的收入（平安银行行长833.26万元；平安银行副行长708.26万元；中国银行信贷风险总监574.04万元。苗燕："银行高管高薪之患"，载《上海证券报》2014年9月10日，第2版），也低于部分非金融类上市公司高管收入。截至2014年4月8日，已经披露2014年高管薪酬的1054家沪深上市公司中，董事长平均薪酬为78万元。方大特钢、万科A、蓝斯科技等四家公司董事长的薪酬过千万元。（证券时报数据中心："上市公司董事长薪酬揭秘，收入相差高达千万"，载《证券时报》2015年4月9日，第A13版。）

〔3〕Michael Dorff, *Indispensable and Other Myths: Why the CEO Pay Experiment Failed and How to Fix It*, Sans Francisco: University of California Press, 2014.

七、上市公司现金分红

派息是上市公司治理中的重大问题，现金分红又是派息的一个重要话题。传统上，派息是由公司董事会做出的决定，但我国证券监管机构试图介入。现金分红在美国则是由公司董事和高管共同决定的。

（一）《上市公司监管指引第3号——上市公司现金分红》

《上市公司监管指引第3号——上市公司现金分红》[1]（下称《上市公司监管指引第3号》）就现金分红规定：①由公司章程明确相关内容；[2]②具备现金分红条件的，应当采用现金分红进行利润分配；[3]③公司发展阶段属成熟期的，现金分红在本次利润分配中所占比例应达到40%~80%，视是否有重大资金支出安排而定。[4]

"具备现金分红条件的""公司发展阶段属成熟期的""是否有重大资金支出安排"等名词含义不清，似是而非，可以做出多种解释。表面上看，这些要求是促使上市公司现金分红，但实际是为上市公司拒绝现金分红提供了各种理由，便于公司层层设防，步步为营。可以说，《上市公司监管指引第3号》的唯一硬性要求是，上市公司必须在其公司章程中对现金分红做出硬性规定。这也只不过是形式上的要求，上市公司很容易满足该要求。[5]

（二）美国现金分红理论

M.H.米勒（M.H.Milller）教授和F.莫迪利亚尼（F.Modigliani）教授1961年联名发表论文，题为"股息、政策、增长和股票估值"[6]，提出了其著名的MM理论。根据该理论，派息政策与股票价值并无任何必然联系；股票价值主要取决于公司资产创造收入的能力，融资只是为公司的营运提供资金，可以通过借款融资，也可以通过发行证券融资，或是通过保留利润获得资金，但都与公司资产盈

---

[1] 证监会公告[2013]43号。
[2] 《上市公司监管指引第3号》第3条、第4条、第5条。
[3] 《上市公司监管指引第3号》第4条。
[4] 《上市公司监管指引第3号》第5条。
[5] 证券法的一个主要目标是反欺诈，至少美国的判例声称证券法的目的是反欺诈。Dupuy v. Dupuy, 551 F. 2d 1005, 1014 (5th Cir. 1977). 但证券市场的一些法律本身就带有很大的欺骗性。证券市场充满空话、套话和假话，法律法规的具体内容也充满空话、套话和假话，《上市公司监管指引第3号》便是一例。
[6] M. H. Miller and F. Modigiliani, "Dividend Policy, Growth and Valuation of Shares", *Journal of Business*, vol. 34, 1961, pp. 411~433.

利的能力无关。

(三) 美国现金分红实践

美国很多大银行以及公用设施公司以现金分红形式发放给投资者利益,此类公司收益稳定,但增长也比较缓慢,必须以现金分红来吸引投资者。从事投资业务的公司也很少现金分红。比如,华伦·巴菲特（Warren Buffet）的伯克希尔·哈撒尔公司（Berkshire Hathaway）从不进行任何现金分红,利润均用于再投资。许多技术公司也是零现金分红,被称为"零派息"（zero payout）公司,[1]给投资者的回报主要是股票升值。理论上说,技术公司通常有较大的增值潜力,股票价值也会随之增高。

(四) 股票派息

股票派息实际上是变相增发新股。对于上市公司来说,以股票派息的优点是,可以减少现金的支出。大多数投资者更愿意得到现金分红,但股票派息对于投资者并非一无是处:投资者可以选择股票何时兑现,如果投资者继续持有股票,则是避免交易成本的再投资（如果是现金分红,再购买股票会发生佣金等交易成本）。[2]

八、公司内部控制

监管与公司治理是一枚硬币的两面,互为正反,互为对应,公司治理的许多合规要求是由监管部门制定的,而监管部门的具体监管方式也决定公司如何进行治理,两者密不可分。公司的内部控制（internal control,下称"内控"）又与合规（compliance）互为正反两方面。公司内控的首要目的是控制风险。证券公司（见第十五章）等金融类上市公司从事高风险业务,风险控制对其尤为重要。某些非金融类上市公司也进行购买理财产品这样的金融投资,所以风险控制对上市公司也至为重要。

(一) 审计和标准

根据财政部发布的《我国上市公司2013年实施企业内部控制规范体系情况分析报告》[3],我国上市公司内控审计方面存在的问题包括:①部分内控审计机构和咨询机构低价招揽客户,有些上市公司内部控制审计费用仅为数万元,严重

---

[1] Jeffrey J. Haas, *Corporate Finance In A Nutshell*, St. Paul: West, 2011, p. 829.

[2] Jeffrey J. Haas, *Corporate Finance In A Nutshell*, St. Paul: West, 2011, p. 539.

[3] 财政部会计司、证监会会计部、证监会上市部、山东财经大学:"我国上市公司2013年实施企业内部控制规范体系情况分析报告",载《证券时报》2014年10月10日,第A16版。

影响内部审计和咨询服务质量;②部分上市公司将内部控制审计费用与财务费用捆绑在一起,不单独披露内部控制审计费用,监管机构和其他利益相关方无法全面监督上市公司的内部控制审计情况;③部分会计师事务所同时为一家公司提供内控咨询和内控审计服务,有损内控审计的独立性。[1]

(二) 内部控制标准

2008年,财政部会同证监会、审计署、银监会和保监会联合发布《企业内部控制基本规范》[2]。2010年,财政部会同证监会、审计署、银监会和保监会联合发布《企业内部控制配套指引》[3],自2011年1月1日起首先在境外同时上市的公司实行,2012年扩大到上海证券交易所、深圳证券交易所主板上市的公司施行,并择机在中小板和创业板上市的公司施行,同时鼓励非上市大中型企业执行。[4]

财政部会计司将内部控制细化为:组织架构、发展战略、人力资源、社会责任、企业文化、资金活动、采购业务、资产管理、销售业务、研究与开发、工程项目、担保业务、业务外包、财务报告、全面预算、合同管理、内部信息传递和信息系统。[5]

(三) 商业银行

我国主要商业银行大多是上市公司,其股票在国内外证券交易所挂牌交易。就公司治理而言,除适用于上市公司的一般法律规定外,还有专门适用于商业银行的法律规定。商业银行由银监会和证监会共同监管。商业银行的公司治理主要是为了防范各类风险和维持金融系统的稳定。就商业银行的风险控制而言,《商业银行法》对存款准备金、[6]资本充足率和贷款余额与存款余额的比例[7]有法定要求。此外,流动性是风险控制的关键要素,[8]银监会专门制定了规定。除国

---

[1] 财政部会计司、证监会会计部、证监会上市部、山东财经大学:"我国上市公司2013年实施企业内部控制规范体系情况分析报告",载《证券时报》2014年10月10日,第A16版。

[2] 财会〔2008〕7号。

[3] 财会〔2010〕11号。

[4] 财政部会计司:《企业内部控制规范讲解2010》,经济科学出版社2010年版,前言。

[5] 财政部会计司:《企业内部控制规范讲解2010》,经济科学出版社2010年版,第1页。

[6] 《商业银行法》第33条。

[7] 《商业银行法》第39条:"(一)资本充足率不得低于百分之八;(二)存款余额与贷款余额的比例不得超过百分之十五;……"

[8] 银监会公开要求,商业银行流动性覆盖率应当于2018年底前达到100%,并在2014年底前、2015年底前、2016年底前和2017年底前,分别达到60%、70%、80%和90%。流动性覆盖率(liquidity coverage ratio)为合格优质流动性资产与未来30天现金流出量之比乘以100%。夏青:"商业银行流动性覆盖率应于2018年前达到100%",载《证券日报》2014年2月20日,第A3版。

内的法律规定之外,巴塞尔协议也有相关规定。

1. 流动性标准

银监会发布了《商业银行流动性风险管理办法(试行)》[1](下称《流动性管理办法》),就商业银行的流动性风险[2]做出了规定。流动性风险指商业银行无法以合理成本及时获得充分资金,用于偿付到期债券、履行其他支付义务和满足正常业务的风险。流动性比例指流动性资产余额与流动性负债余额之比乘以100%。[3]商业银行的流动性比例不低于25%。[4]根据《流动性管理办法》,商业银行测试流动性,可参考的情况包括"表外业务"和"复杂产品"。[5]由董事会"承担风险管理的最终责任"。[6]

2. 风险控制

除从事传统的存款和贷款业务外,我国商业银行还为客户提供大量其他服务,但也产生相应的风险。银监会就商业银行的风险控制发布了一系列部门规章,其中包括:开展个人理财业务风险提示[7]和代客理财业务风险管理[8]。

3. 国际组织的要求

风险控制也受到国际组织的影响,巴赛尔协议便是一例。巴塞尔协议(Basel Accord)是各国自愿遵守的全球性监管标准。《第三版巴塞尔协议》(下称《巴塞尔Ⅲ》)的核心内容主要包括:强化资本充足率监管标准;引入杠杆率监管标准;加强流动性风险监管;强化系统重要性监管;提升银行风险管理标准。[9]许多国家在实践中尽量遵循巴塞尔协议。[10]

---

[1] 银监会令[2015]第9号。《流动性管理办法》2015年10月1日实施,替代2014年发布的《商业银行流动性风险管理指引》(银监令[2014]第2号)。

[2] 《流动性管理办法》第3条。

[3] 《流动性管理办法》第38条。

[4] 《流动性管理办法》第38条。

[5] 《流动性管理办法》第23条。

[6] 《流动性管理办法》第8条。

[7] 《中国银行业监督管理委员会办公厅关于商业银行开展个人理财业务风险提示的通知》(银监发[2006]157号)。

[8] 《中国银行业监督管理委员会办公厅关于进一步加强商业银行代客境外理财业务风险管理的通知》(银监办发[2008]259号)。

[9] 刘静:《隐性担保下中国银行业资本的有效性研究》,华中科技大学出版社2014年版,第34页。

[10] FT Reporters, "Italy comes under pressure after nine banks fail ECB stress tests", *Financial Times*, October 27, 2014, p. 1.

2008年金融危机之后,巴塞尔委员会[1]制定了改革方案,其内容载于《巴塞尔协议Ⅲ:更加稳健的银行和银行体系的全球监管框架》(Basel III: A Global Regulatory Framework for More Resilient Banks and Banking System)和《巴塞尔协议Ⅲ:流动性风险计量、标准恶化监测的国际框架》(Basel III: International Frame Work for Liquidity Risk Measurement, Standards and Monitoring)两份文件中。《巴塞尔Ⅲ》旨在加强全球资本和流通性规则,以促进更稳健的银行部门的运转。[2]

《巴塞尔Ⅲ》就银行资本提出了严格的风险控制标准,因而产生了"巴塞尔Ⅲ合规债券"(Basel III Compliant Bond):此类债券持有人所承担的风险较大:如果债券发行人所在国家的监管机构认定发行债券的银行需要政府救助,则巴塞尔Ⅲ合规债券的持有人首先承受亏损。[3]

4. 压力测试

为了确保金融系统的流动性,美联储和欧洲中央银行不时对其监管的银行进行压力测试(stress test),以确定这些银行是否有足够的现金储备或变现能力强的资产,足以应对各种不测。但此类压力测试有很大的局限性,无法真正测出银行的抗压能力。银行监管机构通常低估银行的风险敞口(exposure)。2008年美国金融危机爆发之初,财政部长保尔森(Paulson)要求国会批准7000亿美元的救助金。但到2013年,美联储用于购买金融产品的金额已经超出15万亿美元,其中很多产品是华尔街生产的有毒金融产品。[4]

(四)存在的问题

《中国上市公司2017年内部控制白皮书》(下称《内控白皮书》)以沪、深

---

[1] 巴塞尔银行监管委员会的开会地址通常是瑞士巴塞尔,该组织的秘书处也设在这座城市。巴塞尔银行监管委员会的成员为以下国家和地区的银行监督机构和中央银行的高级代表:阿根廷、澳大利亚、比利时、巴西、加拿大、中国、法国、德国、中国香港特别行政区、印度、印度尼西亚、意大利、日本、韩国、卢森堡、墨西哥、荷兰、俄罗斯、沙特、新加坡、南非、西班牙、瑞典、瑞士、土耳其、英国和美国。Basel Committee on Banking Supervision, *Basel III: A Global Regulatory Framework for More Resilient Banks and Banking System*, Bank for International Settlement, 2010, p. 1.

[2] Basel Committee on Banking Supervision, *Basel III: A Global Regulatory Framework for More Resilient Banks and Banking System*, Bank for International Settlement, 2010, p. 1.

[3] 平安银行公司、中国民生银行有限责任公司先后在国内发行此类债券,2014年8月,工商银行在海外发行此类债券。工商银行发行的巴塞尔Ⅲ合规债券是10年期的,总金额为200亿人民币(合32亿美元),收益率5.5%~6.0%。国际投资者踊跃购买,因为国际投资者进入我国资本市场的难度较大。Fiona Law, "ICBC Bond Offers a Test", *The Wall Street Journal*, August 5, 2014, p. 22.

[4] [美] 史蒂芬·罗奇:"美联储又挖坑",载《财经》2014年第37期。作者为耶鲁大学教员、摩根士丹利前亚洲主席。

交易所A股上市并披露2016年度报告的3117家公司为研究对象，分析了上市公司公开披露的年报、内部控制评价报告、内部控制审计报告、财务重述报告、诉讼报告以及各监管机构对上市公司违法违规行为的处理报告。《内控白皮书》指出，上市公司内部控制信息披露中存在的问题包括：披露信息自相矛盾；报告披露不及时；内部控制评价结构与内部控制审计意见存在重大不一致；重大缺陷整改不及时。[1]

九、企业社会责任

广义上的公司治理也包括公司社会责任的履行，两者有一个共同的目标：都要降低公司的风险。有些证券公司将企业社会责任与诚信、信息披露和合法、合规联系在一起。[2]企业社会责任（corporate social responsibilities 或 CSR）是指公司不能只顾盈利，还必须反馈社会。一些跨国公司打着旗号，推出了公司社会责任在人权保护、劳工标准、环境和反腐败方面的十大原则。[3]企业社会责任在许多行业蔚然成风，我国证券行业也打出了企业社会责任的旗号，充分显示企业社会责任的多面性和灵活性，各行各业、各种公司都可以各取所需。很遗憾，如同公司治理的繁杂性削弱了自身的严肃性，企业社会责任的繁杂性也削弱了自身的严肃性。

（一）企业社会责任的属性

企业社会责任是我国《公司法》中的要求。《公司法》第5条规定："公司从事经营活动……接受政府和社会公众的监督，承担社会责任。""企业的社会责任主要是指经营者不仅仅为股东负责，而且是为利益相关者负责。"[4]对于企业社

---

[1] 深圳迪博企业风险管理技术有限公司："中国上市公司2017年内部控制白皮书"，载《证券时报》2017年7页4日，第A9版。

[2] 企业社会责任将改变信息披露的有效边界，"信息披露要讲诚信；充分透明；合法、合规"。金晓斌、梁静："企业社会责任将改变信息披露有效边界"，载《中国证券报》2014年2月17日，第A16版。

[3] 该十大原则为：尊重保护人权、确保公司不参与践踏人权的活动、维护结社自由和集体谈判的权利、废除一切形式的强制劳动、支持废除童工、支持废除就业中的歧视、对环境问题防患于未然、对环保承担更大的责任、鼓励开发并推广有利于环境的技术、反腐败。详见 http://www.unglobalcompact.org，访问日期：2016年2月10日。

[4] 时建中："企业社会责任与企业的竞争力"，2016年企业法制与TPP法律论坛发言论文。2016年6月18日~19日，中国政法大学-蒙特利尔大学中加法律研究中心、中国政法大学国际法学院、蒙特利尔大学法学院、中国人民大学民商事法律科学研究中心企业法治研究中心在北京联合举办该论坛。

会责任，中国政法大学的时建中教授有很精辟的论述，也可以说是诛心之论：

"把社会责任的实现寄希望于公司良知基础上过于脆弱，因此更应该强调公司社会责任实现的外部法律约束。在中国现阶段，似有必要坚持强制性法律责任优于倡导性道德责任，外部社会责任先于内部社会责任的原则。"[1]

尽管时建中教授的表述是比较委婉的，但细读之后，其意甚明：企业社会责任不过是"倡导性责任"和"内部责任"，不能取代法律责任，也不能取代"外部责任"。而反过来说，跨国业务正是要以"倡导性责任"取代法律责任，和以"内部责任"取代外部责任。无论是为跨国公司效劳，还是真心服膺企业社会责任，想要借其遏制跨国公司的，往往都会南辕北辙，缘木求鱼。

（二）企业社会责任的广告效应

据2014年的统计，美国和英国的大公司（其中大多是上市公司）每年用于企业社会责任的资金达150亿美元。企业社会责任对公众有心理作用。很多客户或潜在客户相信，一家公司若在公司社会责任方面多做投入，就表明该公司的产品质量高。很多客户或潜在客户还相信，如果他们购买这家公司的产品，就是捐助行善。[2]企业社会责任对公司有光环效应：公司企业社会责任做得好，公司或公司高管被定罪后，所受到的处罚较轻。[3]

我国金融企业也有借助企业社会责任打造自己品牌的：年度企业社会责任报告经著名会计师事务所鉴证后在报纸上刊登。[4]但年度报告是改善了公司的形象，还是仅仅增加了公司的开支，我国国内尚无实证研究。

（三）企业社会责任指数

企业社会责任并无定规，具体内容视行业和企业而定。深圳证券业协会和深

---

[1] 时建中："企业社会责任与企业的竞争力"，2016年企业法制与TPP法律论坛发言论文。2016年6月18日～19日，中国政法大学－蒙特利尔大学中加法律研究中心、中国政法大学国际法学院、蒙特利尔大学法学院、中国人民大学民商事法律科学研究中心企业法治研究中心在北京联合举办该论坛。

[2] Business, "Corporate social responsibility", *The Economist*, June 27, 2015, p. 56.

[3] 美国学者还做了量化分析：如果公司废除童工或将公司捐赠增加20%，一旦公司被认定犯有海外贿赂罪，罚款可以减少40%。Harrison Hong and Inessa Liskovich, "Crime, Punishment and the Value of Corporate Social Responsibility", 详见 papers.ssrn.com/so/3/papers.cfm? abstract_ id = 2492202, 访问日期：2016年8月2日。

[4] "中信银行2015年度社会责任报告摘要"，载《证券时报》2016年8月8日，第A11版。摘要所列举的中信银行的善举包括：支持"一带一路"国家战略、支持"互联网+"国家战略、保护客户权益、支持国家扶贫政策、支持绿色信贷以及践行节能减排等。

圳上市公司协会编制了"深圳资本圈企业社会责任指数"。[1]西方还出现了企业社会责任基金,自称其业绩可以量化企业社会责任对金融业务所产生的正能量。据称,社会责任投资基金投资于可持续发展的领域,如污水处理和再生能源。[2]但社会责任投资基金并没有发展成为全球流行的基金。根据某些跟踪研究,从6年的平均业绩看,社会责任基金的表现并没有强于其他基金,[3]只不过是基金管理人推销基金的一个卖点。这也是证券市场的一大特点:真真假假,虚虚实实。

(四) 行业协会借助企业社会责任

公司社会责任也被视为股票市场救市的一个法宝。2015年,我国股票市场指数骤然下跌,各路金融机构纷纷从股市撤出资金。中国基金业协会发表倡议书,呼吁基金管理人积极履行社会责任,倡导理性成熟的投资理念、坚持价值投资导向。倡议书指出,市场的暴涨暴跌将对经济稳定带来不利影响。公募基金提供大众理财投资工具,承担着"受人之托,代人理财"的使命,关系社会民生,责任重于泰山。[4]

十、诚信建设

我国监管机构也表示,诚信建设是监管的一个组成方面。《国务院办公厅关于社会信用体系建设的若干意见》[5]和《证券期货市场诚信监管管理暂行办法》[6](下称《诚信管理办法》)是关于诚信建设的法律文件。根据《诚信管理办法》,证监会采集以下人员的诚信信息:证券期货从业人员、董事、监事、公司高管、主要股东、实际控制人、会计师事务所和律师事务所、保荐机构、财务顾问机构、资产评估机构、投资咨询机构、信用评级机构等证券期货服务机构及

---

[1] 所投入的参数为:营业收入、净利润、净资产回报率、实缴税项、提供就业岗位数量、商业伦理贡献、慈善捐赠、公益善举和环保贡献。营业收入、净利润、净资产回报率、实缴税项等四项的权重分别为14%,共占56%,而另外五项的参数的权重分别为14%、8%、10%、2%和10%。深圳市证券业协会、深圳上市公司协会:《深圳资本圈企业社会责任报告》,社会科学文献出版社2013年版,第41~47页。

[2] 2008年,法国全国资产管理业务总金额中,社会责任投资基金占到22.1%。Sophia Grene, "SRI funds not outperforming", *Financial Times fm*, December 15, 2008, p. 1.

[3] Sophia Grene, "SRI funds not outperforming", *Financial Times fm*, December 15, 2008, p. 1.

[4] 付建利:"基金业协会:暴涨暴跌不利于经济稳定",载《证券时报》2015年6月8日,第A6版。

[5] 国办发〔2007〕17号。

[6] 证监会令第80号,2012年。

其从业人员。[1]

证券市场强调诚信建设看似善举，但其逻辑前提难以成立。从逻辑上说，大力倡导证券市场的诚信建设，无疑是一个假定前提，即证券市场是可以有诚信的，可以通过教育培养金融机构和从业人员的诚信，但证券市场和从业人员历来缺乏诚信。这就首先需要弄清证券市场缺乏诚信与从业人员缺乏诚信之间的因果关系：是因为证券市场存在固有欺诈，所以从业人员才缺乏诚信，还是因为不诚实的从业人员使得证券市场充满欺诈。如果是前者，那么除非通过改变或遏制证券市场，否则很难使得从业人员诚实。苏黎世大学对几家大银行的员工进行测试后发现，26%的员工在说谎。该研究表明，"银行业的主导文化削弱了诚实规范……"[2] 在巨大的利益诱惑之下，诚信很难维持。收到华尔街金融机构巨额咨询费之后，美国法学院研究伦理学的教授也为华尔街辩护。[3]

证券市场的规则有一个通病：顾左右而言他，抽象肯定，具体否定。比如，《诚信管理办法》规定，符合条件的机构可以查询诚信信息，但除非证监会另有规定，投资者个人无权查询有关信息。[4] 如果投资者无法向监管机构索取相关信息，就无法掌握投资对象的诚信材料以及明智地做出投资决定。更有甚者，美国证券监管机构根本就不讲诚信。美国证交会也掌握了有关金融机构诚信的大量信息。按照美国《信息公开法》（The Freedom of Information Act），公民可以要求政府部门提供非保密信息，政府不得无理拒绝。但该法又对政府机构网开一面：若是政府部门没有"相应"的文件，则可以拒绝提供材料。证交会以此理由拒绝了许多要求披露信息的申请。与此同时，证交会的中层官员利用相关的数据撰写并发表文章；不是写给领导决策用的内部参考材料，而是以个人名义发表学术文章，而且得意地宣称"这些数据无法公开获得，据我们所知，没有其他研究人员研究过这些数据"。[5]

十一、国有公司治理

国有上市公司治理既涉及上市公司本身的结构，也涉及上市公司大股东的公

---

[1]《诚信管理办法》第7条。
[2] Clive Cookson, "Banking makes you less honest, research finds", *Financial Times*, November 30, 2014, p. 3.
[3] Roger Parloff, "Blowing the whistle on unethical lawyers", *Fortune*, June 4, 2008.
[4]《诚信管理办法》第16条。
[5] 详见 http://dealbook.nytimes.com，访问日期：2014年11月4日。

司治理。上市公司大股东有可能是非上市的国有集团公司,此类集团公司的行政级别比较高,直接受证券公司领导,证监会对其监管是次要的。国有上市公司的公司治理是全方位的。我国学者将我国公司治理的特点归纳如下:[1]

(一) 国有企业的定义

国有企业是一个宽泛的名词。[2]1993年全国人民代表大会(下称"全国人大")通过宪法修正案,将《宪法》第16条中的"国营企业"改为"国有企业"。2003年国务院发布《企业国有资产监督管理暂行条例》[3](下称《国资监管条例》),提出"企业国有资产"一词,将其定义为国家对企业各种形式的投资和投资所形成的权益,以及依法认定为国家所有的其他权益。2008年全国人大通过《中华人民共和国国有资产法》[4](下称《国资法》),提出"国家出资企业"一词,将其定义为国家出资的独资公司、国有资本控股公司或国有资本参股公司。[5]本书中"国有企业"为以上各法律定义的统称。国有企业可以是不同所有人所有的混合制,但国有资产属于国家所有,即全民所有。[6]

国有企业又分别由国务院和地方人民政府行使资产所有权并享有出资人权益。[7]故国有企业有"央企"和"地方国企"之分:央企由国务院设立的资产监督管理机构管理,地方国企则由省、自治区、直辖市人民政府、设区的市、自治州人民政府设立的资产监督管理机构管理,[8]通常为国有资产管理委员会。金融机构中的国有资产的监督管理不适用《国资监管条例》,[9]另有中国人民银行、中国银行业监督管理委员会、中国证券监督管理委员会和中国保险监督管理委员会共同监督管理。国有资产持有人则是中央汇金公司。

(二) 中共中央

《中共中央关于全面深化改革若干重大问题的决定》明确要求,到2020年,

---

[1] 李劲松:"国有企业监管体系与公司治理",利益相关者和把关人在公司治理中的作用国际研讨会发言论文,2011年5月14日~15日。
[2] 朱伟一:"中国国有企业改革的历程",载《中国法律》2015年第5期。
[3] 国务院令第378号。
[4] 2008年主席令第5号。
[5] 《国资法》第5条。
[6] 《国资法》第3条。
[7] 《国资法》第3条、第4条。
[8] 《国资监管条例》第6条。
[9] 《国资监管条例》第3条。

国有企业的收益上缴比率将提高到30%。[1]2014年,中央政治局通过了《中央管理企业负责人薪酬制度改革方案》,要求消减中央企业负责人的薪酬。有些中央企业的董事长或总经理是中央委员,[2]必须接受党对他们的监督和调查。[3]比如,对中国石油集团公司的调查是由中国共产党中央纪律委员会主持的。[4]

(三) 独立董事、职工董事和监事并举

中国上市公司既有监事会,[5]又有独立董事,[6]兼收并蓄德国的监事会和美国的独立董事制度。中央企业又引入职工董事制度。国资委发布的《董事会试点中央企业职工董事履行职责管理办法》[7](下称《职工董事管理办法》) 规定,职工董事是指由公司职工通过职工代表大会选举产生,作为职工代表出任的公司董事。[8]职工董事享有与其他董事同等的权利,承担相应的义务,同时承担代表职工利益和维护职工合法利益的特别职责。[9]

(四) 国家资产管理委员会

国资委成立于2003年,为国务院直属特设机构,代表国务院监督非金融类中央部属企业。国资委管资产、管人和管事。管资产主要是管产权、管账目、管财务结算。管人是管理中央企业的主要干部。管事主要包括管发展方向、管业绩考核、管工资分配和管责任追究。管事指中央企业的主业必须经过国资委核定,对于主业以外的投资,必须报国资委批准。中央部门管理自己所属的国有企业,包括教育部系统的校办企业、文化部系统以及民航局下属的首都企业集团都没有划

---

[1] 中国共产党第十八届中央委员会:"中共中央关于全面深化改革若干重大问题的决定",载《检察日报》2013年11月16日,第2版。2012年,国有企业收益上缴比例不足10%,一般竞争类央企上缴比例为10%,资源类央企上缴比例为15%,军工科研类央企上缴比例为5%。刘丽靓:"2020年国资收益上缴规模预计突破1万亿元",载《证券日报》2013年11月20日,第A1版。

[2] 2012年11月举行的中国共产党第18次代表大会上,中国航空工业集团公司董事长、党组书记,中国航天科工集团公司总经理、党组书记和中国兵器工业集团公司总经理、党组副书记分别当选为中共第十八届中央委员。郑升:"'航天少帅'马兴瑞空降广东",载《21世纪经济导报》2013年11月20日,第3版。

[3] Simon Rabinovitch, "Probe points to shake-up for PetroChina", *Financial Times*, September 18, 2013, p. 19.

[4] Simon Rabinovitch, "Probe points to shake-up for PetroChina", *Financial Times*, September 18, 2013, p. 19.

[5] 《公司法》第四章第四节。

[6] 《关于在上市公司建立独立董事制度的指导意见》(证监发〔2001〕102号)。

[7] 国资发群共〔2009〕53号。

[8] 《职贡董事管理办法》第3条。

[9] 《职贡董事管理办法》第4条。

归国资委领导。中央金融企业不在国资委的监管范围之内。

(五) 公司治理体系

党委领导体系。国有企业纪委在党委领导下负责推进企业负责人党风廉政及惩治和预防体系建设工程，督促各级领导人纠正违规持股、违规职务消费和兼职取酬等问题。

财务监管体系。国资委对央企的财务预决算进行监督，年度财务预算要报国资委备案，年度财务决算要经国资委核准，并依据核批后的财务决算报告进行企业负责人的业绩考核。国有企业的财务负责人是总会计师。《中华人民共和国会计法》第36条规定："国有的和国有资产占控股地位或者主导地位的大、中型企业必须设置总会计师。"

审计体系。审计署、国资委依据干部管理权限对中央企业主要负责人进行离任经济责任审计和任期经济责任审计。国务院审计署对国有企业进行不定期审计。

外派体系。中央企业的外派监事会由国务院根据《国有企业监事会暂行条例》派出，正式名称是国有重点大型企业监事会，其前身是稽查特派员制度，由部级干部担任监事会主席。

工会体系。国有企业推进厂务公开制度，涉及职工利益的重大决策必须经过职工代表大会审议决定。

专项工作体系。国资委不定期组织专项工作督察，如2010年国资委对央企进行"小金库"专项治理，对财务违规事项进行监督。[1]

---

[1] 李劲松："国有企业监管体系与公司治理"，利益相关者和把关人在公司治理中的作用国际研讨会发言论文，2011年5月14日~15日。

第二十一章

民事索赔

一、概要

索赔是收拾各类证券交易残局的重要部分，诉讼和仲裁是投资者索赔的主要途径。我国法院就受理相关诉讼设置了先决条件。美国法院也以种种理由将证券诉讼请求拒之门外。我国法院的结论直截了当，而美国法官的判决意见拐弯抹角，但两国法官的根本立场是一致的：法院不宜受理证券诉讼。我国法院不受理证券诉讼以最高人民法院司法解释作为依据；而美国法院遵循美国最高法院的判例，以各种理由驳回投资者诉讼请求。

我国法院不愿受理证券索赔诉讼请求，鼓励当事方通过调解解决纠纷。这看似关心投资者，但是只有法院受理相关诉讼请求，机构才会有接受调解的动力。

近年来，我国证券监管机构提出了"事后监管"的政策，即，减少对证券业务的事先审批，出现问题后再进行处罚。事后监管可以繁荣证券市场业务，但证券争端也相应增加，投资者索赔也显得更为重要。美国事后监管的实践是失败的，金融危机及其后遗症就是一个例证。

二、法律法规

1. 《最高人民法院关于中止审理、中止执行涉及场外非法股票交易经济纠纷案件的通知》（法［1998］145号）

2. 《最高人民法院关于中止审理、中止执行已编入全国证券回购机构间债务清欠链条的证券回购经济纠纷案件的通知》（法［1998］152号）

3. 《最高人民法院关于涉证券民事赔偿案件暂不予受理的通知》（法明传

[2001] 406号)

4.《最高人民法院关于人民法院是否受理金融资产管理公司与国有商业银行就政策性金融资产转让协议发生的纠纷问题的答复》（[2004]民二他字第25号）

5.《最高人民法院关于审理证券市场因虚假陈述引发的民事赔偿案件的若干规定》（法释[2003]2号）

三、我国法院设立前置条件

我国法院审理证券诉讼积极性不高，以"前置程序"将很多投资者拦在门外。

（一）前置条件

我国最高人民法院别出心裁地设计出"前置程序"，即，在受理因虚假陈述引发的民事侵权纠纷案件之前，该虚假陈述行为①经中国证券监督管理委员会及其派出机构调查并做出处罚决定；或者②人民法院做出刑事裁判书。最高人民法院就以上两个条件，分别发布了最高人民法院《关于受理证券市场因虚假陈述引发的民事侵权纠纷案件有关问题的通知》[1]和最高人民法院《关于受理证券市场因虚假陈述引发的民事赔偿案件的若干规定》[2]。

刑事审判的定罪标准远高于民事审判的判案标准，以刑事审判定罪与否来决定投资者是否可以借助民事诉讼索赔，明显不利于投资者维权和利益保护。刑事案件的起诉或定罪，取决于"犯罪事实已经查清"与否，取决于"证据确实、充分"与否[3]。美国则适用排除合理怀疑（beyond reasonable double）的证明标准。而民事诉讼适用所谓的优势（preponderance）证明标准，即，当事方是否胜诉，取决于其提供证据的证明力是否明显大于另一方提供证据的证明力。[4]行政处罚有可能引发行政诉讼，行政诉讼的证明标准应当高于民事诉讼的证明标准。[5]美国法院认定，证交会为一方的处罚诉讼中，适用实质性证据的标准。按照美国最高法院制定的标准，实质性证据（substantial evidence）"不只是微弱证据。实

---

[1] 法明传[2001]43号。
[2] 法释[2003]2号。
[3] 《中华人民共和国刑事诉讼法》（2012年）第172条、第195条。
[4] 《最高人民法院关于民事诉讼证据的若干规定》（法释[2001]33号），第73条。
[5] Eichler v. SEC, 757 F2d 1066 (9th Cir 1985).

质性证据是指,合理头脑有可能接受为足以支持结论的相关证据。"[1]

此外,是否进行行政处罚,行政机构有自由裁量权。同样,是否具有刑事责任,也取决于检察机关的自由裁量权。如果行政机构和检察机关出于某种考虑,行使自由裁量权,决定不做行政处罚或不起诉,自由裁量权就取代了投资人的法定诉权。即便虚假陈述给投资者造成损失,投资者也无法索赔。

(二)拒绝受理

最高人民法院1998年发布《关于中止审理、中止执行涉及场外非法股票交易经济纠纷案件的通知》[2]和《关于中止审理、中止执行已编入全国证券回购机构间债务清欠链条的证券回购经济纠纷案件的通知》[3],2001年发出《关于涉证券民事赔偿案件暂不予受理的通知》[4],2005年又发布《关于人民法院是否受理金融资产管理公司与国有商业银行就政策性金融资产转让协议发生的纠纷问题的答复》[5]。上述司法文件反映了最高人民法院关于证券诉讼的基本立场:未受理的,不再受理;已经受理的,中止诉讼;已经发生效力的法律文书,不再执行。

(三)我国法院做法的动因

拒绝受理证券诉讼,法院有难言之隐。股票市场和资本市场(广义上的股票市场)具有很强的赌场性质。比如,金融危机中常见的信贷违约掉期交易实质上就是一种赌博,输赢取决于很多偶然因素:如果借贷方违约,则出售信贷违约掉期的一方就必须向交易对手支付事先约定的金额;如果没有出现违约,信贷违约掉期的出售方就可以净得购买方所支付的费用。既然是赌博或变相赌博,法院大多是拒绝受理。此外,与美国的法官相比,我国法官审理证券期货索赔时更加为难。美国证券期货索赔案中,可以由陪审团认定事实和决定赔偿金额,法官可以隐身陪审团身后,不必直接冒犯当事方中的豪强。

对于前置程序的大背景,黄韬教授有段提纲挈领的评论:

"在中国的政治经济体制框架内,权力部门彼此之间的关系并不表现为分权与制衡,而是呈现出权力分工基础之上的'各管一摊'。在我国的金融行业领域

---

[1] Richardson v. Perales, 402 U. S. 389, 401, 91 S. Ct. 1420, 127, 28 Led 842 (1971).
[2] 法[1998]145号。
[3] 法[1998]152号。
[4] 法明传[2001]406号。
[5] [2004]民二他字第25号。

内,'监管部门'一词常混同'主管'部门这一概念,进而形成了这么一种概念:任何事项(包括金融法律争议)都首先要归入某个'主管部门'的名下,而处理这一事项的首要政治责任就归该'主管部门',无论是好处还是坏处都需一并承担(即'谁家的孩子谁领走')。"[1]

四、美国法院偏向被告

很多美国专家到中国宣讲美国证券法,总是要推介美国的民事诉讼索赔作用。按照他们的说法,投资者可以通过民事诉讼主张自己的权利,维护自己的经济利益,同时对金融机构的行为有所约束。代理投资者的律师还被誉为私人检察长(private attorney general),即,执业的私人律师通过诉讼,也对证券市场起到监督和制约作用。但事实并非如此。其实,美国通过诉讼索赔非常困难,联邦法院设置了重重障碍,其中包括:①默示个人诉讼权利;②重大信息;③因果关系;④反垄断法不适用于证券市场;⑤允许仲裁条款排除诉讼;⑥法官通过既决判决,不经评审团审判就驳回原告的诉讼请求。此外,国会还制定法律,限制投资者索赔的诉讼权利。[2]

（一）默示私人诉讼权利

投资者若是想要通过诉讼索赔,私人诉讼权利或个人默示诉讼权利是投资者的最大障碍。美国证券投资者起诉被告,必须明示诉讼权利或默示私人诉讼权利。如果国会在相关制定法中明示,包括自然人和法人在内的投资者私人有此权利,则原告有提起诉讼的明示权利；如果相关制定法中没有明示诉权,美国法院可以认定,国会默示了这种诉讼权,即,原告有默示私人诉讼权利（right of private action）。从20世纪40年代到70年代初,美国法院通常都会认可证券诉讼中的默示私人诉讼权利。但随后共和党背景的美国法官趋于保守,不愿认可投资者的默示私人诉讼权利。保守派的灵魂人物斯卡利亚大法官更是对其冷嘲热讽,将默示私人诉讼权利戏称为"亢奋岁月留下的残垣断壁"。[3]

（二）重大信息

披露是证券法的主线。比如,公司上市时,必须在其注册陈述和招股说明书

---

[1] 黄韬:"中国法院受理金融争议案件的筛选机制评析",载《法学家》2011年第1期。

[2] 比如,美国国会1995年通过了《个人证券诉讼改革法》（Securities Litigation Reform Act),限制了投资者就欺诈进行诉讼的权利。Thomas Lee Hazen, *Securities Regulation*, St. Paul: West, 2009, p. 433.

[3] Stoneridge v. Scientific-Atlanta, 552 U. S. 148 (2008).

中披露相关信息，内幕信息知情人利用公开的信息进行交易牟利，则会被认定为进行内幕交易。但投资者索赔时，就必须证明相关信息为重大信息。

重大（material）信息是指会影响投资者决策的信息。按照美国最高法院的界定，重大信息是"理性股东做出投资决策时视为重要"的事实，或者"在理性投资者看来，如果披露所遗漏的事实，会明显改变可得到的信息的'全面综合'"。[1]

内幕交易案中的信息经常涉及公司并购的内幕消息。美国最高法院规定，在并购的价格和并购的结构达成协议之前，有关并购的谈判信息并不构成"重大"信息。必须"平衡有关事件发生的可能性，以及该事件在公司整体活动中的重要性"。[2]

预测利润需要披露相关的信息，而此类信息会影响投资者是否购买证券的决策。按照美国证券法，利润预测属前瞻性陈述，只要预测有"审慎的说明"，则即便事后无法落实，也并不属于重大信息。[3]美国联邦上诉法院规定，如果上市公司预测利润所依据的事实发生了变化，上市公司只要"更新"或"补充"相关内容，就不存在重大虚假信息或遗漏。[4]针对上市公司披露利好消息的责任，2004年美国最高法院又判定，天然气价格下跌趋势不属于重大信息，而不属于重大信息的虚假信息不成为投资者索赔的理由。[5]

（三）因果关系和"依赖"

在证券民事索赔诉讼中，原告必须证明的侵权要件为：①存在重大虚假陈述（或遗漏）；②明知故意；③与购买或销售证券有关；④依赖；⑤经济损失；⑥"损失因果关系"（即重大虚假陈述与损失之间的关系）。

在证券索赔诉讼中，依赖（reliance）是因果关系中的要素。根据美国判例

---

[1] TSC v. Northway, 426 U. S. 438, 449 (1976).

[2] Basic v. Levinson, 485 U. S. 224 (1988). 中国《证券法》第75条第2款规定，"上市公司的有关方案"在尚未公开之前，为公司内幕信息。按照该款的文义，"方案"应当指经过讨论后最后形成的工作计划。按照这一解释，如果任何信息仅涉及并购意向和并购方案的制定过程，就并不构成内幕信息，内幕信息的知情人利用相关信息进行证券交易牟利便无须承担任何民事责任或刑事责任。显然，《证券法》的这一规定过宽。《最高人民法院、最高人民检察院关于办理内幕交易、泄漏内幕信息刑事案件具体应用法律若干问题的解释》第5条就对《证券法》中的内幕交易规定做了延伸解释，明确规定《证券法》第75条规定的"方案"的形成时间，应当认定为内幕交易信息形成之时。

[3] Securities Act § 27 A, Securities Exchange Act § 21 E.

[4] Stransky v. Cummins Engine Company, 51 F. 3d 1329 (7th Cir. 1995).

[5] Kapps v. Torch Offshore, Inc. 379 F. 3d 207 (5th Cir. 2004).

法,"依赖"指原告必须证明自己依赖了被告的虚假陈述。有关虚假陈述无须是造成原告行为的唯一因素或支配因素,只要是重要因素即可。[1]如果诉讼涉及遗漏了应当披露的内容,原告只需证明,其投资者决策中有可能视其为重要因素。[2]

(四)合理"依赖"

重要的会计问题大多是法律问题,而其中又以侵权索赔中的"依赖"较为突出。在比利诉阿瑟·扬[3]案判决中,美国最高法院的多数大法官和持反对意见的大法官都在"依赖"一词上大做文章,但得出的结论截然相反。多数法官的观点是:

"只有收到审计报告并且对审计报告有明示依赖,审计师的非客户当事方与审计师之间才存在联系。同样,在此情况下,过错不实陈述的有关诉因的要旨是,对审计报告中的陈述确有合理的依赖。如果没有这样的依赖,就不能索赔,无论制作审计报告的方式如何。"[4]

多数法官强调的是,非客户方必须"收到"审计报告,而且依赖是"合理"的,否则无论会计师制作审计报告时是否有过错,投资者都无权索赔。这就限制了投资者对会计师的索赔诉讼。但持反对意见的法官则认为,会计师应当对第三方承担责任,理由是:"如果审计报告不是投资者或贷款人决策的主要因素,公司计划不需要独立审计服务。因此,会计师没有什么理由否认,第三方依赖审计报告是司空见惯的,应当在预料之中。"

持反对意见的法官认为,是否存在"依赖"必须由事实认定者——陪审团来决定,而且要求由会计师完成举证:

"原告必须显示依赖是合理的,所以被告并非完全束手无策。可以由专家作证显示,在当时的情况下,遵循常理的投资者或贷款人不会依赖会计师的意见。会计师可以借此反驳有关依赖的主张。伪装依赖主张并非新问题,其程度和性质

---

[1] Berry v. Robotka, 9 Ariz. App. 461, 453 P. 2d 972, 979.

[2] Gordon v. Burr, D. C. N. Y. , 366 F. Supp. 156, 165.

[3] Bily v. Arthur Young & Co. , Supreme Court of California, 3 Cal. 4th 370, 11 Ca. l. Rptr 2d 51, 834 P. 2d 745, 1992.

[4] Bily v. Arthur Young & Co. , Supreme Court of California, 3 Cal. 4th 370, 11 Ca. l. Rptr 2d 51, 834 P. 2d 745, 1992.

与其他许多问题并无不同,是民事诉讼中常见的问题,需要陪审团解决。"

美国最高法院就会计师问题指出:"公开报告整体介绍了公司财务状况,独立审计师认可这类公开报告,就担负了公共责任,其范围超出与其客户的雇佣关系。独立注册会计师发挥特殊职能,对公司债权人和股东负有忠诚责任,最终对投资公众负有忠诚责任。会计师具有'公众看家狗'的职能,需要始终独立于其客户,绝对不能辜负公众的信任。"[1]

(五) 市场欺诈理论

在1988年的Basic有限责任公司诉莱文森案判决意见[2]中,美国最高法院推出了市场欺诈(fraud on market)理论。该理论的核心是可反驳假定(rebuttable assumption):只要虚假陈述影响了市场的股票价格,任何人只要以市场价格买卖股票,就被视为依赖了有关的虚假陈述,因为市场价格客观反映股票公开的重大信息,而重大信息包括不实陈述。但被告仍然有权提出反驳,证明尽管存在虚假陈述,但虚假陈述并不是导致股票下跌的直接原因。

包括最高法院大法官在内的许多法官仍然试图推翻Basic公司案判决意见及其所代表的市场欺诈理论。第五巡回上诉法院做出的判决是,地区法院法官考虑是否认可集团诉讼时,原告必须证明涉及亏损的因果关系。在"哈利伯顿诉埃丽卡案"中,美国最高法院推翻了第五巡回上诉法院的决定,但又决定,在考虑是否认可集团诉讼的阶段,被告就可以反驳依赖假定。[3]托马斯大法官、斯卡利亚大法官和阿尔托大法官持反对意见,要求推翻Basic公司案所定立的市场欺诈理论,其理由是:"Basic公司案判决意见存在错误。本院试图修正证券法,使其适应所谓的'金融市场新现实',但应当由国会就此做出决定。"[4]

市场欺诈理论仅适用于证券发行人,并不适用于合同发行人造假的中介服务机构。2008年美国最高法院判定,中介服务机构的连带责任被称作"骗局责任"(scheme liability),为发行人造假的幕后策划者称作"次要行为人"(secondary actor),原告索赔必须证明自己购买金融产品是直接听信了发行人的幕后策划者的意见。[5]这又增加了投资者索赔的难度。

---

[1] United States v. Arthur Young & Co. (1984) 465 U. S. 805, 817-818.
[2] Basic Inc. v. Levinson, 485 U. S. 224 (1988).
[3] Halliburton Co. v. Erica P. John Fund, Inc., 563 U. S. 804 (2011).
[4] Halliburton Co. v. Erica P. John Fund, Inc., 563 U. S. 804 (2011).
[5] Stoneridge Investment Partners v. Scientific-Atlanta Inc., 443 F. 3d 987 (2008).

市场欺诈理论只适用于证券交易所挂牌交易的股票，柜台交易的证券买卖并不适用市场欺诈理论，投资者仍然必须证明因果关系以及侵权索赔的其他要素，其中包括：①重大虚假陈述（或遗漏）；②明知故意；③与购买或销售证券有关；④依赖；⑤经济损失；⑥"损失因果关系"（即重大虚假陈述与损失之间的关系）。[1]

早在2003年，市场欺诈理论便引入我国。最高人民法院《关于审理证券市场因虚假陈述引发的民事赔偿案件的若干规定》（法释［2003］2号）第18条规定："投资人具有以下情形的，人民法院应当认定虚假陈述与损害结果之间存在因果关系：（一）投资人所投资的是与虚假陈述直接关联的证券；（二）投资人在虚假陈述实施日及以后，至揭露日或者更正日之前买入该证券；（三）投资人在虚假陈述揭露或者更正日及以后，因卖出该证券发生亏损，或者因持续持有该证券而产生亏损。"

我国法官在判决书中也承认，期货出现之后，证券期货交易更为复杂，投资者索赔也更为困难："在证券、期货市场中，影响证券期货价格发生变化的因素众多，如果采用一般民事侵权中……因果关系证明标准，被侵权人在客观上将难以证明侵权行为与其损失之间的因果关系。"[2]上述观点说明了最高人民法院《关于审理证券市场因虚假陈述引发的民事赔偿案件的若干规定》所规定的必要性，也说明了市场欺诈理论存在的必要性。

市场欺诈理论所假定的依赖是可以反驳的。[3]同样，最高人民法院《关于审理证券市场因虚假陈述引发的民事赔偿案件的若干规定》中的假定是可以反驳的："被告举证证明原告具有以下情形的，人民法院应当认定虚假陈述与损害结果之间不存在因果关系：（一）在虚假陈述揭露日或者更正日之前已经卖出证券；（二）在虚假陈述揭露日或者更正日及以后进行的投资；（三）明知虚假陈述存在而进行的投资；（四）损失或者部分损失是由证券市场系统风险等其他因素所导致；（五）属于恶意投资、操纵证券价格的。"[4]

同上述市场欺诈理论一样，最高人民法院《关于审理证券市场因虚假陈述引

---

[1] Dura Pharmaceutricals, Inc. v. Broudo, 544 U.S. 336 (2005).
[2] 上海高级人民法院民事判决书（2015）沪高民五（高）终字第61号。
[3] 但凡假定大多是可以反驳的，无罪推定便是一例。尽管假定被告无罪，但控方可以通过举证证明被告有罪。
[4] 最高人民法院《关于审理证券市场因虚假陈述引发的民事赔偿案件的若干规定》第19条。

发的民事赔偿案件的若干规定》仅适用于因在证券交易所的交易所产生的争议。[1]

（六）损失因果关系

美国民事诉讼的答辩包括肯定性答辩。肯定性答辩（affirmative defense）是指承认原告的指责属实，被告确实从事了原告所指的行为，但被告的行为仍然没有造成原告的损失。[2]在证券索赔诉讼中，被告做肯定抗辩时必须完成损失因果关系（loss causation）举证的责任。就证券期货诉讼而言，"因果关系是指所称的不当行为与原告最终受到的经济损害之间的因果关系……与侵权法的近因概念有关"。[3]如果被告完成其举证责任，就可以推翻市场欺诈理论的可反驳假定。

美国联邦住房金融机构诉野村美国控股有限责任公司（下称"野村"）案[4]便是一例。房利美（Fannie Mae）和房地美（Fredie Mac）（下称"两房"）是美国的国企，[5]由联邦住房金融机构（Federal Housing Finance Agency）监管。两房购买了由野村等美国金融机构出售的资产证券化产品。金融危机爆发后，资产证券化产品价格暴跌，两房蒙受巨大损失。联邦住房金融机构代表两房，向出售资产证券化产品的有关金融机构索赔，野村和皇家苏格兰银行应诉。[6]

野村举证主要是两条理由：一是被告所售低劣证券在市场中所占比例甚小，不足以引发市场崩溃，而市场崩溃才是有关证券价格下跌的真正原因；二是市场崩溃两房也有责任，事后无理由就此索赔。就第一个理由，野村指出，2004年至2007年之间，美国住房证券化的金额高达3万亿美元，而野村和苏格兰银行所从事的交易为24.5亿美元，所占市场份额仅为0.1%。但法官就同一事实得出了相反的结论："被告提到宏观经济要素造成损失，债券的有瑕疵的发起和证券化促成了住房市场的崩溃。不仅如此，一旦市场开始崩溃，承销不当的贷款首当其

---

[1] 最高人民法院《关于审理证券市场因虚假陈述引发的民事赔偿案件的若干规定》第3条规定："因下列交易发生的民事诉讼，不适用本规定：（一）在国家批准设立的证券市场以外举行的交易；（二）在国家批准设立的证券市场上通过协议转让方式进行的交易。"

[2] 刑事案件中的肯定抗辩包括：精神失常、自卫、无意识行为、胁迫、案发时不在现场。Henry Campbell Black, *Black's Law Dictionary*, St Paul: West Publishing Co., 1990, p.60.

[3] Lattanzio v. Deloitte & Touche LLP, 476 F. 3d 147, 157 (2d Cir. 2007).

[4] Federal Housing Finance Agency v. Nomura Holding American, Inc., 2015 WL 2183875 (S.D.N.Y.).

[5] 两房是由政府发起的企业，英语"government sponsored entenprise"，缩写"GSE"。

[6] 其他银行与联邦住房金融机构达成和解。Peter Eavis, "U.S. judge sees bank fraud in '08 cash", *International New York Times*, May 13, 2015, p.17.

冲，进一步加剧市场崩溃。"法官认为，野村的微观责任与市场的宏观因素至少是互为因果。[1]法官还指出，即便退一步说，宏观经济要素是一个原因，野村必须"量化"该因素所造成的损失部分。[2]法官对野村提出了无法完成的举证责任：既然微观责任与市场的宏观原因互为因果，野村就无法量化两者中任何一个原因所造成的损失。

野村就第二个理由指出，金融危机美国政府也难辞其咎，事后没有理由再来索赔。两房是政府发起的企业，可以被视为政府的一部分，所以也没有理由要求索赔。科特法官不这样看。科特法官认为，原告的身份并非问题所在，被告应当证明，造成原告亏损的并不是被告的违法行为，而是其他原因。

按照美国的判例，损失因果关系举证责任通常在被告方，但如果原告没有证明被告违反了法定披露责任，原告若要胜诉，就必须完成损失因果关系的证明，证明其损失是被告行为所直接造成的，两者之间并没有其他干预因素。换言之，即便被告没有违反法定的披露责任，仍然可以因其侵权行为而给投资者造成损失，需要做出赔偿。但如果损失因果关系举证责任在原告方，原告也难以完成这一举证责任。美国不乏因果关系的举证责任在原告的判例，所涉及的具体情况包括："原告没有指称市场对正确披露做出了消极反应"；[3]原告没有提出影响整个市场的因素，所以双方都没有必要明确所称不当行为造成的损失，将其从市场大势中揭开；[4]原告承认，股票价格下跌并不是被告行为所造成的；[5]所称欺诈与原告损失之间相隔时间过长（超过5年）。[6]

---

[1] 在瑞士信贷诉比林案中，投资者依据美国《反托拉斯法》起诉承销证券的证券公司，要求这些证券公司就其垄断行为提供赔偿。史蒂文斯大法官却指出，证券市场如此之大，承销商的具体证券承销业务不足以影响整个证券市场的价格，不可能对证券市场产生垄断影响："首次购买之后，新股或新债券的价格由竞争决定，而且同时还有海量的其他证券在自由市场交易。要说承销团操纵IPO的条件，就可以限制市场的交易，那未免言过其实了……整个市场由数十亿只股构成，某一特定的发行，即便是大型发行，也只不过是沧海一粟……"Credit Suisse v. Billing, 551 U.S. 264（2007）．同样是承销商发行证券，同样是涉及承销商的行为是否对市场影响的问题，不同法官却得出了不同结论。同一事实或相同事实，却可以得出不同结论。这是法律分析中常用的手段：法律能否适用取决于具体事实是否符合法律的相关规定。

[2] 在野村案判决书中，科特法官反复使用的一个名词是"解开"（disentangle），要求被告将其违法行为与原告的亏损分解开来。这一举证责任几乎无法完成，很像《威尼斯商人》中索债的商人夏洛克面对的难题：夏洛克可以从债务人身上切下一磅人肉抵债，但不得危及债务人的生命安全。

[3] Lentell v. Merrill Lynch & Co., 396 F. 3d 161 (2d Cir. 2005).

[4] Castellano v. Young & Rubicam, Inc., 257 F. 3d 171, 188–89 (2d Cir. 2001).

[5] Powers v. British Vita, P. L. C, 57 F. 3d 176, 180 (2d Cir. 1995).

[6] First Nationwide Bank v. Gelt Funding Corp, 27 F. 3d 763, 765 (2d Cir. 1994).

（七）不容否认

为完成其损失因果关系的举证责任，被告可以要求对原告适用普通法中的不容否认理论。按不容否认（estoppel）理论，"一方的立场、态度或行为前后不相符，采信后如果会给另一方造成损失或伤害，则不得采信有关立场、态度或行为"。[1]

科特大法官表示，就野村案而言，应当适用Adelphia追讨信托诉高盛公司案（下称"高盛案"）判决意见[2]的规则："传统司法适用的不容否认的前提是：①一方后来的立场与其先前的立场明显不符；②当事方先前的立场被法院在先前的程序中采纳；而且③该当事方提出两种立场，就会对要求适用的一方有不公平的不利。"[3]

在高盛案中，保证金作为Adelphia通讯公司子公司的财产抵押给证券公司。Adelphia通讯公司破产之后，资产清单中并没有包括这笔保证金，但追讨信托又改口，称保证金为母公司的财产。法院认定，适用不容否认原则。此案是在同一案件中改口的前例。

（八）谨慎提示

在特朗普案[4]判决中，美国第三巡回上诉法院阐述了"谨慎提示"（bespeak caution）原则，即，如果披露文件整体上对预测的可靠性有谨慎提示，那么即便发行人对未来的盈利或其他状况做了错误预测或误导性预测，发行人也无须承担法律责任。"无论原告是否指称，一份文件所包括的肯定性预测/观点有误导性，或是因为没有包括预期或预测而造成误导，只要文件中包括谨慎陈述，受到挑战的预期陈述或观点在法律上就是非重大性的。"但法院又对谨慎提示有所限制：谨慎提示应当是具体的，相关"信息是具体的，不能被埋藏于众多的虚假信息之中"。[5]

特朗普案中，特朗普设立了一家合伙企业建造泰姬陵赌场。1988年，特朗普控制的企业发行债券，为建设赌场的合伙企业融资。债券的收益率为14%。而同

---

[1] Henry Campbell Black, *Black's Law Dictionary*, St Paul: West Publishing Co., 1990, p.551.

[2] Adelphia Recovery Trust v. Goldman, Sachs & Co. (2d. Cir. 2014), 748 F. 3d 110, 116 (2d Cir. 2014).

[3] Adelphia Recovery Trust v. Goldman, Sachs & Co. (2d. Cir. 2014), 748 F. 3d 110, 116 (2d Cir. 2014).

[4] In Re Donald J. Trump, 7 F. 3d 357 (3d Cir. 1993).

[5] In Re Donald J. Trump, 7 F. 3d 357 (3d Cir. 1993).

期高质量公司债券的收益率仅为9%。债券募集说明书中有段话是："合伙企业相信，泰姬陵营业所产生的利润足以偿还债务（包括利息和本金）。"投资者指称，这句话构成误导。但法官认定，招股书中包括谨慎陈述，所强调的内容包括：赌场行业存在激烈竞争；泰姬陵并没有可以用作估值基础的营运历史；泰姬陵规模巨大，大西洋城史无前例；如果出现抵押违约以及泰姬陵随后清算，则企业有可能无法支付债券的利息。[1]

（九）反垄断法不适用证券市场

在2007年的瑞士信贷诉比林案的判决意见[2]中，美国最高法院判定，反垄断法不适用于证券行业，尽管证券行业存在强买强卖、佣金过高和搭售等垄断行为迹象。大法官们的理由是，该行业已有美国证券交易委员会在实行有效监管。但事实上，证交会根本没有监管好资本市场，而且还管出了2008年的金融危机。

（十）仲裁限制诉讼

在1953年的维尔克诉斯旺案判决意见[3]中，美国最高法院认定证券纠纷前所签订的仲裁条款无效，理由是《1933年证券法》明确规定，任何协议"不得放弃遵守《证券法》"，而选择仲裁就是"放弃遵守"，因为仲裁员难以维护投资者的权利。但在1987年的希尔逊/美国运通诉麦克马洪案判决意见[4]和1989年的罗德里格斯诉西尔逊案判决意见[5]中，美国最高法院推翻了维尔克案判决意见，理由是《证券交易法》所提到的"遵守"为"实质遵守"，而不是指是否由联邦法院受理相关诉讼的程序遵守；仲裁条款只是约定了程序问题，并不涉及对《1933年证券交易法》和《1934年证券交易法》的实质遵守。

在2012年的CompuCredit Corp诉格林伍德案判决意见[6]中，美国最高法院又做出判决，支持信用卡行业的仲裁约定条款。同样，在2010年的Stolt-Nielsen S. A. 诉饲料国际公司案判决意见[7]中，美国最高法院明确表示，可以通过仲裁约定排除当事人通过集团诉讼主张。尽管这两个判决并不涉及证券期货纠纷仲裁，但显示了美国最高法院的倾向，即，在2008年金融危机之后，美国最高法院

---

[1] In Re Donald J. Trump, 7 F. 3d 357 (3d Cir. 1993).

[2] Credit Suisse v. Billing 551 U. S. 264 (2007).

[3] Wilko v. Swan, 346 U. S. 427 (1953).

[4] Shearon/American Express v. McMahon, 482 U. S. 220 (1987).

[5] Rodriguez v. Searson, 490 U. S. 477 (1989).

[6] CompuCredit Corp v. Greenwood, 565 U. S. (2012).

[7] Stolt-Nielsen S. A. v. Animal Feeds International Corp.

仍然积极支持涉及各类金融纠纷的仲裁约定。因此可以推断，美国最高法院很有可能支持限制证券集团诉讼的仲裁约定。

（十一）不经过陪审团

美国民事诉讼中陪审团较为同情原告，但许多证券期货诉讼并没有交由陪审团审判。美国诉讼中，如果重大事实已经不存在争议，无需审判即可由法官做出既决判决（summary judgment）。美国民事诉讼中，当事人双方都可以提出要求既决判决的动议。美国证券法的主要判例中，美国法院通常支持被告要求驳回原告请求的动议。此类诉讼中的原告通常是投资者，而且是中小投资者。

（十二）美国法院偏向被告的动因

法律是以一种特殊的语言，律师和法官都借助法律语言，迂回曲折地提出自己的结论，但并不道出背后的真实想法。中美两国经常强调保护投资者，但投资者不尽相同，投资者也并非都是苦主，很多法官并不同情在证券市场受到损失的投资者。美国最高法院大法官德高望重，表达自己意见时相对含蓄，很少直接道出自己的心声；而地区法院的法官就比较直言不讳。比如，美国联邦地区法官弥尔顿·波莱克便痛斥起诉的原告，指责这些投资者"一头扎进翻江倒海的赌场中，成千上万的人因为诱惑而来，他们一心做一个美梦，就是要成为顶尖巨富"，但"赌场中能够成为赢家的寥寥无几"。波莱克法官又为原告定性，称其为"高风险的投资者"，然后再为诉讼定性，说是原告投资失手后又想"歪曲联邦证券法，将证券法变为投机的免费保险"。[1]

即便法官内心认为投资者有理，但出于各种实际考虑，他们也不愿判被告败诉。比如，在瑞士信贷诉比林案中，60多位投资者指称瑞士信贷等全球10家大投资银行承销证券时有垄断行为。美国最高法院的判决是，反垄断法并不适用于证券市场，理由之一是，"承销商协力促销和销售新发行的证券，对监管良好的资本市场的正常运作至关重要"。[2] 美国最高法院并没有否认投资银行的垄断行为。换言之，就瑞士信贷诉比林案而言，如果适用反垄断法，被告就可能败诉。既然被告的垄断行为是证券市场存在的前提，被告的行为若被认定为垄断，美国式的证券市场就难以续存。再有，1997年3月至2000年12月间，作为被告的全球10家大投资银行为数百家科技公司上市提供了承销服务。如果瑞士信贷诉比林

---

〔1〕 In re Merrill Lynch & Co., Inc. Global, 02-CV-7854 (MP), United States Court, Southern District of New York.

〔2〕 Credit Suisse v. Billing, 551 U.S. 2641 (2007).

案中的原告胜诉，就会打开"洪水闸门"，数百家科技公司的股东会蜂拥而至，接连起诉10家大投资银行。这些投资银行若是败诉，巨额赔偿金就会导致其破产，即便不败诉也会被诉讼所困。这是大法官们所不愿看到的：法官的首要任务是维持现状。

五、仲裁

在可预期的未来，中、美两国法官们的做法不会有根本改变。既然法院不愿受理证券诉讼，就必须允许投资者有其他诉求机会，否则不利于社会和谐。即便投资者索赔的诉求不合理，投资者仍然应当有一个诉求机会，否则势必形成积怨。中、美两国都允许通过仲裁解决证券纠纷。

（一）金融监管局仲裁

金融监管局（Financial Regulatory Authority），2007年7月成立，具有自我监管责任，仲裁是其提供的一项服务。[1]

金融监管局的仲裁中，高盛等金融机构大多是被申请人。在金融监管局仲裁，对高盛等金融机构也有诸多有利方面。与法院诉讼相比，仲裁的发现（Liscovery）程序相当简单。根据美国《联邦民事诉讼规则》，法院的发现程序包括：书面证词（deposition）、书面质询（written interrogatories）、请求承认（requests for admissions）和请求出示文件（requests for production）。[2]而仲裁通常对证人证言的要求从简，金融监管局的仲裁规则也不例外。尽管金融监管局的仲裁《发现指引》清单仍然列出了许多当事人需要提供的文件，但并没有关于证人证言的要求。而且当事人有权以成本和负担过重为理由，申请拒绝提供清单上的文件。仲裁员就此做出决定时，应当尽量为提供文件一方着想，认真考虑以下因素：文件的相关性；是否可以缩小清单的时间范围和内容范围；以及是否有其他文件包含相同的信息等。[3]

金融机构可以通过仲裁条款约定避免投资者的集体诉讼。对于金融机构来说，集团诉讼无异于噩梦：集团诉讼负面影响大，有损公司声誉；如果败诉通常需要支付巨额赔偿，胜诉方律师费用相当可观。受经济利益驱动，愿意胜诉后收费的律师大有人在，投资者不仅不会缺少律师，甚至还会有律师挑动投资者起

---

[1] 详见：www.finra.org/Newsroom/NewsReleasse/200，访问日期：2012年2月17日。

[2] Federal Rules of Civil Procedure, Rules 26-37.

[3] 详见：www.finra.org/Newsroom/NewsReleasse/200，访问日期：2012年2月17日。

诉。通常也只有在集团诉讼中，中、小投资者才有可能充分利用发现程序，从金融机构处广泛收取证据。如果是分开单独起诉，中、小投资者难以承受适用发现程序所发生的成本和费用。通过仲裁约定排除集团诉讼，金融机构就可以得到很大的解脱。

仲裁对投资者也有可取之处。如上所述，美国最高法院接连做出判决，提高了个人在法院起诉的门槛，投资者通过诉讼寻求救济的难度增大，也只能退而求其次，救助于仲裁。从本质上说，仲裁是一种妥协：很多情况下，申请人多少可以得到一些赔偿，聊胜于无。此外，金融监管局所收仲裁费之低，对于高盛这样的金融大机构来说可以忽略不计，也在普通投资人承受范围内。

（二）仲裁裁决书

金融监管局仲裁的一大特点是，仲裁裁决书可以只给结果，无需说明理由。仲裁裁决书无需特殊形式，只要书面说明裁决结果并由仲裁员签字即可。仲裁裁决书并不需要说明裁决理由，甚至无需说明如何得出赔偿结果的。仲裁裁决通常包括有以下内容即可：纠纷性质、当事双方、主要事实和法律争议以及仲裁裁决。金融管理局关于高盛与其客户纠纷的仲裁裁决书不到三千字，内容十分简单。

与民事诉讼判决不同，仲裁裁决是终局性的，当事双方无法就仲裁裁决的法律适用或事实认定上诉。既然没有上诉，仲裁员也就无需在裁决书中详细说明理由。裁决书中说明理由，主要是为了说服当事方，但该作用十分有限。仲裁申请人通常只关心赔偿金额。而作为被告的金融机构对仲裁的期望是，将赔偿金额控制在其可接受的范围之内。仲裁没有惩罚性赔偿，仲裁庭所决定的赔偿金额，通常都可以控制在被申请人可接受的范围之内。

（三）仲裁是一种产业

仲裁不仅是解决纠纷的方法，也是一种产业，同时也是金融中心的重要标识之一。荷兰先行一步，于2012年1月设立了专门的金融仲裁庭，拟把金融仲裁庭建成一个世界领先的仲裁机构。[1]一百多年来，金融纠纷主要是"由白人法官在伦敦和曼哈顿审理"。[2]今天，世界经济格局正在发生巨大变化，欧美之外的中国也应当成为解决金融纠纷的中心。中国仲裁员与国际仲裁员之间的差距远小于中国法官与欧美法官之间的差距，中国的金融仲裁可以在短时间内达到和超过欧

---

[1] Caroline Binham, "Finance tribunal opens for settling thorny cases", *Financial Times*, January 16, 2012, p. 3.

[2] Caroline Binham, "Finance tribunal opens for settling thorny cases", *Financial Times*, January 16, 2012, p. 3.

美的金融仲裁。中国作为证券大国、金融大国和资本大国，理应在金融纠纷方面争得一席之地，并争取做大、做强。

六、调解

2016年，最高人民法院和证监会联合发布《关于在全国部分地区开展证券期货纠纷多元化解机制试点工作的通知》[1]（下称《多元化解机制通知》）。尽管《多元化解机制通知》名曰"多元化解机制"，但主要是规制调解机制，要求"建立证券期货纠纷特邀调解员名册制度。试点地区法院应当将公布的试点调解组织及调解员纳入名册"。[2]

我国民事诉讼进入审判后，仍然可以进行调解，但审理案件的法官就是调解的法官。当事方有可能担心，不接受法官的调解建议有可能败诉，所以就迫于法官的压力而接受和解。而另一方面，当事人难以畅所欲言，担心调解失败后继续审判时，其道出的"真相"对其不利而不能畅所欲言。因此，《多元化解机制通知》规定，要求诉讼开始后再进行调解，法院应当指定法官之外的外部调解员进行调解，则不失为有所建树。《多元化解机制通知》提及调解"可与司法诉讼对接"，[3]但并没有任何具体说明。我国关于证券市场的不少部门规章都有这个特点：关键问题上含糊其辞，一语带过，甚至是一词带过。

我国的一些上市公司遇到重大行政处罚时，设立了先行支付专项基金，用于支付投资者。先行支付专项基金涉及众多投资者，是否可以就部分投资者进行调解，仍然是尚待明确的问题。先行支付专项基金本身也有尚待明确的方面。16位律师联名致函证监会领导，建议先行赔付安排听证机制，最大可能地保护投资者权益。[4]

《多元化解机制通知》发布之前，我国一些地方已经开展证券期货纠纷调解活动。最高人民法院和证监会就此联合发文，似乎可以提高调解的公信力。但《多元化解机制通知》并无实质性突破，由最高人民法院出文反而有损法院尊严，有损法院权威，于证券期货纠纷的调解无补。最高人民法院对受理投资者索赔的

---

[1] 法〔2016〕149号。
[2]《多元化解机制通知》第6条。
[3]《多元化解机制通知》第10条。
[4] 刘雯亮："15位证券律师联署致函中国证监会"，载《证券时报》2016年7月12日，第A2版。

诉讼并不积极，而且为此设立了前置条件。证券诉讼有其复杂性，不仅技术复杂，而且涉及多方利益，法官审理此类诉讼难免踌躇，设法回避也是可以理解的。既然如此，就应当有连贯性：不能遇到难题就避开，无需介入时又介入。否则就会有损法院尊严，有损法院权威。法院需要权威，而权威也来自尊严，没有尊严的权威难以服众。如果法院真有心保护投资者，就应当解除受理证券诉讼的前置条件。只有法院正常受理投资者诉讼，违法违规者才会更加愿意与投资者和解，才能给投资者更多的补偿。

七、证券法需要诉讼

诉讼索赔是证券法重大问题的终结表现形式，诉讼也是各方对证券法重大问题的公开、正式和权威的讨论。但由于法院、法官受理证券诉讼较少，证券法的很多问题仍然是扑朔迷离，似是而非。

后 记

　　学者著书穷经皓首，编辑同样穷经皓首。——感谢本书编辑邝技科费心核对本书每一个注解。五年前即已与中国政法大学出版社的刘知函主任讨论过本书的部分章节，感谢他的耐心和鼓励。新加坡国立大学法学院的研究生朱溪语为本书做了部分研究工作，罗澜律师在中国政法大学读研究生时，为本书的资料查寻做了很多工作，仅在此对她们表示谢意。最后要感谢中国证监会过去的许多同事，他们的实践和思考给我很大启发。

朱伟一

2017 年 11 月 20 日